Noel R. Fitch

Sylvia Beach

Eine Biographie im literarischen
Paris 1920-1940
Aus dem Amerikanischen von
Angelika Schleindl
Insel

Originaltitel: *Sylvia Beach and the
Lost Generation. A History of Literary
Paris in the Twenties and Thirties.*
Copyright © 1983 by Noel Riley Fitch
W.W. Norton & Company New York/London

Erste Auflage 1988
© Insel Verlag Frankfurt am Main 1988
Alle Rechte vorbehalten
Druck: Wagner, Nördlingen
Printed in Germany

INHALT

»Meine Leidenschaften waren Adrienne Monnier, James Joyce und ›Shakespeare and Company‹«, hat Sylvia Beach einmal gesagt. Dieses Buch ist die Geschichte dieser drei Leidenschaften.

Die erste handelt von der Liebe zwischen zwei Frauen. Die Einzelheiten darüber waren und sind kaum bekannt. Die Geschichte begann in Paris an einem kalten, stürmischen Märztag im Jahre 1917. Eine schüchterne, junge Amerikanerin namens Sylvia Beach blieb vor einem Buchladen am linken Seineufer stehen. Die Besitzerin, eine selbstsichere, junge französische Schriftstellerin und Verlegerin namens Adrienne Monnier, stand von ihrem Schreibtisch auf und zog die Besucherin in den Laden. Die Frauen redeten den ganzen Nachmittag und gestanden sich wechselseitig ihre Liebe zur Sprache und zur Literatur des anderen Landes. Als Sylvia mit einer Mitgliedskarte für die Leihbücherei fortging, blies ihr ein Windstoß den breiten spanischen Hut vom Kopf und beförderte ihn in die Mitte der Rue de l'Odéon. Adrienne Monnier eilte, um den Hut zu retten, bürstete ihn ab und gab ihn ihrer neuen Freundin. Als sich ihre Blicke trafen, lachten beide. Sie spürten, daß dies der Beginn einer langen Freundschaft werden würde. Es war überdies das Anfangskapitel eines gemeinsamen literarischen Lebens, eines Lebens, das achtunddreißig Jahre lang zwei Generationen amerikanischer, englischer und französischer Schriftsteller bereicherte.

Die zweite Geschichte handelt von der Liebe einer Frau zum Genie eines Mannes. Auch sie begann in Paris. Es war ein heißer Sommernachmittag im Jahre 1920, als Sylvia Beach auf einer Dinnerparty den Autor von *A Portrait of the Artist as a Young Man* entdeckte. Zitternd ging sie auf ihn zu und fragte: »Ist das der große James Joyce?« »James Joyce«, antwortete er. Sie schüttelten sich die Hände, das heißt, nach ihrer Schilderung »legte er seine kraftlose Hand in meine feste, kleine Pfote, wenn man das als Handschlag bezeichnen kann«. Mit diesen einfachen Worten begrüßte Sylvia Beach, die seit 1919 ihren eigenen Buchladen besaß, ihren literarischen Abgott. »Ich betete James Joyce an«, beichtet sie. Wie die meisten Götter erwiderte er ihre Liebe nicht.

Sie veröffentlichte *Ulysses*, einen der monumentalsten modernen Romane, und opferte Joyces oft selbstsüchtigen Wünschen und Bedürfnissen zwölf Jahre ihres Lebens. Die treue Unterstützerin arbeitete fieberhaft, um das Genie bekannt zu machen und zu fördern. Zusammen verkauften sie seinen epischen Roman: er agierte dabei im Hintergrund, sie in der Öffentlichkeit. Sie waren das erfolgreichste heimliche Werbeteam in der Geschichte der hohen Kunst.

Die Geschichte von Sylvia Beachs Liebe zu ›Shakespeare and Company‹ bildet den Rahmen dieses Buches. Sie begann in Paris im Jahre 1919. Mehr als zwei Jahrzehnte lang beeinflußte die dort versammelte ›Company‹ den Lauf der modernen Literatur. Sylvia Beach schuf ein literarisches Zentrum, das Künstler aus aller Welt magnetisch anzog. Der ›Company‹ gehörten so illustre Pilger wie T. S. Eliot, André Gide, Ernest Hemingway, Ezra Pound, Gertrude Stein, Paul Valéry und viele andere Männer und Frauen an, die das Paris der zwanziger und dreißiger Jahre zum kulturellen Zentrum der Welt machten. Viele Mitglieder der ›Company‹, wie Samuel Beckett, Elizabeth Bishop, Janet Flanner, Archibald Mac Leish, Virgil Thomson, Glenway Wescott und Thornton Wilder, bemühten großzügigerweise ihr Gedächtnis, damit diese Geschichten so vollständig wie möglich erzählt werden konnten. Ich bin ihnen für ihre Hilfe zutiefst dankbar.

Diese literarischen Pilger – ein Ausdruck, den Sylvia Beach prägte – waren weder im künstlerischen noch im persönlichen Sinne eine »Verlorene Generation«. Sylvia, Adrienne, Joyce und die ›Company‹ waren keine Herumtreiber, sondern Suchende. Wie echte Pilger suchten sie das Heil. ›Shakespeare and Company‹ war ihr Heiligtum und allein der Kunst geweiht, die ihr ungewöhnliches Glaubensbekenntnis war.

1. KAPITEL

Das Sprachwunder

1922

Sylvia Beach ging am Gare de Lyon den Bahnsteig auf und ab; in der kalten Morgenluft wartete sie einsam auf den Zug aus Dijon. Es war der 2. Februar 1922. Seit dem Tag, elf Monate zuvor, an dem sie James Joyce leichtfertig vorgeschlagen hatte, seinen Roman *Ulysses* zu verlegen, hatte sie keine ruhige Minute mehr gehabt. Sie hatte Subskribenten geworben, Hunderte von Briefen geschrieben, Schreibkräfte angestellt, Druckfahnen korrigiert und sich um die Bedürfnisse der Familie Joyce gekümmert. Ihre besten Fähigkeiten aber hatte sie sich für den Drucker aufgehoben: für M. Maurice Darantière aus Dijon. Immer wieder hatte sie Darantière überredet, Joyce Nachträge zu seinem Manuskript zu erlauben, aber Joyce hatte den Text auf den Korrekturabzügen um ein Drittel erweitert, so daß er ständig neu gesetzt werden mußte. Jetzt verlangte sie das Unmögliche. Obwohl sie den letzten Korrekturabzug erst zwei Tage vorher zurückgebracht hatte, wollte sie zwei Exemplare für Joyce, zu seinem 40. Geburtstag: als abergläubischer Ire maß Joyce Geburtstagen, Daten und Zahlen große Bedeutung bei. Sie wußte, welches Geschenk er sich am meisten wünschte. Und sie kannte Darantière.

Der Expreß kam pünktlich um 7 Uhr morgens an. »Ich stand auf dem Bahnsteig«, erinnerte sich Sylvia, »mein Herz ratterte wie die Lokomotive, als der Zug aus Dijon langsam anhielt und ich sah, wie der Schaffner mit einem Paket in der Hand ausstieg und sich nach jemand umsah – nach mir.« Sie rannte auf ihn zu, nahm die ersten beiden Exemplare des *Ulysses*, lief dann auf die Straße hinaus und hielt ein Taxi an, um zum anderen Seineufer zu fahren, zur Rue de l'Université 9, der Wohnung von Joyce. Wenige Minuten später läutete sie an dessen Tür, und der dünne, bebrillte Joyce öffnete ihr. Ein bedeutungsvolles Ereignis, das von beiden aus natürlicher Zurückhaltung nur durch eine einfache Geste begangen wurde. Sie übergab dem gebrechlichen und halbblinden Iren sein erstes Exemplar des *Ulysses*. Sein Roman – den er acht Jahre zuvor begonnen hatte und der in früheren Vorabdrucken vom New York Court of Special Sessions als »unverständlich« und »obszön« verurteilt worden war – war nun endlich verlegt worden. Es war ein Vorteil, daß die Schriftsetzer das englische Manuskript nicht lesen konnten; aber im kommenden Jahrzehnt – in dem elf Auflagen erschienen – mußte *Ulysses* in die Vereinigten Staaten geschmuggelt werden, manchmal mit falschem Einband als: *Shakespeares Gesammelte Werke.*

Sylvia kehrte an diesem Morgen in ihre Leihbücherei und Buchhandlung zurück, die nur wenige Straßen weiter in der Rue de l'Odéon gelegen war. ›Shakespeare and Company‹ war ihr wichtigstes Anliegen, aber die nächsten Monate würde sie ihre ganze Energie dem Verkauf und dem Vertrieb des *Ulysses* widmen. Obwohl es noch tagelang dauern sollte, bis die gewöhnlichen Buchexemplare an die Subskribenten verschickt werden konnten, legte sie ihr eigenes – mit dem griechisch blauen Umschlag und den weißen Buchstaben – ins Fenster. Dort, so jubelte ein in Paris lebender Engländer, wurde es »wie die Freiheitsflagge links der Seine aufgepflanzt«. Sylvia und ihre Subskribenten, die bereits vor der Veröffentlichung für ihr Exemplar gezahlt hatten, wußten, daß es den Lauf der Literaturgeschichte verändern würde. »Im Buchladen von Sylvia Beach«, behauptet Cyril Connolly, »lag der *Ulysses* wie Dynamit in einem konspirativen Keller gestapelt.« Ein junger Amerikaner in Paris gestand: »Er zerbarst über uns wie eine gedruckte Explosion, deren Wörter und Sätze auf uns herabregneten wie ein Sprachzauber, wie ein Pfingstwunder, bloß nicht so heilig.«

Kaum hatte Sylvia an diesem Morgen geöffnet, da strömten Freunde und Kunden in den Laden. Als erste kam ihre junge, französische Assistentin, Myrsine Moschos, die Tochter eines griechischen Arztes. Anschließend erschien Adrienne Monnier, Besitzerin des französischen Buchladens auf der gegenüberliegenden Straßenseite, ›La Maison des Amis des Livres‹. Ihre Lebensgefährtin Adrienne hatte Sylvia als erste um Hilfestellung bei der Veröffentlichung des *Ulysses* gebeten. Adrienne war für die französische Literatur zuständig und Sylvia für die englische. Aber beide teilten alle Verlagsgeheimnisse und hatten denselben Drucker Darantière, der schon vorher jahrelang für Adrienne gearbeitet hatte. Nach Adrienne kamen die Pariser Subskribenten. Am Nachmittag mußte sie den *Ulysses* aus dem Schaufenster nehmen, denn viele konnten nicht verstehen, weshalb ihre Exemplare noch nicht erhältlich waren. Joyce zufolge befand sich der Buchladen im »Belagerungszustand«. Eine Woche lang mußte Sylvia die kleine Gruppe französischer, amerikanischer und englischer Schriftsteller, die unbedingt ein Exemplar haben wollten, vertrösten.

Joyce schickte an diesem Tag Telegramme und Briefe an seine Freunde und Förderer. Die wichtigste unter ihnen war die Engländerin Harriet Weaver. Sie hatte die Familie Joyce jahrelang unterstützt. Förmlich schrieb er auch an Sylvia: »Ich kann den heutigen Tag nicht vorbeigehen lassen, ohne Ihnen für alle Sorgen und Nöte zu danken, die Sie im letzten Jahr für mein Buch auf sich genommen haben.« Und an diesem Abend brachte er als Tribut für ihre verlegerischen Leistungen ein Gedicht, das er in Shakespeare-Manier geschrieben hatte, in den Buchladen:

> Who is Sylvia, what is she
> That all our scribes commend her?
> Yankee, young and brave is she
> The West this grace did lend her
> That all books might published be.

Is she rich as she is brave
For wealth oft daring misses?
Those about her rant and rave
To subscribe for *Ulysses*.
But, having signed, they ponder grave.

Then to Sylvia let us sing.
Her daring lies in selling.
She can sell each mortal thing
That's boring beyond telling.
To her let us buyers bring.
J. J.

nach W. S. »The Two Gentlemen of Verona«[1]

Als die eigentliche Lieferung aus Dijon ankam, verpackten Sylvia und Myrsine zwei Stunden lang die Bücher, um sie anschließend in über 20 Länder zu verschicken. Die zierlichen Frauen schleppten die schweren Bücher – *Ulysses* umfaßte 732 Seiten und wog mehr als ein Kilo – zur Post, die einige Straßenzüge entfernt lag. Joyce konnte der Aufregung nicht widerstehen und eilte jeden Tag zum Buchladen.

»Zu gern sah ich Joyce die Straße heraufkommen, den Eschenstock schwingend, den Hut weit aus der Stirn geschoben. Adrienne und ich pflegten ihn den ›melancholischen Christus‹ zu nennen. Diesen Ausdruck hatte ich von Joyce selbst aufgeschnappt, und den ›gekrümmten Christus‹ auch.« (Beach, 1961, S. 49)

Aus Angst, etwas zu versäumen, befaßte er sich mit allen Einzelheiten des Vertriebs. In der Öffentlichkeitsarbeit bewies er Scharfsinn. »Schicken wir Miss Natalie Barney am Freitag

[1] Das Gedicht lobt die tapfere, junge Amerikanerin Sylvia, die ihren westlichen Charme mitgebracht hat, um für alle Bücher einen Verleger zu finden. Die Menge drängt sich um sie, den *Ulysses* zu subskribieren, wird aber nachdenklich, sobald die Unterschrift erfolgt ist. Sylvia gebührt nun ein besonderes Lob dafür, mit welchem Mut sie an den Verkauf geht und wie es ihr gelingt, alles, auch das langweiligste Buch, an den Mann zu bringen. Zuletzt erfolgt die Aufforderung, ihr möglichst viele Käufer zuzutreiben. (Beach, 1961, S. 99)

ein Exemplar«, schlug er vor, »denn es ist ihr Jour fixe und kommt dann zu einem günstigen Zeitpunkt.« Wenn jedoch körperliche Arbeiten wie Verpacken und Versenden fällig waren, stand Joyce im Weg. Beim Versuch, mit dem rasenden Tempo Schritt zu halten, schmierte er mehr Klebstoff in seine Haare und auf den Fußboden als auf die Umschläge. Sylvia entfernte den verschmierten Klebstoff mit Alkohol und brachte die Versendung dieser Erstausgabe alleine zu Ende. Bevor die Grenzkontrollen auch nur die leiseste Ahnung hatten, waren die ersten Bücher bei ihren Subskribenten in Dublin und London. Aber bald konfiszierten die New Yorker Hafenbehörden die Sendungen, und Sylvia stoppte den Schiffsversand. Sie plante geheime Kanäle, um die Bücher in die Hände ihrer restlichen amerikanischen Subskribenten gelangen zu lassen.

Jedem Buch lag eine Notiz mit einer Entschuldigung der Verlegerin bei:

»Die Verlegerin bittet den Leser um Nachsicht für die Satzfehler, die unter den außergewöhnlichen Umständen nicht zu vermeiden waren.«

Nur wenige wußten, wie außergewöhnlich diese Umstände gewesen waren und wie viele Fehler das Buch wirklich enthielt. Sylvia schätzte zwischen einem und sechs Fehlern pro Seite. Nicht nur konnten die Setzer kein Englisch, obendrein wurde der Text mit der Hand gesetzt! 26 Setzer, die trugen zu den Fehlern bei.

Die Aufregung in der Rue de l'Odéon im Frühjahr 1922 war eigentlich nur die physische Nachwirkung einer tiefgehenden, bislang unbemerkten künstlerischen Revolution, die in Paris seit mehreren Jahren gärte. Schon seit einem Jahrzehnt war Paris Zentrum und Anziehungspunkt internationaler künstlerischer Talente. In den Jahren nach dem 1. Weltkrieg, auf dem Höhepunkt der künstlerischen Revolution, wahrte Paris seine Intimität und blieb, wie es Ende des 19. Jahrhunderts gewesen war. Die meisten Straßen waren ruhig und friedlich, besonders im 6. Arrondissement, einem der ältesten Stadtteile, zwischen dem Boulevard du Montparnasse und der Seine. Die Rue de l'Odéon liegt in einem Quartier von Buchläden und Verlagen, nördlich vom Jardin du Luxembourg. Idyllische Hinterhöfe, enge Straßen mit Kopfsteinpflaster, die noch nicht von Fahrzeugschlangen blockiert waren, und Bistros, die noch keinen Steh-Cafés hatten weichen müssen, verliehen dieser Umgebung ein friedliches Gepräge. In der fast provinziellen Rue de l'Odéon gingen die meisten Menschen zu Fuß oder fuhren mit dem Fahrrad. Ein Frühaufsteher konnte die Geräusche der Pferdegespanne hören. Hier, weit weg vom lauten Getöse der sozialen Umwälzung, lag ein ruhiges Zentrum künstlerischer Erneuerung.

Bei ›Shakespeare and Company‹ trafen sich französische, irische, englische und amerikanische Schriftsteller wie James Joyce, Paul Valéry, André Gide, T. S. Eliot, Ernest Hemingway und Ezra Pound. Von 1919 bis 1941 war dieser Buchladen Treffpunkt, Klubhaus, Post, Bank und Lesesaal für die berühmten und beinahe berühmten Avantgardisten. Die Eröffnung des Buchladens im Herbst 1919 stimulierte die französische Begeisterung für amerikanische Literatur. Zwei Jahre danach trafen amerikanische Künstler in Paris ein, unter ihnen Thornton Wilder, Stephen Vincent Benét, Hemingway und Archibald MacLeish. Innerhalb weniger Jahre wurde der Buchladen nach Morill Codys Worten »die Wiege der amerikanischen Nachkriegsliteratur«.

Gewiegt, also geleitet wurde dieser literarische Austausch von der Hand einer zierlichen, energischen Amerikanerin. Sylvia versorgte und unterstützte die jungen Künstler. Sie regte sich über Hemingways Eßgewohnheiten auf und organisierte Geld für den Komponisten George Antheil. Trotz allem war sie ihnen eher eine Schwester als eine Mutter. Die Künstler waren nicht wesentlich älter oder jünger als sie selbst – Hemingway war zwölf Jahre jünger und Joyce fünf Jahre älter. Hemingway beschreibt sie voller Bewunderung:

»Sylvia hatte ein lebendiges, scharf geschnittenes Gesicht, braune Augen, die so lebendig waren wie die eines kleinen Tieres und so fröhlich wie die eines jungen Mädchens. Das wellige, braune Haar war von der Stirn zurückgekämmt und hinter den Ohren auf Kragenhöhe geschnitten. Sie trug eine braunsamtige Jacke. Sie hatte hübsche Beine, war freundlich, fröhlich, interessiert und liebte Scherze und Klatsch. Niemand, den ich kannte, war netter zu mir.« (Hemingway, *Ein Fest fürs Leben*, 1980, S. 29)

Sylvia kam mit ihrer Schwester Cyprian nach Frankreich, arbeitete im 1. Weltkrieg für das Rote Kreuz, studierte französische Literatur in Paris, eröffnete als Ausländerin und alleinstehende Frau ihren eigenen Buchladen, verlegte ein Buch, das die Welt und besonders die Freunde in Amerika für erotisch und schockierend hielten, und trat als freie, unabhängige Frau auf – sie trug einen Kurzhaarschnitt, rauchte andauernd, ging unbegleitet in Paris spazieren, handelte mit Schildermachern, Fensterputzern und Buchhändlern. Mit ihrer Abenteuerlust und ihrem Mut gehörte sie zur ersten Generation emanzipierter Frauen dieses Jahrhunderts.

Trotz ihrer Unabhängigkeit und Freiheit war Sylvia Beach jedoch eine Frau ›für andere‹. Sie hatte die Fürsorglichkeit und das Moralempfinden ihrer Familie geerbt. Die pflegerischen Fähigkeiten waren ihr gleich zweimal in die Wiege gelegt worden: sie war als Frau in einem Pfarrhaus zur Welt gekommen. Als Tochter und Enkelin presbyterianischer Pfarrer wählte sie zwar nicht den traditionellen Dienst als Ehefrau, Mutter und Gemeindeschwester, aber sie diente der Kunst und besonders den Künstlern, die die Welt der Literatur veränderten. Ein Mädchen, das im ersten Jahrzehnt des 20. Jahrhunderts als Pfarrerstochter erzogen wurde, lernte helfen. Ohne ihre Dienstbereitschaft, im Falle Joyce sogar Aufopferung, beschönigen zu wollen, muß man mit gönnerhaften Hinweisen auf weibliche Selbstbescheidung vorsichtig sein. Sie wählte sich ihre Aufgabe selbst. Sie war tapfer, vorausblickend und selbstsicher. Nachdem sie das saubere, presbyterianische Princeton verlassen hatte, zog sie nach Paris als Freidenkerin, als Freundin der Avantgarde, als eine Frau, die niemals heiraten sollte. Sie diente den Künstlern mit religiösem Eifer. »Niemals bedauerte sie, zu viel getan zu haben«, erinnert sich Marianne Moore. Obwohl Sylvia keine literarischen Ambitionen hatte, lebte sie zwischen Büchern, vertraute ihrem eigenen literarischen Urteil, half Künstlern, an die sie glaubte, und teilte mit ihnen die Freude über ihren Erfolg. Sie war eine kontaktfreudige und temperamentvolle Person, besaß eine nervöse, unruhige Energie und eine witzige, unsentimentale Intelligenz. Manchmal setzte sie die schmeichelhafte und entwaffnende Diplomatie einer Pfarrerstochter ein, und zwar so klug wie Machiavelli. Sie bewahrte ihre Identität unter den vielen dominanten Persönlichkeiten.

Die größte Leistung der Gastgeberin, Verlegerin, Buchverleiherin und Buchverkäuferin bestand jedoch darin, daß sie als Schrittmacherin die zeitgenössische, experimentelle Literatur zugänglich machte, daß sie den Franzosen durch Lesungen, Übersetzungen und Kritiken amerikanische Werke vorstellte, Künstler und Öffentlichkeit zusammenbrachte und Künstler der verschiedensten Nationen vereinte. Sie ermutigte junge Autoren, kritische Aufsätze zu schreiben, beeinflußte sie in der Wahl ihrer Lektüre, fand Drucker und Übersetzer, auch Unterkunft und Gönner für sie, empfing ihre Post, lieh ihnen Geld, trieb für sie Schulden ein und bettelte für sie um finanzielle Unterstützung. Eine Trennungslinie zwischen persönlicher und beruflicher Hilfe wurde nie gezogen. Sie veranstaltete nicht nur Ausstellungen und Lesungen, sondern fungierte als Vertreterin kleiner Magazine und Verlage und war selbst Übersetzerin und Verlegerin. Die englische Autorin Winifred Ellerman, die sich Bryher nannte, fragte sich, »ob je ein Mitbürger mehr für die Verbreitung amerikanischer Kultur im Ausland getan hat?«.

Normalerweise wird der Verleger eines bedeutenden neuen Werkes nicht berühmt, aber sie war die Ausnahme. Sie wurde bald mit Nachfragen bombardiert und hätte sicherlich ein erfolgreiches Verlagshaus gründen können. Sie zog es jedoch vor, eine Anlaufstelle für Schriftsteller zu bleiben.

2. KAPITEL

Sylvia Beach ... and Company
1919-1920

Die Epoche Strawinskys, Picassos und des Kubismus neigte sich dem Ende zu, als ›Shakespeare and Company‹ am 17. November 1919 eröffnete. Gertrude Stein und Alice B. Toklas waren im Mai aus Palma de Mallorca, ihrem Zufluchtsort während des Krieges, zurückgekehrt und stellten fest, daß »Freunde verschwunden waren und eine Epoche zu Ende gegangen war: Matisse war in den Süden gezogen; Picasso ... spielte den erfolgreichen, weltmännischen Ehemann; Apollinaire war gestorben«. Mit ›Shakespeare and Company‹ begann eine neue Epoche. In den nächsten Monaten sollten Pound und Joyce in Paris ankommen, und bald sollte der Einfluß amerikanischer und britischer Literatur am linken Seineufer spürbar werden. Im nächsten Jahr, 1921, trafen Malcolm Cowley, Ernest Hemingway, Thornton Wilder, Robert McAlmon und Sherwood Anderson ein. Und dann folgten die Massen, die die Cafés am Boulevard Montparnasse überschwemmten.

Die Franzosen waren von der Eröffnung des Buchladens sehr beeindruckt. Er war nicht nur die erste Kombination von englischem Buchladen und Leihbücherei in Paris, sondern er glich überhaupt keinem anderen Laden – besonders die Besitzerin war außergewöhnlich. »Ich muß zugeben, daß alle verblüfft waren«, vertraute Sylvia ihrer Mutter an. Ihre samtene Smoking-Jacke gefiel den Franzosen ebenso wie die schwarzweißen serbischen Wollteppiche auf dem Holzboden. Die beigen Sackleinen, die die alten Wände verkleideten, und die helle Farbe auf den Leisten verliehen dem Raum eine weiche Atmosphäre. Adrienne hatte vorgeschlagen, die Wände in einem »Kriegsschiffgrau« zu streichen, aber Sylvia bevorzugte hellere Farben. Die einzigen dunklen Gegenstände im Raum waren die antiken Möbel, die sie und Adrienne auf dem Flohmarkt gekauft hatten. An der Wand standen Gestelle für englische und amerikanische Zeitschriften: *Dial, Nation, Chapbook, New Republic, New Masses, Poetry, Egoist* und *New English Review.* Außerdem führte sie den *Playboy*, der, anders als der uns heute bekannte Namensvetter, ein literarisches Magazin war, das zwischen 1919 und 1921 und von 1923 bis 1924 in New York herausgegeben wurde. Zeichnungen von Blake, Manuskripte von Walt Whitman und Fotos von Oscar Wilde, E. A. Poe und Whitman schmückten eine andere Wand. Dahinter lagen ein kleiner Abstellraum und eine Küche mit Gasherd und fließendem Wasser und Platz für eine Person.

›Shakespeare and Company‹ war der »Inbegriff eines literarischen Buchladens«, erinnert sich ein Besucher, »wie ihn kein Bühnenbildner hätte pittoresker entwerfen können, und mit einer authentischen Wärme, die seitdem Tausende von Kunstbuchhändlern vergebens zu erzeugen versuchten.«

Bewegt sah Sylvia zu, als der Name ›Shakespeare and Company‹ auf die Fassade gemalt wurde. Den früheren Plan, ihren Laden ›The Little Book Club‹ zu nennen, hatte sie glücklicherweise aufgegeben. »Der Name ›Shakespeare and Company‹ fiel mir eines Nachts im Bett ein«, berichtete sie. »Ich hatte den Eindruck, daß mein ›Partner Bill‹ dem Unternehmen stets wohlwollend gegenüberstand... außerdem war er ein Bestseller.« Adriennes Freund Charles Winzer fertigte ein Porträt an, das Shakespeare mit einem eierförmigen Kahlkopf, schräggestellten Augen und einer goldenen Kette um den Hals darstellte und an einen eisernen Haken vor die Tür gehängt wurde. Dieses typisch englische Schild war für Pariser Geschäfte unüblich, daher wurde es von Adrienne mißbilligt. Auf dem Schaufenster stand ›Lending Library‹ und ›Bookhop‹. Diese Schreibweise erschien Sylvia seltsam passend, und sie verbesserte sie nicht. Bisweilen stiftete das Aushängeschild Verwirrung. Eines Tages betrachtete es ein Franzose, der sich mit englischer Literatur nicht auskannte. Würdevoll betrat er den Laden. »*Est-ce que vous êtes M. Shakespeare?*« fragte er einen bärtigen Kunden, der an einem Tisch saß. »Nein, ich bin nicht Mr. Shakespeare. Ich gehöre nur zur Company«, antwortete der Kunde. »Dann ist das Porträt draußen von M. Company und nicht von M. Shakespeare?« fragte der verwirrte Franzose. Der Mann, der am Tisch saß, zeigte auf Sylvia und stellte sie als Mlle. Shakespeare vor. Sichtlich zufrieden verließ der Franzose den Laden.

Die ersten Besucher waren Adriennes französische Kunden, selbst diejenigen, die kein Englisch konnten. Sie brachten Blumen und Ermunterungen. Während Adrienne Monate und Jahre gebraucht hatte, um diese Kunden zu gewinnen, erbte Sylvia ihre Kundschaft gleich von Adrienne. Eine Zeitlang glaubte sie, ›Shakespeare and Company‹ werde in erster Linie ein englischsprachiger Buchladen mit Ausleihe für die Franzosen sein. Die Eröffnung wurde nicht formell angekündigt, aber sowohl die Scharen von Handwerkern in und vor dem Laden als auch die Gespräche bei Adrienne steigerten das Interesse der Leser. Ein hilfsbereiter Kellner eines nahe gelegenen Cafés hatte kaum die Fensterläden von ›Shakespeare and Company‹ geöffnet, als die erste Kundin hereintrat, um der Leihbücherei beizutreten: Thérèse Bertrand, Medizinstudentin und Freundin Adriennes. Unter den vielen Studenten, die später zu den Mitgliedern der Leihbücherei zählten, war Thérèse Sylvias Liebling, denn sie besaß alle Qualitäten, die Sylvia an einer Frau bewunderte – Intellekt, Neugier und Unabhängigkeit. Wie Sylvia bestätigt, spielte sie hervorragend Tennis, war belesen (in den nächsten zweiundzwanzig Jahren entlieh sie sämtliche amerikanischen Neuerscheinungen) und machte eine berufliche Karriere; sie wurde ›Médecin des Hôpitaux‹. Sie wurde die Ärztin von Sylvia, Adrienne und Joyce.

Am nächsten Tag (dem 18. November) war Sylvia sicher, daß die Eröffnung ein Erfolg gewesen war. Dank dem Besuch von Louis Aragon, dem hübschen zweiundzwanzigjährigen Dada-Dichter und ergebenen Bewunderer ihrer Schwester Cyprian, hielt sich ihre gute Laune auch noch länger. Aragon war Cyprian einmal zum Vogelmarkt gefolgt, hatte ihr seine Gefühle gebeichtet und gewünscht, sie aus einem brennenden Gebäude zu retten. Als er an diesem Tag nach Cyprian fragte, erfuhr er von Sylvia, daß sie schon seit Februar wieder in New York sei, bei Brentano arbeite und nach Rollen beim Film Ausschau halte. Der enttäuschte Aragon blieb, um Sylvia zu unterhalten und zu amüsieren. Er sprach ein akzentfreies Englisch und war als eloquenter, unermüdlicher Erzähler bekannt. Er rezitierte für sie seine Gedichte, die im Jahr darauf unter dem Titel *Feu de Joie* (Freudenfeuer) veröffentlicht wurden. Sein Gedicht ›La Table‹ bestand nur aus den Worten *la table*, die bis zum Ende immer wiederholt wurden. »Das Alphabet« war nichts anderes als: »A, b, c, d, e...«

Im März 1919 hatte Aragon mit seinen Freunden André Breton und Philippe Soupault eine Zeitschrift mit dem satirischen Titel *Littérature* gegründet. Die Zeitschrift wurde zum Organ der französischen Dada-Bewegung. »Jedes verständliche Kunstwerk ist das Produkt eines Journalisten«, erklärten die Dadaisten. Diese Männer sollten bald die Gründer des französischen Surrealismus werden. Der englische Journalist und Herausgeber Sisley Huddleston behauptet, Dada und Surrealismus seien in der Rue de l'Odéon zur Welt gekommen:

»Adrienne erhielt die ersten Dada-Exemplare aus Zürich und lieh sie Jean Paulhan. Sie wurden von Louis Aragon, André Breton, Philippe Soupault gelesen, und so verbreitete sich der Dadaismus in Paris, wandelte sich zum Surrealismus und begann die Literatur zu revolutionieren.« (Huddleston, *The House of the Friends of Books*)

In jenen ersten Novembertagen wurde Sylvias Buchladen von vielen französischen Autoren besucht – Léon-Paul Fargue, Valery Larbaud, André Gide, George Duhamel und Jules Romains. Bereits in der ersten Woche kamen die Kunden, die in den nächsten zweiundzwanzig Jahren ihre treuesten Gönner und Freunde wurden. Der Musikstudent Jacques Benoist-Méchin spielte eine Schlüsselrolle in den dramatischen Ereignissen in der Rue de l'Odéon.

Schon bald benötigte Sylvia mehr Bücher und mehr Geld. Dringend bat sie ihre Mutter um weitere 1000 Dollar und um billige Gedichtausgaben von Walt Whitman, die sie aus England nicht beziehen konnte. Aus England erhielt sie ein ungebetenes Paket von Elkin Mathews. Dieser machte sich ihre geschäftliche Unerfahrenheit zunutze und schickte ihr Dutzende von »Nachtigallen« (rossignols), wie die Franzosen ihre unverkäuflichen Ladenhüter nennen. Sylvia schickte sie mit einem frostigen Brief zurück.

»Die Taufe« von ›Shakespeare and Company‹ fand zwei Wochen nach der Eröffnung statt. Sylvia war die Mutter. Der Pate, Valery Larbaud, brachte den Portwein, die Patin Adrienne gezuckerte Mandeln, *dragées* für das *nouveau né*. Natürlich war Adrienne außerdem die Hebamme. Der angesehenste französische Kritiker fremdsprachiger Literatur, Larbaud, wurde Sylvias Stammkunde. Er war wie sie von Walt Whitman begeistert. Larbaud hatte über Whitmans Gedichte geschrieben und ihn als den »Dichter einer entstehenden Nation« gepriesen. Den meisten Lesern dürfte Larbaud heute durch seinen Roman *A. O. Barnabooth*, der unter den jungen Franzosen und Südamerikanern sehr beliebt war, bekannt sein. Als Wissenschaftler und Übersetzer war er auf die beiden Leihbüchereien angewiesen. Selten hat ein anderer die französische Literatur in England und in den Vereinigten Staaten besser vorgestellt oder englische und amerikanische Literatur eleganter ins Französische übersetzt. Seine größte Herausforderung wurde die Federführung bei der Übersetzung der Joyce-Werke, die ihm von Sylvia angetragen wurde. Sylvia machte ihn nicht nur mit dem Werk, sondern auch mit dem Autor selbst bekannt.

Larbaud war korpulent, hatte einen kurzen Hals und einen

großen, viereckigen Kopf. Er selbst fand, er sähe wie ein Nilpferd aus, aber Sylvia schrieb in ihren *Memoiren*, daß er:

»einer der attraktivsten Männer war. Persönlich war Larbaud ganz reizend. In seinen großen, schönen Augen lag ein ungemein freundlicher Ausdruck. Er war kräftig gebaut, der Kopf saß fest auf den Schultern, er hatte äußerst wohlgebildete Hände und war stolz darauf, ebenso auf seine Füße, die er in viel zu kleine Schuhe zwängte. Besonders charmant war er, wenn er lachte – er schüttelte sich lautlos und wurde rot dabei. Und wenn er einen Vers aus einem Gedicht zitierte, das er gerne hatte, wurde er blaß und weinte.« (Beach, 1961, S. 67)

Larbauds Vater hatte jene Heilquellen entdeckt, die Vichy berühmt und die Familie reich gemacht hatten. Als junger Mann hatte Larbaud Coleridges *Rime of the Ancient Mariner* übersetzt und auf eigene Kosten verlegt. Er machte sein Philologieexamen an der Sorbonne und reiste ausgiebig. Er sprach fließend Italienisch, Spanisch und Englisch, das er nach Französisch am meisten liebte. Sylvia erinnert sich: »Er beherrschte die englische Sprache so gut, daß er sich mit Shakespeare-Spezialisten im *Times Literary Supplement* über Shakespeares Gebrauch des Wortes ›motley‹ (buntscheckig) auseinandersetzen konnte.«

Durch seine Liebe zur amerikanischen Literatur lernte er Sylvia kennen. Sie berichtete:

»Meine Aufgabe bestand darin, ihn mit unseren jungen Schriftstellern bekanntzumachen, und jedesmal, wenn er die Buchhandlung verließ, hatte er einen Packen ihrer Bücher unter dem Arm. Auch traf er hier mit Prachtexemplaren der jungen Generation in Fleisch und Blut zusammen.« (Beach, 1961, S. 65-66)

Zur Taufe des Buchladens schenkte Larbaud Sylvia, oder seinem Patenkind ›Shakespeare and Company‹, ein kleines Shakespeare-Haus aus Porzellan, das er seit seiner Kindheit hatte. Einige Monate später kam er mit einem großen Kasten in die Buchhandlung und lud Sylvia zum Tee ein. Er verkündete, als

Pate wolle er das Gebäude schützen. In dem Kasten waren Zinnsoldaten: George Washington tauchte stolz zu Roß inmitten seines Stabes und mit einer Kompanie von West-Point-Kadetten auf. Larbaud hatte die Herstellung der Spielzeugsoldaten selbst überwacht, und da er sich in der Bibliothèque Nationale in die entsprechenden Dokumente vertieft hatte, stimmten alle Einzelheiten bis hin zu den Knöpfen, die Larbaud eigenhändig bemalt hatte.

Larbauds engster Freund war der dreiundvierzig Jahre alte Dichter Léon-Paul Fargue, der ihn mit Adrienne bekannt gemacht hatte. Er war eine der berühmtesten Gestalten im literarischen Leben von Paris – ein Bohemien, ein Poet der Straßen, der die Stimme der Nacht, den Geruch der Gassen und die Schatten der Häuser beschwor. In einer frühen Fassung ihrer Biographie vergleicht Sylvia die ungleichen Freunde Larbaud und Fargue folgendermaßen:

»Der eine, Larbaud, war sehr höflich, gekleidet wie ein Dandy, methodisch bei seiner Arbeit, ein Seigneur (jedoch kein Grand Seigneur), kein Erzähler, altruistisch und ein großer Bewunderer der Fähigkeiten anderer Menschen. Der andere, Fargue, war ein egoistischer Bohemien, ohne Zeitgefühl und allein mit sich selbst beschäftigt, aber ein genialer Dichter.«

Im Gegensatz zum Sprachgenie Larbaud sprach Fargue kein Wort Englisch. Dennoch war er am Eröffnungstag dabei, und als Freund besuchte er ›Shakespeare and Company‹ sehr häufig. Er fühlte sich zu Hause zwischen diesen Büchern in einer Sprache, die er nicht lesen konnte. Da er Adriennes Buchladen täglich besuchte und ein enger Freund von Adriennes Schwester Marie Monnier war, gehörte er gewissermaßen zur Familie. Jeden Nachmittag erzählte er seinen Freunden, die er »les Potassons« nannte, bei Adrienne spannende Geschichten. Larbaud war sein aufmerksamster Zuhörer. Sylvia fand Fargue faszinierend und seine Wortschöpfungen »so unvorstellbar obszön, ... daß mich im *Ulysses* nichts mehr schockieren konnte, nachdem ich Fargue gehört hatte«. Wenn er auftauchte, zog er sofort das Gespräch an sich, das zu einem witzigen Monolog wurde. Wie Fargue und Larbaud liebte Sylvia Wortspiele und Scherze. »Liebe zum Sprachspiel und zum Spiel selbst gehörte zum *esprit* der Bürger von Odéonien.« Joyce machte da nicht mit. Er hob sich seine Sprachschöpfungen für seine Werke auf. Außerdem widersprach es seinen bürgerlichen Ansichten, diese Sprache in Gegenwart von Damen zu benutzen. Bei den Geschichten von Fargue pflegte Joyce zu erröten. Hemingway jedoch mochte von allen Franzosen, die Sylvia ihm vorstellte, ihn »am liebsten«.

Fargues Leben steckte voller Anekdoten. Sylvia schreibt in ihren *Memoiren*[2]:

»Fargue wurde sehr oft eingeladen, machte aber, wie gesagt, seinen Gastgeberinnen allerhand Kummer, da er keinen Zeitbegriff kannte und immer zu spät kam. Sie verziehen ihm stets, denn wenn er dann erschien, unterhielt er die Gesellschaft großartig – und selbst während man auf ihn wartete, wußte jeder etwas über Fargues Tun und Treiben zu erzählen, und der Geschichten über ihn war kein Ende. Er fuhr immer in Taxis herum, die er stundenlang warten ließ, bis der Chauffeur schließlich nach ihm Ausschau hielt. Einer der Taxifahrer sah einmal, wie Fargue endlich herauskam und ein anderes Taxi anhielt. Er hatte das erste, das so lange wartend vor dem Haus gestanden hatte, total vergessen.« (Beach, 1961, S. 170)

Einige seiner »Potassons«, auch Sylvia, erzählten, daß er eines Tages zu einer Party eingetroffen sei, sich beim Eintreten für sein Zuspätkommen entschuldigt und gefragt habe, wann die anderen Gäste gegangen seien. »Vor einer Woche«, antwortete der Gastgeber.

Fargue begleitete Sylvia, als sie die Räume für ›Shakespeare and Company‹, eine ehemalige Wäscherei, besichtigte. Er wollte Sylvia unbedingt erklären, wie es früher in der Wäscherei ausgesehen hatte. Er zeichnete ihr auf, wie der Ofen ausge-

2 Sylvia Beachs veröffentlichte *Memoiren, Shakespeare and Company*, werden künftig kursiv geschrieben, während die unveröffentlichten »Memoiren« durch Anführungszeichen gekennzeichnet sind.

sehen haben mußte und wie man die Bügeleisen draufstellte. Seine Zeichnung signierte er mit »Léon-Poil Fargue« – ein Wortspiel mit dem französischen Wort »poêle« (Ofen). Bei seinen späteren Besuchen kam er zu ungewöhnlichen Zeiten. Er freute sich, daß Sylvias Geschäft jeden Tag, außer an Sonn- und Feiertagen, von 9 Uhr bis 12 Uhr und von 14 Uhr bis 19 Uhr geöffnet war. Sie versuchte, Mittwoch nachmittags zu schließen, um ihre persönlichen Einkäufe zu erledigen. Später verkürzte sie die Öffnungszeiten, doch in den Anfangsjahren verbrachte sie viele Abende im Geschäft, manchmal bis Mitternacht, und dann konnte es vorkommen, daß Fargue, die Nachteule, vorbeischaute:

»Es war einfach eine Notwendigkeit für ihn, seinen Freunden überallhin zu folgen. Als Larbaud einmal seine Tür nicht öffnete, verschaffte Fargue sich eine Leiter und kletterte zum Fenster hinauf. Larbaud erzählte, er habe schreibend an seinem Tisch gesessen, als er plötzlich Fargue zum Fenster hereinschauen sah. Fargue, der Nachtvogel, stand erst am frühen Nachmittag auf und machte wie ein Briefträger seine Runde.« (Beach, 1961, S. 168)

Zu den »Potassons« gehörte auch die Jurastudentin Raymonde Linossier, ebenfalls eine Bewunderin Fargues. Sie besaß seine sämtlichen Werke, ja, auch die meisten seiner Manuskripte. Raymonde war unter den ersten Mitgliedern von Adriennes Bücherei und wurde bald zu einer guten Freundin Sylvias. Sie hütete das Geschäft, wenn Sylvia eine Besorgung machen mußte, einen literarischen Empfang besuchte oder ins Stadtbad schwimmen ging. Die französischen Schriftsteller waren 1918 auf Raymonde, die Adrienne täglich besuchte, aufmerksam geworden, als sie *Bibi-la-Bibiste* (was Sylvia salopp mit »Mich-die-Michste« übersetzte) veröffentlichte. Dieses vierzehnseitige Werk hatte sie ihrem guten Freund, dem Komponisten Francis Poulenc gewidmet. Er war Mitglied der Musikgruppe ›Groupe des Six‹; genannt »Die Sechs«. Ein Exemplar des Werkes gab Sylvia Ezra Pound, der es dann an die *Little Review* sandte und von einem großen Werk sprach.

Seine Behauptung, daß es ein Buch von »absoluter Klarheit und absoluter Form« sei, belustigte Sylvia nur, und sie konnte sich nicht vorstellen, daß »die Franzosen mit ihren Behauptungen so weit gegangen wären, von Raymonde selbst ganz zu schweigen«. Raymonde war eine talentierte Schriftstellerin, die ihr Talent weder ausbildete noch auch nur zur Kenntnis nahm. *Bibi* wurde anonym veröffentlicht, auf dem Einband stand: »Die Schwestern X« (Raymondes Schwester, Dr. Alice Linossier-Ardoin, hatte lediglich für die Publikation bezahlt). Sylvia glaubte, daß sie sich so schützen wollte, denn sie behielt ihre »große Selbstlosigkeit und ihr gütiges Herz« wie ihre Schriftwerke für sich oder versteckte sie hinter Paradoxien und Komik. Als »wohlerzogene Tochter eines berühmten Arztes« verheimlichte sie ihre Werke und ihre Bekanntschaft mit Literaten. Sylvia empörte sich über diese prüden Hemmungen der französischen Frauen:

»Für ein amerikanisches Mädchen wie mich, das immer alle Freiheit gehabt hatte zu tun, was es wollte, war es schwer zu begreifen, warum Raymonde immer alles geheimhalten mußte. Ich konnte absolut nicht verstehen, weshalb ein junges Mädchen zwar mit den Leuten vom Gericht Umgang haben, eine Prostituierte verteidigen, ja sogar eine beachtliche Studie über Prostitution machen, sich aber nicht mit einem Fargue oder einem Joyce sehen lassen durfte.« (Beach, 1961, S. 171)

Am 1. Dezember, zwei Wochen nach der Eröffnung, schaute Sylvia aus dem Fenster und sah, wie Adrienne, im langen Cape und mit Wollmütze, in Begleitung eines schmalen Mannes, in Umhang und breitkrempigem Stetson-Hut, um die Ecke bog. »Der sieht ja aus wie William S. Hart«, dachte sie, als sie André Gide erkannte, den sie schon öfters bei Adrienne lesen gehört hatte. Seine Gegenwart schüchterte sie ein, und jetzt wollte sie unbedingt Gide in ihrem Laden begrüßen. Adrienne mußte sich anstrengen, um mit ihm Schritt zu halten. Schließlich kamen sie in den Buchladen, wo sich die drei unterhielten. Sylvia nahm eine große Leihkarte und schrieb darauf: »André Gide, 1, Villa Montmorency, Paris XVI; 1 Jahr; ein Band.« Sie zitterte und machte deshalb einen Tintenklecks. Aber ihre Schüchternheit verschwand, im Gegensatz zu dem Klecks, und Gide wurde ein sehr treuer Unterstützer. In den späten dreißiger Jahren führte Gide die Gruppe an, die das Geschäft rettete. Gide war kompliziert und stolz, aber zu ihren Aushilfen war er sehr freundlich. Eine von ihnen erinnerte sich, daß »er sich gerne mit jungen Mädchen unterhielt«. Gide, Mitbegründer der *Nouvelle Revue Française* (1908), war zwar ein respektierter Kritiker, jedoch ein Abtrünniger der französischen Literatur. Seine Werke, unter denen *L'immoraliste* (1902) das wichtigste war, betonen seine Abscheu vor religiösen und moralischen Schranken. Sein ikonoklastischer Roman *Les Caves du Vatican*, 1914, dessen Held Lafcadio einen offenbar sinnlosen Mord begeht, war bei der französischen Jugend sehr beliebt. Sylvia glaubte, daß sich die jungen Franzosen nicht entscheiden konnten, ob sie Gides Lafcadio oder Larbauds Barnabooth nachahmen sollten. Im Jahre 1919 war der fünfzigjährige Gide ein führender Schriftsteller der neueren Selbsterkenntnis- und Bekenntnisliteratur. Fünf Jahre später führte sein *Corydon* (1924), der Dialoge über Homosexualität enthält, zu einer heftigen Kontroverse. Gide verachtete Proust dafür, daß dieser die eigene Homosexualität diskret verhüllte. Sylvia liebte wie Gide die persönliche Freiheit, fand auch Homosexuelle sympathisch, verstand jedoch nicht sein Bedürfnis, die sexuelle Orientierung öffentlich in seinen Werken zu verkünden.

Die Freunde von ›Shakespeare and Company‹ akzeptierten sich nicht immer wechselseitig. Adrienne liebte die Dichtung von Paul Claudel – einem frommen katholischen Mystiker –, der französischer Botschafter in Japan war. Adrienne fand, er sähe aus wie ein chinesischer Donnergott. Nach der Veröffentlichung von Gides *Les Caves du Vatican* verweigerte Claudel die Mitarbeit an einer Übersetzung von Whitmans

Gedichten, die sie schon seit 1913 geplant hatten. Claudel leugnete den Einfluß von Whitman sofort, als Gide bei Whitman eine verwandte homoerotische Gesinnung feststellte. Vergebens versuchte Claudel, den Hugenotten Gide zur Konversion zu bewegen (ihre Korrespondenz, die 1949 veröffentlicht wurde, zeigte Gides Annäherung zum Katholizismus). Einmal erklärte Claudel dem Sohn von Francis Jammes, daß Gide einst in der Hölle schmoren werde. Mit einer Geste, die auch das Prestige der französischen Schriftsteller kennzeichnet, ließen die Studenten Gide das letzte Wort. Auf einer Anzeigetafel in der Sorbonne hing nach Gides Tod (1951) ein Telegramm, das angeblich von Gide unterschrieben war: »L'enfer n'existe pas. Préviens Claudel« (Es gibt keine Hölle. Warne Claudel).

Zu den anderen französischen Schriftstellern, die in den ersten Wochen nach der Eröffnung Förderer von ›Shakespeare and Company‹ wurden, zählten Georges Duhamel, Arzt und Schriftsteller; Luc Durtain, ebenfalls Arzt (er hatte in den Schützengräben Gedichte über den Krieg geschrieben); André Maurois und Jules Romains. Duhamel spendete mit Widmungen versehene Exemplare seiner Romane und Essays über Lazarettszenen während des 1. Weltkrieges. Durtain brachte seine Verse auf einem Motorrad in die Buchhandlung. Die erste Leihkarte von Maurois wurde am 19. Dezember 1919 ausgestellt. Im Krieg war er Verbindungsoffizier zu den britischen Streitkräften gewesen und hatte dabei die englische Literatur schätzen gelernt. Auch er steuerte seinen Roman bei, Les Silences du Colonel Bramble, 1918, in dem er eine englische Offiziersmesse ausführlich analysiert. Später schrieb er keine Romane mehr, sondern Biographien über Sand, Proust, Hugo, Shelley, Balzac, Disraeli und andere.

Diese Franzosen waren mehr als nur Förderer ihres Ladens. Mit Sylvia und Adrienne bildeten sie einen literarischen Freundeskreis; sie trafen sich oft und arbeiteten zusammen. Ein Beispiel für diese Freundschaften ist die Verbindung von

Sylvia und Jules Romains. Das erste Mal hatte Sylvia seine Werke im Jahre 1914 in der New York Public Library gelesen und ihn drei Jahre später nach einer seiner Lesungen im ›Maison des Amis des Livres‹ persönlich kennengelernt. Romains war einer der ersten Kunden von ›Shakespeare and Company‹, aber er verpaßte zu Sylvias Bedauern die ›Taufe‹, denn er war in Barcelona. Sylvia wurde bald ein regelmäßiger Gast bei Romains, einem unverbesserlichen Witzbold, dessen Abendunterhaltungen sich meistens um eine Intrige oder irgendwelche Heimlichkeiten drehten. Beispielsweise trafen sich die »Copains« – so nannte er seine Freunde auch in seinem gleichnamigen Buch – in einem anrüchigen Pariser Stadtteil, verkleidet in einem Bistro. Es ging dabei darum, wer die beste Verkleidung hätte und zuletzt von den anderen erkannt würde. Die »Copains« waren im Bistro, aber Romains war nirgends zu sehen. Ein Individuum, die Mütze tief in die Stirn gezogen, lungerte draußen an einer Ecke herum und starrte sie auf unangenehme Weise an. Jemand meinte im Scherz, dieser Typ sei vielleicht Romains. Er kam ins Bistro und tatsächlich, es war Romains.

Der Charakter dieser Gruppe war ein Beispiel für Romains' Lehre vom *unanimisme*, einer Art städtischen Pantheismus, der besagt, daß der Geist des Individuums Teil eines Gruppen- oder Volksgeistes wird – eine Lehre, die Whitmans Theorie universeller Brüderlichkeit ähnelt. In Romains' großem Roman *Mort de Quelqu'un* von 1911 wird Jacques Goddard bei seinem Tode ein Teil des Lebens seiner Nachbarn, deren Prozession sich durch die Straßen windet und Teil der Stadt wird. Adrienne war von der Idee, daß individuelles Leben seinen größten Wert in der Gruppe erhält, besonders angetan. Unanimismus erschien ihr als »ein großer, fruchtbarer Gedanke. Es war die stärkste und klarste Antwort... auf die religiöse Frage.« Wenn Adrienne, Romains und Durtain nachmittags oder samstags eine *promenade des copains* machten, bat Sylvia einen Freund, das Geschäft zu übernehmen. Arm in Arm wanderten sie durch die ältesten Pariser Straßen und tranken Weißwein in den *guinguettes* (Kneipen, in denen getanzt und gesungen wird).

An einem Sonntag begleitete Romains sie mit dem Zug nach Beauvais, um die Kathedrale zu besichtigen. Er machte sie auch mit Copeaus Theatertruppe (1913-1924) am Théâtre du Vieux-Colombier bekannt; zur Truppe gehörte auch Blanche Albane, die Frau von Georges Duhamel. Gemeinsam besuchten sie Copeaus Inszenierung von Duhamels großem Erfolg *L'Œuvre des Athlètes*; das Stück trägt den Namen des Literaturclubs, über den es sich mokierte. Blanche Albane karikierte in ihrer Rolle die zeitgenössischen französischen Schriftsteller. Und sie sahen Romains' Theaterstück *Donogoo-Tonka*, ein Auszug aus seinem Roman *Les Copains* und Copeaus Aufführung von Romains' *Cromedeyre-le-vieil*, in dem die Bewohner eines einsamen Bergdorfes energisch ›Unanimismus‹ vertreten und zu primitiven Sitten zurückkehren.

Sylvia kam in ein Milieu, das nach ihren eigenen Worten »hermetisch abgeschlossen war wie ein Harem«. Sie war die einzige »profane Ausländerin« in dieser auserwählten Gruppe. Zu den »Copains« gehörte sie wegen ihres Wissens über amerikanische Literatur. Ihre Kenntnisse und ihr Enthusiasmus für Whitmans Gedichte – wie auch ihre Freundschaft mit Adrienne – waren ihr Wegweiser zum Wesen des ›Unanimismus‹, auf dessen Höhepunkt sie schließlich 1926 eine Whitman-Ausstellung organisierte.

Obwohl Sylvia Whitman bevorzugte, verkaufte und verlieh sie anfangs mehr englische Literatur. So verkaufte sie zum Beispiel in den wenigen Wochen Ende 1919 mehr englische als amerikanische Bücher. Sie verkaufte vier Bücher von Alan Seeger, drei von Joseph Conrad, zwei von William Butler Yeats, Joyces *Exiles*, *Chamber Music* und *Portrait of the Artist*, zwei Exemplare von Oscar Wildes *Picture of Dorian Gray* und einzelne Werke von Kipling, Dickens, Stevenson und Rupert Brooke. Insgesamt standen sechs amerikanischen

24 verkaufte englische Bücher gegenüber. Die amerikanischen Bücher waren mit einer Ausnahme sämtlich Werke des 19. Jahrhunderts: Pounds *Cathay*, Emersons *Essays*, Londons *Call of the Wild*, Poes *Poems*, Whitmans *Leaves of Grass* und Hawthornes *Scarlet Letter*. Diese sechs amerikanischen Autoren verkaufte Sylvia auch 1920. Erst 1921 und 1922 machte sich bei ihren Verkäufen die Ankunft von Joyce und der Avantgarde amerikanischer Schriftsteller bemerkbar.

Als Bibliothekarin brachte Sylvia nichts mit als ihre Bücherliebe und ihr Interesse an Menschen. Sie führte weder Kartei noch Katalog, und die Bücher trugen keine Signatur. Adrienne nannte ihr Verleihsystem *le plan américain*, nicht weil sie sich an ein vorgeschriebenes System hielt, sondern weil das genaue Gegenteil der Fall war. Kein formeller Vorgang störte die Intimität ihrer Bücherei. Später begann sie, den Verbleib ihrer Bücher in einem großen Ringbuch zu verzeichnen. Zuerst war ihr einziges Verzeichnis eine lange, schmale Karte, auf der oben Name und Adresse des Kunden standen und die ausgeliehenen Büchertitel mit Ausgabe- und Rückgabetermin notiert wurden. Jedem neuen Mitglied gab sie eine kleine Karte, die als Beitragsquittung und als Erinnerung an den Rückgabetermin diente. Diese kleinen Ausweiskarten wurden bald zum *emblème d'honneur*, einem literarischen Prestigesymbol.

Der Buchverkauf schien Sylvia gleichgültig zu sein. Sie hatte die Bücher nicht einmal mit Preisen ausgezeichnet, es gab keine Verkaufsanzeigen und natürlich keine großen Gewinne. Ihr war es lieber, wenn der Kunde sich mit dem Buch in ihren Laden setzte und es las, bevor er sich zum Kauf entschloß. Eine ihrer Assistentinnen meinte, sie trenne sich von jedem Buch nur ungern. Sehr sorgsam suchte Sylvia für jeden Kunden das entsprechende Buch aus (eine Herausforderung, die sie mit der Aufgabe verglich, passende Schuhe zu finden). Janet Flanner bestätigt in dem Essay *The Great Amateur Publisher* (Die große Amateur-Verlegerin), daß

33

SHAKESPEARE AND COMPANY
— Sylvia Beach —
BOOKSHOP LENDING LIBRARY
PUBLISHER
12, RUE DE L'ODÉON, 12
Tél. : Littré 33-76
PARIS VIe

Sylvia einen »klaren, gesunden Verstand, ein ausgezeichnetes Gedächtnis, einen enormen Respekt für Bücher als Kulturträger besaß und eine bemerkenswerte Bibliothekarin war«. »Sie war jemand, der eine ›gewöhnliche‹ Arbeit als Berufung verstand«, bezeugt Jahre später der Verleger Leslie Katz, »Lincoln war Politiker, Melville Seemann, Thoreau Waldläufer. Sie war Buchhändlerin.«

Für Adrienne und Sylvia markierte der Beginn des Jahres 1920 einen Wendepunkt. Adriennes beste Freundin Suzanne Bonnierre war Ende 1919 gestorben. Schon während ihrer Schulzeit hatte Adrienne sie leidenschaftlich geliebt, dann war sie ihr nach London zum Arbeiten gefolgt; Suzanne war für kurze Zeit ihre Geschäftspartnerin, als Adrienne im Jahre 1915 ihre Bücherei eröffnete. Bevor Sylvia ›Shakespeare and Company‹ eröffnete, hatten Adrienne und Suzanne gemeinsam eine Bücherei und eine Buchhandlung in der Rue Dupuytren. Suzanne hatte Sylvia zum Notar begleitet, wo sie ihren ersten Mietvertrag zu unterschreiben hatte, und während der Gründung von ›Shakespeare and Company‹ half sie ihr bei verschiedenen Verwaltungsaufgaben. Später heiratete sie den

Leiter der *Nouvelle Revue Française*, Gustave Tronche. Sie starb kurz nach ihrer Hochzeit. Der Schock, den Suzannes Tod verursachte, verstärkte bestimmte Spannungen zwischen Sylvia und Adrienne. Sylvia gestand ihrer Schwester Holly: »Wir haben uns von Anfang an gut verstanden. Du erinnerst Dich, daß sie mich ein bißchen aus der Fassung brachte.« Bei Meinungsverschiedenheiten wegen der Einrichtung von Sylvias Laden kam es schließlich zum offenen Streit. »Seitdem sind wir die besten Freundinnen«, eröffnete sie Holly, »Adrienne ist die beste Freundin auf der ganzen Welt, und wir kommen blendend miteinander aus.« Sylvia vertraute bei der Führung ihres Buchladens auf Adriennes persönliche Freundschaft und ihre Professionalität.

Außerdem führten beide ein reges Gesellschaftsleben. Im Februar 1920 besuchten sie verschiedene Konzerte, luden Fargue, Duhamel, Durtain und Erik Satie zum Essen ein und wurden von einigen Verlegern, Schriftstellern und Musikern, unter ihnen der Londoner Dirigent Erik Clark, besucht. Sylvia hatte viel zu tun und war glücklich. »Ich bin so glücklich, daß ich für den Rest meines Lebens etwas Interessantes tun kann«, schrieb sie Holly. Die Leihbücherei hatte nun über achtzig Mitglieder.

Zu diesen gehörte auch der Engländer Sisley Huddleston, der seit dreizehn Jahren in Paris lebte. Seine Mutter war Französin, und er wurde in Paris und Manchester erzogen. Während des Krieges arbeitete er für den *Christian Science Monitor*, anschließend wurde er Korrespondent für die Londoner *Times*. In den nächsten fünfzehn Jahren schrieb er mehr als ein Dutzend Bücher über Frankreich: *Peace-Making at Paris* (1919), *France and the French* (1925), *In and About Paris* (1927), *Paris Salons, Cafés, Studios* (1928) und *Back to Montparnasse* (1931), um nur fünf zu nennen. Er verfolgte die Pariser Stimmungsumschwünge und genoß bei Verlegern, die sich dem Brückenschlag zwischen angelsächsischen Ländern und Frankreich widmeten, den Ruf, einer der bestinformierten Männer zu sein. Huddleston entdeckte ›Shakespeare and Company‹ vier Monate nach der Eröffnung. Ihm gefiel Sylvia sofort, weil sie »einen kultivierten Geschmack hatte und außerordentlich praktisch veranlagt war. Ihre Loyalität ist genauso groß wie ihr Mut«, fügte er hinzu. Sein *Paris Salons, Cafés, Studios* enthält eine der lebendigsten und ausführlichsten Beschreibungen der beiden Buchläden in der Anfangszeit. Als das Buch veröffentlicht wurde, nannte Fargue Adriennes Buchladen scherzhaft einen »Salon«.

Den ersten Besuch einer amerikanischen Schriftstellerin erhielt Sylvia am 16. März 1920. Sie sah, wie sich eine kleine, dicke Frau in ihren Laden zwängte. Ihren Dutt krönte ein Korbhut; ein langes Gewand verdeckte ihren fast 200 Pfund schweren Körper. Sie hatte »das Gesicht eines Imperators und den Körper eines irischen Waschweibs«, bemerkte ein junger Besucher. Sie sah matronenhaft und viktorianisch aus, und ihre Miene war streng, ja, maskulin. Wenn sie aber lachte, war sie wunderschön. Ein anderer Amerikaner stellte fest: »Sie hatte eine reizende Stimme, männlich, aber samtig.« Ihr folgte eine schlanke, vogelähnliche Frau mit einer großen Hakennase, gesenkten Augenlidern, schwarzen Haaren und einem dünnen Schnurrbart über der Oberlippe. Ihre großen Ohrringe und das schwarze Haar erinnerten Sylvia an eine Zigeunerin: Das Paar war Gertrude Stein und Alice B. Toklas. Die sechsundvierzigjährige Amerikanerin Gertrude Stein besaß eine große Sammlung meist unveröffentlichter Manuskripte. In Paris erlangte sie ihren Ruf als Expertin für moderne Kunst. Mit ihrem Bruder Leo hatte sie einige der besten Werke des Kubismus gekauft. Sie studierten und kauften Gemälde von Cézanne, Matisse und Picasso. Es dauerte jedoch einige Jahre, ehe Gertrude als bemutternde Leiterin einer Gruppe junger Amerikaner in Paris und als eigenständige Autorin zu internationalem Ansehen kam. Sylvia zählte sich zu den wenigen in Paris, die ihr Werk gelesen hatten:

»Da ich *Tender Buttons* und *Three Lives* schon bald nach Erscheinen gelesen hatte, begrüßte ich meine neuen Kundinnen natürlich mit Freuden. Auch ihre ständigen Neckereien machten mir Spaß. Gertrude zog mich immer mit meinem Buchhandel auf, sie schien sich köstlich darüber zu amüsieren. Ich mich aber auch.« (Beach, 1961, S. 35)

Gertrude Stein wurde als das jüngste von fünf Kindern im Jahre 1874 geboren. Bevor sie im Alter von achtundzwanzig Jahren nach Paris kam, hatte sie Psychologie in Harvard und Medizin an der John-Hopkins-Universität studiert. In Paris lebte sie mit ihrem Bruder Leo in der Rue de Fleurus 27. Die drei Jahre jüngere Alice kam 1907 von San Francisco nach Paris und traf Gertrude noch im gleichen Jahr. 1910 zog Alice in die Rue de Fleurus ein, und vier Jahre später zog Leo aus. Er hatte Streit mit Gertrude, weil diese eine Verfechterin Picassos war. Bei seinem Auszug nahm er alle Renoirs mit, viele Werke von Cézanne, außerdem offenbar alle von Matisse, denn Matisse behauptete später, daß keins seiner Werke in Gertrudes Wohnung war. Trotzdem blieb die Wohnung der »Steins« vollgestopft mit Gemälden.

Gertrude versammelte junge Bewunderer um sich. 1906 hatte sie mit Picasso begonnen, in den zwanziger Jahren kamen Sherwood Anderson und Ernest Hemingway hinzu. Alice unterstützte Gertrudes Verlangen nach Ruhm, ja, sie drängte sie sogar zum Erfolg. Als Sylvia sie zum ersten Mal traf, hatten die »Steins« schon zehn Jahre ihrer fast vierzigjährigen Bindung zusammen verlebt. Alice blieb Gertrude die ganze Zeit treu ergeben und gab ihr, was sie am meisten brauchte – Liebe und Lob. Alice sorgte für den Alltag.

»Gertrudes und Alices Bemerkungen ergänzten einander großartig. Wie das bei vollkommen kongenialen Persönlichkeiten vorkommt, sahen sie die Dinge offensichtlich vom gleichen Standpunkt. Ihre Charaktere jedoch schienen mir voneinander durchaus unabhängig. Alice hatte viel mehr Feingefühl und war erwachsen: Gertrude war ein Kind, eine Art Wunderkind.« (Beach, 1961, S. 35)

Nachdem Sylvia 1922 die Verlegerin des *Ulysses* geworden war, mieden die Steins ›Shakespeare and Company‹, denn für Gertrude war Joyce ein Rivale. Aber im Frühjahr und Sommer des Jahres 1920, als die drei Frauen Freundinnen wurden, erklärte Sylvia ihnen, daß sie wenige amerikanische und englische Kunden hätte, und prompt schrieb Gertrude *Rich and Poor in English*, eine Werbung für den Buchladen. Alice tippte das Manuskript, und sie verschickten es an ihre Freunde. Stein behauptet in diesem Gedicht, das später in *Painted Lace* (Yale-Ausgabe ihrer unveröffentlichten Werke) abgedruckt wurde, unter anderem, daß sie an ›Shakespeare and Company‹ fast eine Heimat gewonnen hätte.

Sylvia ließ sich durch Gertrudes Freundlichkeit nicht täuschen und stellte fest: »Gertrudes Eintragung in die Leihbücherei war nur eine freundliche Geste. Sie interessierte sich im Grunde natürlich nur für ihre eigenen Bücher.«

Zum Buchladen fuhren Gertrude und Alice in ihrer ›Godiva‹, einem Ford, mit dem sie im Krieg Medikamente transportiert hatten. Oder Sylvia besuchte sie in ihrem *Pavillon* in der Rue de Fleurus, nahe dem Jardin du Luxembourg. »Stets fand man Gertrude dort auf einem Sofa ausgestreckt, und immer war sie zu einem Scherz oder einer Neckerei aufgelegt«, erinnerte sich Sylvia. Und einmal fuhren Gertrude, Alice und Sylvia zusammen aufs Land:

»Gertrude zeigte mir Godys neueste Errungenschaft: Scheinwerfer, die man vom Inneren des Wagens aus nach Wunsch an- und abschalten konnte, und einen elektrischen Zigarettenanzünder. Gertrude rauchte ununterbrochen. Ich kletterte auf den hohen Sitz neben Gertrude und Alice, und knatternd machten wir uns auf den Weg zu Mildred Aldrichs ›Anhöhe der Marne‹. Gertrude chauffierte, und als bald darauf ein Reifen platzte, reparierte sie den Schaden mit großer Sachkenntnis, während Alice und ich am Straßenrand saßen und plauderten.« (Beach, 1961, S. 37)

›Shakespeare and Company‹ interessierte Gertrude nicht so sehr wegen der Bücher, sondern wegen der Atmosphäre, der

»Heimat«. Hier schmeckte sie ein bißchen ›American Life‹. Gertrudes Unabhängigkeit und Selbstliebe, die sie im Sinne Whitmans zelebrierte, waren bemerkenswert amerikanisch. Obwohl sie darauf bestand, daß »Amerika ihre Heimat, Frankreich aber ihr Zuhause sei«, fühlte sie sich niemals in Frankreich heimisch, zumindest nicht unter den Franzosen. Im Gegensatz zu Sylvia sprach sie ausschließlich Englisch. In ihren »Memoiren« schreibt Sylvia:

> »Gertrude schaute die Franzosen an, ohne sie zu sehen, wie ein Tourist, der durchs Land fährt und sich amüsiert dessen Bewohner anguckt. Ihre Bemerkungen glichen denen, die jeder Reisende macht: sie war ein ewiger Tourist.«

Sylvia beteuert, niemals einen Franzosen in Gertrudes Wohnung gesehen zu haben. Nur zweimal wagte sie es, Adrienne mitzubringen. Ihren Besuch beschreibt sie in ihren *Memoiren*:

> »Gertrude wollte Adrienne unbedingt kennenlernen, denn bei der Gelegenheit konnte sie ihre Ansichten über die französische Literatur äußern. Sie erklärte Adrienne, die Franzosen hätten keine ›Alpen‹ der Literatur und der Musik, keinen Shakespeare und keinen Beethoven... Adrienne erwähnte daraufhin einige zeitgenössische französische Schriftsteller, die Gertrude beiläufig abtat.
>
> Natürlich meinte Gertrude es nicht so: sie wollte lediglich provozieren – sie liebte Provokation. Ich verstand den Witz nicht, auch Adrienne fand es nicht komisch.« (Beach, 1961, S. 40)

Sylvia vermutete bei Gertrude eine Trotzhaltung gegenüber französischen Schriftstellern, weil diese ihr Genie nicht erkannten. Adrienne besuchte sie nur noch einmal in der Rue de Fleurus. Sie begleitete Sylvia und Valery Larbaud zum Dinner. Larbaud hatte Steins *Three Lives* (1910) gelesen und André Gide geschrieben, daß es »sehr lebendig... und wahrhaftig wirkt«. Sylvia hatte das Dinner in der Hoffnung arrangiert, Larbaud würde sich für Steins Werke interessieren und einen Artikel schreiben, aber Larbaud schrieb diesen Artikel niemals.

Die amerikanischen Schriftsteller, die Sylvia zu Gertrude

begleiteten, bereicherten das Leben in der Rue de Fleurus. Als
ersten führte Sylvia Stephen Vincent Benét ein. Er war ein
ernster, junger Mann, der in Yale studiert und außerdem zwei
Gedichtbände geschrieben hatte. Während seines Aufenthalts
in Paris kam er häufig in den Laden; hier fühlte er sich zu
Hause. Eines Tages fragte er Sylvia, ob sie Gertrude Stein
kenne. Sie schlug ihm vor, einen Brief zu schreiben und um
eine Audienz zu bitten. Aber er lehnte ab, denn alleine hatte er
Angst vor Gertrude. Wenn junge Schriftsteller wie er Sylvia
baten, sie zur Stein zu führen, kam sie sich vor wie eine
»Fremdenführerin in einem Reisebüro«. Sylvia begleitete also
den zitternden, jungen Stephen zu Gertrude und berichtet von
ihrer erfolgreichen Vermittlung:

»Der Besuch bei Gertrude verlief sehr gut. Ich glaube, Stephen erwähnte, er habe etwas spanisches Blut, und das interessierte Gertrude und Alice, da sie alles Spanische liebten. Ich glaube aber kaum,
daß das Zusammentreffen irgendwelche Spuren hinterließ.« (Beach,
1961, S. 38)

Ein Jahr danach veröffentlichte Benét seinen ersten Roman
The Beginning of Wisdom, eine College-Geschichte in der
Manier von Fitzgerald. Weder sein erster Roman noch seine
bekannten Werke *John Brown's Body* und *The Devil and
Daniel Webster* zeigen Einflüsse von Stein.

Im Sommer des Jahres 1920 kündigte die Ankunft von
James Joyce und Ezra Pound in Paris eine neue literarische
Epoche an. Beide Männer veränderten ›Shakespeare and
Company‹. Pound überredete Sylvia, kleinere Magazine zu
verlegen, und Joyce machte aus dem Buchladen einen Verlag
– er brachte ihm Ruhm, aber auch beinahe den Bankrott.

Der Umzug nach Paris war Pounds Idee. Er hatte Joyce erst
vor kurzem in Italien kennengelernt. Nachdem Pound durch
W. B. Yeats auf die Werke von Joyce aufmerksam gemacht
worden war, hatte er im Dezember 1913 dem damals unbe-

kannten, zweiunddreißigjährigen irischen Schriftsteller geschrieben, der in Triest Englisch unterrichtete. Er bat ihn um weitere Werke und wies ihn auf seine Beziehungen zu diversen kleinen Zeitschriften: *Poetry, Egoist* und *Blast* hin. Joyce berichtete ihm, welche Schwierigkeiten er mit der Veröffentlichung seines ersten Romans *A Portrait of the Artist as a Young Man* (Ein Porträt des Künstlers als junger Mann) hatte. Pound überredete Harriet Weaver, das *Portrait* in Fortsetzungen im *Egoist* (1914) abzudrucken, und begann damit eine Werbekampagne, die schließlich mit Ankunft des irischen Schriftstellers in Paris ihren krönenden Abschluß fand. Sylvia berichtet humorvoll:

»Joyce war von Ezra Pound entdeckt worden, einem großen Schausteller und Anführer einer Art Bande, die sich um den *Egoist* [in London] gesammelt hatte. Ihr gehörten so verdächtige Gesellen wie Richard Aldington, Hilda Doolittle, T.S. Eliot, Wyndham Lewis und noch ein paar andere, fast ebenso schlimme an.« (Beach, 1961, S. 53)

Später schickte Joyce Ausschnitte aus seinem zweiten Roman *Ulysses* an Pound, der begeistert war. Als englische Drucker sich weigerten, diese Ausschnitte aus *Ulysses* für Harriet Weaver zu setzen, überredete Pound Margaret Anderson, sie in der *Little Review* zu veröffentlichen.

Die berufliche Verbindung zwischen dem erfinderischen, ausdauernden Literaturagenten und dem scheinbar scheuen Schriftsteller, der jahrelang kämpfen mußte, bis etwas von ihm veröffentlicht wurde, war ideal. Persönlich jedoch waren die beiden grundverschieden, daher war es wahrscheinlich günstig, daß sie erst spät aufeinandertrafen. In einem Brief an Harriet Weaver kleidet Joyce diese persönlichen Unterschiede in eine musikalische Metapher:

»Je mehr ich von dem politischen, philosophischen, ethischen Eifer und den Bemühungen der brillanten Mitglieder von Pounds großer Blaskapelle höre, desto mehr frage ich mich, warum ich mit meiner Zauberflöte aufgenommen wurde.«

Sylvia hielt Pound zunächst für einen Engländer; erst als er den Mund aufmachte, erkannte sie den Landsmann. Seine Kleidung entsprach der eines englischen Ästheten der damaligen Zeit; seine Sprache hingegen der von Huckleberry Finn. Das rote Haar des schlaksigen Pound schien stets ungekämmt zu sein. Er sprach in näselndem Tonfall und pfefferte seine Sätze mit Slang und Dialekten. Er kultivierte eine ausgeprägte, literarische Persona.

»Ich fand den anerkannten Führer der modernen Bewegung absolut nicht anmaßend«, versichert Sylvia, »im Lauf unserer Gespräche prahlte er wohl, aber nur mit seiner Tischlerei. Er fragte, ob irgend etwas im Laden zu reparieren sei, und besserte ein Zigarettenetui und einen Sessel aus. Ich rühmte seine Geschicklichkeit, und er lud mich in sein Atelier in der Rue Notre-Dame-des-Champs ein.« (Beach, 1961, S. 34)

In seinem Appartement bewunderte sie seine Kunstwerke, sowohl Möbel als auch bemalte Holzarbeiten. Bis auf Joyce schätzte jeder Pounds selbstgemachte Möbel. Joyce konnte nicht verstehen, weshalb Pound so viel Zeit mit Arbeiten vergeudete, die jeder Schreiner machen konnte. Er meinte, »ein Schuster solle bei seinen Leisten bleiben«. Sylvia war jedoch überzeugt, daß ein Hobby einem Schriftsteller sehr gut bekommt.

Aus dem Briefwechsel zwischen Pound und Sylvia kann man schließen, daß er ein wichtiges Mitglied von ›Shakespeare and Company‹ war. Kunden sahen die beiden oft über ein Magazin oder Manuskript gebeugt. Eine Kundin bezeugt, daß »Sylvia und Ezra oft, wenn sie in den Laden kam, über einem Buch hingen – beide ungekämmt, in ungebügelten Kleidern, mit glänzenden Augen und völlig im Dienst des gedruckten Wortes«.

Die Gegenwart von Pound zog viele junge Schriftsteller nach Paris. Obwohl er selbst sehr arm war, lieh er ihnen Geld oder sammelte es von reichen Bekannten. In Anerkennung seines Einflusses nannte Hugh Kenner die Literaturgeschichte von 1910 bis 1925 *Die Pound-Ära*. Diese Bezeichnung ist vielleicht übertrieben, bedenkt man das einflußreiche Wirken von Joyce und Eliot. Pound stand ohne Zweifel im Zentrum der literarischen Aktivitäten. Er bemühte sich eifriger als seine beiden Schriftstellerkollegen, Werke auf den literarischen Markt zu bringen – trotzdem waren die Werke von Joyce und Eliot erfolgreicher. Es war der Mensch – und weniger sein Werk –, der eine ganze Schriftstellergeneration beeinflußte. Er entdeckte Talente wie Joyce und Eliot und arbeitete als deren unbezahlter Agent. Er betreute neue Zeitschriften, las und besprach Gedichte (er kürzte *The Waste Land* um ein Drittel); er beschwatzte Herausgeber, Joyce, Eliot, Lewis und viele andere zu publizieren; er verschickte Briefe und sammelte Unterschriften gegen Preiserhöhungen, Zensur und andere Ungerechtigkeiten auf literarischem Gebiet.

Am meisten half Pound den Künstlern durch seine Arbeit für diverse literarische Magazine. Der Historiker Frederick Hoffman erläuterte, daß in einem »kleinen Magazin« künstlerische Werke veröffentlicht werden, die dem kommerziellen Zweck der profitorientierten Zeitschriften nicht entsprechen. Das Studium von Pounds Bemühungen ist bei jeder gründlichen Geschichte der »kleinen« oder »seriösen« Zeitschriften unerläßlich. Als Auslandskorrespondent, Dramatiker, Musikkritiker oder Herausgeber wird sein Name in diesen Magazinen immer wieder erwähnt. Die kleinen Magazine der zwanziger und dreißiger Jahre unterstützten jede literarische Bewegung – Dadaismus, Surrealismus, Weltrevolution – und veröffentlichten die frühen Werke der besten Schriftsteller des Jahrhunderts. Etwa 80 Prozent der wichtigsten Dichter, Schriftsteller und Kritiker veröffentlichten ihr erstes Werk in kleinen Zeitschriften. Sie dienten als Foren zur Einschätzung der modernen Kunst. Die Leserschaft war nicht zahlreich, daher wurden die Magazine von der Zensur verschont, jedoch existierten viele nicht länger als ein Jahr. Da sie den kommerziellen Aspekt nicht berücksichtigten, »starben sie für die Befreiung der Verse«, bezeugte Gertrude Stein. »Verkaufte ein Autor sein Manuskript an einen etablierten Verleger, dann galt er als Schwarzes Schaf«, erklärte Bryher. »In den zwanziger Jahren durften wir ohne Prestigeverlust im *Contact, Broom, transition, transatlantic* und *This Quarter* veröffentlichen.«

Da es schwierig, ja, oft sogar unmöglich war, ein Avantgarde-Magazin in größeren Läden oder Bibliotheken unterzubringen, war Sylvia die wichtigste Vertriebsstelle in Paris. Häufig verwahrte sie die Manuskripte junger Schriftsteller und reichte sie an Herausgeber der kleinen Magazine oder an Verleger weiter. ›Shakespeare and Company‹ führte die kleinen englischen und amerikanischen Magazine, auch die Exilmagazine, die auf dem Kontinent gedruckt wurden, T. S. Eliots *Criterion* (London), Harriet Monroes *Poetry* (Chicago), Harriet Weavers *Egoist* (London), Scofield Thayers *Dial* und Margret Andersons *Little Review* (New York) sowie zahlreiche Zeitschriften, die heute unbekannt sind, lagen bei ›Shakespeare and Company‹ aus. Sylvia publizierte nie eigene Werke, weil sie »genug damit zu tun hatte, die Werke der Freunde zu veröffentlichen«.

Vor der Ankunft des »gebeugten Jesus«, wie Joyce von Sylvia und Adrienne genannt wurde, spielte Pound drei Wochen lang Johannes den Täufer. Er heizte die Neugier der Öffentlichkeit an, indem er Zeitungsartikel über Joyce und Exemplare des *Portrait* verschickte. Außerdem überzeugte er Jenny Serruys und Ludmila Bloch-Savitsky von Joyces großer Persönlichkeit und von der Notwendigkeit, ihm ohne Umschweife zu helfen. Die Schwiegermutter des englischen Dichters John Rodker, Mme. Savitsky, seit dem 16. März Mitglied von ›Shakespeare and Company‹, war Essayistin und Übersetzerin. Sie überließ Joyce ihre Dreizimmerwohnung, bis er eine eigene Unterkunft gefunden hatte. Mme. Savitsky bat ihren Freund André Spire, einen einflußreichen französischen Dichter, Pounds Freund James Joyce zu empfangen, der in Kürze aus Triest käme. Spire schlug Pound vor, Mr. und Mrs. Joyce sonntags zum Tee mitzubringen.

Die Geschichte der ersten Begegnung zwischen Sylvia und Joyce im Sommer 1920 auf der Spire-Party ist zwar schon oft, aber stets nur unvollständig erzählt worden. Seltsamerweise war Sylvia zu diesem Empfang nicht eingeladen gewesen. Sie bewunderte zwar Spires Gedichte, besonders *Le Secret* (1919), kannte ihn aber nicht persönlich und wollte deswegen nicht hingehen. Aber Adrienne, die eine Einladung hatte, bestand auf ihrer Begleitung und versicherte, die Spires würden sich über ihren Besuch freuen.

Das Haus der Spires lag in Neuilly, unter schattigen Bäumen, die Vögel zwitscherten, und die Fenster waren an diesem warmen Julitag weit geöffnet. Sylvia beruhigte sich, als Spire, »der mit seinem biblischen Bart und seiner lockigen Mähne wie Blake aussah«, sie sehr herzlich begrüßte. Bald traf sie ihre Freunde: Mme. Savitsky, Jenny Serruys, Ezra Pound, und stellte fest, daß sie die meisten Gäste kannte. Pound lag, ganz der übliche Bohemien, ausgestreckt in einem großen Lehnsessel, sein blaues Hemd war am Hals aufgeknöpft. André Spire flüsterte ihr ins Ohr: »Der irische Schriftsteller James Joyce ist hier.« Angst war, wie sie sich dreißig Jahre danach erinnerte, ihre erste Reaktion: »Ich verehrte James Joyce sehr, und als ich nun gänzlich unerwartet hörte, er sei hier, fürchtete ich mich so, daß ich am liebsten weggelaufen wäre.« (Beach, 1961, S. 42) Sie bewunderte die Episoden von *Ulysses*, die im *Little Review* abgedruckt waren, und wußte nicht, daß der Autor in Paris war. Es fällt schwer, die demütige, ehrfurchtsvoll ergriffene Reaktion einer Frau zu verstehen, die mit einigen führenden französischen Schriftstellern befreundet war.

Da sie nicht nahe genug herankam, um hören zu können, was Pound seiner Zuhörerschaft bekanntgab, ging sie zu Dorothy Pound. Diese stellte ihr Nora Joyce vor und ließ die beiden Frauen miteinander alleine. Sylvia fand die attraktive

Mrs. Joyce, die in der literarischen Welt ihres Mannes stets in seinem Schatten stand, charmant:

»Mit ihrem rötlichen, lockigen Haar, den langen Wimpern und den verschmitzten Augen sah sie ganz reizend aus, ihre Stimme hatte einen irischen Klang, und sie gab sich mit einer gewissen Würde, die auch echt irisch war. Offenbar war sie froh, daß wir uns miteinander englisch unterhalten konnten.«(Beach, 1961, S. 42/43)

Sylvia fügte hinzu, daß sie kein Wort Französisch verstand. Nora schilderte Sylvia, daß die Joyces zu Hause italienisch sprachen, weil sie so lange in Triest gelebt hatten.

»À table!« rief Spire, und die Unterhaltungen wurden abgebrochen. Seine Gäste bewirtete er mit einem köstlichen kalten Abendessen: Fleisch, Huhn, Fisch, Pastete und Baguettes. Spire füllte die Gläser mit Wein, mit Ausnahme des Glases von James Joyce, der jeder Aufforderung widerstand. Schließlich drehte er sein Glas um, damit die Sache ein Ende hatte. Ezra Pound starrte eine Zeitlang das auf den Kopf gestellte Glas an, sammelte dann alle Flaschen und stellte sie vor Joyce auf. Alle hatten ihren Spaß dabei, nur Joyce nicht. Er errötete und war so verlegen, daß Sylvia ihn bedauerte. Obwohl sie ihn während des Essens in Augenschein nehmen wollte, vermied sie, in seine Richtung zu blicken. Später, als Sylvia und Joyce Freunde waren, erklärte er, weshalb er den Wein ablehnte: Er hatte sich entschlossen, vor acht Uhr abends keinen Tropfen anzurühren.

Nach dem Essen versammelten sich die Gäste um Adrienne Monnier und Julien Benda, die eine Unterhaltung über moderne Literatur führten. Beim Kaffee stellte Benda seine Kritik am romantisch-sentimentalen und mystisch-intuitiven Element in der Literatur dar, die er auch in seinem kürzlich erschienenen Buch *Belphégor* vertrat. Er richtete sich gegen Schriftsteller, die Adrienne sehr bewunderte: Valéry, Gide, Claudel. Sylvia überließ es Adrienne, die Freunde zu verteidigen, und wanderte ins Arbeitszimmer. Dort fand sie Joyce in einer Ecke gegen den Bücherschrank gelehnt. Diskussionen über die Werke anderer Schriftsteller interessierten ihn nicht. »Ist das der große James Joyce?« fragte sie schüchtern. »James Joyce«, antwortete er, und sie schüttelten sich die Hände, das heißt, nach Sylvias Schilderung »legte er seine kraftlose Hand in meine feste kleine Pfote – wenn man das einen Händedruck nennen kann«. Sie beobachtete dabei seine Hände: am Mittel- und Ringfinger der linken Hand trug er schwere Ringe. Er hatte feine, fast zierliche Gesichtszüge und war schlank, leicht gebeugt, graziös. Das »Licht des Genies« strahlte in seinen Augen, obwohl ihr auffiel, daß mit dem rechten Auge hinter der dicken Linse seiner Brillengläser etwas nicht in Ordnung war. Sein dichtes, sandfarbenes, gewelltes Haar war von der hohen gefurchten Stirn zurückgekämmt.

»Noch nie hatte ich einen Menschen vor mir gehabt, der so empfindsam wirkte«, gesteht sie. »Seine Haut war hell mit ein paar Sommersprossen und errötete leicht. Er trug eine Art Spitzbärtchen am Kinn. Mit seiner wohlgeformten Nase und den schmalen, feingeschnittenen Lippen mußte er als junger Mann sehr hübsch gewesen sein.« (Beach, 1961, S. 44)

Interessiert betrachtete Joyce die Amerikanerin mit ihren sympathischen braunen Augen. Als sie seine Hand nahm, fiel ihm die Kraft und Energie auf. Aber am meisten bezauberte ihn ihre Stimme. Sylvia ihrerseits war vom deutlich irischen Klang seiner Stimme angetan...

»dem süßen Klang wie bei einem Tenor. Seine Aussprache war ungewöhnlich klar. Bei manchen Worten wie ›book‹, das er boo-k, oder look, das er l-ook aussprach, und bei den Worten, die mit th anfingen, hörte man den Iren heraus, vor allem seine Stimme klang irisch.« (Beach, 1961, S. 44)

Nachdem er ihr von seinem abenteuerlichen Umzug von Triest nach Paris und von Pounds Bemühungen erzählt hatte, fragte er sie: »Und was machen Sie in Paris, Miss Beach?« Als er den Namen ›Shakespeare and Company‹ hörte, lächelte er. Sowohl ihr Name als auch der ihres Ladens amüsierten ihn.

Er liebte Wörter, ihren Klang und ihre Harmonie. Sein scharfer Verstand erdachte wahrscheinlich die Wortspiele, die er später in *Finnegans Wake* verwendete: »Sylvia, silver, sylva« (Sylvia, Silber, Wald, Hain); »Beach, the sea's beach, beech bark« (Beach, Strand, Buchenrinde – darauf schrieb man die ersten Bücher). Er nahm sein Notizbuch und teilte ihr mit, daß er sie bald im Buchladen besuchen würde. Beim Schreiben hielt er das Notizbuch ganz nahe vor die Augen: »Shakespeare and Company‹; 8, Rue Dupuytren.« Plötzlich bellte ein Hund. Das Bellen kam von der anderen Straßenseite. Joyce war beunruhigt und wurde blaß.

»Wird er hereinkommen? Ist er bissig?« fragte er zitternd. Sie versicherte dem ängstlichen Joyce, daß der Hund, der immer noch bellte und ihn beunruhigte, nicht hereinkommen würde. Joyce erklärte ihr, daß »er sich seit seinem fünften Jahr vor Hunden fürchtete, eines der Biester habe ihn damals ins Kinn gebissen. Auf sein Spitzbärtchen deutend bemerkte er, das trage er, um die Narbe zu verbergen«. Die Unterhaltung, die das erste Freundschaftsband knüpfte, war einfach, anekdotisch und unprätentiös. »Joyce benahm sich so unkompliziert«, gestand sie später, »daß ich mich ganz frei und unbefangen fühlte. Bei diesem ersten Zusammentreffen und auch später war ich mir immer seines Genies bewußt, doch ließ sich so leicht mit ihm reden wie mit niemand anderem.« (Beach, 1961, S. 45)

Adrienne suchte im Arbeitszimmer nach Sylvia. Die Gäste brachen auf. Sylvia verabschiedete sich von ihrem neuen Freund und versicherte ihm, daß sie seinen Besuch erwarte. »Vielen Dank für Ihre Gastfreundschaft«, sagte Sylvia zu Spire. »Es war schön, daß Sie gekommen sind«, antwortete er. »Ich hoffe, Sie haben sich nicht gelangweilt.« »Gelangweilt?« wiederholte sie verwundert und blickte zum Arbeitszimmer, »ich habe gerade James Joyce kennengelernt!«

3. KAPITEL

Die Schlacht um *Ulysses*

Am nächsten Tag schlenderte Joyce zur Rue Dupuytren; wie seine Figur Stephen Dedalus wirbelte er den Eschenstock durch die Luft. Wie immer trug er einen schwarzen Filzhut auf dem Hinterkopf. Als er in den Buchladen trat, fielen Sylvia die unpassenden schmutzigen Tennisschuhe unter seinem dunkelblauen Anzug auf. Hinter dieser etwas schäbigen Erscheinung zeigte sich jedoch eine anmutige und würdevolle Ausstrahlung. Er hatte elegante, sogar altmodische Manieren. Nachdem er die Wände, einschließlich der Fotografien von Whitman, Poe und Wilde und den Blake-Zeichnungen, sorgfältig gemustert hatte, setzte sich Joyce in den blaugepolsterten Sessel, den sie später »die gute Gattin« nannten. Joyce schüttete der neuen amerikanischen Freundin sein Herz aus. Durch ihre Offenheit und Anteilnahme fühlte er sich unbefangen. Im Gespräch konnte sie sich so sehr auf die Sorgen einer anderen Person einlassen, daß diese ihre Zurückhaltung aufgab. Ihr Mitgefühl sollte siebzehn Monate später Ernest Hemingway dermaßen entwaffnen, daß er bereits Minuten, nachdem er sie kennengelernt hatte, sein Hosenbein hochziehen würde, um ihr seine »Kriegsnarben« zu zeigen.

Joyce berichtete Sylvia von seinen Tätigkeiten in den letzten Jahren und erklärte abermals, daß Pound ihn ermutigt hatte, nach Paris zu kommen. Sylvia bemerkte, daß er von seinen Problemen in bescheidener Art sprach.

»Selbst die schlimmsten Ereignisse beschrieb er als ›lästig‹. Nicht einmal als ›sehr lästig‹, einfach nur ›lästig‹. Ich glaube, er verabscheute das Wort ›sehr‹. Warum sagt man ›sehr schön‹? beklagte er sich einmal, ›schön‹ genügt doch.« (Beach, 1961, S. 49)

Bei der Schilderung seiner Situation stellten sich drei Probleme heraus: eine Wohnung zu finden, seine Familie zu versorgen und den *Ulysses* fertig zu schreiben. Sylvia konnte ihm zwar nicht bei der Wohnungssuche behilflich sein, aber vielleicht konnte sie ihm bei seinem zweiten Problem helfen. Er hatte jahrelang in Zürich und Triest unterrichtet. Wenn sie von Leuten hörte, die Unterricht brauchten, würde sie diese zu Professor Joyce schicken?

»Welche Sprachen unterrichten Sie?« fragte Sylvia.

»Englisch«, sagte er. »This is a table. This is a pen.«

Er konnte außerdem Deutsch, Latein, Französisch, Italienisch – und sie zählten noch sieben weitere Sprachen, die er beherrschte. »Offensichtlich waren Sprachen Joyces Lieblingssport«, bemerkte sie.

Als sie sich nach seinen Augen erkundigte, erzählte er ihr von seinen Operationen. »Glaukom«, verkündete er. Sie hatte noch nie von dieser schrecklichen Krankheit mit diesem schönen Namen gehört. »Die grauen Eulenaugen der Athene«, fügte Joyce hinzu. Er zeichnete sein Auge auf und beschrieb anhand der Zeichnung seine Krankheit, an der übrigens auch Homer erblindet war. Joyce hatte seinen schlimmsten Anfall von Iritis am 18. August 1917 in Zürich gehabt. Eine Woche später war er operiert worden.

»Wie schreiben Sie? Diktieren Sie manchmal?« fragte Sylvia. »Niemals«, antwortete er entschieden. Er schrieb stets mit der Hand, hielt dann inne und beobachtete, wie er Wort für Wort das Werk formte. Selbst als er fast blind war, schrieb er seine Wörter mit Kohlestift auf große bunte Blätter. Als Sylvia ihn nach seinen Fortschritten mit dem *Ulysses* befragte, behauptete Joyce, er würde den Roman beenden, sobald er sich in Paris niedergelassen hätte.

Joyce hatte mit der Arbeit an seinem zweiten Roman im Jahre 1914 begonnen. Schon 1906 hatte er seinem Bruder Stanislaus mitgeteilt, daß er eine Kurzgeschichte über einen dunkelhäutigen Dubliner Juden namens Hunter (Bloom) schreiben wolle. Seither waren seine Ansprüche an Methode und Umfang des Werkes ständig gewachsen. Der New Yorker

Rechtsanwalt John Quinn, der Künstler unterstützte und auf den Rat Pounds hörte, schickte Joyce ein wenig Geld für die »Reinschrift« eines jeden fertigen Kapitels. Margaret Anderson und Jane Heap veröffentlichten den ersten Teil im März 1918. Das Gedruckte war jedoch in New York konfisziert und verbrannt worden. »Ich hoffe, bald aus dem Fegefeuer herauszukommen«, hatte er zu Harriet Weaver gesagt. Sylvia bewunderte den Mut der *Little Review*-Herausgeber und bat Joyce um weitere Frontberichte. Joyce versprach, sie auf dem laufenden zu halten.

Wenig später erzählte er ihr die Handlung und die verketteten Motive des Romans. *Ulysses*: das ist das Erleben und das Bewußtsein dreier Personen: Stephen Dedalus, der junge irische Held aus dem *Portrait of the Artist as a Young Man*, Leopold Bloom, ein irischer Jude, der für eine Dubliner Zeitung Anzeigen sammelt, und Molly Bloom, seine Frau. Die Handlung spielt an einem Tag, dem 16. Juni 1904. Wie Homers *Odyssee* – Joyce fand beinahe zu jeder homerischen Episode eine Analogie in seinem Roman – umfaßt *Ulysses* achtzehn Episoden, und jede ist in einem anderen, dem Inhalt entsprechenden Stil verfaßt, so als hätten achtzehn verschiedene Autoren das Buch geschrieben. Joyce erklärte einem Freund: »*Ulysses* ist ein Epos zweier Rassen (Israeliten – Iren) und sowohl Zyklus des menschlichen Körpers als auch die ›storiella‹ eines Tages (Lebens).« Der intelligente Plan und die experimentelle Sprache machten den Roman zu einer revolutionären *tour de force*. Die innovativste Technik, für die Joyce Édouard Dujardin als sein Vorbild angab, war der Gebrauch von inneren Monologen, was Joyce als das »ununterbrochene Abrollen von Gedanken« bezeichnete.

Joyce wurde an diesem 12. Juli Mitglied der Leihbücherei. Sylvia nahm eine lange Leihkarte und schrieb darauf: »James Joyce, Rue de l'Assomption 5, Paris, Mitgliedsbeitrag für einen Monat, sieben Francs.« Er nahm ein Exemplar von John Synges *Riders to the Sea* aus dem Regal, ein Theaterstück, das er vor zwei Jahren in Zürich übersetzt und aufgeführt hatte. Nach wenigen Tagen kehrte Joyce in den Buchladen zurück und bat Sylvia um Hilfe, denn keine Bank wollte den Scheck seines Agenten James Pinker einlösen. In den kommenden Wochen und Monaten würde er noch häufig zurückkehren, um mehr Bücher auszuleihen, Schecks einzulösen und Sylvia über seine Arbeit am *Ulysses* zu informieren. In den vielen Jahren entlieh Joyce Bücher von und über Iren, die kleinen Magazine, Bücher von Pound und Eliot und manchmal ein amerikanisches Werk wie Twains *Huckleberry Finn* und Benjamin Franklins *Autobiography*.

Mit dem Umzug nach Paris trat Joyce ins Blickfeld der Öffentlichkeit, d. h. der literarischen Öffentlichkeit. Die Aufmerksamkeit hatte ihre angenehmen und unangenehmen Seiten. Ihm gefiel die langersehnte Beachtung als Mittelpunkt einer Bewegung, und viele Menschen gaben ihm Geld und Geschenke. Er fühlte sich jedoch in der literarischen Welt von Paris nicht wohl. Ein Vorfall im Salon von Natalie Barney illustriert sein Unbehagen. Vor einer großen Gruppe französischer Schriftsteller erklärte Joyce, daß er Racine und Corneille ablehne. Barney erwiderte verärgert, daß »eine derartige Bemerkung etwas über die Person aussagt, die sie äußert«. Diese und andere Ereignisse weckten in Joyce einen »bäuerlichen Spott über das Pariser Bildungsbürgertum« (vgl. die Biographie von Richard Ellmann). Er wurde zunehmend »düsterer«. Während andere Schriftsteller ihre *mots* übten, schwieg er. »Eine weitere Form der Abwehr war sein förmliches und reserviertes Benehmen. Er nahm in unerschütterlicher Höflichkeit immer Rücksicht auf andere«, bemerkte Sylvia. In ihrem schludrigen amerikanischen Laden wirkte er »außerordentlich förmlich«. Er sprach jeden mit »Mister«, »Miss« oder »Mrs.« an. Und wehe, jemand wagte ihn anders als »Mr. Joyce« anzusprechen! Ellmann behauptet: »Die Höflichkeit war zu einer von Joyces wichtigsten Verteidigungswaffen geworden, zu der er in Paris ständig Zuflucht nahm.« (R. Ellmann, *James Joyce*, S. 755)

Joyces ständiger Geldmangel und sein würdevolles Betteln entmystifizierten allerdings sein öffentliches Image. Er schrieb nachts und brachte die Tage zum guten Teil damit zu, Bücher, Betten, Möbel und Geld zu borgen, das er schneller ausgab, als er es leihen konnte. Von Jenny Serruys borgte er ein Bett für George, einen Tisch, Decken, Laken, auch Geld. Von Mme. Savitsky hatte er eine kostenlose Wohnung, in der er nicht die geplanten zwei Wochen, sondern mehr als vier Monate blieb. Zahlreiche Menschen gewährten ihm in Anerkennung seiner künstlerischen Fähigkeiten ihre Hilfe. Sein Vorhaben und seine Aufgabe – die er für eine Fügung oder Berufung hielt – grenzten alle anderen Interessen aus: die Probleme und Werke der anderen, politische Fragen, ökonomische Unabhängigkeit. Die Alltagsprobleme waren ihm nur als Rohstoff für seine Kunst wichtig, und er glaubte, jedem müsse es eine Ehre sein, zu seiner Kunst beizutragen. Nachdem ihm Mlle. Serruys mehrmals Geld geliehen hatte, bedankte er sich auf eine seltsame Art: »Sie haben Kleinigkeiten keine Bedeutung beigemessen – für eine Frau eine sehr ungewöhnliche Eigenschaft.«

Joyce erwarb die »Kleinigkeiten« seines täglichen Brotes oder Kuchens auf ausgefeilten Umwegen, die ihm Würde und Stolz bewahrten. Ein bezeichnendes und gleichzeitig witziges Ereignis, bei dem seine Würde bedroht wurde, gab es bei seinem ersten Treffen mit T. S. Eliot und Wyndham Lewis. Über diesen Vorfall berichtet Lewis in *Blasting and Bombardiering* (Sprengungen und Bombardierungen): Joyce hatte Pound am 5. Juni 1920 ausführlich über seine Armut berichtet; er trug die Stiefel seines Sohnes (2 Nummern zu groß) und abgetragene Anzüge. Pound sorgte sich um Joyce und gab seinen beiden Freunden Eliot und Lewis in London ein braunes Paket, das sie nach Paris mitnahmen. Die drei großen Schriftsteller begrüßten sich zeremoniell, und Joyce öffnete die vielen Knoten des Paketes, um schließlich abgelegte Kleidung und ein Paar alter, brauner Schuhe zu finden. Der schockierte und bestürzte Joyce sagte nur »Oh!«, und die Männer schwiegen peinlich berührt. Ohne die Schuhe anzufassen, gab er das Paket seinem Sohn nach Hause mit und führte die Männer aus London zum Essen aus. Großzügig zahlte er die Rechnung und gab ein fürstliches Trinkgeld. Während dieses Parisbesuchs bestand Joyce darauf, für Taxifahrten, Café- und Restaurantrechnungen aufzukommen. Lewis berichtet, daß Eliot glaubte, hinter der Freundlichkeit von Joyce verberge sich ungeheure Arroganz.

Tom Eliot und Sylvia waren etwa gleichaltrig, und obwohl sie von Geburt Amerikaner waren, hatten beide ein anderes Land zur Heimat gewählt. Sie hatte sein Werk schon bewundert, bevor sie ihn kennenlernte. Sowohl seinen ersten Gedichtband *Prufrock and Other Observations* (1917) als auch die handgedruckten *Poems*, die ein Jahr vor ihrem Treffen veröffentlicht worden waren, hatte sie in ihrem Laden verkauft. In den folgenden zwanzig Jahren legte sie seine Bücher öfters im Schaufenster aus. Ihre Begeisterung für sein Werk wirkte sich auf den Verkauf aus: Von seinen Werken verkaufte sie mehr Exemplare als von irgendeinem anderen Schriftsteller, von Joyce abgesehen.

Inzwischen war auch John Rodker, der englische Dichter und langjährige Freund Pounds, in Paris eingetroffen. In einer Begegnung mit Joyce, die sicher von Pound und Rodkers Schwiegermutter, Mme. Savitsky, arrangiert worden war, sagte Rodker, er würde gerne den *Ulysses* veröffentlichen, wenn er vollendet sei. Er wollte ihn auf Kosten des *Egoist*, der auch seine eigenen Gedichte veröffentlichte, auf seiner Handpresse drucken.

Harriet Weaver suchte ebenfalls einen Verleger für *Ulysses*. Als Herausgeberin des *Egoist* war sie seit 1916 mit den Problemen von Joyce vertraut und erhielt fast täglich Briefe von ihm oder Pound oder beiden. Als Joyces englische Verlegerin hatte sie 1914-1915 im *Egoist* Ausschnitte aus dem *Portrait* veröffentlicht. Miss Weaver überzeugte den amerikanischen Verleger Ben W. Huebsch[3], der den literarischen Wert der *Dubliners* erkannt hatte, das *Portrait* 1916 in New York zu veröffentlichen. Außerdem hatte sie den Roman selbst am 12. Februar 1917 in England herausgegeben – alles auf eigene Kosten. Sie begann, Teile aus Joyces *Ulysses* zu veröffentlichen, und als Drucker und Abonnenten dagegen protestierten, wandelte sie den *Egoist* (Magazin) in einen Verlag um. Nun konnte sie den Roman veröffentlichen – mußte jedoch ihr Vorhaben aufgeben, weil sie keine Drucker fand. In diesem Augenblick sprang die *Little Review* ein. Miss Weaver finanzierte den *Egoist* und zahlte den Druck des *Portraits*. Sie schickte Joyce nicht nur Tantiemen, sondern auch anonyme Geldgeschenke. Die Hunderte von Briefen, die Joyce ihr schrieb, liegen jetzt in der ›British Library‹ aus. Die Briefe enthalten Mitteilungen über seine literarischen Fortschritte, seine Gesundheit und seine Geldprobleme.

Harriet Weaver war eine scheue, bescheidene, integre Engländerin aus guter Familie, deren Lebensgeschichte, insbesondere ihre Freundschaft und großzügige Hilfe für James Joyce, ausführlich in der Biographie von Jane Lidderdale und Mary Nicholson, *Dear Miss Weaver* (Liebe Miss Weaver: Ein Leben für Joyce, 1974), erzählt wird. Sie, die Tochter einer reichen und konservativen, anglikanischen Familie, lehnte ihre religiöse Herkunft ab und wandte sich dem Sozialismus zu. Sie teilte das Vermögen der Familie mit Leuten, die weniger besaßen. Da sie offensichtlich lieber dem armen Genie als dem armen Teufel ihr Geld gab, unterstützte sie Joyce.

3 Sylvia hatte im Jahre 1914 den Verleger Huebsch in New York kennengelernt und mit ihm über ihre beruflichen Pläne gesprochen, u. a. auch über einen Buchladen

Ursprünglich hatte Joyce geplant, nur drei Monate in Paris zu verbringen, um »sein letztes Abenteuer ›Circe‹ in Ruhe zu beenden«; das hatte er jedenfalls Miss Weaver geschrieben. »Circe« sollte die letzte und längste Episode des zentralen Teils von *Ulysses* werden; jener zwölf Episoden von Leopold Blooms Tag, dem 16. Juni 1904, die der zehnjährigen Irrfahrt von Homers Odysseus nach dem Trojanischen Krieg entsprechen. Odysseus Begegnung mit Circe, die seine Männer in Schweine verwandelt, spielt bei Joyce um Mitternacht in einem Dubliner Bordell »Mabbot Street, Eingang zur Nachtstadt«. Im Gegensatz zu den vorherigen Episoden wurde dieser Teil als Dialog bzw. in Vaudevilleform geschrieben. Die trunkenen Halluzinationen von Stephen Dedalus und Leopold Bloom entsprechen der Trunkenheit und den Metamorphosen von Odysseus' Männern.

Sylvia verbrachte den Urlaub mit Mutter und Schwester in Rapallo. Als sie nach Paris zurückkam, erzählte ihr Joyce, daß Harriet Weaver ihm die Erbschaft ihrer Tante überschreiben würde und daß er von den Zinsen leben könne. Wieder einmal war Joyce der Nutznießer ihrer Schuldgefühle wegen »der Ausbeutung der Arbeiter durch das Kapital«. Weavers Biographen schreiben, daß »sie aufgrund ihrer sozialistischen Prinzipien Reichtum ablehnte, wenn er die persönlichen Bedürfnisse überschritt«. Sie konnte allerdings nicht wissen, daß Joyce ein Bedürfnis nach Luxus hatte und ihm die Zinsen dieser Erbschaft nicht ausreichen würden. Zunächst fühlte sich Joyce jedoch durch das Geschenk in seiner Berufung bestätigt, und das Gefühl, auserwählt zu sein, verfestigte sich im nächsten Jahr, als Sylvia Beach sich ihm widmete.

Alle Versuche, den *Ulysses* zu verlegen, waren inzwischen gescheitert. Wegen der seit 1918 in der *Little Review* erschienenen *Ulysses*-Episoden waren vier Nummern des Magazins konfisziert und verbrannt worden. Es schien wahrscheinlich, daß die amerikanische Regierung den Verleger wegen Pornographie gerichtlich belangen würde. Schließlich mußte Harriet Weaver im August 1920 die letzte Hoffnung auf eine englische Ausgabe fallenlassen, da die Drucker – denen eine Anklage wegen Pornographie drohte und die sich nicht wie die Verlegerin der Kunst verbunden fühlten – sich weigerten, den *Ulysses* zu drucken. Im September 1920 wurden Margaret Anderson und Jane Heap wegen »pornographischer Passagen« in der *Little Review* verklagt. Die Klage richtete sich gegen die »Nausikaa«-Episode aus dem *Ulysses* und war von der ›New York Society for the Suppression of Vice‹ (New Yorker Gesellschaft zur Bekämpfung des Lasters) eingereicht worden. Obwohl der Anwalt John Quinn beide Frauen nicht mochte und ihnen gemeinsam mit Pound geraten hatte, *Ulysses* nicht weiter abzudrucken, vertrat er sie in der Anhörung am 22. Oktober 1920. Das Verfahren ließ sich nicht hinziehen, bis Joyce sein Buch beendet hatte und es in Amerika veröffentlicht werden konnte. Quinn mußte mitansehen, wie die Frauen vor den Court of Special Sessions gebracht wurden.

Sobald John Rodker von dem Verfahren erfuhr, teilte er Joyce mit, er könne sein Buch nicht veröffentlichen. Der Verleger Huebsch, der in Paris zu Besuch war, wollte den Roman nur ungern in Amerika verlegen. Auch wenn Joyce noch an der Arbeit war, betrachtete Miss Weaver Huebsch als die letzte Möglichkeit, schickte ihm die vierzehn Episoden und begann, Bestellungen zu sammeln.

Mit Beginn des Herbstwetters beschleunigte sich das Tempo des literarischen und gesellschaftlichen Lebens. Sylvia schrieb ihrer Familie von den »Menschenmengen«, die in ihren Laden strömten – »New Bunnies flock and old ones renew.« (Neue Abonnenten schwärmen herein und die alten bleiben.) Unter den neuen Bunnies war Natalie Barney. Unter den alten war Gertrude Stein, die Sylvia darüber informierte, daß die ›American Library‹ wegen der Wirtschaftskrise vielleicht schließen müsse. Im Gegensatz zu den meisten anderen Unternehmern mußte Sylvia unter der Krise nicht leiden: »Les petits n'ont pas peur des grands.« (Die Kleinen brauchen die Großen nicht zu fürchten.) Ihre Briefe an ihre Familie in Amerika enthalten in diesem Herbst die Bitte um folgende Bücher: Artikel von John Reed, ein Buch von Upton Sinclair, das nur über den Autor in Pasadena erhältlich war, zwei Exemplare von Fitzgeralds *This Side of Paradise*, nach dem die Kundschaft fragte, und *Jürgen*, das in Amerika seit kurzem verboten worden war.

Natalie Clifford Barney, die am 11. Oktober 1920 Mitglied der Leihbücherei wurde, führte den berühmtesten Pariser Salon – den einzigen nach Art des 18. Jahrhunderts. Jeden Freitag zog es die Berühmten und die Exzentriker in ihre exotischen, persisch dekorierten Räume in der Rue Jacob. In ihrem Garten stand ein kleiner, dem Eros geweihter Tempel; hier tanzten sie und ihre Freundinnen bei Mondlicht. Doch an diesen Freitagen konnte man bei Tee und Kuchen Ruhm erwerben oder in Ungnade fallen. Die chinesischen Diener servierten keinen Alkohol, aber der Schokoladenkuchen von ›Colombin‹ war der beste in Paris. Morrill Cody kam wegen diesem Kuchen. Valéry, der als brillanter Erzähler stets gern gesehen war, besuchte den Salon wegen dem »Geklimper von Teetassen und Gerede«, das er nach der Arbeit als wohltuend empfand. Samuel Putnam gefiel die berauschende Atmosphäre – »die Grazie, der Witz, die würdevolle Selbstvergessenheit – fast alles erinnerte an einen Salon des 18. Jahrhunderts«. William Carlos Williams erinnerte sich lediglich an die lesbischen Frauen, die zusammen tanzten.

Remy de Gourmont nannte Natalie Barney in seinen *Lettres* »Amazone«, weil sie jeden Morgen im Bois de Boulogne ausritt. Als Gourmont, ihr platonischer Liebhaber, im Jahre 1915 starb, führte sie den Salon alleine weiter. Bei den Mitgliedern des *Mercure de France*, bei Valéry, Gide und den anderen führenden Schriftstellern Frankreichs war der Salon besonders beliebt. Häufig fanden Dichterlesungen statt. Joyce konnte Natalies Bedeutung nicht übersehen. Er behauptete jedoch, der Anlaß seines ersten Besuchs sei die Suche nach vier Betten gewesen, damit er seine Familie in Paris unterbringen konnte.

Viele schöne Frauen besuchten die Rue Jacob, denn es war öffentlich bekannt, daß Barney bisexuell war. Sie liebte schöne Frauen, und talentierte Männer fanden sie unwiderstehlich. Wie Gertrude Stein Kunst sammelte, so sammelte Barney extravagante Menschen. Sie organisierte die Académie des Femmes, ihre Antwort auf die männliche Académie Française. »In ihrem Salon«, schrieb Sylvia in einem Abschnitt, der vom Verleger gestrichen wurde, »traf man die Pariser Lesbierinnen und solche, die nur auf der Durchreise waren.« Williams war offensichtlich nicht der einzige, den die lesbischen Frauen angenehm erregten oder schockierten. Eine Engländerin, der beim Salonbesuch ein Licht aufging, fragte Sylvia am nächsten Tag, ob sie irgendein Buch über ›diese unglücklichen Kreaturen‹ hätte.

Natalie Barney war alles andere als unglücklich. 1877 in Cincinnati, Ohio, geboren, war sie reich, hemmungslos, charmant und attraktiv. Ihre weißen Kleider und ihr blondes Haar machten ihre Schönheit und ihren Witz noch verführerischer. Obwohl Sylvia Beach und die Barney sich deutlich unterschieden, zeichneten sich beide durch Witz und Schlagfertigkeit aus. »Schreibe mit deinem Leben«, hatte Gourmont bestimmt, und Barney handelte danach. Sie lebte, um zu verführen; und dennoch wurden sie und der Maler Romaine Brooks im Jahre 1917 – beide im Alter von vierzig – zu Lebensgefährten. Brooks war Barney fast sechzig Jahre lang treu ergeben, während Barney ihrem früheren Leben treu blieb. Noch als sie weit über achtzig Jahre alt war, betrog sie ihn. Ihr Leben und Lieben inspirierte nicht nur Gourmonts *Lettres à l'Amazone* (1912-1913 im *Mercure*), sondern auch zahlreiche literarische Frauenporträts, wie jene der französischen

Schriftstellerinnen Renée Vivien und Liane de Pougy und der Amerikanerin Djuna Barnes.

Sylvia und Adrienne besuchten Barneys Salon immer, wenn es die Arbeit erlaubte, und als Sylvia in den dreißiger Jahren weniger Verlagsarbeit hatte, kamen sie häufiger. In ihren *Memoiren* bestätigt Sylvia, daß Barney »einer der Menschen war, die immer großen Anteil an meinem Buchladen nahmen«. Obwohl Barney mehr als ein Dutzend Bücher (Erinnerungen, Gedichte, Romane) geschrieben hatte, war sie eher als Figur des öffentlichen Lebens berühmt. In ihren »Memoiren« äußert Sylvia die Vermutung, daß Barney nur dann in Bücher guckte, wenn sie einen Schriftsteller in ihrem Salon erwartete – damit ihr die Werke ihres Gastes zumindest dem Titel nach bekannt waren. Barney schickte ihren Chauffeur zum Buchladen, um in letzter Minute alle Werke des erwarteten Gastes abholen zu lassen.

Sicher entstand Sylvias Urteil über Barneys »Enthaltsamkeit in Sachen Literatur« durch Vorfälle wie diesen: Als Sylvia nach einem Buch fragte, das sie schon längst hätte zurückbekommen sollen, bestand Barney darauf, daß Sylvia sich einen Ersatz mitnahm. Barney öffnete den Bücherschrank und

»... Pounds *Instigations* lagen vor uns. ›Wenn Sie Ihr Buch nicht finden‹, sagte sie, ›nehmen Sie dies statt dessen.‹ Ich protestierte – Pounds Buch hatte Seltenheitswert und war ihr außerdem vom Autor gewidmet worden, aber sie bestand darauf, daß ich es mitnähme, sie lese ohnehin nur Gedichte und behielte nichts anderes in ihrer Bibliothek.« (Beach, 1961, S. 131)

Dieser Vorfall und Barneys berüchtigtes Liebesleben ließen Sylvia daran zweifeln, »... ob sie literarische Werke überhaupt je ernst nahm«.

Das bedeutendste literarische Ereignis der Herbstsaison war Larbauds Vortrag über Samuel Butler im ›Maison des Amis des Livres‹ am 3. November 1920. Sylvia und Adrienne hatten seine Übersetzungen von Butler betreut, und unter Lar-

bauds Anweisungen hatte Sylvia Butlers Bücher für die Leihbücherei bestellt. Nach dem Vortrag spielte der neunzehnjäh-
rige Jacques Benoist-Méchin zahlreiche Butler-Kompositio-
nen auf dem Klavier.

Sylvia hatte nach der täglichen Arbeit und den nächtlichen
Aktivitäten kaum Zeit für ihre persönlichen Angelegenheiten.
Sie entschuldigte sich bei ihrer Mutter, die ihr Schnittmuster
zum Nähen geschickt hatte, daß ihre Zeit nur reiche, ein Kleid
in den ›Galeries Lafayette‹ zu kaufen; ein schwarzes Samt-
kleid, das sie beim Vortrag von Larbaud und zu einem Dinner
bei Stein tragen würde. Sylvia schrieb diesen Brief am 22.
November in Adriennes Wohnung. Der Brief beweist nicht
nur, daß sich Sylvia zum Kummer ihrer Mutter nichts aus
schönen Kleidern machte, sondern auch, daß sie zu Adrienne
gezogen war. Da die ganze Familie Monnier zu Besuch war,
hatte Sylvia sich in »ihr gemeinsames Schlafzimmer« zurückgezogen. Diese Bemerkung deutet an, daß Sylvia, nachdem sie
elf Monate im Hinterzimmer ihres Ladens gewohnt hatte,
nun bei Adrienne wohnte, mit der sie bis 1937 glücklich zusammenlebte.

Adrienne und Sylvia liebten das Theater. Während der Ur-
laubszeit luden ihre Freunde sie häufig zu Theater-, Ballett-
und Opernvorstellungen ein. Joyce suchte im Herbst 1920
immer noch nach einer Wohnung, die seiner großen Familie
und seinem Bedürfnis nach Abgeschiedenheit gerecht wurde.
Im Dezember hatte er eine teure Wohnung am Boulevard
Raspail gefunden. In einem Brief an Frank Budgen äußert er
sich amüsiert über sein Schnorren und sein Glück: »Ist es
nicht sonderbar, daß ich barfuß in eine Stadt komme und
schließlich in einer luxuriösen Wohnung sitze?«

Nach zahlreichen Überarbeitungen erklärte Joyce am
20. Dezember 1920 die »Circe«-Episode des *Ulysses* für beendet. Er betrachtete sie als seine beste Leistung. Vier Tage
später traf Joyce den Mann, der sein Werk dem französischen

Publikum zugänglich machen würde: Valery Larbaud. Das Treffen wurde von Sylvia und Adrienne arrangiert. Nach Sylvias Darstellung lernten sich die Schriftsteller bei ›Shakespeare and Company‹ kennen:

»Kam Larbaud in die Buchhandlung, so fragte er mich immer, was er an englischen Büchern lesen solle, und eines Tages fragte ich zurück, ob ihm schon eines der Werke des Iren James Joyce vor Augen gekommen sei. Er verneinte, und ich gab ihm *A Portrait of the Artist as a Young Man*. Er brachte es bald zurück, sagte, es interessiere ihn sehr, und er würde gern den Autor kennenlernen.

Am Weihnachtsabend des Jahres 1920 arrangierte ich ein Treffen der beiden Dichter in den Räumen von ›Shakespeare and Company‹. Sie wurden auf der Stelle gute Freunde. Ich kann wahrscheinlich besser als jeder andere beurteilen, was Valery Larbauds Freundschaft für Joyce bedeutete. Es kommt wirklich nicht oft vor, daß ein Schriftsteller einem anderen mit so viel Großmut und Selbstlosigkeit begegnet wie Larbaud Joyce. Die Bekanntschaft mit *Ulysses* stand Larbaud noch bevor.« (Beach, 1961, S. 67-68)

Im Laufe des nächsten Jahres zeigten sich für Joyce die Vorteile dieses Weihnachtstreffens. Zunächst jedoch feierten Sylvia und Adrienne mit Larbaud, Fargue, den Durtains und anderen Freunden eine Weihnachtsparty, die bis fünf Uhr morgens dauerte. Georges Duhamel widmete Sylvia an diesem Festtag ein Mitternachtsgeständnis: »Pour notre amie Sylvia Beach, qui à elle toute seul ferait aimer l'Amérique.« (Unserer Freundin Sylvia Beach, die allein schon ein Grund wäre, Amerika zu lieben.) Auf der Neujahrsfeier beschloß Sylvia, den Zigaretten-, Kaffee- und Teegenuß aufzugeben, aber es blieb bei guten Vorsätzen.

Nach zahlreichen Vertagungen fand am 14. Februar 1921 die Verhandlung gegen Margaret Anderson und Jane Heap wegen Veröffentlichung pornographischer Schriften statt. John Quinn versuchte unterschiedliche Verteidigungsstrategien: er stellte die Kompetenz des Gerichts in Frage, diesen Fall zu beurteilen, rief Zeugen auf, die den literarischen Wert des Romans bestätigten, und wandte ein, daß ein nach ihrer Auffassung »unverständliches« Werk doch niemanden korrumpieren könne. Quinn äußerte seinen letzten Einwand, den er als »brillant« empfand, nachdem die Richter Auszüge aus dem Roman gehört und ihn für »unverständlich« erklärt hatten. Bei der Lesung wachte einer der grauhaarigen Richter auf, der während der Verhandlung geschlafen hatte. Mit väterlicher Fürsorge entschuldigte er sich bei den Damen für diese Sprache. Amüsiert wies Quinn auf Margaret Anderson und antwortete: »Aber sie ist doch die Verlegerin!« »Ich bin überzeugt, daß sie nicht wußte, was sie veröffentlichte«, antwortete der Richter galant. Die Damen blieben im Gerichtssaal. Nach einer Diskussion über die fehlende Zeichensetzung und Joyces Augenkrankheit wurde die Verhandlung um eine Woche vertagt, damit die Richter die ganze »Nausikaa«-Episode lesen konnten.

Die »Nausikaa«-Episode, das 13. Kapitel von *Ulysses*, parodiert die romantische Fiktion und entspricht bei Homer der Geschichte der gleichnamigen Königstochter, die Odysseus am Strand findet. Bloom spaziert um acht Uhr abends durch die Sandymount-Straße, als er die junge Gerty MacDowell mit ihren Freunden entdeckt. Als sie ihren Hut abnimmt, um ihr Haar zu richten,

»konnte sie die jähe Glut der Bewunderung sehen, die als Antwort in seine Augen stieg und jeden Nerv in ihm zum Prickeln brachte... Er starrte sie an wie eine Schlange ihre Beute. Ihr Fraueninstinkt sagte ihr, daß sie den Teufel in ihm geweckt hatte, und bei diesem Gedanken flutete ein brennendes Scharlachrot ihr von der Kehle zur Stirn, bis ihre liebliche Gesichtsfarbe ein herrliches Rosenrot geworden war.« (Joyce, *Ulysses*, 1975, S. 502)

Die Kraft der folgenden Szene liegt in Joyces Sprache – er expliziert Blooms Handlung durch die Metapher des Feuerwerks – und in der Tatsache, daß Bloom und Gerty sich niemals begegnen oder berühren, sondern am Strand weit voneinander entfernt bleiben. Als ihre Freunde zum Strand laufen, um das Feuerwerk zu sehen, bleibt Gerty, denn sie hat die »weißheiße Leidenschaft« im Gesicht des Fremden gesehen. Sie umschlingt ein Knie mit ihren Händen und lehnt sich weit zurück, um das Feuerwerk zu sehen. Dabei enthüllt sie ihre schöngeformten Beine. Was die Society for the Suppression of Vice (Gesellschaft zur Bekämpfung des Lasters) sicherlich empörte, war ihr bewußtes Handeln. In dem Wissen, daß der Fremde sie beobachtet und sich nach ihr sehnt, lehnt sie sich mit jedem Ruf ihrer Freunde weiter und weiter zurück, obwohl sie nicht in seine Richtung blickt.

»Sie wußte von der Leidenschaft solcher Männer, weil Bertha Supple ihr einmal unter dem Siegel der Verschwiegenheit und sie mußte schwören, daß sie niemals von dem Herrn erzählt hatte der zur Untermiete bei ihr wohnte... er hätte dann immer etwas gar nicht Schönes gemacht, was sie sich wohl denken könnte manchmal in seinem Bett. Aber dies hier war doch etwas anderes weil ja ein großer Unterschied dabei war... im übrigen bekam man ja auch die Absolution solange man nicht das andere tat bevor man verheiratet war.« (Joyce, *Ulysses*, 1975, S. 510)

Als die jungen Leute nach ihr rufen, sie solle sehen, wie die lange Leuchtkugel höher aufsteigt, hoch, hoch hinauf,

»... mußte sie sich weiter und immer weiter zurücklehnen, um ihr nachzusehen dort oben, hoch, außer Sichtweite fast, und ihr Gesicht ward von einer göttlichen schier die Sinne benehmenden Röte überflutet vor lauter angestrengtem Zurücklehnen, und er konnte auch ihre anderen Sachen alle sehen, die Kniehöschen aus Nainsook, dem hautsympathischen Gewebe, die viel besser waren als die anderen Schlüpfer, die grünen, für vierelf, weil sie nämlich weiß waren, und sie ließ ihn, und sie sah, daß er sah, und dann stiegs so hoch, daß es einen Augenblick lang ganz außer Sicht geriet, und sie zitterte an allen Gliedern, weil sie so weit zurückgebeugt war, und er hatte freien Blick voll hoch hinauf über ihr Knie, so weit wie noch keiner, nicht einmal in der Schaukel oder beim Waten, und sie schämte sich nicht und er ebenfalls nicht, in so unanständiger Weise so hinzusehen, weil er dem Anblick der wundervollen Enthüllung nicht zu widerstehen vermochte... Und dann sprang eine Rakete hoch und schoß peng blind und O! dann barst die Leuchtkugelröhre auseinander und es war wie ein seufzendes O! und alles schrie O! und O! in Verzückung und es ergoß sich daraus ein Strom goldregnender Haarfäden und sie schimmerten auseinander und ah! da warens auf einmal lauter grünliche tauige Sterne die niederfielen mit güldenen, O so lebendig! O so sanft, süß, sanft!« (Joyce, 1975, S. 511)

In seinem abschließenden Plädoyer verglich Quinn die Technik von Joyce mit der des Kubismus und folgerte, daß das Werk zwar geschmacklos, aber trotzdem nicht pornographisch sei. Als der Staatsanwalt wütend losschimpfte, wies Quinn ihn darauf hin, daß der Roman offensichtlich Wut und nicht Lust erzeuge. Als die Richter lachten, glaubte er, den Fall gewonnen zu haben.

Die *New York Times* schrieb am nächsten Tag, das Hauptargument des stellvertretenden Staatsanwalts Joseph Forrester gegen den Roman sei gewesen, daß er »sich zu freizügig über weibliche Kleidungsstücke äußert, die eine Frau gerade trägt«. Die Angeklagten, die »von vielen Künstlern aus Greenwich Village begleitet wurden«, erhielten eine Geldstrafe von je 50 Dollar. Die Richter verfügten, *Ulysses* dürfe nie wieder in der *Little Review* erscheinen. Die einschneidendste Folge dieses Urteils war, daß jetzt kein Verleger mehr den Roman anrührte. Bald zog Huebsch sein Angebot zurück; der Verlag Boni and Liveright schloß sich an.

Quinn informierte Joyce nicht sofort über den Ausgang des Verfahrens.

Erst Ende März 1921 hörte Joyce durch Sylvia, die ihm Zeitungsausschnitte aus New York zeigte, von dem Gerichtsurteil. Wahrscheinlich teilte ihm Harriet Weaver am nächsten Tag mit, daß Huebsch den *Ulysses* nicht veröffentlichen konnte. Er ging zu Sylvia, die in ihren Erinnerungen schreibt:

»Es war ein schwerer Schlag für ihn, und ich fühlte auch, daß er in seinem Stolz verletzt war. Völlig niedergeschlagen und mutlos sagte er: ›Jetzt wird mein Buch nie herauskommen.‹ Jede Hoffnung auf eine Veröffentlichung in Ländern englischer Sprache war, zumindest auf lange Zeit, geschwunden. Und da saß nun James Joyce in meinem kleinen Buchladen und seufzte tief. Auf einmal kam mir der Gedanke, daß man doch etwas unternehmen könne, und ich fragte: ›Würden Sie Shakespeare and Company die Ehre erweisen, Ihren *Ulysses* herausbringen zu dürfen?‹ Er nahm mein Angebot auf der Stelle mit Freuden an. Mir kam es übereilt vor, daß er seinen großen *Ulysses* einem so komischen kleinen Verleger anvertraute, aber er war offenbar begeistert und ich natürlich auch. Beim Abschied befanden wir uns, glaube ich, beide in sehr bewegter Stimmung. Joyce sollte am nächsten Tag wiederkommen, um zu hören, was Adrienne Monnier, die Beraterin von ›Shakespeare and Company‹, wie Joyce sie nannte, von meinem Plan hielt. Ich erkundigte mich immer nach ihrer Meinung, ehe ich etwas Wichtiges unternahm, sie war ein so kluger Ratgeber und außerdem eine Art Partner in meiner Firma.« (Beach, 1961, S. 55-56)

Joyces Entscheidung, ihr Angebot anzunehmen, kann nicht als ›unüberlegt‹ gedeutet werden. England und Amerika blieben für ihn verschlossen, und er hatte zu viele, endlose Schlachten für die Veröffentlichung seiner anderen Werke miterlebt, angefangen mit den 22 Verlegern, die sich geweigert hatten, die *Dubliners* zu veröffentlichen. Sylvia hatte zwar keine verlegerischen Erfahrungen, aber Mut und Tatkraft, und sie konnte überzeugen. Vielleicht plante Joyce sogar, Adrienne und Sylvia seinen Roman veröffentlichen zu lassen. Seit zwei Jahren erschienen bei Adrienne *Les Cahiers des Amis des Livres*, ferner Bücher von Claudel, Valéry und Larbaud und Übersetzungen von Auguste Morel, der auch Joyces Übersetzer wurde. Adrienne hatte auch Larbauds Vortrag über Butler veröffentlicht. Warum sollte ihre Freundin und Partnerin, die in Frankreich einen englischen Buchladen besaß, nicht auch Verlegerin werden? Auch daß die Drucker die englische Sprache nicht verstanden, schien Joyce günstig zu sein. Es fällt schwer zu glauben, daß Joyce, der über eine beachtliche Menschenkenntnis verfügte und sehr genau einschätzen konnte, welche Hilfe er von anderen erwarten konnte, an diese Möglichkeit nicht gedacht hatte. Daß er es getan hatte, beweisen Sylvias »Memoiren«; dort schreibt sie: »Begeistert akzeptierte ich Joyces Vorschlag, sein Buch zu veröffentlichen.«

Adrienne billigte den Plan »voll und ganz«. Sylvia erinnert sich: »Ich hatte ihr viel von Joyce erzählt, und es fiel mir nicht schwer, sie davon zu überzeugen, wie wichtig es war, den *Ulysses* zu retten.« Sie sprachen über die Höhe der Erstauflage, die unterschiedlichen Druckqualitäten, den Profit für Verleger und Autor. Als Drucker wählten sie Darantière, der auch Adriennes *Cahiers* gedruckt hatte.

Am nächsten Tag, dem 1. April 1921, schrieb Sylvia:

»Liebe Mama, jeder Tag bringt mehr Erfolg und bald wird man über uns als die ›Verleger‹ des wichtigsten Buches unserer Zeit sprechen... psst... es ist noch ein Geheimnis, das ich Dir in meinem nächsten Brief enthüllen werde und es wird uns berühmt machen, Hurra, Hurra!«

Sylvia hatte gerade ihren Brief beendet, als ein glücklicher Joyce hereinspazierte. Sie erzählte ihm, sie arrangiere bereits die Veröffentlichung. Die erste Auflage sollte auf 1000 Exemplare begrenzt bleiben. Sie schlossen keinen Vertrag. Nachdem Joyce gegangen war, fügte sie dem Brief an ihre Mutter folgendes hinzu: »P.S. Die Sache ist beschlossen. Gib Marys Geld nicht für eine Schreibmaschine aus.« Und dann fügte sie für die Frau, die für ›Shakespeare and Company‹ das meiste Geld geschenkt, erbettelt und geliehen hatte, am Briefrand hinzu:

»*Ulysses* bedeutet eine Reklame, die Tausende von Dollar wert ist.« Drei Wochen später jubelte sie: »*Ulysses* wird meinen Laden berühmt machen. Die ersten Wirkungen sind bereits spürbar. Massenhaft besuchen Menschen aus Neugier den Laden. Ich werde eine Bekanntmachung herausgeben... und wenn alles gut geht, werde ich Geld verdienen, nicht nur für Joyce, sondern auch für mich. Bist Du nicht begeistert?«

Viele Autoren haben darüber gerätselt, warum Sylvia Beach

Ulysses verlegte und sich den beruflichen Problemen von Joyce zehn Jahre lang widmete. Ihre Erklärungen reichen von Mitgefühl über mütterliche Liebe und blindes Vertrauen bis zu Ruhmsucht oder gar Unfähigkeit, nein zu sagen. Zuerst glaubte sie an den großen Schriftsteller. Sie suchte nach einem Weg, wie sie ihr Vertrauen in sein Werk und ihr Mitgefühl für seine Misere äußern und dabei den Ruf von ›Shakespeare and Company‹ begründen konnte. Daß sie weiter für Joyce arbeitete, hatte weitaus komplexere Gründe als ihre erste Entscheidung – sie fühlte sich verantwortlich und sah, daß sich der Ruf ihres Ladens mit dem von Joyce verknüpfte. Erotische Motive gab es nicht, obwohl sie in einem unveröffentlichten Manuskript schreibt: »Wahrscheinlich begeisterte Joyce selbst mich genauso wie sein Werk, aber nur unbewußt. Meine einzige Liebe war Adrienne.«

Joyces Freude über die Veröffentlichung war größer als die seiner zukünftigen Verlegerin. Arthur Power berichtet, daß der Schriftsteller guter Laune war, nachdem er mit Sylvia die Veröffentlichung vereinbart hatte. Sie gingen zuerst in ein Tanzlokal, wo Sylvia einen Trinkspruch auf *Ulysses* ausbrachte, und anschließend in die Clôserie des Lilas, an der Ecke der Boulevards Montparnasse und Saint-Michel. Am Abend sprach Joyce ausschließlich über Literatur: es sei wichtiger, ein irischer National-Schriftsteller zu sein als ein Autor der Weltliteratur, und die englische Sprache sei bedeutender als die französische. Am 10. April informierte Joyce Harriet Weaver von der Veröffentlichung des *Ulysses*.

Die Idee, das Buch bei ›Shakespeare and Company‹ zu verlegen, schrieb er erst sich, dann Sylvia zu. Aber noch erstaunlicher war, daß er in dem Brief an Miss Weaver von seinen 66 Prozent Gewinnbeteiligung schrieb. Bevor diese jedoch ausgezahlt werden könne, »brauche ich unbedingt einen Vorschuß«, flehte er Miss Weaver an.

Zwei Tage später schrieb Harriet Weaver an Sylvia: »Ich

freue mich, daß Sie die amerikanische Veröffentlichung des
Ulysses übernehmen.« Sie fragte, ob es eine gemeinsame Ausgabe gebe oder ob die Pariser Druckplatten nach England
geschickt werden müßten. Ohne eine Antwort abzuwarten,
fügte sie einen Vertrag für die englische Ausgabe hinzu. Als
Joyce den großzügigen Vorschuß sah (90 Prozent nach Abzug
der Unkosten und ein sofortiger Vorschuß von 200 Pfund),
telegraphierte er unverzüglich seine Zustimmung. Aufgrund
ihrer finanziellen Mittel konnte Miss Weaver Joyce mehr Prozente anbieten als Sylvia. Später sollte sich herausstellen, daß
Sylvia als Verlegerin kaum einen Profit herausholen konnte.
Sie und Miss Weaver standen in regem Briefkontakt, um eine
Interessentenkartei anzulegen, um 750 Prospekte nach England zu schicken (und auch die Kritiken des *Portraits*), und
um über die Prozente zu beraten, die die Buchläden und der
Großhandel erhalten sollten. Sylvia profitierte von Miss Weavers Kenntnis des englischen und amerikanischen Verlagswesens und des Buchhandels. Durch Adrienne lernte sie das
französische Verlagswesen kennen. »Der Mangel an Kapital,
Erfahrung und allen sonstigen für einen Verleger erforderlichen Eigenschaften schreckte mich nicht«, gestand Sylvia,
»ich machte mich geradewegs an *Ulysses*.«
Schon das Tippen des *Ulysses* führte zur ersten großen Krise.
Viele Schreibkräfte weigerten sich, die unzüchtige »Circe«-
Episode abzutippen. Schließlich »drohte die achte Schreib-
kraft in ihrer Verzweiflung aus dem Fenster zu springen«. Die
neunte läutete an Joyces Tür, knallte das Manuskript auf den
Boden und rannte ohne Bezahlung davon. Joyce brachte das
Manuskript zu Sylvia. Zunächst übernahm ihre Schwester
Cyprian die Tipparbeit, die wegen der fast unlesbaren Handschrift nur sehr langsam vorankam. Cyprian tippte um 4 Uhr
morgens, bevor sie ins Filmstudio ging. Die Arbeit beim Film
verschlug sie aber plötzlich in eine andere Gegend, und Sylvia
bat ihre Freundin Raymonde Linossier. Als Raymondes Vater
krank wurde, konnte sie nicht weitertippen, aber sie fand

einen Ersatz: Mrs. Harrison, die Frau eines Angestellten der Britischen Botschaft. Eines Abends las ihr Mann zufällig das Manuskript, das sie auf dem Tisch liegen gelassen hatte. Wütend zerriß er die Seiten und warf sie ins Feuer. Verstört und beschämt erzählte Mrs. Harrison Raymonde von der Katastrophe. Sylvia überbrachte Joyce sofort die schlechte Nachricht. Zum Glück hatte Mrs. Harrison den Rest des Manuskripts vor ihrem Mann versteckt, aber die sechs oder sieben Seiten, die verbrannt waren, mußte Sylvia bei John Quinn in New York besorgen. Sie schickte Quinn ein Telegramm und einen Brief. Quinn weigerte sich einfach, Telegramme und Briefe von ihr und von Joyce zu beantworten. Ihre Mutter, Mrs. Beach, rief ihn aus Princeton an, aber auch sie wurde barsch abgewiesen. »Er wurde zornig und gebrauchte Ausdrücke, die bei einer Dame wie meiner Mutter wirklich nicht am Platze waren«, schreibt Sylvia. Nach langem Hin und Her ließ sich Quinn schließlich doch überzeugen, die benötigten Seiten fotokopieren zu lassen. Joyce meinte, das Mißgeschick mit den Schreibkräften erkläre sich aus der Jahreszahl, die 13 ergibt ($1 + 9 + 2 + 1 = 13$).

Mit dem Drucker hatte Sylvia jedoch mehr als Glück. Darantière, der die Prospekte für ihren Buchladen gedruckt hatte, kam aus Dijon, einer Stadt 160 km südöstlich von Paris. Er und seine Leute waren gute altmodische Provinzler. Wie schon sein Vater, der Werke von Huysman gedruckt hatte, führte M. Maurice Darantière den Titel »Meisterdrucker«. Ihn hielt nichts von seiner Arbeit ab, weder die Tatsache, daß Auszüge des *Ulysses* in Amerika verboten waren, noch daß das Buch wahrscheinlich umfangreich werden würde und in Englisch gedruckt werden sollte, nicht einmal die Ratenzahlung nach Eingang der Subskriptionen. Zwar bezweifelte Joyce gelegentlich, ob sich das Buch verkaufen lassen werde, aber Sylvia und Adrienne wollten mindestens 1000 Exemplare: hundert Exemplare auf bestem Holland-Papier, hundertfünfzig Exemplare auf *vergé d'Arches* und die restlichen siebenhundertfünfzig Exemplare auf »gewöhnlich gutem« Papier. Bei Joyces revolutionärem Sprachgebrauch erwiesen sich die französischen Setzer, die weder die englische Sprache noch die Zeichensetzung verstanden, als vorteilhafte Wahl. Die französische Publikation war sichergestellt. Sylvia fand, daß Darantière an diesem Ruhm teilhätte:

»In der bezaubernden alten rebenumrankten Druckerei Darantière in Dijon arbeitete man auf Hochtouren, und das Licht brannte die ganze Nacht. Zu den Spezialitäten von Dijon und der Côte d'Or, einer Gegend mit berühmten Weinen, Kunstschätzen, guter Küche, kandierten schwarzen Johannisbeeren in Likör und natürlich dem bekannten Senf, kam nun noch das ›heiße‹ Buch, der *Ulysses*.« (Beach, 1961, S. 74-75)

Der Prospekt kündigte die Publikation von Joyces *Ulysses* für Oktober 1921 an. Er wurde an Menschen in der ganzen Welt verschickt, auch an Miss Weavers Abonnenten und an die Mitglieder der beiden Pariser Buchläden. Befreundete Journalisten berichteten von Sylvias Plänen. Der Umsatz des Buchladens vergrößerte sich täglich, und mit ihm wuchsen Joyces Bedürfnisse. Joyce, der seine Freizeit mit Valery Larbaud, Wyndham Lewis und Sisley Huddleston verbrachte, suchte den Buchladen täglich auf. Er wartete auf neue Bestellungen.

Vor 1921 hatten nur wenige amerikanische Schriftsteller den Buchladen besucht. Im April 1921 wurde die Amerikanerin Florence Gilliam Mitglied von ›Shakespeare and Company‹. Mit ihrem Mann, Arthur Moss, publizierte sie das erste englischsprachige Exilmagazin *Gargoyle* (1921-1922). Sylvia führte *Gargoyle* in ihrem Buchladen, wies aber darauf hin, »Gargoyle« sei ein Wasserspeier, die Schimäre auf dem Titelblatt aber ein ganz anderes Tier – die »Franzosen haben es nicht gerne, wenn man ihre Lieblinge verwechselt«. Das kurzlebige *Gargoyle* kommentierte das Leben in Europa und die Errungenschaften der Pariser Kunst. Malcolm Cowley nannte *Gargoyle* das »Greenwich Village am Montparnasse«. Später wurde Gilliam die Pariser Korrespondentin für *The-*

atre Magazine und *Theatre Arts* und schrieb für die Pariser *Tribune*. Wie Sylvia, Gertrude und Alice, Natalie Barney und viele andere amerikanische Frauen sollte sie Paris nie wieder verlassen.

Der scheue vierundzwanzigjährige Thornton Niven Wilder traf im Spätfrühling des Jahres 1921 in Paris ein. Er kam von der American Academy in Rom, wo er nach seiner Graduation von Yale ein Jahr lang Sprachen und Archäologie studiert hatte. Als sein Vater ihm telegraphierte, daß er für Thornton eine Arbeit als Französischlehrer in einem Internat in Princeton gefunden habe, eilte Wilder von Rom nach Paris, um seine Sprachkenntnisse zu verbessern. Wilder behauptete später, daß er »zufällig« in den Buchladen gegangen sei. Im Juni wurden er und seine Schwester Isabel Mitglied der Leihbücherei. Sylvia erinnert sich, daß sie sich leise in die Leihbücherei und wieder fort stahlen:

»Von allen meinen Freunden hatte er die besten Manieren, er war ziemlich schüchtern und gab sich ein wenig wie ein junger Geistlicher, offensichtlich entstammte er einem ganz anderen Milieu als die übrigen aus seiner Generation in Paris. Mir gefiel seine *Cabala* und später seine *Brücke von San Luis Rey*, und ich fand, daß er trotz allem, was er erreicht hatte, und trotz seiner Erfolge sehr bescheiden war. Die Franzosen bewundern seine *Brücke von San Luis Rey* sehr und können sie fast für sich in Anspruch nehmen, so sehr liegt der Roman auf der Linie der französischen Tradition.«(Beach, 1961, S. 127-128)

Wilders »altmodisches, amerikanisches« Verhalten ist nur ein Beispiel für die Verschiedenheit von Sylvias Freunden. Sie gehörten nicht zu einer bestimmten literarischen Schule oder einer Gesellschaftsschicht. Sylvia war sowohl mit Hemingway als auch mit Gide eng befreundet. Der gesellige Robert McAlmon und der schüchterne Thornton Wilder fühlten sich beide im Buchladen zu Hause. Zu ihren Kunden zählten die unterschiedlichsten Persönlichkeiten und literarischen Gruppen, berühmte wie unbekannte. Wilder war so scheu, daß er niemals versuchte, James Joyce anzusprechen, wenn er ihn im Buchladen sah. »Sylvia bot an, mich ihm vorzustellen«, erzählte Wilder, aber da er »keine Ablenkung zu dulden schien, lehnte ich ab«. Während seines ersten Parisaufenthalts war Wilder ein schüchterner und ernsthafter Student, der Museen, Bibliotheken und das Theater besuchte. Den Roman, mit dem er in Rom begonnen hatte, publizierte er erst fünf Jahre später. Erst als er Professor war, kehrte er oft nach Paris zurück, um Anderson, Hemingway, Fitzgerald und Stein zu treffen und die Rue de l'Odéon zu besuchen.

Einen Kontrast zum jüngeren, schüchternen Wilder bildete Sherwood Anderson, der im Juni nach Paris kam, um so viel wie möglich zu sehen und die Schriftsteller zu treffen, die er bewunderte, wie beispielsweise Gertrude Stein. Anderson, der damals Mitte Vierzig war, machte sich als Geschichtenschreiber einen Namen. Anderson war der englischste unter den amerikanischen Besuchern, erinnert sich Sisley Huddleston, weil er »reich«, »höflich« und nicht schrill war und sich mit der Tradition beschäftigte. 1920 bis 1921 war er auf seiner großen Europatour, »um sich so das Geschichtsbewußtsein zu verschaffen, das seiner Meinung nach in seinem eigenen Werdegang und in dem Amerikas fehlte«. Beim Aufsuchen der Buchläden, die (schreibt er in seinem Pariser Tagebuch) so zahlreich waren wie die Saloons in Chicago vor der Prohibition, entdeckte er ›Shakespeare and Company‹. Sylvia beschreibt seinen ersten Besuch:

»Eines Tages bemerkte ich einen jungen Mann von interessantem Äußeren, der an meiner Schwelle haltmachte, weil sein Blick auf ein Buch im Schaufenster gefallen war. Das Buch hieß *Winesburg, Ohio*, und war kürzlich in den Vereinigten Staaten erschienen. Der junge Mann trat ein und stellte sich als Verfasser vor. Er sagte, er habe in Paris nur dieses eine Exemplar seines Buches gesehen.« (Beach, 1961, S. 38)

Anderson war ein romantischer, warmherziger, überschwenglicher Mann, der zur Übertreibung neigte. Sylvia hielt ihn für äußerst interessant: »Anderson besaß großen Charme... eine Mischung von einem Dichter und einem Evangelisten (ohne das Salbungsvolle) und vielleicht mit dem gewissen Etwas eines Schauspielers.« Als er seine Farbenfabrik, seine Frau und Familie in Ohio verlassen hatte, um nach Chicago zu gehen, hatte er damit sein Ansehen und seine Sicherheit aufgegeben. In Chicago veröffentlichte er im Jahre 1916 sein erstes Buch *Windy McPherson's Son*, einen Roman, der sehr autobiographisch geprägt ist: ein Mann lehnt plötzlich seine dumpfe Kindheit in Iowa und seinen Erfolg als Fabrikant ab, um »die Wahrheit zu finden«. Sein großer Erfolg war jedoch *Winesburg, Ohio* (1919), Kurzgeschichten über das Kleinstadtleben und die Instinkte, die das menschliche Verhalten beherrschen. Sylvia stellte Anderson Adrienne vor. Sie lud ihn zum Abendessen ein und bereitete »Huhn«, ihre Spezialität:

»Anderson und Adrienne verstanden einander herrlich; sie sprach gebrochenes Amerikanisch, er gebrochenes Französisch, und sie entdeckten, daß sie sehr ähnliche Gedanken hatten. Trotz der Sprachschranke verstand Adrienne Sherwood besser als ich. Als sie mir nachher eine Beschreibung von ihm gab, sagte sie, er erinnere sie an eine alte Frau, eine indianische Squaw, die am Feuer sitzt und ihre Pfeife raucht. Adrienne hatte Squaws in Paris bei Buffalo Bills großer Schau gesehen.« (Beach, 1961, S. 39)

Da Anderson kein Französisch konnte, begleitete Sylvia ihn zu seinem französischen Verleger Gallimard, um über die französische Übersetzung von *Winesburg* zu verhandeln. In der Literaturgeschichte ist jedoch die Begegnung zwischen Anderson und Stein berühmt geworden. Er bewunderte sie und bat Sylvia, ihn mit Stein bekanntzumachen. Sylvia schrieb sofort einen Brief:

»Liebe Miss Gertrude Stein,
Würden Sie mir vielleicht erlauben Mr. Sherwood Anderson von *Poor White* und *Winesburg, Ohio* beispielsweise am Freitagabend mitzubringen? Er möchte Sie gerne kennenlernen, denn er sagt, daß

Sie ihn sehr beeinflußt haben, und daß Sie eine große Wortkünstlerin sind.

Herzlichst,
Sylvia Beach«

Nach einem längeren Briefwechsel arrangierte Sylvia schließlich einen Besuch und begleitete Sherwood und seine zweite Frau, Tennessee, eine Musiklehrerin, zur Rue de Fleurus. Die Begegnung war ein großer Erfolg: »Sherwoods Ehrerbietung und die Bewunderung, die er für ihre Werke zum Ausdruck brachte, freuten Gertrude ungeheuer.« Anderson berichtete später in seinem Tagebuch, daß er die Stein als »eine starke Frau mit Beinen wie Steinsäulen in einem Raum voller Picassos« sah. In diesem Herbst bat ihn Stein, die Einleitung zu ihrer ersten wichtigen Anthologie *Geography and Plays* zu schreiben.

Seiner Frau, Tennessee Anderson, gefiel der Besuch nicht so gut. Alice hatte strikte Anweisungen, die Frauen davon abzuhalten, die Unterhaltung zwischen Gertrude und ihren Männern zu stören. Man konnte den Frauen nicht verbieten, mitzukommen, aber sie sollten sich in einer anderen Ecke des Zimmers oder in einem anderen Zimmer aufhalten. Sylvia kannte die Regeln und beobachtete mit Unbehagen, wie Tennessee vergeblich versuchte, an der interessanten Unterhaltung teilzunehmen. Vergebens widersetzte sie sich Alices Bemühungen, ihr auf der anderen Seite des Zimmers etwas zu zeigen. Sylvia wurde niemals so grausam behandelt:

» – ich sah nicht ein, warum man in der Rue de Fleurus eine solche Grausamkeit gegen Ehefrauen für notwendig hielt. Aber ich konnte doch nicht umhin, mich über Alices Taktik zu amüsieren. Sie wurde übrigens merkwürdigerweise nur bei verheirateten Frauen angewendet, unverheiratete ließ man zu Gesprächen zu.« (Beach, 1961, S. 40)

Sylvia machte Anderson auch mit Joyce bekannt. Bei seinem ersten Besuch glaubte Anderson, ein Lächeln in Joyces »finsterem Blick« aufleuchten zu sehen, sobald Joyce »eine geistreiche Bemerkung machte«. Später beschrieb er Joyces Atti-

75

tüde, ein ehrbarer Bourgeois zu sein, als »Burjoice«. In einem Brief an Adrienne schreibt Anderson, was Paris, Adriennes Lachen, Sylvias Haus und die Wohnung der Monnier-Bécats für ihn bedeuteten. Aber dann fügt er hinzu: »Ich fürchte mich ein wenig vor Miss Sylvia – denn ach – als ich ihn besser kennenlernte, mochte ich Joyce nicht mehr – aber erzählen Sie es ihm nicht.«

Anderson bedankte sich für Sylvias Gastfreundschaft und ihre Vermittlung, indem er Subskriptionen für *Ulysses* sammelte. Er stellte eine Liste mit allen ihm bekannten amerikanischen Adressen zusammen und verschickte mit dem Prospekt sogar ein persönliches Anschreiben; eine Geste, die bei den Amerikanern die Bekanntheit des *Ulysses* immens förderte. Als er von seiner ersten Parisreise zurückkehrte, erzählte er Ernest Hemingway, daß er nach Paris gehen müßte, wenn er glaube, ein seriöser Schriftsteller zu sein. Er schrieb für Hemingway Empfehlungen an Sylvia, Stein, Joyce, Pound und Lewis Galantière. Hemingway wurde später ein Einwohner von Paris, Anderson aber ging auch noch Jahre später ein und aus, stets als Zuschauer oder Tourist.

Durch die zunehmende Besucherzahl und die Ankündigung des *Ulysses* wurde Sylvia berühmt. Die Pariser *Tribune*, die Europaausgabe der *Chicago Tribune*, veröffentlichte in ihrer Ausgabe am 28. Mai 1921 einen Artikel über sie: »American Girl Conducts Novel Bookstore« (Ein amerikanisches Mädchen führt hier einen Romanbuchladen). In einem Kommentar zur Veröffentlichung des *Ulysses* wird im Artikel bemerkt: »Man behauptet, wegen der gegenwärtigen Veröffentlichung könne Miss Beach vielleicht nicht mehr nach Amerika zurückkehren.« Diese Publizität verschärfte das Drama der Publikation. Nach einer Beschreibung des Buchladens und seiner Besitzerin schließt der Artikel mit einem Porträt Sylvias, einer Tuschezeichnung von Fred Pye, unterschrieben mit: »eine attraktive und erfolgreiche Pionierin«.

Im gleichen Monat begannen zwei ihrer wichtigsten und

längsten Freundschaften. Die Engländerin Annie Winifred Ellerman, die sich selbst Bryher nannte, hatte den Amerikaner Robert McAlmon mit der Dichterin Hilda Doolittle (H. D.), ihrer einzigen großen Liebe, auf einer Reise durch Amerika getroffen. (Bryher hatte in Greenwich Village McAlmon, Marianne Moore, Edna St. Vincent Millay und andere Künstler kennengelernt.) McAlmon gab mit dem Arzt und Dichter William Carlos Williams ein kleines Magazin, *Contact*, heraus. Um den Einschränkungen durch ihre Eltern zu entkommen – ihr Vater war Sir John Ellerman, ein Schiffsmagnat und einer der reichsten Männer in England –, arrangierte Bryher mit McAlmon eine Ehe, die niemals vollzogen wurde. McAlmon wollte nach Paris, um Joyce zu treffen. Obwohl die meisten Bekannten Bryhers annahmen, McAlmon wisse nicht, daß diese Ehe für Bryher ein bloßes Arrangement war, beweist ein Brief, den McAlmon in diesem Jahr an Williams schrieb, das Gegenteil:

»Die Ehe besteht lediglich auf dem Papier, ist unromantisch und ein striktes Abkommen, unverheiratet hätte Bryher zu Hause nicht weggekonnt und nicht reisen können... Sie glaubte, daß ich sie verstehen würde. Was auch bis zu einem gewissen Punkt stimmt. Und deswegen machte sie mir den Heiratsantrag.«

Sie heirateten am 14. Februar, wenige Stunden nachdem sie sich kennengelernt hatten, und segelten nach England, wo sie neben Bryhers Eltern Harriet Weaver, T. S. Eliot, Wyndham Lewis und die *Egoist*-Gruppe trafen, die McAlmon beeindruckte. Der *Egoist* veröffentlichte später seinen ersten Gedichtband *Explorations*. Bei diesem Besuch zahlte Bryher für die Veröffentlichung von Marianne Moores *Poems* bei der Egoist Press und bestellte 300 Exemplare von Hilda Doolittles *Hymen*. Diese Geste gegenüber Moore war typisch für Bryher, die denen, an die sie glaubte, im stillen half. Bryher war eine wichtige Unterstützerin der Egoist Press und später auch für ›Shakespeare and Company‹.

Das Leben in den Pariser Cafés zog McAlmon sofort an.

Die Abmachung mit Bryher bedeutete, daß er machen konnte, was er wollte, wenn er nur ab und zu mit ihr die Eltern besuchte. Am 6. Mai 1921 wurde McAlmon Mitglied von ›Shakespeare and Company‹, und danach kam er jeden Tag vorbei, um seine Post abzuholen. Sylvia wollte unbedingt seine Frau kennenlernen, die den ungewöhnlichen Namen Bryher nach einer der Scilly-Inseln trug, die sie als Kind besucht hatte. In einem Kapitel in ihren *Memoiren*, das Sylvia Bryher widmete, erinnert sie sich nach achtunddreißig Jahren an die erste Begegnung:

›Eines Tages – eines sehr schönen Tages für ›Shakespeare and Company‹ – brachte Robert McAlmon sie mit: ein schüchternes junges englisches Mädchen in einem Maßkostüm und mit zwei fliegenden Bändern am Hut, die mich an die eines Matrosen erinnerten. Ich konnte mich von Bryhers Augen nicht losreißen, so blau waren sie, blauer als das Meer oder der Himmel oder sogar die Blaue Grotte in Capri. Noch schöner war der Ausdruck ihrer Augen. Ich fürchte, ich starre noch heute ihre Augen an.‹ (Beach, 1961, S. 115)

Bryher war »praktisch lautlos ... ruhig beobachtete sie alles«, fügt Sylvia hinzu. »Was für ein Unterschied, wenn man an die Art dachte, wie die meisten Leute herein- und hinausstürzten, wie Postpakete in sich selbst verschnürt.« Bryher war zierlich, klein und ausgesprochen einfach. Sie schminkte sich nicht, machte sich keine Locken in ihr Haar, trug nur dezente Kleidung und lehnte eine ultrafeminine Rolle und hinderliche Petticoats ab. Ihr Interesse galt der Archäologie, der Geschichte und dem Abenteuer. Sie hatte einen Roman *Development* (1919) veröffentlicht und begann mit der Arbeit an ihrem ersten Geschichtsroman.

Bryher war zu viktorianischer Sittsamkeit erzogen worden und fühlte sich in ihrer Umgebung nicht wohl. Um dieser Situation zu entfliehen, hatte sie eine Zweckehe geschlossen. Ihre Liebe galt talentierten Frauen. Sie war jedoch diskret, wie Adrienne erklärte, »in ihrer Kleidung, aber auch in Wort und Schrift die diskreteste Person, die ich je kannte«. Obwohl sie

Frankreich und besonders die Dichtung von Stéphane Mallarmé liebte, fühlte sie sich weder in Paris noch in einer anderen Großstadt zu Hause. Als scheue Alkoholgegnerin verunsicherte sie der Umgang mit den Pariser Literaten, und sie floh in die Schweiz.

Aber im Buchladen und bei Sylvia, die sie eine Freundin fürs Leben nannte, fühlte sich Bryher zu Hause. Bryher bemerkte, wie sich die Post auf dem Kaminsims stapelte, wo sie von Kunden durchwühlt wurde, und ließ einen Postkasten für Sylvia anfertigen. Die drei großen Brieffächer waren für Bryher, McAlmon und Joyce, die anderen waren alphabetisch geordnet. ›Shakespeare and Company‹ war jetzt ein organisierter Postverteiler – ein American Express am linken Seineufer. Jahrelang schickte Bryher die für ihre Mutter bestimmten Briefe zunächst an Sylvia, die dafür sorgte, daß die Briefe mit einem Pariser Poststempel weitergeleitet wurden. So konnte Bryher ihrer Mutter verheimlichen, daß sie nicht mit McAlmon in Paris lebte.

Lady Ellerman schickte Sylvia später eine wunderschöne (58 cm hohe) Staffordshire-Büste von William Shakespeare. Diese schmückte den Kaminsims. Vierzig Jahre lang blieb Sylvia Bryhers Vertraute und Korrespondentin. Ihr Briefwechsel ist eine offene Dokumentation des literarischen und persönlichen Lebens der beiden Frauen. In der Hauptsache setzten sie sich mit anderen Schriftstellerinnen auseinander: Hilda Doolittle, Virginia Woolf, Adrienne, Dorothy Richardson. Bryher war häufig zu Besuch in Paris und unterstützte Sylvia und Adrienne finanziell. Adrienne schickte ihr jedes Jahr die besten Bücher. Bryher schreibt in ihren Memoiren über Sylvia:

»In Paris gab es nur eine Straße für mich, die Rue de l'Odéon. Ich hielt sie für eine der schönsten Straßen der Welt, denn dort konnte man Sylvia und Adrienne treffen und in ihren Buchläden verbrachte ich viele glückliche Stunden. Gab es jemals einen Buchladen wie ›Shakespeare and Company‹? Er war eine Besonderheit wegen der überladenen Regale, der Shakespearebüste, den vielen persönlichen

Fotografien von Freunden, aber vor allem wegen Sylvia – wie ein Passagier, der gerade von der Mayflower gestiegen war und der über genaue Französischkenntnisse verfügte, wartete sie auf uns, um uns zu helfen und zu führen. Sie fand Drucker, Übersetzer und Unterkunft für uns. Jahrelang bemühte sie sich, *Ulysses* zu veröffentlichen. Sie verlor jedoch niemals ihre Souveränität und gehörte keiner bestimmten Gruppe an. Sie war die perfekte Botschafterin und ich frage mich, ob es jemals einen anderen Menschen gab, der mehr Kenntnisse über Amerikaner im Ausland verbreitet hat.«

McAlmon ist auf zahlreichen Fotos zu sehen, die das Künstlerleben der zwanziger Jahre dokumentieren. Er hatte intensive, ernsthafte Augen (Williams beschrieb sie als »stahlblau«), die dicht nebeneinander lagen, eine römische Nase, ein langes Gesicht, dünne Lippen und ein hübsches Profil. Manchmal trug er in einem Ohr einen Türkis. Sylvia fand ihn attraktiv, besonders seine »irischen, meerblauen Augen«, und nannte ihn »einen Mystiker, was das Trinken anbelangte, ähnlich wie Adrienne im Hinblick aufs Essen«. Seine Freunde heben McAlmons persönliche Anziehungskraft und seinen Drang zur Schriftstellerei hervor. Wie die anderen, fühlte sich auch Sylvia von ihm magnetisch angezogen. Sie verliebte sich sogar in ihn, wie sie in einer Passage ihrer »Memoiren« schreibt:

»Sowohl Männer als auch Frauen fühlten sich von McAlmon stark angezogen. Einmal bemerkte ich, daß ich mich in ihn verliebt hatte und schrieb ihm deswegen einen Brief. Ich war am Meer und vermutlich hatte ich nichts, worüber ich nachdenken mußte. Als ich keine Antwort erhielt, fühlte ich mich sehr erleichtert. Von dem Liebesanfall völlig geheilt, kehrte ich schließlich nach vierzehn Tagen nach Paris zurück. Als McAlmon sich in den Laden schlich und ängstlich aussah, versicherte ich ihm, daß er nichts zu befürchten hatte. Ich ließ mich gerne davon überzeugen, die Finger von einer Liebesbeziehung zu lassen.«

Sein Reichtum, unter den Bohemiens eine Ausnahme, förderte seine Beliebtheit nicht wenig. Die Getränke gingen immer auf seine Kosten, und er selbst trank reichlich. Zwischen den zwei

Weltkriegen war er der beliebteste amerikanische Schriftsteller in Paris, später ist er wie kaum ein anderer in Vergessenheit geraten. McAlmons Vater war ein presbyterianischer Pfarrer wie der von Sylvia. McAlmon war der Jüngste von zahlreichen Geschwistern. Sylvia und McAlmon hatten also viele Gemeinsamkeiten – sie kamen beide aus einem Pfarrhaus, halfen anderen Menschen und hatten ein Talent, Leute miteinander bekannt zu machen –, aber im Gegensatz zu Sylvia war McAlmon ein geselliger Trinker und Herumtreiber, dessen Leben im Dôme und im Dingo zwangsläufig dazu führte, daß er sein Talent vernachlässigte.

Sylvia machte Joyce mit McAlmon bekannt, der schon bald Joyce jeden Monat 150 Dollar gab, damit er sich »über Wasser halten« konnte. Sie wurden gute Freunde. Sowohl Joyce als auch Larbaud fanden McAlmon amüsant, und die drei drehten, unter Führung von McAlmon, ihre Runden im Pariser Nachtleben. In ihren »Memoiren« erzählt Sylvia, daß die drei Männer im Gipsy (dort verkehrten Prostituierte) tranken: »Mir kam an diesem Ort eine Viertelstunde wie eine Ewigkeit vor. Aber unsere Freunde waren dafür bekannt, daß sie blieben, bis man sie morgens hinausschmiß.« Eines Morgens brachten McAlmon und Larbaud ihren Freund Joyce im Schubkarren nach Hause.

McAlmons Beziehung zu Joyce war jedoch nicht nur frivol. Er wurde ein unermüdlicher Subskribentenwerber für *Ulysses* und tippte sogar 40 Seiten, als Sylvia niemand anderen fand. McAlmon beschreibt seine Arbeit mit der unleserlichen Vorlage und den vier Notizbüchern mit Einfügungen, die rot, gelb, blau, lila und grün markiert waren:

»Drei Seiten erledigte ich gewissenhaft und tippte sogar eine Seite nochmal, um die Einfügungen an die richtigen Stellen zu setzen. Danach dachte ich mir, ›Molly kann das genauso gut ein, zwei Seiten später oder gar nicht denken‹, ich machte die Einfügungen immer gerade da, wo ich tippte. Nach vielen Jahren fragte ich Joyce, ob er bemerkt hätte, daß ich das mystische Arrangement von Mollys Gedanken geändert hatte. Er sagte mir, daß er es nicht bemerkt habe, sondern meine Ansicht teile. Mollys Gedanken waren auf mehr als eine Weise ungeordnet.«

Die Subskriptionen für *Ulysses* wurden in verschiedenen Auftragsbüchern für Europa, Großbritannien und die Vereinigten Staaten verzeichnet. Die meisten Bestellungen kamen aus Großbritannien; fast alle bedeutenden Schriftsteller und sogar Winston Churchill standen auf der Liste. Aus den Vereinigten Staaten kamen weniger: von Verlegern wie Huebsch und Knopf, von Quinn (vierzehn Exemplare), von diversen Buchläden und Persönlichkeiten wie Wallace, Stevens, William Carlos Williams und Yvor Winters. Der Buchpreis (12 Dollar für die billigste und 28 Dollar für die teuerste Ausgabe) sagte sowohl etwas über Joyces Ruf als auch über die Hartnäckigkeit der amerikanischen Werber aus. Die französische Liste führte Gide an, der seine Bestellung persönlich aufgab, was hauptsächlich eine Geste der Unterstützung für ein weiteres Unternehmen von Sylvia war. Sie lachte, wenn die Franzosen gestanden, daß ihr englischer Wortschatz begrenzt sei und daß sie hofften, »ihn durch *Ulysses* zu erweitern«. Im Juni wurden die Bestellungen spärlicher, denn viele warteten auf eine billigere englische Ausgabe, die Harriet Weaver herausbringen sollte. Nach einem kurzen Briefwechsel versprach Miss Weaver, die Ausgabe »auf unbegrenzte Zeit« zu verschieben.

Während Sylvia Bestellungen warb, schrieb Joyce die »Ithaka«- und »Penelope«-Episoden des *Ulysses*, die beiden letzten Episoden. Der dritte und letzte Teil des *Ulysses*, der Telemachos (Episode 16-18), besteht aus drei Episoden: »Eumaeus« (Erzählung), »Ithaka« (Katechismus) und »Penelope« (Monolog), die alle im Jahre 1921 geschrieben wurden. »Eumaeus« wurde gerade getippt, und Joyce hatte gerade mit der »Ithaka«-Episode begonnen, als das New Yorker Gerichtsverfahren stattfand. »Ithaka« besteht hauptsächlich aus einem Frage- und Antwort-Katechismus zwischen Dedalus und Bloom über Blooms Vergangenheit. Sie sind zu Blooms Haus in der Eccles Street Nr. 7 zurückgekehrt, und Bloom erzählt von den ehemaligen Freiern seiner Frau. Das Kapitel entspricht Odysseus' Rückkehr und der Ermordung seiner Nebenbuhler. Joyce schrieb dieses schwierige Kapitel in »Form eines mathematischen Katechismus«. Er wollte seine siebzehnte Episode in einem kalten, astronomischen und »himmlischen« Stil und Ton schreiben, um einen Gegensatz zu der sehr menschlichen und weltlichen Schlußepisode (»Penelope«) zu bilden.

Die Arbeit von Sylvia war anstrengend geworden. Neben ihrer eigenen Buchhaltung und Kontoführung kümmerte sie sich um Joyces persönliche und geschäftliche Angelegenheiten und half vielen ihrer Zeitgenossen. Joyce »hatte kein Bankkonto«, sagt T. S. Eliot, »Sylvia war seine Bank. Wenn er Geld brauchte, schrieb er Sylvia, die seine Wünsche erfüllte.« Weil sie viele Schecks einlöste, Geld verlieh und wechselte, nannte sie ihren Laden manchmal »Left Bank« [ein englisches Wortspiel, Sylvia lebte am linken Seineufer = Left Bank]. Damals wurden die Künstler nicht so wie heute von Universitäten oder Stiftungen unterstützt, und Sylvia verbrachte viel Zeit damit, Geldgeber für die Künstler zu finden, was sie »literarische Sozialarbeit« nannte.

Als Bankier und Buchhalterin war sie nicht sehr effizient. Jessie Sayre, Tochter von Woodrow Wilson und Sylvias Freundin in Princeton, besuchte sie im Laufe des Jahres. Sie versuchte, Sylvia in einem Rechensystem zu unterrichten, das bei den behinderten Kindern, die Jessie betreute, großen Erfolg gehabt hatte, doch leider nicht bei Sylvia. Große Probleme bereiteten ihr die Schwankungen des Wechselkurses. Trotz der unbeholfenen Buchhaltung und des Mangels an System beim Verkauf und Verleih der Bücher waren die Betriebskosten, inklusive Kosten für die kargen persönlichen Bedürfnisse Sylvias und die niedrigen Löhne ihrer Assistenten, sehr gering. Die Geschäftsbücher verzeichnen jeden Monat ein paar Francs für den Jungen, der täglich die Fensterläden aufzog und herabließ, für das Fensterputzen alle zwei Monate und für Zoll, Taxifahrten, Briefmarken und Kohle. Die Betriebskosten waren nur geringfügig höher als ihr Einkommen. Extraausgaben wurden durch Darlehen ihrer Angehörigen bezahlt. Am meisten gab der Laden für die Bücher aus, besonders für Bücher, die in englischer oder amerikanischer Währung bezahlt werden mußten. Da die Leihgebühren kaum die laufenden Kosten deckten, wurde der einzige Gewinn des Ladens durch den Verkauf von Büchern erzielt.

Der Buchladen diente, wie gesagt, nicht nur als Bank, sondern auch als Post. Er war die Postadresse von McAlmon, Joyce und vielen anderen Kunden. Sylvia sagte:

»Sie teilten mir mit, daß sie ›Shakespeare and Company‹ als ihre Adresse angegeben hatten und hofften, es mache mir nichts aus. Es war mir egal, besonders weil ich ohnehin nichts mehr daran ändern konnte, außer das Postamt so effizient wie möglich zu betreiben.«

Sie hatte natürlich auch ihre eigenen Postsendungen – *Ulysses* versandte sie in die ganze Welt, und Leihbücher schickte sie auch an Kunden, die in Österreich Ski liefen oder an der Riviera Urlaub machten.

Die zusätzlichen Tätigkeiten konnte Sylvia alleine nicht mehr bewältigen. Sie suchte nach einer festen Assistentin. Myrsine Moschos, eine Französin griechischer Abstammung, wurde vermutlich im Mai 1921 Mitglied der Leihbücherei. Sie hatte an der University of London studiert und lebte jetzt mit ihrer Familie in Paris. Myrsine erkannte, wieviel Arbeit in diesem Laden erledigt werden mußte, und bat Sylvia, ihr helfen zu dürfen, weil sie Buchläden liebte. Am gleichen Tag erhielt sie ein »pneumatique« (Telegramm) von Sylvia, die ihr Angebot annahm. Sylvia warnte sie jedoch, denn sie konnte nur wenig zahlen. Das war Myrsine egal. Sylvia, die mit Adrienne in den Süden nach Hyères fuhr, gab Myrsine die Schlüssel für den Laden und für Adriennes Wohnung, wo sie kochen konnte. Sie hinterließ ihrer neuen Angestellten einfache Anweisungen: »Wenn jemand ein Buch wirklich sucht, wird er es finden.«

Joyce freute sich, daß eine Griechin angestellt wurde – ein gutes Omen für den *Ulysses*. Myrsine arbeitete emsig, auch vor manueller Arbeit schreckte sie nicht zurück. Sie war gesprächig, direkt und sofort Liebling der Kunden. Und, was sehr wichtig war, sie beherrschte zahlreiche Sprachen. Ihre Offenheit und ihr ansteckendes Lachen paßten zur »amerikanischen« Atmosphäre des Buchladens. Sie liebte Klatsch. Joyce meinte, daß ihr Klatsch und der von Fargue zusammenpaßten: »Wenn sie und Fargue schnell eine Million verdienen wollen, müssen sie nur zusammenarbeiten und ihre Erinnerungen aufzeichnen.«

Zum Glück lebte Myrsine in einer großen Familie, denn wenn eine Aushilfe gebraucht wurde, half eine ihrer Schwestern. Die jüngste, Hélène, die geistig behindert und niemals zuvor allein Metro gefahren war, wurde Bote zwischen dem Laden und Joyces Wohnung. Da Joyces tägliche Besuche im Laden nicht mehr ausreichten, überbrachte Hélène Korrekturabzüge, Theaterkarten, Botschaften, Post, später Bücher, in die Widmungen geschrieben wurden, und Zeitungsartikel. Die Joyces waren nett zu ihr und behielten sie oft zum Tee. Joyce schrieb ihr ein Gedicht, das sie verlor. Myrsine erinnert sich an den Anfang »Little Miss Moschos soft as a mouse goes...« (Kleine Miss Moschos geht so leise wie eine Maus.) Sylvia berichtet, daß sie alles andere als leise war:

»Joyce wartete auf ihren ›donnernden Schritt‹, wie er es nannte – sie hatte einen ziemlich schweren Schritt für ein so kleines Persönchen. Waren alle ihre Botengänge erledigt, so hielt er sie manchmal zurück und bat sie, ihm aus einer Zeitschrift etwas vorzulesen. Dabei interessierte ihn Hélènes originale französische Aussprache englischer Namen (›Doublevé Vé Yats‹ – W. B. Yeats zum Beispiel) wahrscheinlich mehr als der Artikel selbst.« (Beach, 1961, S. 59-60)

Die Familie Moschos war mit zahlreichen Medizinstudenten

aus Kambodscha befreundet. Einer dieser jungen Männer, der in Paris Medizin studierte, war der kambodschanische Kronprinz. Ihm gefiel es im Buchladen, wo so viel über *Ulysses* gesprochen wurde. Er wollte einen westlichen Namen haben und fragte Sylvia und Myrsine, was sie von ›Ulysses‹ hielten. Ein sehr berühmter und distinguierter Name, versicherten sie ihm, und ein Name, der zu ihm passe, fügten sie hinzu und blickten sich lächelnd an. Er war so dick wie das Buch. Er änderte tatsächlich seinen Namen von Ritarasi zu R. Ulysses und erklärte sich für »wiedergeboren«. Joyce freute sich.

Schließlich kam der reiche irisch-amerikanische Rechtsanwalt John Quinn nach Paris, um die Verlegerin des *Ulysses* kennenzulernen. Er nannte den Laden in der Rue Dupuytren einen Schuppen. Der große distinguierte New Yorker, den Sylvia für »eigensinnig und explosiv« hielt, belehrte sie über ihre Pflichten und brummelte etwas über die Kunstwerke, zu deren Kauf er überredet worden war, besonders das »Zeug von Wyndham Lewis« und »den Dreck von Yeats – den kein Lumpensammler ansehen würde«.

Er hatte (auf Pounds Empfehlung) seit 1916 Joyces Manuskripte und auch Joseph-Conrad-Manuskripte gekauft und eine gute Sammlung französischer Impressionisten zusammengestellt. Später zahlte er auch für Eliots *The Waste Land* und finanzierte die *transatlantic review*. Besonders gut kannte er sich im Haushaltsrecht aus. Er war diszipliniert, methodisch und energisch. Obwohl er schroff und beleidigend sein konnte, glaubte Sylvia, daß sich dahinter ein gutes Herz verbarg. Pound bestätigte sie darin. Quinn gefiel die literarische Welt offensichtlich. Aber er behandelte Sylvia mit Herablassung, weil sie eine Amateurin und eine Frau war. Er betrachtete *Ulysses* als »sein« Buch und spielte die Rolle des Pedanten. Sie fand seinen Besuch »kurz, aber eindrucksvoll«. Andererseits waren seine Briefe lang, herablassend und voll guter Ratschläge für die Zeichensetzung, das Tippen und Drucken. Er beschrieb auch die Versendung seiner vielen Exemplare bis ins kleinste Detail. Als Empfänger seiner Briefe brauchte man eine dicke Haut.

Einige Tage nach Quinns erstem Besuch erfuhr Adrienne von einer Antiquitätenhändlerin in ihrer Straße, daß sie einen Nachmieter suche. Sylvia und Adrienne hatten oft über diesen Umzug in die Rue de l'Odéon, 12, gesprochen, und als sich die Gelegenheit bot, griff Sylvia schnell zu. In der Sommerhitze zogen sie und Myrsine mit allen Büchern, Magazinen, Fotografien und Körben voll unerledigter »dringender« Korrespondenz in die Rue de l'Odéon, 12, gegenüber dem ›Maison des Amis des Livres‹ um. Zu ihrer linken Seite waren ein Schuster, ein Korsettmacher und ein Buchauktionär, zu ihrer rechten ein bekannter Orthopäde, ein Musikladen, ein Fabrikant für Nasenspray, und in der Nr. 18 war Adriennes Wohnung. Wenige Schritte hinter der Wohnung lagen der große Place de l'Odéon und das Théâtre de l'Odéon, das fast so groß war wie die Comédie Française. Die hochragenden Säulen des Theaters erinnerten Sylvia ein bißchen an die Kolonialhäuser in Princeton. In den Säulengängen des Theaters gab es Zeitungsstände. Nachts füllte die Menschenmenge, die klassische Theaterstücke oder Konzerte genießen wollte, die Straße. Gegenüber dem Theater lag auf der rechten Seite das Café Voltaire, dessen große Epoche das ausgehende 19. Jahrhundert gewesen war. Zu den Besuchern zählten damals: Gauguin, Verlaine, Rimbaud, Whistler, Mallarmé, Rodin und die Mitarbeiter des *Mercure de France*, dessen Büro in der Nähe lag. 1957 wurde das Voltaire in die Benjamin Franklin Library, ein amerikanisches Kulturzentrum, umgewandelt.

Sylvia eröffnete ihren neuen Laden am 27. Juli 1921. Er war geräumiger, die Kunden konnten sich in ihm besser zurechtfinden, und im Mietpreis waren zwei kleine Räume über dem Laden mit eingeschlossen. Wichtiger als all diese Vorteile war jedoch die Tatsache, daß sie jetzt direkt gegenüber von Adrienne wohnte. Zwar vermißten Sylvia und Joyce den alten Laden, aber Quinn war mit dem neuen Äußeren von ›Shakespeare and Company‹ zufrieden und verkündete, er sei froh, daß *Ulysses* nicht in der anderen »Bruchbude« herauskomme. Gleichzeitig brachte Sylvia ihre persönlichen Gegenstände in Adriennes Wohnung. Sylvia und Adrienne teilten nun die Rue de l'Odéon und den Vorsitz über die beste amerikanische, französische und englische Literatur unter sich auf. Im Sommer 1923 kam Archibald MacLeish in Paris an, und ehrfurchtsvoll beobachtete er, daß Odéonien (diesen Namen hatte Adrienne erfunden) andere junge Schriftsteller inspirierte:

»Wenn man vom St. Germain an den Gärten des Boulevard St. Michel vorbeiging, hatte man ›Shakespeare and Company‹ steuerbords und backbords Adrienne Monniers ›Amis des Livres‹. Und wenn man dann mit dem Strom Richtung Theater ging, fühlte man sich, als ob man durch das Tor der Träume geschritten wäre ... Und wenn die Kälte vom Fluß hinaufzog, war das einem verwirrten jungen Anwalt in einer großen, lebendigen Zeit Grund genug, von der einen Straßenseite auf die andere zu blicken und sich zu denken, daß Gide am Donnerstag hier und Joyce am Montag dort gewesen war.«

4. KAPITEL
Stratford-on-Odéon
1921-1922

Die Franzosen waren die ersten und die letzten Kunden von
›Shakespeare and Company‹. Sie waren da, bevor Joyce und
die Amerikaner ankamen, und sie waren noch da, als Joyce
ging und die Amerikaner vor Hitler flohen. Die französischen
Schriftsteller haben den Buchladen in ein anregendes Zentrum verwandelt. So war es nur logisch und natürlich, die
Franzosen beim Aufbau von Joyces literarischem Renommee
um Hilfe zu bitten. Sylvia wandte sich zunächst an diejenigen,
die ihr nahestanden. Und obwohl Adrienne kein Englisch verstand, akzeptierte sie Sylvias Entscheidung und ihre Begeisterung für Joyce. Sie setzten auf ihren gemeinsamen Freund
Valery Larbaud, dessen Kenntnisse der englischen Literatur
und Sprache von keinem französischen Kritiker übertroffen
wurde. Er wurde die entscheidende Figur in ihrer französischen Kampagne für Joyce, die Weihnachten 1920 begann,
als er und Joyce sich bei ›Shakespeare and Company‹ trafen.
Den sensationellen Höhepunkt bildete der *Ulysses*- Vortrag
mit anschließender Lesung von Larbaud am 7. Dezember
1921. Sylvia arrangierte das Treffen, nachdem Larbaud mit
Interesse *A Portrait of the Artist as a Young Man* gelesen
hatte. Larbaud berichtet:

»Ich traf James Joyce Ende 1919 (eigentlich 1920) in einem Studio
(›Shakespeare and Company‹) einer Freundin in der Rue Dupuytren.
Miss Sylvia Beach machte uns miteinander bekannt. Joyce macht
wenig Worte; er ist ein Mann – *tout à fait en bois*. Beim Abschied
gab mir Miss Beach die Ausgaben der *Little Review*, worin Fragmente des *Ulysses* erschienen waren. Als ich nach Hause kam, fing
ich an sie zu lesen und dachte mir, es sei eine gute Vorbereitung auf
den Schlaf. Ich erlebte eine freudige Überraschung. Und als ich die
letzte Ausgabe beendete, war es bereits Morgen ... In meiner Bewun-

derung für Joyce glaube ich, daß er von all meinen Zeitgenossen der einzige ist, der in die Nachwelt eingehen wird.« Sylvia erinnerte sich jedoch genau, daß Larbaud erst einige Wochen nach dem Dezembertreffen zum ersten Mal *Ulysses* las. In ihren *Memoiren* sagte sie:

»Die Bekanntschaft mit *Ulysses* stand Larbaud noch bevor. Als ich hörte, er liege mit Grippe zu Bett, dachte ich, das sei der richtige Augenblick für Mr. Bloom, sich bei ihm vorzustellen. Ich packte sämtliche Nummern der *Little Review* zusammen, die Teile des *Ulysses* enthielten und schickte sie dem Kranken mit ein paar Blumen zu.« (Beach, 1961, S. 68)

Schon am nächsten Tag (15. Februar 1921) schickte er ihr ein Telegramm, in dem er sich für die Blumen und die *Little Review*-Ausgaben bedankte, und schrieb: »Ich kann nichts anderes mehr lesen, ja noch nicht einmal an etwas anderes denken. Genau das Richtige für mich. Ich finde es sogar besser als das *Portrait*.« Eine Woche später schrieb er, seit er mit achtzehn Whitman gelesen habe, hätte ihn kein Buch mehr so begeistert. Er wollte die Ausgaben der *Little Review* ein bißchen länger behalten und acht oder zehn Seiten übersetzen, wenn Joyce ihm das »erlaubte«. Und als Nachsatz: »*Ulysses* ist wunderbar. So groß wie Rabelais. Mr. Bloom ist unsterblich wie Falstaff.« Sylvia zeigte diese Briefe Joyce, der von dem Lob sichtbar gerührt war. Am folgenden Tag schrieb er Larbaud, dankte ihm für die Komplimente und bat ihn, die *Little Review*-Ausgaben zurückzubringen. In der gleichen Woche noch berichtete Joyce Frank Budgen von diesem Brief. Sein Renommee bei den französischen Schriftstellern und Kritikern bedeutete ihm viel. Alle Informationen und Kontakte mit den Franzosen liefen über Adrienne und Sylvia. Der französische Kritiker und Philologe Jean Paulhan erinnert sich, daß Joyce »bei allem, was man ihm erzählte, genau zuhörte und niemals ein Wort sagte«.

Larbaud erzählte Adrienne und Sylvia, daß *Ulysses* den französischen Lesern vorgestellt werden müsse, und daß er selbst einen Artikel über Joyce für die *Nouvelle Revue Française* schreiben wolle. Auch wollte er einen Vortrag im Buchladen halten und Teile des Romans übersetzen. In den folgenden Monaten las Larbaud jede neue Episode, sobald Joyce sie abgeschlossen hatte, und bereitete sich auf Vortrag und Artikel vor. Larbaud, der aufs Land fuhr, bot Joyce seine Wohnung an, selbstverständlich mietfrei. Am 3. Juni zogen die Joyces in die Rue du Cardinal Lemoine, 71, hinter dem Panthéon und hinter einem Platz mit schattigen Bäumen, der an England erinnerte. In Larbauds auf Hochglanz polierter Umgebung mit den antiken Büchern und Spielzeugsoldaten lag Joyce zu Bett und erholte sich von einer seiner Sehstörungen.

Die Schriftsteller der jüngeren Generation – auch Fargue, Romains und all die anderen, die um 1880 geboren waren – unterstützten das Werk von Joyce so gut sie konnten. Die etwas ältere Generation – Paul Valéry, Paul Claudel, Marcel Proust, André Gide (alle um 1870 geboren) – blieb Joyces Werk gegenüber gleichgültig oder sogar feindlich. Valéry und Proust zeigten kein Interesse. Valéry nahm zwar Einladungen von der Rue de l'Odéon zu Joyces Vorträgen an, erwarb aber nie den *Ulysses*. Claudel stand Joyces Werken feindlich gegenüber.

Paul Claudel war übrigens einer der ersten Dichter, die Sylvia durch Adrienne kennenlernte. Adrienne begegnete seiner Dichtung mit größter Liebe und Bewunderung. Claudel hatte 1888 ein mystisches Erlebnis, als er Rimbauds *Illuminationen* las, und wurde noch im gleichen Jahr durch eine Offenbarung in einer Weihnachtsmette der Kathedrale Notre-Dame zum gläubigen Christen. »Plötzlich war mein Herz gerührt und ich begann zu glauben. Gott existiert, Er ist hier... Er ist genauso ein persönliches Wesen wie ich.« Obwohl selber nicht gläubig, teilte Adrienne Claudels Hang zum Religiösen und war außerordentlich von seiner Dichtung beeindruckt. Adrienne präsentierte im Jahr 1919 ein Claudel-Programm, verlegte (in *Les Cahiers des Amis des Livres*, 1920) den Vortrag, den Claudel zu diesem Anlaß hielt, und veranstaltete am 28. Mai 1921 einen weiteren Claudel-Abend in ihrem Buchladen, wo Fargue und Romains Auszüge aus seinen Stücken lasen. Sylvia meinte, daß Adrienne und Claudel sich sogar äußerlich glichen – sie hätten Bruder und Schwester sein können, obwohl zwischen ihnen ein Altersunterschied von vierundzwanzig Jahren lag.

Zusammen mit Guillaume Apollinaire (der 1918 starb) war Claudel zu Anfang des Jahrhunderts der wichtigste französische Dichter. Als Botschafter war er meistens im Ausland, wenn er aber auf seinen Parisbesuchen bei Sylvia vorbeisah, war er zu ihr sehr freundlich. Aber als Sylvia und Adrienne mit der Veröffentlichung der Werke von Joyce begannen, war Claudel entsetzt. Er hielt ihn für einen »Feind Gottes«. Er hatte das *Portrait* gelesen und haßte es. Den *Ulysses* las er nie, denn er glaubte, die Werke Joyces seien vom »Haß der Abtrünnigen« durchsetzt. Eines Tages sah Sylvia, wie Claudel in ihr Schaufenster blickte, den *Ulysses* sah, sich bekreuzigte und zum Odéon-Theater forteilte. Bevor er im Jardin du Luxembourg verschwand, rannte er über den Platz, den man heute Place Paul Claudel nennt.

Eines Tages besuchte eine englischsprachige Touristin ›Shakespeare and Company‹, sah sich um, bestaunte die Regale voller Bücher und zeigte sich von den Fotografien irritiert. Enttäuscht wandte sie sich an den distinguiert aussehenden Franzosen mit den schwarzen Augenbrauen, dem Chaplin-Schnurrbart und dem herabhängenden Monokel, der an Sylvias Tisch saß. »Haben Sie Schreibstifte und Papier?« fragte sie.

»Tut mir leid«, antwortete er höflich in seiner ruhigen Stimme, »das haben wir nicht auf Lager.« Als sie ging, grinste Paul Valéry, der gerne Verkäufer spielte, und rief ihr nach: »Vielleicht werden wir später Schreibstifte und Papier im Laden führen!« Als Sylvia zurückkehrte und Valéry ihr von diesem Vorfall erzählte, lachte sie und gab zu bedenken, daß

»Schreibwaren in unmittelbarer Nähe von Büchern Leute nur auf seltsame Gedanken bringen«.

Valéry, einer der größten französischen Dichter des 20. Jahrhunderts, liebte Witze und lachte gerne. Er kam regelmäßig vorbei, nachdem der Laden in die Rue de l'Odéon umgezogen war und er nicht mehr für die Nachrichtenagentur Havas arbeitete. Oft setzte er sich zu Sylvia und erzählte ihr lustige Geschichten. Seit 1917 war er Mitglied in Adriennes Leihbücherei, und sie hatte sein *Album de Vers Anciens* in ihren *Cahiers* veröffentlicht. Sylvia arbeitete noch für das Rote Kreuz in Serbien, als er 1919 seine erste Lesung in Adriennes Leihbücherei hielt. Auch seinen Vortrag über Poes *Eureka* hörte sie nicht. Obwohl ihr die Lektüre seines *La Jeune Parque* (Die junge Parze, 1917, deutsch von P. Celan, 1960) Schwierigkeiten bereitet hatte, empfand sie ihn als umgänglichen einfachen Menschen: »Wie jeder, der ihn kannte, liebte ich Valéry.«

Valéry besuchte ›Shakespeare and Company‹ hauptsächlich, um sich mit Sylvia zu unterhalten. Ein gemeinsamer Freund der beiden meinte, er liebe es, »wie sie auf ganz und gar amerikanische Art französische Sprachstrukturen völlig korrekt formulierte... Jede ihrer Bemerkungen konnte die Kraft eines Epigramms oder einer Fabel haben.« Sylvia genoß seine Besuche. Er war natürlich, freundlich, »völlig unaffektiert« und stets gut aufgelegt. Bei einem seiner Besuche sah er Cyprian in einem sehr kurzen Rock und Strümpfen, die nur zum Knie reichten, mit gekreuzten Beinen auf einem Stuhl sitzen. Valéry nahm einen Stift, zeichnete einen Frauenkopf auf eines ihrer Knie und signierte das Werk mit »P. V.«. Cyprian bedauerte sehr, daß sie die Zeichnung nicht erhalten konnte. Valéry war ein charmanter Mann, der die Gesellschaft von Frauen mochte. Sylvia kannte seine Geliebten, aber auch seine Frau und die Familie. In seinem Valéry-Englisch spottete er über den Schutzheiligen der Buchhandlung. Er nahm einen Band Shakespeare aus dem Regal und öffnete ihn an der Stelle: »Der Phönix und die Schildkröte«. »Nun sagen Sie, Sylvia«, fragte er, »wissen Sie, worum es hier geht?« – »Ehrlich gesagt, nein«, antwortete sie mit vorgetäuschter Verwunderung. Aber das sei nichts, erklärte er, gegen die Verse Mussets, die er sich eben bei einer Matinée im Vieux Colombier angehört hätte: »Les plus désespérés sont les chants les plus beaux« (»Die schönsten Lieder sind die der höchsten Verzweiflung«), diese Zeilen seien ihm völlig unverständlich. »Und da werfen Sie mir vor, ich schriebe so dunkel!«

Valéry ist in seiner Dichtung nicht deshalb so schwer verständlich, weil er versucht, das Unbeschreibliche auszudrücken (wie sein Mentor Stéphane Mallarmé), sondern weil er seine Sprache auf das Wesentliche reduziert. Der abstrakte Gedanke wird mit Gefühl, Einbildung und Fantasie verbunden und in eine klassische Form verdichtet. *La Jeune Parque* beispielsweise ist ein langes musikalisches und metaphysisches Gedicht, entweder ein Selbstgespräch des ›Schicksals‹ im Wechselspiel von Leichtfertigkeit und Verantwortungsbewußtsein, oder ein Monolog des Geistes, der sich vom Körper zu befreien sucht. Adrienne sagte, »das Gedicht schärft den Verstand, ohne ihn zu übersättigen«. Er mißtraute Gefühlen, obwohl er ein Anhänger Wagners war.

Valéry las zwar niemals Joyce, aber um seine beiden Freundinnen zu unterstützen, nahm er an den verschiedenen Joyce-Veranstaltungen teil. Sein literarischer Lieblingsplatz war Adriennes Bücherei, wo er und Jules Romains, beide starke Raucher, den Raum mit Rauchwolken füllten. Kam Fargue dazu, verspätet wie immer, ließ er verlauten: »Adrienne hat ihren Laden in Brand gesteckt, damit man meint, in diesen Wänden sei ein göttlicher Funke.« Er schloß sich dann den Rauchern an und heizte den Raum mit seiner Sprache und seinen Geschichten auf.

»Gide ist hier«, rief Sylvia im Sommer 1921 vom Balkon eines kleinen Hotels in Hyères am Mittelmeer. Vor zwei Tagen waren Sylvia und Adrienne angekommen, auf der Flucht vor ihren Bekannten, ihrer »dringenden« Korrespondenz, der Tipparbeit und dem Korrekturlesen. Myrsine Moschos hütete inzwischen den Laden. Sie entdeckten bald, daß Jules Romains, der in der Nähe ein Sommerhaus hatte, jedem das Hotel empfohlen hatte. Daher beschlossen sie, zusammenzubleiben und den Urlaub gemeinsam zu verbringen. Sylvia und Adrienne freuten sich besonders über die Ankunft Gides, denn sie hatten gerade seine *Caves du Vatican* noch einmal gelesen und diskutiert.

Anfang September war das Meer blau und warm, und die drei gingen jeden Tag schwimmen. Adrienne »trieb nahe der Küste aufrecht in ihrer Korkweste mit Rettungsring dahin«. Gide und Sylvia, die besser schwimmen konnten, ruderten mit einem Boot hinaus, um dort zu tauchen. Obwohl Sylvia noch »nie getaucht hatte« und in seiner Gegenwart lieber nicht damit begonnen hätte, sprang sie mutig vom Bootsrand und platschte bäuchlings ins Wasser. »Pas fameux« (Nichts Besonderes!), war Gides Kommentar.

Adrienne beschreibt in »With Gide at Hyères« (1921) detailliert die literarischen und gesellschaftlichen Diskussionen der drei Freunde während der gemeinsamen Essen, Tees und Diners jener fünf Tage. Sie sprachen über Fargue und Larbaud; darüber, ob der Theaterregisseur Copeau möglicherweise Gides *Saul* aufführen würde, und über Kannibalismus. Wenn sie über Joyce geredet haben – und das war sicher der Fall, da die Veröffentlichung unmittelbar bevorstand –, so wird das von Adrienne mit keinem Wort erwähnt. Manchmal kamen Jules und Gabrielle Romains. Jules Romains hatte gerade *Lucienne* veröffentlicht, einen der erotischsten Romane Frankreichs. Auch der englische Kritiker Roger Fry kam vorbei. Wenn es regnete und sie im Haus bleiben mußten, spielte Gide im Hotel auf einem Klavier, das sehr unter der Meeresluft gelitten hatte. Er spielte Stücke von Schumann, Chopin, Albéniz – »virtuos, aber ohne Seele«, wie Adrienne bemerkte.

Später verließ er seine Freundinnen, um mit Copeau an *Saul* zu arbeiten, das mit Copeau in der Titelrolle im nächsten Jahr am Théâtre du Vieux Colombier aufgeführt werden sollte. Sylvia und Adrienne blieben noch zwei Wochen. Dann kehrten sie über Marseille, wo Sylvia unbedingt das Puffviertel sehen wollte, zurück. Sonnengebräunt und gut erholt, war sie bereit, den hektischen, kritischen Monaten vor der Veröffentlichung des *Ulysses* entgegenzutreten.

Die Kernfamilie des Odéon bestand aus Adrienne und Sylvia, Adriennes Schwester Marie, die Rinette (Marienette) genannt wurde, ihrem Ehemann Paul-Émile Bécat, Léon-Paul Fargue und Valery Larbaud. Ein Bild dieser Gruppe zeigt, wie sie im Juni 1924 auf der Messe in Orsay hinter einem Boot aus Pappmaché posieren (vgl. Abb. Nr. 19). Jeder bewunderte Marie, die zwei Jahre jünger war als Adrienne, denn sie fertigte unvergleichliche gestickte Teppiche, über die Fargue und Valery Essays schrieben. Die Schwestern unterschieden sich zwar in Temperament und Aussehen, aber sie waren eng befreundet. Beide betrachteten Sylvia als Schwester.

Marie war mit Paul-Émile Bécat verheiratet. Paul hatte an der École des Beaux Arts studiert. Seine realistischen Porträts der Odéon-Schriftsteller sind häufig reproduziert worden. Auf Wunsch von McAlmon zeichnete er 1921 ihn und Joyce zusammen. Er malte Adrienne (1921), Larbaud und Romains (1922) sowie Sylvia (1923) und Adrienne mit Marie (1924) in Öl. Seinen Lebensunterhalt verdiente er sich mit Illustrationen erotischer Literatur. Seine Illustrationen zu *The Adventures of Fanny Hill* (Die Abenteuer der Fanny Hill) sind detaillierte sexuelle Darstellungen. Seine Modelle fand Bécat in Cafés, und er behielt sie oft bei sich, nachdem sie Modell gestanden hatten. Andererseits war Marie jahrelang die Geliebte von Fargue. Sie bildeten eine liebenswerte ménage à trois und reisten oft gemeinsam.

Eines Tages fuhr Sylvia mit Marie und Fargue zu der Fabrik, wo er mit seiner Mutter und einer geduldigen, getreuen Bediensteten lebte. Sein Vater war Ingenieur gewesen und hatte verschiedene Verfahren der Glasherstellung erfunden. Er hatte Fargue die Fabrik hinterlassen. Sie lag in der Nähe des Gare de l'Est, und Fargue ließ das Pfeifen der Züge in seinen Straßengedichten wieder aufleben. Sylvia berichtet in ihren *Memoiren*

»Er verehrte seinen Vater und wollte sich von der Fabrik nicht trennen, die Fargues Vater aufgebaut hatte und die jetzt mit einem Dichter als Besitzer rasch zugrunde ging. Zur Blütezeit des Jugendstils war Fargue-Glas sehr bekannt gewesen. Es schmückte in Form von bunten Glasfenstern und Vasen im Zeitgeschmack die Häuser der Millionäre. Fargue selbst zeigte mir ein Fenster bei Maxim, das sein Vater gemacht hatte. Der Vorarbeiter, der schon zu seines Vaters Zeiten in der Fabrik gearbeitet hatte und sämtliche Geheimformeln kannte, erhielt den Betrieb noch aufrecht und hin und wieder kam ein Auftrag herein. Dann nahm man noch zwei weitere Arbeiter auf.« (Beach, 1961, S. 169)

Sylvias intimste Freunde waren Franzosen, aber sie blieb Amerikanerin. Gertrude Steins Erklärung: »Amerika ist meine Heimat, aber Paris ist mein Zuhause«, beschreibt eigentlich eher Sylvia Beach als Gertrude Stein, und im Gegensatz zu Gertrude beherrschte Sylvia die Sprache. Weisheit und Reife – sie war immerhin neunundzwanzig Jahre alt, als sie endgültig nach Paris zog – bewahrten sie vor den üblichen Fehlern der Exilanten. Nie nahm sie eine andere Nationalität an, um ihre amerikanische Herkunft zu verleugnen. Sie machte sich nicht alles Französische in unkritischer Begeisterung zu eigen. Andererseits lebte sie nicht in einer amerikanischen Community, die jeglichen Kontakt zu den Franzosen und ihren Gebräuchen mied. Sie nahm die französische Kultur in sich auf und zog oft genug den französischen Lebensstil dem amerikanischen vor. Bemerkenswert ist, daß sie, wie Adrienne bezeugt, »gleichzeitig so amerikanisch und so französisch war«. Sie verband bestimmte, einzigartige Eigenschaften beider Länder: sie war energisch und freundlich, aber auch unbefangen, diskret und ein bißchen exzentrisch.

Für Adrienne, Larbaud, Joyce und viele andere repräsentierte Sylvia Amerika. In ihr sahen sie das Beste der amerikanischen Literatur, mit der Sylvia sie bekannt gemacht hatte. Sie war eben Amerikanerin, wie Adrienne immer wieder betonte – »jung, freundlich, heroisch… faszinierend (die Adjektive entlehne ich Whitmans Beschreibung seiner Landsleute)«. Sie blieb jung, an Leib und Seele. Sogar als die Falten kamen, hatte sie mehr Energie als Leute, die nur halb so alt waren. Henri Hoppenot und Saint-John Perse (Alexis Léger) äußern später, daß Sylvia sie an die Tochter eines Sheriffs erinnere, die gerade ihr Pferd vor der Tür angebunden hat, entschieden in den Raum eintritt und mit einem schnellen Blick erfaßt, was los ist. Alice B. Toklas weist auf Sylvias Stärke und Patriotismus hin und nennt sie »flagstaff« (Fahnenstange); sie sei die amerikanische Flagge in Frankreich und stark wie ein Schiffsmast – eine »weniger mutige Person«, sagt sie, wäre von ihrer Arbeit erdrückt worden. Myrsine Moschos bezeugt, daß die Franzosen Sylvia für ihre amerikanische Art bewunderten und sie schätzten, weil sie den französischen Lebensstil verstand. Wie Henry James' Figur *Madame de Mauves* konnte Sylvia »sehr amerikanisch sein und es doch mit ihrem Selbstverständnis vereinbaren, in Europa zu leben«.

Adrienne betont auch Sylvias demokratische Gesinnung – Jung und Alt, talentierte und einfache Menschen akzeptierte sie gleichermaßen (sie mochte nur keine Snobs). Adrienne meinte, »Amerikaner haben Demokratie in ihrem Blut, sie ist ihre Tradition, sie begründet ihre Existenz und diese Stimme spricht deutlicher zu ihnen als irgendeine andere«. Aber am besten erfaßt sie Sylvias Charakter und Persönlichkeit, wo sie den Beginn ihrer Freundschaft beschreibt:

»Diese junge Amerikanerin zeigte eine originelle und außerordentlich anziehende Persönlichkeit. Sie sprach fließend Französisch mit einem eher englischen als amerikanischen Akzent; es war eigentlich kein Akzent, sondern vielmehr eine energische und durchdringende Art, die Worte auszusprechen. Wenn man ihr zuhörte, dachte man weniger an ein Land als an ein Volk, an den Charakter eines Volkes. In einer Unterhaltung machte sie weder Pausen noch zögerte sie, stets fand sie Worte, manchmal erfand sie welche oder sie paßte ein englisches unserer Sprache an und zeigte dabei ein hervorragendes Sprachgefühl. Ihre Erfindungen waren meistens so witzig, so charmant, daß sie sofort Teil unseres Sprachgebrauchs wurden, als hätte es sie schon immer gegeben. Man mußte sie wiederholen und imitieren. Zusammenfassend kann man sagen, daß diese junge Amerikanerin sehr viel Humor hatte, oder besser: sie war der Humor selbst.«

Charme und Humor können typisch amerikanisch sein, aber ihr »ausgezeichnetes Sprachempfinden« fürs Französische war ungewöhnlich. Manchmal benutzte sie englische und französische Wörter, um ihre Gedanken auszudrücken. »Sie sprach ein hervorragendes idiomatisches Französisch«, versichert einer ihrer Freunde, »aber sie hatte zuviel Charakter, um ihren Akzent aufzugeben.« Gleichzeitig war sie französisch. Adrienne sagte, Sylvia war »französisch, weil sie dieses Land leidenschaftlich liebte und sich danach sehnte, die kleinsten Nuancen dieses Landes in sich aufzunehmen«. Auch ihr Temperament war französisch. Sie war skeptisch, empfindsam und besaß einen Witz, der sowohl ihre Liebe für Wortspiele als auch ihre Lust an schelmischen Streichen bewies. Sie behielt fast in jeder Situation ihren Humor. Während Joyce seinen Witz für die geschriebene Seite aufbewahrte und im Gespräch oft einsilbig war, ließ Sylvia ihren Witz und ihr Wortspiel in ihre Unterhaltung einfließen.

Sylvia hatte sich die Aufgabe gestellt, Amerikaner, Engländer und Franzosen miteinander bekannt zu machen. Ihre beispielhaft enge Verbundenheit mit den Franzosen teilten jedoch nur wenige ihrer Landsleute, sei es aus Unsicherheit, nationalem Stolz oder wegen der Sprachbarriere.

Viele Amerikaner waren zu kurz in Paris, um etwas über Frankreich zu erfahren. Beispielsweise hatten Edna St. Vincent Millay und Edmund Wilson, wie Wilson feststellte, auf ihrem kurzen Besuch im Sommer 1921 keine Gelegenheit, »durch die Galerien der Denkart anderer Menschen zu spazieren«. Auch bei Besuchern, die länger blieben, sah es nicht besser aus. George Antheil und Robert McAlmon verbesserten trotz jahrelangen Frankreichaufenthalts ihr Französisch kaum. Wie bei Gertrude Stein war es eher die Regel als die Ausnahme, daß Amerikaner in Paris unter sich blieben. Sie »bleiben unter sich, lesen kaum Französisch und sprechen es schlecht«, beklagten sich die Herausgeber der Pariser *Tribune*. Sylvia fand das auch. »Einige meiner Freunde, z.B. Justin O'Brien, Archibald MacLeish und George Dillon, teilten meine Faszination für die Franzosen, aber die meisten schienen nicht zu wissen, daß Larbauds *Barnabooth* und *La Jeune Parque* (Valéry) für sie leicht erreichbar gewesen wären. Ich glaube, sie haben viel verpaßt.« Und Matthew Josephson bemerkt, daß »wenige amerikanische Bewohner des Montparnasse sich in die französische Literatur vertieften, weil die bedeutendsten französischen Schriftsteller zu selten zum Montparnasse kamen«. Man sollte jedoch nicht behaupten, daß die Amerikaner überhaupt nichts von den Franzosen gewußt hätten.

Anfang der zwanziger Jahre setzten sich doch einige mit der französischen Kultur auseinander. Natalie Clifford Barney und Kay Boyle bemühten sich, die Franzosen und ihre Sprache kennenzulernen. Samuel Putnam, William Carlos Williams, Matthew Josephson, John Dos Passos, Malcolm Cowley, Glenway Wescott, Waverley Root und viele andere sprachen fließend Französisch. John Dos Passos kam häufig für kurze Zeit nach Paris. Seine Schriften zeigen den Einfluß von Jules Romains, dessen Unanimismus und dessen Stadtszenen sich in *Manhattan Transfer* (1925) und der Trilogie *U.S.A.* spiegeln. Auch die Montagetechniken der Kubisten und die

Filme von Sergej Eisenstein beeinflußten *U. S. A.* Matthew Josephson, der im Winter 1921 (über Brooklyn, Greenwich Village und Colombia University) in Paris ankam, besuchte die Vorlesungen an der Sorbonne. Obwohl er in Paris viele seiner Greenwich-Village-Freunde (u. a. Slater Brown, Cummings, Loeb, Djuna Barnes und Bernice Abbot) wiedertraf, verbrachte er die meiste Zeit mit jungen französischen Schriftstellern (Aragon, Breton, Soupault, Paul Éluard). Seine Memoiren aus den zwanziger Jahren nannte er *Life among the Surrealists* (Das Leben unter den Surrealisten). Josephson engagierte sich bei mehreren kleinen Zeitschriften, wie *Broom* (1921-1924) und *Secession* (1922). Für *Broom* übersetzte er die Werke seiner französischen Freunde, der Surrealisten Aragon und Éluard, denen er wiederum E. E. Cummings und Malcolm Cowley vorstellte. Der erste Essay, den er dem *Double Dealer* nach Amerika schickte, war ein Artikel über Jules Romains.

Malcolm Cowley wiederum studierte die klassische französische Literatur an der Universität von Montpellier und an der Sorbonne, freundete sich mit Aragon, Tzara, André Salmon und anderen französischen Schriftstellern an und übersetzte später Werke von Paul Valéry, André Gide und anderen.

Als Sylvia mit ihren französischen Freunden vom Mittelmeerurlaub zurückkehrte, plante die Familie Joyce ihren Auszug aus der Larbaud-Wohnung. Joyce war dabei, das letzte Kapitel des *Ulysses* zu beenden. Harriet Weaver sammelte die englischen Urheberrechte von Joyce. Das Jahr 1921 war für die Beziehung zwischen Miss Weaver und Joyce entscheidend, denn während sie mit ihm arbeitete und ihm Geld auf Vorschuß schickte, begann sie an ihm zu zweifeln. Sie verabscheute Alkohol und lebte einfach. Sie hatte Gerüchte über seinen Alkoholkonsum und seinen lockeren und aufwendigen Lebenswandel gehört. Als Joyce von ihrer Verärgerung erfuhr, schickte er ihr einen langen und schmeichlerischen Brief, der bewirkte, daß sie seinen Lebenswandel um seines Talents willen tolerierte. Sie stand zu den Verpflichtungen, die sie einmal eingegangen war. Sie entschied sich, die einzige englische Verlegerin von Joyce zu werden. Von Elkin Mathews kaufte sie für 15 Pfund die Rechte für *Chamber Music* (Kammermusik), diese Gedichte waren vor vierzehn Jahren veröffentlicht worden. Von Grant Richards erhielt sie für 150 Pfund das Copyright für *Dubliners* und *Exiles* (Verbannte). Mitte Oktober hatte sie alle englischen Copyrights und die Verzichterklärung von J. B. Pinker als Joyces Agent.

Joyce war darauf bedacht, Miss Weaver nicht zu beleidigen, denn er stand in ihrer Schuld. Er führte eine genaue Buchhaltung über seine Finanzen. Obwohl die Zuwendungen von Miss Weaver ein Geschenk waren, nannte er diese Zahlungen »Vorschüsse« für den Verkauf der englischen Ausgabe, die sie später herausgeben wollte. Mit seinem Dank drückte er ihr gleichzeitig sein Leid aus. »Vielen Dank für Ihre Hilfe, die das düstere Labyrinth, in dem ich irre, erleuchtet.« Die Hilfe, die ihm gewährt wurde, sah er – wie erwähnt – als Beweis seines Auserwähltseins. Trotzdem mokierte er sich über andere Künstler, die arm waren. In einer Unterhaltung mit Mme. Yasushi Tanaka, der Frau eines in Paris lebenden Malers, hörte er sich ihr Lob auf Yeats an und tat ihn in seiner Antwort als Lady Gregorys Liebhaber ab, der sich aushalten lasse.

Im September beendete Joyce, der nur noch wenige Stunden am Tag arbeiten konnte, das letzte Kapitel des *Ulysses*. Er zog aus Larbauds Wohnung aus und verkündete, daß er die »Penelope«-Episode beendet hätte. Auf die letzte Manuskriptseite schrieb er abschließend »Trieste – Zürich Paris, 1914-1921«. »*Penelope* ist der *Clou* (Kernpunkt) des Buchs«, schrieb er seinem Freund Frank Budgen. »Es dreht sich wie die große Erdkugel langsam, gleichmäßig und sicher im Kreis herum.« Die »Penelope«-Episode, die der Rückkehr von Homers Odysseus zu seiner Frau entspricht, ist Molly Blooms abschließender Monolog, den sie neben dem schlafenden Leopold hält. Sicherlich ist dieser Schluß der erotischste Teil des Romans:

> »ich will ja sag ja meine Bergblume und ich hab ihm zuerst die Arme um den Hals gelegt und ihn zu mir niedergezogen daß er meine Brüste fühlen konnte wie sie dufteten ja und das Herz ging ihm wie verrückt und ich hab ja gesagt ja ich will Ja.« (*Ulysses*, S. 1015)

Im Oktober 1921 korrigierte Joyce die Druckfahnen der »Ithaka«-Episode. Er beschwerte sich bei McAlmon, daß die Drucker von den Buchstaben »w« und »k« der englischen Sprache kopfscheu würden und nicht mehr als 100 Seiten auf einmal drucken könnten. Jedoch hoffte Joyce, Bloom Anfang November auf die Bühne der Welt zu schicken. Auch Larbaud las die Korrekturfahnen des *Ulysses* und bereitete sich außerdem auf seinen Joyce-Vortrag vor. Mrs. Beach, Sylvias Mutter, war zu Besuch in Paris und half manchmal im Laden. Der Besuch freute Sylvia zwar, war aber gleichzeitig auch eine Belastung.

Am 17. November erhielt Sylvia einen langersehnten Brief von George Bernard Shaw, den sie gefragt hatte, ob er den *Ulysses* bestellen wollte. Joyce mochte Shaw nicht; er nannte ihn einen »geborenen Prediger«, aber jede Bestellung von einem Schriftsteller ermutigte ihn. Sylvia glaubte, daß Shaw, obwohl er der Generation ihrer Mutter angehörte, einen Schriftsteller, der ein revolutionäres Buch geschrieben hatte, unterstützen würde. Da Mrs. Desmond Fitzgerald, seine ehemalige Sekretärin, Sylvia überzeugt hatte, daß Shaw unglaublich großzügig sei, wenn man sich an ihn wende, schickte Sylvia ihm einen Prospekt.

»Er wird nie subskribieren«, behauptete Joyce. »Doch, er macht's«, antwortete sie. »Wollen wir wetten?« fragte er. Sie nahm die Wette an. Es ging um ein seidenes Taschentuch für sie und eine Schachtel Voltigeur-Zigarren für ihn.

Joyce gewann. Shaws Brief richtete sich an »Dear Madam« und nennt sie eine »junge Barbarin, verblendet von dem Glanz der erregenden und begeisternden Gefühle, die von der Kunst in leidenschaftlich bewegter Materie aufgerührt werden«. Der Brief amüsierte sie, und sie fand ihn »sehr charakteristisch« für Shaw, aber sie war auch enttäuscht. Sie hatte ihre Wette verloren. Shaw, der Auszüge des *Ulysses* im *Egoist* gelesen hatte, sah darin »ein empörendes, wenngleich wahrhaftiges Dokument aus einer abstoßenden Phase zivilisierten Lebens«. Er verglich Joyces Bemühungen mit dem Versuch, »eine Katze stubenrein zu machen, indem man ihr die Nase in den eigenen Dreck steckt«. Er schließt den Brief mit dem Hinweis: »wenn sie sich einbilde, daß ein Ire, geschweige denn ein Ire in vorgerücktem Alter, 150 Francs für so ein Buch zahlen würde, so kenne sie seine Landsleute schlecht.« Pound nahm sich der Angelegenheit an, und nach einem langen Briefwechsel schickte Shaw eine Postkarte mit einem Gemälde der Grablegung Christi, auf dem vier Frauen um den Leichnam ihres Herrn weinen: »J. J. wird von seinen Verlegerinnen ins Grab gelegt, nachdem sich G. B. S. geweigert hat, den *Ulysses* zu subskribieren.« Er fragt Pound, ob ihm alles gefallen müsse, was Pound gefällt: »Was mich betrifft, kümmere ich mich um den Pence und lasse die Pounds für sich selber sorgen.« In einem Brief an J. L. Mencken beschwert sich Pound, daß Shaw sich bei ihm »zweimal pro Woche über den hohen Preis des *Ulysses* beklagt«. Joyce amüsierte sich über diesen Briefwechsel und erklärte, daß Shaw sich das Buch wahrscheinlich irgendwo kaufen würde. Shaw war der einzige, der eine Bestellung verweigerte. Bald sorgte Pound für Aufregung, als er mit der Subskription von William Butler Yeats kam und sie auf Sylvias Tisch legte.

Bei Shaw scheint Sylvia das letzte Wort gehabt zu haben. Viele Jahre später schickte sie ihm einen Brief, um sich bei ihm für eine Rohkostkur gegen Migräne zu bedanken; sie fügt hinzu:

»Und wenn ich Joyce half und *Ulysses* verlegte, als es verboten war, dann liegt der Fehler allein in meiner Erziehung – durch SIE, lieber Mr. Shaw, denn ich und meine Generation wurden von Bernard Shaw erzogen und nicht ›badly broat up‹ (schlecht erzogen), wie der arme Drinkwotter.« (Beach, »Memoiren«)

Obwohl es Shaw nicht um den Preis ging, war das Buch doch ziemlich teuer. Die billigste Ausgabe des *Ulysses* wurde in Paris für 150 Francs verkauft und war weder gut gebunden noch fehlerfrei gedruckt. Sie hatte viele Satzfehler, da immer unter Zeitdruck gearbeitet wurde und auf den Korrekturabzügen zahlreiche Zusätze und Veränderungen hinzugefügt waren. Auf einer Auktion im Jahre 1977 wurde jedoch die Nr. 96 der ersten 100 Exemplare für 10 000 Dollar verkauft.

Das Bestellbuch für England, Irland und Schottland füllte sich langsam mit bekannten Namen: Bennett, zwei Huxleys, drei Sitwells, Woolf, Churchill, Wells, Walpole und Yeats (der 1923 den Nobelpreis für Literatur erhielt). Havelock Ellis, der 150 Francs für zu teuer hielt, kaufte *Ulysses*, als Sylvia seine *Studies in the Psychology of Sex* (Studien zur Sexualpsychologie) für die Leihbücherei erwarb. Die größte Bestellung von einer Buchhandlung, elf Exemplare und eine Nachbestellung zwei Jahre später, kam vom ›Irish Book Shop‹. Das reichte freilich kaum aus, um in Dublin »jeden Mann... zwischen fünfzehn und zwanzig Jahren« zusammenzutrommeln und zu zwingen, »diese ganzen Verspottungen, diese ganze Obszönität, gemein in ihrem Ausdruck, gemein in ihrer Denkart, zu lesen«, wie Shaw verlangt hatte. Ungeachtet Shaws Weigerung zahlten einige »ältere Iren« für den *Ulysses* 150 Francs, manche sogar 350. Die Pariser Buchläden bestellten nichts, bettelten aber um die Erstausgabe, als es zu spät war. Sylvia eröffnete ein Bestellbuch für andere Länder der Welt, darunter Südamerika, Südafrika und China; die Librairie Française in Peking bestellte immerhin zehn Exemplare.

Im Oktober teilte Joyce Harriet Weaver mit, daß er von Korrekturfahnen »eingeschneit« sei. Er habe die »Aeolus«-

Episode umgearbeitet und die Episode der »Lotus-Esser« erweitert. Besonders lange hatte er an der »Ithaka«-Episode gearbeitet. Seit acht Monaten korrigierte er Druckfahnen. Die erste Fahne war am 16. Juni angekommen. Joyce schrieb alles handschriftlich mit stumpfen schwarzen Bleistiften, die er bei Smith in Paris kaufte. Auf den Korrekturabzügen benutzte er, wie Sylvia erzählt, rote, blaue und grüne Bleistifte.

»Zur besseren Unterscheidung der Teile, an denen er arbeitete, nahm er bunte Stifte. Mit Füllfederhaltern kam er überhaupt nicht zurecht, sie verwirrten ihn. Ich fand ihn einmal im Kampf mit einem, den er füllen wollte, wobei er sich über und über mit Tinte vollschmierte. Jahre später dachte er auch einmal daran, eine Schreibmaschine zu benutzen, und bat mich, ihm eine geräuschlose Remington zu besorgen. Bald tauschte er sie gegen die geräuschvolle Maschine Adriennes aus, aber soviel ich weiß, hat er weder die eine noch die andere je wirklich benutzt.« (Beach, 1961, S. 77)

Das Lesen und die Korrektur der Abzüge waren ein kreativer Akt, bemerkt Joyces Biograph Ellmann. Er änderte oder korrigierte nicht nur Wörter und Sätze, sondern er erweiterte das Buch und komplizierte das Material durch ineinanderverwobene Details. Er sagte zu Jacques Benoist-Méchin: »Ich habe so viele Rätsel und Probleme eingebaut, daß sich Professoren jahrhundertelang über das, was ich gemeint habe, auseinandersetzen werden, und das ist der einzige Weg zur Unsterblichkeit.« Mittlerweile hat es sich erwiesen, daß seine Aussage mehr als ein Scherz war. Joyce ist zum Liebling der Experten in der ganzen Welt geworden.

Joyce schickte Korrekturabzüge und Kopien an Frank Budgen, Robert McAlmon, Harriet Weaver (oft durch Ezra Pound), Claud Sykes und Eliot (der mit Aldington eine Kritik schrieb). Joyce fragte nach Vorschlägen und möglichen Assoziationen, um den Text zu erweitern. War jemals zuvor ein Buch auf diese Art geschrieben worden? Sylvia schreibt, daß Joyce stets gierig die Korrekturabzüge verlangte, und: »... jede Fahne war mit zusätzlichen Texten vollgeschrieben

– ein reicher Zierat an Pfeilen typisch Joycescher Art und Myriaden von Sternen sollten den Drucker in den verschiedensten Worten, Sätzen und Namenslisten am Rande der Seite leiten.« A. Walton Litz vergleicht Joyce mit einem »Mosaikmacher, der ein vorgefertigtes Muster ausarbeitet«. Einige Teile des »Ithaka«, an dem er im Oktober arbeitete, wuchsen um das Fünffache! Selbst die Teile, die bereits im *Egoist* und *Little Review* veröffentlicht worden waren, erweiterten sich um etwa 20 Prozent. Insgesamt schrieb Joyce ungefähr ein Drittel des *Ulysses* auf Korrekturfahnen.

Kein anderer Herausgeber oder Drucker wäre auf ein derartiges Unterfangen eingegangen, und beider Geduld wurde auf eine harte Probe gestellt. Am Anfang hatte Darantière Sylvia gewarnt:

»Monsieur Darantière machte mich aufmerksam, daß ich mit diesen Fahnen eine Menge zusätzlicher Kosten haben würde. Seiner Meinung nach sollte ich Joyce auf die Gefahr hinweisen, daß mir das Geld ausgehen könnte, vielleicht würde sein Hunger nach Fahnen dadurch etwas geringer werden. Aber nein, ich wollte davon nichts hören. *Ulysses* sollte in jeder Hinsicht genauso werden, wie Joyce es sich wünschte. Ich würde ›wirklichen‹ Verlegern nicht raten, meinem Beispiel zu folgen, und Autoren nicht raten, es Joyce gleichzutun. Es wäre der Tod des Verlagswesens. In meinem Fall lag die Sache anders.« (Beach, 1961, S. 70)

Auch weiterhin sollte Darantière jedesmal erschrecken, wenn er wieder eine Korrekturfahne voller Zusätze in die Hände bekam. Er erhielt eine Fahne nach der anderen und setzte sie jedesmal wieder neu. Darantière konnte sich vor lauter *Ulysses* nicht mehr retten. Sylvia erinnert sich, daß er keine Zeit mehr hatte, nach seiner kostbaren Bibliothek oder antiken Porzellansammlung zu sehen oder sich an seinen erlesenen Weinen zu erfreuen. Seine rebenumrankte Druckerei machte Überstunden.

In einer frühen Fassung ihrer »Memoiren«, als *Ulysses* bereits den ihm gemäßen Platz in der Welt eingenommen hatte, behielt sie jedoch ihren gelegentlichen Ärger über Joyce ebenso für sich wie die Vorhaltungen des aufgebrachten Druckers oder ihre Befürchtung, bankrott zu machen.

»Ich gab ihm so viel Korrekturfahnen, wie er verlangte, und er bedeckte sie mit so viel Zusätzen, wie auf eine Seite paßten. Die letzten Fahnen trugen mehr Handschrift als Druck... Nachdem das ›bon à tirer‹ von Joyce und mir unterschrieben zurückgegangen war, sollten die Setzer ein Telegramm erhalten, welche Zeilen außerdem noch hinzugefügt werden müßten – aber sie waren so entgegenkommend... was mich anbelangt, so war ich von *Ulysses* besessen und hätte seinen großen Autor nicht im Traum gezügelt – also ›ließ ich ihm seinen Willen‹. Es schien mir selbstverständlich, daß die Mühen und Opfer meinerseits im richtigen Verhältnis zur Größe des Werkes standen, das ich veröffentlichte.«

Nach Sylvias Tod erklärte der Pariser Korrespondent des *Guardian*:

»Daß *Ulysses* zu dem Buch wurde, das es ist, ist größtenteils ihr Verdienst, denn sie war es, die Joyce erlaubte, uneingeschränkt seine Fahnen zu korrigieren. Bei der Ausübung dieses Rechts standen die Besonderheiten von Joyces Prosa in nie gekannter Blüte.«

Obwohl Joyce es wahrscheinlich mehr oder weniger unbegrenzt hätte überarbeiten können, gestand er Jahre später, daß *Ulysses* das »vollendetste« seiner unvollendeten Werke gewesen war.

Es gab leuchtende Momente von Freundschaft und gemeinsamer Begeisterung bei der Entstehung des *Ulysses*. Joyce las ihr laut aus dem *Ulysses* vor, häufig aus der »Zyklopen«-Episode. Sie lachten schallend über Joyces Darstellung des Hundes und witzelten über das Werden und Gedeihen des Romans. Joyce sagte ihr, *Ulysses* sei nicht länger als manch anderer Roman, etwa die *Forsyte Saga*, nur könne seiner, im Gegensatz zu den mehrbändigen Romanen anderer, in eine »Reisetasche« gepackt werden. Joyces Angelegenheiten, bemerkte sie, waren mindestens siebenmal so kompliziert wie die eines normalen Schriftstellers. Joyce, Larbaud und Sylvia dachten sich als Spiel aus, Molly oder Leopold in einer Straße oder einem Restaurant ausfindig zu machen. Schließlich bat Joyce Sylvia, ein Foto von Mr. Holbrook Jackson, Herausgeber der englischen Zeitschrift *To-Day*, zu besorgen, da er Joyces Vorstellung von Mr. Bloom am nächsten kam. Alles, was Joyce sah oder hörte, war ein gutes oder schlechtes Omen für sein Buch. So verwickelte er seine ganze Umwelt in die odysseische Welt, von der er besessen war.

Das Buch sollte ursprünglich im Oktober 1921 erscheinen, aber es stellte sich bald heraus, daß der Termin verschoben werden mußte. Anfang November war die »Ithaka«-Episode mit ihren zahlreichen Versionen und Zusätzen vollendet worden. In Briefen verkündete Joyce seinen Freunden, der Roman sei schon fertig geschrieben und nach ungefähr drei Wochen Korrekturarbeiten sei Ende November mit der Veröffentlichung zu rechnen. Aber er schrieb weiterhin Zusätze auf die Fahnen und beschwerte sich über die Fehler der Setzer. Insgeheim empfand er das Datum des 2. Februar als magisch und vernünftig zugleich. Im November schrieb er provokativ an Harriet Weaver:

»Zufällig gibt es einen Zusammenhang zwischen Geburtstagen und meinen Büchern. *A Portrait of the Artist* erschien zuerst am 2. Februar [sein Geburtstag] als Serie in einer Zeitung, die letzte Folge am 1. September [ihr Geburtstag]. *Ulysses* begann am 1. März (Geburtstag eines meiner Freunde, einem Maler aus Cornwall [Frank Budgen]) und wurde an Mr. Pounds Geburtstag (30. Oktober) beendet. Ich frage mich, an welchem Geburtstag der Roman veröffentlicht wird.«

McAlmon behauptet, der abergläubische Joyce habe sich sogar darum gekümmert, wie das Besteck auf dem Tisch lag und wie er den Wein einschenkte.

Die Subskribenten wurden unruhig – der Termin für die im Oktober angekündigte Publikation lief ab. Da sie bis jetzt noch nichts bezahlt hätten, spottete Sylvia nervös, könnten die Subskribenten sie auch nicht wegen Betrugs verklagen.

T. E. Lawrence (von Arabien), der zwei Exemplare der teuren Ausgabe bestellt hatte, mahnte seine Bücher an. Sylvia hatte leider keine Zeit, um ihm von ihrem eigenen Schlachtfeld zu berichten. Sie erhielt jeden Tag eine Handvoll oft verärgerter Nachfragen. Die Pariser Presse, die die Veröffentlichung des *Ulysses* wie ein sportliches Ereignis von weltweiter Bedeutung behandelte, informierte die Pariser Abonnenten über die Verzögerungen.

Im November gab es 400 Subskribenten, aber das Geld war noch nicht eingesammelt worden, weil das Buch noch nicht fertig war. Es fehlte an Kapital; Joyce hatte sich sowohl von Sylvia als auch von Harriet Weaver Vorschüsse geborgt. Sylvia half ihm, seine persönlichen Unkosten zu bezahlen, und sorgte sich gleichzeitig, wie sie die erste Rate an den Drucker zusammenbringen sollte. Die Rate wurde am 1. Dezember fällig. Mitte Oktober hatte sie auf Joyces Wunsch einen Brief an John Quinn in New York geschrieben, in dem sie »dringend« um Geld bat: ohne diese Hilfe könne er den *Ulysses* nicht vollenden.

»Ich gebe ihm alles, was ich entbehren kann. Wie Sie sich jedoch vorstellen können, existiert mein Laden noch nicht lange genug, um eine vierköpfige Familie und mich zu ernähren. Es liegt an uns allen, die wollen, daß das wichtigste Buch unserer Zeit erscheint, dem Autor zu helfen.«

Quinn hatte Joyce im Sommer 2000 Francs gegeben und zahlte ihm regelmäßig für die Reinschrift der *Ulysses*-Manuskripte. Er hatte Joyce insgesamt 1200 Dollar für das Manuskript gezahlt, und daher ärgerte er sich, als er diesen Brief von Sylvia erhielt, die um mehr Geld für Joyce bat. Er fragte Pound, ob Joyce wirklich am Hungertuch nage, und fügte hinzu, »wenn Sie meinen, ich solle ihm 1000 Francs schicken, werde ich das Geld überweisen. Aber ich will verflucht sein, wenn ich das Geld schicke, weil Miss Beach mich darum bittet.« Pound antwortete, er glaube, die Situation sei nicht so schlimm. Quinn schickte nichts. Zu diesem Zeitpunkt hatte

Pound eine ablehnende Haltung gegenüber Joyces teurem Lebensstil angenommen. Pound machte seine eigenen Möbel und gab Künstlern Geld, die Anfangsschwierigkeiten hatten. Er hatte jedoch bemerkt, daß Joyce das Geld freizügig annahm und ausgab.

Joyce hatte sich von Harriet Weaver und vom Buchladen Vorschüsse auf sein Honorar geben lassen. Im Buchladen hinterließ er kleine Notizen, wenn Sylvia nicht da war. Die einzige Zuflucht waren Freunde. Die Liste von Freunden, die der Familie Joyce jahrelang Geld liehen oder schenkten, würde einige Kassenbücher füllen. Die Kredite seines Bruders Stanislaus wurden meist nicht zurückgezahlt. Joyce war mit dem Hut in der einen Hand genauso geschickt wie mit der Feder in der anderen. Als der Brief, den Sylvia an Quinn geschrieben hatte, nichts ergab, schlug er ihr vor, sie solle an McAlmon schreiben. McAlmon hatte Joyce zur Überbrückung jeden Monat 150 Dollar geliehen. McAlmon legte zwar keinen Wert darauf, aber es blieb die Tatsache, daß er nicht alles zurückbekam. Nachdem Sylvia McAlmon wegen Joyce einen Bittbrief geschickt hatte, schrieb Joyce an ihn:

»Hoffentlich hat Miss Beach nichts über mich geschrieben. Mit den besten Absichten in der Welt, aber ohne mir etwas zu sagen, hat sie in beiden Erdteilen verschiedene Leute angeschrieben. Ach je! Ich höre ein Murren aus der ganzen Welt – dem ich mich anschließen muß. Nun, es wird bald vorbei sein.«

Sylvia wußte nur ungefähr, daß Joyce seine Fäden zog, aber unsichtbar blieb, um die Bettelei zu verleugnen. Außer bei seinen nächsten Freunden gab er sich gleichgültig; wie erhaben über alltägliche Probleme mit Geld und Publicity feilte er seine Fingernägel. Nur wenige Monate, bevor die sorgfältig geplante Werbekampagne für *Ulysses* begann, schrieb er zum Beispiel an Italo Svevo: »Ich weiß nicht, was dabei herauskommen wird, und es interessiert mich wenig.« Aber in Wirklichkeit plante er im Hinterzimmer von ›Shakespeare and Company‹ jedes kleinste Detail.

Als sich seine finanzielle Krise zuspitzte, schrieb Joyce schließlich widerwillig selber an Harriet Weaver (»Ich bin mittellos«). »Sie werden mich für selbstsüchtig halten«, gesteht er und bittet um 75 Pfund für den Drucker. Fast während des ganzen Jahres hatte sie sich über seine körperlichen und finanziellen Exzesse gesorgt. Sein Verhalten schien ihr unklug. Vor weniger als einem halben Jahr hatte er 200 Pfund (1000 Dollar) als »Vorschuß erhalten«, und jetzt hatte er schon wieder kein Geld mehr. Das war alles sehr überraschend und schwierig für sie.

Die Vorbereitungen zu Larbauds Lesung und Vortrag in Adriennes Buchhandlung wurden im Oktober intensiviert. Man entschied sich, für Joyce, dessen »Einkommen gering war«, Eintritt zu verlangen. In Adriennes Aufsatz »Die Übersetzung des *Ulysses*« und in verschiedenen Fassungen zu Sylvias Memoiren *Shakespeare and Company* werden widersprüchliche Aussagen über den Beginn der Übersetzungen gemacht. Sylvia behauptete in ihren »Memoiren« einmal, daß Larbaud mit einer Teilübersetzung des *Ulysses* begann und um Hilfe bat, als er fürchtete, mit dem Vortrag nicht fertig zu werden. Aber in einer ersten Fassung von Sylvias »Memoiren« und in Adriennes Essay heißt es, Larbaud, der für seinen Vortrag einen Monat Zeit hatte, habe nicht angeboten, die früheren Teile des *Ulysses* zu übersetzen. Joyce wählte Fragmente aus der »Sirenen«- und der »Penelope«-Episode für die Übersetzung aus, und Adrienne gewann Jacques Benoist-Méchin, einen neunzehnjährigen Musikstudenten und Kunden der beiden Buchhandlungen, die Arbeit zu übernehmen. Er war jung, aber ernsthaft und intelligent, und er konnte sich ohne Schwierigkeiten mit den älteren Schriftstellern unterhalten. Sehr wichtig war, daß er die schwierigsten Werke in beiden Sprachen lesen und beurteilen konnte, denn er hatte in den ersten vierzehn Lebensjahren Englisch gesprochen.

Zuvor – wahrscheinlich am 30. April, als er die *Exiles*

kaufte – hatte Sylvia ihm die im *Little Review* veröffentlichten Episoden des *Ulysses* zu lesen gegeben. Er erzählte Adrienne, er sei »begeistert« von Joyces Genie. Er erklärte sich bereit zu übersetzen, aber Joyce sollte ihm helfen, wenn nötig. Wie vereinbart, diskutierte Joyce schwierige Stellen im Hinterzimmer von Adriennes Laden mit Benoist-Méchin. Eine weitere Bedingung war, daß sein Vater nichts von dieser Arbeit erfahren dürfe; seine Bemühungen mußten anonym bleiben. Sein aristokratischer Vater hätte die Arbeit an *Ulysses* niemals gebilligt.

Eine dieser Hinterzimmer-Besprechungen mit Joyce drehte sich um Benoist-Méchins Übersetzung der Schlußworte des *Ulysses*: »Und das Herz ging ihm wie verrückt und ich hab ja gesagt ja ich will Ja.« Der junge Mann wollte den Roman mit einem letzten »ja« beenden, das dem »ich will« folgen sollte. Früher hatte sich Joyce schon einmal überlegt, ein »ja« (das 354mal im Roman erscheint) als letztes Wort zu gebrauchen, aber in der Fassung, die Benoist-Méchin übersetzte, hatte er sich für »ich will« entschieden. Es folgte eine ganztägige Diskussion, in der die größten Philosophen der Welt zitiert wurden. Benoist-Méchin argumentierte damit, daß im Französischen das »oui« stärker und eleganter sei, und war in der philosophischen Auseinandersetzung überzeugender. »Ich will« klinge autoritär und mephistophelisch. »Ja« sei optimistisch, eine Bestätigung der Welt, die über die eigene Person hinausgeht. Joyce, der vielleicht schon vorher seine Meinung geändert hatte, gab nach Stunden zu, »ja«, der junge Mann hätte recht, das Buch sollte mit »dem positivsten Wort der Sprache« enden.

Léon-Paul Fargue kam oft zu diesen Besprechungen, denn er genoß die Arbeit an der unanständigen Sprache. Er war gleichen Geistes wie Joyce, doch Joyce zufolge war es sein fast tödlicher Makel, ein Mann »nur dieser einen Sprache« zu sein. Aber Fargue fielen alle möglichen Wortspiele ein, und so wurden die Übersetzungsbesprechungen immer reicher und länger. Er hatte ein Gefühl für Wortspiele, für die unzüchtige Sprache und für die Atmosphäre der Stadt. Seine Gedichtsammlung *Sous la Lampe* (Unter der Lampe), die gerade erst veröffentlicht worden war, veranschaulichte diese Qualitäten. Seine Dichtung enthält Pariser Bilder wie das der Ratten, die lautlos von Baum zu Baum kugeln und flüchtig den wachsenden Schatten der Passanten kreuzen. Fargue willigte ein, verschiedene Episoden zu überarbeiten, aber typischerweise vertrödelte er die Arbeit bis zur letzten Minute.

Larbaud arbeitete also an seinem Vortrag und traf Joyce wegen der Übersetzung und biographischer Fakten. Mitten in seinen Bemühungen um Joyce erschien Larbauds neuestes Buch *Amants, Heureux Amants* mit einer Widmung an James Joyce, der sich sehr freute. In ihren »Memoiren« erklärt Sylvia, daß Larbaud und Joyce manchmal sehr »bissig miteinander umgingen«, daß aber ihre Freundschaft auf gegenseitigem Respekt basierte.

Sylvia und Adrienne baten einen jungen amerikanischen Schauspieler namens Jimmy Light, Auszüge aus der »Sirenen«-Episode auf Englisch vorzulesen. Homers Sirenen sind Joyces Barmädchen: Miss Douce und Miss Kennedy in der Hotelbar des Ormond. Light, der damals mit der *Little Review*-Gruppe am Montparnasse war, wollte nur unter der Anleitung von Joyce lesen. Als sie sich im November im Hinterzimmer von ›Shakespeare and Company‹ trafen, konnte Sylvia die beiden Stimmen hören, den irischen Tenor und Lights Bariton, wie sie wiederholten: »Bald Pat was a waiter hard of hearing, to set ajar of the bar. The door of the bar . . . «

Sylvia schickte Joyce wegen der Werbefotos zu Man Ray. Der amerikanische Fotograf und surrealistische Künstler hatte mit Sylvia vereinbart, die Künstlerfotos, die sie in ›Shakespeare and Company‹ ausstellen wollte, aufzunehmen. Wichtiger waren jedoch die Proben von Jimmy Light und die Besprechungen zwischen Joyce, Benoist-Méchin und Fargue wegen der französischen Übersetzung der Auszüge, die am

7. Dezember fertig sein mußte. Die Männer trafen sich bei Adrienne, wo es ruhiger war. Bis zur letzten Minute arbeiteten sie an den Übersetzungen. Als Larbaud sie vorlas, war er mit einigen obskuren Passagen unzufrieden und tat sich auch mit Joyces sexueller Offenheit schwer. »Überraschenderweise war im Land von Rabelais«, sagte Sylvia, »die Sprache des *Ulysses* fast zu gewagt.« Als der Zeitpunkt für die Joyce-Lesung näherrückte, hatte Larbaud Bedenken, die ›anrüchigen‹ Passagen vorzulesen. Daher erschien auf dem Programm folgende Warnung: »Manche Stellen prägt eine ungewöhnliche Kühnheit des Ausdrucks, die begreiflicherweise Anstoß erregen könnte.«

Die Menschenmenge in der Rue de l'Odéon ging an diesem Dezemberabend nicht wie gewöhnlich ins Theater am Ende der Straße, sondern in das ›Maison des Amis des Livres‹. Zweihundertfünfzig Leute drängten sich in die zwei Räume. Es war dunkel, und die Menschen reckten ihre Hälse, um das Vortragspult zu sehen. Alle Pariser Literaten waren versammelt, außer Pound, der es nach Einschätzung Ellmanns nicht ertragen konnte, seine »Entdeckung wiederentdeckt« zu sehen. Als Larbaud die Menge sah, bekam er Angst, heißt es bei Sylvia:

»Adrienne mußte ihm ein Glas Kognak einflößen, ehe er sich ein Herz faßte und seinen Platz an dem kleinen Tischchen einnahm – was für ihn nicht neu war, da er zu den beliebtesten Vortragenden bei Adriennes ›séances‹ gehörte.« (Beach, 1961, S. 86)

Aber er hatte noch nie vor so vielen Menschen etwas vorgetragen, und manche Ausdrücke beunruhigten ihn. Auf dem Weg zum Pult flüsterte er Joyce zu, daß er ein paar Zeilen auslassen würde.

Larbaud begann den Vortrag mit einem Rückblick auf Joyces Leben und Werk. Er erwähnte jedes Werk, stellte es in Beziehung zu *Ulysses* und erzählte dem Publikum, was den Lesern heutzutage selbstverständlich erscheint: daß nämlich der Schlüssel zu Joyces *Ulysses* Homers *Odyssee* sei. Anhand des Joyceschen Schemas zeichnete er die Parallele zwischen Odysseus und Leopold Bloom und erzählte von der raffinierten Anlage der einzelnen Kapitel: eine Stunde des Tages, ein Organ des Körpers, eine Farbe, ein Symbol und eine Kunst oder Genre. Dem belesenen Publikum machte er klar: »Der Leser, der sich diesem Buch nähert, ohne dabei an Odysseus zu denken, wird verzweifeln ... der ungebildete oder halbgebildete Leser wird *Ulysses* nach den ersten drei Seiten in die Ecke schmeißen.« Schließlich erklärte Larbaud, daß Details, die als obszön betrachtet werden könnten, tatsächliche Beschreibungen und Darstellungen der Wirklichkeit sind. Auch sei Joyces Entscheidung, einen Juden als Protagonisten zu wählen, nicht antisemitisch, sondern basiere auf »symbolischen, mythischen und ethnologischen Überlegungen«, auf die er nicht weiter einging. Irland, verkündete Larbaud, ist im Triumph in die hohe europäische Literatur eingezogen.

Larbaud las anschließend die französische Übersetzung von Ausschnitten der »Sirenen«- und »Penelope«-Episoden. »Er läßt ja tatsächlich ein oder zwei Stellen aus«, dachte sich Sylvia. Nach der Lesung nahm er erleichtert im Publikum Platz, und Adrienne stellte Jimmy Light vor und erinnerte die Zuhörer noch einmal daran, daß manche Passagen möglicherweise »gewagt« erscheinen könnten. Als Jimmy Light die »Sirenen«-Episode in Englisch las, ging das Licht für kurze Zeit aus, eine mystische, wahrscheinlich zufällige Gemeinsamkeit mit der »Zyklopen«-Episode und mit dem Namen des jungen Mannes.

Schallender Applaus folgte jedem Programmteil. Während des Schlußbeifalls, als die Menge nach dem Autor suchte, ging Larbaud zum Wandschirm, hinter dem sich Joyce versteckt hatte. Der Beifall wurde lauter, als Larbaud Joyce hinauszog und ihn nach französischer Manier auf beide Wangen küßte. Sisley Huddleston behauptet, daß »Joyce errötete und vor Aufregung zitterte«.

So lotsten Sylvia, Adrienne und Larbaud Joyce auf das stürmische Meer der französischen Kritik. Er war nun eine internationale literarische Persönlichkeit. Es war ein Triumph für Joyce, der, wie sein Freund Stuart Gilbert sagte, »viel von der guten Meinung der französischen Kritiker und Leser hielt«. Während die Publizität kontinuierlich wuchs, korrigierte Joyce gleichzeitig die Druckfahnen der »Circe«-,»Eumaeus«- und »Penelope«-Episoden – was er mit dem Kunststück verglich, mehrere Instrumente mit verschiedenen Körperteilen zu spielen. In den nächsten beiden Monaten wuchsen die Subskriptionen und die Erwartungen rasch.

Adriennes Reaktion auf *Ulysses* glich der vieler Franzosen, die nicht mit derartig überschäumender Begeisterung reagierten wie Larbaud. Sie war interessiert an diesem Buch, würde es jedoch erst in der Übersetzung beurteilen können. Sie hatte zum erstenmal Ausschnitte gehört, als Joyce und Benoist-Méchin in ihrem Hinterzimmer lasen. Von 1923 bis 1929 beaufsichtigte sie die Arbeit von Auguste Morel, Larbaud und Stuart Gilbert, die die erste vollständige Übersetzung von *Ulysses* besorgten. Der Essay »Joyces *Ulysses* und die französische Öffentlichkeit«, den sie am 26. März 1931 in ihrer Buchhandlung vortrug, ist eine ausgezeichnete zusammenfassende Einführung zu Joyces Werk und ihrer eigenen mystischen Philosophie. Sie gibt offen zu, daß sie während des zweiten und dritten Kapitels das Buch aus der Hand legen wollte, aber als sie den geschraubten und selbstzufriedenen Stephen verließ und den zweiten Teil des Buches mit dem »sympathischen« und menschlichen Bloom begann, nahm es sie gefangen. Sie nennt Bloom »den Primitiven des 20. Jahrhunderts, den geborenen Wissenschaftler, das Ziehkind der großen Vulgarisierung«. »Eines Tages«, versichert sie, »wird man ›Bloomismus‹ sagen, genauso wie man ›Quijotismus‹ oder ›Don Juanismus‹ gebraucht.«

Die umfassende, ausufernde und enzyklopädische Qualität des *Ulysses* wurde ausführlich diskutiert. »Steht diese enzyklopädische Breite nicht im krassen Widerspruch zu dem künstlerischen Wert?« fragte Adrienne. Romains sah die Ausweitung des *Ulysses* in jede Richtung als einen »vergeblichen Versuch, die Grenzenlosigkeit des Universums nachzuahmen«. Kunst sollte doch gerade das Leben organisieren und nicht versuchen, alles in sich aufzunehmen. Dieser Einwand bezog sich auf die Enttäuschung einiger Franzosen über Joyces absichtliche Unverständlichkeit (keine Kapitelüberschrift und kein Vorwort erklären den Zusammenhang zu Homers Odyssee). Sogar Larbauds Vortrag stützte sich auf Joyces privates Schema. Adrienne war verwirrt. Das Buch, bemerkte sie, täuscht und demütigt wie das Leben. »Doch«, so fragte sie, »sollte Kunst nicht Ordnung und Trost spenden?«

Die Frage nach »Trost« lag dem wichtigsten Einwand der französischen Idealisten zugrunde. Adrienne beklagte, daß es im *Ulysses*, anders als in allen anderen großen Kunstwerken, keine Begeisterung für das Leben gebe. Diese typisch französische Reaktion auf den *Ulysses* faßte Ernst Robert Curtius, Professor für Romanistik an der Universität in Bonn, am treffendsten zusammen:

»Genau gesagt, können wir nur solche Menschen Genie nennen, deren Werke etwas von der göttlichen Bedeutung der Welt reflektieren und eine Überhöhung des Lebens zustande bringen. Licht und Kraft strahlen vom Werk des Genies aus. Es erleuchtet Geist und Reflexion, reinigt und adelt Leidenschaften, erzeugt Vorstellungen, die unser Leben formen. Selbst die größte Intensität des Geistes, das größte Ausmaß an schöpferischem und deskriptivem Vermögen, macht noch kein Genie, wenn seinem Werk die erleuchtende, fruchtbare Kraft fehlt. Das Werk von Joyce entspringt der Revolte des Geistes und führt zur Zerstörung der Welt. *Ulysses* demaskiert, enthüllt, erniedrigt und macht die Menschheit mit einer Schärfe und Gründlichkeit zunichte, die im modernen Denken seinesgleichen sucht.«

»Wie konnte eine so vernünftige Person wie du uns dieses Monster vor die Füße schieben?« wurde Adrienne viele Jahre später von Claude Roy gefragt. Aber Adrienne distanzierte sich von dem Vorwurf der Negierwut, den Curtius so gut formulierte. Joyce, so gestand sie, unterwirft den Geist der Natur, der Materie: »Göttliche Prinzipien kleiden sich in Fleisch, um manifest, sicher und spürbar zu sein.« Auf den Vorwurf der Pornographie und der Degradierung der Menschheit antwortete sie, daß Joyce die Menschheit darstelle, aber nicht degradiere. Die Menschheit degradiere sich selbst. »Wenn Liebe, Religion und Tod in seinem Werk häßlich und schmutzig erscheinen, dann nur, weil wir oberflächlich damit umgegangen sind. Er verabreicht uns eine ausgezeichnete Selbstimpfung!« Philippe Soupault erklärte, daß Menschlichkeit das wichtigste Element des *Ulysses* sei. Adrienne fand schließlich, daß der *Ulysses*, obwohl es ihm an Erhabenheit und Sublimität fehle, dennoch ein Meisterwerk an Lebendigkeit und Genialität sei.

Übrigens: Ein weiteres englisches Meisterwerk des Jahrhunderts wurde 1921 gleichzeitig mit *Ulysses* veröffentlicht. »*Complimenti, you bitch*, ich werde von den sieben Eifersüchten geplagt«, so schrie Ezra Pound T. S. Eliot am Weihnachtsabend ins Gesicht, nachdem er *The Waste Land* gelesen hatte. Pound, die Hebamme, kürzte das Gedicht um ein Drittel und schickte es an Eliot zurück.

Im Dezember 1921 und im Januar 1922 hatte Sylvia alle Hände voll zu tun, um neben dem Geschäftsbetrieb auch noch die Druckfahnen in Umlauf zu bringen. Myrsine war andauernd krank, weswegen Sylvias Mutter aushalf, aber Sylvia fühlte sich dadurch eher belastet. Ihre Schwester Cyprian konnte nicht helfen, weil sie in *L'Aiglonne* spielte – sie hofften, der Film werde sie berühmt machen. Sylvia half Joyce bei den letzten Entscheidungen, beispielsweise um das richtige Blau für den Einband zu finden. Es sollte das Blau der griechischen Flagge sein, mit weißen Buchstaben, die die weißen Inseln im Meer symbolisierten. Sie schickten eine leicht verblichene Flagge, die seit Monaten im Laden gehangen hatte, an Myron Nutting, einen amerikanischen Maler in Paris. Nutting kopierte die Farbe und schickte sie am 10. Januar an Sylvia zurück. Trotz Darantières Bemühungen, die Farbe zu finden, waren Joyce und Sylvia nicht zufrieden. »Ach!« erinnerte sich Sylvia, »ich bekam Kopfweh, wenn ich diese Fahne nur sah!« Darantière führte seine Suche nach Deutschland, wo er schließlich das richtige Blau entdeckte – aber auf dem falschen Papier. Er löste sein Problem, indem er die Farbe auf weißen Karton lithographieren ließ, weshalb dann die Innenseite der Umschläge weiß blieb. Wegen der langen Arbeitstage sagte Sylvia alle Einladungen ab, bis auf eine: Am 20. Januar gab die Familie Joyce für sie, Adrienne und Fargue (Larbaud war krank) anläßlich der bevorstehenden Veröffentlichung ein Abendessen.

Am Montag, dem 30. Januar 1922, wurden die letzten Druckfahnen nach Dijon geschickt. Am Dienstag kamen die Fahnen in Dijon an, und die Setzer arbeiteten noch bis in die Nacht. Am nächsten Abend konnte Darantière Sylvia und Joyce mitteilen, daß das Datum (2. Februar), um das Joyce gebeten hatte, eingehalten werde: »Drei Exemplare des *Ulysses* sind heute nacht per Express an Miss Beach geschickt worden.« Joyce mißtraute der Post und bat Sylvia in Dijon anzurufen, was sie auch tat. Darantière schlug vor, zwei Exemplare mit dem Dijon-Paris-Expreß zu schicken. Und so kam es zu der Szene, mit der die Geschichte von ›Shakespeare and Company‹ beginnt. Am Donnerstag, dem 2. Februar 1922, Joyces 40. Geburtstag, wartet Sylvia morgens um 7 Uhr auf den Zug.

Sylvia Beach und James Joyce, Rue Dupuytren, 1920

Die Schwestern Beach: Hollingsworth Morris, Eleanor Elliott (Cyprian) und Nancy Woodbridge (Sylvia) im Pfarrhaus von Bridgeton, New Jersey, um 1894.

Sylvia Beach im Jahr 1916 oder 1917 während ihrer Tage im Palais Royal mit Cyprian.

Sylvia als freiwillige Arbeiterin auf einem Bauernhof in Touraine im August 1917, in dem Jahr, als sie Adrienne Monnier traf.

Adrienne Monnier im Hinterzimmer ihrer Buchhandlung in der Rue de l'Odéon 7, wo sie von 1915-1918 lebte; aufgenommen zu der Zeit, als sie Sylvia Beach traf. *Princeton University Library*

Stephen Vincent Benét und Sylvia Beach mit einer unbekannten Frau vor *Shakespeare and Company* in dem ersten Domizil der Buchhandlung: Rue du Dupuytren 8, 1921. *Princeton University Library*

Alice B. Toklas und Gertrude Stein mit Godiva, dem Wagen, mit dem sie gemeinsame Ausflüge mit Sylvia Beach unternahmen. *Bettmann Archive*

Ezra Pound am Fenster von *Shakespeare and Company*, aufgenommen von Sylvia Beach um 1920. *Princeton University Library*

Sylvia Beach und James Joyce mit frühen Rezensionen von *Ulysses* im Jahr 1922. *Princeton University Library*

Sylvia Beach mit ihren Eltern Sylvester und Eleanor in Cherbourg am 24. Juli 1922.

Paul Valéry bei *Shakespeare and Company*, aufgenommen von Sylvia Beach.

Harriet Shaw Weaver bei *Shakespeare and Company*, aufgenommen von Sylvia Beach. *Princeton University Library*

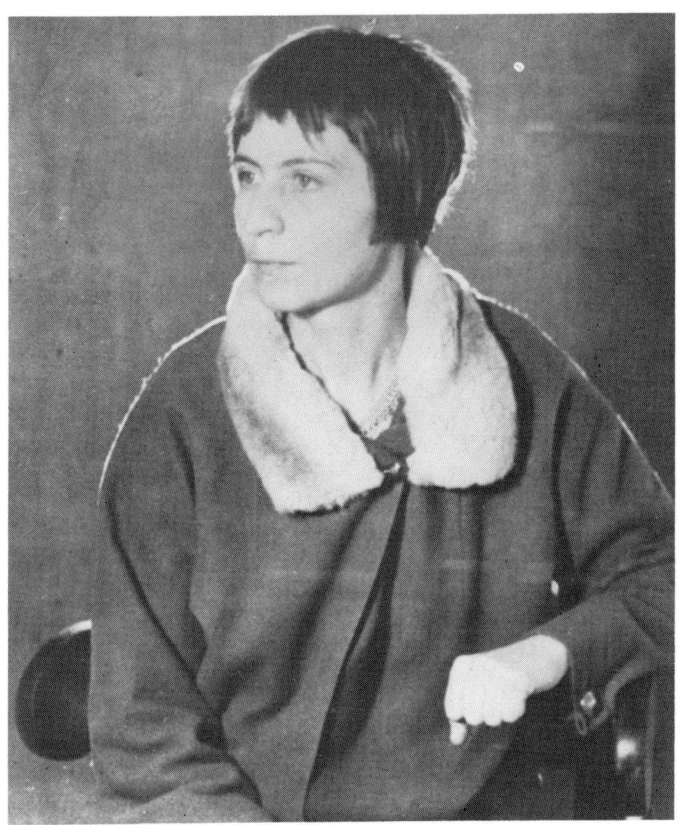

Bryher (Winifred Esterman). *Man Ray Collection, Princeton University Library*

Ezra Pound, John Quinn (stehend), Ford Maddox Ford und James Joyce bei einer Sitzung der *transatlantic review* in Pounds Apartment, 1923. *Princeton University Library*

George Antheil klettert in sein Appartement in der Rue de l'Odéon.

Nora, James und George Joyce in einem Restaurant in den frühen zwanziger Jahren. *Princeton University Library*

Eleanor (Nellie) Orbison Beach am 14. Juni 1924. *Princeton University Library*

Einige der *Potassons* bei der Messe in Orsay im Juni 1924: Valery Larbaud, Léon-Paul Fargue, Marie Monnier, Sylvia Beach und Adrienne Monnier.

Myrsine und Hélène Moschos, Sylvia Beach und Ernest Hemingway, der im März 1928 mit verbundenem Kopf zu Sylvias Geburtstagsparty kam. *Princeton University Library*

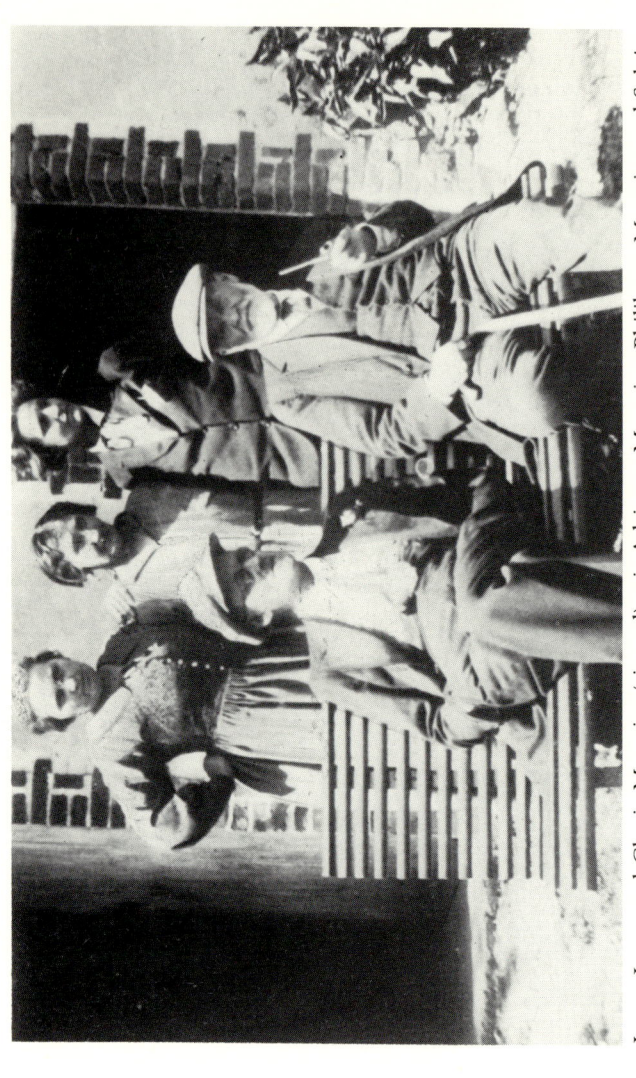

James Joyce und Clovis Monnier (sitzend) mit Adrienne Monnier, Philiberte Monnier und Sylvia Beach (stehend) in Rocfoin, im Jahr 1927 oder 1928. *Princeton University Library*

Treffen der Mitarbeiter der Zeitschrift *Mesures*: (sitzend) Sylvia Beach, Adrienne Monnier, Germaine Paulhan, Henry Church, Barbara Church und Jean Paulhan; (stehend) Henri Michaux, Michel Leiris und Vladimir Nabokov. *Princeton University Library*

T. S. Eliot liest für ›die Freunde von *Shakespeare and Company*‹,
6. Juni 1936. Ganz vorne François Valéry und Frau Paul Valéry.

Sylvia Beach mit einem Teil der Fotografien der *Company. Gisèle Freund*

Sylvia Beach in ihrem Ferienhaus in Les Déserts in Savoyen. *Princeton University Library*

Verkauf und Schmuggel des *Ulysses*
1922

Der Wind fegte durch die Dezemberstraßen, als der junge amerikanische Reporter zu seiner Frau Hadley zurückeilte. Doch ihm war innerlich warm von der guten Nachricht und der Vorfreude, sie der Frau, die er vor vier Monaten geheiratet hatte, mitzuteilen. Sie waren in die Stadt gekommen, ohne irgend jemanden zu kennen, mit ein paar Empfehlungen von ihrem amerikanischen Freund, Sherwood Anderson, dem einzigen Schriftsteller, den sie kannten, an einige wichtige Persönlichkeiten.

»Ich habe einen wunderbaren Laden gefunden!« erklärte Ernest. »Wir werden alle Bücher der Welt lesen, und wenn wir reisen, können wir sie mitnehmen.« Auf das Bett legte er zwei Bände von Turgenjews *Aufzeichnungen eines Jägers*, die er immer wieder ausleihen sollte. D. H. Lawrences *Sons and Lovers*, Tolstois *Krieg und Frieden* und Dostojewskis *Der Spieler und andere Geschichten*. Hadley fragte, ob er von der Leihbücherei Sylvia Beachs spreche, von der Sherwood Anderson ihnen erzählt habe.

»... Ja, und da gibt es lauter gute Bücher, eine warme, freundliche Atmosphäre und sie ist eine sehr nette Person. Sie vertraute mir diese Bücher an und sagte, ich solle ihr das Geld später geben.«
»Aber Tatie, du mußt heute nachmittag vorbeigehen und bezahlen«, sagte sie.
»Klar. Und du kommst mit.«

Als sie an diesem Nachmittag mit dem Geld vorbeikamen, trug Sylvia seinen Namen und den Monatsbeitrag in ihre Liste ein. Hemingway stellte ihr »the Feathercat« (die Federkatze) vor, wie er seine rothaarige Hadley nannte. Sylvia hielt sie für »eine attraktive, knabenhafte Frau« und eine »herrlich lustige Person«. Hadley fand Sylvia ebenfalls anziehend, wie sie die

Regale nach den Romanen von Henry James absuchte, und ihr Laden gab ihnen an diesem kalten Tag etwas Wärme. Danach spazierten sie die Seine entlang und sprachen von ihrem Pariser Glück. Sie gingen in ein Restaurant, um etwas Warmes zu trinken, aber da sie 12 Francs für Leihgebühren bezahlt hatten, konnten sie sich hier kein Abendessen leisten und gingen statt dessen zum Essen nach Hause.

»Wir haben Glück, daß du diesen Laden gefunden hast«, sagte Hadley.

»Wir haben immer Glück«, antwortete er. Hemingway erinnert sich, daß sie eine Weile lasen, dann ins Bett gingen und sich liebten, hingerissen von Paris und ihrer Jugend.

Als Sylvia und Hemingway sich an diesem Morgen zum erstenmal begegneten, mochten sie sich auf Anhieb. Er war schüchtern, jedoch vertraute er seiner eigenen Taktik und nicht dem Brief von Anderson, den er in der Tasche trug. Er ging einfach in den Laden und schaute sich um. Als er seine Hände über dem Ofen wärmte, sah er die Fotografien der Schriftsteller an der Wand hängen. Er erkannte Sherwood Anderson und ein paar andere, aber die meisten kannte er nicht. Er gehörte nicht zu der Gruppe – noch nicht. Er wollte Schriftsteller werden, ein Schriftsteller, der veröffentlicht wird, und gleichzeitig schüchterte ihn diese Atmosphäre ein. Anderson hatte ihm gesagt, daß er nach Paris gehen müsse, wenn er es ernst meine. Während er für den *Toronto Star* in Europa nach neuen Geschichten suchte, würde er anfangen zu schreiben. Und er würde hierherkommen. Dies würde seine Bibliothek sein, seine Verbindung zur literarischen Welt.

Nachdem er sich Sylvia vorgestellt hatte, unterhielten sie sich lange. Sie fragte ihn nach seinen Erlebnissen. Er sprach »sehr bitter«, wie sie sich viele Jahre später erinnerte, von seiner Kindheit, seinen Erlebnissen in Italien als Ambulanzfahrer im Krieg, seinen Verletzungen und der Genesung in einem italienischen Krankenhaus und seiner journalistischen Tätigkeit in Kanada. Nach einer Weile krempelte er sein Hosenbein hoch, zog die Schuhe und Socken aus, um ihr sein vernarbtes Bein zu zeigen. Sie bemitleidete ihn wegen der »furchtbaren« Narben. Ihr aufmerksames Zuhören und ihre aufrichtige Sympathie verstärkten Hemingways Neigung zum Selbstmitleid und zur Dramatisierung. Doch dachte sie, daß er »trotz einer gewissen Jungenhaftigkeit ungewöhnlich weise und beherrscht war«. Er war »erwachsen« und »alt für seine Jahre«. Seine Größe, Ernsthaftigkeit und Lebenskenntnisse bestärkten ihren Eindruck. Viele Monate danach flüsterte McAlmon Sylvia einmal ins Ohr: »Hem ist jünger, als er vorgibt.« Sie bewunderte seine Selbstdisziplin. Auch sie hatte von Reisen und verschiedenen Lebenserfahrungen profitiert. Sie fand ihn groß und gutaussehend. Hemingway, der gerade erst zweiundzwanzig war und der Frauen liebte, die älter waren als er, schätzte Sylvia auf Hadleys Alter (dreißig), obgleich Sylvia schon vierunddreißig war. Hemingway bemerkte ihr »lebendiges, scharf gezeichnetes Gesicht«, die lebhaften und fröhlichen Augen und die schönen Beine. Sie war eine »muntere« Person, die gerne Scherze machte und Klatsch erzählte. »Nie war jemand netter zu mir.« Gewiß erkannte er in ihr jene Eigenschaften, die er am meisten schätzte: persönliche Integrität, Aufopferung für die Kunst und den Willen, hart zu arbeiten. Sie hatten beide kein Verständnis für Leute, die ihre Zeit in den Cafés vergeudeten und tranken. Hemingway sollte später einmal Fitzgerald wegen solcher Vergeudung hart attackieren, und Sylvia ihrerseits McAlmon.

Sylvia und Ernest blieben vierzig Jahre lang sehr gute Freunde. Zwanzig Jahre spielte er in der Geschichte von ›Shakespeare and Company‹ eine wichtige Rolle. Sie stritten nicht und waren aufrichtig zueinander. In ihren *Memoiren* überliefert Sylvia die Geschichten von Hemingways unglücklicher Kindheit, von Hunger und Tapferkeit. Er hatte eine fatale Begabung, Menschen dazu zu bringen, fantastische Geschichten über ihn zu erzählen. Seine und auch Sylvias Erinnerungen belegen, daß ihre Beziehung außergewöhnlich war. In seinen

Memoiren, die ebenfalls in den fünfziger Jahren geschrieben, aber erst nach seinem Tode veröffentlicht wurden, ist er über Sylvia, ganz im Gegensatz zu seinen spöttischen Bemerkungen über Ford, Fitzgerald und Stein, des Lobes voll. Anders als die anderen behauptete Sylvia niemals, ihn gefördert zu haben. Sie war auch keine Schriftstellerkollegin und stand daher in keiner Konkurrenz zu ihm, aber ihre Freundschaft schloß vertrauliche Dinge ein, die ihr herzliches Verhältnis hätten belasten können.

Ihr Wiedersehen im Jahre 1944, bei der Befreiung von Paris, war eine dramatische emotionale Treuebekundung, die ihre gemeinsame Sehnsucht nach den zwanziger Jahren bezeugte.

Im Januar 1922, als der Termin zur Veröffentlichung des *Ulysses* näherrückte, arbeitete Hemingway schon an diesem Projekt mit und half Sylvia, Subskriptionen zu sammeln. Am 9. Januar zogen die Hemingways in eine Wohnung im 4. Stock in der Rue du Cardinal Lemoine 74, in der Nähe von Larbauds Wohnung, der in Nr. 71 hinter dem Panthéon wohnte. Es war eine Wohnung mit kaltem Wasser und bloß einer Toilette im Treppenaufgang, aber später erinnerte sich Hemingway, daß »sie sehr arm, aber sehr glücklich waren«. Während er den romantischen, hungernden Künstler mimte, war Joyce darin ganz anders. In einem Brief an Anderson über Joyce, der gerade »dieses gottverdammt gute Buch« veröffentlicht hatte, warnte Hemingway Anderson vor dem Gerücht vom verhungernden Joyce. Man sähe die ganze »keltische Sippe« jede Nacht im Restaurant Michaud, was Hemingway sich höchstens einmal in der Woche leisten konnte. Er stimmte Gertrude Stein darin zu, daß die armen, jammernden Iren niemals verhungern. In seinen Memoiren erinnert er sich, daß er und Hadley hungrig durch ein Restaurantfenster blickten, während die Familie Joyce ausgiebig speiste. Er gestand seinen guten Freunden, die Gesellschaft und Unterhaltung mit Joyce langweile ihn. Diese Urteile über Joyce zeigen die unterschiedlichen Lebensstile der Hemingways und der Joyces, aber auch, wie Hemingway seine Hungerjahre dramatisierte. Hadleys Vermögen, Trustfonds im Werte von 3000 Dollar pro Jahr, machte sie nicht reich, aber er konnte sich ein Arbeitszimmer mieten und jeden Winter den Skiurlaub bezahlen. Trotz seiner negativen Bemerkungen über Joyces Persönlichkeit lobt Hemingway *Ulysses*, der »es uns möglich gemacht hat, alle Schranken zu durchbrechen«.

Der Februar war kalt, trocken, sonnig – und frustrierend. Die *Ulysses*-Exemplare von Darantière trafen nur langsam ein. Die Rezensionen erschienen sogar noch langsamer. Joyce war täglich im Buchladen, schickte Bücher in die ganze Welt, signierte Luxus-Exemplare und schmiedete zahlreiche Pläne, literarische Persönlichkeiten zu Rezensionen zu bewegen.

Sylvia befürchtete einen Raubdruck des *Ulysses* in den Vereinigten Staaten und hatte daher zehn Tage vor der Veröffentlichung an John Quinn geschrieben. Auf Joyces Wunsch bat sie um finanzielle Unterstützung und erkundigte sich, ob zwei Ausgaben seines Werks an die Library of Congress geschickt werden müßten, um das Copyright zu schützen. Sie wiederholte ihre Frage in einem zweiten Brief, und Quinn antwortete verärgert, er hätte Joyce bereits mitgeteilt, daß seiner Meinung nach die *Little Review*-Veröffentlichung das amerikanische Copyright garantiere. Bei dem Umfang des Romans und nach allem, was der *Little Review* geschehen war, glaube er nicht an einen Raubdruck. Auch warnte er sie vor John Sumner in der Society for the Suppression of Vice (Gesellschaft zur Bekämpfung des Lasters) und fügte hinzu, »Sie werden kein leichtes Spiel haben«. Er sorgte sich um seine vierzehn Exemplare (Wert: 291,10 Dollar) und bat sie, die Bücher einzupacken und aufzubewahren, bis er weitere Anweisungen schicke. Auf ein Telegramm hin, das Joyce zur Veröffentlichung des *Ulysses* schickte und das kurz nach dem Tod von William Butler Yeats' Vater ankam, schrieb Quinn seine positivste und ironischste Bemerkung:

»Und so stellt sich ein mystisches Symbol ein, denn am Tag, als Mr. Yeats und mit ihm die alte Generation im Alter von dreiundachtzig Jahren starb, verkündete Joyce telegraphisch die Geburt von *Ulysses*, dem Kind des neuen Zeitalters. Ich weiß, daß dem alten Mann der weitgereiste *Ulysses* gefallen hätte, wenn er nur noch gelebt hätte, um ihn lesen zu können. Wie er ihm gefallen hätte! Wie er vor sich hingelacht hätte! Daraus vorgelesen und darüber gelacht hätte!«

Er beendete seinen Brief an Sylvia mit seinen üblichen Ratschlägen und einer typischen Beleidigung: man brauche mehr als Geld, um Joyce zu unterstützen; man brauche »Zeit, Geduld und Stärke«, und seine Grenzen seien bereits erreicht. Joyce solle ihm direkt schreiben. Ihre Antwort verriet Pounds Meinung über Quinn und ihr Wissen, daß Quinn ernstlich krank war. »Wie gereizt auch immer Sie zu sein scheinen, so weiß ich doch, daß Sie der freundlichste Mensch sind.« Später bemerkte sie, »während Sie einem alten Mann [Yeats] sterben halfen, half ich einem jungen Mann [Joyce] leben.«

Die Furcht vor Raubdrucken wurde bald von der Furcht vor Konfiszierungen verdrängt. Sylvia empfahl den amerikanischen und englischen Käufern, das Buch in einen anderen Schutzumschlag einzubinden. Passende Schutzumschläge waren *Shakespeares Gesammelte Werke in einem Band* oder *Heitere Geschichten für kleine Leute*. Ihr gefielen die Ironie und die Intrige. Anfang Februar und im März kontaktierte sie einen Chicagoer Journalisten, der im Herbst den gewagtesten *Ulysses*-Schmuggel unternehmen sollte.

Wild entschlossen, den *Ulysses* am Zoll vorbeizumanövrieren, fand sie ihren »Heiligen Bernard«. Sie stellt ihn in ihren *Memoiren* als »einen gewissen Bernard B.« vor. Doch seine nicht veröffentlichten Briefe sind mit Barnet (oder Barney) Braverman, 311 Chatham Street, Windsor, Ontario, Kanada, unterzeichnet. Er arbeitete als Werbetexter und zeitweise als Vertreter für die Curtis Company, eine Werbeagentur in Windsor, wohin er kurz zuvor gezogen war. Sylvia behauptete, sie hätte seinen Namen von Hemingway, der ihn aus Chicago kannte, wo beide als Journalisten gearbeitet hatten. Am 7. Februar 1922, fünf Tage nachdem sie die ersten Exemplare von *Ulysses* erhielt, schrieb sie, ohne die Konfiszierung der Bücher abzuwarten, an Mr. Braverman in Chicago und fragte ihn, ob er ihr helfen könne, das Buch ins Land zu bekommen. Fast zwei Monate lang wartete sie auf die Beantwortung ihrer nicht gerade damenhaften Aufforderung zum Schmuggel.

Hemingway machte drei Monate nach seiner Ankunft in Paris eine wichtige neue Bekanntschaft. Nachdem Hemingway Gertrude Stein kennengelernt hatte, bemerkte er über sie, sie habe ein ausgeprägt deutsch-jüdisches Gesicht. Den Hemingway-Besuchen bei Gertrude und Alice, bei denen Hadley immer von letzterer abgelenkt wurde, folgten einzelne Besuche der beiden Frauen in Hemingways Wohnung, wo sie auf dem Bett saßen, während Gertrude seine Manuskripte ansah. Schon bald danach traf Hemingway sie im Jardin du Luxembourg und wurde eingeladen, jeden Tag nach fünf vorbeizuschauen. Er ging oft ohne Hadley hin.

Seine schriftstellerischen Fähigkeiten, seine Ernsthaftigkeit und seine Bewunderung für Gertrude Stein beeindruckten diese. Sie las seine Manuskripte, strich einige Wörter, äußerte klare literarische Einschätzungen und kritische Vorschläge und schrieb die für die Pariser *Tribune* erste Rezension seiner Arbeiten, die sie für sehr intelligent hielt. Hemingway meinte, »sie behandelte uns, als wären wir sehr gute, wohlerzogene und vielversprechende Kinder, und ich spürte, daß sie uns verzieh, verliebt und verheiratet zu sein – mit der Zeit würde sich das schon legen«. Sie erzählte von Baseball, Gärten, amerikanischen Soldaten, Malerei, Stierkämpfen und anderem – sie analysierte gerne andere Menschen. Sie erzählte gern, wie sie später in dem Vortrag »Das langsame Entstehen von *The Making of Americans*« zugab.

Obwohl viel über ihren Einfluß auf Hemingways Werke

geschrieben worden ist, behauptet Glenway Wescott – kein Anhänger Hemingways –, daß sie bloß »kritzelte und kritzelte«, während Hemingway seine Wörter sorgfältig wählte. Stein kritisierte Hemingway später wegen seiner offenen Worte über Sexualität und Gewalt. Sie meinte, er solle in seinen Schriften nicht so deutlich sein. Er behauptete dagegen, in ihren Unterhaltungen niemals indiskret gewesen zu sein und alles ausgeklammert zu haben, was sie hätte schockieren können, selbst die häßlichen Szenen seiner Reisen.

Hemingway bewunderte Steins künstlerische Freiheit, Integrität und Hilfsbereitschaft. Man sagte, daß es trotz des Altersunterschieds eine erotische Spannung zwischen ihnen gegeben habe. Anfangs beeindruckte ihn auch ihr Werk. Obwohl die Leihkarten zeigen, daß er nur ihre *Composition as Explanation* (1926) und *Three Lives* entlieh, gab sie ihm sicher Exemplare ihrer Bücher und las ihm zu Anfang ihrer Freundschaft wohl auch daraus vor.

Während Hemingway regelmäßig die Steins besuchte, wartete Joyce ungeduldig auf die öffentliche Resonanz des *Ulysses*. »Es ist sehr lästig, auf die Kritiken zu warten«, beklagte er sich bei Harriet Weaver. »Ich glaube, es dauert so lange, weil das Buch so lang ist.« Bald sprach er von einer »Verschwörung des Schweigens« gegen ihn und drängte Sylvia, Eliot und andere über den »Boykott« in Kenntnis zu setzen. Am ersten Märzsonntag erschien schließlich im Londoner *Observer* eine der ersten und wichtigsten Kritiken von Sisley Huddleston. »Mr. Joyce ist ein Genie«, erklärt er, »und sein *monologue intérieur* [Larbauds Ausdruck] ist, glaube ich... nach gewöhnlichen Maßstäben der vulgärste in der ganzen Literaturgeschichte. Und doch ist gerade seine Obszönität irgendwie schön und zwingt die Seele zu Mitleid.« Er beendete seinen Artikel mit der Frage: »Hat er nicht die Roheit übertrieben und den Wahnsinn der Menschheit und die mysteriöse Körperlichkeit des Universums zu sehr in den Vordergrund gedrängt?« Genau der richtige Artikel, um den Verkauf zu fördern. Innerhalb weniger Tage gab es 136 neue Bestellungen für *Ulysses*: bis 11. März waren 145 weitere angekommen, und bis zum 20. März war die Anzahl auf 148 angestiegen. Die 750 Exemplare der 150-Francs-Ausgabe waren nun verkauft.

Joyce war erfreut. Sogleich bat er Harriet Weaver und Sylvia, Kopien der Rezension an andere Kritiker und Schriftsteller von London bis Stockholm zu schicken. Offenbar war es ihm egal, ob die Kritiken positiv oder negativ ausfielen. Als erstes achtete er darauf, daß die Adresse von ›Shakespeare and Company‹ angegeben war; zweitens legte er Wert auf die Länge der Rezension, und drittens schaute er auf den Namen des Verfassers, um seinen Einfluß zu beurteilen. Ob der Autor den *Ulysses* nicht mochte oder falsch verstand, spielte die geringste Rolle.

Sylvia ärgerte sich über Darantière, weil sich die Auslieferung der Presseexemplare verzögerte. Wegen der Nachfrage, die der Huddleston-Artikel und eine Pressekonferenz von Joyce vor englischen und irischen Reportern Mitte März geweckt hatten, hielt sie eine weitere Verteilung von Presseexemplaren für nötig. Auf Joyces Drängen fuhr sie am 17. nach Dijon und kehrte am 19. mit den Presse- und Bibliotheksexemplaren zurück. Hemingway erhielt eins davon; es liegt jetzt zusammen mit seinen Schriften in der John F. Kennedy Library.

Sylvias Vorschlag, *Ulysses* in die Vereinigten Staaten zu schmuggeln, erreichte Barnet Braverman Ende März. Er hatte sein Apartment in Chicago weitervermietet, und der Brief erreichte ihn in Toronto, wo er gerade zusammenpackte, um nach Detroit zu ziehen. Zu seiner neuen Arbeitsstelle in Windsor, Canada, mußte er mit dem Boot über den Saint Clair (einen kleinen See zwischen Erie- und Huronsee). Mitte April fragt er in einem Brief nach den Büchern – »Miss Beach, ich melde mich für den Dienst an James Joyces *Ulysses* zur Stelle.« Braverman behauptete, »den Kunstkritiker einer Detroiter Tageszeitung« und die »Sekretärin einer Detroiter Werbefirma« zu kennen, »die mir gerne bei der schnellen Zustellung der Bücher helfen würden«. Außerdem sei er darauf erpicht, »die Republikaner und ihre methodistische Sittenpolizei hereinzulegen«.

Inzwischen hatte Sylvia – vermutlich weil ihr Vorschlag vom Februar unbeantwortet geblieben war – Mr. Mitchell Kennerly, der mit dem Kapitän eines Atlantikfrachters befreundet war, zwecks *Ulysses*-Schmuggel kontaktiert. Kennerly hatte sich für den Verkauf des Romans *Hagar Revelly* eine Anklage eingehandelt und war von John Quinn erfolgreich verteidigt worden. Quinn schrieb Sylvia im April, falls Kennerly ihr Agent werden sollte, wolle er kein weiteres Verfahren erleben; Sumner plane gewiß die Konfiszierung des *Ulysses* und sie solle die Bücher vorsichtig verschicken. Offenbar hat sie seinen Rat befolgt, denn in den nächsten vier Monaten ließ sie die Finger von weiteren Schmuggelstrategien.

Die Korrespondenz über Rezensionen und die Versendung des *Ulysses* dauerten an. Sylvia schrieb jede Kritik ab, die sie fand, und Joyce bedankte sich schriftlich bei jedem Kritiker. Bei Sylvias Arbeit für Joyce kamen ihr zunehmend die Bürokenntnisse, die sie 1918 beim Roten Kreuz erworben hatte, zugute. Sie behielt jeden Fanbrief und interessierte sich besonders für die menschlichen Geschichten, so wie die von den drei hungernden Künstlern, die in den Buchladen kamen, jeder mit einem Drittel des Buchpreises. Sie waren tagelang im Bett geblieben, um das Essen zu sparen und von dem Geld *Ulysses* zu kaufen. In den nächsten fünfzehn Jahren sollten viele Briefe vom Erfolg oder Mißerfolg der Käufer beim Bücherschmuggel berichten. Ein Engländer prahlte, daß er das Buch offen im Flugzeug nach London mitgenommen habe. Professor Dudley Fitts jammerte, daß sein Exemplar im Hafen von New York vernichtet worden sei, und bat, ihm ein weiteres, getarntes zu schicken.

Unter den zahlreichen Begegnungen mit französischen, englischen und amerikanischen Schriftstellern, die Hemingway durch Sylvia kennengelernt hatte, war die Begegnung mit Pound in der Buchhandlung eine der wichtigsten. Nachdem Sylvia die beiden einander vorgestellt hatte, sagte Hemingway, daß er unter anderem auch nach Paris gekommen sei, um Pound kennenzulernen. Sie waren bald gut befreundet, boxten miteinander und diskutierten Literatur. Pound vertrat *le mot juste*, das die französischen Schriftsteller, insbesondere Flaubert praktizierten: die Prinzipien von Direktheit, Genauigkeit und Wirtschaftlichkeit. Pounds Mißtrauen gegenüber Adjektiven hat zweifellos Hemingways Schriften beeinflußt. Pounds Ratschläge, die Twain-Lektüre, seine Bewunderung für Sherwood Anderson, seine journalistische Arbeit und der wachsende Einfluß von Gertrude Stein halfen Hemingway, während dieser Pariser Jahre seinen berühmten Stil zu entwickkeln. Das einzig Enttäuschende an Pound schien ihm, daß dieser weder Dostojewski noch andere Russen las. Als Freund und Lehrer war Pound zwar einflußreicher denn als Schriftsteller. Trotzdem las Hemingway, obwohl er kein Buch von Pound aus der Leihbücherei entlieh, bestimmt in den kleinen Zeitschriften etwas von ihm. Er übernahm den Titel »The Age Demanded« von Pounds »Hugh Selwyn Mauberley« für ein Stück in *Der Querschnitt*, Februar 1925.

Während Sylvia ihre Hilfe auf Joyce konzentrierte, dachte Pound an eine erweiterte Form der Künstlerhilfe. Sein beispielhaftes Engagement für andere Schriftsteller drückte sich in seinem Bel-Esprit-Plan aus, den er entwarf, um »so viele Gefangene wie möglich zu befreien«, auf daß sie Zeit zum Schreiben hätten. Mit Hilfe von Natalie Barney wollte er 10 Pfund oder 50 Dollar von jedermann einsammeln, um einem vielversprechenden Schriftsteller ein Gehalt von 300 Pfund jährlich zukommen zu lassen. Sein erster Schützling war T. S. Eliot: »Damit T. S. Eliot seine Arbeit bei der Lloyd's Bank aufgeben und seine ganze Zeit der Literatur widmen kann.«

(So lautet die offizielle Erklärung auf der bei John Rodker gedruckten Broschüre.) Pound führte seinen Vorschlag in Stichworten näher aus: »Eliot verdient in der Bank 500 Pfund. Zu müde, um zu schreiben, brach zusammen. Während seiner Erholung in der Schweiz schrieb er *Waste Land*, ein Meisterwerk, mit die wichtigsten 19 Seiten in Englisch.« Im Winter 1921/1922 war Eliot nach einem Nervenzusammenbruch in London nach Lausanne ins Krankenhaus gekommen, wo er *The Waste Land* schrieb. Obwohl Pound selber arm war, war er von Eliots Größe überzeugt und sammelte das Geld von armen Künstlern und ihren reichen Freunden, etwa von John Quinn, der 300 bis 350 Dollar zahlen wollte, jedoch bedauerte, daß Pound dies nicht verschwiegen hatte. Im Juli hatte Pound fast den ganzen Betrag zusammen. Neben seiner eigenen literarischen Arbeit schrieb er unzählige Briefe für den Bel Esprit und andere literarische Angelegenheiten. Aber das Geld war weniger problematisch als Eliot selbst. Da er weder über das Projekt informiert worden war noch seine Stelle in der Bank kündigen wollte, lehnte Eliot das Geld ab. Später wechselte er zwar vom Bank- zum Verlagswesen, trennte aber immer seinen Broterwerb als Angestellter vom Schreiben, und anders als Joyce konnte er das Schnorren für die Kunst nicht ausstehen.

Pounds Anstrengungen wurden also nicht anerkannt; Sylvias dagegen sehr wohl.

Harriet Weaver schickte einen Aushang von der Titelseite von Englands beliebtester Sensationszeitung, *Sporting Times*: SCANDAL OF JAMES JOYCE'S ULYSSES lautete in großen schwarzen Buchstaben die Anklage vom 1. April. Der Autor des Sensationsartikels klagt, daß er »keinen Magen« für Joyce habe, der kein »talentierter Schriftsteller« sei, sondern ein »perverser Verrückter«, der »die elementare Lebensmoral verworfen habe und sich absichtlich mit Dingen aufhielte, die nur kichernde Schuljungs komisch fänden«. Unter dieser kühnen Schlagzeile folgte die Aufzählung verletzter Pferde. Über diese Reklame freute sich Sylvia ganz besonders. Sie brachte das Plakat an der Wand hinter ihrem Schreibtisch an und ließ sich mit Joyce davor fotografieren. Joyce prahlte vor Miss Weaver, der Ruf der *Sporting Times* sei »schlechter als mein eigener«. Sie reagierten nicht auf negative Buchkritiken oder Fehlinterpretationen. Sie interessierte nur, daß sich das Buch durch Rätselraten und Kontroversen darüber besser verkaufen ließ. Und diese sensationelle Überschrift machte es sozusagen zum Verkaufsfavoriten.

Auf seinem Weg durch Paris kaufte auch John Dos Passos ein Exemplar des *Ulysses* von Sylvia, die ihn mit Joyce bekannt machte. Dos Passos behauptete, er »schüttelte die schwache Hand eines bleichen unbeteiligten Mannes mit dunkler Brille, der neben einem Ofen im Hinterzimmer des Buchladens saß«. Er »verschlang das Buch«, als er an Bord eines Transatlantikliners mit einem Grippeanfall im Bett lag, fand manche Stellen »langweilig« und andere »großartig«; aber er kam zu dem Ergebnis, daß diese Veröffentlichung »die Theorie, der englische Roman sei tot, widerlegte«.

Als Gerüchte über einen Boykott des Buches durch die Kritik laut wurden (Gerüchte, die wahrscheinlich auf ›Shakespeare and Company‹ zurückzuführen waren), befand sich Joyce in einer persönlichen Krise. Nora, seine ungebildete und unbelesene Frau (sie war Zimmermädchen, als er sie kennenlernte), weigerte sich, den *Ulysses* oder sonst etwas zu lesen, was ihr Mann geschrieben hatte. Jedesmal, wenn er trank oder sie sich stritten, erklärte sie, wie Freunde berichteten, »ich nehme die Kinder und gehe nach Irland zurück«. Das tat sie schließlich auch. Sie nahm die Kinder und ging nach Irland zu ihrer Mutter. Dafür bediente sie sich der 1500 Pfund, die Harriet Weaver im März für Joyces Erholung und Urlaub geschickt hatte. Der verlassene Joyce litt sehr. McAlmon beschreibt ihn als einen »verlorenen Geist, der in der Pariser Wildnis klagt«. Zu Sylvias Entsetzen fiel er einmal im Buchladen in Ohnmacht. Der irische Bürgerkrieg zwang Nora schließlich zur Rückkehr.

Am 1. Mai gelang es, mehrere *Ulysses*-Pakete in die Vereinigten Staaten zu senden. Ein Exemplar erhielt ein Dichter namens Williams, den McAlmon verehrte und der in Rutherford, New Jersey, lebte. Ein anderes bekam Yvor Winters, zwei waren für den Way Farer's Bookshop in Washington, D. C., bestimmt, und 25 gingen an den Washington Square Bookshop in New York City. Quinn schrieb lange Briefe über die drohenden Konfiszierungen. Er hätte dem Verleger Liveright versichert, sagte er, kein amerikanischer Verleger könne eine unzensierte Ausgabe herausbringen. Er hatte den Roman im Schaufenster bei Drake gesehen und fand, das Buch sei wunderbar gedruckt. In einer für ihn typischen Mischung von Tadel und Lob sagte er über Sylvia: »Sie hat mit dem Mut, wenn nicht mit der Ignoranz des Amateurs, eine wirklich schwierige Aufgabe angepackt. Sie betreibt den Bruch von Staats- und Bundesgesetzen der Vereinigten Staaten.«

Sylvia kehrte von einem Osterwochenende in Chartres zurück und fand die zweite von insgesamt drei herausragenden und positiven Kritiken des *Ulysses*. Die erste war Larbauds Essay, der auf dem Dezember-Vortrag basierte und im April in der angesehenen *Nouvelle Revue Française* veröffentlicht wurde. Vor Ende des Monats erklärte Middleton Murry in einem langen Artikel, der im *Nation and Athenaeum* erschien, *Ulysses* sei ein »bemerkenswertes Buch undurchdringlicher Undurchsichtigkeit«. Joyce nennt er »einen sehr ernsten Menschen« mit »dem Geist eines Künstlers, der ungewöhnlich empfänglich für das Geheimnis der Individualität von Gefühlen und Dingen« sei und als ein »Genie höchsten Rangs mit Goethe oder Dostojewski verglichen werden muß«. »*Ulysses* war«, fügt er hinzu, »eine unermeßliche, eine ungeheure Selbstzerfleischung, die panische Flucht eines halbwahnsinnigen Genies, eines Mannes voller Hemmung und Beschränkungen vor sich selbst.« Joyce prophezeite, daß dieser Artikel den Boykott brechen könnte. Aber es war Larbauds Besprechung, die die nächste wichtige Kritik hervorrief: Arnold Bennett schrieb einen eineinhalb Seiten langen Essay, der das Prestige und die Integrität der *Nouvelle Revue Française* würdigte. Larbaud habe ihn dazu veranlaßt, *Ulysses* noch einmal zu untersuchen. Obwohl Joyces Bild der menschlichen Natur »gemein, feindselig und unbarmherzig« sei, stelle er ein »erstaunliches Sprachphänomen dar. Manchmal ist er verblüffend originell. Wenn er das Leben auch nicht als ganzes sieht, so sieht er es doch durchdringend. Seine Erfindungsgabe ist bewundernswert. Er hat Witz. Er hat einen erstaunlichen Humor. Er hat Angst vor dem Untergang.«

Ulysses war nicht einfach zu verkaufen. *Für* ihn sprachen nach Meinung der Intellektuellen sein Ruf als innovatives Meisterwerk der Fiktion und nach Meinung des normalen Lesers sein Ruf als »schmutziges Buch«. Diese beiden Faktoren und die eigene Reklame des Autors und der Verlegerin machten das Werk bald berühmt. Auch der kleine Buchladen, in dem es stets erhältlich war, half den Verkauf ein Jahrzehnt aufrechtzuerhalten. Hinderlich waren die Vernachlässigung durch die etablierten Kritiker, die Furcht vor Konfiszierung oder Beschlagnahme (die die größten Märkte unzugänglich machte) und der hohe Preis des Buchs. In einer Zeit, in der die meisten Pariser für ein Buch nur ein paar Francs ausgaben, kostete *Ulysses* in seiner billigsten Ausgabe 150 Francs. In den Vereinigten Staaten war der Verkaufspreis für das Jahr 1922 hoch: die 13-Dollar-Ausgabe wurde für 20 Dollar gehandelt (bei Bretano's 35 Dollar). John Quinn berichtete Sylvia im März, daß ein Exemplar für 50 Dollar den Besitzer wechselte. Diese Preise zeigten, was das Buch wert war und wie unerschwinglich es für die Masse der Leser blieb.

Gertrude Stein wartete nicht, bis im Mai ihre Jahressubskription auslief, sondern kam mit Alice vorbei, um Sylvia

mitzuteilen, daß sie zur American Library am rechten Seineufer wechselte. Sie waren mit der Entwicklung von ›Shakespeare and Company‹ zum Verlag nicht einverstanden. Vor
weniger als einem Jahr hatte Gertrude die Subskription für
ein Jahr erworben, genau einen Tag nachdem die Prospekte
für Sylvias Veröffentlichung des *Ulysses* bezahlt worden waren, aber noch bevor sie in Umlauf gebracht wurden. Monatelang hatte Gertrude mit Unbehagen die wachsende Beschäfti-
gung des linken Seineufers mit James Joyce beobachtet. In
dieser Zeit hatte sie viele Anlässe gefunden, um sich im Buchladen zu beschweren. So erzählt Sylvia, daß sie sich eines
Tages über das Fehlen amüsanter Bücher, besonders von *The
Trail of the Lonesome Pine* und *The Girl of the Limberlost*,
beklagte. Sylvia gab zu, daß sie diese Bücher nicht führte,
fragte aber die aufgebrachte Gertrude, ob sie ihr eine andere
Leihbücherei nennen könne, die über zwei Exemplare ihrer
Tender Buttons verfüge. Gertrude erriet Sylvias Bestürzung.
Um ihre Kritik am Buchladen wiedergutzumachen, schenkte
sie Sylvia seltene Exemplare, wie die Erstausgabe von *Three
Lives*, mit Widmung – sie wurde später gestohlen. Ihre Meinungsverschiedenheiten gingen jedoch über *The Trail of the
Lonesome Pine* hinaus. Sie stritten über den Wert französischer Literatur und, was wichtiger war, über Joyces Werk. In
The Autobiography of Alice B. Toklas, ein Jahrzehnt später
geschrieben, bezieht sich Gertrude Stein auf »einige streu-
nende irische Dichter«, die im Buchladen herumhingen.
Joyce, so fügt sie hinzu, sei einer der »Unbegreiflichen, die
jeder verstehen kann«. Er war ihr Rivale im Kampf um Aufmerksamkeit und Anerkennung. Sie betrachtete die Veröffentlichung von Joyces Werk als Ende der Freundschaft mit
Sylvia.

Als Sylvia hörte, daß Gertrude kündigte, gab sie ironisch
zu, daß in Odéonia die schlechte Gesellschaft verkehre. Man
erzählt sich, Sylvia habe einmal auf eine Beleidigung durch
Gertrude Stein mit einem Telegramm geantwortet: »Yes, a

thorn is a thorn, is a thorn.« (Ja, ein Dorn ist ein Dorn, ist ein Dorn.) Sylvia hatte keine Angst vor Gertrudes Ablehnung. Die jungen amerikanischen Schriftsteller aber, die sich nach einem Wort von Van Wyck Brooks an »den reifen Gertrudischen Busen« flüchteten, fürchteten die Zunge und den Witz der Stein. Sie glaubten an den Mythos, der von ihrem Biographen John Malcolm Brinnin beschrieben wird, daß hinter ihrem Salon »neben dem Geräusch der Teetassen das Rollen der Köpfe und das Poltern der Karren zu hören war, auf denen die Reputationen weggeschafft wurden«.

Stein glaubte, die erste und größte Experimentemacherin der englischen Sprache in diesem Jahrhundert zu sein. Sie wies mehr als einen jungen amerikanischen Schriftsteller darauf hin, daß ihr erstes großes Buch *Three Lives* 1908 veröffentlicht wurde, also lange vor *Ulysses*, dessen Einfluß sie als »lokal begrenzt« bewertete. »Die Literatur des zwanzigsten Jahrhunderts *ist* Gertrude Stein«, erklärte sie Samuel Putnam. Die vier großen amerikanischen Schriftsteller seien »Poe, Whitman, James und ich«. Die beiden Schriftsteller, die ihr als größte Herausforderung ihres Führungsanspruchs in Sachen Modernismus erschienen, besuchten sie nie in der Rue de Fleurus. Deshalb verachtete sie beide. Ihrer Meinung nach rochen Pound, der »village explainer« (Fremdenführer) und Joyce, der Unverständliche, den »jeder verstehen konnte«, nach Museum. »Es sind die Leute, die normalerweise nach Museum riechen, die akzeptiert werden... Deshalb wurde James Joyce akzeptiert und ich nicht. Er zeigte seine Vorliebe zur Vergangenheit, für mein Werk ist das Neue und das Andersartige fundamental.« Nach ihrem Bruch mit Hemingway sagte sie über ihn dasselbe: »Hemingway sah aus wie ein Moderner, aber er roch nach Museum.«

Diese Geringschätzung derer, die sie ignorierten oder sich mit ihr stritten, wird von Hemingway in *A Moveable Feast* betont:

»Ich kann mich nicht daran erinnern, daß Miss Stein während der drei oder vier Jahre, in denen wir gute Freunde waren, jemals gut über irgendeinen Schriftsteller gesprochen hätte, der nicht günstig über ihre Arbeit geschrieben oder etwas getan hatte, um ihre Karriere zu fördern, mit der Ausnahme von Ronald Fairbank und später Scott Fitzgerald. Wenn man zweimal die Rede auf Joyce brachte, wurde man nicht wieder eingeladen. Es war, als ob man einem General gegenüber einen anderen General lobend erwähnte.« (Ernest Hemingway, Ein Fest fürs Leben, 1980, S. 25)

Glaubt man ihren Freunden, so zeigte sie eine ausgewogenere Haltung gegenüber ihren literarischen Rivalen. Sie mochte Joyces Werke nicht, aber sie zwang nicht alle Freunde, sich entweder für sie oder für ihn zu entscheiden. Thornton Wilder zum Beispiel war einer ihrer engsten Freunde und Bewunderer, und doch bewunderte er Joyces Werk ganz offen.

Wie reagierten Pound und Joyce auf diese offene Verachtung? Pound konterte, indem er sie »einen alten Fettwanst« und einen bloßen Parasiten am Körper der Literatur nannte. In einer Parodie, die er Eliot im Jahre 1926 schickte, läßt Pound die Stein sagen: »Ja, die Juden haben nur drei originelle Genies hervorgebracht: Christus, Spinoza und mich.« Joyce sagte nichts. Vielleicht hatte er das größere und bestimmt das gefestigtere Ego. Er ignorierte sie total. Obwohl sie ihre treuen Bewunderer hatte, bewunderten die prominentesten Literaturkritiker des linken Seineufers offen das Werk von Joyce. Sie konnte Joyce nicht ignorieren, obwohl sie von ihm ignoriert wurde.

»Der Verleger ist kein Solist der geistigen Anstrengungen, sondern der Dirigent eines Orchesters«, lobte Thomas Mann im Jahre 1940 seinen amerikanischen Verleger Alfred Knopf. Sylvia war nicht nur Dirigent des Orchesters, sondern zugleich Tournee-Manager und Geschäftsführer. Nachdem sie dem Autor und seinem Manuskript bis hin zu den Druckfahnen den Weg bereitet hatte, nahm sie sich zunehmend der privaten Angelegenheiten der Familie Joyce an. Sie schickte sogar seinen Lieblingskellnern im Restaurant Trianon Trinkgelder. Als das Buch fertig war, sagte Sylvia nicht, wie angeblich der Buchhändler Andrew Millar, der die Veröffentlichung von Samuel Johnsons monumentalem *Dictionary of the English Language* leitete –»Gott sei Dank bin ich damit fertig« –, seit der Veröffentlichung des *Ulysses* hatte sie nur noch mehr zu tun. Sie kümmerte sich um die Presse und um die Fans, die in den Laden kamen. Anders als alle anderen Joyce-Verleger, die weit von ihm entfernt lebten, verrichtete Sylvia die Herkulesarbeit, sein Werk zu verlegen und seine Karriere zu managen. Der »Einkaufszettel«, wie Joyce ihn nannte, listete auf, was sie tun sollte. Sie wußte, daß er die ganze Hand nahm, wenn man ihm den kleinen Finger gab. Joyce sah sie weniger als Dirigent eines Orchesters, sondern als Lasttier. Malcolm Cowley behauptet, »Joyce nahm Gefälligkeiten entgegen und forderte Hilfe, als wäre er kein Mensch, sondern ein geheiligter Zweck. Es war, so schien er zu sagen, ein Privileg, sein Leben diesem Zweck zu widmen, und diejenigen, die seine Schulden bezahlten, würden sicher im Himmel belohnt werden. Miss Beach stimmte ihm zu.« Der Joyce-Biograph und Freund Stuart Gilbert pflichtete bei: »Für ihn war die *Kunst* ein eifersüchtiger Gott wie der Jehova der Zehn Gebote, und als ihr Priester verlangte er, wie Modigliani, Sonderrechte und Privilegien für sich.«

Was war nun Sylvias finanzieller Gewinn bei dieser großen Aufgabe? Ihre dürftige Buchhaltung muß den Historiker oder Statistiker enttäuschen. Obwohl ursprünglich vereinbart worden war, daß 66 Prozent des Gewinns an Joyce gezahlt würden, weisen Briefe und Geschäftsbücher darauf hin, daß er den ganzen Gewinn erhielt. Als Quinn vermutete, daß sie 50 % des Gewinns erhalte, informierte sie ihn, daß nach Abzug der Druckkosten »Joyce den Rest bekommt«. Mehr als dreißig Jahre später berichtete sie: »Ob ihm noch Geld zustand oder nicht, wir mußten uns um den Autor des *Ulysses* kümmern.«

»Manche glaubten vielleicht, daß ich mit *Ulysses* viel Geld verdiente. Aber Joyce muß einen Magneten in seiner Tasche gehabt haben, denn das ganze Geld wollte zu ihm... Ich verstand von Anfang an, daß die Arbeit mit oder für James Joyce Vergnügen für mich und Profit für ihn bedeutete. Alles, was seine Werke einbrachten... gehörte ihm. Mehr konnte ich für ihn nicht tun, sonst wäre mein Buchladen verschlungen worden.«

Joyce vertraute seinem Bruder Stanislaus an: »Die Pariser Ausgabe bringt mir 82 000 (Francs) netto.« Was er tatsächlich verdient hat, läßt sich nicht einfach feststellen. In einem unveröffentlichten Teil ihrer »Memoiren« schreibt Sylvia, daß Joyce bereits vor der Veröffentlichung Tantiemen erhielt und auch noch Geld bekam, als sein Honorar gezahlt worden war:

»Ich weiß nicht, was mit den Zahlungen von Miss Weaver geschah. Vermutlich erhielt er sie regelmäßig, aber seine Probleme wurden dadurch nicht gelöst, und so mußte ich andauernd mit meinem *Ulysses*-Konto oder sogar mit der Kasse des Buchladens zur Hilfe kommen. Außer der Summe, die für die Druckkosten beiseite gelegt wurde, ging alles, was *Ulysses* einbrachte, an Joyce: Da dem Autor so viel Geld gezahlt wurde, verringerte sich der Gewinnanteil des Verlegers. Dank dieses Systems mußte ich mir keine Gedanken machen, wie ich das Vermögen, das ich mit *Ulysses* verdienen würde, anlegen sollte. Schließlich hatte ich meinen Buchladen; und wenn ich wirklich Geld hätte verdienen wollen, dann hätte ich dafür nichts gewählt, was Joyce gehört. Meine zahlreichen Dienste für Joyce waren kostenlos. Der Spaß, den ich durch seine Bekanntschaft und die Zusammenarbeit mit ihm hatte, waren mehr als eine Entschädigung. Nichts hätte interessanter sein, nichts hätte mich mehr amüsieren können, als daß James Joyce in meinem Laden ein- und ausging.« (Beach, »Memoiren«)

Sie wurde dafür mit einem größeren Umsatz im Buchladen und mit dem Glanz belohnt, der aus der Beziehung mit einem großen Autor hervorging – sie wärmte sich an dem Feuer, das sie für ihn entfachen half.

Im April ging Hemingway für einen Monat nach Italien

und berichtete für den *Toronto Star* über die Conferenza Internazionale Economica in Genua. Hier arbeitete er mit anderen Journalisten wie Bill Bird, George Slocombe, Lincoln Steffens und George Seldes zusammen. Steffens und Seldes lehrten Hemingway, der seine Geschichten stets per Post eingeschickt hatte, die Telegrammsprache »cablese« – eine Kurzschrift für Reporter, die Geld einsparte (›aswellas‹ sogutwie war z. B. ein Wort). Hemingway rannte von einem Tisch zum anderen und verkündete: »Es ist fantastisch. Es ist eine neue Sprache. Kein Fett, nur Knochen und Struktur.« Hemingway übte die »neue Sprache« und schickte während der Genueser Konferenz mindestens fünfzehn Artikel an den *Star*.

Joyce hatte zu dieser Zeit die englischen Rechte für *Ulysses* an Miss Weaver abgetreten. In London wollte er sie zum ersten Mal treffen, aber ein plötzlicher Anfall von Iritis machte seinen Plan zunichte. Im Mai eilten eines Tages George und Lucia Joyce zu Sylvia in den Buchladen. Sie sollte schnell mitkommen. Babbo, wie George und Lucia ihren Vater nannten, mußte Sylvia sofort sehen. Sie eilte mit ihnen zu ihrem Hotel an der Rue de l'Université und sah Joyce furchtbar leidend und mit kalten Kompressen auf seinen Augen. Er hatte im Restaurant einen Iritisanfall gehabt. Der Schmerz hatte plötzlich, und nicht allmählich wie im normalen Krankheitsverlauf, begonnen. Ein berühmter Spezialist wollte, daß er sofort operiert würde, der Krankenwagen war bereits unterwegs. »Deshalb war ich so eilig geholt worden«, erinnert sie sich. »Joyce war entschlossen, eine Operation wie die in Zürich während eines Anfalls zu vermeiden ... Ich solle meinen Augenarzt (Dr. Louis) Borsch holen und ins Hotel bringen, ehe der andere Arzt käme und ihn in die Klinik schaffte.« Da sich Dr. Borsch, ein Amerikaner, weigerte, den Patienten eines anderen Arztes aufzusuchen, schafften Sylvia und Nora ihn per Taxi zu dem Doktor. In der Klinik bestätigte Dr. Borsch, der Sylvia in seiner Fülle an den Nikolaus erinnerte, die Diagnose: Glaukom. Wie Joyce gehofft hatte, empfahl er, mit der Operation zu warten, bis der Anfall abgeklungen war. Seit diesem Tag hatte Joyce einen neuen Arzt, »und der verlangte so wenig Honorar, daß Joyce, der mir eine Rechnung von Dr. Borsch zeigte, beleidigt zu sein schien, weil sie so niedrig war«.

In der frühen Fassung ihrer »Memoiren« berichtet Sylvia ausführlich über Joyces medizinische Probleme. In der Endfassung gibt es zwei Abschnitte darüber. Einfühlsam beschreibt sie die Probleme, bewundert seine große Geduld und Tapferkeit, besonders als Blutegel an seine Augen angesetzt werden:

»Eines Tages kam ich gerade in die Klinik, als die vom Doktor vorgeschriebenen Blutegel angesetzt wurden. Hatte man sie einmal dazu gebracht, rings um das Auge zu haften – was gar nicht so leicht war –, so zogen sie das Blut ab und bewirkten einen Rückgang der Schwellung. Die Schwester, die sonst in der Klinik war, hatte Ausgang, und eine jüngere hantierte an ihrer Stelle. Sie und Mrs. Joyce versuchten, mit den sich windenden Dingern fertig zu werden, die ja nicht auf den Boden glitschen, sondern brav warten sollten, bis die Reihe am Auge des Patienten an sie kam. Ohne zu klagen, ließ Joyce diese unangenehme Prozedur über sich ergehen. Die Blutegel erinnerten mich an die lästigen Tiere, die sich im Schwimmbad der Russells in Princeton an unsere Beine geheftet hatten.« (Beach, 1961, S. 84)

Immer wenn Joyce krank im Hospital oder zu Hause lag, brachte Sylvia ihm seine Post und las sie ihm vor. Er wollte Neuigkeiten über den Buchladen hören, denn in den langen Stunden der Ruhe und Dunkelheit war er oft gelangweilt und deprimiert. In ihren *Memoiren*, die mehr als dreißig Jahre später geschrieben wurden, berichtet sie nur von Gedächtnisspielen, mit denen er diese Stunden geduldig verbrachte.

»›Wollen Sie mir bitte *The Lady of the Lake* mitbringen‹, bat er mich eines Tages. Bei meinem nächsten Besuch hatte ich die ›Lady‹ mit. ›Schlagen Sie das Buch auf‹, sagte er, ›und lesen Sie eine Zeile.‹ Ich tat das und begann auf einer beliebigen Seite zu lesen. Nach der ersten

Zeile hörte ich auf, und er rezitierte die ganze Seite und auch noch die folgenden, ohne sich auch nur einmal zu irren. Ich bin sicher, daß er nicht nur *The Lady of the Lake*, sondern eine ganze Bibliothek Poesie und Prosa auswendig konnte. Er hatte das wahrscheinlich alles vor seinem zwanzigsten Jahr gelesen und konnte von da an finden, was er brauchte, ohne ein Buch in die Hand nehmen zu müssen.« (Beach, 1961, S. 83)

Als er sich erholt hatte, brachte sie die Joyces im Taxi nach Hause. Und wie bei jedem Arztbesuch, bezahlte sie sowohl das Taxi als auch den Arzt.

Auch Miss Weaver wurde zunehmend in die privaten Probleme von Joyce verwickelt. Weil Joyce Sylvia darum bat und weil Sylvia Miss Weaver für »Joyces beste Freundin« hielt (sie war auch tatsächlich seine größte Wohltäterin), berichtete Sylvia ihr von seinen persönlichen Bedürfnissen: Raum. Er brauchte sechs Zimmer und ein ruhiges Haus, weit weg von seinem lauten überfüllten Hotel, am liebsten in der Nähe des Buchladens. Sie fügte noch hinzu, daß man vielleicht einen Beruf für George finden sollte, damit er seinem Vater nicht länger auf der Tasche liege. Sylvia meinte, daß London vielleicht der bessere Wohnort für die Joyces wäre.

Sylvia und Miss Weaver halfen Joyce zusammen auch bei seinen beruflichen Schwierigkeiten. Sylvia informierte Miss Weaver, daß die französischen Schriftsteller jetzt für ihn »die größte Bewunderung hegen«, daß die Erstausgabe (1000 Exemplare) verkauft sei und daß Miss Weaver die Angebote von Samuel Roth, *Ulysses* in seinem amerikanischen Magazin *Two Worlds* zu drucken, ablehnen solle. Die Korrespondenz mit Roth, der (zu ihrer Belustigung) darauf bestand, den Roman in einem einzigen Heft zu drucken, sollte ihnen noch einmal leidtun! Jetzt waren sie mit den Vorbereitungen für die englische Ausgabe beschäftigt. Sylvia schlug eine Vereinbarung mit Darantière vor. Die Frauen sprachen auch über ihre Befürchtungen, daß der Roman, besonders nach dem Angriff von Douglas, konfisziert werden würde. Mitte Juli berichtete

Sylvia von Joyces Genesung nach zwei qualvollen Monaten und fügte hinzu, was er aß und was er las. Da Harriet Weaver niemals mit Joyces persönlichen Angelegenheiten zu tun gehabt hatte, war sie verdutzt. Ihre Biographen beschreiben diese Zeit als einen »Wendepunkt von weitreichender Bedeutung in ihrer Beziehung zu James Joyce«. Sein Besuch im August war für sie noch aufschlußreicher und noch irritierender.

Nach seiner Rückkehr aus Italien im Juni verbrachte Hemingway bis zu seinem Schwarzwaldurlaub im August viel Zeit im Buchladen, den er als Postadresse benutzte. Im Juli veröffentlichte der *Double Dealer* ein Gedicht von ihm, außerdem schrieb er Prosa. Er studierte auch die Meister, deren Werke er von ›Shakespeare and Company‹ lieh und mit auf seine Reisen nahm: Turgenjew, Tolstoi, Dostojewski, Conrad, Flaubert, Henry James. Er bevorzugte die Russen, besonders Turgenjew. Zwei Themen von Turgenjew, *Väter und Söhne* und *Frühlingswogen*, übernahm er schließlich für seine eigenen Werke. Russische Schriftsteller waren auch bei anderen englischen und amerikanischen Autoren sehr beliebt. Anläßlich des hundertsten Geburtstags (1922) von Dostojewski hielt Gide eine Reihe von Vorträgen über den Schriftsteller, über den Hemingway sagte, er habe trotz seiner Vernachlässigung des Stils die Macht, »tiefes Empfinden zu wecken«.

Hemingway entlieh viele Bücher von Dostojewski, den *Spieler* sogar zweimal. Obwohl er – außer Yeats' *Early Poems and Stories* und Sandburgs *Selected Poems* – keine Gedichtbände entlieh, las er die meisten Gedichte in den kleinen Zeitschriften im Buchladen. Der Einfluß der Dichtung machte sich jedoch, wie Sylvia bemerkte, bei seinen Titeln bemerkbar:

»Als Leiterin eines Buchladens und einer Leihbibliothek achtete ich auf Titel vielleicht mehr als andere Leute, die einfach über die Schwelle eines Buches stürzen, ohne anzuläuten. Ich finde, Hemingways Titel sollten bei jedem Wettbewerb den ersten Preis davontragen. Jeder einzelne ist ein Gedicht, und die geheimnisvolle Gewalt, die sie auf den Leser ausüben, trägt viel zu Hemingways Erfolg bei. Seine Titel führen ein Eigenleben und haben den amerikanischen Wortschatz bereichert.« (Beach, 1961, S. 96-97)

Hemingway entlieh tatsächlich einige seiner Titel von Gedichten: *The Sun Also Rises* vom Alten Testament, *For Whom the Bell Tolls* von dem Lyriker John Donne (der von 1572-1631 in London lebte und als Hauptvertreter der metaphysischen Dichtung gilt) und *A Farewell to Arms* von George Peeles (englischer Dramatiker des 16. Jahrhunderts) Gedicht mit dem gleichnamigen Titel.

Der jährliche Sommerexodus aus Paris brachte dem Buchladen keine Atempause. Hemingway erwarb im August einen Leihschein für drei Monate, lieh einen Stapel Bücher und fuhr nach Deutschland. Anscheinend konnte Sylvia im August keinen Urlaub machen; aber Myrsine fuhr mit einer Botschaft für Miss Weaver, vermutlich mit einem Plan für die englische *Ulysses*-Ausgabe, nach London. Als Miss Weaver die 2. Auflage vorbereitete, wurde sie Mitte August von der Familie Joyce besucht. Joyce traf seine Gönnerin zum erstenmal. Sein Benehmen machte einen ungünstigen Eindruck auf sie; Joyces Verschwendungssucht überraschte und enttäuschte sie. Im Gegensatz zu ihr ließ Joyce sich mit Taxis überallhin chauffieren. Sie sah ihn in dreiunddreißig Tagen 200 Pfund ausgeben. Sie wurde in die familiären Angelegenheiten verstrickt, besonders als Joyce eine Bindehautentzündung erlitt und man ihm erneut zur Operation riet. Da sie sich dem Talent dieses Mannes seit langem moralisch verpflichtet hatte und daher ihre Zusage nicht zurückziehen konnte, spielte sie zu ihrem eigenen Erstaunen trotz ihres Widerstands mit und zahlte alle Ausgaben.

Während Miss Weaver mit dem Wirbelwind Joyce zu tun hatte und jede Rezension des Romans sammelte, versuchte Sylvia weiter zu schmuggeln. John Quinn teilte ihr Ende August mit, daß eine Ladung Kunstschätze mit vierzehn in versiegelten Kästen versteckten *Ulysses*-Exemplaren sicher in New York angekommen war. In Paris arbeitete John Rodker mit Iris Barry für Miss Weaver, um die 2000 Exemplare der zweiten Ausgabe herzustellen. Joyce war enttäuscht, da wegen der Eile keine Korrekturen im Text möglich waren. Der zweiten Auflage würde eine Liste von 200 Errata beigefügt werden. Die Ankündigung über die Neuauflage, die die neuen Exemplare für Mitte Oktober in Aussicht stellte, enthielt auch die Information: »Die Erstausgabe, die im April (d.h. Februar) veröffentlicht wurde, ist bereits ausverkauft.« Sylvia war zur Pariser Agentin ernannt worden. Als jedoch die Wochen verstrichen und die Buchhändler, die immer noch Exemplare der Erstausgabe hatten, sich darüber beschwerten, daß die »neue« und billigere *Ulysses*-Auflage (die 2,2 Pfund kostete) zu schnell auf den Markt komme, änderte sie ihren Plan. Viele Jahre später behauptete sie, Joyces Eile bei der Zweitauflage hätte sie überrascht. Als Harriet Weaver sie jedoch am 24. Juni 1922 schriftlich um die Druckplatten bat, hatte Sylvia zugestimmt. Sie wußte, daß das Buch Joyce gehörte und daß die hohen Extraprofite durch den Schwarzmarktverkauf dem Autor zustanden. Eine neue Auflage, dem stimmte sie zu, würde den Spekulationen über das Buch ein Ende setzen.

Am 12. Oktober wurde die zweite Auflage an John Rodker und Iris Barry geliefert. Sie verkauften 800 Exemplare an einen englischen Buchhändler, der die Bücher in Druckbögen auftrennte, diese in Papier wickelte und mit einem Frachtschiff nach Amerika schickte. Als die anderen Pakete in London ankamen, fürchtete Miss Weaver eine Hausdurchsuchung und verteilte die Pakete zwischen Büro und Wohnung. Die Buchläden verkauften das Buch unter dem Ladentisch.

Joyce kam aus London für ein paar Tage nach Paris zurück, um anschließend in Nizza Urlaub zu machen. In Paris sprach er bereits von einer dritten korrigierten Auflage. Dr.

Borsch riet ihm dringend, seine vereiterten Zähne behandeln zu lassen. Joyce wollte sich der Zahnbehandlung in Nizza unterziehen. Die Briefe, die er an Miss Weaver schrieb, dokumentieren, daß er krank und das Wetter schlecht war. Miss Weaver schickte ihm 200 Pfund für die zweite Auflage; insgesamt bekam er für den zweiten *Ulysses* 1636 Pfund.

Sylvia, die sich ganz auf den Buchladen konzentrierte, verkaufte zwar die 2. Auflage, schickte aber alle Bestellungen für *Ulysses* an Iris Barry. Da Miss Weaver das Verlagsgeschäft für Joyce übernommen, und da die Familie Beach Europa verlassen hatte und nach Kalifornien gezogen war, wo Mrs. Beach für Holly und Cyprian einen Laden gefunden hatte, konnte sich Sylvia nun einmal ganz auf die Ausstattung ihres Ladens konzentrieren. Sie ließ Regale für die kleinen Magazine bauen, das Hinterzimmer und die beiden Lagerräume über dem Laden ausbessern und anstreichen, und sie stellte Möbel auf.

Ein Traum von ihr war, in den beiden kleinen Zimmern über dem Laden eine Teestube einzurichten. Teestuben gab es in Paris nicht, und Sylvia wollte einen Raum, wo Leute Zeitungen oder Magazine lesen, reden, Tee trinken, Kuchen und Sandwiches essen konnten. Sie überlegte sich, daß eine zierliche Wendeltreppe den Laden mit der Teestube verbinden könnte, aber die altmodischen Bauvorschriften erlaubten es nicht. Sie mußte sich damit abfinden, den Tee im Laden zu servieren. Nach Silvester, als eine Toilette in die oberen Räume eingebaut worden war, begann sie, die Zimmer zu vermieten, hauptsächlich an Amerikaner – sie nannte sie Pilger –, die in immer größeren Scharen nach Paris kamen.

Einer der ersten »Pilger« war John Peale Bishop, der in Princeton im Jahre 1917 promoviert hatte und im Sommer 1922 in Paris ankam. In einem Artikel mit dem Titel »Princeton«, der im November 1921 im *Smart Set* veröffentlicht worden war, hatte er erklärt:

»Wenn ich einen gesunden, aber nicht so intelligenten Jungen zum Sohn hätte, würde ich ihn bestimmt nach Princeton schicken. Aber wenn ich der Vater eines außergewöhnlichen Jungen wäre, würde ich ihn überhaupt nicht aufs College schicken. Ich würde ihn in eine Bibliothek einschließen, bis er alt genug ist, nach Paris zu gehen.«

Bishop war ein Amerikaner, der wußte, was zu tun war. Als er in die Stadt kam, besuchte er sofort ›Shakespeare and Company‹ und Ezra Pound. Als er Pound nach talentierten amerikanischen Schriftstellern fragte, antwortete der Dichter mit einer Taxifahrt zu Hemingways Wohnung. Bis 1930 sahen sie sich regelmäßig, aber Hemingway nahm Bishop nicht ernst. Bishop war zu bescheiden und kein Konkurrent, was auch ihr gemeinsamer Freund Allen Tate bestätigt.

Als Pilger kamen im September 1922 Janet Flanner und Solita Solano nach Paris und blieben für immer. Beide waren unabhängige Frauen, Suffragetten von 1917. Janet war ein Jahr und Solita fünf Jahre jünger als Sylvia. Nachdem sie für die *National Geographic* ein Jahr lang Europa und den Nahen Osten bereist hatten, kamen sie nach Paris, um, wie Solita meinte, »alles über Kunst zu lernen und unseren ersten Roman zu schreiben«. Sie schrieben ihre Romane im Hotel Napoleon Bonaparte, wo sie einen Dollar am Tag für das Zimmer bezahlten. Später zogen sie in eine größere Unterkunft. Sie blieben neunzehn Jahre in Paris, bis der Krieg sie zur Rückkehr nach Amerika zwang. Flanner begann im September 1925, unter dem Künstlernamen »Genêt« für den *New Yorker* vierzehntägig ihre berühmten »Letters from Paris« zu schreiben. Ihre Essays erschienen vierzig Jahre lang (vgl. *Ladies Almanach*, Djuna Barnes, Berlin, 1985).

Sie vermehrten die wachsende Zahl von Frauen, die allein oder paarweise in Paris lebten, sich mit Journalismus oder Kunst auseinandersetzten oder in der Freiheit der Lichterstadt publizierten. Sie waren zwar Kameraden von Hemingway, aber ihre engsten Beziehungen hatten sie zu starken und talentierten Frauen wie Margaret Anderson, Nancy Cunard und

Djuna Barnes. Sylvia beschrieb Djuna als eine charmante, begabte Frau, die »so irisch ist wie Joyce«. Djuna Barnes hatte bereits mit ihrem Werk *A Book* eine literarische Reputation errungen. Mit Nancy Cunard, Erbin der britischen Schiffahrtsgesellschaft und Dichterin, wurden Flanner und Solano zu einem auffallenden Dreiergespann. Sie trugen maßgeschneiderte dramatische Kleider. Solano hatte kurzes schwarzes Haar und intensive blaue Augen. Nachdem sie Schauspielerin geworden war, arbeitete sie als Kritikerin und Journalistin, außerdem veröffentlichte sie viele Kurzgeschichten. Flanner hatte eine auffällige Nase und einen ausgeprägten Mund und meinte, »sie werde eines Tages wie Voltaire aussehen«. Ihre Freundin Djuna Barnes schreibt in ihrem gewagten *Ladies Almanach* über sie als die Schwestern ›Nip‹ und ›Tuck‹. Die Freiheit und Unabhängigkeit der ausländischen Frauen in Paris in den zwanziger Jahren ist ausreichend bekannt. Die Schriftstellerin Kathryn Hulme, die später *The Nun's Story* (Die Geschichte der Nonne) schrieb, schildert ihre erste Begegnung mit Flanner, Solano und Barnes: Eines Tages saßen sie im Café de Flore »wie die drei Schicksalsgöttinnen« nebeneinander. Jede von ihnen in einem schwarzen maßgeschneiderten Anzug, mit weißen Satintüchern und weißen Handschuhen, und jede von ihnen hatte einen Martini vor sich auf dem Marmortisch stehen.

Hemingway begegnete Janet Flanner vermutlich zum erstenmal, als er mit Malaria und Läusen aus Konstantinopel zurückkehrte. Einen Monat lang hatte er dort den Krieg zwischen Griechenland und der Türkei verfolgt. Als Journalist konnte Hemingway in Europa ausgiebig reisen. Aber bei einer Reise, als Hadley ihn und Lincoln Steffens in Lausanne treffen sollte, verlor sie fast all seine Werke, einschließlich der Durchschläge. Seine Anfängerarbeiten waren vernichtet. Er schrieb weiter und lebte mehr und mehr das Leben des Künstlers in Paris. »Er begann, sich wie ein Veteran unter den Expatriierten zu fühlen«, schreibt sein Biograph Carlos Baker.

Zum linken Seineufer und ›Shakespeare and Company‹ kehrte auch eine Gruppe peripatetischer Amerikaner zurück, darunter auch Robert McAlmon, der den Winter teilweise in Berlin verbracht hatte. Während die besiegten Deutschen fast verhungerten, konnten sich die Amerikaner, wenn sie wollten, für 10 Cents eine gute Dosis Kokain oder für 1,65 Dollar ausreichend Kaviar, Wild und Wein für zehn Personen kaufen. Sie profitierten zwar von dem chaotischen Finanzsystem, aber Berlin wirkte wie ein häßlicher, steingrauer Leichnam auf sie. Die Stadt schien von Kriegskrüppeln, männlichen Prostituierten und Nazibanden bevölkert. Aus Berlin kehrten folgende Amerikaner ins »heile« Paris mit seiner neuesten Mode – den psychoanalytischen Sitzungen – zurück: McAlmon, Josephson, Loeb, Cowley, Arthur Craven, Marsden Hartley, Isadora Duncan, Djuna Barnes und Berenice Abbott.

Zwei bedeutende Engländer kamen im Jahre 1922 nach Paris, aber nur der zweite blieb lang genug, um am literarischen Leben in Paris teilzuhaben. Der erste war der distinguierte und resolute siebzigjährige irische Schriftsteller George Moore. Er kam gerade in den Laden, als McAlmon seine Post las und Sylvia sich mit Joyce unterhielt. Sie eilte auf den Besucher zu, um Joyce zu schützen, denn er erholte sich gerade von seiner Augenoperation. Moore stellte sich als ein Freund von Nancy Cunard vor und blickte in Richtung Joyce. Er zog sich nur ungern zurück (McAlmon behauptet, er »stürzte hinaus«) und schickte später aus London einen freundlichen Brief mit der Frage, ob der Herr im Laden Joyce gewesen sei. Sie war erleichtert, daß er ihr keinen Vorwurf machte. Aber Joyce beklagte sich bei Sylvia, daß sie die beiden nicht miteinander bekannt gemacht hatte, obgleich er in Wahrheit Moore schon früher kennengelernt hatte. Moore hatte an der Planung des Irish National Theatre (Abbey Theatre) mitgearbeitet, und da Joyce sehr gegen das Vorhaben war, hatten sie sich niemals befreundet. Privat nannte Moore ihn einen »Niemand... vom Hafen«. Bis zu Moores Tod übten sie in ihrer

Beziehung eine übertriebene Höflichkeit, denn nach Meinung McAlmons waren sie auf ihre alte irische Art »Meister der Kunst des *Blahblah's* und der höflichen Formalität«.

Der andere Engländer, Ford Madox Ford, kam kurz vor dem Tod von Proust nach Paris, der als wirklicher Einsiedler seinen großen Romanzyklus *À la Recherche du Temps Perdu* (Auf der Suche nach der verlorenen Zeit) geschrieben hatte. Ford ernannte sich sofort zum »Repräsentanten des englischen Wortes«, um am Begräbnis teilzunehmen. Ford (geborener Hueffner, nicht Ford), ein Freund und Kollege von Conrad und Herausgeber der *English Review* (1908-1909), war ein dicklicher Mann, der bei der kleinsten Anstrengung schnaufte, entweder weil er Asthma hatte oder weil er während des Kriegs eine Gasvergiftung abbekommen hatte (er bevorzugte die letzte Version). Er hatte viele gute Bücher geschrieben; das beste ist *The Good Soldier*, 1915 (Der gute Soldat). Binnen eines Jahres gründete Ford die *transatlantic review*, eines der wichtigsten unter den kleinen Pariser Magazinen und der Favorit der amerikanischen Schriftsteller aus dem Mittelwesten.

Sylvia war von literarischen, geschäftlichen und gesellschaftlichen Forderungen dermaßen beansprucht, daß sie in diesem Jahr nur zwei Briefe an ihre Familie schickte. Am 13. November schrieb sie ihrer Mutter von den literarischen Aktivitäten, unter anderem von einem Abendessen mit Iris Tree, die Larbaud kennenlernen wollte, da er eines ihrer Gedichte für die *Revue de France* übersetzt hatte, und von einem Abendessen bei Foyot, wo sich Lady Rothermere, Adrienne, Larbaud und Fargue trafen. Sylvia war Joyce zwar ergeben und sie respektierte Miss Weaver, aber die Buchhändler, die ihre *Ulysses*-Exemplare noch nicht verkauft hatten, als die neue Ausgabe erschien, setzten sie unter Druck. Sie widersetzte sich der langen Liste von Joyces Bitten; auch seinem Wunsch, eine dritte Auflage zu veröffentlichen und bei fünfzehn Kritikern anzufragen, ob sie etwas über *Ulysses* schreiben würden. Sie sei nicht daran interessiert zu »betteln, um die Nachfrage hochzutreiben« (Brief an Harriet Weaver ›17. November 1922‹, Briefe II, S. 925), erklärte sie Joyce. Außerdem beunruhigte sie, daß die zweite Auflage der ersten zu ähnlich sah. Verärgert über die Kritik, mokierte er sich in einem Brief an Miss Weaver über Sylvia und nennt ihre Bedenken trivial. Er sagte, er sei von Nizza nach Paris zurückgeeilt, nachdem er von ihr einen »unerfreulichen... sehr groben« Brief erhalten habe, und könne »den Pariser Eintopf nicht länger als drei Wochen verlassen, sonst brenne er an«. Er schickte seinen siebzehnjährigen Sohn zu drei Buchläden, um festzustellen, ob sie irgendwelche Unannehmlichkeiten mit ›Shakespeare and Company‹ gehabt hätten. George sagte seinem Vater, daß er nichts gefunden hätte. Joyce schrieb auch Darantière, ob eine Klage wegen einer Fälschung der Erstausgabe möglich wäre. Darantière versicherte ihm, Sylvia könne keine Betrugsklage einreichen, da die Ausgaben unterschiedlich groß und schwer seien, außerdem habe Joyce bei der Erstausgabe signierte Exemplare angeboten und jetzt nicht. Sylvias Warnungen, ob von anderen Buchhändlern, Verlegern oder von Adrienne veranlaßt, waren ebenso realistisch wie ihre Angst und Besorgnis. Während er lediglich der Kunst diente, war Sylvia auch dem Markt verantwortlich. Zu einem gewissen Grad war dies seine eigene Schuld, denn er trennte seine privaten und beruflichen Beziehungen voneinander. Er hatte Sylvia nicht auf dem laufenden gehalten. Nachdem er nach Paris zurückgekehrt war, hatte er sie zwar häufiger getroffen, denn wie er Miss Weaver versicherte, wollte er einen Bruch »mit denen, die in Zeiten der Not an meiner Seite standen«, auf jeden Fall vermeiden. Auch wollte er seinen guten Namen behalten: »Ungefähr hundert einflußreiche Persönlichkeiten (Franzosen, Amerikaner und Engländer) besuchen jede Woche die Läden von Miss Monnier und Miss Beach, und es gibt keinen Grund, mich durch (unverdiente) Gerüchte oder auch nur durch Andeutungen in Verruf zu bringen.« Er schloß den

Brief mit dem sehr prägnanten Bild, auf jedem Fest mit dem Hut in der Hand zu erscheinen. Das Bild muß bestimmt das Mitleid von Miss Weaver erregt haben:

»Vielleicht ist es auch meine Schuld. Ich, mein Auge, meine Nöte und mein lästiges Buch sind immer gegenwärtig. Kein Fest, keine Feierlichkeit, kein Treffen der Aktionäre, ohne daß ich, zweifelhaft gekleidet, mit Gepäck beladen, um mich eine stumme, erwartungsvolle Familie, ein Pflaster über dem Auge zur verhängnisvollen Stunde in der Tür erscheine und kläglich um Hilfe jaule.« (James Joyce, Brief an Miss Weaver)

Zur gleichen Zeit stritt sich Joyce mit einem seiner engsten Freunde, Frank Budgen, den er in Zürich kennengelernt hatte. Der Streit hatte eine häßliche Seite. Joyce versuchte, einen Brief, in dem er kompromittierende Vertraulichkeiten geschrieben hatte, zurückzubekommen. Er lud Budgen für den Abend ein und bat ihn, den Brief mitzubringen, damit er sehen könne, was er geschrieben habe. Joyce bestellte viele Runden Alkohol, was schließlich zu einem Trinkgelage ausartete. Als er den betrunkenen Budgen im Hotel ablieferte, erleichterte ihn Joyce um seine Brieftasche, nahm den Brief heraus, legte statt dessen die Rechnung hinein und ließ die Brieftasche mit einem Boten am nächsten Morgen zurückbringen. Er gab vor, er hätte die Brieftasche aus Gründen der Sicherheit behalten. Dieser Vorfall zerstörte die Freundschaft der beiden für drei Jahre.

Ende 1922 und Anfang 1923 gab es zwei größere *Ulysses*-Konfiszierungen. Ungefähr 400 Exemplare wurden in den Vereinigten Staaten abgefangen. Das heißt, sie wurden gesammelt und dann vernichtet. Die Herausgeberin von *Poetry* in Chicago, Harriet Monroe, ließ ihre Enttäuschung bei Sylvia aus: »Es ist absurd, daß *Ulysses* hier nicht verkauft werden darf. Ich bin bitterböse, daß ich ihn nicht lesen kann.« Als Joyce und Miss Weaver von der Vernichtung erfuhren, beschloß letztere, 500 Exemplare in einer dritten Auflage neu zu drucken. Diese Ausgabe würden sie durch Sylvias »offiziellen

Schmuggler« in die USA einführen. Aber am 22. Dezember, noch bevor die dritte Auflage fertig war, wurde ein Exemplar der zweiten Auflage des *Ulysses* ohne ihr Wissen am Croydon Airport in London beschlagnahmt, durch verschiedene britische Behörden begutachtet und zur Pornographie erklärt. Alle englischen Häfen wurden angewiesen, nach diesem Buch zu fahnden. Ahnungslos verschickte Rodker im Januar die 500 Exemplare der dritten Auflage. Sie wurden in Folkstone beschlagnahmt. Miss Weaver erhob auf die Bücher keinen Anspruch, denn sie wollte kein Gerichtsverfahren. Die dritte Auflage fütterte den »Kamin des Königs«, so nannte man den amtlichen Verbrennungsofen.

Vor den großen Vernichtungen durch amerikanisches Wasser und englisches Feuer kontaktierte Sylvia wieder Barnet Braverman. Seit Monaten hatte er gewartet. Er lebte jetzt in Detroit, arbeitete in Windsor, Kanada, und hatte den perfekten Schmuggelplan. Sylvia schickte ihm schließlich ein Telegramm und fragte, ob er noch dazu bereit sei. In seinen Briefen und Telegrammen bekundete er stets sein Gefallen an der verschwörerischen Seite des Plans. In Windsor mietete Braverman ein Einzelzimmer für 35 Dollar im Monat und erklärte seinem Vermieter, er sei im Verlagswesen tätig. Als die ersten vierzig Bücher ankamen, befürchtete er zunächst, sehr viel für den Zoll ausgeben zu müssen. Die kanadische Zollgebühr betrug bei ausländischen Drucksachen 25 Prozent des Verkaufspreises. Also schuldete er dem Zoll eigentlich 300 Dollar. Er bat, beim Zollinspektor vorsprechen zu dürfen. Nach einer heftigen Auseinandersetzung überzeugte er den Mann davon, diese vierzig Bücher seien billige Romane, die nicht mehr als 50 Cent kosteten, immer mit der Angst im Nacken, es könnte herauskommen, daß das Buch in den Vereinigten Staaten verboten ist. Er zahlte 6,50 Dollar – ungefähr 16 Cents pro Buch – und lagerte die Exemplare in dem gemieteten Zimmer. Er war erleichtert, die erste Hürde übersprungen und dabei fast 300 Dollar gespart zu haben. Beim nächsten Schritt riskierte er sogar eine Verhaftung. Zwar hatte Sylvia ihm versichert, sie werde alle Kosten erstatten, die im Zusammenhang mit der Überführung des Buchs nach Amerika entstehen würden, aber er wußte, daß sie nicht die Kosten seiner Strafverteidigung übernehmen konnte, falls man ihn beim Schmuggel erwischen würde.

Eines Abends ging er nach seiner Arbeit bei der Curtis Company in Windsor zu dem gemieteten Zimmer, wickelte ein *Ulysses*-Exemplar ein und nahm es mit auf die Fähre nach Detroit, wo er in einem Apartment lebte. Die Fahrt dauerte nur zehn Minuten, aber ihm schien es eine Ewigkeit. Er bestand seine größte Mutprobe gegenüber den amerikanischen Zollbeamten. Zur Inspektion öffnete er das Paket. Der Beamte in Detroit erkannte das Buch nicht, denn die New Yorker Zensoren waren weit. Der Mann nickte, und Braverman verschnürte das Paket wieder.

In den kommenden Wochen wiederholte er diese Prozedur neununddreißigmal. Noch vor Weihnachten waren die vierzig Bücher innerhalb der Grenzen Amerikas. »Heute das letzte Exemplar gebracht. Brief folgt – B. B.« Die letzte Reise zu den Subskribenten verlief reibungslos. Er schickte sie per Eilpost. Die größte Bestellung, 23 Exemplare, ging an den Washington Square Book Shop. Andere Lieferungen waren für Sherwood Anderson und die Verleger Knopf und Huebsch bestimmt.

»Die Bücher – alle – sind bereits seit Wochen in den Händen Ihrer Subskribenten«, berichtete er Sylvia Mitte Januar 1923. Das Erlebnis, die Bücher »legal« in die Vereinigten Staaten zu bringen, war »aufregend«. Abschließend führte er seine Unkosten auf:

Erstes Telegramm (von Windsor)	5.40 Dollar
Zweites Telegramm von Windsor	2.42 Dollar
Drittes Telegramm von Detroit	2.52 Dollar
Zollgebühr	6.50 Dollar
Lagerung (Monatsmiete eines Zimmers)	35.00 Dollar

53.34 Dollar

Er schlug vor, die Kosten für ein *Ulysses*-Exemplar abzuziehen, das »Mr. Joyce mir geben will, wie Sie sagen«, und fragt nach dem Namen »des Chicagoers, der sich auf mich bezogen hatte«. Da ihre Briefe an Braverman nicht verfügbar sind, weiß man nicht, ob sie ihm Hemingways Namen mitgeteilt hat.

Die Kosten von 1,33 Dollar pro Buch waren zwar sehr niedrig, aber das Risiko und der persönliche Einsatz von Braverman waren sehr hoch gewesen. Zwei Monate lang wartete er geduldig auf einen Scheck zum Ausgleich der Unkosten. Dann schickte er einen »Mahnbrief« mit einem Nachtrag: »Ich frage mich, ob Sie die Schwierigkeiten verstehen, die diese Angelegenheit bedeutete.« Sie schickte ihm den 53.34-Dollar-Scheck am 9. April zusammen mit Pressenachrichten, die Miss Weaver in einer Broschüre veröffentlicht hatte, und bedankte sich. Er antwortete:

»Sie müssen sich nicht bedanken. Meine kleine Vorstellung, so gefährlich sie auch war, ermöglichte mir einfach, einem anderen Künstler und seiner mutigen Verlegerin zu helfen... Und Ihnen, Miss Beach, gebührt viel Lob, weil Sie den Mut haben, das Buch zu verlegen. Befreundete Feministinnen haben mir jedoch erzählt, daß man sich stets auf eine Frau verlassen kann, wenn ihr Mut auf eine Zerreißprobe gestellt wird.«

Auf seinem Weg nach Wien, wo er Theaterregie studierte, kam Braverman Anfang Dezember nach Paris und holte sich sein von Joyce signiertes *Ulysses*-Exemplar.

6. KAPITEL

»Plurabilities«
Über neue Kompositionen
1923

Der Ruhm von ›Shakespeare and Company‹ und des *Ulysses* wuchs mit dem Zustrom von Amerikanern nach Paris. Am 7. Januar 1923 fragte der *Ogden Standard Examiner* in seiner Sonntagsausgabe: »Paris keine Stadt für eine Pfarrerstochter?«, womit er einen bekannten Schlagertitel parodierte. Der Untertitel antwortete: »Blödsinn! Sehen Sie sich doch nur einmal an, was die schönen Beach-Schwestern erreicht haben, seit sie die väterliche Gemeinde mit den Boulevards vertauscht haben.« Im Begleittext zu den Fotos von Sylvia und Cyprian werden die Schönheit dieser Frauen, die »Brillanz« ihrer Karrieren und der Aufwand für *Ulysses* in den höchsten Tönen gelobt. Der gleiche Artikel mit den Fotos erschien auch in anderen amerikanischen Zeitungen, z. B. am 11. März im *Philadelphia Inquirer*. Cyprians Bühnenkarriere lobten besonders jene amerikanischen Zeitungen, deren Leserinnen meist noch etwas anderes assoziierten, wenn man eine Frau als Schauspielerin titulierte. Den Gipfel der Ironie erreichte der Artikel mit der Behauptung, die beiden lebten im Luxus, auf der Höhe des Ruhms und des Glücks. Das genaue Gegenteil stimmte. Cyprian war mit ihrer Karriere in einer Sackgasse gelandet, und Sylvia hatte Zahlungsschwierigkeiten. Als Deutschland keine Reparationen mehr zahlte, marschierte Frankreich ins Ruhrgebiet ein. Das führte zu einer plötzlichen Abwertung des Franc. Sylvia mußte ihre vierteljährlichen Verlagsrechnungen aus London in Pfund bezahlen und daher die Bücher billiger verkaufen, als sie sie gekauft hatte. Schnell tauschte sie alle ihre Francs in englische Pfund, aber »der Tausch war teuer«. In einem Brief an ihren Vater klagt sie, wenn sie auf die politische Situation geachtet hätte, die Hemingway von Deutschland aus beschrieben hatte, wäre sie auf die Krise vielleicht vorbereitet gewesen.

Das Jahr 1923, das für Joyce den Beginn der Arbeit an einem neuen Roman und für Sylvia aufregende neue Ereignisse in der Musik- und Verlagswelt brachte, hatte in düsterer Stimmung begonnen, die dem kalten, feuchten Pariser Winter entsprach. Joyce sortierte 12 Kilo Notizen, die von *Ulysses* übriggeblieben waren. Er suchte nach Material, das er für seine neue Arbeit verwenden konnte. Ihm stand eine Reihe von Augenoperationen im American Hospital bevor. Dr. Borsch hatte seine Einlieferung als »unechter Amerikaner« arrangiert. Lincoln Steffens, der Joyce zum Tee besuchte, vertraute einem engen Freund an, er sei ein »leerer Mensch«, der »nur von seinen Krankheiten« rede. Steffens sah Joyce »apathisch in seinen Restaurants sitzen«, und er sah Hemingway, »der ewig spielte, daß er auch ist, was er schreibt«, woraus er schloß, Kunst sei keine Frage von Moral oder intellektueller Begabung, sondern nur eine Frage des Genies.

Im Januar nahm Sylvia mit Adrienne, Larbaud und Fargue an einem Dinner der Joyces teil. Da ihm größere Augenoperationen bevorstanden, wollte er angeblich seine Freunde auf einem letzten Abendessen vor dem Eingriff noch einmal »sehen«. Danach aber verschob er die Operationen. Obwohl er auf einem Auge fast blind war, verbesserte sich seine Gesundheit. Er ging gerne weiter Tag für Tag zu ›Shakespeare and Company‹, wo er Sylvia aus dem *Ulysses* vorlas. Dr. Borsch war mit einem späteren Operationstermin einverstanden. Er behandelte Joyces Augen erfolgreich ambulant. Die Operationen wurden erst im April durchgeführt.

Die erste Geburtstagsparty für *Ulysses*, am 41. Geburtstag von Joyce, war kaum die rabelaisische Orgie, die der Ruf seines Buches eigentlich nahelegte. Trotz seines Ruhmes als Autor eines »schmutzigen« Buches und trotz der Geschichten über das ausschweifende Pariser Leben war Joyce ein bürgerlicher Familienvater. Seine Parties waren sehr anständig, um nicht zu sagen langweilig. Obgleich Erinnerungen an Joyce, den Sänger irischer Balladen am Klavier, oder Joyce, den *Ulysses*-Vorleser, dem Gedenken einigen Glanz verleihen – die Doppel-Geburtstagsparties für Joyce und *Ulysses* waren normalerweise ruhige und oft formelle Angelegenheiten. Familienangehörige, irische Bekanntschaften und literarische Freunde versammelten sich in einem nahe gelegenen Restaurant oder in der Wohnung von Joyce. Nach der Regel, die zehn Jahre lang beibehalten wurde, erhielt Sylvia am Morgen des 2. Februar einen Strauß Blumen. Im Fenster des Buchladens lagen während dieser Woche zahlreiche Exemplare vom *Ulysses* aus. Der erste Geburtstag fiel auf einen kalten, feuchten und trostlosen Februartag, aber ein üppiges Angebot an Speisen, Getränken und Musik verlieh ihm Wärme. »Er sang uns viele irische Lieder vor und begleitete sich dabei auf dem Klavier«, schrieb Sylvia ihrem Vater. »Wir tranken (mit gutem Champagner) auf Joyces Gesundheit, und sie tranken auf meine.«

Die Konfiszierungen der zweiten und dritten Auflage des *Ulysses* hatten zwar die Auslieferung verzögert, trotzdem kamen Kritiken in der Rue de l'Odéon an. Die meisten äußerten sich ungemein ablehnend. *Sporting Times* feuerte einen zweiten Schuß ab und verkündete, daß die letzte Auflage für 10 englische Schilling erhältlich sei. Joyce schrieb ironisch an Harriet Weaver: »Einige Leser der Wunderzeitung schicken (Sylvia) ›treasury notes‹ (engl. Banknote, 1914-1928).« Joyce dankte Stephen Gwynn für seine lobende Kritik im *Manchester Guardian* und ermutigte oder, genauer gesagt, bearbeitete Sylvia, Kritiken in anderen französischen und englischen Periodika zu lancieren. »Sobald ich eine Kritik in der *Revue de France* habe, werde ich aufhören – zur Beruhigung meiner Pariser Bewunderer.« Sylvia sollte ferner im Namen von Joyce den Rezensenten danken, so wie sie Edmund Wilson für seinen Essay in der *New Republic* (5. Juli 1922) gedankt hatte. Der erfreute Wilson teilte John Peale Bishop mit, daß Gilbert Seldes (Herausgeber des *Dial*) über die Nachricht von Joyce »grün vor Neid« sei. Nur Joyce übertraf Sylvia als sein bester literarischer Agent und Förderer.

»Gestern habe ich zwei Seiten geschrieben«, teilte Joyce am 11. März Harriet Weaver mit,

»das erste, was ich seit dem abschließenden *Ja* von *Ulysses* schrieb. Mit Hilfe einer Feder kopierte ich sie mit einiger Mühe in großer Schrift auf ein Doppelblatt Foliopapier, um sie lesen zu können. *Il lupo perde il pelo ma non il vizio*, sagen die Italiener. Der Wolf verliert sein Fell, aber nicht seine Laster, oder der Leopard kann für seine Flecken nichts.«

An der »Geschichte der Welt«, wie er sie nannte, sollte er für die nächsten sechzehn Jahre weiterarbeiten, ständig im Kampf gegen seine Erblindung. Als in diesem Jahr das erste Fragment veröffentlicht wurde, gab Ford Madox Ford ihm den Titel »Work in Progress«. Sechzehn Jahre später wurde es als *Finnegans Wake* veröffentlicht, ein Titel, den er jahrelang geheimhielt. Seiner Anlage zufolge war das Buch der Traum seines Protagonisten, der sterbend am Ufer des Liffey liegt, des Flusses, der durch Dublin fließt und die Wrackteile des Lebens mit sich trägt. Der sterbende Mann sieht die Geschichte Irlands und der ganzen Welt vorbeifließen. Im Jahre 1923 erzählte Joyce seinen Freunden häufig von Träumen und deren Bedeutung.

Im Frühsommer flüchteten Hemingway und McAlmon vor dem kalten, verregneten Paris zu den Stierkämpfen nach Spanien. Joyce, der inzwischen mehrere Augen- und Zahnoperationen hinter sich hatte, wollte mit Nora und Lucia den Sommer in England verbringen. Zwei Tage vor der Abfahrt – er trug eine schwarze Augenklappe – aßen sie mit Adrienne und Sylvia im Hause des englischen Journalisten Sisley Huddleston. Sylvia taufte den Abfahrtstag der Joyces »Bloomsday«, denn er fiel wirklich auf den 16. Juni, den Tag, an dem die

Ereignisse von *Ulysses* stattfinden. Zunächst fuhren sie nach London und wohnten im Belgrave Hotel. Nach einem Besuch bei Harriet Weaver, die für den Urlaub bezahlte, fuhren sie mit Kathleen Barnacle, Noras Schwester, nach Bognor, an der Südküste Englands. Sylvia war aufgefallen, daß »die Orte, wo Joyce mit seiner Familie den Sommer verbrachte... immer mit seiner Arbeit zu tun hatten«. Sie nahm auch an, er sei zum Beispiel nach Bognor gefahren, um den legendären Riesen (Harriet Weaver hatte ihm vom »Grab des Riesen« in Cornwall erzählt) zu interviewen. Riesen waren ein Thema seiner Arbeit. Zwei Jahre später verwickelte er Sylvia in ein anderes seiner Sujets:

»Im Sommer des Jahres 1925 verlegte er sich auf Flüsse. Ich erhielt eine Postkarte aus Bordeaux: ›Garonne, Garonne!‹ Aber der Himmel weiß, mit wie vielen Flüssen Joyce persönlich bekannt war. Ich weiß, daß er in die Seine, seine ›Anna Sequana‹, verliebt war. Adrienne und ich fuhren ihn, soweit ich mich erinnere, in unserem Citroën an eine Stelle seineaufwärts. Dort lag ein Wasserwerk, auf das er gern ›einen Blick werfen wollte‹. Nachdem er es sich angesehen hatte, saß er am Ufer und starrte gebannt auf den Fluß und alles, was darin vorübertrieb.«

George Joyce war in Paris geblieben und hatte versprochen, daß er mit Sylvia eine passende Wohnung für die Familie finden würde. Für einen Monat hatte er Sylvias Vermieterin 100 Francs bezahlt, damit sie eine Wohnung in ihrem Haus freihielt. Die Wohnung war dem Ehepaar nicht groß genug, deswegen lehnten sie das Angebot ab und bedankten sich bei Sylvia und Adrienne für die fruchtlosen Mühen. Die Transaktion war für Sylvia unangenehm und peinlich gewesen. Sie hatte ihr Bestes versucht, aber es war doch nicht genug gewesen.

Im Juni war es so kalt, daß die irische Angestellte Miss Footner jeden Tag das Feuer im Kamin des Buchladens schürte. Trotz des öden Wetters belebten neue und alte Freunde den Laden und erfreuten die Besitzerin. Ein neuer

Freund, der amerikanische Musiker George Antheil, kam ein paar Tage vor Joyces Abfahrt in Paris an. In den nächsten Monaten sollten seine musikalischen Schöpfungen und persönlichen Eskapaden die Atmosphäre des Buchladens verändern und Sylvia und Pound und – in geringerem Maße auch Joyce – in den Wirbel der Pariser Musikwelt ziehen.

Wenn Hemingway zwischen den Aufträgen vom *Toronto Star*, dem Skiurlaub und den Stierkämpfen in Paris war, dann kam er jeden Tag zu ›Shakespeare and Company‹. Morgens schrieb er, und nachmittags bummelte er durch die Stadt, spazierte die Quais entlang und sah den Männern beim Fischen zu. Manchmal schaute er zur Mittagszeit auf dem Tisch die Zeitschriften *Broom, Gargoyle, Manikin* und den *Dial* durch. Er interessierte sich besonders für McAlmons *Contact* und Eliots *Criterion* und für die Frühlingsnummer der *Little Review*, »Exiles«, in der auch sechs Kurzgeschichten von ihm abgedruckt waren. Die besten kleinen Exil-Zeitschriften, die später seine Geschichten drucken würden, existierten noch nicht. Aber zwei wichtige Verlage planten, neue Werke zu drucken, und er war ein guter Freund der Besitzer: Bob McAlmon von der Contact Publishing Company und William Bird von der Three Mountains Press. McAlmon sollte bald Hemingways *Three Stories and Ten Poems* veröffentlichen, und im nächsten Jahr würde Bird *In Our Time* (ohne Großbuchstaben im Titel) veröffentlichen. Die drei Männer trafen sich nicht nur im Buchladen – die Nr. 12 sollte McAlmons Kontakt-Adresse werden –, sondern sie verreisten gemeinsam und trieben sich herum; McAlmon zahlte fast immer die Rechnungen. Hemingways Lieblingskneipe war die Closerie des Lilas. »Damals war die Closerie des Lilas nur ein Café, und morgens gingen sehr wenige Leute dorthin«, erinnert sich Morrill Cody (der »Wilde Bill«).

»Die Geschäftsführer hatten nichts dagegen, daß Hemingway den ganzen Morgen nur einen Café crème trank und in sein Notizbuch schrieb. Er saß an einem großen Fenster in der

Ecke des Hauptraums. Dort herrschte ein gutes Nordlicht, und man sah auf die reizende Avenue de l'Observatoire und den Jardin du Luxembourg dahinter. Ich habe ihn dort oft gesehen, aber nie gestört, was Ford [Madox Ford] manchmal tat.« Die Closerie liegt an der Ecke des Boulevard du Montparnasse und des Boulevard Saint-Michel und war ein Treffpunkt von Schriftstellern und Künstlern wie Baudelaire, Manet, Cézanne, Degas, Rodin, Strindberg, Gauguin und Whistler. Nach seinen Schreibarbeiten ging Hemingway gewöhnlich durch den Park zur Rue de l'Odéon, wo Sylvia ihn stets willkommen hieß und wo er die Leute traf, die ihn nach und nach in den zeitgenössischen literarischen Zirkeln akzeptierten. In *A Moveable Feast*, wo er dreißig Jahre später seine Armut romantisiert, beschreibt er eine Unterhaltung mit Sylvia, wie sie ihm als typisch in der Erinnerung geblieben ist.

»Sie sind zu dünn, Hemingway«, würde Sylvia sagen. »Essen Sie auch genug?«

»Gewiß.«

»Was haben Sie zu Mittag gegessen?«

Mein Magen drehte sich um, und dann sagte ich: »Ich gehe jetzt nach Hause essen.«

»Um drei Uhr?«

»Ich wußte nicht, daß es so spät ist.«

»Adrienne sagte neulich abend, sie wolle Sie und Hadley zum Abendessen einladen. Wir wollten noch Fargue dazubitten. Sie mögen Fargue doch, nicht wahr? Oder Larbaud? Den mögen Sie. Ich weiß, daß Sie ihn mögen. Oder irgend jemand, den Sie wirklich gern mögen. Wollen Sie mit Hadley sprechen?«

»Ich weiß, daß sie sehr gern kommen wird.«

»Ich schicke ihr ein Pneu. Sie sollten jetzt nicht so intensiv arbeiten, wo Sie nicht ordentlich essen.«

(Hemingway, *Ein Fest fürs Leben*, S. 50)

Aber Hadley erinnert sich nur an ein einziges Abendessen mit Adrienne und Sylvia, eine große Dinnerparty in deren Wohnung. Die Hemingways konnten zwar nur leidlich Französisch sprechen, kamen aber sehr gut mit den anderen aus.

Ein Jahr später ging Hemingway, nachdem er Sylvia von seinem Hunger erzählt hatte und sie ihn überredet hatte, etwas Ordentliches zu essen, einmal in die Brasserie Lipp und bestellte Kartoffelsalat, Wurst und Bier. Er erinnert sich, daß er danach durch die Rue de Rennes, über die Rue d'Assas und die Rue Notre-Dame-des-Champs zur Closerie des Lilas zurückging. Dort setzte er sich in eine Ecke, das Nachmittagslicht fiel über seine Schultern ein, und nachdem er seinen Café crème halb getrunken hatte, begann er, »The Big Two-Hearted River« zu schreiben, eine Kurzgeschichte, die in Michigan spielt.

»Als ich mit schreiben aufhörte, wollte ich den Fluß nicht verlassen, in dem ich die Forellen im Teich sehen konnte und dessen Oberfläche gegen den Widerstand der eingerammten Holzpfähle der Brücke andrängte und leicht anschwoll. Die Geschichte handelt von der Heimkehr aus dem Krieg, obwohl Krieg mit keinem Wort erwähnt wird.« (Hemingway, *Ein Fest fürs Leben*, S. 56)

Mit diesem jungen, sportlichen amerikanischen Journalisten hatte Joyce wenig gemeinsam. Joyce schrieb, während er in Südengland Urlaub machte, an seinem neuen Werk weiter. Er pflegte den Kontakt zu Harriet Weaver, die ihm in der zweiten Juliwoche mitteilte, sie schenke ihm einen weiteren Teil ihrer Erbschaft. Joyce, der mit seinen Krankheiten, der Familie und seinem Lebensstil große Auslagen hatte, teilte Sylvia die frohe Kunde mit:

»... Es wird Sie freuen zu hören, daß Miss Weaver mich vor einigen Tagen mit einer Schenkung von weiteren zwölftausend Pfund, was nach dem gegenwärtigen Kurs 936000 Francs entspricht, sehr reichlich bedachte.« (Jane Lidderdale und Mary Nicholson, 1974, S. 239)

Fast dreißig Jahre später antwortete Harriet Weaver auf Sylvias Bemerkung, sie hätte Joyce ihr Vermögen gegeben:

»Ich überließ ihm 1923 die Erbschaft meiner Tante, weil ich das Geld nicht brauchte. Ich unterrichtete Joyce über die Höhe der vorgesehenen Schenkung, und wahrscheinlich (so habe ich viele Jahre später erfahren) hat er sich gleich mit einem Stift hingesetzt und gerechnet – dabei hat er das Kapital enorm vergrößert. Das Ergebnis hat er seinen Freunden mitgeteilt.«

Ein Mann mit hohen Ausgaben hätte langfristig Vorteile gehabt, wenn er sich Miss Weavers Schenkung in jährliche Ratenzahlungen aufgeteilt hätte. Wie dem auch sei, Sylvia sorgte sich zwar um die Auswirkungen des plötzlichen Geldregens, war aber gleichzeitig sehr erleichtert.

Für eine Weile verbrachten die Hemingways viel Zeit mit Sylvia und Adrienne. Ernest wollte seinen kräftigen amerikanischen Freunden die Freuden des Boxens, Radfahrens und Stierkampfs beibringen. Er war sehr umtriebig, machte aber, wie Sylvia bemerkte, nie einen unruhigen Eindruck, und »die meisten Leute wirkten neben ihm sehr langsam«. Er konzentrierte sich völlig auf den Augenblick. Hemingway war in jeder neuen Ausstellung, ging im Winter Skilaufen und im Sommer zu Stierkämpfen, besuchte die Pferderennen in Auteuil Longchamps, Chantilly und Bagatelle und boxte mit jedem, der Boxhandschuhe anzog. Wenn er keinen fand, zog er seiner Frau Hadley die Handschuhe an. Er fuhr mit dem Fahrrad durch Paris, lernte für einen Taxischein, fiel aber bei der Prüfung durch. Sylvia besaß ein Foto von ihm im Taxi, er sah aus wie ein Chauffeur.

Hadley war hochschwanger, als sie und Ernest eines Tages in der Rue de l'Odéon vorbeikamen. Die vier fuhren mit der Metro zum Pelleport Club, um den Boxkampf zu sehen. Hadley machte alles mit, kletterte atemlos die Metrotreppen und den Berg zum Ménilmontant, einem reinen Arbeiterviertel, hoch. Sie kannte die Spielregeln und meinte scherzend, das Baby solle doch keinen guten Kampf verpassen. Anfangs erklärte Hemingway Sylvia und Adrienne die Boxregeln, und er konnte all die Typen, die als Manager ein und aus spazierten, beim Namen nennen. Sylvia verglich sich und Adrienne später mit jenen »düsteren Gesellen vom Pelleport-Ring, die auf der Suche nach neuen Talenten waren«. Der heftige Kampf zwischen einem Belgier und einem Franzosen regte Hemingway so auf, daß er nicht weitererklärte. Als den Frauen die Schlacht zu blutig wurde, erklärte er, daß es doch »nur die Nasen« seien. Der letzte Kampf des Tages war unblutig, wurde aber nach Meinung der laut pfeifenden Zuschauer falsch bewertet. Sie eilten mit Hadley nach draußen, bevor sie »eingequetscht« würden. »Das war wie in einem guten Western!« meinte Sylvia, als alle in Sicherheit waren.

Das Sechstagerennen um den Vél d'Hiver fanden die Frauen weniger aufregend. Sylvia beschreibt später: »die kleinen Affenmänner, die, über ihre Räder gekrümmt, langsam die Runden drehten.« In ihren *Memoiren* nennt sie diesen Radrenn- und Boxunterricht »fesselnd«, aber im geheimen langweilte sie sich. Doch sie liebte Hemingways Enthusiasmus und glaubte so sehr an sein Talent, daß sie bereitwillig seinen Sportunterricht ertrug. Er hatte »das Temperament eines wirklichen Schriftstellers«, fand Adrienne, seine erste französische Bewunderin. Bryher erinnert sich, daß Adrienne in aller Ruhe prophezeien konnte: »Hemingway wird von euch allen der Bekannteste werden. Er pflegt sein Handwerk.« In diesem Sommer, als Hemingway seine drei Geschichten für McAlmons Contact Publishing Company vorbereitete, lud er Sylvia und Adrienne zu einem Vortrag ein.

»Vielleicht verstanden wir nicht viel vom Boxen, aber mit dem Schreiben war es eine andere Sache. Man stelle sich unsere Freude über diese erste Probe Ernest Hemingways vor!... Wir waren von seiner Originalität beeindruckt, seinem sehr persönlichen Stil, seiner handwerklichen Geschicklichkeit, seiner Sauberkeit, seinem Sinn für Dramatik, seiner schöpferischen Kraft.«

Und noch ein anderer junger Amerikaner war in den Zirkel der Rue de l'Odéon aufgenommen worden. »Ich habe einen neuen Mieter für das dritte Zimmer über dem Laden gefunden«, teilte Sylvia ihrem Vater mit. »Ein junger Komponist (und Pianist) aus Trenton. Ich bin so froh, daß diese Räume

mein Budget aufbessern!« Nach einer erfolgreichen Klavier-
konzerttournee in Deutschland war George Antheil am 13.
Juni 1923 zusammen mit seiner ungarischen Begleiterin und
späteren Frau Boski (Elizabeth Markus, eine Nichte von Arthur Schnitzler) in Paris angekommen. Der dreiundzwanzig-
jährige Musiker hatte seine Laufbahn als Pianist aufgegeben,
um sich nun ganz dem Komponieren zu widmen. Nachdem
Antheil Strauss, Debussy und Ravel abgelehnt hatte, stand er
jetzt unter dem Einfluß der unsentimentalen Brillanz Igor
Strawinskys, des Revolutionärs der modernen Musik. Er
hatte Strawinsky in Berlin kennengelernt, und dieser hatte ihn
gedrängt, nach Paris zu gehen. Antheil empfand die französische Stadt als einen »zarten, grünen Morgen« verglichen mit
der »Schwarzen Nacht« der deutschen Hauptstadt. Hier
würde er die Pionierarbeit für seine nicht-musikalischen
Klänge leisten.

Paris war als das Zentrum musikalischer Erneuerungen
hervorgetreten, als Strawinskys Kompositionen dort ihre Premieren feierten. Sein *Sacre du Printemps* (1913) schockierte
die ersten Zuhörer wegen der seltsamen und primitiven
Klänge. Strawinsky kam zusammen mit Sergej Diaghilev vom
Ballet Russe in die Stadt und wurde der führende Komponist
der Gruppe. Für seine spektakulären Produktionen brachte
Diaghilev viele Künstler zusammen, oft mit wilden und dramatischen Ergebnissen. Manchmal kombinierte er Tanz mit
Musik, Malerei und Poesie – einmal entwarf Picasso die Ko-
stüme, Strawinsky und Erik Satie komponierten die Musik,
und Apollinaire schrieb das Programm. Das Wort »Sur-realis-
mus« prägte Apollinaire in seinen Programmnotizen für die
revolutionäre *Parade* (1917) – ein Ballett, das die Talente von
Picasso, Satie und Cocteau verband und Sirenen, Schreibma-
schinen und Flugzeugpropeller benutzte, um die Klänge des
modernen Lebens zu imitieren. Die Freundschaften, die in
Sylvias und Adriennes Buchläden geschlossen wurden, stimulierten diese Kooperation der Künste.

Die meisten Stammkunden waren Schriftsteller, aber es kamen auch vier Komponisten: Satie, Antheil, Virgil Thomson und Aaron Copland. Satie besuchte Sylvia regelmäßig, obwohl er die Bücher nicht lesen konnte. Er konnte kein Englisch. Antheil und Thomson waren Leser. Sylvia erzählt ironisch:

»George war belesen: das heißt, er hatte alle Horatio-Alger-Bücher gelesen. ›Horatio Alger ist der amerikanische Romanheld, der vom Tellerwäscher zum Millionär aufsteigt.‹ Beschämt mußte ich zugeben, daß ich davon noch nie gehört hatte. Aber nach Horatio Alger kam nichts dem *Ulysses* gleich.«

Copland wurde im April Mitglied der Leihbücherei und fand Zeit, Bücher zu lesen, obwohl er »schrecklich hart« arbeitete. Er studierte bei der großen französischen Kompositionslehrerin Nadja Boulanger. Sylvia mochte Copland, seinen Freund Harold Clurman und Stephen Tuttle. Viele Jahre später komponierte Tuttle ein Geburtstagslied für sie, das er ihr mit Myrsine vorsang. Andere Musiker, wie George Gershwin, besuchten zwar den Buchladen und wurden auch für kurze Zeit Mitglieder der Leihbücherei, aber sie blieben nicht lange in Paris und waren nicht in die dortige Künstlerwelt integriert. Antheil, Thomson und Satie jedoch arbeiteten mit Schriftstellern in einer kreativen Mischung der Kunstformen.

Sylvia traf Satie zum ersten Mal bei einem Konzert in Adriennes Buchhandlung. Er gehörte zu ihren engen Freunden, war besonders eng mit Léon-Paul Fargue befreundet und vertonte manche seiner Gedichte. Adrienne meinte, Satie sei für Fargue sozusagen das, was der Panchen Lama für den Dalai Lama war. Sylvia beschreibt in ihren *Memoiren* die tragisch-komische Freundschaftskrise, zu der es kam, nachdem ein Ansager zu erwähnen vergessen hatte, daß die Texte zu Saties Konzert von Fargue geschrieben worden waren. Satie war die Vaterfigur für die Gruppe »Die Sechs«: außer ihm, Darius Milhaud, George Auric, Francis Poulenc, Germaine Tailleferre und Arthur Honegger. Poulenc und Satie waren mit Raymonde Linossier und anderen Künstler-Kunden der beiden Buchläden befreundet. Satie, den Debussy »einen vorzüglichen Musiker des Mittelalters, der sich in dieses Jahrhundert verirrt hatte«, nannte, beeinflußte die moderne Musik entscheidend. Im Jahre 1940 erklärte Virgil Thomson, daß seine »musikalische Ästhetik die einzige wirkliche Ästhetik der westlichen Welt ist« – er stellte ihn über Strawinsky. Satie war zwar als Frauenhasser bekannt, aber offensichtlich verhielt er sich Adrienne und Sylvia gegenüber zuvorkommend.

»Satie«, so erzählt Sylvia, »schien ›Shakespeare and Company‹ zu mögen. Vielleicht weil ein Teil seiner Familie englischer Herkunft war. Er nannte mich ›Mees‹, ich glaube, das war das einzige englische Wort, das er kannte, und er kam regelmäßig vorbei, stets mit Regenschirm, bei Regen und bei Sonnenschein. Nie hat ihn jemand ohne Schirm gesehen.«

Wegen Strawinsky, Ravel, Schönberg, Strauss, Satie und der Musikschule von Nadja Boulanger gingen junge europäische Komponisten nach Europa, besonders nach Paris, um ihre berufliche Ausbildung zu vervollständigen. In Amerika war die Musikausbildung vorwiegend deutsch und altmodisch, aber Boulanger in Paris, so meint Copland, kannte »von prä-Bach bis post-Strawinsky einfach alles«.

George Antheil war wegen Strawinsky nach Paris gekommen, und der Buchladen ermöglichte ihm, hierzubleiben. Er wurde sofort von Sylvia und McAlmon, dessen Contact-Bücher jetzt im Buchladen verkauft wurden, aufgenommen und versorgt. McAlmon bekam Geld von Bryher (100 Pfund) und ihrer Mutter, Lady Ellerman (50 Pfund), deponierte es zunächst und bat Sylvia, es an Antheil weiterzuleiten. Einige seiner hungrigen Freunde bedauerten, daß »nicht jeder in einem Buchladen landen kann«. Aber Antheil war ein zierlicher und knabenhafter Mann von großem persönlichem Charme und entwaffnender Sympathie. 35 Jahre danach beschreibt ihn Sylvia in einem Brief als einen »Typ mit einer Ponyfrisur, einer eingedrückten Nase und einem großen grinsenden

Mund. Ein richtiger amerikanischer Highschoolboy mit einem polnischen Einschlag.« Sie fühlte sich Antheil besonders verbunden, weil er auch aus New Jersey kam. Sie entdeckte, daß ihre Familie im Friendly Shoestore (Trenton) eingekauft hatte, der Antheils Vater gehörte. Antheil lebte mit Boski in einem der Mezzanin-Zimmer über dem Buchladen. Obwohl das Zimmer »unmöglich klein« aussah und Sylvia sich daher überlegte, ob sie ein Klavier erlauben könnte, entschied er sich schnell. »Ich konnte«, erinnert er sich, »auch ohne Klavier komponieren. Sylvia Beach, ehemalige amerikanische Krankenwagenfahrerin (sic) und Verlegerin von James Joyces *Ulysses*, als Vermieterin zu haben, war so attraktiv, daß ich sofort zusagte, auf das andere zu verzichten.« »Das Zimmer«, so behauptet er in seiner Biographie (1945), »war mehr als alle anderen Wohnungen, in denen ich je gewohnt habe, ein Zuhause für mich.«

Jedesmal, wenn er seinen Schlüssel vergessen hatte, pflegte er zur großen Freude der Nachbarn das Schild des Buchladens zu benutzen, um sich zu seinem Balkonfenster hochzuhangeln. Fragte jemand im Laden nach Antheil (Bravig Imbs sagt, er hatte einen ständigen Besucherstrom), dann ging Sylvia vor die Ladentür und rief seinen Namen. In seinem Zimmer, für das er Sylvia 300 Francs im Monat zahlte, komponierte er sein Quintett, seine zwei Violinsonaten für Olga Rudge, sein *Ballet Mécanique*, sein erstes Streichquartett, seine zweite Symphonie und mehrere kleinere Stücke. Bis die Concierge ihm schließlich ein Klavier erlaubte, benutzte er manchmal das Klavier in Adriennes Wohnung. Sylvia meinte, als George loshämmerte, sei den Nachbarn erstmals klar geworden, daß das Klavier ein Schlaginstrument ist.

Sylvia stellte Antheil Joyce, Pound und Hemingway vor. Joyce war gerade von seinem Sommerurlaub in England zurückgekehrt und ins Victoria Palace Hotel gezogen. Das Geld von Harriet Weaver ermöglichte ihm diese noble Unterkunft und verschaffte ihm die Zeit, eine passende Wohnung zu suchen. Binnen eines Jahres würden Joyce und Antheil über die Zusammenarbeit an einer Oper sprechen. Pound, der Hemingway in der Frage des einfachen Satzes beriet und gelegentlich mit ihm boxte, war von Antheils Elan und Musik begeistert. Antheil sollte bald Pounds neuester Fall werden. Hemingway und Antheil trafen sich im Buchladen, kurz bevor Hemingway (der sich dafür 100 Dollar bei Sylvia lieh) mit Hadley zur Geburt ihres Babys und wegen eines festen Jobs beim *Star* nach Toronto zurückkehrte. Bis Oktober hatte Hemingway Sylvia das Geld zurückgegeben. Er schrieb Briefe voller Heimweh nach Paris.

Als Myrsine Anfang September die Arbeit im Buchladen wiederaufnahm, konnte Sylvia in Les Déserts, im Savoy, einen kurzen Urlaub machen. Im Oktober kam sie zu einem aufregenden musikalischen und literarischen Herbst und rechtzeitig zur Ankunft neuer Freunde zurück. Am 11. Oktober wurde Archibald MacLeish, ein junger amerikanischer Jurist und vielversprechender Dichter, Mitglied der Leihbücherei. Er lieh sich gerade den 4. Band von Chaucer und *Mont-Saint-Michel and Chartres* von Henry James aus, als ein Telegramm von Hemingway für Sylvia ankam: Er hatte einen Sohn bekommen. Wenige Wochen danach schreibt Hemingway in einem Brief: »Wenn das Baby ein Mädchen geworden wäre, hätten wir sie Sylvia genannt. Den Jungen konnten wir nicht gut Shakespeare nennen.« Sie einigten sich auf John Hadley Nicanor, der letzte Name stammt von Nicanor Villalta, dem Stierkämpfer.

Der New Yorker Rechtsanwalt, Sammler von Kunst und von literarischen Manuskripten, John Quinn, kehrte im Oktober ebenfalls nach Paris zurück. Er verbrachte dort drei hektische Wochen, in denen er Aussagen für ein Gerichtsverfahren aufnahm und mit seinen Literatur und Kunst sammelnden Bekannten konferierte. Zum zweiten und letzten Mal besuchte er Sylvia und Pound. Er hatte auch eine spannungsgeladene Begegnung mit Joyce. Krebskrank, wie er war (im folgenden Juni starb er), informierte er Joyce von seiner Absicht, das *Ulysses*-Manuskript für ungefähr 2000 Dollar zu verkaufen (tatsächlich wurde es für nur 25 Dollar weniger verkauft). Joyce war über den Preis unglücklich. Quinns Treffen mit Ford Madox Ford war erfolgreicher.

Ford war schnell zu einer der schillerndsten Persönlichkeiten der Rive Gauche geworden. Er war fünfzig Jahre alt und ein sehr produktiver Schriftsteller, der gerade seine Arbeit an *Some Do Not* beendete, dem ersten Roman seiner Tietjens-Tetralogie. Ihn stimulierte die Pariser Atmosphäre, und er plante, eine Zeitschrift in der Art seiner erfolgreichen *English Review* herauszugeben, worin er das Werk seiner Freunde Hardy, James, Galsworthy, Wells und Lawrence, der letzteren zum ersten Mal, veröffentlicht hatte.

Wie Pound und Beach war Ford eine Person, von der sich andere Menschen magnetisch angezogen fühlten, und auch er hatte sich der Literatur und denjenigen, die sie schaffen, verschrieben. Ford fiel durch seine ungewöhnliche Erscheinung sofort auf. Seine Freunde verglichen ihn oft mit einem Walroß. Er war massig und knollig, mit einem buschigen flachsfarbenen Schnurrbart, einer geröteten Gesichtsfarbe und einem Doppelkinn. Huddleston fand, seine Augen hätten die Farbe des Vergißmeinnicht, und sein Mund würde immer wie eine Fliegenfalle halb offen stehen. Er redete pausenlos mit einer kratzigen Stimme, wobei er keuchend auf der äußersten Kante eines Stuhls im Deux Magots oder Dôme saß und ein Glas nach dem anderen leerte.

Ford und seine Frau gaben gerne Parties, und eine ihrer ersten war für die Clique der Rue de l'Odéon. Sie tranken Wein und aßen Käse und tanzten zur Akkordeonmusik. »Ford forderte mich auf, mit ihm zu tanzen«, erinnert sich Sylvia. »Zuerst sollte ich die Schuhe ausziehen – er war schon barfuß. Tanzen mit Ford hieß eher Hüpfen und Springen. Ich sah, wie Joyce uns hochamüsiert beobachtete.« Huddleston beschreibt anschaulich den Unterschied zwischen dem enthusiastischen, aber schwerfällig tanzenden Ford und dem gelenkigen, leicht tanzenden Pound.

Ford erklärt in seinem autobiographischen *It was the Nightingale*, daß er sich lange Zeit durch den Briefwechsel mit Pound über die literarischen Ereignisse in Paris informiert habe.

Er konnte schon die Vorzüge der französischen Dichtung von Fort, Spire, Claudel und Valéry beurteilen und verfolgte die immer noch heftigen Kämpfe innerhalb der Dadabewegung mit amüsierter Neugier. Bald lernte er Philippe Soupault kennen, und auch den Gründer des Dada, Tristan Tzara, einen Kunden des Buchladens. Pound und Sylvia machten Ford mit vielen Künstlern bekannt. »Das ausländische literarische Leben in Paris wurde mir durch Sylvia Beach vermittelt«, bestätigt er. »Diese unermüdliche Lady setzte mir unaufhörlich zu. Sie forderte, daß ich unzählige Artikel über *Ulysses* schreiben und alle englischen Gegner mit der Lanze aufspießen sollte.« Am meisten interessierte Ford das Projekt einer neuen Zeitschrift, die Pound geplant hatte und die sie *transatlantic review* nennen wollten. Aus diesem Grund traf Ford sich am 12. Oktober 1923 in Ezra Pounds Wohnung mit Joyce und Quinn. Sie diskutierten die Strategie ihres weiteren Vorgehens; Ford und Quinn steuerten jeweils 2000 Dollar zur Zeitschrift bei. Ein Foto dokumentiert dieses historische Ereignis (vgl. Abb. Nr. 16).

Nach einer besonders feuchten Dinnerparty, die Ford für Joyce gegeben hatte, merkte Ford, nachdem er alle Taschen geleert hatte, um die große Rechnung zu zahlen, daß er knapp bei Kasse war. Alle leerten ihre Taschen und sammelten das Geld mitten auf dem Tisch. Sylvia erzählt: »Wir hatten so viel getrunken, daß wir die Rechnung nicht bezahlen konnten. McAlmon stammelte etwas unter dem Tisch, zog mühsam sein Scheckheft aus der Tasche und schrieb einen Scheck aus.« Joyce, dem diese Eskapaden und Fords Ruf als Weiberheld gefielen, schrieb ein Gedicht (das Sylvia einen Limerick nennt) über Ford:

> »O Vater O'Ford, du hast so ne Art an dir,
> Jungfrau und Weiber die haben den Hang zu dir,
> Blonde und Braune die eilen gleich fort mit dir,
> Du hast so ne Art an dir, Vater O'Ford.
>
> Sehn sie deine Augen wie Sonnen erstrahlen,
> Dann beben die Herzen, und sie seufzen in Qualen:
> Wir küssen den Boden vor dir, wir beten dich an,
> Und wir bitten und flehen, nimm uns zu dir, O Herr.«
> (Ellmann, 1979, S. 957)

Fords spätere Enttäuschung über Joyce, die Sylvia mit dem wachsenden Ruhm des letzteren erklärte, drückte sich in kleinen Affronts aus, die Sylvia als »Albernheiten« bezeichnete, »die Joyce und seinen Verleger in die Schranken weisen sollten«: verschimmelte Zigarettenpäckchen als Geschenk, die Weigerung, ein Taxi zu zahlen, Anspruch auf sofortige Zahlung des Verkaufserlöses der *transatlantic review*; und einmal gab er Joyce für eine Party den falschen Namen eines Restaurants.

Im Herbst 1923 entstanden als erste der kleinen Pariser Verlage McAlmons Contact Publishing Company und William Birds Three Mountains Press. Die Publikation des *Ulysses* durch Sylvia und Harriet Weavers Egoist Press, in der im Jahre 1921 McAlmons *Explorations*, ein Gedichtband, veröffentlicht worden war, hatten McAlmon inspiriert. Im Winter 1921/22 hatte er entdeckt, daß er sein eigenes Exemplar von Kurzgeschichten, *A Hasty Bunch*, bei Darantière drucken konnte. Also gründete McAlmon im Jahre 1923 die Contact Publishing Company. Diesen Namen übernahm er von dem (kurzlebigen) Magazin *Contact*, das er und William Carlos Williams 1920 in New York gegründet hatten. Er wollte »neue Literatur schaffen«, nicht »die öffentliche Nachfrage beliefern«, verkündete er. Der Tradition der kleinen Verlage folgend, gab er jedes Buch in einer begrenzten Auflage von normalerweise 300 Exemplaren heraus. Die Adresse seines Verlages war die Rue de l'Odéon 12, und Sylvia sandte dem nomadischen McAlmon seine ganze Korrespondenz hinterher – nach Amsterdam, Madrid, Rom und in alle Himmelsrichtungen. Sylvia verglich seine Wanderungen mit den Reisen seines Vaters, eines presbyterianischen Wanderpredigers, und wurde mit seinen Ausflügen anfangs spielend fertig. Sie schickte ihm Manuskripte, Korrekturfahnen und persönliche Korrespondenz, nahm Bücherlieferungen vom Drucker an, lagerte die Bücher, verkaufte und verschickte sie. Die Manuskripte – von Bryher, Mina Loy, Hemingway, Williams, Marsden Hartley – blieben nie lange bei McAlmon. Er las wenig Korrektur und überarbeitete seine eigenen Werke kaum. Die Manuskripte wurden direkt an Darantière in Druck gegeben. Die ersten, undatierten Bände waren: *A Companion Piece* (zum *A Hasty Bunch*) und *Post-Adolescence*, Sylvias Lieblingsbuch. Er veröffentlichte *Three Stories and Ten Poems* von Hemingway, den er diesen Frühling zusammen mit Pound in Rapallo kennengelernt hatte. Diese Hemingway-Werke waren als einzige übriggeblieben, nachdem Hadleys Koffer mit seinen anderen Manuskripten im Jahr davor verlorengegangen war. Bird mußte für seine Three Mountains Press auf Neues warten.

Der vierunddreißigjährige William Bird aus Buffalo, New York, war im Mai 1921 als europäischer Manager der Consolidated Press, die er und David Lawrence gegründet hatten, nach Paris gekommen. Bird, ein schlanker und zurückhaltender Mann, hatte am Trinity College in Hartford, Connecticut, studiert. Er hatte Hemingway bei der Wirtschaftskonferenz in Genua im April 1922, über die beide berichteten, kennengelernt. Als Bird von seinen Plänen für einen neuen Verlag sprach, schlug Hemingway ihm vor, Ezra Pound aufzusuchen. Er versicherte ihm, Pounds Gedichte seien druckreif. Bird und Hemingway gingen zusammen angeln, und später in diesem Sommer fuhren sie mit McAlmon zu den Stierkämpfen nach Spanien. Im Oktober hatte Bird eine Druckpresse aus dem 17. Jahrhundert gekauft und einen Druckladen am Quai d'Anjou 29 auf der Île Saint-Louis eröffnet. Zu diesem Zeitpunkt hatte Pound nicht nur dem Druck seiner eigenen Werke zugestimmt. Er hatte Bird überzeugt, daß er nur zeitgenössische Schriften publizieren solle, und hatte selbst die Herausgabe einer Prosaserie geplant, die den »Bestand der zeitgenössischen englischen Prosa in Augenschein« nehmen sollte. Pound drückte sich stets sehr dramatisch aus. Henry Strater, der erste Porträtist seines Freundes Hemingway, sollte das Design entwerfen. Die Three Mountains Press, die ihre Bücher sowohl durch ihr eigenes Büro als auch durch ›Shakespeare and Company‹ verkaufte, hatte ihren Namen von den drei »Bergen« Mont-Sainte-Geneviève, Montparnasse und Montmartre. Bird widmete seinem Verlag jede freie Minute, während er gleichzeitig als einer der führenden internationalen Journalisten arbeitete. Seine Bücher waren sehr schön gedruckt, in großem Format und auf feinem Papier. Im Gegensatz zum lässigen und sorglosen McAlmon widmete Bird seinen Editionen Zeit und Geld und achtete auf Details. ›Shakespeare and Company‹ verkaufte vom August 1923 bis Oktober 1926 Bücher der Three Mountains Press. Bis Dezember hatte Pound sechs Bücher herausgegeben, zu denen sein eigenes *Indiscretions*, Fords *Women and Men*, William Carlos Williams' *Great American Novel* und Hemingways *In Our Time* zählten. Das meistverkaufte Buch des Verlages bei ›Shakespeare and Company‹ war das 1924 gedruckte *French Wines* von William Bird, einem Weinkenner. Nach dem ersten Anlauf zog sich Pound in für ihn typischer Weise auf andere Unternehmungen zurück, und McAlmon wurde der Herausgeber. Der Zusammenschluß zwischen Three Mountains und Contact hatte lediglich Vertriebsgründe.

Als Ford keinen Büroraum für die *transatlantic review* fand, zog er in das überfüllte Büro der Three Mountains Press und half ab und zu an der Druckpresse aus. Als Sylvia eines Tages Bird besuchen wollte, mußte sie mit ihm auf der Straße reden, denn für drei Personen war das »Büro« zu klein.

Seit mehreren Jahren hatte Sylvia wegen der Aufführung von Joyces Theaterstück *Exiles* in Verhandlungen gestanden. Schon vor der Veröffentlichung des *Ulysses* hatte sie eingewilligt, Joyce bei ihrem Bekannten Lugné-Poe, Regisseur des Théâtre de l'Œuvre zu unterstützen. Sie stellte die Verbindung her, aber man hörte nichts mehr. Als eine andere Nachfrage kam, eilte sie zu Lugné-Poe, der ihr erklärte, er könne Joyces Stück nicht aufführen, Theaterbesucher sähen lieber Komödien, und er stehe unter finanziellem Druck. Lugné-Poe inszenierte statt dessen Fernand Crommelyncks *Magnificent Cuckold*, eine Komödie, die monatelang lief. Sylvia führte alle weiteren Verhandlungen, besuchte Übersetzer, Regisseure und Produzenten. Jeder Plan schlug fehl, bis das Stück schließlich im Jahre 1925 im Neighborhood Playhouse in New York City uraufgeführt wurde. In Paris war es erst 1954 in einer Aufführung des Théâtre Framont und in der Übersetzung von Mrs. Jenny Bradley zu sehen. Sie war eine der ersten gewesen, die Joyce bei seiner Ankunft in Paris im Jahre 1920 unterstützt hatte. Sylvia kümmerte sich um dieses verwaiste Theaterstück, das von so vielen Theatern abgelehnt wurde, als wäre es ihr eigenes.

Inzwischen hatte sich Ezra Pound, der »international führende Genieentdecker« – wie George Antheil ihn nannte und wie Pound sich selbst gerne ankündigte –, der Laufbahn des jungen Komponisten angenommen. Der Dichter – der keineswegs zufällig auf dem musikalischen Ohr taub war – warb für den Rhythmus als einem wichtigen musikalischen Element, studierte die Troubadours und komponierte seine eigene Oper nach Gedichten von François Villon. Pound wollte mit Antheil zusammenarbeiten und lobte ihn in den kleinen Zeitschriften außerordentlich. Er behauptete, sie wollten zusammen die Musik revolutionieren. Vielleicht schadete Antheil dieses übertriebene Lob, immerhin aber stellte Pound ihm Jean Cocteau vor, der wiederum Antheil in die Musiksalons von Paris einführte. Pound lieh sich von Antheil ein fragmentarisches Manuskript, das, wie Antheil später meinte, die musikalischen Vorstellungen seiner Jugend enthielt, und überarbeitete es zur Veröffentlichung. Antheil erfuhr von Pounds Projekt durch Sylvia, die, wie er behauptet, »immer alles zuerst erfuhr«. 1924 publizierte die Three Mountains Press Pounds *Antheil and the Treatise on Harmony*. Es war eher Pounds Theorie als Antheils.

Antheils Pariser Debut vom 4. Oktober 1923 wurde in Marcel L'Herbiers *L'Inhumaine* (1923) verfilmt. Im größten Theater der Stadt, dem Théâtre des Champs-Élysées, spielte er vor einem Publikum, zu dem Sylvia, Joyce, Pound, Satie, Darius Milhaud (der die Filmmusik komponierte), Picasso, Man Ray und viele Surrealisten gehörten. Die Zuhörer erhielten eine Extraaufführung außerhalb ihres Jahres-Abonnements, da sie – wie sie im Verlauf des Programms erfuhren – gleichzeitig Statisten in einem Film über die Konzertsängerin und Primadonna Claire Lescot (gespielt von Georgette Le Blanc) waren. (Le Blanc, die früher mit Maurice Maeterlinck verheiratet war, wußte von ihrer Freundin Margret Anderson, daß Antheils Musik eine heftige Reaktion provozieren würde.) Ihr Drehbuchpublikum sollte über die Person, die sie darstellte, in heillosen Krawall ausbrechen. Der tatsächliche Tumult wurde absichtlich durch Antheils Musik erzeugt. Die Kameras fingen das schimpfende und buhende Publikum (nicht aber Antheil) für die Nachwelt ein. Antheil behauptete, von den Filmarbeiten nichts gewußt zu haben. Er beschreibt seine sensationelle Einführung beim Pariser Publikum:

»Fast sofort randalierte das Publikum. Ich erinnere mich, daß Man Ray jemand in der ersten Reihe auf die Nase schlug. Marcel Duchamp stritt laut mit einem anderen in der zweiten Reihe. In der

Nähe schrie Erik Satie aus der Loge: ›Welche Genauigkeit! Welche Genauigkeit!‹ und applaudierte. Ein Witzbold richtete das Scheinwerferlicht von oben aufs Publikum. Es fiel direkt auf James Joyces Gesicht und traf sein verletztes Auge. Ein großer, kräftiger Dichter stand in einer Loge auf und schimpfte: ›Ihr seid alle Schweine!‹ Polizisten kamen auf die Galerie und verhafteten die Surrealisten, die, die Musik mochten, und jeden, der anderer Meinung war, sofort verprügelten.«

Zu seiner Freude waren Satie und Milhaud von der Gruppe »Die Sechs« sofort von seiner Musik begeistert. »So viel Spaß hatte Paris seit der Premiere von Strawinskys ›Sacre du Printemps‹ nicht mehr erlebt.« Jack Benny hätte gesagt: »Mensch, in Paris liebten sie mich.« Antheil hielt im nächsten Jahr die Öffentlichkeit mit Vorbereitungen und Proben für sein neues Werk, das er *Ballet Mécanique* nannte, in Atem.

George und Boski Antheil kamen mindestens zweimal täglich in den Buchladen. George pflegte von seiner Wohnung hinunterzukommen, um »sich zu melden«, Bücher auszuleihen und seine Post abzuholen. Boski kam häufiger. Sie traf sich oft mit Joella, der Tochter der englischen Dichterin und Künstlerin Mina Loy, deren *Lunar Baedecker* gerade (falsch buchstabiert) von McAlmon veröffentlicht worden war. Sie besuchten viele Parties von Sylvia und Adrienne (Joella durfte auf die Parties von Sylvia, aber nicht zu den Nachmittagen bei Barney oder Stein).

Der Ruhm des Buchladens und von James Joyce brachte auch mehr Aufforderungen zur literarischen Sozialarbeit mit sich. Ob sie wohl einen Übersetzer wußte? Oder eine Stelle? Konnte sie noch ein Werk veröffentlichen? Bald wurde sie mit Anfragen bestürmt, erotische Bücher zu publizieren, etwa Frank Harris' *My Life and Loves*, Aleister Crowleys *Memoirs*, und später D. H. Lawrences *Lady Chatterley's Lover* und Henry Millers *Tropic of Cancer*. Als sie Hemingway von Harris' Bitte erzählte, seine sexuelle Autobiographie zu veröffentlichen, witzelte Hemingway, sie solle sofort damit anfangen: es sei »der beste Roman, der je geschrieben worden sei«. Sogar noch im Jahre 1944 bat Anthony de Losdari (der in Kanada wohnte) Sylvia, den Bericht über sein Leben mit Tallulah Bankhead in den zwanziger Jahren zu lesen und zu veröffentlichen. (Bloß die Absage an Lawrence, den sie charmant fand, schien Sylvia zu bedauern.) Eines Tages ging Sisley Huddleston zu ›Shakespeare and Company‹ und traf Sylvia aufgebracht an:

»Wofür halten die Leute mich?« [fragte sie] »Gestern kam... in meinen Laden und schlug mir vor, daß ich seinen schmutzigen Kram veröffentlichen soll.«
»Wie dumm! Und, was hast du gesagt?«
»Ich sagte ihm, er solle den Laden verlassen. Es gibt genug pornographische Verleger und es beleidigt mich, daß ich mit ihnen verwechselt werde.«
Dann lachte sie vergnügt – sie hatte ihren Humor wiedergefunden. »Welch ein Gedanke, seine anzügliche Schmierarbeit mit *Ulysses* zu vergleichen! Es war wirklich witzig, obwohl ich einen Augenblick verärgert war.« (Huddleston, *Back to Montparnasse*, S.194-195)

Huddlestons Darstellung übertreibt zwar ihre Verärgerung, aber sie bedauerte, daß *Ulysses* in den Katalog der Erotika aufgenommen worden war. Ein irischer Priester fragte, nachdem er den *Ulysses* gekauft hatte: »Haben Sie noch andere saftige Bücher?« In ihren *Memoiren* erklärt Sylvia witzigerweise, daß Joyce »kein Spezialist, sondern praktischer Arzt war – sämtliche Teile des Körpers kommen im *Ulysses* vor. Er selbst klagte einmal: ›Von *dem da* gibt es keine zehn Prozent in meinem Buch.‹« (Beach, 1961, S. 105)

Obwohl sie Frank Harris nicht publizierte, aß sie mit ihm im September 1923 zu Mittag und sorgte für den Vertrieb von *My Life and Loves* in Paris. Ihr ausführlicher Briefwechsel zwischen Paris und Nizza in den zwanziger Jahren enthüllt, welche günstigen Konditionen er ihr gab; wie viel Profit ihm jede Konfiszierung seiner Bücher brachte; wie oft er den

Buchpreis erhöhte und wie sehr er ihre Hilfe brauchte. (»Ich sehne mich nach Ihrer Meinung über den 2. Band [*My Lives and Loves*],« fleht er am 25. Juli 1925.)

Als William Bird einmal Joyce den Vorschlag machte, in seiner Three Mountains Press eine billige Paris-Ausgabe von *Ulysses* zu veröffentlichen, schickte Joyce ihn zu ›Shakespeare and Company‹. Sofort entschied Sylvia, selbst eine neue Ausgabe herauszugeben – eine Entscheidung, auf die Joyce gewartet hatte. Hatte er befürchtet, daß sie keine weitere Ausgabe herausgeben wollte, so hatte sie sich gewundert, weshalb er seinen Wunsch nicht in einer Unterhaltung äußerte. So nahm sie nach einem Jahr ihre Rolle als Verlegerin des *Ulysses* wieder auf, eine Rolle, die sie fast zehn Jahre lang beibehielt. Miss Weaver antwortete mit der Bitte, daß diese Auflage als die vierte bezeichnet werden sollte, »damit man auf die Exemplare der kleinen Ausgabe (500) vom Dezember 1922 neugierig wird«. Diese Ausgabe wurde vermutlich vom englischen Zoll verbrannt. Die Biographen von Miss Weaver halten diese Rückkehr des *Ulysses* zu seiner ersten Verlegerin für eine »Andeutung, daß die guten Tage der Egoist Press vorbei waren«.

Der Briefwechsel und die Verhandlungen mit Miss Weaver und Darantière beschäftigten Sylvia in den letzten Wochen des Jahres. Sie plante den Erscheinungstermin im Januar auf eigene Kosten und verschickte gedruckte Postkarten, die in fünf Sprachen den Preis nannten. Sie sollte eine neue Liste der Errata beifügen, die Miss Weaver mit Zusätzen von Joyce aufbewahrte. Als eine Geste der Dankbarkeit gegenüber Miss Weaver kaufte Sylvia zehn Exemplare des Egoist-*Ulysses*!

Das Jahr 1923 endete mit vielen Veröffentlichungen. Kurz nachdem Hemingway Sylvia (in einem Heimweh-Brief aus Toronto) verkündet hatte: »Ich werde jetzt in Deine Regale kommen«, gab William Bird sein *In Our Time* heraus. Das Buch wurde sofort im Buchladen verkauft. McAlmon, dessen

Contact-Bücher sich auch gut verkaufen ließen, schrieb, daß er bald seinen Freund William Carlos Williams, mit dem er 1920 die Zeitschrift *Contact* herausgegeben hatte, in Paris treffen würde. Die erste Nummer der *transatlantic review* erschien im Dezember und erklärte sich zum Organ für Schriftsteller aller Sprachen. Und schließlich wartete Sylvia auf ihre eigene Publikation, die vierte Auflage des *Ulysses*. Obgleich Joyce vom *Ulysses* (den er scherzhaft als das griechisch-bayerische Telefonbuch bezeichnete) jedenfalls als Gesprächsthema genug hatte, glaubte Sylvia, es würde Joyce freuen, ein Exemplar bis Weihnachten fertig zu haben. Das Buch sollte für 60 Francs oder 3 Dollar 60 verkauft werden, in kleinerem Format als die drei ersten und mit weißem Umschlag und blauem Druck – eine Umkehrung der Farben oder, wie Joyce meinte, »mit der griechischen Flagge diesmal umgekehrt«. Die 736 Seiten *Ulysses* sollten erstmals zusätzliche Korrekturen als Anhang miteinschließen.

Joyce hatte die Gewohnheit, bedeutsame Koinzidenzen von Ereignissen in seinem Leben zu beobachten. Sein Biograph Ellmann bemerkt:

»Ebenso war er interessiert an Veränderungen und Gleichheit im Raum, wodurch nach der kubistischen Methode die verschiedenen Relationen zwischen den Aspekten eines einzigen Dinges hergestellt werden, und er bat einen Freund, die möglichen Permutationen eines Objekts für ihn zu erforschen. Daß das Bild von Cork in seiner Pariser Wohnung einen Korkrahmen haben mußte, wie er Frank O'Connor gegenüber hervorhob, war ein überlegtes, wenn auch halb spaßhaftes Anzeichen dieser Vorstellung von der Welt, in der unerwartete Übereinstimmungen die Regel sind. Die Gestalten durchschritten Situationen- und Gedankenfolgen, die durch Koinzidenz mit den Situationen und Gedanken anderer lebender oder toter fiktiver oder mythischer Menschen verbunden sind.« (R. Ellmann, S. 830)

Diese Erklärung des Weltgeschehens oder auch von Zufallserien war eine überzeugende Intellektualisierung seiner abergläubischen Erziehung. Aber oft ließ der Künstlergott dem puren Zufall keine Chance. Zum Beispiel scheute man keine Anstrengungen, damit der erste *Ulysses* an seinem Geburtstag, dem 2. Februar 1922, geliefert wurde. Und die ersten vier Exemplare dieser neuen Ausgabe wurden Sylvia am Weihnachtsabend geliefert. Sie nahm ein Taxi zu Joyces Wohnung und gab ihm zwei Bücher. Diese zeitliche Koinzidenz bedeutete mehr als ein Weihnachtsgeschenk seiner Verlegerin.

7. KAPITEL

Amerikaner in Paris
1924

Dr. Devon Evans, der autobiographische Held von William Carlos Williams' Roman *A Voyage to Pagany*, kommt mit der gleichen Ehrfurcht und Erregung nach Paris, die viele junge amerikanische Künstler Mitte der zwanziger Jahre spürten. Der Zug, in dem Evans fährt, rollt nach Paris: »*À Paris, à Paris, à Paris*... Du mußt dich nicht fürchten. – Aber Evans war unsicher – und Amerikaner – und unter anderem auch leichtsinnig... Er wollte schreiben – das war alles, und nicht geschrieben haben, sondern schreiben.«

An Paris hatten die Amerikaner schon immer ihr Herz verloren – von Benjamin Franklin bis Henry James. Wenn die Kunst wirklich international ist, wie James und T. S. Eliot glaubten, dann war ihre kulturelle Hauptstadt in den zwanziger Jahren Paris. Stein war im Jahre 1903 angekommen und Beach 1916, beide blieben. Pound kam 1920 und blieb vier Jahre lang; Hemingway kam Ende des Jahres 1922 und blieb fast fünf Jahre lang. Aber die meisten amerikanischen Pilger blieben nur ein paar Wochen oder Monate. Im Jahre 1924 war die Einwanderung in Schwung gekommen. Paris hatte einen bemerkenswerten Einfluß auf die zweite große Epoche der amerikanischen Literatur. In der ersten großen Periode – der »Renaissance« von Poe, Emerson, Thoreau, Whitman, Melville und Hawthorne vor 1860 – setzte sich das amerikanische literarische Bewußtsein mit seinem eigenen geographischen und metaphysischen Raum auseinander. Während der zwanziger Jahre »kollidierte« nach Irving Howe »dieses literarische Bewußtsein mit dem Gewicht Europas«. Der Erste Weltkrieg hatte viele Schriftsteller nach Europa gebracht und sie mit der europäischen Geschichte und den fehlgeschlagenen religiösen und politischen Ideen konfrontiert. Hemingways junger Soldat Frederick Henry sagt in *A Farewell to Arms*, daß er »Wörter wie heilig, heldenhaft und Opfer und den Ausdruck ›vergebens‹ peinlich findet… Abstrakte Wörter wie Ruhm, Ehre, Mut oder Heiligkeit waren obszön neben den konkreten Namen der Dörfer, der Zahl der Straßen, den Namen der Flüsse, der Zahl der Regimenter und den Daten«. Hemingway und seine Generation suchten in der Kunst einen Sinn, das heißt, in ihrer Ordnung und Schönheit für die Erhaltung der Welt. Stil sollte eine Barriere gegen Chaos und Glaubensverlust bilden.

»In Paris zu schreiben zählt zu den ältesten amerikanischen Traditionen«, versichert Van Wyck Brooks in einem Buch über Washington Irving. »Sie beginnt mit Franklin und der Gründung der Republik.« Zweihundert Jahre lang, von Benjamin Franklin bis James Baldwin, haben Schriftsteller Paris besucht, sind in den gleichen Straßen spazierengegangen und haben oft in den gleichen Hotels gewohnt. Paris ist der Ort, wo Amerikaner am besten sprechen und schreiben, wie Franklins *Autobiography*, Jeffersons *Notes on Virginia*, Coopers *Prairie*, Irvings *Tales of a Traveler*, Benéts *John Brown's Body*, Hemingways *The Sun Also Rises* und Fitzgeralds *Tender is the Night* bezeugen. Die ästhetische Distanz, die Schriftsteller wie Thoreau durch den Rückzug in die Natur fanden, erreichten diese Schriftsteller durch das Leben in Frankreich. Für manche Schriftsteller war dieses Muster von Entfremdung und Reintegration für ihr Verständnis von Amerika und ihre künstlerische Entwicklung notwendig. Zwar denunzierten einige Amerika laut, aber die meisten legten ihre amerikanische Kultur nicht ab. Im Gegenteil, in Paris »fanden« viele Amerika.

In diesen zweihundert Jahren, von Franklin bis Baldwin, gingen die meisten Künstler nach Paris, um sich im Zentrum der Kunst und Kultur weiterzubilden. Während die Künstler in den Vereinigten Staaten der zwanziger Jahre wenig geschätzt wurden, was auch William Carlos Williams bestätigt, hatte Paris sie immer akzeptiert, ja, sogar geliebt. 1924 gab es jedoch konkretere Gründe, dorthin zu gehen. Erstens hatte der Krieg die amerikanische Isolation aufgebrochen, denn viele junge Amerikaner waren aus humanitären Gründen nach Frankreich gekommen. Zweitens boten die Schiffahrtsgesellschaften, die zur »North Atlantic Conference« gehörten, eine billige Reisemöglichkeit an, die »Tourist Third«, die Tausende von Möchtegern-Künstlern und Studenten nutzten. Drittens war der Wechselkurs sehr günstig, in Italien und Österreich sogar noch günstiger. Einer der Artikel von Hemingway im *Toronto Star Weekly* erklärt: »Ein Kanadier, der tausend Dollar im Jahr verdient, kann sehr komfortabel und genußvoll in Paris leben.« Die Amerikaner konnten es sich leisten, nach Paris zu fahren und dort zu bleiben.

In *Paris on Parade*, 1924, erkennt Robert Forrest Wilson einen »festgefügten Aufsichtsrat der kontinentalen Avantgarde für englische Literatur: Ford, Beach, Joyce, McAlmon, Hemingway, Antheil und Pound«. Wie Henry James nach Paris gegangen war, um Flaubert, Sand, Maupassant, Zola und Turgenjew zu begegnen, so ging in den zwanziger Jahren ein junger Schriftsteller nach Paris, um Valéry, Picasso, Strawinsky und Joyce zu treffen. Daß hier ihre Leser lebten, war einer der wichtigsten Gründe für Schriftsteller wie Williams, nach Paris zu kommen. Die literarische Gemeinde war in Paris: Verleger der neuen Literatur, kleine Zeitschriften, die die neuesten Gedichte druckten und Rezensionen dieser Gedichte, ein Buchladen und eine Leihbücherei, wo die neuesten Werke erhältlich waren. Das linke Seineufer war noch eine kleine Stadt, in der Kommunikation und Unterstützung zugunsten der Schriftsteller funktionierten. Natürlich litten sie unter der Konkurrenz und dem Gezänk innerhalb der Gruppe, das in ihren Memoiren dokumentiert und auch verzerrt worden ist. Aber hier wurden sie gefordert, stimuliert und kritisiert und – vor allem – von der literarischen Gemeinschaft gelesen.

Sicherlich waren auch soziologische Faktoren für die Flucht ins Exil entscheidend. Die Vereinigten Staaten versuchten, die Lesegewohnheiten genauso wie die Trinkgewohnheiten zu regulieren. (Die Prohibition war am 16. Januar 1920 rechtskräftig geworden.) Einige Künstler flüchteten vor der Geschäftsethik, die Coolidge im November ankündigte, andere flüchteten vor der Roten Gefahr und den Spoon Rivers (die Mehrheit der amerikanischen Künstler in Paris kam aus dem Mittelwesten) und vor dem engen Puritanismus – letzteren haßte besonders Williams. In seiner Studie über den amerikanischen Künstler des 19. Jahrhunderts behauptete Matthew Josephson, daß kreative, individualistische Menschen sich in einer Gesellschaft, die ständig mechanischer und kollektiver wird, verwundbar und entfremdet fühlen. Der Künstler, stellt er fest, bekämpft entweder diese Gesellschaft (wie Herman Melville), verbirgt sein Werk (wie Emily Dickinson) oder flieht (wie Henry James). Diejenigen, die in den ersten Jahrzehnten dieses Jahrhunderts flüchteten, gingen nach Paris, um geschäftliche und moralische Vorurteile gegen ihre eigenen ästhetischen Vorurteile auszutauschen. Pound beklagte sowohl die Zufriedenheit des amerikanischen Intellektuellen, der »unter dem großen britischen Hintern saß und sorgfältig die Scheiße sammelte und katalogisierte«, als auch Amerikas Ablehnung seiner Künstler. Sie waren »nicht eine Generation im Exil«, erklärt MacLeish, »sondern eine Generation, deren *patria*, wo immer es einmal gewesen sein mochte, jetzt nicht mehr auf sie wartete«.

William Carlos Williams recherchierte und schrieb sechs Monate lang an *In the American Grain* in New York und segelte am 9. Januar 1924 mit seiner Frau Flossie nach Europa. Er würde Pound und McAlmon wiedersehen und Sylvia Beach begegnen, mit der er korrespondiert hatte, vielleicht auch Joyce. Die Aufregung bei seiner Ankunft in Paris wird in seinem *Voyage to Pagany* geschildert. Evans reagiert zuerst

wie berauscht auf Paris. In buchstäblich penetranten Metaphern schickt Williams Evans' Zug wie im Fluge nach Paris,
eine Stadt, die wie eine auf ihren Liebhaber wartende Frau
beschrieben wird. Der Liebhaber »muß aus den Maschinen
kommen, er muß ausbrechen«. Evans (wie Williams) ist der
Liebhaber im Herzen dieser Maschine. (Drei Jahre später, im
Mai 1927, landete Lindbergh in einer Flugmaschine und er-
oberte das Herz von Paris.) Paris wird »von den Menschen
geliebt«, ist charmant und ernsthaft, es »bewahrt die Geheim-
nisse und bietet Verständnis an«. Dennoch haßte Williams die
»Frivolitäten« der Amerikaner in Paris. Seine Mutter hatte
Paris ihr »verlorenes Paradies« genannt.

Williams verbrachte sechs Wochen seiner literarischen
Reise – einige Januartage und den Mai 1924 – in Paris. Sein
Wiedersehen mit McAlmon war freundlich, denn er fand, daß
Bob seinen Westernstil behalten hatte, aber reifer geworden
und in Paris zu Hause war. McAlmon stellte ihm William
Bird vor, der vor kurzem Williams' *Great American Novel*
veröffentlicht hatte. McAlmon führte sie auf eine Spritztour
ins Pariser Leben. Sie besuchten ›Shakespeare and Company‹,
dinierten in Brancusis Wohnung und gingen in die Dingo Bar,
besuchten eine jener überfüllten Parties von Ford (Williams
bewunderte Fords Gedanken, aber nicht sein hektisches Leben), und sie trafen viele von der Clique, die zu der Zeit in
Paris waren. Mit McAlmon verbrachten sie einen Monat in
Südfrankreich, besuchten Nancy Cunard in Monte Carlo,
Djuna Barnes und William Bird in Villefranche. Diese Erlebnisse waren berauschend.

William Carlos Williams war für Sylvia, die auch aus New
Jersey kam, kein Fremder. Sie hatte ihm schon 1920 geschrieben, weil sie seinen Namen von der Egoist Press als einen
möglichen Subskribenten ihrer ersten *Ulysses*-Ausgabe bekommen hatte. Er hatte Nummer 441 der Erstauflage von
Joyces Werk im Mai 1922 gekauft. Als Williams in diesem
Januar zum ersten Mal zum Buchladen kam, suchte er im

Fenster nach seinen Büchern und war nicht enttäuscht. Auf McAlmons Vorschlag hin hatte er 1922 Sylvia einige Exemplare von *Sour Grapes, Kora in Hell* und *Al Que Quiere!* geschickt. Die Buchlisten in Princeton beweisen, daß seine Bücher sich immer gut verkaufen ließen. Sylvia, die gerade von einem kurzen Urlaub mit ihrer Mutter aus Italien zurückgekommen war, machte Williams mit Antheil, von dem er in Pounds enthusiastischen Briefen gehört hatte, bekannt. Myrsine lief über die Straße, um Adrienne zu holen; als Sylvia ihr den distinguierten Dichter-Arzt vorstellte, fanden sie sich sofort sympathisch.

Adrienne und Sylvia wurden von McAlmon zu einer Dinnerparty für Williams eingeladen – eine Party, die Williams sowohl in seinem Roman als auch in seiner Autobiographie erwähnt. Die Dinnerparty fand im Trianons statt (Restaurant des Trianons, 5 Place de Rennes), Joyces Lieblingslokal, ein intimes, elegantes Restaurant an der Ecke des Boulevard du Montparnasse und der Rue de Rennes. Die ganze literarische Bande – einige hatten keine formelle Einladung – füllte fast die gesamte linke Hälfte des Restaurants. Verschiedenen Berichten zufolge waren folgende Personen dabei: Bill und Flossie Williams, James und Nora Joyce, Sylvia und Adrienne, Ford und seine Frau, Stella Bowen, Boski und George Antheil, Louis Aragon, Bill und Sally Bird, Kitty Cannell, Marcel Duchamp, Harold Loeb, Mina Loy, Man Ray, Laurence und Clotilde Vail. Williams fühlte sich unter den Franzosen unbehaglich. Vielleicht, so meint McAlmon, wollte er eine tiefgründige Diskussion und war von Joyce enttäuscht, weil er zuviel trank und irische Balladen sang, um mit McAlmons Spirituals und Cowboyliedern und Clotildes Bluesliedern einzustimmen. Als McAlmon ihn um eine Antwort auf seine Begrüßungsrede bat, hielt Williams, wie er später sagte, eine »dumme Rede«, die ihn demütigte. Er war voller »Verachtung für seine Betrunkenheit«, aber er fügte auch hinzu, »an diesem Tag sah ich ein Frankreich, das mir bis dahin entgan-

gen war«. Die Demütigung auf der Dinnerparty und sein Gefühl, bei den jungen Leuten fehl am Platz zu sein, verstärkten
nur seine wachsende Aversion gegen die Amerikaner im europäischen Exil.

Im krassen Gegensatz zu Williams' wachsenden Zweifeln
gegenüber dieser Pariser Welt steht beispielsweise Hemingway, der, wenige Tage nach der Trianons-Party, mit Hadley
und dem Baby nach Paris zurückkehrte. Hemingways Briefe
aus dieser Zeit deuten darauf hin, daß er Amerika verließ, um
gegenüber sich selbst und seinem Land eine Perspektive zu
gewinnen. Paris sollte diesem Nachfahren Mark Twains sowohl Perspektive als auch Techniken (durch Flaubert und
Cézanne) vermitteln, auf daß er seine amerikanischen Idyllen
von Michigan komponieren könne. Dieses Jahr, sein erstes,
nachdem er beim *Star* gekündigt hatte, sollte sein bisher pro-
duktivstes werden, denn in den nächsten sieben Monaten
würde er nun Geschichten (u. a. »The Big Two-Hearted River«) schreiben, Ford helfen und seine Arbeit bei der *transatlantic review* unterbringen. Sylvia hatte keine Zeit, eine Wohnung für sie zu suchen, aber sie zogen bald in der Rue du
Cardinal Lemoine Nr. 113 ein, wo sie aus ihrer Wohnung im
zweiten Stock Ausblick auf eine Sägemühle und ein Holzlager
hatten. Als Sylvia einmal morgens vorbeikam, mußte sie warten, bis Ernest das Baby, das sie Bumby nannten, gebadet
hatte. »Ihm gefiel die Vaterrolle und ... er machte alles, außer
sein Baby zu stillen«, behauptet Sylvia. »Papa Hemingway
war richtig stolz und fragte mich, ob ich nicht an seine Zukunft als Kindermädchen glaube.« Obgleich er sich nie auf
diese Art und Weise verkaufen mußte, jätete er einen Garten,
um sich für seine Spanienreise im Juli Geld zu verdienen. Sie
versuchten, von Hadleys kleiner Erbschaft, die wegen
schlechter Investitionen immer geringer wurde, zu leben. Und
Ford zahlte nichts für den Dienst als Manuskriptsucher für
die Zeitschrift. Aber wirklich arm waren die Hemingways
nicht.

Einen Monat nach Williams' Ankunft und Hemingways Rückkehr veröffentlichte Ford in der *Paris Herald* eine Rezension über Williams' *Great American Novel* und Hemingways *In Our Time*, zwei der ersten sechs Bände der Three Mountains Press. Ford macht auf Hemingways »minutiöse, aber auch sehr suggestive Bilder« in der »festen und strengen französischen Tradition« aufmerksam. Am Ende faßt er jedoch zusammen, daß Williams' »vorverdaute Lebensnahrung europäischer ist« als Hemingways »Rohmaterial«. Die übertriebenen Kommentare zu Williams waren ironisch gemeint, denn Williams leugnete den europäischen Einfluß und strebte nach einem deutlich amerikanischen Idiom. Andererseits provozierten Fords Beobachtungen an Hemingways Werk Williams' Prophezeiungen, daß die amerikanische Literatur, die in Europa geschrieben wird, eine vage und nachahmende Richtung gehe.

Williams faszinierten die amerikanischen und englischen Frauen, die trotz ihrer Anzahl und Talente im *transatlantic review* kaum zu Wort kamen. Frauen wie Sylvia waren aus den gleichen Gründen wie die Männer nach Paris gekommen. Aber sie standen außerdem noch unter dem zusätzlichen Druck, zur letzten Frauengeneration des Viktorianischen Zeitalters zu gehören – »die letzte Gruppe, die unter der bedrohlichen Disziplin des 19. Jahrhunderts aufwuchs«, wie Bryher sich beschwert. Da die Gesellschaft erwartete, daß man zwischen Heirat und Karriere wählte, erhielt das Leben im Ausland das Stigma der »zweiten« Wahl – ja, sogar einer gewissen Einzigartigkeit. Manche dieser Frauen waren lesbisch, aus Wahl oder Neigung, die durch den Gedanken, daß Ehe und Kinder ein literarisches Leben ausschlossen, bestärkt wurden. Freundschaften zwischen Frauen, wie Sylvia und Adrienne, scheinen jede einzelne von ihnen eher gestärkt als unterdrückt zu haben, sogar im Fall der häuslichen Alice B. Toklas, die neben Stein keine Karriere machte. Paris bot wie jede abendländische Metropole Verhaltensfreiheit für jene, die als Freunde kamen. Darüber hinaus achtete die französische Toleranz – wahrscheinlich aus einer gewissen Selbstsicherheit und Gleichgültigkeit gegenüber anderen Kulturen heraus – nicht auf das Verhalten von Außenseitern. Die Frauen fanden dort nicht unbedingt ein größeres feministisches Bewußtsein – wie ihre Beobachtungen der Haltung von Joyce, Pound, Hemingway und Gide beweisen –, aber es gab weniger Einschränkungen und sozialen Druck.

Die Künstlerinnen, die zwischen den Kriegen in Paris lebten, waren eine sehr heterogene Gruppe, so faszinierend und mindestens so lebendig – was die Biographen neuerdings enthüllen – wie die Männer. William Carlos Williams fand die Frauen des literarischen Paris sogar interessanter als die Männer – und er nannte Sylvia, Adrienne, Clotilde Vail, Kitty Cannell, H. D. (Hilda Doolittle) und Bryher als Beispiele. Obwohl er Iris Tree und Nancy Cunard für selbstzerstörerisch hielt, bewunderte er sie, besonders Adrienne.

»Adrienne Monnier ... war natürlich eine Französin, plump und mit dicken Beinen. Die Engländer im Norden mögen sich für geistvoller halten, aber sie leckte sich die Lippen und genoß, wo sie kaum aßen; kaum probierten. Die Franzosen würden sich niemals umbringen, solange noch eine Flasche Wein in ihrem Keller steht. Diese Frau liebte das Essen, die Sinne waren ihr Fleisch. Sie stand mit Nancy und Iris auf einer anderen Ebene gleich. Es waren die Frauen, alle miteinander, ... die mich in Paris faszinierten.« (W. Carlos Williams, S. 193/222)

Harold Loeb fand wie Williams, daß die »Männer farblos waren (außer Ezra Pound und Laurence Vail)«. Und Morill Cody behauptet, die Frauen seien die Führer des linken Seineufers gewesen: »Es ist vielleicht bemerkenswert, daß die Führer und Organisatoren vom Montparnasse größtenteils Frauen waren, von der berühmten Kiki zur inspirierenden Sylvia Beach, die, soviel ich weiß, ihr ganzes Leben lang in keine Bar ging.« Cody und McAlmon bewunderten auch die

Amerikanerin Flossie Martin und die englische Malerin Nina Hamnett, eine Führerin der Pariser Bohème. Und beide äußern sich über den eleganten Witz von Mina Loy, Mary Reynolds und Djuna Barnes. Der Mitherausgeberin der *transatlantic review*, Mary Butts, gelang eine erfolgreiche Karriere als Schriftstellerin, Mutter (durch ihren früheren Ehemann John Rodker) und ein aktives gesellschaftliches Leben in Kneipen und Opiumhöhlen. Mina Loy und Kay Boyle waren ebenfalls sowohl produktive Künstlerinnen als auch Mütter mehrerer Töchter. Von der scheuen und brillanten Djuna Barnes bis zur offenen Feministin Emma Goldman (»Frauen müssen nicht ihren Mund geschlossen und ihre Gebärmutter offen halten«) bereicherten diese Frauen das Pariser Leben. Die einzigen Charakteristiken, die Margaret Anderson, Isadora Duncan, Sylvia Beach, Berenice Abbott, Iris Tree, Janet Flanner und Gertrude Stein miteinander teilten, waren Individualismus, Unabhängigkeit und ein starkes Ichbewußtsein – letzteres ist ein notwendiger Charakterzug, um in einer fremden Stadt unter so vielen starken Persönlichkeiten zu überleben. Mit starker Persönlichkeit und nährendem Elan – eine Kombination, die auch bei Männern wie Pound und Ford deutlich ist – gründeten sie kleine Zeitschriften und Verlage, leiteten Salons, schrieben und übersetzten Gedichte, malten und studierten Fotografie und Tanz. Cody irrte sich zwar, wenn er glaubte, Sylvia sei noch nie in einer Bar gewesen, aber er hatte recht, sie einen Führer des Montparnasse zu nennen. »Shakespeare and Company«, sagt ein kanadischer Besucher, »war die große Ausstellung für internationales Talent . . . wenn (man) sich überhaupt dafür interessierte, wie die intellektuelle Kleidung der Zeit zugeschnitten wurde, mußte man dorthin gehen, selbst wenn man nur die Nase gegen das Fenster drücken konnte.« Man nannte den Laden jetzt »Sylvias«. Archibald MacLeish nannte den Ort »fast ein menschliches Wesen«. Für Bryher »waren es nicht nur die überfüllten Regale . . ., die vielen persönlichen Fotos . . ., sondern Sylvia«.

In einem drei Seiten langen Artikel im *Publisher's Weekly* im April 1924 bestätigte Morrill Cody den wachsenden Einfluß von Sylvia und ihrer Buchhandlung. Er beschreibt ihre Kunden in diesem Jahr als Amerikaner im Urlaub, Künstler und untere Einkommensschicht. Williams meinte, daß sie und Adrienne »sich zusammenschlossen, um das Pariser Gebiet bei dem alten Theater zu einer Zufluchtsstätte für Schriftsteller aller Art zu machen: … Die jüngeren Amerikaner empfanden es als wahre Heimat.«

Joyce amüsierte sich über die amerikanischen Schriftsteller, die in steigender Anzahl zu dem Buchladen pilgerten, wo er McAlmon, Hemingway, Bird, Antheil kennengelernt hatte und bald viele andere, beispielsweise MacLeish und Fitzgerald, kennenlernen würde. Er interessierte sich seit längerem für die amerikanische Ausdrucksweise. »Offensichtlich genoß er die Gesellschaft meiner Landsleute«, schreibt Sylvia. »Er gestand mir, daß er uns und unsere Sprache mochte; mit Sicherheit gebrauchte er häufig die amerikanische Volkssprache in seinen Büchern!« Beispielsweise fügte er, nachdem er seine Gäste mit einer Schallplatte von Aimee Semple McPhersons Predigten unterhalten hatte, ihre Kadenzen in die letzten Passagen des »The Oxen in the Sun«-Kapitels aus *Ulysses* ein, ein Kapitel, dessen Stil sich vom Angelsächsischen zur zeitgenössischen amerikanischen Verkündigungssprache verändert.

Ihn freuten auch die amerikanische Großzügigkeit und Wärme. Bob McAlmon gab ihm Geld. Sylvia organisierte sein Berufsleben. Junge Amerikaner, die er gar nicht kannte, hatten sein Manuskript getippt und Subskriptionen verkauft. Er erzählte Sylvia, daß er Hemingway für einen sensiblen Typ hielt. In ihren *Memoiren* sagt sie:

»…Ich werde jetzt etwas sagen, auch wenn mich Hemingway vielleicht danach erschießt. – Ich habe ihn immer für einen tief religiösen Menschen gehalten. Er stand sehr gut mit Joyce, und Joyce machte eines Tages mir gegenüber die Bemerkung, er halte es für einen Irrtum, daß Hemingway sich immer für so einen rauhen Kerl ausgebe und McAlmon versuche, den Sensitiven zu spielen. Er glaube, es sei gerade umgekehrt. Joyce hat Sie also durchschaut, Hemingway!« (Beach, 1961, S. 91)

Man kann nicht sagen, daß sie Freunde waren, obwohl Hemingway den betrunkenen Joyce einmal nachts nach Hause trug.

Joyce gefielen zwar die amerikanische Großzügigkeit und Freundlichkeit, aber sie waren ihm nicht formell genug, besonders die amerikanische Anrede:

»Unter den französischen Literaten spricht man sich nur mit dem Familiennamen an. ...Niemand käme auf die Idee... ›Monsieur Valéry‹ oder ›Monsieur Proust‹ zu sagen. Valéry nannte Adrienne immer ›Monnier‹ und mich ›Sylvia‹, genau wie alle unsere anderen französischen Freunde. Ich weiß, daß Joyce über diesen Brauch schockiert war. Vergeblich ging er mit seinem ›Miss Monnier‹ und ›Miss Beach‹ mit gutem Beispiel voran. Und wehe, wenn jemand wagte, ihn anders als ›Mr. Joyce‹ anzusprechen!« (Beach, 1961, S. 50)

Einmal suchte Joyce nach Sylvia im Buchladen, als Hemingway, der ihn einmal »Jim« genannt hatte, ihn informierte:

»Sylvia ist nicht da.«

»O... Sie meinen Miss Beach.«

»Und Myrsine ist auch nicht hier«, antwortete Hemingway, der der nächsten Frage von Joyce vorgriff und die freundliche Berichtigung ignorierte. »Sie wird bald zurückkommen.«

»O... Sie meinen Miss Moschos!«

Hemingway griff den Rhythmus und die Ironie auf und sagte: »Hélène ist auch nicht hier.«

»Oh... Sie meinen die jüngere Miss Moschos«, und Joyce zog sich zurück. Gut gelaunt gab Hemingway die Unterhaltung wieder, als die Damen Beach und Moschos zurückkamen. Myrsine lachte zwar über Hemingways Erzählung, aber sie fand die Amerikaner manchmal auch übertrieben freundlich. Als sie einmal in die Arbeit vertieft war, klopfte ein Amerikaner, den sie vor einem Tag zum ersten Mal gesehen hatte, ihr mit »Hallo Myrsine« auf den Rücken und erschreckte sie. Sie bemerkte, daß die neuen Amerikaner sich gegenüber der Besitzerin des Buchladens distanziert verhielten. Als einige Kunden sie zum Essen einluden, um über die berühmten Leute, die in den Buchladen kamen, zu reden, grenzte sie sich gegenüber dieser Vertraulichkeit würdevoll ab und nahm keine Einladung an.

»Sie kamen alle, um über sich selbst zu reden«, erinnert sich Myrsine, »das hätten sie auch zu Hause tun können. Sie ereiferten sich über Frankreich und die Franzosen, aber sie beschäftigten sich kaum damit. Wenn ich sie fragte, ob sie einen bestimmten französischen Schriftsteller gelesen hätten, schienen sie wenig interessiert zu sein.«

Sie beschäftigte sich auch mit der Art, wie sich die Amerikaner in ihrem individuellen Lebensstil ›ausdrückten‹. Sie kleideten sich individuell – Hemingway wie ein Holzfäller, T. S. Eliot wie ein Bankangestellter und Pound wie kein anderer. Als McAlmon einen von Bauern getragenen Kummerbund bekam, protestierte die Concierge Mme. Tisserand, die aus einer einst angesehenen französischen Familie stammte, gegen die amerikanischen Kunden, die sich wie Arbeiter anzogen.

Die Amerikaner im Paris der zwanziger Jahre reichten von Schiffsladungen mit Studenten und Möchtegern-Künstlern bis zu Dauer-Bewohnern wie Gertrude und Alice, Natalie Barney, Sylvia und William Bradley. Aber einer der erster Besucher – die Malcolm Cowley die Generation des I. Weltkriegs nennt – war inzwischen wieder nach Amerika zurückgekehrt. Schon bevor Matthew Josephson, Harold Loeb und Alfred Kreymborg im Januar 1924 ihre erste Ausgabe von *Broom* (den sie bald in New York verlegten) herausgaben, war Josephson zurückgekehrt, um an der Wall Street Börsenmakler zu werden.

Selbst Cowley, der unter den Exilanten der zwanziger Jahre

lebte und ihr offizieller Interpret wurde, hatte bereits im Jahre 1924, also bevor die Bewegung ihren Höhepunkt erreicht hatte, Paris verlassen. Während des Kriegs hatte er in Frankreich als Beifahrer in einem Munitionslaster der französischen Armee gedient. Nach dem Harvardstudium und dem Leben in Greenwich Village war er mit einem American Field Service-Stipendium zurückgekehrt, um in Giverny, fünfzig Kilometer seineabwärts, wo noch Monet umgeben von seinen Blumen lebte, zu studieren und zu leben (1921-1923). Cowley wurde erst am 15. Januar 1923 Mitglied bei ›Shakespeare and Company‹, aber seitdem hat er dessen berühmte Kunden in zahlreichen Artikeln und Büchern, besonders in *Exile's Return*, dokumentiert und ausgewertet.

Die Greenwich Village- (oder *Little Review-*)Gruppe kam jedesmal, wenn sie in Paris war, zu ›Shakespeare and Company‹. Sie hatte sich seit 1922 auf der Rive Gauche versammelt. Zu ihr zählten Jimmy Light, Djuna Barnes, Berenice Abbott, Max Eastman und Mina Loy. Sylvia war glücklich, denn »dadurch, daß sie nach Paris gekommen waren und den *Ulysses* persönlich kauften, [hätten] sie die Auslagen fürs Porto gespart«. Im Jahre 1924 hielten Jane Heap und Margaret Anderson Vorträge über ihr Gerichtsverfahren (1921), weil sie Auszüge des *Ulysses* veröffentlicht hatten. Vermutlich waren sie eifersüchtig auf die Tatsache, daß Sylvia Beach in aller Welt als erste Verlegerin des *Ulysses* galt. Sie gaben Interviews für die französischen Zeitungen über das Verfahren, und Jane Heap begann, einen Bericht über ihre *Ulysses*-Tätigkeiten zu schreiben. Joyce hatte sie zwar nicht gekannt, als sie Auszüge seines Romans veröffentlichten, und schien John Quinns Ablehnung ihnen gegenüber zu teilen, aber Sylvia verstand, daß sie sich ausgeschlossen fühlten. Im Juli schreibt sie in einem Brief an ihre Mutter: »Ich kann es ihnen nicht verübeln. Es wäre unangenehm für sie, wenn ihr Anteil vergessen würde und ihre Bemühungen nicht anerkannt würden.« Im November hatte sich Sylvias Sympathie verringert.

»Jane Heap«, vertraute sie ihrer Mutter an, »droht ein großes Verlagsgeschäft hier zu eröffnen. Einen Zusammenschluß zwischen Three Mountains Press und Contact und Little Review und ich weiß nicht was. Aber ich glaube, die Pläne sind eher vage. Manche Leute hassen mich wegen meines Ladens und *Ulysses*, aber wenn sie meinen ›Ärger‹ gehabt hätten, würden sie nicht glauben, daß man etwas geschenkt bekommt.«Aus dem Zusammenschluß wurde nichts.

Marsden Hartley, den Sylvia charmant, aber melancholisch fand, und Mary Butts, die in dem Buchladen ein- und ausgingen, gehörten zur Contact-Gruppe, die sich mit der Greenwich Village-Gruppe mischte. Contact veröffentlichte Hartleys *Twenty-five Poems* und Butts *Ashe of Rings*. Mary Butts »rote Wangen und rote Haare« und ihr interessantes Gesicht sind von Cocteau gezeichnet worden. Aber die interessanteste Frau in dieser Contact-Gruppe war die bemerkenswerte Mina Loy. Mit McAlmon und Williams war sie seit der gemeinsamen Zeit (1920) im Village befreundet. Sie kehrte im Jahre 1926 nach Paris zurück und eröffnete mit der Unterstützung von Peggy Guggenheim einen kleinen Kunstladen nahe der Avenue des Champs-Élysées, wo sie ihre Gemälde und dekorierten Lampenschirme verkaufte, um ihre Kinder zu versorgen. Williams beschreibt sie als »sehr englisch, sehr lebhaft, schwer zu fassende, langbeinige Frau, die nach der ersten katastrophalen Ehe zu schlau war, um sich mit einem von uns einzulassen – aber sie war freundlich«. Mina Loy war für ihre Produktivität und ihr Talent – *Lunar Baedecker* ist ihre beste Lyrik –, ihren Witz und ihre Schönheit bekannt. Sylvia fand Mina und ihre Töchter »hinreißende Schönheiten«.

Die amerikanischen Besucher versammelten sich entweder bei ›Shakespeare and Company‹, dem Zeitungsbüro der *Tribune*, einem Verlag, einem Magazin oder einem Salon. Vor den zwanziger Jahren hatte sich das Salonleben um drei Hauptfiguren – Natalie Barney, Gertrude Stein und Edith Wharton – gedreht, und nur wenige Individuen, wie Bernard Berenson, bewegten sich zwischen den Gruppen.

Während der zwanziger Jahre trafen sich andere, weniger dauerhafte oder einflußreiche Gruppen nachmittags oder abends, oder zum Tanzen. Nur bei ›Shakespeare and Company‹, Tag und Nacht geöffnet, war jede Gruppe willkommen. Wegen der langen Öffnungszeiten hatte Sylvia kaum die Möglichkeit, viele Salons zu besuchen. Sie lachte über diese Sitte, obwohl sie manchmal den Salon von Natalie Barney besuchte. Als Paul Valéry einmal seinen Routinebesuch machte, stichelte sie:

»›Sie sind so fein angezogen. Sie waren sicher in einem Salon.‹ Lachend steckte er den Finger durch ein großes Loch in seinem Hut. Er sprach von irgendeiner Prinzessin. ›Kennen Sie sie denn nicht, Sylvia?... Sie ist doch eine Amerikanerin!‹ Ich kannte aber sehr wenig Prinzessinnen. ›Was würde ich wohl in einem Salon anfangen?‹ pflegte ich zu fragen. Und wir lachten beide herzlich über meine komischen Angewohnheiten.« (Beach, 1961, S. 179)

›Shakespeare and Company‹ war auch geöffnet, als Dos Passos, der mit Genuß Europa, Rußland und den Nahen Osten bereiste, im Jahre 1924 nach Paris und zum Buchladen zurückkehrte. Er arbeitete an *Manhattan Transfer*, seinem ersten reifen Werk und der erste Band seiner zeitgenössischen Chronik des amerikanischen Lebens. »Ich traf ihn zwischen *Three Soldiers* und *Manhattan Transfer*«, sagt Sylvia, »sah ihn aber nur flüchtig, als er vorbeieilte.« Er schob sein Foto unter der Tür durch, und sie nahm es in ihre Schriftstellergalerie auf. Am 3. September 1924 kaufte er ein *Ulysses*-Exemplar, das seine Montagetechnik in der Trilogie *U. S. A.* beeinflußte. Vielleicht war es Sylvia, die ihn mit dem russischen Filmregisseur Sergej Eisenstein bekannt machte, der auf einer späteren Reise viele Stunden im Buchladen verbrachte. Eisenstein gab Dos Passos die Vorlage für die Rückblende-, Kollage- und Zeittechnik in seinen Romanen.

Auch Archibald MacLeish, ein »besonders unangepaßter junger amerikanischer Rechtsanwalt«, wie er sich später beschrieb, war im vergangenen Herbst in Paris angekommen und hatte »einen Buchladen mit unbekanntem Namen – eine ganze Generation neuer Schriftsteller, von der man weder in New Haven noch in Cambridge gehört hatte« – entdeckt. Er fand, daß Sylvia mit werdenden Schriftstellern einfühlsam umging,und er begann, sich aus ihrer Leihbücherei Bücher zu leihen. Sie machte ihn mit Joyce und Hemingway bekannt. Er verbrachte bald viele Nächte des Jahres 1924 mit den Hemingways, den Birds und manchmal mit Sylvia und Adrienne. Joyce war besonders von Ada MacLeish beeindruckt. Ihre liebliche Sprechstimme konnte man bald in den Konzerten von Nadja Boulangers Schülern, Copland, Thompson, Sessions und ›Den Sechs‹ hören. Wenn sie ein Konzert irischer Lieder gab, arbeitete Joyce an ihrem Repertoire, in dem stets »The Brown and the Yellow Ale« vorkam. Durch seine Bildung und sein Talent gewann MacLeish bald Freunde und Bekannte sowohl unter den amerikanischen als auch unter den französischen Schriftstellern. In den nächsten Jahren übersetzte Valery Larbaud seine Gedichte. Er rechnet Sylvia hoch an, daß sie ihn bei den Franzosen vorstellte: er fühlte »eine tiefe Dankbarkeit gegenüber Sylvia Beach... für die Ruhe *und* Aufregung ihres Buchladens und für ihre Freunde, und für Adrienne Monnier – mit all denen sie mich bekanntmachte«. Kurz nach seinem ersten Parisbesuch schrieb er, »Ich habe nach Ihnen und Adrienne furchtbar Heimweh... Es gibt so wenig *Erwachsene* in der Welt.«

Ein Besuch von Mrs. Beach, die in diesem Frühling in Europa für ihren Laden in Pasadena Kunstgegenstände eingekauft hatte, half Sylvia und Joyce aus den finanziellen Schwierigkeiten. Durch das Geld ihrer Mutter konnte Sylvia weitere Regale im Laden aufstellen. Über die Renovierung berichtete Florence Gilliam in der Pariser Ausgabe der *Chicago Tribune*. Und als Sylvia für die Familie Joyce eine Wohnung fand, bot, wie Joyce berichtet, Eleanor Beach »freundlicherweise an, mir das Geld, das sofort gezahlt werden mußte, zu leihen«. Schade um Eleanors Geld und Sylvias Geduld, denn Nora fand die Wohnung für die Bücher und Bilder und Joyces Arbeit nicht geeignet, und am Monatsende war die Familie in ein höher gelegenes Hotelzimmer gezogen.

Sylvias persönliche Beziehungen zu denen, die ihr am nächsten standen, blieben trotz der großen Belastungen, die sie mit sich brachten, stets herzlich, besonders die zu ihrer Mutter. Doch war sie sehr erleichtert, als Mrs. Beach mit ihrem Mann bald Paris verließ. Er war zu einer »großen Kirchentour« (Sylvia) nach Europa gekommen.

Bill und Flossie Williams kamen aus Südfrankreich zurück, und Sylvia und Adrienne veranstalteten für sie eine Dinnerparty mit Larbaud, McAlmon, Bryher und H. D. Während des Essens verkündete ein lautes Rufen von der Straße, daß Pound aus Rapallo zurück war. Als er sich weigerte, heraufzukommen, ging Williams hinunter, um seinen alten Freund und ehemaligen Klassenkameraden zu umarmen. Das Essen war extra arrangiert worden, damit Williams den Abend mit Larbaud zusammen verbringen konnte. Viele Jahre später sollte Williams seine liebevollen Erinnerungen an Adriennes Hühnchenessen, den Weißwein und die anregende Bekanntschaft mit dem französischen Schriftsteller zu Papier bringen. Er und Larbaud interessierten sich beide für die amerikanische Geschichte. Er war überrascht, daß Larbaud Cotton Mathers *Magnalia*, das er selbst nur überflogen hatte, gelesen und über Bolivar geschrieben hatte. Die Gespräche mit Larbaud waren die Höhepunkte seines Aufenthalts in Frankreich.

Williams verbrachte mit Hemingway viele angenehme Stunden. Sie spielten Tennis, besuchten Boxkämpfe und dinierten in der Wohnung über dem Sägewerk. Williams verschrieb Bumby, dem Baby, eine Diät als Muttermilchersatz. Mit Joyce, dessen *Ulysses* er seiner Menschlichkeit wegen und wegen der Banalität seines Themas bewunderte, sollte er nur flüchtig bekannt bleiben. Am 12. Juni verließen er und seine Frau Frankreich. Sie empfanden Euphorie über die neuen

Freundschaften und neuen Eindrücke; aber sie hatten auch das Gefühl, fehl am Platze zu sein und nach Hause zu müssen. Aus Österreich hatte er Kenneth Burke geschrieben: »Ich fürchte, ich bin nicht sehr beweglich. Ich habe hier wenig zu suchen ... Mir bleibt nur Amerika, wo ich immerhin geboren wurde.«

Trotz des großen Besucherzustroms im Frühling und Sommer blieb Sylvia mit Joyce und den Franzosen beschäftigt. In der Sommerhitze und bei der schweren Arbeit verschlechterte sich Joyces Sehvermögen alarmierend. Dr. Borsch warnte ihn, daß er das Schreiben einschränken müsse. Er beendete den Shaun-Teil seines *Work in Progress*, packte seine Manuskripte und Notizen zusammen und rief Sylvia an, sie solle sie ›schleunigst‹ abholen, damit er seine Augen schone. Im Juni unterzog er sich seiner fünften Operation, der zweiten Iridektomie an seinem linken Auge. Sechs Tage danach, am »Bloomsday«, schickte Sylvia ihm Blumen. Sie arbeitete jetzt an einer neuen französischen Zeitschrift, *Commerce*, finanziert von Prinzessin Bassiano, vormals Marguerite Gibert Chapin, aus Connecticut. Ganz wie eine Heldin aus einem Roman von Henry James, hatte sie einen italienischen Prinzen (Roffredo Caetani) geheiratet und unterstützte die französischen Literaten, und *Commerce* wurde bald eines ihrer wichtigsten Verdienste. Der Name geht auf eine Zeile aus *Anabases* von Saint-John Perse zurück: »ce pur commerce de mon âme« (dieser reine Austausch meiner Seele). Er war Mitarbeiter der Zeitschrift. Sie wurde von der Gruppe aus der Rue de l'Odéon geplant: Adrienne sollte die erste Verlegerin sein und Valéry, Fargue und Larbaud die Herausgeber. Die Erstausgabe sollte Übersetzungen aus *Ulysses* enthalten.

Zur Feier der neuen Zeitschrift und der ersten veröffentlichten französischen Übersetzung des *Ulysses* lud Marguerite Caetani sonntags zum Lunch ein. Sylvia mußte Joyce überreden, ausnahmsweise die Einladung anzunehmen. Ein Wagen holte Adrienne und Sylvia und dann Joyce ab. Schließlich fuhren sie auch noch zu Fargue in seine Glasfabrik am Gare de l'Est. Aber er war natürlich noch nicht fertig. Er lag noch im Bett und schrieb ein Katzengedicht. Sie warteten fast eine Stunde auf ihn. Sylvia berichtet:

»Nachdem er seine ›Visionen‹ hinter sich hatte, so nannte Adriennes Schwester seine Unfähigkeit, sich für Hut, Jacke, Krawatte, Schuhe usw. zu entscheiden, kam er schließlich, ging aber sofort wieder hinauf, denn er hatte sich überlegt, daß schwarze Schuhe zu einem Anzug besser aussehen würden als die braunen, die er trug. Ein zweites Mal kehrte er um, weil er seinen Hut wechseln wollte. Ehe er einstieg, bat er den Chauffeur, sich nach einem Friseur umzusehen, er müsse sich rasieren und die Haare schneiden lassen. Es war Sonntag und natürlich hatte kein Friseur offen.« (Beach, 1961, S. 161-162)

Fargue fragte Joyce, der vier Uhren mit verschiedenen Tageszeiten trug, nach der Zeit. Sie kamen anderthalb Stunden zu spät nach Versailles, aber niemand machte ihnen Vorwürfe: Caetani kannte Fargue, alle kannten ihn. Aber Joyce war gereizt und konnte sich nicht richtig unterhalten. Er hatte vom Warten auf Fargue kalte Füße bekommen. Als auch noch ein großer zottiger Hund hereintrottete, stieg sein Unbehagen aufs äußerste. Der Hund lief ausgerechnet auf den versteinerten Joyce zu und legte ihm seine mächtigen Pfoten auf die Schultern. Die Prinzessin schickte den Hund hinaus, als sie merkte, welche Angst Joyce hatte. Sie versicherte ihm, daß der Hund ganz harmlos sei, fügte aber hinzu, daß sie einem Installateur einmal neue Hosen kaufen mußte. Joyce beugte sich zu Sylvia und flüsterte ihr ins Ohr: »Sie wird für mich das gleiche tun müssen.«

Die Organisatoren der Zeitschrift, deren Spannungen im nächsten Monat schließlich die alten Freundschaften stark belasteten, planten auch eine französische *Ulysses*-Ausgabe. Joyce und Sylvia hatten vereinbart, daß Adrienne den Vertrag für die Veröffentlichung des französischen *Ulysses* haben sollte. Vor einem Jahr hatte Larbaud, den Joyce als seinen Übersetzer haben wollte, zugestimmt, Teile zu übersetzen und andere zusammenzufassen. Als Larbaud wegen anderer Projekte seine Pläne aufgeben mußte, erklärte sich Auguste Morel, ein junger bretonischer Dichter, dessen Werk Adrienne veröffentlicht hatte, bereit, die Arbeit zu übernehmen. Er nahm das Manuskript mit ans Meer, um dort zu übersetzen. Manchmal kam er nach Paris, um mit Sylvia, Adrienne, Larbaud und Fargue die Veröffentlichung der ersten Stücke in *Commerce* vorzubereiten.

Am 8. Juni arbeiteten sie zusammen an den ersten zwei Dritteln des »Telemach«- und an Teilen des »Ithaka«- und »Penelope«-Kapitels. Larbaud fügte Teile dieser drei Kapitel zusammen, um die Verschiedenartigkeit und Reichweite des Buches zu zeigen. Larbauds Erinnerungen an diese Sitzung berichten, welchen Beitrag Sylvia für die französische Übersetzung leistete:

»Es machte Spaß, ja. Diese Übersetzungssitzung am Sonntag... Sylvia fand die typischen französischen Ausdrücke und ich, benommen von einer schlechten Nacht und der Furcht zu spät zum Gare de Lyon zu kommen, wo Man Ray auf mich wartete, machte klägliche Versuche, mich an bekannte Ausdrücke zu erinnern, die ich trotzdem in jedem Winkel in meinem Herzen sammle. Meine Pariser Haushälterin sagt, wenn sie von der Concierge spricht: ›Sie ist ein Horror von einer Frau.‹ Aber verstehen Sie wo das hinführt? Aber Molly Bloom war nicht so proletarisch, wie Fargue sie darstellte. Ich glaube, der Ton, den Sylvia entdeckte, war viel genauer.«

Sylvia wurde bei den Übersetzungssitzungen durch Besuche britischer Freunde unterbrochen, darunter von zwei charmanten alten Herren, die sie bewunderte: Arthur Symons und Havelock Ellis.

»Sie verbrachten zusammen im Hotel Regina einen kurzen Parisurlaub«, berichtete sie ihrer Mutter. »Sie kommen oft in meinen Laden und scheinen ihn zu mögen. Symons redet viel von Verlaine, Swinburne und allen möglichen anderen Leuten und deren Liebesaffairen und natürlich seinen eigenen und von denen der Zigeuner. Er trägt dick auf und man versteht nur die Hälfte (zum Glück).«

Sie mochte auch den fünfundsechzigjährigen Psychologen sehr gerne: »Havelock Ellis gefällt mir sehr. Ich ließ am Donnerstag von Paul-Emile Bécat eine Zeichnung von Ellis anfertigen und sie wurde wunderbar. Ich werde sie in meinem Laden aufstellen.«

Sylvia konnte dem Wirbelwind Antheil, der jetzt auch noch von seinem Manager Pound angetrieben wurde, nicht aus dem Weg gehen. Bei einem Konzert im Haus von Frau Gauss »saß Pound am Schlagzeug, das er energisch bediente«. Im *Criterion* hatte Pound eben in einem Artikel Antheil als »den ersten Künstler gepriesen, der Maschinen ohne falsches Pathos benutzt« und der »das Klavier gereinigt« habe. Er verglich Antheils Musik mit Picassos »Eisblöcken«. Während der ersten Juliwoche veranstaltete Pound ein Privatkonzert »Musique Américaine: Die Unabhängigkeitserklärung« mit Kompositionen von Antheil, gespielt von Olga Rudge und Antheil selbst. Zu den Gästen gehörten Sylvia, Joyce, Margaret Anderson, Jane Heap und Djuna Barnes. Sylvia behauptet: »Bei George Antheils Konzerten war stets die ganze Familie aus der Rue de l'Odéon anwesend, auch damals, als Ezra Pounds Musik auf dem Programm stand. Olga Rudge war die Violinistin... Das Quintett, das bei Miss Barney gegeben wurde, gefiel mir sehr. Ich ging sogar in Salons, um Antheils Musik zu hören.« Sylvia, Antheil und Joyce waren begeistert von Georges Vorhaben (an dem er später das Interesse verlor), eine Oper auf die »Zyklonen« des *Ulysses* zu komponieren: eine Oper mit dreizehn elektrischen Pianos, die alle mit einem Klavier, Schlagzeug und Xylophon verbunden waren.

Sylvia und Joyce interessierten sich für die Musik von George, er wiederum nahm regen Anteil am literarischen Leben in ›Shakespeare and Company‹. Neben der Zusammenarbeit mit Joyce und Pound an musikalisch-literarischen Produktionen befreundete er sich mit den Herausgebern der kleinen Zeitschriften, die ihre Veröffentlichungen über den Buchladen vertrieben. Im Jahr darauf handelte er als ein Pariser Agent für das deutsche Magazin *Der Querschnitt* und veröffentlichte Partituren und kritische Artikel in *transatlantic review* und *Little Review*. *This Quarter* veröffentlichte eine »Antheil Musikbeilage«. Im *transatlantic review*-Artikel »Das Quartal: Frühling« (1924) behauptet Hemingway ironisch, daß Antheil Strawinsky, Sylvia Beach und andere zeichne. Er selbst habe seinen Strawinsky aber lieber »pur«. Später entschuldigte er sich zwar dafür, doch zunächst war George außerordentlich niedergeschlagen. Er ging in den Laden, um sich trösten zu lassen, aber es war zuviel Betrieb. Er setzte sich an Sylvias Schreibtisch und tippte auf einen Zettel: »Du gehörst zu den wenigen Freunden, die ich in Paris habe und ich will Dich nicht verlieren.« Um ihn aufzuheitern, ging sie mit ihm in Barneys Salon und zum Moulin Rouge, dessen Atmosphäre er liebte.

Als die beiden Amerikanerinnen aus dem zweiten Zimmer über dem Buchladen nach Amerika zurückkehrten, überließ Sylvia den Antheils das Zimmer. Damit George Zeit zum Komponieren hatte und sein Geld nicht auf Konzerttouren verdienen mußte, bat sie McAlmon um Hilfe, der in diesem Sommer mit seiner Schwiegermutter, Lady Ellerman, eine zweijährige Finanzierung arrangierte. Sylvia zahlte das Geld als eine Art Stipendium an ihn aus. Zwischen 1924 und 1925 führte sie fast täglich Buch über die Zahlungen an ihn. Offenbar baten die Antheils um ihr täglich Brot. Jetzt, da Pound sich von Paris und Antheil zurückzog, fiel Sylvia mehr Verantwortung zu.

Pound, den Huddleston ›den vollendeten Exilanten‹ genannt hatte, zog nach Italien und ließ sich im Dezember in Rapallo nieder. Er war vier Jahre in Paris gewesen, wo seine lange, schlaksige Gestalt, von wildem rotem Haar gekrönt, eine zentrale Erscheinung des literarischen Lebens gewesen war. Diese Jahre hatte er sich auf Bildhauerei und Komposition konzentriert. Er verließ Paris, wie er diverse Projekte und Magazine aufgegeben hatte: aus einer Laune heraus oder aus Sturheit oder weil er, wie schon 1920 in London, Unbehagen verspürte. Das Unbehagen war sowohl körperlich (er hatte neben anderen Leiden eine Blinddarmentzündung) wie geistig. Und Dorothy Pound gefiel Italien besser. Pound behauptete, Italien habe »Europa zweimal zivilisiert« und würde es auch ein drittes Mal tun. Daher verließ der mittelalterliche Ritter die Arena, um nach Rapallo zu gehen. Es war ihm gelungen, Williams nach Paris zu holen, und er hatte Antheil durch Bücher und Konzerte gefördert. Er war nun achtunddreißig Jahre alt und wollte sich auf seine eigenen Gedichte konzentrieren. »Für ihn war es an der Zeit, nicht mehr so viel für andere Männer und für die Literatur im allgemeinen zu tun, nicht mehr die Öffentlichkeit zu erziehen, sondern einfach zu schreiben«, behauptet Cowley. Er hatte begonnen, seine *Cantos* zu veröffentlichen. Dieses epische Gedicht sollte ihn fast bis an sein Lebensende beschäftigen. Birds Three Mountains Press stellte ein Exemplar von *Canto Four* bei ›Shakespeare and Company‹ aus, um für die Publikation von Pounds *Draft of VII Cantos for the Beginning of a Poem of Some Length* zu werben. Künftig stand sein Name für Rapallo, seine wachsende Gedichtesammlung und sein wachsendes Interesse für Ökonomie.

Es war ein Schlag für Sylvia zu hören, daß Ford Madox Ford – von Pound ermutigt – einen Buchladen in Bill Birds Büro eröffnen wollte. Sie war verärgert, aber gab sich nicht geschlagen. Die Krise begann, als Ford in seiner *transatlantic review* mitteilte, daß er den Lesern Bücher zu besseren Preisen liefern würde als die ›bekannten‹ Buchläden. Obwohl sich diese Bemerkung nicht auf sie bezog, nahm sie das persönlich. Der Angriff (sie verstand ihn als solchen) hatte zwei Seiten: Er würde mit ihrem Geschäft konkurrieren, und mit seinem Angebot unterstellte er ihr, sie hätte ihre Kunden geschröpft. Sie sah die Mitteilung erst, nachdem sie bereits ein paarmal erschienen war. McAlmon hatte flüchtig erwähnt, daß Bird eine Art Buchladen am Quai d'Anjou eröffnete. Sie nannte diesen Entschluß »die Gans, die die goldenen Eier gelegt hat, schlachten, denn ich habe für diese Leute gearbeitet und war die einzige Buchverkäuferin in Paris, die ihre Bücher führte, für sie warb, sie dem Publikum vorstellte, und was hätten sie ohne mich gemacht, wenn ich das mal fragen darf«. Obwohl sie meinte, »daß der alte Ford das Ding nur dreht, um sich wichtig zu machen, und er ist und bleibt eine lächerliche alte Person«, sah sie sich direkt bedroht und handelte sofort. Sie beschreibt den Showdown an der Rive Gauche auf ihre witzige Art:

»Ich zeigte sofort mein Unbehagen... Ihre Fotos verschwanden von den Wänden bei ›Shakespeare and Company‹, ihre Bücher aus der Fensterauslage, von den Tischen und Regalen, und transatlantic wurde irgendwo tief unten begraben, so daß der Verkauf von 50 im Monat auf 0 sank. Große Bestürzung. Leute kamen vorbei und bemerkten, daß sich die Atmosphäre verändert hatte... Sie schrieben mir und besuchten mich, um zu fragen, was mich verärgert hatte, was sie natürlich bereits sehr gut wußten. Ich sagte es ihnen.«

Bird, der sich sofort von diesem Plan distanzierte, versuchte, Ford mit Hemingway und McAlmon unter Druck zu setzen. Nach einem Briefwechsel mit Sylvia gab Ford auf, änderte seine Zeitungsannonce und gab alle Bestellungen an Sylvia weiter.

»McAlmon und Hemingway und alle anderen redeten mir immer wieder zu, und schließlich hängte ich ihre Fotos wieder auf und stellte die Bücher wieder in den Laden. Adrienne und ich luden die Birds und Hemingways zum Essen ein, und der Vorfall wurde begraben. Ich hatte ihnen und mir eine gute Lektion erteilt.«

Der Pulverqualm hatte sich noch nicht verzogen, als sie die fünfte *Ulysses*-Auflage plante. Sie hatte vereinbart, für diese Auflage monatlich 5000 Francs zu zahlen. Als die Details ausgearbeitet waren, verbrachte sie einen kurzen Urlaub am

Mittelmeer mit einer überarbeiteten Adrienne, für die der »Urlaub zu spät kam«. Sie fiel eines Abends in einem Restaurant in Montpellier in Ohnmacht. Nach nur zehn Tagen kehrten sie nach Paris zurück, und Adrienne hütete weiter das Bett.

Im Herbst besuchte Harriet Weaver, die H. D., Bryher und McAlmon im Oktober für einen Monat nach Paris mitgebracht hatten, den Buchladen. Sylvia und Harriet Weaver mochten sich auf Anhieb. Sie teilten eine religiöse Erziehung, die Aufopferung für die Literatur und die Beziehung zu Joyce. Obgleich keine von ihren Schwierigkeiten mit Joyce erzählte, gab es eine Art gegenseitiger Bewunderung und Sympathie. Im Gegensatz zu Miss Weaver hatte Sylvia täglichen Kontakt zu Joyce und war mit den Alltagsproblemen vertraut. Bis jetzt war Miss Weaver diese Tortur erspart geblieben, aber auf dieser Reise sah sie Joyce zum ersten Mal betrunken. Als entschiedene Alkoholgegnerin war sie enttäuscht, wollte aber die ihm gemachten Zusagen nicht aufkündigen. Miss Weaver und Sylvia gingen zu Joyce, um ihn Shauns erste Nachtwache lesen zu hören, bei der er im »Niemandsland« einschläft, und die zweite Wache, wobei der muntere Shaun seine »bruised-brogues« lockert. Sie und Miss Weaver hätten beide Interpretationshilfen gebrauchen können. Sylvia schrieb ihrer Mutter, nachdem ›ihre neue‹ englische Freundin fortgefahren war: »Miss Weaver blieb einen Monat, und wir kamen fantastisch miteinander aus.«

Auf eigene Kosten arrangierte Sylvia mit Victor Records eine Schallplattenaufnahme von Joyces Lesung der »Äolus«-Episode aus dem *Ulysses*, der einzigen »deklamatorischen« Episode, die sich nach Joyces Meinung herausgreifen ließ, und die einzige aus seinem Roman, die er je lesen würde. Später folgte Sylvia,

»daß er die »Äolus«-Episode doch nicht nur aus deklamatorischen Gründen wählte. Ich glaube, es kommt darin etwas zum Ausdruck, was er so bewahrt haben wollte, wie er es mit seiner eigenen Stimme sagte. So wie es klingt, ›erhob er seine Stimme kühn darüber‹, und man fühlte, daß es mehr ist als bloße Rhetorik.«

Zur Probe und zur Aufnahme begleitete Sylvia ihn zu den Treffen mit Piero Coppola, der ihnen mitteilte, daß es keinen Markt für Sprechschallplatten gab. Es wurden dreißig Kopien gezogen – hauptsächlich für Freunde. Die Schallplatte war Ende November gepreßt, als Joyce seine sechste Augenoperation in Dr. Borschs kleiner Klinik in der Rue du Cherche-Midi hatte, bei der ihm ein zweiter grauer Star (Katarakt) entfernt wurde.

Bei Joyce sorgte sich Sylvia Beach immer zur einen Hälfte um die Nachwelt, für die auch die Schallplatte gemacht wurde, und zur anderen um den Verkauf. Sie führte inzwischen eine eigene Liste über die Käufer des *Ulysses*: zwei Exemplare kaufte Stuart Gilbert, jeweils eins ging an Nancy Cunard, an Ernest Walsh, Joseph Beach, einen Franzosen, drei Touristen, einen rothaarigen Amerikaner und eine englische Lady. Sie dokumentierte auch Details wie »habe Emma Goldman ein Presseexemplar gegeben« und »für Hemingway 60 Francs beiseite gelegt«. Aus der Liste geht nicht nur hervor, welche Schriftsteller in Paris waren, sondern sie informiert auch über den wachsenden Verkauf des *Ulysses*. Zum Beispiel hatte sie im vorherigen Januar 227 Exemplare ihrer neuen vierten Auflage verkauft. Im September verkaufte sie ihre letzten 46 Exemplare. Der Verkauf der fünften Auflage stieg auch in diesem Herbst weiter und dauerte bis 1925 an.

Im Oktober entstanden unter Sylvias Freunden vom *Commerce* Streitigkeiten. Im Frühling hatte Adrienne nach ihrer harten Tagesarbeit Gedichte für den *Commerce* aufgeschrieben, die Fargue ihr diktierte. Diese ungewöhnliche Methode schien die einzig mögliche, Fargue zum Dichten zu bringen, denn, wie Sylvia in einer frühen Fassung ihrer »Memoiren« feststellt: »Von Fargues Zunge sprudelten zwar Reichtümer, aber seine Feder war irgendwie verstopft.« Trotz Adriennes Bemühungen hatte er diese Gedichte bis Ende Juni aufbewahrt, obwohl die Zeitschrift in diesem Monat erscheinen sollte. Sylvia berichtet, daß Adriennes Geduld noch bis Juli anhielt. Fargue hatte keine Vorstellung von ihrer Arbeit oder seinem Anteil an ihrem Zusammenbruch in diesem Sommer. Die Spannungen wuchsen. Valérys Artikel kam auch zu spät. Joyce wollte unbedingt auf Zeichensetzung in »Mollys Monolog« ganz verzichten. Als Adrienne dagegen war, telegrafierte Larbaud, der zu dieser Zeit in Italien war, daß er mit Joyces Entscheidung einverstanden sei. Adrienne gab nach, und als die Ausgabe im August erschien, meinte sie, sie wolle »Joyces Absicht erfüllen« und »den ununterbrochenen Fortlauf der Erde und ihre Formlosigkeit« darstellen.

Das Jahr endete mit vielen Freundschaftsgeschenken. Ein großzügiges und nützliches Geschenk kam von Bryher, die Harriet Weaver gebeten hatte, für die wachsende Ablage im Buchladen Aktenordner zu bestellen. Trotz der Forderungen und Belohnungen ihrer Arbeit fand Sylvia stets Zeit zum Lachen:

»Adrienne und ich verbrachten einen ausgelassenen Weihnachtsabend mit den Romains und Jouvet, dem Schauspieler am Champs Élysées Theater. Der Arme war in schlechter Verfassung wegen dem Stück, in dem er gerade spielte – ein totales Durcheinander. Aber wir hatten viel Spaß. Nach dem Dinner besuchten wir einige Tanzlokale bei der Bastille und tanzten mit üblen Gestalten. Wir kamen um 5 Uhr nach Hause. Ich schlief ein bißchen und ging dann zu Joyce, um ihm eine Schallplatte zu geben, die ich am Tag zuvor aus der ›Fabrik‹ geholt hatte. Sie ist sehr gut.«

William Carlos Williams' Geschenk *In the American Grain* kam ein paar Monate später und enthielt den Aufsatz »Père Sebastian Rasles«, der mit einem Lob auf alle Persönlichkeiten in Paris, von Picasso bis Adrienne, und auf Paris selbst beginnt. Unter den zahlreichen Besuchern des Jahres 1924 war Williams vielleicht der herausforderndste, wegen seiner tiefsitzenden Ambivalenz, die er gegenüber der Stadt und ihrem intellektuellen und künstlerischen Leben spürte. Er war nach Europa gekommen, wie er in seinem Aufsatz behauptet, »die Antennen voll ausgefahren«, nur um eine »alte Weltkultur zu finden, in der jeder an seinem eigenen Fleisch zerrt, sich kaum der Neuankömmlinge bewußt wird, gänzlich ohne Neugier – keine Wißbegierde; sie waren bedient«. Er kehrte nach Amerika zurück, nannte Europa »Unseren Feind« und verkündete die Warnung von Van Wyck Brooks aus dem Jahre 1909: »Reisen im Ausland trennt von den Dingen und vom Denken des eigenen Landes.« Zwar waren Pound und Eliot Williams' bestes Beispiel, aber Hemingway paßt vermutlich nicht in seine Theorie. Sylvia, die zweierlei Heimat kannte, wußte, was Ralph Touchett in Henry James' *Portrait of a Lady* äußert: »Ah, man kann sein Land genausowenig wie seinen Großvater verlassen. Beide gehen der Wahl voraus – sind Bestandteile des eigenen Lebens, die man nicht auslöschen kann.« Bryher bestätigt, daß Sylvia, die jeden amerikanischen Besucher willkommen hieß, ihr Land niemals wirklich verließ:

»Sie liebte Frankreich. Sie machte für uns ein Privileg daraus, in Paris zu leben, aber ihr unterlief niemals der häufige moderne Fehler: sie versuchte sich nie so stark mit dem fremden Land, dessen Kindheitsmythen sie nicht erlebt hatte, zu identifizieren. Großzügig und gleichzeitig bescheiden mischte sie uns statt dessen alle zusammen, denn wir waren alle Schriftsteller und Entdecker. Wir veränderten uns, die Stadt änderte sich, aber auch nach einiger Abwesenheit fanden wir stets Sylvia auf uns warten, die Arme voller neuer Bücher, und oft stand neben ihr in einer Ecke ein Schriftsteller, den wir kennenlernen wollten.«

8. KAPITEL

Sommer der »Tausend Parties«
1925

In seinem *Ledger* nennt F. Scott Fitzgerald das Jahr 1925 den Sommer der »1000 Parties, ohne Arbeit«. Es stimmte, was er von den Parties sagte – und was ihn betraf, auch die fehlende Arbeit. Er besuchte Parties in Antibes und Paris, wo er zum erstenmal in diesem Sommer Hemingway begegnete. Die berühmteste Party von 1925 war die Juli-Reise der Hemingway-Truppe nach Pamplona – eine Reise, die im folgenden Jahr in *The Sun Also Rises* verewigt wurde. Die französischen Künstler feierten ebenfalls. Während der Franc an Wert verlor und die Studenten gegen die Wirtschaftspolitik der Regierung revoltierten, blühte das öffentliche künstlerische und kulturelle Leben. Oft unterhielten die Amerikaner Paris. Antheils Konzerte füllten die Hallen und Theater, wo immer sie veranstaltet wurden. Viele Leute kamen nur, um sich eine Schlägerei zu gönnen. Er »verschwand« sogar nach Afrika, um die Presse zu erfreuen.

Die schöne schwarze amerikanische Tänzerin Josephine Baker gehörte zu den Sensationen dieses Jahres in Paris.

Aber 1925 war auch ein Jahr literarischer Produktivität. Ein neues Magazin *(This Quarter)* wurde von Amerikanern in Paris begründet, und Adrienne gründete ein neues französisches: *Le Navire d'Argent*. Sylvia nahm an einigen Parties und vielen literarischen Aktivitäten teil. Sie veröffentlichte zwei weitere Auflagen von *Ulysses*, arrangierte mehrere Übersetzungen und verhandelte mit vielen Zeitschriften über Teilveröffentlichungen von Joyces *Work in Progress*. Im August gelang ihr die Flucht nach Les Déserts, der Heimat von Adriennes Mutter im Savoy, wo sie bis zu ihrem Lebensende jedes Jahr einen Teil des Sommers verbrachte.

Exiles, das einzige Theaterstück von Joyce, wurde im Neighborhood Playhouse in New York, wo der Bildhauer Jo Davidson bei der Produktion geholfen hatte, einundvierzigmal aufgeführt. Der Verleger Ben W. Huebsch schickte der Produzentin Helen Arthur einen Brief – und Sylvia eine Kopie –, worin er die Produktion lobte, obwohl sie kein sonderlicher Erfolg gewesen war. Eine Londoner Theatergruppe führte das Stück auch in diesem Jahr auf; aber das Pariser Publikum sollte es fast dreißig Jahre lang nicht sehen.

Die ersten sieben Monate des Jahres 1925 lebte Sylvia zwischen intensiver Arbeit und exzessiven Vergnügen. Hemingway war im März, nach einem drei Monate langen Skiurlaub, von Schruns in Österreich zu den Straßen vom Montparnasse zurückgekehrt. Er hatte in dieser Zeit nicht produktiv gearbeitet. Einem Freund erklärte er, daß er wahrscheinlich die belebende Wirkung des Stadtlebens brauche. Andererseits hatte er auf dieser Reise die Nachricht von zwei entscheidenden Erfolgen erfahren. Der Amerikaner Ernest Walsh und die Schottin Ethel Moorhead (vor dem Krieg eine Suffragette) starteten die neue Zeitschrift *This Quarter* und gaben Hemingway im Januar 1000 Francs für seine Kurzgeschichte »Big Two-Hearted River«. Und im Februar hatte er erfahren, daß Horace Liveright aus New York seine erste Kurzgeschichtensammlung, *In Our Time*, veröffentlichen würde. Während Hemingway die guten Nachrichten Sylvia erzählte, übergab sie ihm eine Menge Briefe, unter anderem eine Nachfrage von Max Perkins, einem Lektor bei Scribners. Der Brief kam zu spät: vor fünf Tagen erst hatte er mit Boni and Liveright eine Option auf drei Bücher unterzeichnet.

Im Frühling widmete sich Hemingway viele Stunden lang dem *Quarter*, bis er sich mit Walsh zerstritt. *This Quarter* war ein kurzlebiges, aber bedeutungsvolles Magazin im Odéon-Viertel. McAlmon teilte Sylvia mit, daß er und Bryher in diesem »Schulmagazin« zusammen mit allen »degenerierten Parisern« veröffentlicht würden. Zu diesen Degenerierten zählten unter anderem Stein, Hemingway, Williams, Yvor Winters, McAlmon, Bryher, H. D. und Kay Boyle, eine junge Amerikanerin in der Redaktion. Die Erstausgabe, mit dem von Walsh verfaßten Untertitel »Internationale Vierteljahresschrift der Künste«, war »mit dem Dank dieser Generation« Ezra Pound (fotografiert von Man Ray) gewidmet. Hemingway schrieb eine Zueignung eher an den Menschen Pound als an dessen Werke und gedachte des vielgesichtigen Genies, das vier Fünftel seiner Zeit mit der Ermutigung und Förderung von Schriftstellern verbracht habe.

Auch eine deutsche Zeitschrift gewann in diesem Jahr in Odéonien an Bedeutung. Sylvia war so etwas wie eine inoffizielle Beraterin für *Der Querschnitt*, dessen Pariser Repräsentant Graf Alfred von Wedderkop war. Sie nannte ihn »Mr. Awfully Nice«, weil das die einzigen englischen Wörter waren, die er kannte. Hemingway machte Wortspiele mit dem Namen der Zeitschrift. Antheil war versehentlich verpflichtet worden, literarische Manuskripte zu liefern, und bat Sylvia um Rat. Bald wurden Joyces Gedicht *Chamber Music* (Kammermusik), Hemingways Gedichte (jungenhafte, derbe Knittelverse) und dessen Kurzgeschichte »The Undefeated« (Stierkampf) in *Der Querschnitt* veröffentlicht.

Eliots *Criterion* in London plante die Veröffentlichung von zwei Episoden aus Joyces *Work in Progress*. Die Veröffentlichung in *Criterion*, berichtet Sylvia aufgeregt ihrer Mutter, wäre »die erste nach zehn Jahren von irgend etwas« aus Joyces Feder in England, »und wir sind ein bißchen nervös«. Am 14. April schickte Sylvia das Manuskript an Eliot. Mit einem anderen englischen Magazin, *Calendar of Modern Letters*, hatte sie Pech, da die Drucker im Sommer strikt ablehnten, die »Anna Livia Plurabelle«-Episode zu drucken. Im nächsten Jahr weigerte sich Joyce auch bei Marianne Moore vom *Dial*, ein einziges Wort dieser Passage zu ändern. Jede Ablehnung von Anna Livia bedeutete Korrespondenzen, Briefe, Absagen und Entschuldigungen.

Eliots *Criterion* und eine Anthologie, die McAlmon herausgab, bliesen jedoch Wind in die Segel des neuen Werkes von Joyce. Im vergangenen Herbst und Winter, als McAlmon die Idee für seine Anthologie entwickelt hatte, hatte er zuerst Joyce geschrieben. Im April 1925 korrigierte Joyce die Druckfahnen von vier Seiten seiner ersten Fassung der »Earwicker«-Episode. Für diese Anthologie, die *Contact Collection of Contemporary Writers*, die Miss Weaver gewidmet wurde, warb McAlmon auch um Arbeiten von Bryhers Londoner Bekanntenkreis: Havelock Ellis, Norman Douglas, Edith Sitwell, Dorothy Richardson und May Sinclair. Zur Pariser Gruppe gehörten Mina Loy, Mary Butts, Djuna Barnes, Stein und Hemingway. Natürlich gehörten auch H. D., Bryher und Williams dazu. Die Anthologie, die im Juli herauskam, machte McAlmon und die Contact Publishing Company bekannt. Neben der Anthologie erschienen fünf Werke bei Contact, unter anderem McAlmons Meisterwerk *Distinguished Air* und Steins *Making of Americans*. Als *Distinguished Air* bei ›Shakespeare and Company‹ im Handel war, schickte McAlmon aus London die dringende Bitte, das Buch an niemanden, der es nach England bringen könnte, zu verkaufen. Er wußte, daß drei der Geschichten (Szenen von Ausschweifungen in Deutschland) der konservativen Familie Ellerman peinlich wären. Ihrer Mutter erklärte Sylvia McAlmons Problem folgendermaßen:

»*Distinguished Air* wurde in England beschlagnahmt. Als der Fall in ›Bow Street‹ vorgetragen wurde, warf der Staatsanwalt dem Buch vor, daß es die gleichen Verleger wie *Ulysses* habe. Weißt Du, McAlmons Adresse in Paris ist die Rue de l'Odéon und sein Drucker ist Darantière, das macht sie mißtrauisch. Drüben hat er jetzt Detektive an seinen Fersen, seine Briefe sind durchsucht worden und sein Portier ist bestochen worden.«

Fünf Tage nachdem die französische Regierung aus Furcht vor Unruhen alle Maiparaden untersagt hatte, kam Miss Weaver, die sanfte zukünftige Kommunistin, für einen kurzen Urlaub nach Paris. Da Sylvia freundlich zu ihr war, fühlte sich Miss Weaver in Odéonien wohl und blieb für drei Wochen. Die formelle Engländerin, so berichten ihre Biographen, sprach »nach nur achtmonatiger Bekanntschaft Miss Beach als Sylvia an« und erteilte Sylvia »die Erlaubnis, sie mit ihrem Pseudonym, Josephine, anzusprechen«. Sylvia respektierte Harriet Weaver und war imstande, mit dieser sittsamen Engländerin genauso ungezwungen umzugehen wie mit Romains, seinen Cronies und Hemingway, die alle eine wilde, ausgelassene Seite hatten. Oft besänftigte sie die Beziehungen zwischen ihren unterschiedlichen Freunden, wie ihre Korrespondenz mit Harriet Weaver und McAlmon beweist. Als Miss Weaver merkte, daß McAlmon trank, vertraute er Sylvia an, daß er Miss Weaver »keine Angst einjagen« wollte, und Sylvia vermittelte zwischen den beiden.

Während Miss Weavers Besuch zogen die Joyces an den Robiacplatz Nr. 2, eine Sackgasse bei der Rue de Grenelle. Dort blieben sie sechs Jahre lang bis zum 30. April 1931. Sylvia nannte die Wohnung »einen großen Gewinn, schön und sonnig« mit einem »guten Arbeitszimmer«. Miss Weaver sah nun selbst die komplizierten und anstrengenden Bemühungen, die mit der Familie Joyce verbunden waren. Sie begriff, daß Sylvia für Joyce unentbehrlich war.

Die Erstausgabe des *Le Navire d'Argent*, Adriennes Zeitschrift, war für den 1. Juni geplant. Sylvia und Adrienne waren im April und Mai mit den Vorbereitungen und Übersetzungen beschäftigt. Das Magazin mit dem Untertitel *Revue Mensuelle de Littérature et de Culture Générale* war wirklich international. Sylvia und Adrienne übersetzten für diese Ausgabe Eliots *The Love Song of J. Alfred Prufrock* (Das Liebeslied des J. Alfred Prufrock).

Allons alors, vous et moi
Quand le soir est étendu contre le ciel
Comme un patient anesthésié sur une table…

Die Übersetzung – sie hielten *The Waste Land* für zu schwierig – war ein Liebesdienst, erklärt Sylvia, »und unser Opfer
machte uns niemals Vorwürfe«. Im Gegenteil, Eliot war, wie
er später bestätigte, sogar stolz, ihnen »die Einführung meiner
Verse beim französischen Leser« zu schulden. Als Prufrock im
Navire sein Liebeslied sang, war für die Franzosen zum ersten
Mal ein Gedicht von Eliot vollständig übersetzt worden. Larbaud verfaßte den ersten Artikel für die Eröffnungsausgabe,
ein Tribut an Paris – eine Stadt, die nach vier Kriegsjahren
ihrem Motto: *fluctuat nec mergitur* (es schwankt, aber es
sinkt nicht) alle Ehre gemacht hatte. Paris ist die »Hauptstadt
des Westens«, fährt er fort und zitiert Walt Whitman »Ich bin
wirklich ein Pariser«. Larbaud scheint Sylvia zu meinen,
wenn er die Pariser willkommen heißt, »die nicht in Frankreich geboren sind, genauer die Freunde, die zur materiellen
Umtriebigkeit von Paris und seiner geistigen Macht, so wie
Walt Whitman, beigetragen haben oder dazu fähig sind.«
Adriennes Partner beim *Navire* war der vierundzwanzigjährige Jean Prévost, ein treuer neuer Freund der beiden Buchläden. Seit 1924 gehörte Prévost mit André Chamson und
Marcelle Auclair (die Prévost später heiratete) zu einer neuen
Gruppe französischer Kunden und Freunde – alle Mitte
zwanzig. Ihre Zeitgenossen in Frankreich waren die Surrealisten Breton, Aragon und Tzara, aber auch Saint-Exupéry,
während zu ihren angelsächsischen Zeitgenossen Hemingway, Fitzgerald, Wilder und Crane gehörten. Sylvia bemerkte,
daß Chamson und Prévost »völlig unterschiedlich waren«.
Prévost war »sprunghaft, reizbar, launisch. Er war ein Gram-
matiker mit philosophischen Neigungen.« Chamson hingegen
war »gesetzt, fleißig, gewandt, einsichtig… ein Kunstkenner,
ein Historiker und politisch engagiert«. Beide arbeiteten für
Navire. Prévost arbeitete eine Zeitlang als Redaktionsassi-

stent, bis er sich ganz dem Schreiben von Essays und Romanen widmete. Chamson widmete sich der Veröffentlichung von *Roux le Bandit*, seinem ersten Roman, der sich mit dem Elend seiner protestantischen Vergangenheit in den Cévennen auseinandersetzt. Myrsine mochte Prévost, der ungefähr gleichaltrig war, besonders gerne. Er war freundlich und kräftig und half ihr, die schweren Bücherkisten mit Billigangeboten ans Fenster zu stellen.

Aber sein Interesse galt Marcelle Auclair, einer jungen Frau, die kürzlich aus Chile angekommen war. Ihre französischen Eltern hatten sie dort erzogen. Auclair erzählt die spannende Geschichte, wie »ein Provinzmädchen aus Santiago de Chile die große Welt der französischen Literatur kennenlernte«. Mit Anfang zwanzig hatte sie einen sehr erfolgreichen Roman in spanischer Sprache veröffentlicht. 1923 beschloß sie, aus Furcht, daß der frühe Ruhm sie verderben könnte, in ihre Heimat zurückzukehren. Sie glaubte, in Frankreich sei die Konkurrenz stärker. Ihre Familie und einflußreiche Freunde gaben ihr Empfehlungsschreiben, die sie in ihre Brieftasche packte. Vor ihrer Abreise zeigte sie einige ihrer Gedichte dem französischen Schriftsteller und Diplomaten Henri Hoppenot, einem Freund der Familie bei der französischen Botschaft. Außer einem guten Vers fand er ihre Gedichte schwach. Für den einen guten Vers versprach er ihr die Adresse von einer besonderen Persönlichkeit in Paris, einer Freundin namens Adrienne Monnier. Bei Auclairs Abreise kam ein Bote mit Monniers Adresse, die sie in ihre Kosmetiktasche legte und prompt vergaß. Auf ihrer Reise nach Paris beschloß sie, daß Frankreich ein völlig neuer Anfang sein sollte. Sie öffnete die Brieftasche, nahm die Briefe – Verbindungen zwischen Santiago und Paris – und zerriß sie.

In Paris entdeckte sie später, daß sie das Empfehlungsschreiben an A. Monnier hinter dem Spiegel in ihrer Kosmetiktasche vergessen hatte. Ihr war der Laden aufgefallen, weil er Bücher führte, für die sie sich interessierte. Sie überbrachte daher der Besitzerin das Schreiben. So begann eine lange Freundschaft. Adrienne machte sie mit Larbaud, Fargue, Sylvia und Prévost bekannt. Sie heiratete R. Prévost im Jahre 1926. André Maurois und Saint-John Perse waren die Trauzeugen. Da es schwer war, eine Wohnung zu finden, wohnten sie eine Zeitlang in einem kleinen Zimmer über Adriennes Laden.

Auclair mochte auch Sylvia sehr gerne. Sie beschreibt Sylvia als »forsch und freundlich, mit viel Sinn für Humor. Sie sprach ein ausgezeichnetes Französisch, benutzte aber amerikanische Wörter, um neue Wörter zu prägen, die wie französische aussahen, aber ihre eigenen Erfindungen waren.« Auclairs Beschreibung von Adriennes Dinnerparties zeigt sowohl interessante Aspekte der Persönlichkeiten von Sylvia und Adrienne als auch der sozialen Rolle, die sie für die französischen Schriftsteller spielten. Mitte der zwanziger Jahre gab es häufig Dinnerparties mit acht oder zehn Personen (niemals mehr) am Tisch: die Bécats, Auclair und Prévost waren stets dabei. Fargue war auch immer da – zumindest sein Teller. Adrienne liebte einfaches Bauernessen, Fleisch und Kartoffeln, sie machte aber auch oft ein Brathähnchen, nach einer Quiche Lorraine. Sie servierte ihre Speisen in ihrem rosa Eßzimmer. »Rosa«, sagte sie zu Auclair, »fördert den Appetit.« Auclair berichtet, daß Adrienne normalerweise die Unterhaltung führte, und oft war Literatur das Thema. Wenn Sylvia auch weniger sprach, wie Auclair bemerkt, so war sie doch immer an der Unterhaltung beteiligt. Ihr Witz richtete stets alle Aufmerksamkeit auf sie, und wenn sie in einem unerwarteten Moment ein oder zwei Wörter sprach, mußte die Gruppe jedesmal lachen. Sylvia war zierlich, aber die Anwesenheit ihrer lebendigen Persönlichkeit war stets spürbar. Das Essen und die Freundschaft waren unvergeßlich. In der Gruppe von Sylvia und Adrienne »hatten wir noch Zeit für Freundschaft und Freunde«, erinnert sich Chamson dreißig Jahre später.

Durch Adriennes aromatische Kochkünste lernte Sylvia das bäuerliche Essen schätzen. Sie sollte Adriennes Leidenschaft fürs Essen zwar niemals teilen, aber beide naschten gerne. Die eine aß wenig, die andere viel. »Ich liebe Fett«, gestand Adrienne im Jahre 1942. »Ich hatte keine Angst, dick zu werden. Ich sah im Fett die Auswirkung des Guten in der Welt, wie die Hindus, und geistig wollte ich jeden Morgen meine Götter mit Fett salben.« Sie sprach häufig von Speisen und Kochen in den gleichen Worten, die sie zur Bezeichnung der Bücher benutzte. Romane sind die Vegetation der Gesellschaft – »leaves of grass«. Dichtung ist das Fleisch und die Kartoffeln (oder Süßspeisen und Nüsse?). Sie genoß die Kunst des Speisens und der Wörter. »Ich ehrte Geschmack genauso sehr wie Genie«, erklärte sie.

Irgendwann im April 1925 traf Fitzgerald Hemingway in der Dingo Bar, Rue Delambre. Fitzgerald war auf dem Höhepunkt seiner beruflichen Karriere. Nach *This Side of Paradise* und *The Beautiful and Damned* hatte er gerade *The Great Gatsby* veröffentlicht. Hemingway hatte noch keinen Roman geschrieben; und erst im Oktober sollte seine erste Kurzgeschichtensammlung in Amerika veröffentlicht werden. Ein halbes Jahr bevor er Hemingway kennenlernte, hatte Fitzgerald (der nur drei Jahre älter war) sein Werk dem Lektor Maxwell Perkins von Scribners empfohlen. Nach dieser Begegnung im Dingo warb Fitzgerald großzügig und offenbar ohne Konkurrenzdenken weithin für Hemingways Werk. Als weiterer Beweis für seine Unterstützung las Fitzgerald im folgenden Sommer *The Sun Also Rises* und machte kluge Kürzungsvorschläge für den ersten Teil.

Hemingway war weniger freundlich. Seine Briefe vor dem Jahr 1936 bezeugen zwar, daß er Fitzgeralds Werk mochte, aber Hemingway (der Lehrling) wollte Fitzgerald (den angesehenen Schriftsteller) provozieren und sich über ihn lustig machen. 1936, als Hemingway ein etablierter Schriftsteller war, spottete er in »The Snows of Kilimandscharo« über Fitzgerald. In seinen Memoiren hinterließ Hemingway ein verzerrtes Porträt der einseitigen Freundschaft – ein Porträt, das Teil eines Mythos wurde. Nachdem Hemingway ein weltbekannter Schriftsteller geworden war, brauchte er Fitzgerald nicht mehr.

Die Spannung in ihrer Freundschaft hatte aber keine beruflichen Gründe. Als sie sich im Jahre 1925 begegneten, waren ihre literarischen Sujets, ihr Stil schon festgelegt. Jeder, der ihre Romane gelesen hat, weiß, daß sie sich nicht gegenseitig beeinflußten. Aber gerade ihre Unterschiede belasteten die Freundschaft. Matthew Bruccoli erklärt: »Der eine spielte das ruinierte Genie und der andere den Titanen.« Versagen ist das Hauptthema in Fitzgeralds Prosa, und man identifizierte ihn mit seinem Thema. Hemingways Mythologie dagegen war die des absolut männlichen Mannsbildes, geprägt von Mut und Durchhaltevermögen. Später wollte (konnte) das von der Welt anerkannte Mannsbild den Schwächling Fitzgerald nicht bewundern, weil der angeblich zu sehr von seiner angeblich räuberischen Frau Zelda beeinflußt war. Aber als sie sich im Frühling 1925 das erste Mal in Paris trafen, versicherte Bruccoli, verspürten die zwei Amerikaner aus dem Mittelwesten »ein großes Verlangen nach Freundschaft. Sie suchten Bewunderung und Kameradschaft. Hemingway brauchte Zuhörer. Fitzgerald brauchte Helden.« Fitzgerald, ein frustrierter Athlet, bewunderte Hemingways Ruf als Athlet und Kriegsheld. Er machte Hemingway mit dem Dekan von Princeton, Christian Gauss, bekannt und arrangierte für die drei wöchentliche Essen, um über literarische Themen zu diskutieren.

Während Fitzgeralds längstem Parisaufenthalt, vom Mai bis Dezember 1925, traf er keine französischen Schriftsteller. Auch Joyce lernte er erst drei Jahre später kennen, als Sylvia ihm Joyce und seinen Helden Chamson vorstellte. Er ging betrunken zu Edith Wharton, die Fitzgerald für eine »schreckliche« Person hielt. Fitzgerald besuchte viele Parties.

In einem Brief an Perkins schreibt er von »der Hysterie im letzten Mai und Juni in Paris«. Er war manchmal die ganze Woche lang betrunken. Dieser zügellose und reiche Schriftsteller (seit 1920 verdiente er durchschnittlich 20500 Dollar im Jahr) war in Odéonien, wo er sich in diesem Jahr selten blicken ließ, nicht eben angesehen.

Während Fitzgeralds literarische Produktivität in Frankreich nachließ, blühte Antheils musikalische auf. Die Öffentlichkeit war monatelang auf sein *Ballet Mécanique* vorbereitet worden. Am 21. Januar hatte die Pariser *Tribune* verkündet: »*Ballet Mécanique* wird Große Orchester und das Publikum wegwischen.« Um die Spannung zu erhöhen, hatte Antheil halbprivate Proben, bei denen oft Benoist-Méchin spielte, veranstaltet. Sylvia und Adrienne nahmen treu an jeder Vorstellung teil. Mit einem Bild, das an die Boxkämpfe erinnert, die sie und Sylvia mit Hemingway besuchten, beschreibt Adrienne Antheils Klavierspiel.

»Wenn er spielt, ist seine Musik schrecklich, er boxt mit dem Klavier. Er durchsiebt es mit Schlägen und gibt nicht eher auf, bis das Instrument, das Publikum und er selbst k.o. sind. Am Ende ist er rot, er wischt seine Stirn ab. Er steigt aus dem Ring mit gesenktem Haupt, seine Schultern zucken, er runzelt die Stirn, seine Fäuste sind immer noch geballt. Nach einer Viertelstunde ist er wieder klar im Kopf. Er lacht, er hat alles vergessen.«

Antheil wollte zwischen vierzehn und achtzehn automatische Klaviere benutzen, um die Orchestrierung zu verstärken. Als man ihm mitteilte, daß es in Paris überhaupt nicht so viele gab, gab er sich widerwillig mit weniger zufrieden und ließ drei Walzen perforieren. Endlich waren sie fertig, und Antheil nahm Boski, Sylvia und Adrienne mit in die Fabrik von Pleyel. Dort, wo Chopin im großen Lagerraum geübt hatte, probierte er die Walzen aus. Die Walzen wurden später graviert und Sylvia übergeben.

Sylvia war zwar gegen den Titel *Ballet Mécanique*, aber Antheil behielt ihn, denn ihn faszinierte das Mechanische. Er bezog sich sogar auf *Ulysses*, als »sei er eine mechanische Erfindung«, bemerkte eine bestürzte Sylvia. Er mochte *Ulysses*, weil er »funktioniere«, erklärte er Sylvia. Sie widersetzte sich sowohl seiner Obsession für das Mechanische als auch der Verbindung von Schönem (Ballett) und Banalem (Mechanik). Allerdings wies sie Antheil, der kaum Französisch konnte, darauf hin, daß der Titel eine geschickte Dada-Kombination enthalte, denn er bedeutete auch gleichzeitig einen französischen Staubsauger, den *balai mécanique* (wörtlich: »mechanischer Besen«).

Um sicherzustellen, daß auch wirklich jeder in Paris die Ankündigung seines Konzerts mitbekam, plante Antheil einen sensationellen Pressegag. »Ich habe eine gewaltige Publicity-Kampagne gestartet«, vertraute er Sylvia an, »damit ich mindestens 5000 Dollar (kurz darauf spricht er bereits von 10 000 Dollar) für mein *Ballet Mécanique* verlangen kann.« Er mietete einen Saal bei Pleyel und kündigte eine halböffentliche Probe an und ging dann, von Sylvia finanziell unterstützt, nach Afrika, angeblich auf der Suche nach »neuen Rhythmen«. Durch Sylvia und Bravig Imbs – der praktischerweise bei der *Tribune* arbeitete – wurde Antheils Afrikareise bekannt. Antheils Briefe, von denen die Presse Auszüge druckte, beschreiben seine Reisen an Orte, wo Musik »nur Schlagzeug« ist. Dann »verschwand« er. Die nachfolgende Publicity war genau das, was er geplant hatte. Die Probe mußte ohne ihn stattfinden. Imbs schickte Telegramme an Joyce, Sylvia und Adrienne, an Benoist-Méchin, an die *New York Herald* und *Paris Times* und an Elliot Paul, dessen Schriften Imbs sehr bewunderte. Es war ein kalter Tag, als Sylvia und Imbs Joyce für die Vorstellung mit dem Taxi abholten, und Imbs trug seinen schwarz-orange karierten Mantel aus Dartmouth. Der Plaidmantel paßte absurd gut zu den wilden Tönen und der hämmernden Klaviermusik. Imbs spielte an Stelle von Antheil Klavier. In seinen *Confessions of Another Young Man* beschreibt er, daß Sylvia von der wilden, betäubenden und überwältigenden Musik auf den Walzen »begeistert« und Joyce »trotz allem gepackt« gewesen sei. Nach jeder Musikrolle konnte man einen deutlichen »Seufzer der Erleichterung hören«. Joyce zog die italienische Oper der modernen Musik vor, aber er mochte Antheil sehr gerne. Von der zweiten Walze wollte er einen Teil noch einmal hören. Als Elliot Paul begeistert reagierte und der Reporter der *New York Herald* entsetzt war, als er hörte, daß es vielleicht siebzehn mechanische Klaviere gäbe, versicherte Imbs Antheil, das *Ballet Mécanique* würde ein »großer Erfolg« werden.

Jeden Tag beantwortete Sylvia die Fragen der Presse und nährte die sensationelle Geschichte. Die *Chicago Tribune* erklärte ihn für »in der Afrikanischen Wüste verschwunden«. Die *New York Herald* zitierte sein letztes Interview, in dem er behauptete, man brauche neue mechanische Schlösser, um das Publikum im Theater zu halten, wenn sein Konzert erst einmal angefangen habe. Das Telegramm von Henry Antheil in Trenton an Sylvia lautet: »Wissen Sie Neues über George. Bitte telegrafieren.« Ihre Antwort: »George ist o. k. Nur Publicity. Bitte absolut geheimhalten.« Sie enthüllte das Geheimnis niemals öffentlich, auch nicht in ihren *Memoiren* (1959), als das Täuschungsmanöver längst aufgedeckt worden war. Imbs plauderte alles in seinen Memoiren (1936) aus. Antheil gesteht in seinen Memoiren (1945) jedoch nur, daß der Vorwurf, sein Verschwinden sei ein Trick gewesen, vermutlich stimme. Sylvia bleibt in ihren *Memoiren* der List treu und behauptet, daß er sich für afrikanische Rhythmen interessiert habe, nachdem er *African Swamps* gelesen hatte, ein Buch aus ihrer Leihbücherei, und: »Ich hatte wirklich schon die größte Angst, da tauchte Antheil glücklicherweise wieder auf.« Ihre unveröffentlichten Briefe bekräftigen jedoch, daß sie von Anfang an in den Plan eingeweiht war. Er schickte ihr Einzelheiten über sein Versteck in Tunis und bittet sie, Boski alles zu erklären: »Sylvia, paß auf Boski auf. Ich glaube, sie hat sich heimlich in den Sohn der Concierge verliebt. Schreib mir, wenn sie sich gut benimmt, und schreib mir unbedingt, wenn nicht.« Überall sah er Intrigen. Bei seinen Sorgen um Boski projizierte er seine eigenen Schuldgefühle. Er reiste mit einer jungen Tänzerin namens Olga. Später würde er behaupten, daß sie keine sexuelle Beziehung hatten und daß sie ihn im Gegenteil zu überzeugen versuchte, Boski zu heiraten. Er telegrafierte ihr den Heiratsantrag. Sie trafen sich in Marseille und fuhren zu ihrer Familie nach Budapest, um zu heiraten. Während ihrer Hochzeit kam ein Telegramm von Sylvia an:

»George komm um Himmels willen sofort nach Paris zurück und leugne diese idiotische Zeitungsmeldung Löwen hätten dich in Afrika gefressen, oder dein Name ist für immer im Dreck Stop Zeit ist entscheidend stop Sylvia Beach«

George flog zu seinem »Wiederauftauchen« nach Paris, während Boski noch blieb, um die Dokumente der ungarischen Behörden zu erhalten.

Sein *Ballet* – sein *Pièce de résistance* – brauchte etwas Würze. Sein Verschwinden brachte ihm genug Publicity, seinen Namen über zwei Kontinente zu tragen. Das Probekonzert und der fehlende Dirigent wurden weiterhum beachtet, u. a. durch ein Essay von Adrienne im folgenden Januar im *Navire*. Die Erwartungen und das Interesse steigerten sich bis Juni 1926, als die ganze Vorstellung im Théâtre des Champs-Élysées geboten wurde, ein sensationelles Ereignis der zwanziger Jahre.

Ein anderer Freund von Sylvia verließ in diesem Sommer Europa, um wirklich nach Afrika zu gehen – André Gide. Nach Vollendung seines *Les Faux Monnayeurs* ging er mit seinem jungen Freund Marc Allégret in den Kongo. Im Gegensatz zu Antheils Verschwinden schien Gides Reise wirklich eine Suche nach den Rhythmen Afrikas zu sein. Aber er nahm auf die Suche nach dem Primitiven einen Koffer mit europäischer Literatur mit – wie z. B. Conrads *Heart of Darkness*, denn sein Tagebuch, das Conrad gewidmet ist, enthält viele literarische Zitate. Sylvias Meinung zu dieser Reise, zweifellos beeinflußt durch Gides Versagen, Joyce zu helfen, drückt sie in einem Brief an ihre Mutter aus:

»Gide und Marc Allégret waren gerade da, um sich zu verabschieden. Sie fahren morgen nach Afrika, wo sie ein Jahr lang bleiben. Marc wird mir ein Bild von Gide schicken. Was für ein seltsames Wesen er ist. Er weiß nicht, was er tun soll, also geht er nach Afrika. Seine letzten Bücher sind nicht gut und *Corydon* macht ihn nur lächerlich. Er beneidet Joyce und hat versucht, Leute gegen ihn zu beeinflussen, aber wohl ohne Erfolg.«

Ein Hauptmotiv zu dieser Reise war, Material für einen Film zu sammeln. Gide schrieb das Drehbuch, Allégret (der später Regisseur wurde) war Kameramann. Sylvia und Adrienne gehörten zum staunenden Publikum, als der Amateurfilm später im Théâtre du Vieux-Colombier gezeigt wurde. »Marc Allégret war ein guter Freund von mir«, behauptet Sylvia in ihren *Memoiren*. »Er kam häufig in die Buchhandlung und brachte mir einmal eine kleine Schildkröte, ein Geschenk von Gide, wie er sagte.« Anscheinend äußerte sie ihre Gefühle gegenüber Gide nur in der Familie.

In diesem Sommer verkündete die Französische Akademie der Wissenschaften, der Alkoholkonsum habe sich verdoppelt. Die einzige Erklärung wurde von der *New York Times* (23. Juli 1925) geliefert, die dafür die gestiegene Kaufkraft der französischen Arbeiter verantwortlich macht. Niemand dachte daran, die Flaschen im Montparnasse zu zählen. Auch hätte in diesem Sommer niemand die armen Studenten, Möchtegern-Künstler und Touristen Dritter Klasse zwischen dem Boulevard du Montparnasse und dem Boulevard Raspail zu zählen versuchen können. Sie füllten die Straßencafés, ließen sich Bärte wachsen, lachten laut oder betrachteten verliebt ihr Spiegelbild in den Getränken. Manche waren überwältigt, andere destruktiv, viele altklug, doch alle gluckten sie ohne Interesse an Frankreich oder der französischen Kultur zusammen. Auf jeden seriösen Schriftsteller kam ein Dutzend

Nichtstuer, die im Montparnasse tranken und spielten. Hemingway nannte sie »Penner mit erstaunlichen Nieren«. Westbrook Pegler, ein Schriftsteller in Amerika, nannte sie »eine seltsame Bande undisziplinierter und hemmungsloser Lümmel, die sich entschieden hatten, nur im Weg zu sein, und die erwarteten, daß die Welt alles fallen ließ und sich zu ihnen setzte und mit ihnen grölte. Ein Tritt in den Hintern und eine Kopfnuß waren, was sie eigentlich brauchten...« Ohne Zweifel war die Meinung z. B. in bezug auf die Verschwender gerechtfertigt, aber Pegler und ein großer Teil der Öffentlichkeit hatten kaum mehr Sympathie für diejenigen, die ihr Bestes gaben, um seriös zu arbeiten.

In einem Kapitel, das die Gastronomie von Adriennes appetitlichen Hühnchen beschreibt, sollte man ergänzend auch den »Montparnasse-Kater« erwähnen. Wenn die Künstler gut bei Kasse waren, konsumierten sie Austern und Champagner – und ein stehengebliebenes Glas Wein, wenn sie kein Geld mehr hatten. Das Viertel war voller hungriger Menschen aus aller Welt. Ein Außenstehender konnte nicht immer zwischen einem ernsthaften Schriftsteller, der nach getaner Arbeit ins Café ging, und einem Nichtstuer unterscheiden. Natürlich gab es auch einige Gewohnheitstrinker unter den Schriftstellern – wie Stearns, Fitzgerald, Crane und Crosby –, die während dieser Jahre in Paris wilder und weniger verantwortungsvoll und produktiv waren als in ihren anderen Lebensphasen. Wenige amerikanische und französische Künstler steuerten erfolgreich hindurch zwischen dem, was der *Bookman*-Artikel die zwei Zentren amerikanischer Kultur in Frankreich genannt hatte: ›Shakespeare and Company‹ und dem Café du Dôme.

Das Dôme war in diesem Sommer eine zentrale Anlaufstelle – vielleicht mehr als das Rotonde, die Closerie des Lilas, das Coupole, Lipp's und das Flore (am Saint-Germain) oder die Dingo Bar. Das Café an der Ecke der Boulevards Raspail und Montparnasse und der Rue Delambre wird in mehr als fünfzig Büchern in fünfzehn verschiedenen Sprachen erwähnt. In der zweiten Nummer seines *Exiles* beschrieb Pound, daß der Carrefour Vavin beim Dôme »die Atmosphäre der New Yorker Eighth Avenue in einer Samstagnacht im Jahre 1910 habe, bis auf die fröhlichen Papierlaternen anstelle der eisernen Straßenlampen«. Zu Beginn des Exilantenstroms, zwei oder drei Jahre später, hatte es »die Atmosphäre eines vorstädtischen Erdbeerfestes im Amerika meiner Jugend«.

Unter den Lehrern, Künstlern, Studenten, Geschäftsleuten aus vielen Ländern der Welt fielen bestimmte Montparnasse-Bewohner auf: Kiki, das Modell, die mit Man Ray zusammenlebte, Jimmy, der Barmann im Dingo, Harold Stearns, Duff Twysden und Pat Guthrie, die fürstlich im Ritz lebten, wenn der Scheck aus England kam, und zurück ins Quartier und die Armut zogen, wenn die Mittel nicht mehr reichten; der byroneske Laurence Vail, der mit Peggy Guggenheim verheiratet war; die ausgelassenen französischen Surrealisten. Mitte der zwanziger Jahre trugen auch manche gleichermaßen extravagante Besucher zur Atmosphäre bei, zum Beispiel die zu dieser Zeit bereits mollige Isadora Duncan, die gerade aus Moskau zurückgekehrt war.

Menschen jeder Couleur bevölkerten die Erinnerungen an jene Zeit, zu denen Antheils wilde Konzerte gehören; Fords Tänze beim *Bal musette*; eine Pferdedroschke im Bois Boulogne; Peggy und Laurence Vails Wochenenden; die Filme von Harold Lloyd und Buster Keaton als Arznei gegen Heimweh; durchzechte Nächte und Zwiebelsuppe am frühen Morgen; die bizarren Eskapaden Fitzgeralds, denen manchmal ein Entschuldigungsbrief an einen Freund folgt; die Stierkämpfe von Pamplona im Juli; die bewegten Parties, all die Leute und Schauplätze, die im Laufe der manchmal überschäumenden Nacht wechselten. Die Diskussionen handelten gewöhnlich von Kunst oder vom Unbewußten, denn Freud war sehr modern.

Aber mit diesen amerikanischen Spielen – im Jargon amerikanischer Mythologie wiedererzählt – konkurrierte eine ausgelassene Gruppe französischer Künstler.

Louis Aragon, Picabia, Tzara und andere französische Surrealisten waren in den Cafés und Filmpalästen des Montparnasse allgegenwärtig. Ihre Taten und Auftritte waren berüchtigt. Wie eine Sturmtruppe revoltierten sie gegen jedes Theaterstück, jeden Film, jedes Konzert, jede Veröffentlichung, jedes Café, das sie nicht mochten. Wenn sie im Dôme einen Tisch besetzten, so behauptet ein amerikanischer Beobachter, »war dieser unweigerlich der lauteste und stand unweigerlich im Mittelpunkt«. Sie waren rebellierende Söhne der Bourgeoisie, »wilde Tiere im Käfig«, wie sie sich selbst bezeichneten. Sie versuchten, vielleicht erfolglos, alles auf die leichte Schulter zu nehmen – sogar ihre eigene Desillusionierung. An einem Abend des Vorjahres, als Loeb, Dos Passos und Cummings in Malcolm Cowleys Landhaus in Giverny waren, lamentierten sie lautstark über die Anhäufung unerwünschter Bücher. Bald begann Cowley, mehrere schlechte Rezensionsbücher und französische Universitätstexte zu zerreißen und zu verbrennen. Als die Bücher und Magazine Feuer fingen, urinierte Cummings – in Dadaform – auf die Flammen. Vielen Amerikanern fiel der Unterschied zwischen »Lärm und Fehden« der Surrealisten und dem »erhabenen Format« von Schriftstellern wie Gide, Valéry und Joyce auf, »die in der Stille ihrer Arbeitszimmer ihre Persönlichkeit und klar vorgezeichnete Berufung ausfeilten«. Es war eher ein gradueller und ein Altersunterschied. Joyce jedenfalls trank im stillen.

Das soziale Leben der französischen Literaten reichte von ruhigen Veranstaltungen, wie Adriennes Dinnerparties und Natalie Barneys Salonleben, bis zu lärmenden. In diesem Jahr waren amerikanische Jazzgruppen auf Tournee, und die Amerikanerin Josephine Baker tanzte nackt auf der Bühne. Die Franzosen waren auf amerikanischen Jazz versessen; im Jahr zuvor war Strawinsky begeistert über diese Musikrichtung von einer Amerikareise zurückgekehrt. Im Herbst 1925 sollte

Sylvia einen Empfang geben, um ihre französischen Freunde mit Paul Robeson und den Negro Spirituals bekannt zu machen. Sie verbrachte ihr gesellschaftliches Leben fast ausschließlich unter Franzosen, es sei denn, es gab eine amerikanische Literaten-Party oder die Franzosen nahmen daran teil. Die Parties der Franzosen waren nicht weniger fröhlich und frivol als die der Amerikaner. Auf einer dieser Parties von Sylvia, Joyce, Adrienne, Gide, Fargue und anderen saß die ganze Mannschaft auf Kissen, und Fargue spielte den Entertainer. Raffiniert führte er einen Zauberer namens Ghilighili ein, den er angeblich entdeckt hatte, als er am Montmartre nach einem Streichholz suchte. Als der Mann mit dem Finger seine Zigarette berührte und sie qualmte, lachten sie wie die kleinen Kinder. Im Laufe dieses Abends sollte Joyce mit Adrienne noch den Schlangentanz tanzen.

Eine Party, die eine Woche lang dauerte, wurde in Hemingways *The Sun Also Rises* verewigt. Die Hemingways, Don Stewart, Bill Smith und das Trio Duff Twysden / Harold Loeb / Pat Guthrie besuchten das Festival von San Fermin. Sowohl das Angeln in Burguete als auch das Feiern in Pamplona wurde ihnen versauert – ersteres durch den Mangel an Fischen und letzteres durch die unpassende Zusammensetzung der Gruppe. Aber das war eben die Säuernis, die Hemingways Kreativität in Gärung versetzte. Vom 21. Juli (seinem sechsundzwanzigsten Geburtstag) bis zum 21. September schrieb er die Rohfassung eines Romans, den er zunächst *Fiesta* nannte, einen Roman über die »Lost Generation«. Im Februar hatte er dem gleichen »Lost Generation«-Nihilismus in »The Age Demanded«, einem Gedicht, Ausdruck verliehen in *Der Querschnitt*, dessen Titel eine Anleihe bei Pound war. Das Gedicht endet mit:

> »The Age demanded that we dance
> And jammed us into iron pants.

And in the end the age was handed
the sort of Shit that it demanded.«

Harold Loeb fühlte sich verletzt, daß seine Person und ihr Hintergrund Hemingway für den schwachen Robert Cohn in *The Sun Also Rises* als Vorlage diente, und er erzählt in seinen Memoiren eine eigene Version. Sie enden nach der Pamplona-Episode mit seiner Rückkehr in die Vereinigten Staaten. »Einige von uns waren eine Zeitlang ›verloren‹ (lost)«, gibt er zu, »unserer traditionellen Verankerung entrissen und an gar nichts gebunden.« Er fügt jedoch hinzu: »Aber einer nach dem anderen strebte nach anerkannter Leistung, oder unsere Träume zermürbten ihn.« Hemingway verachtete jene »Expatriates«, die im Gegensatz zu ihm keine Kraftproben bestanden, den Alkoholkonsum nicht zu kontrollieren vermochten oder nicht gut schreiben konnten.

Keine Erzählung über das »gute Leben« der Exilamerikaner wäre vollständig, wenn man nicht die Murphys vorstellte. Sie gehörten zur amerikanischen Oberschicht und luden Hemingway gelegentlich ein. Als reiche Erben waren sie 1921 nach Frankreich gezogen. Sie besaßen die Villa America am Cap d'Antibes, an der Riviera, wo sie gerne Hot Dogs servierten und die neuesten Jazzplatten spielten; ein Freund in Jimmy Durantes Band schickte sie ihnen. Sie waren mit Cole Porter und mit Picasso befreundet – und erst recht mit Zelda und Scott, der ihnen *Tender is the Night* widmete. Monatlich oder je nach Jahreszeit kamen sie zur neuesten Ausstellung oder einem Kostümball in ihre Pariser Wohnung. Hemingway sollte im folgenden Sommer viele Stunden mit den Murphys, den Fitzgeralds, den MacLeishs und den Dos Passos' verbringen.

»Kein Mensch war diesen Sommer in Antibes«, beklagt sich Fitzgerald spöttisch bei einem Freund, »außer mir, Zelda, den Valentinos, den Murphys, Mistinguet, Rex Ingram, Dos Passos, Alice Terry, den MacLeishes, Charly Brackett, Maude Kahn, Esther Murphy, Marguerite Namara, E. Phillips Oppenheim, Mannes dem Violinisten,

Floyd Dell, Max und Crystal Eastman, Ex-Premier Orlando, Etienne de Beaumont – genau der richtige Ort, um einfach zu leben und vor der Welt zu fliehen.«

Für schwerarbeitende Buchladenbesitzerinnen dagegen war ein Berg im Osten Frankreichs, in der Provinz Savoy, der Ort, um »einfach zu leben und vor der Welt zu fliehen«. Adrienne und Sylvia fuhren am Sonntag, dem 2. August. Sie übertrugen Prévost die Verantwortung für *Navire* (die Septemberausgabe war Blake gewidmet und enthielt seine Zeichnungen von Sylvia) und Myrsine die Verantwortung für ›Shakespeare and Company‹. Nach Chambéry fuhren sie mit einem Zug, den man ironisch *Le Train de Plaisir* nannte, denn sie mußten die ganze Nacht auf harten Holzbänken sitzen. Dann fuhren sie mit dem Bus nach Plainpalais und stiegen den langen steilen Berg hoch zu einem Plateau mit verstreuten strohgedeckten Chalets. Ein Heuwagen nahm ihr Gepäck mit. Auf diesem 1200 m hohen Plateau (das später La Féclaz genannt wurde) gab es keine Postverbindungen, keine Transportmittel und keinen modernen Komfort. Die Gemeinde und die umliegenden Dörfchen unten am Berg nannte man Les Déserts, ein seltsamer Name für einen Ort, an dem es eher Kühe als Kamele gibt. Les Déserts, erklärt Sylvia, war ebenso isoliert wie friedlich:

»...es ist so friedlich hier nach dem schweren Leben in Paris. Wir mußten vor der Abreise noch so hart arbeiten. Bis zur letzten Minute korrigierte ich einen Text für ›Mr. JJ‹ wie Adrienne ihn nennt und erstellte meine *chiffre d'affaires* (Umsatzabrechnung) für das *bureau de contributions* (Finanzamt) und schrieb Dienstanweisungen für Myrsine... Kaum hatten wir die Spitze des Berges erreicht, da rollten die Lasten des Buch- und Autorengeschäfts hinunter in das Tal.«

Der Geruch der klaren Luft und des Holzfeuers rückte die Ermüdung der Pariser Arbeit und die unbequeme Zugfahrt in weite Ferne. Tagsüber wanderten sie auf die Berge und durch Kiefernwälder. Als es über den hohen Wipfeln Nacht wurde, vertrieben sie die Kälte mit heißem Wasser in Bierflaschen.

Nachts brachten ihnen die bellenden Hunde ein Ständchen, und im Morgengrauen weckte sie der Hahnenschrei und das Geläut der Kuhglocken.

Sylvia war ein geradezu athletischer Bücherwurm. Schon in ihrer Jugend in Bridgeton hatte sie viele Stunden über Büchern verbracht, statt zur Schule zu gehen. Aber sie liebte die Natur, Pferdereiten und Schlittschuhlaufen. Wenn sie durch die Wälder lief, erwartete sie stets, einem Indianer aus Coopers *Leatherstocking Tales* (Lederstrumpfgeschichten) zu begegnen. Im Savoy hackte sie gerne Holz. Noch in ihren letzten zwei Wochen, bevor sie im Alter von fünfundsiebzig starb, sollte Sylvia, wie fast jeden Sommer, in Les Déserts Holz hacken. Ihre Gesundheit verbesserte sich.

Im Sommer 1925 wohnten sie bei Fine (Josephine), Adriennes Cousine, und ihrem Mann Gay, einem sehr großzügigen Mann, der seltsamerweise den Spitznamen L'Économe bekam. L'Économe war einer der Söhne von »La Grosse Jeanne« – alle Savoyarden hatten Spitznamen. Die Frauen aus Paris schliefen in einer Ecke des Heubodens, in der zwei Schlafstellen abgetrennt wurden. Sylvia schrieb ihrer Mutter, »ein Strick wurde gespannt, um unsere Kleider daran aufzuhängen«. Der Heuboden war ihr Umkleideraum; der Hühnerstall (mit zwei Hennen, die für den Sonntagsbraten gemästet wurden) war ihr Toilettentisch (im nächsten Jahr machte Gay ein paar Möbel für sie). Sie erreichten ihre spartanische Unterkunft über eine Außenleiter. »Das Klosett war an der Seite des Chalets neben der Straße angebracht, so daß man dort mit Vorübergehenden schwätzen konnte«, sagt Sylvia. Alle Dorfbewohner führten dieses einfache Leben und schliefen in kleinen Zimmern hinter dem Stall. Das Zimmer von Sylvia und Adrienne war im »zweiten Stock« direkt über dem Stall, so daß ihnen »kein wichtiges Ereignis entging« – »eine Kuh kalbte um drei Uhr morgens bei Laternenlicht, und alle schauten zu«; und ein quietschendes Schwein, auf das eine Kuh getreten war, mußte von Fine genäht werden. Hier lagen Welten zwischen ihnen und den Pariser Dramen. »Bei Tagesanbruch wurden die Stalltüren geöffnet, und das Vieh strömte hinaus wie das Publikum aus einem Theater«, erinnert sich Sylvia.

Während die amerikanische Kolonie in Antibes ihre Partyspiele veranstaltete, saß Sylvia abends im Laternenlicht und hörte von den Nachbarn, was es in den Bergen Neues gab. Ein Heuwagen war bei der Fahrt ins Tal umgestürzt. Eine Kuh war in eine Schlucht gefallen, und sämtliche Männer des Plateaus waren nötig gewesen, um sie mit Stricken von dem Vorsprung heraufzuholen, auf dem sie gelandet war. Eine junge Kuh wollte von Ferdinands Stier nichts wissen. Ein Adler hatte ein Kaninchen davongeschleppt. Wenn persönliche Katastrophen eintrafen oder die Butter nicht gelingen wollte, dann wurde erzählt, daß eine der alten Frauen ihre Nachbarn verhext habe. Als Gegenmittel konnte man eine Menge rostiger Nägel in einem Topf kochen oder ein paar Bretter des Stallbodens anheben, um nachzusehen, ob darunter nicht eine Kröte saß. Neben dem Aberglauben lernte Sylvia auch sonst viel von den Savoyarden: wie man den Lebensrhythmus auf das Wesentliche reduziert; was der Geruch von Heu, Holzfeuer und warmer Milch wert ist; daß der echte Schäferhund ein blaues und ein graues Auge hat. Sie bewunderte diese »heroische Rasse... von den hohen Bergen, die Äxte in den Wäldern schwang, Häuser baute, ihr Getreide an den Schluchthängen erntete und alles hinunterspülte, wenn der Tag vorbei war«.

Obwohl sie sich »uneinnehmbar« fühlten, gelangte die Post ohne Schwierigkeiten in die Einsamkeit von Les Déserts. Im August verkündete ein Brief von Hemingway aus Valencia, daß er hart an einem Roman (*Fiesta*) arbeite, bereits 15000 Wörter geschrieben und siebzehn Stierkämpfe gesehen hätte. Sylvia stand mit Joyce in Verbindung. Für ihn war Les Déserts in der Tat eine Wüste, und er konnte nicht verstehen, daß sie auf luxuriöse Unterbringung, Post und Taxis verzichteten.

Daß es diese Dinge, die für Joyce so wesentlich waren, hier nicht gab, war für sie genau der Grund, weshalb sie Les Déserts liebten. Die einzig unangenehme Seite von Les Déserts waren die Gewitter, die manchmal die Strohdächer entzündeten. Diesen Sommer schrieb Joyce aus einem verregneten Rouen. Er sorgte sich, wie Sylvia die Korrespondenz mit den Zeitschriftenverlegern bewältigen wollte: »Wie wollen Sie ›Anna Livia Plurabelle‹ aus der Wüste schicken?« Später gestand er, »ich mußte 3000 Francs von Ihnen stehlen, aber ich habe Walsh geschrieben, meinen Scheck auf Miss Moschos' Namen auszustellen, und Eliot, den anderen Scheck auf Sie auszustellen ... Ich hoffe, sie schicken die Schecks, um meinen Vorschuß zu decken.«

Weder Joyces finanzielle Probleme noch ihre leere Ladenkasse konnten ihr die drei Wochen in Les Déserts verderben. »Kein ›Schreiberling‹ weit und breit«, wundert sie sich, »keiner besitzt ein Buch.« Adrienne nennt Les Déserts »einen unserer Heimatorte, ein Gesicht unserer Seele«. »Ich ziehe Ädas rustikales Heim von *Bal l'Économe*«, behauptet Sylvia, »jedem Ritz vor.« Die Luft war so berauschend, man brauchte »kein Getränk, um in Stimmung zu kommen«.

9. KAPITEL

Übergänge
1926-1927

In einer stürmischen Augustnacht im Jahre 1926 schlug der Blitz in eine Nachbarhütte in Les Déserts ein. Das Strohdach flammte auf, erleuchtete die Gesichter von Adrienne, Sylvia und ihren Nachbarn, während sie hilflos mitansehen mußten, wie es verbrannte. In der gleichen Woche schlug ein zweiter Blitz, diesmal in Form einer schlechten Nachricht, bei Sylvia ein. Samuel Roth hatte einen Raubdruck von *Ulysses* hergestellt. Im Juli hatte er in seinem *Two Worlds Monthly* eine gereinigte Fassung der ersten drei Episoden (Telemachie) veröffentlicht. Als Sylvia durch einen Brief von John M. Price von der *New York Herald Tribune* davon erfuhr, waren schon die nächsten Kapitel im Druck. In ihrem Bergdorf konnte sie nichts dagegen unternehmen. Sogar in Paris waren ihre Verteidigungsmöglichkeiten begrenzt, denn *Ulysses* war, mit Ausnahme der vor Jahren im *Little Review* erschienenen Kapitel, in den Vereinigten Staaten nicht durch Copyright geschützt. Sie schrieb jedoch sofort an Joyce, der sich in Belgien aufhielt. Sie beschlossen, bei Diebstahl und Verstümmelung des *Ulysses* nicht teilnahmslos zuzuschauen. Wenn sie nach Paris zurückkämen, würden sie Roths Feuer durch rechtliche und gesellschaftliche Druckmittel auslöschen.

Der Sommerurlaub hatte nach dem Sturm Antheils mit Aussicht auf Ruhe begonnen. Am 21. Juli hatte Sylvia die »Shaun«-Episode von *Work in Progress* an Marianne Moore vom *Dial* geschickt. Bevor sie mit Adrienne nach Les Déserts fuhr, hatte sie eine warme Juliwoche in Boulogne verbracht. Während sie dort war, hatte Joyce (mit widerwilliger Hilfe von Myrsine und Adrienne) die Ladenkasse von ›Shakespeare and Company‹, das Bankkonto, geheime Barreserven fast völlig geleert und war danach mit seiner Familie in den belgischen Hafen Ostende gefahren. Er studierte Flämisch, flocht Wörter in sein Manuskript ein und besuchte Antwerpen, Gent, Brüssel und Waterloo (für Schlachtbeschreibungen). Im Bus nach Waterloo beobachtete ihn der amerikanische Schriftsteller Thomas Wolfe. Er zögerte, sich vorzustellen. Während Joyce an den Stränden spazierte, die Landschaft besichtigte und dem Busfahrer mit Fragen in den Ohren lag, entspannten sich Sylvia und Adrienne in ihrem Bergdorf und hofften, daß das Geschäft nicht ihre Freuden störte.

Roth hatte, ohne Sylvia oder Joyce zu informieren, in englischen und amerikanischen Wochenzeitschriften (einschließlich seiner eigenen) ganzseitige Anzeigen aufgegeben, daß er ein »neues, noch unbekanntes Werk« von Joyce veröffentlichen würde. Dieses Werk war natürlich nicht neu, sondern ein Raubdruck der achten *Ulysses*-Auflage, gedruckt von »Maurice Daran Frère [sic]« und mit einem Vorwort über den Autor von Arthur Symons. Das Werk wurde aber verändert. Sylvia zählte später 131 Abweichungen vom Text in den ersten acht Folgen. Als Price von Roths Unternehmung erfuhr, fragte er Sylvia, ob dieser Verleger das Recht hätte, *Ulysses* herauszugeben, und er (Price) würde andernfalls für ihre Interessen eintreten. Er wußte, daß Roth ein »literarischer Schwindler« war, weil er bereits Pound und Ford gegen ihn beschützt hatte. Sylvia schickte Joyce eine Kopie des Briefes nach Belgien mit einem Telegramm vom *Dial* wegen Streichungen in der »Shaun«-Episode, bevor sie gedruckt werden konnte. »Wir wissen nicht, was wir [mit Roth] tun sollen«, beklagt sich Joyce bei Harriet Weaver in London. »Die Nummer ist mir mit tiefer Bewunderung oder etwas dergleichen gewidmet! O je!« »Warum«, fragt er sich laut, »müssen Sylvia und Adrienne nach Les Déserts fahren? Ich wünschte, sie wären wieder hier und der ermüdende schlechtgelaunte Sommer zu Ende.« Sechs Tage danach schreibt Joyce jedoch in einem Brief, dem der Price-Brief und das Telegramm beiliegen, »unternehmen Sie nichts, bis Sie wieder zurück in Paris sind...«. Er schien keine Eile zu haben, von seinem eigenen Urlaub zurückzukehren und Roth zu bekämpfen. Er war in sein neues Werk vertieft.

Da Joyce erst mehrere Wochen nach Sylvia in die Stadt zurückkam, hatte sie Zeit, sich auf den Buchladen zu konzentrieren. Sie traf die Vertreter englischer Verlage, um neue Bestellungen aufzugeben, stellte einen Schreiner an, der weitere Regale zimmerte, gab Interviews bei *McNaught's* und dem *New York Herald*, arbeitete ihre Geschäftskorrespondenz auf und beriet die Herbsttouristen, die ständig um ihre Hilfe bei der Wohnungssuche baten. Als sich das soziale und kulturelle Leben beschleunigte, teilte Sylvia die Lebensbahn ihrer Freunde: sie hatte Lunch mit Jules Romains, feierte den Geburtstag der *Tribune*, korrespondierte mit William L. Shirer, der gerade zum Auslandskorrespondenten für die Inlandausgabe der *Chicago Tribune* aufgestiegen war, und dinierte in der neuen Wohnung von Jean Prévost und Marcelle Auclair. George und Boski Antheil schenkten ihr bei der Rückkehr eine neue Katze, die Flöhe hatte, George holte sich eine Lungenentzündung. Sylvia befürchtete, daß es sich um Tuberkulose handelte, und bat ihre Freunde um Geld, um ihn in eine Kur zu schicken.

Sie merkte bald, daß die Zerwürfnisse in den Ehen von Hemingway und McAlmon nicht beizulegen wären. Briefe von Bryher und McAlmon bestätigten die endgültige Trennung. Es war schon immer eine Scheinehe gewesen, aber im Jahre 1926 hatte McAlmon aufgehört, den Schein zu wahren. Er glaubte an Sylvias Loyalität und schrieb ihr, um sich für die Übersetzung seiner Geschichte im *Navire* zu bedanken, wobei er andeutete, daß sie auch andere Übersetzungen machen könnten. Er bat um Sylvias beruhigenden Rat, schlug vor, Antheils Wohnung zu mieten, wenn sie frei sei, und meinte, daß sie irgendwann »ein Magazin herausgeben könnten, nachdem die anderen aufgegeben hätten, herumzuflattern«.

Hemingway, der sich jetzt Papa nannte, war im August vom Kap d'Antibes, wo die Murphys, MacLeishs und Fitzgeralds seine Nachbarn gewesen waren, zurückgekehrt. Pauline Pfeiffer war bei der Familie Hemingway eingezogen, und die Ehe war schließlich in die Brüche gegangen. Hadley und Ernest zogen in Paris in verschiedene Wohnungen. Pauline stimmte einer hunderttägigen Trennung zu und fuhr heim nach Piggott, Arkansas. Hemingway kaufte einen Jahresleihschein (am 4. Oktober) für die Leihbücherei und strich einsam im Laden und in den Cafés herum. Heldenhaft grübelte er über Selbstmord.

Der Sommer 1926 war durch eine Reihe von Veränderungen im Leben von Sylvia und Company gekennzeichnet. Die Enttäuschungen im Leben von McAlmon, Hemingway und Antheil in diesem Jahr sollten diese Männer schließlich aus der Rue de l'Odéon verschlagen. Das Zusammentreffen des *Ulysses*-Raubdrucks von Roth mit einem Todesfall in der Familie Beach öffnete mehr und mehr eine Kluft in der Partnerschaft von Beach und Joyce, die in den nächsten fünf Jahren irreparabel zerbrechen sollte. In Joyces persönlichem Leben begann in diesem Herbst ein allmählicher Wechsel, als er verschiedene Personen kennenlernte – u. a. Eugène Jolas, Elliot Paul und Stuart Gilbert –, seine neuen Vertrauten. Sogar das Leben in den Cafés des Montparnasse änderte sich. Im *Herald* lamentierte Alex Small über den Untergang der Atmosphäre »vertrauter Boshaftigkeit« und »glücklicher Familie« im Viertel. Als die verärgerten französischen Arbeiter im August 1927 nach der Hinrichtung von Sacco und Vanzetti die Amerikaner in den Cafés attackierten, war das Ende der Epoche absehbar.

Für Sylvia lag der Katalysator der Veränderung in ihrer Familienkrise. An einem Septembertag fand Sylvia die Zeit, ihrer Mutter nach Florenz zu schreiben. In der Ruhe am Schreibtisch plauderte sie in ihrem Brief über Nebensächlichkeiten, ihre gesellschaftlichen Herbstunternehmungen und ihre Kleidung und traf damit die Ader des Interesses ihrer Mutter. Eleanor hatte Sylvia eindringlich gebeten, sich »gepflegt zu kleiden«, und hatte bei ihrem letzten Besuch auch einen neuen Schneider für sie gefunden. Sylvia versicherte ihrer Mutter, daß sie in dem neuen Kleid, das sie bestellt hatte, äußerst distinguiert aussähe. Im Laufe des nächsten Jahres wollte Sylvia noch nachdrücklicher darauf achten, für ihre Mutter den Schein zu wahren.

Inzwischen war Joyce wieder nach Paris zurückgekehrt, um die Probleme mit *Ulysses* und *Work in Progress* anzugehen. Er war verärgert, weil er im August und im September viele Stunden mit dem deutschen Übersetzer [Georg Goyert] verbracht hatte, und der deutsche [Schweizer] Verlag ihn zur Eile trieb. Er versicherte seinem Bruder Stanislaus, wenn durch das Drängen der Deutschen große Fehler oder Lücken entstünden, würde er »Miss Beach bitten, ein Dementi in der deutschen Presse zirkulieren zu lassen«. Er bat Claud Sykes und einen anderen Freund, die deutsche Übersetzung zu lesen, und verschob ihre Veröffentlichung. Als er sich weigerte, die »Shaun«-Episode für *Dial* zu verändern, weigerten sich die Herausgeber, sie zu publizieren. Während ihn Zensur und mangelnde Unterstützung seiner Freunde bei seiner neuen Arbeit mehr oder weniger belasteten, erforderte die Roth-Sache sofortiges Handeln. Er und Sylvia, die den Raubdruck eine »Vergewaltigung« nannte, schrieben zahlreiche Briefe, um Roth bloßzustellen. Quinns Teilhaber lehnte es ab, ein Verfahren gegen den Räuber in die Wege zu leiten, da keine Zuwiderhandlung gegen das amerikanische Recht bestand. Um das Copyright in den Vereinigten Staaten zu erhalten, mußte ein Buch dort veröffentlicht werden, und *Ulysses*, der ohnehin auf dem Index stand, war in Paris veröffentlicht worden. Die Berner Copyright-Abmachungen hätten das Buch zwar gegen Raubdruck geschützt, aber die Vereinigten Staaten hatten nicht unterzeichnet.

Der Mitgliederwechsel bei der Leihbücherei zeigte sich wie

jeden Herbst. Lincoln Steffens, der *Tribune*-Reporter James Thurber und der Künstler Grant Wood verließen Paris, um nach Amerika zurückzukehren. Die Stammkunden blieben treu, auch wenn sie Paris verlassen hatten. Im November hörte Sylvia von einem ihrer ersten amerikanischen Mitglieder; Thornton Wilder hatte in Princeton seinen Magister Artium in modernen Sprachen erlangt. Er schrieb ihr eine Widmung in seinem neu veröffentlichten Roman, *The Cabala*, den er in Rom und Paris zwischen 1920 und 1921 begonnen hatte. 1927 wurde er zu ihrer Freude eine internationale Berühmtheit und gewann den Pulitzer-Preis für *The Bridge of San Luis Rey*. Sein Ruhm, den sie ihm richtig prophezeit hatte, und seine Universitätsstelle versorgten ihn mit den finanziellen Mitteln, um oft Paris besuchen zu können. Matthew Josephson gehörte zu jenen, die später in diesem Jahr zurückkamen. Zu den Neumitgliedern der Bücherei gehörte in diesem Herbst Theodore Dreiser, der gerade *An American Tragedy* veröffentlicht hatte. Er hatte Paris zum letzten Mal im Jahre 1912 besucht. Seine Auftritte im Laden waren flüchtig, denn, wie Huddleston sich erinnert, war der fünfundfünfzigjährige Schriftsteller »düster und trübsinnig... und schreckte vor den üblichen Runden der Salonunterhaltung für amerikanische Besucher zurück«.

Zu dieser Zeit lernte Sylvia zwei Besucher aus Rußland kennen: Sergej Eisenstein und Ivy Low Litwinow, die in England geborene Frau von Maxim M. Litwinow. Nachdem sie *Ulysses* bei ›Shakespeare and Company‹ gekauft hatte, schrieb sie aus Moskau, sie könne an nichts anderes mehr denken und schreibe einen Essay über *Ulysses* für eine russische Monatszeitschrift. Da sie Joyce den russischen Lesern vorstellen wollte, bat sie Sylvia, ihr mehr Bücher von Joyce und biographische Informationen zu schicken und später die Rohfassung zu lesen. »Meine literarische Karriere ist beendet, seit ich *Ulysses* gelesen habe«, erklärt sie, »ich weiß nicht, ob ich jemals wieder aufleben kann, und es scheint mir auch egal zu sein.« Das Gegenteil war allerdings der Fall; ihre literarische Karriere blühte. Sie gab Stalin Englischunterricht, und später, als ihr Mann Stalins Botschafter in Washington war, veröffentlichte sie Krimis, Romane und eine Reihe Kurzgeschichten für den *New Yorker*. Als Sylvia ihr im Jahre 1928 Exemplare von *transition* schickte, schrieb sie enttäuscht, daß sie Joyces neues Werk nicht verstehen könne.

Im März 1927 bat Joyce Sylvia um Hilfe bei der Veröffentlichung eines zweiten Gedichtbandes, an dem er geschrieben hatte, seit er Irland verlassen hatte (seit *Chamber Music*). Im Februar hatte er die insgesamt fünfzehn Gedichte an Pound geschickt, in der Hoffnung, Pounds Kritik an *Work in Progress* zu besänftigen. Pound schickte die Gedichte ohne Kommentar zurück, aber nachdem seine Meinung dringlich gewünscht wurde, fand er, sie »gehörten in die Bibel oder zu den Porträts in einem Familienalbum«. Als Joyce fragte, ob es sinnvoll wäre, sie zu drucken, verneinte Pound. Drei Wochen später übergab Joyce die Gedichte MacLeish, der nicht so direkt oder negativ wie Pound war. Wohlgesonnen schrieb er an Joyce, machte wegen der Gedichte Komplimente und lud ihn mit Nora für den 14. März zum Dinner ein. Als das Dinner abgesagt werden mußte, schickte er Joyce einen zweiten Brief, in dem er schrieb, daß die Gedichte »eine seltsame ›Existenz‹-Qualität haben«. Nach Ellmann waren MacLeishs Briefe »so enthusiastisch, um Joyces Selbstachtung wiederherzustellen«, aber in Wirklichkeit waren sie ein zwar ernstzunehmendes, aber bedingtes Lob. Nach MacLeishs Ermunterung beschloß Joyce jedenfalls, seine Gedichte zu veröffentlichen. Sylvia und Adrienne bereiteten in dieser Zeit MacLeishs Lyrik (übersetzt von Larbaud) für die Veröffentlichung im *Commerce* vor. Sylvia schlug einem Organisator des internationalen Schriftstellerverbands PEN vor, Joyce als den Ehrengast zu der Tagung des Londoner PEN Clubs einzuladen. Joyce fühlte sich von der Einladung geehrt, fuhr mit Morel nach London, und sie besuchten zusammen mit Miss Weaver die Tagung.

Im März war Sylvias vierzigster Geburtstag, der von Lob und Danksagungen ihres Vaters begleitet wurde. Dem beeindruckenden Briefkopf: Sylvester D. Beach, D. D., Sekretär der Direktoren des theologischen Seminars der presbyterianischen Kirche, Princeton, New Jersey, folgte eine sehr persönliche Botschaft:

»Liebste kleine Sylvia:
Dein Geburtstag ist am vierzehnten des windigen Monats. Der kleine Scheck ist bestimmt gedeckt und Du sollst ihn nach Belieben nutzen, um das größte Ereignis, nach dem des erlauchten Landesvaters, zu feiern. Ich hoffe, deine Biographen werden weniger schmählich schreiben, als der letzte von G. W. [Washington], der schon einmal in besserem Licht gestanden hat. Man weiß niemals, welche Perspektive die richtige ist. Jedenfalls, Dein leuchtender Name und Ruhm sind bis jetzt unbefleckt und Du stichst auf dieser Seite des Atlantiks als der brillanteste amerikanische Repräsentant hervor. Ich würde mir nicht zutrauen, eine Biographie über Dich zu schreiben, denn das Buch wäre so lobend, daß es vielleicht die Mißbilligung der modernen Analyse eher gewinnen statt verdienen würde.
Viele herzliche Glückwünsche, liebe kostbare Sylvia. Wir sind auf Dich so stolz, daß wir Dich lieber als Vorfahren erklären würden, denn als Zeitgenossen.
Alles, alles Liebe an Dich und Adrienne
Dein stolzer und verliebter Vater.«

Zu Beginn ihres einundvierzigsten Lebensjahres war Sylvia zuversichtlich. Sie hatte viel erreicht. In Briefen an ihre Schwester Holly erwähnt sie jedoch dreimal, daß die Mutter ihretwegen »bestürzt« oder »verstimmt« sei, weil sie nicht mit ihr verreiste. Zur Verteidigung erwähnt sie die viele Arbeit, und daß sie unter anderem jedem Unterzeichner des Protestbriefes (an Roth) einen persönlichen Brief oder eine Karte schicken müßte. [Ludwig Lewissohn und Archibald MacLeish, der einzige Rechtsanwalt in dem Kreis um Joyce, faßten den Protest ab, dann wurde er in großer Eile zur Unterzeichnung an die bedeutendsten Schriftsteller in der ganzen Welt geschickt. Zu den 167 Unterzeichnern gehörten u. a. Hofmannsthal, Rebecca West, Virginia Woolf und Albert Einstein. [Anm. d. Übs.]

»Das ist ein Leben!« prahlte sie bei ihrer Schwester und lobte die Treue der Büchereimitglieder während der Wirtschaftskrise. In zwei Monaten würde ihr Selbstvertrauen durch ihre Mutter auf die härteste Probe gestellt.

Antheil ging in die Vereinigten Staaten, womit eine entscheidende Veränderung seiner Karriere begann. Diesmal hoffte er, mit seinen Komplotten und Intrigen in Amerika Erfolg zu haben. Er arrangierte ein Konzert in der Carnegie Hall mit *Ballet Mécanique*, Erstes Streichquartett und Jazz Symphonietta. Sein Hauptförderer in New York (der Verleger Donald Friede von Boni and Liveright) kannte Antheils Ruf und telegrafierte an Sylvia, daß seine »Zukunft in Amerika völlig vorbei sei, wenn er diesmal nicht erscheine«. Sie sorgte dafür, daß er aufs Schiff ging. »Sylvia, Sie sind die einzig liebste Sylvia in der Welt. Das ist alles«, telegrafierte Antheil bei seiner Ankunft. Sylvia warnte Holly vor dem Konzert:

»Im *Ballet Mécanique* wird mit allen Pianos, allen Schlagzeugen, allen Flugzeugpropellern, allen Blechteilen, allen Xylophonen und allen Verstärkern gespielt, so daß das Ganze doppelt so laut wird. Und wenn Du im April draußen in Pasadena noch etwas davon vernimmst, Holly, hab keine Angst. Es ist weit weg.«

Was Holly hören sollte, war die Dissonanz der Kritiker. Der Abend des 10. April war für Antheil ein Desaster. Später schrieb er über »die Art, wie ich im Jahre 1927 ausgetrickst wurde«, in dem Roman *Death in the Dark*, in dem ein rätselhafter Mord geschieht. Die sensationelle Publicity und grelle Inszenierung (die Antheil später abstritt) schossen auf ihn zurück. William Carlos Williams erzählt als Augenzeuge, daß sich die Kritiker für die Reaktion des Publikums interessierten. »Alle wichtigen New Yorker Musikkritiker reagierten höchst unintelligent«, lamentierte Williams. So schreibt Antheil, »in diesem Jahr 1927 ging ich todunglücklich und gebrochen nach Paris zurück«.

William Carlos Williams kehrte drei Jahre nach seinem ersten Besuch nach Paris und natürlich zu ›Shakespeare and Company‹ zurück. »Der Buchladen«, behauptet er in einem Brief an Sylvia, »muß stets ein Anlaufplatz für richtige Amerikaner sein, wenn sie nach Paris kommen.« In diesem Brief, den er sechs Monate vor seiner Abreise nach Europa schrieb, teilte er ihr mit, daß er an einer Art Roman schreibe, »... einen regelrechten Bericht eines vierzigjährigen Mannes (Williams' Alter bei seinem ersten Parisbesuch 1924), der etwas von Amerika in Europa entdeckt. Er handelt von Amerika, verstehst Du.« Obwohl er schon vor seiner zweiten Reise 1927 an *A Voyage to Pagany* schrieb, enthält der Roman Erlebnisse von beiden Besuchen, und er enthüllt seine wachsenden Antipathien gegen die Amerikaner, die in Europa lebten.

Auf dieser Reise brachten die Williams ihre Söhne mit, die ein Jahr lang im Ausland studierten. In der Annahme, Sylvia stünde bei der Scheidung auf Bryhers Seite, stellte Williams sich auf die Seite McAlmons, der Sylvia geschrieben hatte, um sich gegen Bryhers Anklage, er sei ein »Drogenteufel«, zu verteidigen. Er erinnerte sich, daß Sylvia in einem Streit mit Gertrude Stein für ihn Partei ergriffen hatte, sein Werk übersetzt hatte und zahlreiche Angelegenheiten seiner Contact Publishing Company geregelt hatte, während er in Europa reiste. Aber nun stand sie in einem Streit zwischen zwei Freunden (auf Bryhers Wunsch hatte sie einen Rechtsanwalt in Paris beauftragt), und ihm schien, daß sie sich für Bryher entschieden hatte. Während der nächsten vier Jahre würden wenige Briefe von McAlmon in die Rue de l'Odéon kommen.

Williams' zweite Parisreise fiel mit dem ersten Erscheinungsjahr von *transition* zusammen (seine erste hatte im Jahr von Fords *transatlantic review* stattgefunden). Zwei seiner Gedichte, zwei Kapitel aus *A Voyage to Pagany* und sein

Essay zur Verteidigung von Joyces *Work in Progress* würden in dem neuen Magazin erscheinen. Der Essay (November 1927) verteidigt Joyces Werk gegen die Angriffe von Louis Gillets bösartigen Bemerkungen in der *Revue des Deux Mondes* (1. August 1925) bis zu Pounds privater Einstellung gegenüber *Work in Progress* als »Rückströmung« und »Durchfall des Bewußtseins«.

Mit dem Plan, *Work in Progress* (zumindest den ersten und dritten Teil seines vierteiligen Werkes) in Fortsetzungen zu veröffentlichen, versprach *transition* (1927-1938) Joyces loyalster Unterstützer zu werden. Die Herausgeber der *transition*, Eugène Jolas und Elliot Paul, erklärten, daß Literatur zu fotografisch und äußerlich sei, und verbündeten sich mit dem Irrationalen – dem Wachrufen der Träume, Halluzinationen und den Phantomen des Halbschlafs. Ihr Neoromantizismus war stark durch Freud, den französischen Surrealismus und den deutschen Expressionismus geprägt. *Work in Progress*, mit seinem zeitlosen Panorama, bot (wie sie hastig folgerten) das beste Beispiel der Erforschung der »Nachtwelt«. Ironischerweise – aber vorhersagbar – wetterten die Reporter der Pariser *Tribune* gegen den Kult der Verständlichkeit und verdammten den gewöhnlichen Leser. Die Erstausgabe im April 1927 enthält Gedichte von Crane, Imbs, Gide und Soupault sowie die ersten Seiten von *Work in Progress*. Janet Flanner reagierte typisch und fühlte sich von dem »außerordentlichen Geplapper der Eröffnungsseiten von *Work in Progress*« provoziert.

Transition repräsentierte weniger die zwanziger Jahre als den Übergang zu den dreißigern. Als die Zeitschrift 1927 zum erstenmal erschien, hatten viele der für die zwanziger Jahre repräsentativen Leute, wie McAlmon und Pound, Paris verlassen, und andere, wie Antheil und Hemingway, würden bald nachfolgen. Für Joyce und Stein wurde zwar viel Platz eingeräumt, aber *transition* widmete sich auch den repräsentativen Schriftstellern der dreißiger Jahre: Henry Miller, Katherine Anne Porter, Allen Tate, Kay Boyle – Schriftsteller, die die Herausgeber bei ›Shakespeare and Company‹ kennenlernten, behauptet Jolas. Jahre später lobt Jolas in einer Anthologie mit Schriften aus *transition* »unsere Hauptagentin«, Sylvia Beach, die mit Joyce verhandelte und in deren Laden er »viele Schriftsteller traf, die später Beiträge zusteuerten«.

Sylvias Vorschlag, sich einen Sekretär zu suchen, der ihm bei dem neuen Werk half, hatte Joyce zwar zunächst zurückgewiesen. Aber ermüdet von den gerichtlichen Kämpfen, ganz und gar entmutigt wegen Miss Weavers fehlender moralischer Unterstützung und überwältigt von der enormen Aufgabe, die die Vollendung seines *Work in Progress* mit sich brachte, schlug er im Frühling Sylvia vor, einen Mitarbeiter zu suchen, der das Werk anhand seines Entwurfs vollendete. Er meinte, daß sie James Stephens hinzuziehen solle. Der sanfte Dubliner Dichter hatte, wie Joyce bedeutungsvoll bemerkte, seinen eigenen wirklichen Vornamen (James) und den seines fiktiven Helden (Stephen), den er im *Portrait* benutzt hatte. Als Joyce später erfuhr, daß Stephens wahrscheinlich zur gleichen Stunde (6 Uhr morgens), am gleichen Tag (2. Februar) und in der gleichen Stadt (Dublin) wie er geboren war – eine mutmaßliche Tatsache (in Wirklichkeit hatte Stephens, ein Waisenkind, es erfunden) –, war Joyce überzeugt, daß ihre Zusammenarbeit vorherbestimmt war. Wie gewöhnlich arrangierte Sylvia ein Dinner für die beiden Männer, ohne Stephens in Joyces Pläne einzuweihen. Sie überließ das Joyce, der das Thema sieben Monate lang nicht ansprach. In diesem Sommer wurden Joyce und Stephens zu richtigen Freunden. Teil der irischen Mafia, zu der Colum, Arthur Power (Dramatiker am Abbey Theatre) und (seit 1928) Samuel Beckett gehörten.

In Anwesenheit von Sylvia und Adrienne feierten Hemingway und Pauline Pfeiffer im Mai ihre Hochzeit, anschließend gaben die MacLeishs einen kleinen Imbiß. Sicherlich waren sie genauso empört wie Ada MacLeish, weil Hemingway versuchte, seine Ehe mit Hadley zu annullieren, um den Segen der katholischen Kirche für seine neue Heirat zu erhalten. Er überschrieb Hadley die Tantiemen für *The Sun Also Rises* und gab Sylvia die korrigierten Fahnen von »Fifty Grand«, die im gleichen Monat in der *Nouvelle Revue Française*, übersetzt von Victor Llon, erschienen. Das Jahr 1927 war auch für Hemingway ein Übergangsjahr. Schnell stieg er von der mageren Existenz seiner früheren Pariser Jahre zum bequemen Leben des etablierten Autors auf – dank dem Pfeifferschen Geld und dem steigenden Verkauf von *The Sun Also Rises*. Der *Sun*-Kult hatte auf dem Montparnasse begonnen. Hemingway hatte sich zwar geringschätzig über die Amerikaner in Paris geäußert, aber die jungen Amerikaner imitierten seine Helden – von Barnes Besäufnissen bis zu Bretts Kurzhaarschnitt.

Drei Tage nachdem Lindbergh bei einer jubelnden Menge in Paris gelandet war, hielt Sylvia im französischen Radio eine Rede. Sie dankte den Franzosen für ihre Gastfreundschaft und faßte die Ereignisse in ihrem Buchladen, darunter die Veröffentlichung des *Ulysses*, zusammen. Joyce schrieb aus Den Haag, »das Radio scheint hier fast völlig unbekannt zu sein, daher konnte ich nicht zuhören. Es tut mir leid, daß ich Sie nicht hören konnte.« Mit seinem Brief schickte er die »pomes« (Äpfel) mit ihren Daten für *Pomes Penyeach* (sein 2. Gedichtband) und dankte für die Sammelliste russischer Wörter von Boski Antheil für sein Manuskript. Sylvia bereitete das Manuskript von *Pomes Penyeach* für den Drucker vor, dem sie das ›gut zum Druck‹ am 10. Juni gab. Sowohl Sylvia als auch Joyce planten, daß sie auch sein *Work in Progress* veröffentlichen würde, sobald es fertig wäre. Huebsch (vielleicht auf Anregung seines Juniorpartners Donald Friede) von Boni and Liveright hatte Joyce gerade 2000 Dollar auf die Hand und fünfzehn Prozent Gewinnanteil für sein neues Werk angeboten. Er überließ Sylvia alle Geschäftsangebote, wie im vorhergehenden Jahr, als Huebsch eine Sonderausgabe des *Portrait* verlegen wollte. Aber der Arbeitsaufwand, den Joyce erforderte – neben dem Buchladen und den Leihbüchereipflichten –, war zuviel für Sylvia. Wenn Joyce einen Mitarbeiter für *Work in Progress* brauchte, dann brauchte sie Hilfspersonal. »Ich hatte im Frühling sehr viel zu tun«, beklagte sie sich bei Holly, »mit dem Zeug bin ich fast wahnsinnig geworden!«

Da neben Roth sich auch noch andere Raubdrucker in den U.S.A. zwischen 1926 und 1928 an *Ulysses* vergriffen, waren Sylvia und Joyce unter Streß. Leider versuchte Joyce, sie zu überreden, mit ›Shakespeare and Company‹ nach New York zu gehen, um Roth zu bekämpfen. Schon im Mai 1926 hatte er Miss Weaver erzählt, daß er »einen Agenten drüben« brauche. Sylvia wußte, daß dem Raubdruck »nur ein Ende gesetzt werden konnte, wenn ein angesehener Verleger« den Bann aufheben und das Buch publizieren würde (was Random House schließlich tat, nach sieben Jahren). Dennoch bat sie Joyce in einem Brief, sie von dem Druck seiner Forderungen zu entbinden, und teilte ihm mit, daß sie nicht als sein Abgesandter in den Vereinigten Staaten auftreten würde. Ihre größte Liebe galt ›Shakespeare and Company‹, und sie weigerte sich, ihre Schöpfung zu verlassen. »›Shakespeare and Company‹ war meine Erfindung, und obgleich es auf einer anderen Ebene als ein *Ulysses* liegt, ... ich konnte es trotz allem als mein Eigentum ansehen. Man darf nicht vergessen, daß mein Buchladen bereits voll in Gang war, als Joyce vorbeikam.«

In einer Feststellung, die sie nicht in ihre »Memoiren« übernahm, gesteht sie die Anstrengung jener Zeit:

»Joyce betrachtete ›Shakespeare and Company‹ als etwas, was Gott für ihn geschaffen hatte, aber für mich hatte der Laden auch andere Seiten als die Joyceanische. Glück für Joyce, denn es war einer der Gründe, weshalb mein kleines Unternehmen ihm Vorteile brachte.« (»Memoiren«)

Sie gab sich »alle Mühe«, den Laden in eine »Joyce-Fabrik zu verwandeln«. Er drohte ihr, sie »total zu ent-Joycen«, als er ihr vorschlug, den Laden »aufzugeben« oder »zu verpflanzen«. »Ich konnte das nicht, denn ›Shakespeare and Company‹ war auf französischem Boden gewachsen«, protestierte sie. »Hinzu kommt, daß die Franzosen es nicht gern gesehen hätten, wenn ich nach all diesen Jahren ihrer Gastfreundschaft weggezogen wäre.«

Ende Juni verursachte ein tragischer Vorfall eine noch größere Belastung ihrer Beziehung: Die Veröffentlichung von *Pomes Penyeach* wurde verschoben, das Dinner mit Stephens abgesagt, und Sylvia zog sich aus dem Konflikt mit Roth zurück. Die Tragödie stellte ihr Stehvermögen – den Beweis ihrer Stärke, ihres Mutes und ihrer Schlagfertigkeit – auf eine harte Probe, aber ihr Verhältnis zu Joyce verschlechterte sich.

Den Juniereignissen gingen zwei Familienbesuche voraus. Ihr Onkel Hal (J. H. Orbinson), seine Frau Lilli und deren Tochter Bertha kamen auf einem Missionsurlaub vom indischen Punjab in Paris vorbei. In einem Brief an Sylvia im November 1926 hatte Hal von seiner herumreisenden Schwester Nellie (Sylvias Mutter Eleanor) geschrieben: »Die Orbinsons haben eine wilde und nomadische Veranlagung! Wir sind nicht *gesetzt* – wir wollen keine richtig gesicherte Existenz führen.« Seine umherziehende Schwester Nellie hatte die letzte Etappe ihrer ruhelosen Reise abgeschlossen.

Eleanor Beach war im Mai aus Italien nach Paris gekommen, um ihre Tochter zu besuchen, die zuviel zu tun gehabt hatte, um ihre Mutter zu besuchen. Die Töchter hatten sich stets um diese zierliche und unglückliche Frau gesorgt. Nachdem ihre Kinder erwachsen waren, hatte sie sich so selten wie möglich in Princeton aufgehalten. Sie war von den Wohnungen der Familie und Freunde zu italienischen Pensionen, einem Landhaus in Pasadena und zu Pariser Hotels gereist – stets hatte sie Digitalis wegen ihrer Herzbeschwerden dabei. Aber Sylvias letzter Bericht über »Arme kleine Mutter« hört sich optimistisch an:

»Ich habe sie noch nie so dick und gesund gesehen. Sie sagt, sie habe sich seit neun Jahren nicht mehr so gut gefühlt. Und sie ist auch gut gekleidet und wohnt in einer komfortablen Pension. Ich sehe sie jeden Tag und sie kommt sehr oft zum Essen in unser Haus.«

Zwanzig Tage später war sie tot.

Da die Umstände ihres Todes und die Beziehung zu Joyce Sylvia nachhaltig beeinflußten, ist es nötig, diese Tragödie kurz abzuhandeln. Soweit sich die Fakten feststellen lassen, wurde Mrs. Beach im Juni 1927 wegen Ladendiebstahl verhaftet. Das Delikt hatte sie im Jahre 1924 begangen und versehentlich oder naiverweise die Gerichtsvorladungen nicht beachtet. Obwohl es sich bei der Ware, die sie in den Galeries Lafayette entwendet hatte, lediglich um Modeschmuck handelte, der nur ein paar Dollar wert war, hatte die Polizei sie verhaftet. Sylvia wollte ihre Mutter vor öffentlicher Demütigung schützen und bat Conner, ihren Rechtsanwalt im Roth-Streit, um seinen Rat. Er empfahl einen Rechtsanwalt namens Le Paulle, der Mrs. Beachs Freilassung und Geheimhaltung der Sache arrangierte. Le Paulle schlug vor, zwei Personengutachten einzuholen, eins von dem Pfarrer der amerikanischen Kirche und ein ärztliches Attest, das die psychische Belastung, unter der Mrs. Beach gestanden hatte, und die negativen Auswirkungen, die durch die Einnahme von Medikamenten erzeugt worden waren, bestätigte.

Trotz der Bemühungen, ihre Privatsphäre zu schützen, glaubte Eleanor Beach, daß ihrem Ruf der Todesstoß versetzt worden war. Sie hatte jahrelang unglücklich gelebt, konnte darüber aber nicht reden. Der Schock war zuviel für sie. Vor elf Jahren hatte sie in einem Brief an Sylvia von einer ähnlichen Qual geredet und hatte es als einen »Zusammenbruch« bezeichnet. In diesem Brief (1918) hatte sie geschrieben, daß sie »fast verrückt« vor Schmerz sei, ihre Töchter (die sie anflehte, aus Europa zurückzukehren) zu verletzen und wegen »meiner schrecklichen Ehe«. Sie spricht von den »Wutanfällen« ihres Mannes wegen der Geldausgaben der Kinder und erklärt zweimal, daß unter seinem Druck, der wie »ein Eisendraht in meinem Kopf« war, ihr »Gehirn nachläßt«. Ihre Fähigkeit, diese Jahre auszuhalten, erklärt sie abschließend so: »Es gibt in uns allen etwas Unzerstörbares, das nach den schlimmsten Schicksalsschlägen hervortritt und uns durchbringt... und wir weigern uns, völlig zerstört zu werden.«

Das »Unzerstörbare« in ihr war aber im Laufe der Zeit schwächer geworden, und die Verhaftung war ein zu starker Schlag. Eleanor Beach war zerstört. Sie verbrachte einen Nachmittag in der Wohnung von Adrienne und Sylvia und sprach zeitweise mit Myrsine. Dann schrieb sie eine acht Seiten lange Unschuldsbezeugung und nahm eine Überdosis ihres Medikaments. Schnell fuhr man sie am 22. Juni ins American Hospital. Sie starb um 5 Uhr nachmittags. Neben der handgeschriebenen Unschuldsbezeugung hinterließ sie ein Testament, in dem ihre wenigen Besitztümer unter den Töchtern aufgeteilt wurden. Die Tat ihrer Mutter schockierte und erschütterte Sylvia. Sie wollte eine Untersuchung der Todesursache vermeiden und telegrafierte ihrem Vater, Holly und Cyprian, daß Eleanor im American Hospital gestorben sei. Sylvias Annahme, daß sie glauben würden, Mrs. Beach sei an einem Herzversagen gestorben, erwies sich als richtig. Sylvia nahm dieses traurige Geheimnis mit ins Grab und ersparte ihrer Familie die Demütigung. Sie würde allein mit der Wahrheit leben. Ihr Verhalten ermöglichte ihrer Mutter einen privaten Bereich, der ihre Freiheit, Selbstmord zu begehen, schützte und ihre Würde im Tod bewahrte – ein Recht, das Sylvia genauso für Adrienne (1955) und Hemingway (1961) beanspruchte. Stolz, Pfarrhausdiskretion und der Glaube, daß Selbstmord eine private Entscheidung ist, zwangen Sylvia, ihre Meinung für sich zu behalten. Sie zahlte die Rechnungen und ließ die Leiche ihrer Mutter auf dem Friedhof Père-Lachaise einäschern und begraben. Die nomadische Eleanor Orbinson, geboren in Rawalipuidi, Indien, hatte in einem Land, in dem sie niemals leben wollte, drei Kinder geboren. Sie liebte die Schönheiten Europas, und in ihrem vierundsechzigsten Lebensjahr wurde sie in der, ihrer Meinung nach, freundschaftlichen Erde von Paris begraben.

10. KAPITEL

Übersetzungsverträge und Reisen
1927-1928

»Die amerikanische Invasion glich einer Flut, als wir im Frühling 1927 wieder nach Paris kamen. Allein unser Schiff hatte 531 amerikanische Touristen zweiter Klasse gebracht«, schrieb Matthew Josephson, der mit einem Verlagsvertrag, eine Biographie über Emile Zola zu schreiben, nach Frankreich zurückkehrte. Mit an Bord des Schiffs waren die Sängerin Helen Morgan und eine große Jazzband aus Chicago. Sie unterhielten die tanzenden Touristen, die unterwegs waren, um die Pariser Bars, die Hemingways *The Sun Also Rises* berühmt gemacht hatte, zu besuchen. Diese Touristen strömten in Reisebussen in die Rue de l'Odéon, frustrierten die völlig überarbeitete Sylvia, die sich beklagte, daß sie sich ins Hinterzimmer einsperren müsse, um ihren Geschäften nachzugehen, ohne von den Schwärmen Neugieriger gestört zu werden. Sie sah es lieber, wenn die Besucher alleine oder zu zweit kamen. Die Tagung der American Legion im September 1927 war für viele ein besonderer Anreiz, in die Stadt zu kommen. Die französischen Reaktionen auf die Amerikaner reichten vom euphorischen Enthusiasmus über Lindberghs Landung bis zu aggressiven Aufständen nach der Hinrichtung von Sacco und Vanzetti.

Am 4. Juli, dem amerikanischen Unabhängigkeitstag, nach dem Tod ihrer Mutter, schrieb Sylvia an Benjamin Conner und bat ihn, sie aus der Roth-Klage herauszuziehen. »Nach dieser schrecklichen Tragödie... glaube ich, daß es mir unmöglich ist, weiterhin etwas gegen Mr. Roth zu unternehmen. Ich möchte Sie daher bitten, sich in Zukunft direkt an Mr. Joyce zu wenden.« Ihr Rücktritt spiegelte sowohl ihre persönliche Müdigkeit und Trauer als auch eine Neuordnung ihrer Prioritäten. Nach ihrem Gefühl hatte eben die Zeit, die sie auf

Roths Raubdruck und die Druckvorbereitung von *Pomes Penyeach* verwendet hatte, sie davon abgehalten, den Bedürfnissen ihrer Mutter entgegenzukommen. Conner reagierte prompt und kalt. Er schickte M. Moreaus Rechnung für »die Freilassung« von Mrs. Beach und über M. Le Paulles Honorar: 1000 Francs. Verärgert über seine Gefühllosigkeit, so kurz nach dem Tod ihrer Mutter die Rechnung zu schicken, bat Sylvia Joyce, den Rechtsanwalt zu wechseln. Er hatte Verständnis für sie, tat aber nichts. Er rechtfertigte seine weitere Verbindung mit Conner, weil es schwer sei, einen anderen Rechtsanwalt zu finden, der sich mit Raubdrucken auskannte, und daß Conner ein »einflußreicher« Rechtsanwalt sei, der, wie er später Miss Weaver gestand, ihm Angst machte: »Sein Brief an Sylvia war jedenfalls dermaßen gefühllos, daß ich es für besser hielt, ihn nicht gegen mich aufzubringen.« Er weigerte sich, sich ihrem Groll anzuschließen, weil er eigene Schwierigkeiten befürchtete. Außerdem hatte sie sich von seiner Seite beim Kampf gegen Roth zurückgezogen.

Am Todestag ihrer Mutter hatte Sylvia den Veröffentlichungsauftrag für *Pomes Penyeach* Herbert Clarke, einem englischen Drucker in Paris, übergeben. Clarke hatte die ersten 300 Exemplare des kleinen Gedichtbandes am 7. Juli fertig, und Sylvia hatte Joyce die vereinbarten 12 000 Francs gezahlt. Dreizehn große, numerierte Exemplare wurden auf holländischem Papier für seine Freunde und Familie gedruckt. Er gab das erste Exemplar Sylvia, das zweite Miss Weaver und das siebente Adrienne. Er selbst behielt das dreizehnte. Den Dank für die Hilfe beim Protestbrief und für seine Ermutigung für die Gedichte schrieb Joyce in MacLeishs Exemplar. Sein neuer Freundeskreis, zu dem Eugène Jolas, Paul und Helen Nutting (die als erste die Veröffentlichung vorgeschlagen hatte) gehörten, erhielt numerierte und mit Initialen versehene Exemplare.

Pomes Penyeach bestand aus dreizehn Gedichten – einem

Dutzend plus einer »*tilly*« (Zugabe). Seinem Titel entsprechend kostete das Buch einen Schilling oder zwölf Francs. Wie sie bei *Ulysses* das griechische Blau gewählt hatten, so suchten sie auch hier eine besondere Farbe – das Grün des irischen Calville-Apfels. Farben waren symbolisch für Joyce, der bei diesem Grün sehr eigen war, obwohl es leider »schnell verblich«. Das traf auch für den Verkauf zu. *Pomes Penyeach* wurde bei ›Shakespeare and Company‹ in Paris, dem Gotham Book Mart in New York City und (trotz Annoncen in der *Times*) im Poetry Bookshop in London nur selten verkauft. Die Kritiken waren nicht ermutigend, zumindest für Joyce, der gehofft hatte, die Gedichte würden die Kritik an seinem neuen Werk besänftigen.

Sylvia verkaufte ein Exemplar an die englische Schriftstellerin und Biographin Rebecca West, die behauptet, daß der Handel auf eine Art stattfand, »der sich so von gewöhnlichen kommerziellen Transaktionen unterschied... als ob es die Medaille eines Heiligen am Portal der Westminster- Kathedrale gewesen wäre.« Während sie langsam von der Rue de l'Odéon zum Boulevard Saint-Germain spazierte, las Miss West ein »mittelmäßiges« Gedicht nach dem anderen. Sie nutzte den Besuch bei ›Shakespeare and Company‹, um ihren langen Essay »The Strange Necessity« zu entwerfen, der im nächsten Jahr veröffentlicht wurde. Ihrer Meinung nach ist Joyce ein Prosaschriftsteller »majestätischen Genies«; dennoch sei er ein sentimentaler Mann »ohne Geschmack«, weil er diese »schlechten« Gedichte veröffentliche. »Ich mag *Ulysses* oder James Joyce nicht besonders«, gibt sie zu. Während sie *Work in Progress* kritisierte, verteidigte William Carlos Williams das Werk in einem Essay in der Septemberausgabe des *Bookman*.

Sylvia fuhr nach Savoy und überließ Myrsine die übrigen Bestellungen für *Pomes Penyeach* und *transition*. Joyce sollte ein Stück für sein neues Werk, das zwischen die »Shaun«- und die »Shen«-Episode eingefügt würde, vollenden. Adrienne wußte, wie Sylvias physische und psychische Verfassung nach der Auseinandersetzung mit Roth und dem Verlust ihrer Mutter war. Sie bestand darauf, mit ihr, so bald als möglich, nach Les Déserts zu fahren. Diesmal ließ Joyce, der die Stimmung in der Rue de l'Odéon als »sehr belastet und tragisch« beschrieben hatte, Adrienne ohne Gezeter ihren Willen.

Nach einem kurzen Aufenthalt kamen Adrienne und Sylvia aus Les Déserts zurück. Im August mußte Sylvia sich auf die Ankunft von Sylvester Beach und seiner älteren Tochter Holly vorbereiten. Cyprian war eine Zeitlang krank und niedergeschlagen durch den Tod ihrer Mutter. Sie kam nicht mit, aber sie schrieb, in Unkenntnis der Wahrheit, an Sylvia, sie sei sehr froh, daß ihre Mutter »einen so kurzen und kunstvollen Tod« gehabt hatte. Sylvester blieb lange genug, um sein Porträt von Bécat zeichnen zu lassen und von Sylvia eines Sonntags in Rocfoin fotografiert zu werden. Er und Holly hatten Sylvia eine neue Remington-Schreibmaschine, Mokassins (Adrienne bekam auch ein Paar) und amerikanische Schallplatten, an denen Joyce seine Freude hatte, mitgebracht.

Holly blieb einen Monat lang, aber ihr Urlaub wurde sehr eingeschränkt durch die Aufstände, die ausbrachen, als der Staat Massachusetts – Sacco und Vanzetti waren sechs Jahre lang im Gefängnis gewesen – den Schuster und den Fischhändler hinrichtete. Die Pariser Polizei errichtete auf den Straßen große Holzbarrikaden, um Papiere zu überprüfen und Agitatoren zu verhaften. Mitte September überprüfte die Polizei ausländische Pässe und bereitete sich auf das Finale der alle zehn Jahre stattfindenden American-Legion-Tagung – eine Parade auf den Champs-Élysées – vor. Nach Tagen und Nächten der Trinkgelage, der Überschwenglichkeit, des Schulterklopfens und des Möbelzertrümmerns im *gay Paree* stellten die Legionäre ihre riesige Parade auf. Am gleichen Tag wurde die Tänzerin Isadora Duncan, die an der französischen Riviera umkam, als sich ihr Schal in den Rädern eines

Rennwagens verfing, auf dem Père-Lachaise begraben. Isadora, die Lindbergh mit amerikanischem Stolz am Flughafen Le Bourget begrüßt hatte, hatte kürzlich auf das Pressefoto des Gouverneurs von Massachusetts, Ford, auf ihrem Kamin »Nieder mit den Philistern« gekritzelt. An diesem Septembertag bei Nieselwetter, als eine stille Prozession ihrer Freunde die Leiche zu Grabe trug, marschierten Tausende von Philistern hinter schmetternden Bands die Champs-Élysées hinunter.

Die Rückreise von Holly fiel unglücklicherweise mit der Abreise der Legionäre zusammen. William Carlos Williams, der seine Frau und Söhne in Europa zurückließ und zu seiner Arztpraxis zurückkehrte, hatte ebenfalls auf der S. S. *Pennland* gebucht. Er beendete seinen zweiten Parisbesuch mit gemischten Gefühlen. Zum Teil formulierte er diese Ambivalenz in seinem fast vollendeten Roman *A Voyage to Pagany*, den er Sylvia zeigte. Ein Ausschnitt des Romans erschien im nächsten Monat in *transition* (neben einer Kurzgeschichte seines neuen Freundes Philippe Soupault). Sylvia erholte sich gerade von einer Serie von Migräneanfällen und begleitete Williams und Holly im Zug nach Cherbourg, um aus Paris herauszukommen. Mit ihnen im Zug waren fünf siamesische Katzen, die Holly Cyprian mitbrachte. Cyprian wollte die Katzen züchten und in Palm Springs verkaufen; dort erholte sie sich gerade von einer Operation. Während Williams auf der gemeinsamen Reise zu der Ansicht kam, daß Holly tolerant sei (sie arrangierte sich mit den rauhen Legionären), intelligent und eine »sehr interessante Erzählerin und fähige, kleine Person«, glaubte Cyprian, daß sie zu sehr die Tochter ihres Vaters war – zu ehrgeizig und zuviel auf Korrektheit achte. Da ihr Versuch, Katzen zu züchten, erfolglos blieb, zog Cyprian (die Tochter ihrer Mutter) widerwillig nach Pasadena zurück.

Sylvia schien mehr mit ihren europäischen Freunden als mit den Familienangelegenheiten beschäftigt zu sein. Bryher, über die sie mit Williams ausführlich auf der Reise nach Cherbourg gesprochen hatte, beendete ihre sechsjährige Ehe mit McAlmon und heiratete den Schotten Macpherson. Sie glaubte fest, einen Gatten haben zu müssen – wenn auch nur dem Namen nach. Macpherson, der kurz H. D.s Liebhaber gewesen war, würde seine dauerhafteste Beziehung mit Jimmy Daniels haben. Daniels war der beliebteste schwarze Sänger damals in Paris und später in New York. Der talentierte, wenn auch faule Macpherson gehörte zur Gruppe, die Sylvia häufig in der Schweiz besuchen sollte, als die Arbeit für Joyce abnahm. Als Filmexperte gab Macpherson zusammen mit Bryher das erste englischsprachige Magazin heraus, das sich völlig der »Kunst der Leinwand« widmete und wahrscheinlich die beste Zeitschrift war, die je der Kunst des Stummfilms gewidmet wurde. Sie hieß *Close-Up* und war bei ›Shakespeare and Company‹ erhältlich. Zusammen bauten Macpherson und Bryher auch Kenwin, ein großes Haus und Studio in Montreux, Schweiz, und sie adoptierten Perdita, die Tochter von H. D. und, so nahm man damals an, Richard Aldington. Mit Bryher (die sehr strenge Ansichten über Kindererziehung hatte), ihrer Mutter, H. D. (die sie »einen wunderbaren Geist, der im Olymp wohnt«, nennt), McAlmon, (der sie »die Lumpin« oder »es« nannte), Aldington, Macpherson und deren zahlreichen Freunden wuchs Perdita in einer verwirrenden Umgebung ohne Spielkameraden auf. Eine der wenigen Personen, die sie »wie eine wichtige Person behandelten«, so erinnert sie sich, war Sylvia, die sie im Jahre 1928 besuchte.

Der englische Dichter Richard Aldington (H. D.s früherer Mann) besuchte nach 1927 Paris noch oft. Weil *Ulysses* in England verboten war, erklärt er in seiner Biographie, war eine seiner ersten Stationen in Paris die Rue de l'Odéon:

»Es war obligatorisch, sich sofort nach der Ankunft in Paris ein Exemplar des *Ulysses* vom Verleger zu kaufen... Eigentlich überrascht es, daß die Pariser Stadtverwaltung mit ihrer Leidenschaft, Künstler mit Straßennamen zu ehren, nicht die Rue de l'Odéon in Rue James Joyce umgetauft hat.«

Bei ›Shakespeare and Company‹ stellte Sylvia ihm Hemingway und Jean Paulhan, von der *Nouvelle Revue Française*, vor. Aldington, der seit 1913 nicht mehr in Paris gewesen war, war von den Veränderungen überrascht, besonders über die Erweiterung der Montparnasse-Cafés, die mit den Massen der amerikanischen Besucher fertig wurden.

In diesem Herbst versuchte Sylvia, ihr Leben sinnvoller zu planen. Sie hatte sich aus dem Fall Roth zurückgezogen; ihre Familie war nach Hause zurückgekehrt, und sie hatte eine Tafel für die Gruft ihrer Mutter gekauft. Jetzt ging sie zum Zahnarzt, machte die Führerscheinprüfung und plante, mit Adrienne ein Auto zu kaufen. Sie versuchte auch, mehr auszuspannen. An den Wochenenden machte sie kurze Ausflüge und spielte auf ihrem Phonographen abends Schallplatten. Sie pflegte soziale Kontakte mit Freunden wie Romains, mit dem sie über die amerikanischen Rechte für sein Theaterstück *Dr. Knock* sprach, eine Satire über Ärzte ganz im Sinne von Molière. Der junge amerikanische Produzent Roscoe Ashworth, dem sie vom Theaterstück vorgeschwärmt hatte, schrieb aus Kalifornien über Pläne, es dort zu produzieren, und bat sie, die Erlaubnis von Romains zu sichern. Sylvia traf sich auch mit Hadley Hemingway, die von einem Amerikabesuch zurückkam und gesund aussah; anscheinend hatte sie sich von dem Ärger der Scheidung erholt. Sylvia aß mit den Colums, Freunden von Cyprian und Joyce, und versuchte, George und Boski Antheil zu ermuntern. In einem Brief an Holly schreibt Sylvia: »Wenn Du von irgendeiner größeren Geldsumme für den armen, kleinen George hörst, gib mir bitte Bescheid. Es geht ihm im Moment gar nicht gut.«

Sylvia und Adrienne kauften sich einen Citroën auf Ratenzahlung und machten ihre erste Fahrt. Beim Überqueren einer stark befahrenen Pariser Kreuzung stieß Sylvia mit einem Bus zusammen. Erschrocken, aber entschlossen lernte sie die Maschine zu kontrollieren und fuhr bald jeden Sonntag die 82 Kilometer nach Rocfoin. Sie und Adrienne fuhren auch in die Normandie zu dem Schriftsteller Jean Schlumberger, einem der Gründer der *Nouvelle Revue Française*. Die drei saßen und redeten gerne vor dem großen Kamin im Häuschen, in dem er lieber lebte als in dem benachbarten Braffye, dem Haus seiner Vorfahren. Schlumberger ließ seine Dachshündin ihre Kunststücke vorführen. Auf ihren Hinterbeinen stehend, zeigte sie ihnen, wie Sylvia berichtet, »die Knöpfe an ihrer Weste«. Am nächsten Morgen überprüfte Sylvia seine große englische Bibliothek im Hauptgebäude und fand, wie er befürchtet hatte, daß sie »den Geschmack der englischen Gouvernanten reflektiere, die durch Generationen die jungen Mädchen in Braffye betreut hatten«.

Ihre zweite Reise ging nach Versailles, wohin Sylvia die übriggebliebenen Mitglieder der Familie Williams mitnahm. Die beiden Jungen verliebten sich in Sylvia und ihren Hund Teddy, mit dem sie auf dem Rücksitz ihres Autos spielten. Sie meinten, sie sei eine »teuflische Fahrerin«, teilte ihr Williams später in einem Brief mit.

Joyce war ängstlicher als die Jungen. Er meinte, alle Autos sollten verboten werden, außer für Regierungsbeamte – und außer Taxis, die er regelmäßig benutzte. Autos seien zu gefährlich, erklärte der halbblinde Joyce. Trotzdem vertraute er sich Sylvia an und fuhr mit ihr an einem Sonntag nach Rocfoin, wo sie ihn mit Adriennes Eltern fotografierte, und machte mit ihr einen Ausflug, um das Wasserwerk am oberen Seinelauf zu besichtigen. Sylvia erinnert sich, daß er, »nachdem er sich das Wasserwerk angesehen hatte, am Ufer saß und gebannt auf den Fluß starrte und alles, was darin vorbeitrieb«. Ende Oktober beendete er begeistert die Überarbeitung der »Anna Livia Plurabelle«-Episode, in die er die Namen von dreihundertfünfzig Flüssen geflochten hatte. »Der Strom ist jetzt zur Flut gewachsen«, verkündete er, »aber ich finde, daß sie fast alles tragen kann.«

Anfang Herbst war Hemingway von einem Sommer in Spanien zurückgekehrt, mit Pauline, die jetzt mit zweiunddreißig schwanger war. Seine Kurzgeschichte *Hills like White Ele-*

phants war gerade in der fünften Nummer von *transition* erschienen. Auf seine Leihbüchereikarte hatte Sylvia im Frühsommer geschrieben, »frag Hemingway nach ›Großmutter«‹, ein Hinweis auf das vor kurzem von Glenway Wescott veröffentlichte Werk *The Grandmothers* (Die Großmütter). Nachdem Hemingway das von ihr vorgeschlagene Buch geliehen hatte, trat der Reporter Alex Small auf ihn zu, der, wie er in dem nachfolgenden Artikel in der *Herald* schrieb, den Schriftsteller in eine Unterhaltung über »neue Bücher und die Bewohner von Montparnasse verwickelt hatte. Sie werden sich erinnern, daß einige der Bewohner in einem berühmten Roman vorgestellt werden.« Hemingway nahm Wescotts Roman in die Hand und bemerkte kritisch: »Es gibt nur zwei Probleme mit diesem Buch. Das eine ist, daß jedes Wort für die Unsterblichkeit geschrieben ist.« Das zweite war, Mr. Small ließ es seinen Leser erraten, daß der Roman nicht unsterblich war.

Hemingway war mit seiner neuen Familie und seinem wachsenden Ruhm beschäftigt. Sein literarisches Ansehen wurde vom PEN-Club bestätigt, der ihn am 17. November 1927 mit einem Bankett ehrte. Die Einladung wurde an Sylvia geschickt, die sie mit ihren Glückwünschen an Hemingway weiterreichte.

Das Jahr endete mit nur 3600 Francs Umsatz im Buchladen, mit dem Tod der geliebten Katze Lucky und mit zwei Mißverständnissen am Horizont. Das erste war das Erscheinen der neunten Nummer von *transition* ohne eine Episode aus *Work in Progress*. Joyce hatte Jolas benachrichtigt, daß er Ruhe brauche, denn auf ärztliche Anweisung arbeitete er diesen Monat nicht (er hatte Colitis). Diese Dezember-Ausgabe enthielt drei interessante Artikel: einen halbseitigen Bericht, daß Joyce von »der äußersten Perfektion und Expansion« seines Textes erschöpft wäre; einen Essay, »The Case against Mr. Roth«, der ihn einen »ignoranten Plünderer« und einen »Lügner und hintertriebenen Dieb« schimpfte, sowie eine kurze Ansage, daß der Buchladen Titus zur Erleichterung der Herausgeber *transition* nicht mehr verkaufen würde (wahrscheinlich auch, weil Titus von Sylvia gestohlene *Ulysses*-Abzüge verkauft hatte). Das Erscheinen der Zeitschrift ohne einen Beitrag von Joyce brachte die Pariser *Times* zu der Annahme, daß »einer der Hohenpriester des Modernismus seinen neuen Stil widerrufen« hatte. Weil er sich weigerte, Interviews zu geben, mußte Sylvia den Kunden und der Presse seine Krankheit erklären.

Das zweite Mißverständnis, das später in offene Feindschaft überging, betraf die Co-Übersetzer von Adriennes französischer *Ulysses*-Ausgabe. Mit Sylvias gelegentlicher Unterstützung versuchte Adrienne, mit Morel (dem Übersetzer), Gilbert (der nun die Übersetzung überprüfte) und Larbaud (der ihre Arbeit beaufsichtigte) zu arbeiten. Jedermann hatte sein eigenes Verständnis von Joyce, der jedwede Hilfe wünschte, solange seine Helfer harmonisierten. Aber Larbaud war jetzt aufgebracht, weil er nicht eindeutig als entscheidende Autorität anerkannt wurde. In diese Mißverständnisse – wie in alle Angelegenheiten von Joyce, auch das Roth-Verfahren – war Sylvia verwickelt. In diesem Winter versuchte sie, das amerikanische Copyright für die *Work in Progress*-Fragmente, die in *transition* erschienen, zu sichern. Joyce wollte die Korrekturfahnen vor der Veröffentlichung an die New Yorker Rechtsanwälte schicken, die sie zur Registrierung an das U.S. Copyright-Büro weitersenden sollten. Der Plan war wahrscheinlich nicht legal und führte schließlich zu ständigen Prozessen und persönlichen Streitereien. Sylvia ermüdeten die zahlreichen Telegramme an die Rechtsanwälte und die peniblen Rechtsdetails. Trotz der geplanten Arbeitspausen und der liebenden Fürsorge Adriennes erlitt sie in diesem Jahr Krankheits- und Migräneanfälle.

Am 15. Februar 1928 besuchte Sylvia einen Vortrag über Joyce und Eliot, unter der Schirmherrschaft der ›Society for the Propagation of the English Language in France‹ (Gesellschaft zur Verbreitung der englischen Sprache in Frankreich). Den Vortrag hielt der junge Ire Thomas McGreevy, der seit 1926 Englischlehrer an der École Normale Supérieure war. Er hatte sowohl an der Universität als auch am Trinity College in Dublin studiert. McGreevy gehörte zu Joyces Pariser Zeitgenossen, die ihm ergeben waren. Er verrichtete einige Sekretariatsarbeiten (hauptsächlich abschreiben) für Joyce, und später schrieb er, wie Joyce ihm vorgeschlagen hatte, einen Essay, in dem er *Work in Progress* verteidigte. Sylvia freute sich über seine Hilfe, denn sie erholte sich gerade von einer schlimmen Grippe, mit der sie Adrienne und Myrsine angesteckt hatte. Joyce war darauf erpicht, daß sie unbedingt alle gesund würden, damit eine »allgemeine Auffrischung der Artillerie« zustande käme.

Kaum erholt, geriet Sylvia in einen hitzigen Streit wegen Joyce. Ihr Versuch, das amerikanische Copyright für *Work in Progress* (vor jeder europäischen Veröffentlichung) zu Joyces Vorteil zu sichern, erforderte aufwendige Schachzüge. Jolas hatte die elfte Nummer von *transition* veröffentlicht und in die Vereinigten Staaten geschickt, bevor Sylvia Zeit gehabt hatte, eine Kopie der Korrekturfahnen an Joyces Rechtsanwälte zu schicken, die jeden Teil von Joyces Werk im Urheberbüro notieren ließen. Außerdem hatte Donald Friede, nach Elliot Pauls Ratschlag, ein Fragment des *Work in Progress* im Januar in New York gedruckt, um das U. S. Copyright zu sichern. Joyce war alarmiert, weil Friede das Copyright auf seinen eigenen Namen eingetragen hatte. Joyce (stets prozeßbereit) dachte, er sei nun Friede ausgeliefert, und bat Sylvia einzuschreiten und sowohl seinen Rechtsanwalt als auch die *transition*-Rechtsanwälte zu konsultieren. (Friede übergab bald das Copyright an Joyce, was von Anfang an seine Absicht gewesen war.) Nach dem Plan, den sie mit Joyce ausgemacht hatte, kämpfte Sylvia mit Jolas und den anderen, während Joyce im Schatten blieb. Sie konnte forsch sein, besonders, wenn sie glaubte, daß man ihn hereingelegt habe. Sie stürzte sich in den Kampf und wußte dabei, daß er jedenfalls dem Konflikt aus dem Wege gehen würde, was die Probleme oft verschärfte, statt sie zu lösen. Außerdem wirkte sie deswegen stur und Joyce versöhnlich. Manchmal stand sie bei ihrem Spiel mit verteilten Rollen plötzlich in einem Streit, den er inszeniert hatte, alleine da.

Einmal kam Joyce überraschend in den Laden, als Sylvia mit Jolas wegen der frühen Veröffentlichung und Auslieferung von *transition* stritt. Sofort erfaßte Joyce die Atmosphäre, die er später Miss Weaver als »bissig« beschrieb. Aus Furcht, Jolas zu verärgern, versuchte er, beide Freunde zu besänftigen. »Jolas hat gerade einen sehr guten Artikel geschrieben«, erklärte er Miss Weaver, »und obwohl ich eine Erklärung wünsche, will ich keinen Streit haben...« Joyce ging einer Auseinandersetzung mit Jolas aus dem Weg, weil er wußte, wieviel ein guter Herausgeber wert war. Seine Partnerschaft mit Jolas brachte ihm viele Vorteile. Erstens zeigte Jolas Verständnis und Enthusiasmus für Joyce und seine Arbeit, er hinterfragte oder zensierte den Text nicht. Er ließ die Korrekturfahnen für Joyce in Großbuchstaben drucken – und zwar so viele Fahnen, wie Joyce haben wollte (einmal brauchte er fünf). Jolas war finanziell abgesichert, hatte in Amerika eine gutgehende Zeitschrift und druckte nach, wenn Exemplare beschlagnahmt wurden. Ebenfalls war für Joyce in einer Zeit des wachsenden Dogmatismus die Tatsache wichtig, daß Jolas unpolitisch war. Mit Joyce verbanden ihn seine Sprachkenntnisse, seine katholische Kindheit und seine Ergebenheit gegenüber der Kunst als weltlicher Religion. Er war energisch, ein guter Zuhörer, ein Freund des Alkohols, und er half einer eklektischen Gruppe experimenteller Schriftsteller. Maria und Eugène Jolas waren eine wichtige Erweiterung der Joyce-Gesellschaft.

Umgekehrt waren auch Joyce und Sylvia für Jolas von großem Nutzen. Das regelmäßige Erscheinen von Auszügen aus *Work in Progress* zeichnete *transition*, das andernfalls nur eines unter den vielen ausgezeichneten Magazinen gewesen wäre, als bestes ›Expatriate‹-Magazin aus, das zwischen den Kriegen veröffentlicht wurde. Sylvia stellte Jolas und seine Zeitschrift ihren französischen Kollegen vor. Ihr Freund Victor Llona sagt, daß sie und Adrienne »James Joyce erfolgreich ins Rampenlicht rückten« und damit auch *transition*, besonders unter »den französischen Schriftstellern, die sich um *La Nouvelle Revue Française* sammelten«.

Im Frühling, während Sylvia mit Arbeit eingedeckt war, stellten die Ärzte bei Antheil Tuberkulose fest und verschrieben ihm eine Erholung in den Bergen. Mit McAlmons Hilfe brachte Sylvia bei den Freunden 10 000 Francs auf, um die Ausgaben des Komponisten zu zahlen. William Bird wünschte, daß seine Spende anonym bliebe, und steuerte fünfundzwanzig Exemplare von Pounds Antheil-Buch bei, die für den Fonds signiert und verkauft wurden. Sylvia weigerte sich, McAlmons eigenes Angebot, jeden Monat 500 Francs in den Fonds zu zahlen, anzunehmen, weil sie wußte, daß er es sich nicht leisten konnte. Sie hatte genug davon, für die Antheils zu sorgen, klagt sie bei Holly:

»O je, wie froh wäre ich, wenn ich ihn nach Amerika schaffen könnte, in die Arme seiner anderen Freunde, die sich dann eine Zeitlang (für immer) um George und Boski kümmern könnten. Es ist eine zu große Verantwortung für mich, neben meinem Laden und den anderen Aufgaben.«

Joyce hatte ebenfalls genug, besonders von Antheils Unfähigkeit, die Oper *Hero and the Cyclops*, die auf der »Zyklopen«-Episode des *Ulysses* basiert, zu vollenden. George wollte die Oper in Köln inszenieren, falls Joyce beim Empfang erscheinen würde. Joyce willigte ein, obwohl er glaubte, daß George nicht »20 Takte des Stücks« geschrieben hätte, und von seiner schlechten gesundheitlichen Verfassung wußte. Zwar erklärte

Antheil nach sechs Monaten immer noch, daß die Oper ein
»klarer Fall« wäre, aber er vollendete sie niemals.

Am Wochenende vor Sylvias Geburtstag, am 14. März,
kochte Adrienne ein Geburtstagsessen für sie, wozu sie die
Hemingways einlud. Während sie Huhn und Gemüse ver-
schlangen, malte Hemingway – seinen verwundeten Kopf in
weißem Mullverband – ein lebhaftes Bild seines Unfalls. Sein
Hang zum Übertreiben und Sylvias Neigung, seinen Geschichten zu glauben, verrät folgende Beschreibung:

»Ernest hatte eine tiefe Wunde auf seiner Stirn. Das Deckenfenster in
der Toilette (in seiner Wohnung) fiel auf seinen Kopf und zwei Arterien wurden durchtrennt und ein großes Stück wurde regelrecht her-
ausgeschnitten. Geistesgegenwärtig verband er die Wunde mit Toi-
lettenpapier, das scheinbar das einzige ist, das den Blutstrom der
Arterien zum Stillstand bringt. Er verlor fast einen Liter Blut, erzählte man ihm im American Hospital, wo sie ihn eine Stunde und
20 Minuten lang zusammennähten.«

Das Foto von Sylvia mit dem bandagierten Hemingway vor
dem Laden ist seitdem klassisch geworden. Hemingway war
im Februar und Anfang März ein dutzendmal im Laden; dann
verließ er mit Pauline Paris und zog nach Key West. Im September darauf schrieb er aus Sheridan, Wyoming, um ihr von
der Geburt seines Sohnes Patrick, dem wunderbaren Angeln
und der Vollendung von *A Farewell to Arms* zu berichten.

Eine weitere Kontroverse entstand in dieser Zeit wegen der
französischen *Ulysses*-Übersetzung. Weil Sylvia und Adrienne
den Text von Morel-Gilbert angeblich akzeptierten, ohne
seine Autorität anzuerkennen, hatte sich Larbaud bei Joyce
beschwert. Die beiden Frauen dagegen fanden, daß die Verlegerin (Adrienne) bei der Übersetzung das Sagen haben sollte.
Joyce rief sie alle zusammen und spielte den Schiedsrichter. Er
lud alle ins ›Les Trianon‹ ein, sein Lieblingsrestaurant am
Boulevard du Montparnasse. Hier wurde er wegen seiner
übertriebenen Trinkgelder fürstlich bedient. Vor versammelten Gästen erklärte Joyce Larbaud zum Verantwortlichen bei

der französischen Übersetzung. Sollten wieder Meinungsverschiedenheiten auftauchen, würde Joyce an den »Trianon-
Vertrag« erinnern.

Daß diese verschiedenen und starken Persönlichkeiten sich
überhaupt einigermaßen einigen konnten, beweist ihre Hin-
gabe an ein gemeinsames Ziel. Sie wandten große Anstrengungen auf und ertrugen persönliche Beleidigungen, nicht wegen
einer Freundschaft mit Joyce, sondern wegen ihrer Ehrfurcht
vor dem geschriebenen Wort und vor Joyces Genie. Morel
hatte seit Anfang 1924 auf der Île de Bourbon übersetzt. Seine
Phantasie betonte das Grobe oder die Gewalt des Textes, weshalb Joyce gelegentlich zu Adrienne sagte: »Ein bißchen zuviel
Madagaskar.« Gilbert hatte den Vorteil, mit Joyce in Paris täglich in Verbindung zu stehen. Sylvia berichtet, daß er zu einem
»Experten bei der Dechiffrierung der Joyceschen Hierogly-
phen« wurde. Wegen seines Takts und seiner Genauigkeit waren seine Vorschläge unschätzbar. Joyce erklärte, selbst mit
diesen ausgezeichneten Übersetzern sei Larbauds »Schlußre-
daktion unbedingt notwendig«, da »er sehr genau, langsam,
pingelig und sehr ängstlich ist«. Larbaud besaß, wie Ellmann
berichtet, »ein glänzendes Stilgefühl«.

Entweder aus eigener Initiative oder wegen seiner Nachfrage gab Sylvia Gilbert eine Kopie des Schlüssels zum *Ulysses*
(den Joyce im Jahre 1921 niedergeschrieben hatte), jene kurze
Skizze, die den Roman mit Homers *Odyssee* vergleicht. Gilbert teilte ihr mit, daß er den Schlüssel »mit großem Interesse« gelesen habe, er glaube aber, der Schlüssel »berühre nur
die Oberfläche«. Schließlich sagte er prophetisch: »Der
›Schlüssel‹ kann vielleicht ein Gartentor öffnen... Ich denke,
ich kann einen größeren Schlüssel schmieden!« Mit Hilfe des
Autors begann er in diesem Sommer mit dem Kommentar,
während er und seine Frau mit den Joyces einen Teil des
Urlaubs verbrachten. 1930 veröffentlichte er den Standard-
kommentar *James Joyce's ›Ulysses‹*, der von jedem Steuer-
mann auf den Gewässern des *Ulysses* gelesen wurde.

Joyce setzte seine Reisen Ende März, mit ein paar Tagen Urlaub in Dieppe und Rouen, fort. Sylvia schickte ihm Post nach, darunter auch einen Prospekt für ein neues Lewis-Buch *The Childermass*, das dieses Werk in Umfang und Bedeutung mit *Ulysses* verglich. Als Joyce nach Paris zurückkam, wurde er Pate (Jenny Bradley war die Patin) bei der katholischen Taufe von Fords Tochter Julia. Ende April und Mai wohnte er in Fords kleinem Haus in Toulon, am 24. Mai kehrte er zurück, um die Druckfahnen von »Anna Livia Plurabelle« (die von Crosby Gaige im Oktober veröffentlicht wurden) und die »Wachen von Shaun« (für *transition*) zu korrigieren und um eine vereidigte Aussage gegen Roth abzulegen.

Mitte Mai beförderte Sylvia Adrienne und die Joyces im Citroën nach Chartres. Sie hatten diesen Ausflug eigentlich für April vorgesehen, denn Fargue sollte mitkommen, aber wegen der heftigen Regenfälle mußten sie die Reise verschieben. Adrienne wollte Joyce die Stadt zeigen, wo *Ulysses* ursprünglich gedruckt werden sollte, nämlich nicht weit von ihrer Heimatstadt. Als sie vorschlug, eine Kerze für ihn in der Kathedrale anzuzünden, ging er auf den Wunsch nur ungern ein und erklärte Miss Weaver in einem Brief, daß Adrienne »zunehmend abergläubischer wird und glaubte, daß V. L. von L. P. F. verhext ist und ich wünschte, sie könnte herausfinden, wer mich verzaubert, denn ich habe zur Zeit, und zwar ganz für mich allein episcleritis, conjunctivitis, blepharitis. So viel, was Kerzen anbelangt.« (Brief an Miss Weaver)

Viele Reisende außer den Familien Beach, Williams und Josephson kehrten in diesem Sommer nach Paris und zur Rue de l'Odéon zurück. Zu ihnen gehörte Frank Budgen, der Joyce sofort durch Sylvia fand. Zu den neuen Parisbesuchern zählte George Gershwin, den Sylvia als einen »sehr attraktiven, liebenswerten Mann« schätzte. Sie besuchte eine große, gutbesuchte Party und hörte ihn unter begeistertem Applaus spielen und singen. Gershwin hatte einem *Herald*-Reporter im April erzählt, daß er ein neues Musical schreibe: *Americans in Pa-*

ris, »in der beschwingten Stimmung, in der viele Amerikaner hierherkommen, um sorglos und glücklich zu spielen«.

Immer noch gingen Bootsladungen mit Amerikanern in Cherbourg vor Anker. An Bord der *Paris* waren die Fitzgeralds, die für einen viermonatigen Besuch zurückkamen, weil Zelda Tanz studieren wollte, und King Vidor, der Hollywood-Regisseur, zum erstenmal in Frankreich (obwohl er bereits bei drei Filmen, die angeblich größtenteils in Frankreich spielten, Regie geführt hatte). Diese beiden Männer sollten zum Leben von Sylvia und Chamson ein interessantes Kapitel beitragen. »Durch Scott«, bestätigt Sylvia, »lernte ich King Vidor aus Hollywood kennen, und durch mich lernte Scott den jungen französischen Schriftsteller André Chamson kennen.« Weil Fitzgerald Joyce zu sehr verehrte, um ihn anzusprechen, luden Sylvia und Adrienne die Fitzgeralds, Joyce und Lucie und André Chamson am 27. Juni zum Essen in ihre Wohnung ein. Fitzgerald zeichnete die Tafel in Sylvias Exemplar von *The Great Gatsby* und nannte es »Festival of St. James«. Sich selbst zeichnete er ehrfürchtig kniend neben dem mit einem Heiligenschein umgebenen Joyce. Sylvia, mit erhobener Hand oder Gabel und Adrienne sitzen an den Tischenden und sehen wie Seejungfrauen aus. Sie stellen die Sirenen dar, erklärt Chamson (entweder er oder Fitzgerald verwechselte die zauberischen mythologischen Wesen). In ihren *Memoiren* nennt Sylvia zwar Fitzgerald einen »tollen Kumpel«, fügt aber hinzu, daß »er durch die Rue de l'Odéon flitzte und uns nur für einen Augenblick blendete«. Dieser Augenblick war der Sommer 1928. In Wahrheit war Fitzgerald der wirklich Geblendete – von Joyce und Chamson. Angeblich wollte er dem irischen Schriftsteller (den er mit »Sir« anredete) seine Achtung erweisen, indem er ihm anbot, aus dem Fenster zu springen. Der überraschte Joyce soll diese Verführung angeblich verboten und gesagt haben: »Dieser junge Mann muß verrückt sein – ich habe Angst, daß er sich verletzt.« Auf

Paris, July 1928

18 Rue D'Odeon

Festival of St. James

jeden Fall signierte Joyce Fitzgeralds *Ulysses*-Exemplar. Fitzgerald fand Chamson, der etwa gleichaltrig war, sympathischer. Chamson wunderte sich später über die augenblickliche »Wahlverwandtschaft« unter derart verschiedenen Männern. Sie trafen sich oft in diesem Sommer. Einmal brachte Chamson den betrunkenen und von seiner unglücklichen Ehe deprimierten Fitzgerald davon ab, von seinem Balkon im sechsten Stockwerk auf die Straße zu springen.

Fitzgerald führte Vidor, der damals auf dem Höhepunkt seines Ansehens als Filmregisseur war, bei Sylvia und dem Buchladen ein. Bei einem Besuch brachte Vidor ein großes, sehr romantisches Foto mit, »Für Sylvia Beach. Nur Mut! 22. Juni 1928« signiert. Als er erzählte, daß er das Buch eines französischen Autors verfilmen wolle, schlug sie ihm Chamsons Roman *Les Hommes de la Route*, 1927 (Die Straße) vor, der den Straßenbau auf Chamsons Lieblingsberg, dem Mont Aigoual (in den Cévennen), beschreibt. Sylvia erklärte Vidor die Handlung von Chamsons Roman, und er schien begeistert zu sein. Ein Treffen zwischen Chamson und Vidor, auf dem die Drehbuchautorin Eleanor Boardman und Sylvia dolmetschten, ergab einen Monat Arbeit und viel Gerede über den zukünftigen Ruhm und Reichtum von Chamson. Aber zum Erstaunen von Sylvia und Fitzgerald reiste Vidor plötzlich in die Vereinigten Staaten ab, ohne ein weiteres Wort über den Film mit Chamsons Roman zu verlieren. »Ich verlor bei dieser Geschichte mein Gesicht und, was noch schlimmer ist, mein Land auch«, gesteht Sylvia. »Scott Fitzgerald war empört.« Chamson vergab ihnen schnell, und später konnte er mit Sylvia über den Traum vom plötzlichen Ruhm und Reichtum à la Hollywood nur noch lachen. Chamson, Sekretär eines Staatsministers, behielt seine Stelle und bekam später größere (und würdigere) Anerkennung als Mitglied der Académie Française und als Direktor der Nationalarchive. Trotz des gescheiterten Vidor-Projekts pries Chamson Sylvia, weil sie *la guirlande des étrangers sur cette guirlande française* flocht ...

»Wie eine Biene trug Sylvia den Pollen. Sie befruchtete die Schriftsteller. Sie tat mehr für die Verbindung zwischen England, den Vereinigten Staaten, Irland und Frankreich als vier große Botschafter zusammen. Es waren nicht nur freundschaftliche Gründe, weshalb Joyce, Eliot, Hemingway, Scott Fitzgerald, Bryher und so viele andere so oft zu ›Shakespeare and Company‹ im Herzen von Paris pilgerten und dort die französischen Schriftsteller trafen. Aber nichts ist geheimnisvoller als solch eine Befruchtung durch Dialog, Lesen und einfachen menschlichen Kontakt ... Ich weiß, meinerseits, was ich Scott Fitzgerald verdanke ... Aber was viele Schriftsteller einander verdanken, das ist Sylvias Geheimnis.«

Sylvia fügte eine bedeutende Schweizerin in ihre Freundesgirlande. In diesem Frühling machte sie Joyce mit Carola Giedion-Welcker bekannt, einer Züricher Kunstkritikerin, die gerade einen Artikel über *Ulysses* veröffentlicht hatte. Joyce lud sie zum Tee nach Hause ein. Zwei Jahre später bat Sylvia Giedion-Welcker um Hilfe, als Joyce wegen einer Augenoperation nach Zürich ging. Nach einem Jahrzehnt treuer Freundschaft sollte sie ihm und seiner Familie helfen, nach Ausbruch des II. Weltkrieges eine Unterkunft in der Schweiz zu finden.

Sylvia stellte ihrem französisch-amerikanischen Zirkel auch einen wichtigen jungen englischen Schriftsteller vor – Cyril Connolly. Damals war Connolly erst fünfundzwanzig Jahre alt. Er sollte in den dreißiger Jahren eine große Rolle für die Buchhandlung spielen. In einem unvollendeten Roman spiegelt er die eigene naive Aufregung vom Jahre 1928. Sein Held Kenneth findet in einem »modernen Buchladen« (›Shakespeare and Company‹) sein »geistiges Zuhause«, wo er »sich auf seine private Revolution vorbereitete. Sie sollte der gespaltenen Herrschaft von Kunst und Erfahrung, Literatur und Leben ein Ende setzen. Irgendwo an diesen Wänden hing das Schwert, mit dem er den Tyrannen ein Ende setzen und die Herrschaft einer glücklich vereinten Seele verkünden würde«. Als Kenneth die Handlung seines großen Romans Miss Geville (Sylvia Beach) erzählt, antwortet sie, »es klingt sehr ordentlich«, worauf er sich entschließt, sofort alles zu zerreißen. Ihr Urteil kam ohne Zögern. Und sie ist eine dynamische Person, wie aus dem folgenden Ausschnitt von Connollys unveröffentlichtem Roman hervorgeht:

»Oh, wenn Sie diese Frau gekannt hätten; ihren fröhlichen, sehr großzügigen Charakter, ihre amerikanische Courage, ihren außerordentlichen Witz! Sie schien es Kenneth zu ermöglichen, daß er eine richtige Person werden und auch so schreiben konnte, ihre Bücherei besaß die Essenz dieser neuen Weisheit, deren Technik, von der anscheinend Amerikaner das Geheimnis kennen und das er anwenden half, indem er schließlich nicht intellektuell über intellektuelle Dinge schrieb.«

Im Buchladen hatte Kenneth (Connolly) flüchtig die »bekannte Silhouette von Joyce, das dunkle Gesicht und die breiten Schultern von Hemingway, den Bart von Fargue, Gide in seinem Umhang und Sherwood Anderson aufgeschnappt.

Hier war ein Ort, wo Leute ganz normal lebten und existierten und wo Leute mit Lust lebten«.

In Wirklichkeit war das Leben dieser Schriftsteller längst nicht so aufregend und erfüllt, wie Connolly es sich vorstellte. Joyce plagten Geld- und Gesundheitssorgen. Er nahm 75 971 Francs Tantiemen und Überziehungskredit mit, als er im Juli länger in Urlaub fuhr; nicht einmal eine Woche war vergangen, als er Sylvia schon um weitere 10000 Francs bat. Wo immer die Joyces hinfuhren, blieben sie im besten Hotel, während die Gilberts, die sie zum erstenmal im Sommerurlaub begleiteten, in einem billigeren Hotel in der Nähe wohnten. Diesen Sommer fuhren die Joyces und Gilberts zusammen nach Zürich, Innsbruck, Frankfurt, München und schließlich nach Le Havre. Im September, als er nach Paris zurückkam, schmerzten seine Augen gefährlich, er brach zusammen, sehunfähig und unfähig, einen Teil seiner Arbeit für die Herbstausgabe von *transition* vorzubereiten.

Nach den vielen gesellschaftlichen Ereignissen im Frühling – der Hochzeit von Elliot Paul, der Taufe von Fords Tochter und Theaterbesuchen auf Einladung Cocteaus – verließen Sylvia und Adrienne Mitte Juni Paris, um zum erstenmal in ihrem Citroën ins Savoy zu fahren. Sie fuhren zuerst nach Touraine, um Romains und seinen Weinberg zu besuchen. Romains spielte stets den Fremdenführer seiner *copains* und hatte eine Reisestrecke gezeichnet, die sie von Touraine nach Savoy durch die Dörfer seiner *Cromedeyre-le-Vieil* führte.

Als sie am 13. August nach Paris zurückfuhren, fanden sie Marie Bécat aufgeregt an einer Stickerei von Dublin für Joyce sitzen und die letzte Ausgabe der *Nouvelle Revue Française*, mit der »Proteus«-Episode des *Ulysses*, von Morel und Gilbert übersetzt und von Larbaud besprochen. Sie lasen auch mit großem Vergnügen Huddlestons Buch über ihre ganze Gesellschaft: *Paris Salons, Cafés, Studios.* Sylvia hatte ihm erlaubt, einige Illustrationen aus ihrer Galerie zu verwenden, als Entgelt sollte er eine Kritik über Joyces »Anna Livia Plurabelle« schreiben, was er freundlich ablehnte. Zu dieser Zeit zog Huddleston in eine Landmühle an der Seine, die ihn, nach fast einem Jahrzehnt, dem Odéon-Alltag entführte. Das Ehepaar Jolas zog gleichfalls in ein Landhaus (später Besitz von Charles de Gaulle) in Colombey-les-Deux-Églises. Aber alte Freunde, wie Emma Goldman, die in diesem Jahr einen Artikel über Sylvia veröffentlichte, kehrten immer wieder zurück. Loeb und Wilder kamen im September für einen kurzen Besuch. Wilder, voll des Ruhmes durch den Pulitzer-Preis für *The Bridge of San Luis Rey*, kam in Begleitung des Boxers Gene Tunney, der im Lipp's einen Massenauflauf verursachte, als sie dort vorbeikamen, um ein Bier zu trinken. Auf seinem Weg von Paris nach Rom pausierte Wilder in Villefranche, bei Nizza, um Wescott und die anderen Schriftsteller zu besuchen. In Rom war er Trauzeuge bei Tunneys Hochzeit mit der Erbin Mary Lauder.

Im Spätherbst 1928 traf Sylvia durch McGreevy noch einen Iren, den zweiundzwanzigjährigen Absolventen des Trinity College, namens Samuel Beckett, ein langer, dünner, junger Mann mit hellblauen Augen, die durch kleine, runde Brillengläser vergrößert wurden. Beckett übernahm McGreevys Zimmer an der École Normale und arbeitete ab Oktober mit einem Zweijahresvertrag in einer dem »lecteur« ähnlichen Position an dieser Prestigeschule. Etwa im Oktober oder November stellte McGreevy ihn Joyce und Sylvia vor. Beckett war von Joyce fasziniert. Er hatte *Ulysses* gelesen und bewunderte das Buch. Mit McGreevy besuchte er Joyce so oft wie möglich. Auch wenn er während der zwei Jahre, die er in Paris lebte, nur eine Randfigur im Kreis des Schriftstellers blieb, wurde er Joyce immer unentbehrlicher. Immer häufiger verlangte Joyce von Beckett, ihm vorzulesen, Artikel über seine Arbeit zu schreiben, Botengänge zu machen, zu recherchieren, kurz: ungeteilte Treue und Ergebenheit. Später persiflierte Beckett den Größenwahn seiner adoptierten Vaterfigur in den

Porträts von Pozzo (*Warten auf Godot*) und Hamm (*Endspiel*).

Nicht um Bücher zu leihen, die er reichlich in der École Normale zur Verfügung hatte, sondern um in Joyces Hauptquartier zu sein, kam Beckett gelegentlich in den Buchladen. In den zwei Jahren begegnete er hier flüchtig Hemingway und McAlmon, lernte sie aber nie kennen. Sylvia beobachtete den scheuen und ruhigen Iren, wie er in einer Ecke, über ein Buch gebeugt, las. Beckett sah in ihr eine mutige, resolute und freundliche Frau. Da er ihre Erschöpfung oder Joyces Forderungen an sie nicht kannte, glaubte er, sie wäre Joyce »leidenschaftlich ergeben«. Aber zu dieser Zeit war bereits die Leidenschaft vergangen, während die lästige Verantwortung fortdauerte. Nach dem Tod ihrer Mutter versuchte sie, sich zurückzuziehen und Zeit für sich zu gewinnen. Aber Joyce belagerte das Leben seiner Freunde und forderte tägliche Bereitschaft. Sie gab, was sie konnte, dann aber wurde sie wütend, entweder auf Joyce oder auf sich selbst. Sie hatte andauernd Migränebeschwerden und zwei schlimme Grippeerkrankungen in diesem Jahr und wurde bald noch von einer Gesichtsneuralgie befallen.

Joyce bemerkte zweifellos ihre Erschöpfung, obwohl es auch für ihn eines der schlechtesten Jahre war. Zunehmend wurde er von einer Gruppe junger Männer abhängig, die ihn idealisierten. Er bat Jolas, McGreevy, Gilbert, Beckett und andere, ihm vorzulesen, für ihn aufzuschreiben oder mit ihm spazierenzugehen. Häufig kam Beckett aus der Universität, und seine Concierge sagte ihm: »Mr. Joyce hat angerufen.« Sofort nahm Beckett das Telefon ab und gab der Vermittlung die Nummer: Ségur 95-20. *Ségur quatre-vingt-quinze-vingt*, er sprach die Wörter in einem poetischen Rhythmus, an den er sich noch mehr als fünfzig Jahre später deutlich erinnern sollte. Joyce wünschte eine Begleitung für einen Abendspaziergang, und Beckett eilte herbei. Es war ein Privileg für ihn, Joyces Wunsch zu erfüllen.

Mit Rückkehr der Familie Joyce aus dem Urlaub mehrten sich Sylvias Pflichten: die schlimmen Krankheiten von James und Nora und die Vorbereitung von *Ulysses* X für November. Adrienne war an einer schlimmen Erkältung erkrankt, ebenso Joyce, der obendrein nach dem Kolitisanfall und der Augenkrankheit einen »Nervenzusammenbruch« erlitt, wie es Sylvia beschrieb. Da er außer den Anfangsbuchstaben keine Druckbuchstaben mehr lesen konnte, war es ihm unmöglich, zu lesen oder zu schreiben. Wegen seiner chronischen Geldknappheit konnte er keine Rechnungen bezahlen. Sylvia schickte Hélène Moschos mit einem 7000-Francs-Scheck für seine Miete, danach mit einem 2000-Francs-Scheck, um Dr. Borsch zu bezahlen. Er hatte seine Tantiemen um viele Tausende überzogen. Im Juli waren es etwa 18000 gewesen. Seine Augen hatten sich leicht erholt, als am 8. November Nora plötzlich zu einer Explorationsoperation wegen Verdacht auf Gebärmutterkrebs ins Krankenhaus eingeliefert wurde. »Ihr ging es schon eine Zeitlang nicht gut«, vertraute Sylvia Holly an, »sie wollte nicht zum Arzt, da sie meinte, es reiche schon, wenn ihr Mann ständig in den Händen der Ärzte sei.« Sylvia informierte Miss Weaver über Noras Krankheit und beschwor sie, Joyce nichts über die Ernsthaftigkeit ihres Zustands zu erzählen. Im Krankenhaus blieb Joyce einen Monat lang im Nebenzimmer, während sie eine Röntgenbestrahlung bekam, die wirkungslos blieb. Sylvia fuhr beide im Citroën nach Hause, erledigte ihre Besorgungen: Damit Joyce seine »Shaun«-Episode korrigieren konnte, mußte er sie in Großbuchstaben gedruckt zurückerhalten. Er fügte die Details, die er im Krankenhaus gesammelt hatte, hinzu. Sylvia bat ihn eindringlich, einen Augenarzt in München bzw. einen jungen Arzt in Paris aufzusuchen, die sie ausfindig gemacht hatte, und versuchte, ihn auf dem laufenden und bei guter Laune zu halten.

Kritische Artikel über *Work in Progress*, wie die von John Rodker, Robert Sage und McGreevy – von Joyce erbeten und unterstützt –, erschienen weiterhin in *transition*. Joyce bat Sylvia, Kopien an viele interessierte und einflußreiche Personen zu schicken. Sylvia sollte sämtliche Ausgaben von *transition*, die *Work in Progress* enthielten, an H. G. Wells schikken, den er gerade kennengelernt hatte, aber Wells lehnte freundlich ab, Joyces Werk zu unterstützen. Ende Oktober lag die kleine, aber schön gedruckte 15-Dollar-Luxusausgabe von »Anna Livia Plurabelle«, verlegt von Crosby Gaige aus New York und mit einem Vorwort von Padraic Colum, bei ›Shakespeare and Company‹ zum Verkauf aus.

Ein zweites und noch teureres Buch, das in diesem Herbst im Buchladen verkauft wurde, war Pounds *Draft of the Cantos 17-27*, das im September von John Rodker in London verlegt worden war. Der Preis lag zwischen 5 bis 50 englischen Pfund. Das am schlechtesten verkaufte Buch in diesem Herbst war Dora Marsdens *Definition of the Godhead* (Definition des Gotteskopfes), der erste Band eines Lebenswerkes wissenschaftlicher und philosophischer Forschung, die von Harriet Weaver finanziert und unterstützt wurde. Miss Weaver hatte Dora Marsden genauso wie James Joyce jahrelang unterstützt.

Zwei umstrittene Bücher, beide von Frauen geschrieben, verkauften sich gut in diesem Jahr: Radclyffe Halls *Well of Loneliness*, ein Roman über eine lesbische Frau, der in England und New York verboten worden war, bevor er in Paris gedruckt wurde. Die Exemplare wurden zu hohen Preisen an den Verkaufsständen gehandelt. Bei Sylvia standen die Entleiher bereits auf der Warteliste, besonders nachdem die Bühnenversion des Romans in Paris bei der Premiere beinahe einen Aufruhr hervorrief. Sylvia war von diesem Buch fasziniert. Ihre Neugier besiegte ihre Skepsis gegenüber dem literarischen Wert oder der psychologischen Genauigkeit. Natalie Barney, die vermutlich Modell für Valerie Seymour in diesem Roman gewesen war, lud viele Leute zu Tee, Gurken-Sandwiches und einem Treffen mit Miss Hall ein. Vor der Party wollte sie von ›Shakespeare and Company‹ das Buch, aber Sylvia mußte ihr mitteilen, daß sie sich ein paar Tage gedulden müsse, denn alle Exemplare seien verkauft worden, »kurz nachdem sie geliefert waren«. Sylvia sagte zu Barney: »Ja, Sie sind die Heldin in allen hervorragenden Büchern dieser Saison.« Sicherlich meinte Sylvia damit auch Djuna Barnes' *Ladies Almanac*.

Ladies Almanac, gedruckt von Darantière und geschrieben »By a Lady of Fashion« (von einer modernen Dame), war ein kluges, kleines Unterhaltungsbuch voller Zeichnungen und getarnter Porträts der Frauen der amerikanischen Kolonie von Paris (einschließlich Barney). Der dreiunddreißig Worte lange Untertitel besagt, daß das Buch die »Sternzeichen und Gezeiten«, die »täglichen und nächtlichen Wirren« der beschriebenen Frauen beschreibt. Den Leuten am linken Seineufer machte es großen Spaß, die Figuren im Buch zu identifizieren, besonders Evangeline Musset, die, wie Natalie Barney, »peitschenknallend, im Herrensitz davonreitet«. Djuna Barnes hatte das Buch geschrieben und mit zwei Gehilfen ihre Illustrationen in fünfundzwanzig Exemplaren handkoloriert. Sylvia, die in diesem Buch nicht karikiert wurde, half, indem sie im Oktober und November zwanzig Exemplare davon verkaufte.

Als Verlegerin des *Ulysses* und Verkäuferin privat gedruckter und umstrittener Bücher hatte Sylvia mancherorts einen zweifelhaften Ruf. Nicht selten erhielt sie Briefe wie jenen von einem »Bücherfreund«, der um die »vollständige Liste Ihrer pornographischen Veröffentlichungen« bat. Die Annahme, sie handle mit Schmuddelbüchern, beleidigte sie, aber nicht aus Prüderie. Wenn sie D. H. Lawrences Bitte, seinen Roman *Lady Chatterley's Lover* zu veröffentlichen, abwies, so, weil er ihr nicht gefiel. Aldous Huxley – der »das Opfer brachte... und sich herabließ, in James Joyces Hauptquartier zu kommen, denn für *Ulysses* hatte er nichts übrig« – bat um ihre Hilfe für Lawrence, seinen Freund. Der Roman war als Raubdruck erschienen und in Paris im Umlauf, ohne dem Autor Tantiemen zu erbringen. Sylvia hatte Mitleid und teilte Huxley mit, daß sie Exemplare der zensierten Florentiner-Ausgabe in ihrem Laden verkaufen würde. Lawrence bat Sylvia nochmals, sein Buch zu verlegen. »Ich nehme an, Sie haben zu viel zu tun, um eine französische Ausgabe für mich zu verlegen. Auch wenn ich die Produktionskosten übernehme? Sie haben Erfahrung und kennen alle Schwierigkeiten, und ich würde mich bei Ihnen sicher fühlen. Aber natürlich haben Sie zu viel zu tun.« Sie hatte zuviel zu tun, damit hatte er recht, jedoch verschwieg sie den eigentlichen Grund ihrer Absage. Sein Werk war ihr gleichgültig, heimlich nannte sie es eine Art von »Bergpredigt vom ›Venushügel‹«. Schließlich suchte er sie mehrmals im Laden auf, zunächst mit dem gemeinsamen Freund Millicent Beveridge (dessen Lawrence-Foto er persönlich für Sylvia signierte), und bei späteren Besuchen mit seiner Frau Frieda. Aber alle Überredungskünste scheiterten. Sylvia fühlte sich nicht wohl dabei und bedauerte, seinem Wunsch nicht nachkommen zu können. Jahre später erklärte sie:

»Lawrence' *Lady* abzulehnen war sehr betrüblich, besonders da er sich bei seinem letzten Besuch so krank fühlte. Er war eigens aus dem Bett aufgestanden, um in die Buchhandlung zu kommen, und sah heiß und fiebrig aus. Ich versuchte – eine sehr schmerzliche Aufgabe –, ihm meine Gründe dafür auseinanderzusetzen, daß ich nichts anderes veröffentlichen wollte als den *Ulysses*: Mangel an Kapital – aber man konnte niemandem begreiflich machen, daß ›Shakespeare and Company‹ nicht ein Vermögen verdient hatte –, Mangel an Platz, an Personal und Zeit. Es war nicht leicht, ihm beizubringen, daß ich mir keinen Namen als Verleger von Erotika machen wollte, und unmöglich, ihm zu sagen, daß ich ein Ein-Buch-Verleger bleiben wollte – was konnte jemand nach dem *Ulysses* bieten?« (Beach, 1961, S. 108)

Sie schlug den Verleger Titus vor, der im nächsten Jahr *Lady Chatterley's Lover* veröffentlichte. Der Roman wurde einer der Bestseller bei ›Shakespeare and Company‹.

Der »Trianon-Vertrag«, der die *Ulysses*-Übersetzer zusammenhielt, löste sich im Oktober endgültig auf. »Adrienne und Morel haben sich zerstritten«, berichtete Joyce Miss Weaver in vereinfachter Form der Wahrheit. Obwohl Joyce verkündete, daß er Morel ansprechen und alle wieder unter einen Hut bringen würde, wurden die Meinungsverschiedenheiten nie aufgehoben. Larbaud, der Morels Formulierungen kritisierte, hatte eine Liste mit Vorschlägen und Neuformulierungen an Joyce geschickt. Joyce stimmte zu. Adrienne akzeptierte, weil Joyce es wünschte. Sie saß zwischen allen Stühlen, wie Sylvia bemerkte. Sylvia beschreibt, daß »bei den *micmacs* Adrienne die eigentliche Leidtragende« war. Jahre waren seit dem Beginn der Übersetzungsarbeiten vergangen und Wochen, seit Adrienne ihre Prospekte verschickt hatte. Vor November waren bereits alle Exemplare der Luxus-Ausgabe des Werkes und 500 bis 600 Exemplare der regulären Ausgabe in französischer Sprache bestellt worden. Ausgerechnet in diesem Augenblick war der Vertrag der Übersetzer aufgelöst worden. Sylvia erinnert sich, daß am Ende des Streits Morel, vielleicht zu Recht beleidigt, aus dem Projekt ausstieg.

»Er geriet leicht in Erregung und warf Larbaud vermutlich einige unbedachte Worte an den Kopf. Dann ärgerte er sich über Gilbert, der seiner Meinung nach zu anspruchsvoll war, und ging beleidigt fort. Inzwischen wurde der gesundheitlich immer etwas labile Larbaud ernstlich krank und zog sich in sein Haus bei Vichy zurück. Die Überlebenden, Gilbert und Adrienne, verbrachten manchen Nachmittag im Hinterzimmer ihrer Buchhandlung, um das Werk zu Ende zu führen.« (Beach, 1961, S. 164)

Im Dezember 1928 fand schließlich die Gerichtsverhandlung gegen den Raubdrucker Samuel Roth statt. Im Vorjahr, als sich das von Conner ausgelegte Netz des Gesetzes um Roth zusammenzuziehen begann, hatte er bereits aufgehört, den *Ulysses* zu drucken. Roths Ausgabe vom Oktober 1927 enthielt die vierzehnte und letzte Episode des Raubdrucks. Er hatte jedoch im gleichen Jahr eine vollständige Raubdruck-

Ausgabe von *Ulysses* IX herausgegeben. Vor der Gerichtsverhandlung hatte Conners Kanzlei in New York Joyce telegrafisch um die Erlaubnis gebeten, die Klage in eine gerichtliche Verfügung gegen den Mißbrauch seines Namens umzuändern. Obwohl es keine wirklich legalen Mittel gegen Roth gab, hatte die Kanzlei zu Joyce gehalten, seines schriftstellerischen Formats wegen. Klugerweise hatte Joyce Sylvia alle Nachfragen (wie die von John Rodker im Mai) um die Veröffentlichung von *Work in Progress* an die Kanzlei schicken lassen. Die Kanzlei war also über seine Bedeutung als Autor auf dem laufenden. Die gerichtliche Verfügung gegen Roths »Veröffentlichung, Druck und Anzeige« von Joyces Namen wurde im Dezember 1928 beantragt und schnell erlassen.

Für Sylvia endete das Jahr 1928 mit dem Versand der Weihnachtsbücher und mit dem Empfang von Briefen ihrer alten Kunden. Ein bemerkenswerter kam beispielsweise von MacLeish, der Geld einlegte, damit Sylvia drei oder vier Flaschen Weißwein für Joyce zu Weihnachten kaufen könnte. »Mögen Sie meinen Hamlet [Der Hamlet von MacLeish]?« fragte er Sylvia. »Die Kritiker hassen ihn. Ernest, dem ich vorher nie gefallen habe, sagt, ich sei vielleicht ein großer Dichter. Eine nette Art mir zu sagen, daß er mein Werk mag. Er steht damit fast ganz allein. Er und Galantière. Bitte um Anschluß.« Der Brief endet mit »unser Bestes für die Bécats [Monniere] und die Kaufleute, wie Papi [Hemingway] sagt«.

In einem Brief an Hemingway feiert Sylvia die Jahreswende, indem sie eine Litanei der Krisen aufzählt: Nora im Krankenhaus, Joyce durch Belastung zusammengebrochen; sie selbst hat gerade eine Gesichtsneuralgie überstanden, muß aber den Laden allein betreuen, weil Myrsine krank ist, Adrienne eifrig mit der Korrektur von Druckfahnen befaßt und damit, daß ihre drei Übersetzer »sich nicht gegenseitig an den Hals springen«. Sie hätte auch noch hinzufügen können, daß sie überall nach einem »Laufjungen« suchte, weil Hélène Moschos, der Botengänge überdrüssig, gekündigt hatte. Aber die kleinen Probleme würden bald behoben sein und mit dem Jahr 1929 – mit der Ankunft von Morley Callaghan, Hart Crane und der amerikanischen Wirtschaftskrise käme das große Abschlußfest der zwanziger Jahre.

11. KAPITEL

»Exagminations«
1929-1930

Sylvia kämpfte sich mit den langweiligen Details ihrer Steuererklärung und der Inventur ab, als die Ärzte sie wegen Nora Joyce anriefen. Das Ergebnis der Untersuchungsoperation und der Röntgenbehandlung war unbefriedigend – die Ärzte meinten, ihre Gebärmutter müsse entfernt werden. Sie schilderten ihr das Ausmaß von Noras Krebskrankheit und baten sie, Joyce und seinen Sohn George in die Klinik zu bringen und beide über die Notwendigkeit der Operation zu informieren. Wie erwartet, willigte Joyce nur widerstrebend ein. Schließlich billigte er die Operation, und die Hysterektomie fand in der Klinik von Neuilly drei Tage nach der Joyce-*Ulysses*-Geburtstagsfeier statt. Harriet Weaver war am 20. Januar für zwei Monate nach Paris gekommen, um der leidgeprüften Familie zu helfen. Während sie sich um die persönlichen Bedürfnisse Noras und der anderen kümmerte, verwaltete Sylvia weiter Joyces literarische und finanzielle Angelegenheiten. Obwohl alle restlichen Tantiemen am 9. Februar auf George Joyce überschrieben worden waren, bezahlte Sylvia weiterhin Joyces Arztrechnungen aus ihrer Kasse.

»Ich habe in meinem Leben auch Glück gehabt, findest Du nicht auch? Und dazu gehört meiner Meinung nach, daß ich NICHT geheiratet habe«, verrät Sylvia in einer der seltenen Bemerkungen über die Heirat ihrer Schwester Holly. Joyces »Holly Hazeleyes« (Sylvia nannte sie »Miss Terious«) hatte am 21. Januar 1929 in San Diego, Kalifornien, Frederic James Dennis geheiratet. Cyprian war Trauzeugin, und ihr Vater vollzog die Trauung. Holly, die fünfundvierzig Jahre alt war, aber vor vielen Jahren beschlossen hatte, erst fünf, dann zehn Jahre jünger zu sein, heiratete einen Vierzigjährigen, der an der Columbia University Jura studiert hatte. Dennis war der

Herausgeber des *Pasadena Spectator* und des *Pasadena Realtor* und Mitarbeiter an zahlreichen Zeitschriften, wie *California Art and Architecture*. Sylvester Beach schätzte seinen Schwiegersohn sehr. Cyprian hielt ihn für »gesetzt und spießig«, und als Cyprian Sylvia schrieb, daß Fred Frankreich haßte, war er bei Sylvia auch nicht gerade beliebt.

Zwar hatte Holly einen Langweiler geheiratet, dafür aber hatte Carlotta Welles, Sylvias Schulfreundin, mit dem heiteren und unbeschwerten James Briggs ihr Glück gefunden. Der Bankier war ein Mann, der liebend gern Witze und Zweideutigkeiten mit Sylvia wechselte und nackt am Strand von Bourée schwamm. Im Jahre 1929, zwei Jahre nach ihrer Hochzeit, zog das Paar für immer nach Paris. Sylvia sollte viele Familienfeste, besonders das Erntedankfest, in Carlottas und James' Stadtwohnung verbringen oder in ihrem Familienhaus in Bourée, wo die zwei Mädchen als Teenager ein angenehmes Jahr außerhalb der Schule verbracht hatten. Ihre Beziehung zu den Briggs' stärkte in den nächsten zwei Jahrzehnten wieder ihre amerikanische Identität.

Während ihre ältere Schwester und ihre Jugendfreundin sich für das häusliche Leben entschieden hatten, machte Sylvia Pläne für ihre Nachkommenschaft, ihre dritte Joyce-Veröffentlichung. Im letzten Sommer hatte sie mit Joyce eine Sammlung kritischer Essays über *Work in Progress* geplant. Seitdem hatte Joyce die meisten Essays, die in *transition* erschienen waren, herausgesucht und durchgesehen. In den ersten Monaten des Jahres 1929 schrieb Beckett den Essay »Dante... Bruno... Vico... Joyce«, der die 194 Seiten umfassende Sammlung anführen sollte. William Carlos Williams' Essay, »A Point for American Criticism«, der einzige, der nicht auf Joyces Bitte hin geschrieben wurde, erschien als Abschluß. Joyce hatte beschlossen, die Essays auf zwölf, die Zahl der »Apostel Christi«, zu beschränken – ein Beweis für seine Zahlenmystik (wie auch die zwölf Kunden in Earwickers Kneipe), und auch für seinen spöttischen messianischen

Größenwahn[4]. Es gibt zahlreiche Anspielungen auf die zwölf Apostel in *Work in Progress*:

»Imagine the twelfe deaferended dumbbawls of the whowl above-beugled to the contonuation through regeneration of the urutteration of the world in pregross« (*Finnegans Wake*, S. 284) (stell dir die zwölf taubwürdigen stummköpfe des ganzen obenerbrüllten vor als die kontonuation durch regeneration der uräußerung des worts in pregross).« (R. Ellmann, *James Joyce*, S. 924)

In der Annahme, daß den zwölf positiven, und also voreingenommenen Kritiken Widerspruch folgen würde, schrieb Joyce selbst eine negative Reaktion, »Dear Mister Germ's Choice«, und unterzeichnete sie mit Vladimir Dixon. Der Stil ist unverkennbar der Joycesche. Aber Sylvia behauptete, der Artikel sei anonym auf ihrem Schreibtisch gelandet und an Brentano, den angesehenen Buchladen am rechten Seineufer, adressiert gewesen. Es gab auch einen zweiten Protestbrief, angeblich von einer Journalistin und Kundin, »G. V. L. Slingsby«. Sylvia wußte von ihr, daß sie Joyces Werk nicht mochte. Möglicherweise hat Sylvia den Brief selbst geschrieben. Die Sammlung der zwölf Apostel und der zwei Abtrünnigen wurde im Frühling unter dem Titel *Our Exagmination round His Factification for Incamination of Work in Progress* veröffentlicht. In seinen Briefen nannte Joyce die Apologia nur *O* und Sylvia nannte sie *Our Exag*.[5]

4 *Finnegans Wake*: Joyce nannte Eugène Jolas »heiliger Peter« und Elliot Paul »heiliger Paul«, während er selbst natürlich der Herr war, seitdem Wyndham Lewis Pauls Essay »New Nihilism« (*transition 2*) als »das neue Paulinische Glaubensbekenntnis« beschrieben hatte.
5 Richard Ellmann erklärt zu dem ominösen Titel:
»Die Schreibung von ›Exagmination‹ sollte die etymologische Ableitung des Wortes von *ex agmine* zum Ausdruck bringen, eine Andeutung, daß er seine Schafe von den Böcken getrennt hatte. (Wie Joyce Larbaud schrieb: ›Ich jedenfalls bin jetzt hoffnungslos unter die Böcke geraten und kann nur in Bocksprüngen denken und schreiben. Gehet hin von mir, ihr Blökenden, in den ewigen Schlaf, der bereitet

Adrienne war mit ihrer eigenen Veröffentlichung beschäftigt. *Ulysse* (im Französischen ohne Endungs-s) war schließlich im Februar für Joyces Geburtstag fertig geworden. Das historische Ereignis verband die beiden Buchläden der Rue de l'Odéon. Sylvia war stolz auf ihre frühen Beiträge zur Übersetzung und verkaufte, wenn ihre englischen und amerikanischen Freunde um Exemplare baten. Adrienne beendete nach jahrelangen Übersetzungsarbeiten ihr Joyceanisches Werk mit Erleichterung. Danach mußten mehr als drei Monate vergehen, bis sie die Begeisterung aufbringen konnte, die Neuerscheinung zu feiern.

Am Ende der zwanziger Jahre standen Suche und Kritik. Viele hatten erfolgreich gesucht: Hemingway hatte *A Farewell to Arms* geschrieben und war jetzt, seiner eigenen Ansicht nach, ein erfolgreicher Autor. Fitzgerald arbeitete an *Tender is the Night*. Hart Crane schrieb die »Cape Hatteras«, eine Episode seines großen Epos *The Bridge*. Sylvia gab die Sammlung kritischer Artikel über Joyces *Work in Progress* heraus. McAlmon schrieb zwei ausgezeichnete Kurzgeschichten für *transition*. Die Crosbys publizierten Joyces *Tales Told of Shem and Shaun*. Adrienne feierte ihre Ausgabe des *Ulysse* im Juni. In *That Summer in Paris*, ein Porträt dieser fröhlichen und aufregenden Zeit, die das Ende einer Epoche kennzeichnet, hat Morley Callaghan einen populären, wenn auch unvollständigen Eindruck des Jahres 1929 gegeben. Es war, zu einem bestimmten Grad, ein Jahr der Feiern und wichtigen Publikationen. Aber für Joyce begann eine zweijährige Phase, in der er sehr wenig schrieb. Er und Nora waren krank, und Ende des Jahres konnte er sich bloß für die Tenorstimme des irischen Sängers John Sullivan begeistern. Er vergab alle seine kreativen Energien zur Förderung der Karriere eines anderen.

ist den Akademikern und ihren Schüttelfrösten!‹)« (R. Ellmann, *James Joyce*, S. 924)

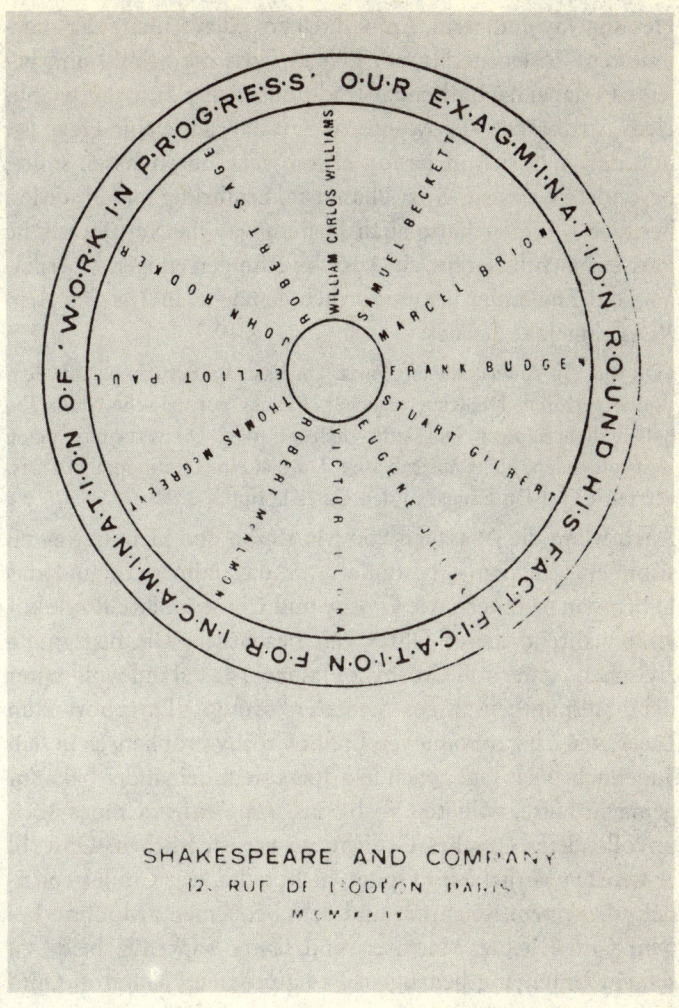

SHAKESPEARE AND COMPANY
12, RUE DE L'ODEON PARIS
MCMXXIX

Andere bliesen ihre kreativen Energien in den Wind. Opium und Alkohol, die Hauptthemen bei den Wochenendparties der Crosbys, verkürzten bloß das Leben. McAlmon fühlte sich immer isolierter, frustrierter und verzweifelter. Für ihn bedeuteten die Jahre 1928 und 1929 [und nicht 1921, wie für

Hemingway und Stein, Anm. d. Übers.] den Anfang der sogenannten »lost generation«. Er gab Paris die Schuld und belegte es dabei nach offenbar traditionsreicher Sitte mit weiblichen Attributen. »Ich wußte zu gut, daß Paris eine Hexe ist, und daß man sich nicht von Hexen verzaubern lassen sollte; besonders wenn sie Witz, Phantasie, Erfahrung und Tradition besitzen.« Früher hatte auch Hemingway das verführerische Pariser Nachtleben für die Ausschweifungen einiger Amerikaner und Engländer verantwortlich gemacht. In *The Sun Also Rises* sagt Jake Barnes:

»Du bist ein Amerikaner in Paris. Du hast die Berührung mit dem Boden verloren. Du wirst unsicher. Falsche europäische Maßstäbe haben dich ruiniert. Du säufst dich zu Tode. Du verbringst deine Zeit mit reden, nicht mit arbeiten. Du bist ein Amerikaner in Paris, verstehst Du? Du hängst in den Cafés herum.«

Auch wenn die Aussagen von McAlmon und Hemingway zu stimmen scheinen – besonders für das Jahr 1929 und das Leben von Männern wie Crosby und Crane – : ihre Produktivität während dieses Jahres war beachtlich. Die Begegnung zwischen Crane und Crosby im Januar 1929 stand wohl unter dem Stern gegenseitiger Selbstzerstörung. »Er gehört zum Meer, wie ich zur Sonne«, schreibt Crosby prophetisch in sein Tagebuch. Vier Tage, nachdem Jolas sie miteinander bekannt gemacht hatte, willigte Crosby ein, *The Bridge*, Cranes noch unvollendetes episches Gedicht, zu veröffentlichen. Obwohl er Crosbys Vorliebe für Opium nicht teilte, war Crane geblendet von seinem Reichtum und dem bequemen »Moulin«-Leben. Crane liebte Matrosen und Cutty Sark, die beide zu seinem Untergang beitrugen. Er hatte seine Heimat in Ohio (wo sein Vater das Pfefferminzbonbon Life Saver erfunden hatte) mit siebzehn Jahren verlassen. In New York war er mit Tate, Cowley und Josephson befreundet gewesen und hatte von Stipendien und der Großzügigkeit seiner Freunde gelebt. Eine Erbschaft von seiner Großmutter brachte ihn im Jahre 1929 nach Paris, wo Crosby sein größter Gönner wurde.

Das Leben von Crosby und Crane steht für jene Paradoxien der zwanziger Jahre, die sich 1929 so deutlich herausstellten und von Leon Edel als »seltsamer Fluß von Kreativität und Pseudo-Kunst« beschrieben werden, »der in den Lustkneipen ein- und ausströmt«. Crosby war ein mittelmäßiger Dichter, dessen Black Sun Press-Bücher wunderschön gedruckte Beiträge zur Literatur waren. Sein bockiges Kleinjungen-Gehabe entpuppte sich jedoch als um einiges selbstzerstörerischer als Hemingways großspurige Art. Während er das laute und vulgäre Amerika schlechtmachte, ließ er Wasserballons von Hotelbalkons fallen, schluckte Opium und fiel mit seinen Saufgelagen in der Nachbarschaft unangenehm auf. Crosbys Exzessivität – wie sein Selbstmord – waren einkalkuliert. Nicht so Crane. Crane hatte einfach die Kontrolle verloren. (Seine verzweifelte Suche nach Matrosen ließ ihn oft zerschlagen und krank zurück.) Er schrieb unregelmäßig und wenn, dann nur zu den Klängen seiner Lieblingsmusik: Ravels *Bolero*. Er gehörte nicht zu den literarischen Kreisen von Paris, obwohl er wahrscheinlich Stein, Soupault und Sylvia, aber nicht Joyce kennengelernt hatte.

Während für Harry Crosby dieses letzte wilde Jahr ablief, besuchte er häufig mit seiner Frau ›Shakespeare and Company‹. Am 6. Februar, schreibt er in sein Tagebuch, sei er mit Caresse zum Buchladen gegangen, um Sylvia zu fragen, ob Joyce sie wohl ein Fragment seines *Work in Progress* verlegen lassen wolle. Sie wollten auch, wie Caresse es in ihren Memoiren beschreibt, »ein Stück vom irischen Kuchen, der damals im Pariser Herd gebacken wurde«. Sylvia hörte sich ihre Pläne an und sprach dann mit Joyce, der die Crosbys in der ersten Märzwoche in seine Wohnung eingeladen hatte. Inzwischen brachte Caresse Exemplare ihrer Sammlung von Kay Boyles Kurzgeschichten, die Sylvia verkaufen sollte. Am zwanzigsten vertraute Harry enthusiastisch seinem Tagebuch an: »Als ich nach Hause kam, teilte ein Brief von Sylvia mir mit, daß wir Joyce haben können.« Sie konferierten mit Joyce am 27. März, unterzeichneten am 6. April und arbeiteten dann die Vertrags- und Druckeinzelheiten mit Sylvia aus.

Die Crosbys wollten drei Geschichten drucken, die schon in *transition* erschienen waren: »The Maddest Thick That Ever Heard Dump«, »The Mookse and the Gripes« und »The Ondt and the Gracehoper«. Im Mai nannten sie das Buch *Tales Told of Shem and Shaun*. Sein Kontrakt mit den Crosbys brachte Joyce 2000 Dollar für 600 Exemplare, 100 davon signiert: ausgezeichnete Bezahlung für Joyce, dank der Großzügigkeit der reichen Crosbys und Sylvias Hartnäckigkeit. »Ich war sehr gierig, wenn es um Joyce ging«, gesteht sie, »und hatte den Ruf, im Geschäft hartherzig zu sein.«

Joyce wollte unbedingt als Frontispiz ein von Picasso gemaltes Porträt von sich. Picasso aber lehnte ab; er gehörte schließlich dem Kreis um Gertrude Stein an. Dann fiel die Wahl auf Brancusi. Sylvia und Joyce mochten die Zeichnung, aber die Crosbys fanden sie nicht modern genug. Brancusi, der später die erste Zeichnung Sylvia schenkte, entwarf ein neues, einfacheres, abstraktes Design für das Buch: eine Spirale und drei Geraden, die das Gesicht Joyces, wie Sylvia mit Abscheu bemerkt, »auf das Wesentliche reduzierte«. Als Julian Huxley – Joyce bestand auf einem Wissenschaftler – sich weigerte, die Einführung zu schreiben, erklärte sich C. K. Ogden (der Erfinder des Basic English) bereit. Sofort überarbeitete Joyce seine Geschichten für Crosby, der nebenbei seinem Tagebuch anvertraute, daß er und seine Frau ein ›sehr stimuliertes‹ Leben führten.

Nachdem Sylvia sich mit den Crosbys über die vertraglichen Details geeinigt hatte, wandte sie sich wieder der Kritikensammlung von *Work in Progress* zu. Joyce entwarf den Titel und überprüfte alle Hinweise in den Essays. Sylvia skizzierte mit Hilfe eines Astronomiebuches das Titelblatt: ein Rad, in dessen Ring der Titel: *Our Exagmination round His Factification for Incamination of Work in Progress* steht. Die Namen der zwölf Autoren bilden die Speichen des Rades:

Beckett, Marcel Brion, Budgen, Gilbert, Jolas, Victor Llona, McAlmon, McGreevy, Paul, Rodker, Robert Sage und Williams.

Joyce betrieb sehr viel Werbung für *Our Exag.* Er arrangierte Interviews und bat Freunde, verschiedene Essays für italienische, deutsche, dänische und schwedische Zeitschriften zu übersetzen. Er begründete seine Intrigenspinnerei mit der Behauptung, er hätte »wenig oder keine Unterstützung... seine schwierige Position zu verteidigen«. Obwohl der Verkauf dieses Buches kaum die Kosten deckte, sprach er mit Sylvia über eine zweite »Verteidigungsschrift« von *Work in Progress*, aber das Projekt ging nie über das Planungsstadium hinaus.

Tales Told of Shem and Shaun war am 17. Juni 1929 fertig. Eine amüsante Geschichte ereignete sich in letzter Minute, als der Drucker mit der Nachricht zu Caresse Crosby kam, die letzte Seite enthalte nur zwei Zeilen, müsse jedoch, um einigermaßen passabel auszusehen, mindestens zehn haben. Ob sie nicht Joyce bitten könne, acht Zeilen hinzuzufügen. Sie lehnte empört ab und meinte, daß sie Joyce nie solch einen Vorschlag unterbreiten könne. Der Drucker kehrte am nächsten Tag mit acht Zeilen zurück, die er selbst von Joyce erbeten hatte. »Joyce wollte«, so erklärte der Drucker Mrs. Crosby, »sowieso etwas anfügen, aber er hatte zu viel Angst vor Ihnen, Madame!« Stolz auf seine Black Sun Press-Ausgabe, übergab Crosby eins der ersten Exemplare Sylvia und fuhr anschließend vier Tage lang auf die Mühle, um nackt in der Sonne zu liegen: »I penetrate into the Sun I am the sun.« (Ich dringe in die Sonne ein, ich bin die Sonne.) Nach Wochen kam er in den Laden und erzählte Sylvia von seiner neuen Leidenschaft, dem Fliegen, das ihn näher an die Sonne bringen würde. Lindbergh war sein Held. Sylvia glaubte, er sei viel zu nervös, um einen Flugschein machen zu können. »Er pflegte in meinen Buchladen hineinzuschießen, wie eine Biene in die Buchregale zu tauchen und Honig von den Blüten zu saugen...« (Beach, 1961, S. 153) Aber eines Tages verdiente er seine Flügel. »Er kam im Buchladen vorbei und gab mir einen Schnappschuß von sich vor seinem Flugzeug. Er sagte, er hätte fliegen gelernt, weil es ein angenehmer Tod wäre.«

Auf Joyces Wunsch, nicht auf den der Crosbys, verteilte Sylvia die Presseexemplare für die *Tales Told of Shem and Shaun*. Sie und Joyce waren in der Werbung erfahren und arrangierten jede Kritik. Die Crosbys veröffentlichten schon wieder andere Bücher; bald danach auch ein Buch von Jolas. Auch *transition* wurde jetzt von Crosby herausgegeben, dessen Name nun den von Elliot Paul im Impressum ersetzte. Von den fünfzehn Black Sun Press-Büchern, die er und Caresse im Jahre 1929 herausgegeben hatten, schienen sie auf das Joyce-Werk am stolzesten zu sein.

Im Frühling 1929 hatte Joyce sein Arbeitstempo verlangsamt, um seiner Familie mehr Zeit zu widmen. Zwar ignorierte er die Bitte seines achtzigjährigen Vaters, ihn in Irland zu besuchen, aber er sorgte sich um ihn und um die potentiellen Karrieren seiner beiden Kinder. Der April endete mit dem Beifall der Familie und der Freunde für Georges Debut: er sang zwei Lieder von Händel im Konzert. Im folgenden Monat besuchten sie die letzte Tanzvorstellung von Lucia, deren Verhalten während der nächsten zwei Jahre immer merkwürdiger wurde.

Sylvia machte sich Sorgen um sie. Von ihrem Vater von Land zu Land, von Sprache zu Sprache geschleppt, hatte sie wenig Freunde außerhalb seines Kreises gefunden. Sie wollte unbedingt kreativ sein und begann ein Tanzstudium – seltsamerweise ungefähr zur gleichen Zeit, in der Zelda Fitzgerald von dieser Kunst besessen war. Beide Frauen, die viele zermürbende Stunden dem Training widmeten, würden innerhalb der nächsten zwei Jahre ihren ersten psychischen Zusammenbruch erleiden. Sylvia besuchte jede Tanzvorstellung, in der Lucia auftrat, die letzte am 28. Mai 1929. Zu schwach, um ihre Karriere fortzusetzen, war sie seitdem auf der Suche nach einem Ehemann, vor allem, als ihr Bruder George seine Heiratsabsichten bekanntgab. Zunächst widmete sie ihre Aufmerksamkeit dem Bildhauer Alexander (»Sandy«) Calder, dann Samuel Beckett. Beckett, der mit ihr um Zeit und Aufmerksamkeit ihres Vaters rivalisierte, verbrachte viel Zeit in der Familie. Seine Gegenwart versetzte sie in Aufregung. Er dagegen war sich seiner Wirkung entweder nicht bewußt (seine emotionale Entwicklung schien etwas zurückgeblieben, bestätigt sein Biograph Bair) oder er hatte Angst, durch offene Ablehnung seine Position bei Joyce zu gefährden. Vielleicht täuschte er auch nur vor, von dem Verliebtsein Lucias nichts zu bemerken. Er war ganz und gar auf Joyce fixiert. »Erst kopierte er Joyces Verhalten, dann äffte er ihn in seiner Kleidung nach. Er wurde George Joyce so ähnlich, daß viele Leute bemerkten, die beiden seien wie Brüder. Schließlich ahmte er ganz bewußt Joyces Schreibstil nach – für Joyce der schlimmste Vertrauensbruch.« Vielleicht hätte er Lucia geheiratet, wenn sie gesund gewesen wäre. In einer kindlichen Autobiographie, die sie im Jahre 1961 auf Sylvias Bitten hin schrieb, beschrieb Lucia alle ihre »boy-friends«: »Dann lernte ich Samuel Beckett kennen, der Halbjude [korrekt: halber Protestant] war. Er wurde mein Freund und liebte mich sehr, aber ich konnte ihn nicht heiraten, da er zu groß für mich war. Er war ein Schriftsteller und Klavierspieler.«

Im Juni, nach ihren Joyce-Publikationen, fuhren Adrienne und Sylvia kurz in Urlaub und bereiteten danach eines ihrer raffiniertesten Feste für Joyce vor. Das *Déjeuner Ulysse* – ein Frühstück zur Feier der französischen Übersetzung des *Ulysses* – fand am 27. Juni statt, elf Tage nach Bloomsday. Adrienne und Sylvia hatten die Festlichkeit sorgfältig geplant. Das Essen fand im Restaurant Léopold statt; offensichtlich dachte man dabei an Léopold Bloom. Das Restaurant Léopold lag in Les Vaux-de-Cernay, einem kleinen Dorf hinter Versailles. Ein gemieteter Bus brachte die Gäste von der Rue de l'Odéon dorthin. Die Mehrheit der annähernd dreißig Gäste waren Freunde von Sylvia und Adrienne, wie Fargue, Romains und Valéry. (Von den dreien interessierte sich eigentlich nur Fargue für Joyce und sein Werk.) Andere führende französische Schriftsteller bei diesem sehr französischen Ereignis waren Paulhan, Soupault, Chamson, Pierre de Lanux und Édouard Dujardin, den Joyce den »Vater seiner Bewußtseinsstrom-Technik« genannt hatte. Joyce bedauerte, daß die Übersetzer Morel, Gilbert und Larbaud auffälligerweise fehlten. Die Familie Joyce brachte Helen Kastor Fleischman mit (die Amerikanerin, die George heiraten wollte), und außerdem die jungen Iren Beckett und McGreevy, die Pound, der sie gerade bei einem Essen mit Joyce kennengelernt hatte, für Kriecher hielt.

Eine Speisekarte führte sechs Gänge auf, angefangen mit der *paté Léopold* bis zu den diversen Likören. Nach einigen Reden, der Präsentation der *Ulysse*-Exemplare, komischen, von Fargue vorgetragenen Liedern aus der Jahrhundertwende und dem Unterzeichnen der Speisekarte, auf die jeder Künstler sein Autogramm setzte, lockerte sich die Gesellschaft auf. Die jüngsten Mitglieder – McGreevy, Beckett, Soupault und Nino Frank – »tobten herum und spielten alle erdenkbaren Streiche«. Frank, ein junger Journalist, dessen Geburtstag beinahe auf den Tag von Blooms Odyssee fiel – weshalb Joyce ihn vermutlich eingeladen hatte –, erinnert sich, daß Joyce bei ihren verrückten Streichen mitmachte. Die Iren waren besonders betrunken, die Franzosen besonders verärgert. Adrienne hatte Mühe, die ganzen Leute für ein Gruppenfoto des historischen Ereignisses zu versammeln. Anschließend trieb sie alle zum Bus zurück, wo weiter gelacht und gesungen wurde. Als Beckett den Busfahrer bat anzuhalten, damit er auf eine Toilette gehen könne, benutzten vier oder fünf der Betrunkenen, darunter Joyce, die Gelegenheit, sofort in eine Bar zu gehen. Der Bus hielt noch öfter, der Busfahrer hatte sich den Trinkern angeschlossen, und die Ortsansässigen entlang der

Strecke beobachteten schweigend die laut Feiernden. Die anderen, auch die unbeteiligte, an das Verhalten ihres Mannes schon gewöhnte Nora, warteten im Bus. Der empörte Paulhan beschimpfte Frank; Valéry zeigte seine ganze gallische Verachtung; Adrienne war verärgert und bestürzt. Sylvia gelang es schließlich, Joyce beim nächsten Halt im Bus zu behalten.

Ulysse wurde von den Franzosen positiv aufgenommen. Joyce sammelte mehrere Monate lang Kritiken über *Ulysse* und *Work in Progress*. Die Reaktion auf *Ulysse* war zwar beträchtlich besser, aber Adriennes Werbung brachte auch eine negative Stimme. Botschafter Claudel in Washington, D. C., sandte den *Ulysse*, den sie ihm geschickt hatte, wieder zurück. In einem Begleitbrief erklärte er: »Ich verschwendete schon einmal ein paar Stunden, um vom gleichen Autor *Portrait of the Artist as a Young Man* zu lesen, und das hat mir gereicht.« »Beide Bücher«, urteilte Claudel entschieden, »sind voll schmutzigster Gotteslästerungen. Man spürt den ganzen Haß des Abtrünnigen, und außerdem leidet er unter einem wirklich teuflischen Mangel an Talent.« Die jungen französischen Schriftsteller schätzten *Ulysse* anders ein, bestätigt Simone de Beauvoir:

»Als der monumentale *Ulysses* in Französisch erschien, wurde uns das Tor zu einer neuen Welt ausländischer Schriftsteller geöffnet: D. H. Lawrence, Virginia Woolf, der große Amerikaner Hemingway, Dos Passos, Faulkner, der unsere Vorstellung von dem, was ein Roman sein soll, völlig veränderte; und Kafka, der unsere Sicht von der Welt, in der wir lebten, völlig veränderte.«

Sylvia und Adrienne fuhren wieder nach Les Déserts und verbrachten anschließend ein paar erholsame Tage am Mittelmeer, in der Nähe von Marseille, bevor sie wieder nach Paris zurückkehrten. Als Joyce hörte, daß Sylvia sich erholt hatte, schrieb er ihr aus London: »Es freut mich, daß es Ihnen besser geht. Machen Sie so weiter, denn Anfang nächster Woche komme ich zurück, erschöpft und ohne einen Pfennig ...« Hemingway kam vor Joyce in Paris an – in ein paar Tagen würde sein *A Farewell to Arms* erscheinen. Im November war es ein Bestseller geworden. An einem Septembernachmittag, als Hemingway den Buchladen verließ, rief Sylvia ihn zurück, um ihm den Neuankömmling Allen Tate vorzustellen. Tate, der im Hotel de l'Odéon wohnte, sollte in diesem Jahr den Buchladen häufig besuchen. Sylvia stellte Hemingway diesem jungen Dichter, der viele lobende Kritiken über sein Werk geschrieben hatte, zwar gerne vor, aber Hemingway beschimpfte ihn, weil er behauptet hatte, Defoe und Captain Marryat hätten Hemingways Werk beeinflußt. Im Buchladen und später im Café Voltaire äußerte sich Hemingway über die angebliche Impotenz von Ford Madox Ford, der sich vor kurzem von Stella Bowen getrennt hatte, und meinte, ein Mann müsse seine Ejakulationen in der Jugend aufsparen, damit es noch fürs Alter reiche. Sylvia kannte Hemingways Statements und kritisierte seine Ansichten über Frauen und Sexualität im privaten Gespräch. Sein literarisches Werk stand für sie auf einem anderen Blatt.

Leon Edel, ein zweiundzwanzigjähriger Amerikaner, später einer der besten Kritiker und Biographen seines Landes, wurde nun ein häufiger Besucher der beiden Leihbüchereien. Jedesmal sah er sich im Laden um, in der Hoffnung, seinen Kulturhelden James Joyce zu finden. Viele Jahre später gab Edel einige der treffendsten Urteile über den Menschen Joyce ab. Aber in diesem Jahr sah er ihn nur aus der Ferne und durch Ehrfurcht geblendet. Sylvia war diejenige, die er aus der Nähe kannte: sie »hatte eine sanfte, musikalische Stimme und war eine der freundlichsten Frauen, die ich jemals kennengelernt habe«. Sie war »geduldig, diskret« und »taktvoll«. Er fügte hinzu:

»Eine Frau, die ihren bescheidenen kleinen Buchladen, ihr literarisches Foyer wie Adrienne haben wollte, aber da trat in der Gestalt eines großen latschenden Iren mit seinem Spazierstock und seiner Arroganz der Ruhm durch ihre Tür.«

Als Edel sich Jahre später ihrer schwierigen Beziehung zu Joyce bewußt geworden war, wunderte er sich darüber, daß sie ihm nur Dinge erzählt hatte, die die von ihr mitgeschaffene Legende förderten. Edel glaubte das »Märchen« vom wahren Genie. Erst nach dem Krieg, während eines Aufenthalts im besetzten Deutschland, als Joyce schon gestorben war, klärte Jolas ihn auf, und er erfuhr die Wahrheit über Joyces abendliche Gelage, bei denen er bis zur Bewußtlosigkeit trank, so daß die Zigaretten ihm die gefühllosen Finger verbrannten. »Großer Gott! Edel«, erklärte Jolas seinem Freund, »kein Mann bleibt ein Held, wenn du ihn jede Nacht total betrunken erlebst.«

Ende 1929 war weder eine günstige Zeit, um im Ausland zu leben (wie Edel), noch um ein neues Geschäft in Amerika zu eröffnen, wie Sylvias Schwester Cyprian es versuchte. Im Oktober brach die amerikanische Börse zusammen (Schwarzer Freitag). Als die französischen Nachrichten darüber berichteten, sorgte sich Sylvia um ihre Familie in den Vereinigten Staaten, besonders um Cyprians Boutique und Restaurant, um ihr kleines Bankkonto in Princeton und darüber, welchen Einfluß der Börsenkrach auf das europäische Geschäft, besonders auf ihr eigenes haben würde. Die Auswirkungen des Wall Street Crash – Sylvia nannte sie »fall of the Wall« – erreichten langsam Paris, und im Dezember berichtete sie, daß alle Geschäfte, die von Touristen profitierten, die Depression zu spüren bekämen. Die Abnahme des Tourismus war zuerst am Montparnasse erkennbar, wo die amerikanische Kolonie, nach Putnam, »im Jahre 1929 auszusterben begann«.

Der Montparnasse, das Zentrum der Studenten und Künstler, die zu Besuch kamen, war sowohl geistig als auch ökonomisch bankrott. Der Abstieg hatte sich angekündigt, als im August 1927 französische Arbeiter in den Cafés gegen die Hinrichtung von Sacco und Vanzetti protestierten. Der Auszug der ausländischen Gäste beschleunigte sich nach dem Finanzkrach im Oktober 1929. Im Frühling 1931 gab das Land die Goldwährung auf, und der alte Lebensstil mußte endgültig begraben werden. In diesem Jahr blieben 25 000 Amerikaner in Frankreich, die Hälfte von ihnen in Paris. Aber in den kommenden Wintern saßen nur wenige Touristen neben den großen Kohleöfen in den Straßencafés. Und weniger Touristen kamen zu ›Shakespeare and Company‹, um Exemplare des *Ulysses* oder andere Bücher zu kaufen. Aber trotz ihrer Umsatzeinbußen erfüllte Sylvia ihre Pflichten für Joyce und trug die Last seiner finanziellen Forderungen.

Im Oktober hatte sie tausenderlei für ihn zu tun. Er beendete »Shauns letzte Nachtwache« für die November-Ausgabe der *transition* und versuchte, seine Frau zu besänftigen. Nora mochte aus England nicht wieder zum Pariser Caféleben zurückkehren, und ihre Tochter hatte wegen ihrer gescheiterten Tanzstudien einen Monat lang geweint. Vielleicht um Nora aufzumuntern, plante Joyce, am 8. Oktober die Silberhochzeit zu feiern. Sylvia schickte Einladungen an die Hemingways, Fargue, Soupault, Adrienne, die Gilberts, die Crosbys (die wenig später nach Amerika abreisten) und viele andere. Das Fest war gut besucht und fröhlich. Joyce trug einen Smoking mit einer weißen Nelke; Crosby trug wie gewöhnlich eine schwarze Blume. Nachdem irischer Whisky und Champagner serviert waren, sang Joyce irische Balladen, die er auf Schallplatte aufzunehmen hoffte. Jetzt, wo Antheil weg war, spielte Gilbert auf dem Klavier; Fargue kam wie immer zu spät und stürzte sich sofort auf die rosarote Torte, wobei er behauptete, daß sie ihn an »in Stücke geschnittene junge Mädchen erinnere«.

Während Joyces Arbeit an seinem letzten Werk – er hatte jetzt den ersten und dritten Teil seines Romans *Work in Progress* geschrieben – konnte *transition* aus finanziellen Gründen bis 1931 nicht mehr erscheinen. Die Mai- und November-Nummern von 1929 hatten neue Grenzen des mystischen Jargons erreicht. Die Doppelausgabe Nr. 16/17 enthielt die »Revolution of the Word«, der erste Teil von Nr. 18 hatte den Titel »The Synthetist Universe: Dreams and the Chythonian Mind« und war schwülstig geschrieben, eine Kombination sozialwissenschaftlichen Jargons mit mystischen Platitüden. McAlmon meinte, die Herausgeber durchstreiften »die Gefilde des Mythos auf der schlafwandlerischen Suche nach dem Wort, das sie halluzinieren macht«, und »jeder ausgeglichene Schriftsteller« müsse sich dabei im »Delirium tremens« wähnen. *transition* war, so folgert er, »ein ständiges Beispiel dafür, wie man nicht schreiben soll«. Selbst wenn *transition* eine esoterische und windige literarische Philosophie vertrat, so hatte es Joyce doch einen unschätzbaren Dienst erwiesen.

Bevor *transition* seine Publikationen bis zum Jahre 1931 einstellte, luden die Jolas ihre Mitarbeiter und Freunde zu einer großen Party ein. Die Zimmer waren voll Champagner trinkender Gäste. Plötzlich wurde es still, man machte den Weg für Maria Jolas frei, die zwei Personen zu den großen Sesseln führte, »von denen sich die Sitzenden, wie von einem unsichtbaren Finger berührt, sofort erhoben«. Die unverkennbare Gestalt von Gertrude Stein, gefolgt von Alice B. Toklas, bewegte sich königlich auf den Stuhl zu. Bald hatte sich eine Gruppe junger Männer im Halbkreis um ihren Sessel formiert. Auf der anderen Seite des Raumes saßen Nora und James Joyce, die scheinbar von der Aufregung nichts bemerkten. Die Jolas' hatten gewagt, Joyce und Stein zusammen einzuladen. Kay Boyle hat diese Party, auf der sie Joyce zum erstenmal begegnete, sehr detailliert beschrieben:

»Nora und James Joyce hatten sich nicht anmerken lassen, daß sie die feierliche Prozession bemerkt hatten, aber Sylvia Beach, die mit Soupault, Elliot Paul und Adrienne Monnier geredet hatte, verließ das große Fenster, das bei der milden Frühlingsnacht geöffnet war und durchquerte das Zimmer, bahnte sich einen Weg durch die Gäste, die jetzt wieder redeten, tranken und lachten, zog sich einen Fußschemel herbei und setzte sich in ihrem grauen Herrenanzug zu den Joyces. ›Ist sie nicht das Ebenbild eines irischen Mädchens, mit ihren dunklen Haaren und ihren verklärten blauen Augen?‹ fragte Nora Sylvia, als sie mich vorstellte, und zwar so, als wäre außer dieser Feststellung im Raum nichts passiert.«

Boyle berichtet, daß sie an diesem Abend nicht mit Stein geredet hätte, da es »nahezu als Illoyalität Joyce gegenüber aufgefaßt worden wäre, hätte man den Raum durchquert, um auch vor Stein das Knie zu beugen«. Auch Joyce ging nicht zu ihr. Stein hatte ihre Meinung über Joyce deutlich ausgesprochen, sowohl Sylvia als auch Jolas gegenüber. »Der arme Eugène Jolas kam eines Tages in den Buchladen«, sagte Sylvia, »bleich und zitternd erzählte er mir, welche Standpauke ihm Gertrude Stein gerade gehalten hatte, weil sein Magazin dem ›dreckigen irischen Politiker James Joyce‹ zu viel Aufmerksamkeit widmete.«

Als seine Arbeiten nicht mehr in *transition* erscheinen konnten, wandte sich Joyce an die Privatpresse, um dort Teile seines Romans zu veröffentlichen, die zwar schon in dem Magazin erschienen waren, die er aber noch einmal überarbeitet hatte. Er war so sehr mit der Werbung beschäftigt und mit der Sicherung seines wohlwollenden Publikums, daß er nicht weiter an seinem unvollendeten Roman schrieb. Er hatte die heimliche Idee, daß James Stephens möglicherweise den Rest als sein Ghostwriter schreiben würde. Joyce würde zwei Jahre brauchen, um Teil 2 (der erste Abschnitt wurde erst im Jahre 1932 geschrieben) und 4 zu beenden. Sowohl entlastet als auch verlassen durch die Kündigung seines *transition*-Vertrags, verwendete er seinen Enthusiasmus und seine Werbefähigkeiten auf die Karriere eines anderen Mannes, die des irischen Tenors John Sullivan.

Das erste Mal hörte Joyce von Sullivan, der in Frankreich seit seinem zwölften Lebensjahr gewohnt hatte, durch seinen Bruder Stanislaus, der ihn in Triest kennengelernt und erfahren hatte, daß er das *Portrait* las. »Der irische Schriftsteller und der irische Sänger müssen sich treffen«, schwor Stanislaus, und es geschah bald nachdem Joyce den *Tannhäuser*, gesungen von Sullivan, gehört hatte. »Joyce war von Sullivans Stimme hingerissen«, erklärt Sylvia. »Er sagte mir, sie sei reinigend und erinnere ihn an die Männer, die am frühen Morgen den Müll fortschaffen.« Ihrer Meinung nach fehlten Sullivan die Wärme, die theatralische Präsenz, die schauspielerische Fähigkeit und der Charme von John McCormack, dem irischen Tenor, den Joyce früher bewundert hatte. Aber sie gibt zu, daß er, wenn er nicht mehr auf der Bühne stand – besonders nach dem Konzert beim Abendessen im Café de la Paix –, sehr attraktiv wirkte. Der persönliche Charme von Sullivan und sein Interesse an Joyces Werk bedeuteten Joyce viel. Er prahlte vor Miss Weaver, daß Sullivan nicht nur »gegenwärtig der stärkste dramatische Tenor« sei, sondern auch ein großer Bewunderer von ihm. Die Freundschaft scheint mehr von Joyce ausgegangen zu sein. Bald tranken sie zusammen und erzählten sich ihre Verfolgungsgeschichten. Sylvia glaubte, daß sie beide unter Verfolgungswahn litten: eine gemeinsame Zwangsvorstellung, so fügt sie hinzu, die sich als vorteilhaft erwies. Mit großem Mitleid für und einer Art Identifikation mit Sullivan beschloß Joyce, etwas gegen die verschwörerischen Kräfte zu unternehmen, die Sullivan daran hinderten, im Covent Garden oder an der Metropolitan Opera zu singen. Joyce schrieb: »Von einem verbotenen Schriftsteller für einen verbotenen Sänger.« Der fanatische Beifall für Sullivan scheint für den egozentrischen Joyce ein seltsames Verhalten, wenn man sich seine Persönlichkeit und Vorlieben nicht näher betrachtet. Joyce liebte die Oper. Von der großen Oper bis zum gröbsten Vaudeville genoß Joyce das Spektakel des Dramas – die Atmosphäre, die Beleuchtung, die Zuschauer, die Stille, bevor der Vorhang fiel. Opern erfüllten ihn mit einer kindlichen Faszination und Verehrung. Wie vor dem Empfang der Sakramente enthielt er sich vor jeder Vorstellung der Speisen und nahm erst danach etwas zu sich. Hinzu kam, daß Joyce nach fast einem Jahrzehnt schwieriger Schriftstellerarbeit im Grunde aufgehört hatte, seinen Roman weiterzuschreiben, und eine Abwechslung begrüßte. Sullivan trat im richtigen Moment in sein Leben. Vielleicht dachte Joyce anfangs, daß Sullivan Georges Karriere fördern könnte. Aber wichtiger waren psychologische Faktoren. Er begann, sich dermaßen mit Sullivan zu identifizieren, daß, wie manche beobachteten, Sullivan immer mehr eine Idee von Joyce als eine eigenständige Person zu verkörpern schien. Joyces Biograph Ellmann kommt zu dem Schluß:

»Joyce sah in Sullivan sein *Alter ego*, der sich der von ihm verschmähten Laufbahn zugewendet hatte und der dann in der Musik auf die gleiche Opposition gestoßen sei wie Joyce in der Literatur. Angeregt durch den Wunsch, noch eine Karriere zu machen, jetzt stellvertretend in einer anderen Kunst, umhegt er Sullivan mit einer fast mütterlichen Besorgnis.« (R. Ellmann, *James Joyce*, S. 935)

Der Beifall für Sullivan wurde zum Beifall für Joyce. Um eine andere Person zu lieben und für sie zu sorgen, mußte Joyce sie entweder als eine Erweiterung seiner eigenen sehen, wie seine Familie, oder als ein *Alter ego* wie zeitweilig James Stephens und John Sullivan.

Sylvia konnte die fanatische Sympathie für Sullivan nicht verstehen. In ihren *Memoiren* schreibt sie:

»Er [Joyce] kam zu jeder Vorstellung des *Wilhelm Tell*, klatschte auf seinem Sitz in der vordersten Reihe wie rasend Beifall und stand auf, um Sullivan viele Male zurückzurufen. Die kleinen alten Platzanweiserinnen mit ihren Spitzenumhängen klatschten mit, denn Joyce hatte sie so reichlich mit Trinkgeld bedacht, daß sie jedem applaudiert hätten, und Joyces Freunde, die überall in der Oper verteilt waren, bildeten eine ›Clique‹. Wir gingen alle zu den Vorstellungen von *Wilhelm Tell*. Wir bewunderten alle John Sullivan – Joyce füllte das Theater mit Bewunderern von Sullivan und natürlich auch mit seinen eigenen. Mir gefiel *Wilhelm Tell* zufällig auch; andere, die gewöhnlich nicht in die Oper gingen, ›erschienen auf höheren Wunsch‹, aber mit Widerstreben.« (Beach, 1961, S. 209-210)

Sylvia und Adrienne amüsierten sich über die Sullivan-Affäre und fragten sich, ob Joyce »noch klar im Kopf« sei. Adrienne, die wie die anderen französischen Intellektuellen die Paris Opéra verachtete, fragte ihn einmal direkt: »Warum machen Sie soviel für einen wenig bekannten Tenor?« Joyce antwortete, er habe zwar von ihnen seit seiner Ankunft in Paris so manche Genies vorgestellt bekommen, doch habe es sich stets nur um »mutmaßliche« Genies gehandelt, wogegen es bei Sullivans Stimme kein »mutmaßlich« gebe. Die beiden ließen sich nicht überzeugen.

Nur weil sie Joyce mochte und die opernhafte Form seines *Work in Progress* erkannte, half Sylvia ihm bei der Sullivan-Kampagne. Sie bat ihren Schwager Fred Dennis, in kalifornischen Zeitschriften für die notwendige Publicity zu sorgen. Sie schleppte jeden ihrer Kunden ab, um das Haus für Sullivans Vorstellungen zu füllen. Zu diesen Kunden gehörte Leon Edel, der Sylvias Bitte folgte. Er machte sich nichts aus der Oper und hatte wenig Geld; aber er würde kommen, um auf den »legendären« und »unsichtbaren« Joyce, das Objekt seiner jugendlichen Idealisierungen, einen Blick werfen zu können. Er leistete sich eine Ein-Dollar-Krawatte, einen Sitz im zweiten Rang vorn und beobachtete begierig, wie Joyce erschien und »wie der blinde Homer« den linken Gang hinunterging. Wenn Sullivan erschien, applaudierte Joyce heftig und schrie Bravos, bevor er noch eine Note gesungen, aber auch wenn der Tenor eine seiner Arien beendet hatte. Er und seine Anhänger unterbrachen damit jedesmal die Vorstellung. Edel räumte ein, er selbst habe wahrscheinlich Joyce Beifall gespendet:

»Joyces Beifall [dagegen] galt dem verbotenen Schriftsteller wie dem angeblich verkannten Sänger. Denn Joyce hatte sich ganz mit der Stimme seines Landsmanns verbunden und erkannte sein eigenes Dilemma im Leben von Sullivan wieder. Nachdem er ihn zum König der Tenöre gekrönt hatte, war Joyce, der Beste unter den Schriftstellern, zufrieden.«

Joyces Enthusiasmus für Sullivan hielt an bis zum nächsten März, als der Tenor auf eine Tournee ging. Diese Phase war für sein eigenes Werk künstlerisch unproduktiv. Er gestand Miss Weaver, »es gab Zeiten, in denen ich weder denken, schreiben, lesen noch sprechen konnte«. Auch Sylvia zeigte sich vor Miss Weaver deprimiert. Der einzige, der offenbar ganz oben schwamm, war Hemingway. Er war mit den Murphys und den Dos Passos im Schlepptau zum Skifahren in die Alpen gefahren und zog dabei gute Kritiken und steigende Buchverkäufe hinter sich her.

George Antheil, der seit seiner Niederlage mit dem Carnegie-Hall-Konzert in Europa herumgeirrt war, kam im Dezember nach Paris zurück. Joyce versuchte sofort, ihn für die Unterstützung Sullivans zu gewinnen, und bat Antheil, sich mit seinen Bekannten in der Musikbranche in Verbindung zu setzen und die Metropolitan Opera zu bombardieren. Aber Antheil war mit seinen eigenen Plänen für eine neue Oper, die im kommenden April in Frankfurt vorgestellt werden sollte, völlig beschäftigt. Würde die Oper ein Erfolg, dann sei sein Aufstieg gesichert, prahlte er bei Sylvia. Mit seiner vorgespielten Tapferkeit versuchte Antheil, seine monatelange Hilflosigkeit und seine Verlegenheit wegen der Gerüchte über seinen Opportunismus zu verdecken. In seinen Briefen an Sylvia in den letzten Monaten verteidigte er sich, weil er die »Zyklopen«-Oper für Joyce nicht geschrieben hatte, und gegen Berichte über den Klatsch, Sylvia unterstütze ihn finanziell. Er bat sie, der Ausbreitung dieses Gerüchts, für das er seine Freunde Walter und Lillian Lowenfels verantwortlich machte, entgegenzutreten. Während er das ganze Jahr in Deutschland, Italien und Südfrankreich umhergeirrt war, hatte Sylvia sein Zimmer nicht weitervermietet und ihm kleine Schecks von Mrs. Bok und Geld, das sie von Freunden gesammelt hatte, geschickt.

»Diese Jahre der Gefälligkeiten und Dienste, die Du mir stets erwiesen hast«, jammerte Antheil, »und die Tatsache, daß ich Dir noch fast eine halbe Jahresmiete schulde, erleichtern mein Gewissen nicht, wenn ich in diesen südlichen Ländern auf der Suche nach Gesundheit umherreise, besonders, da meine Gesundheit Unterkünfte erster Klasse erfordert. Ich erinnere mich auch, daß ich noch dem Arzt und meinem Schneider in Paris Geld schulde.«

Nach außen hin unterstützte Sylvia den jungen Antheil weiterhin, aber in privaten Gesprächen gab sie zu, daß er ein »richtiger kleiner Schurke« sei, »wie es sich mit der Zeit gezeigt habe. Ein undankbarer *arriviste*« (Aufsteiger).

Antheil ließ seine Frau Boski in Paris und segelte rechtzeitig nach New York, um mit seiner Familie in Trenton Weihnachten zu feiern. Zwei Wochen später, nach einem dreizehn Monate langen Studium, verließ Allen Tate Paris. Hemingway schloß sich der Rückwanderung in die Vereinigten Staaten an, während er seine Faszination für das »im Verfall befindliche Paris« erklärte. Von diesen drei Männern kam nur Antheil bald wieder zurück. Er mußte entdecken, daß sein altes Zimmer nun an den Kronprinzen Norodeth von Kambodscha vermietet worden war.

»Wenn Du willst, kannst Du Deine Wohnung wiedersehen«, sagte Sylvia Antheil. »Der junge Kronprinz ist ein Anhänger Deiner Musik. Er spielt sehr gut Klavier und hat versucht Deine *Air Plane*

Sonata (Flugzeugsonate) zu spielen. Ich höre oft, daß er oben die Musikwalzen von *Ballet Mécanique* laufen läßt, die nebenbei bemerkt, das ganze Haus erschüttern.«

»Ich würde ihn gerne kennenlernen«, rief George, der stark beeindruckt war, daß ihn ein Prinz, der eines Tages König sein würde, bewunderte.

»Die französische Regierung hat Todesängste um den jungen Prinzen«, verriet Sylvia, wobei sie ihn auf einen französischen Detektiv, der draußen auf dem Bürgersteig auf und ab ging, aufmerksam machte. George fragte, warum der Prinz in seiner bescheidenen Unterkunft wohne. »Der Prinz ist sehr demokratisch«, erklärte Sylvia. »Er weigerte sich zum Studium nach Paris zu kommen, bis ihm sein Onkel, der Regent, erlaubte, dreißig andere Kambodschaner mitzubringen. Er zahlte alle Auslagen für sie, und deshalb lebt er in einer Unterkunft wie die anderen auch.«

Der Prinz fand die Wohnung höchstwahrscheinlich durch Dr. Moschos, der viele kambodschanische Medizinstudenten unterrichtete, oder durch Myrsine, die ihm von dieser bescheidenen, aber angesehenen Rive-Gauche-Adresse erzählte. Als Antheil sein altes Zimmer sah, beeindruckten ihn die orientalischen Teppiche, die Cézanne-Gemälde und der Pleyel-Flügel, auf dem er auf Wunsch des Prinzen die eigenen Kompositionen spielte. Sylvia und Adrienne überließen es der französischen Polizei, die Straße gut zu bewachen, und verbrachten das Weihnachtswochenende mit Jeanne und Sisley Huddleston in der Normandie.

Die farbenprächtigen und künstlerisch produktiven zwanziger Jahre endeten mit einer Reihe von Todesfällen. Fast prophetisch hatte MacLeish in diesem Jahr in *transition* ein Gedicht veröffentlicht: »Tourist Death: For Sylvia Beach«. Das Gedicht war ausgerechnet der Frau gewidmet, die die im Gedicht Verurteilten besonders genau kannte. Einige der ›Shakespeare and Company‹-Kunden und Freunde, die in diesem Jahr starben, zählten zu jenen, die nach MacLeish ihr ganzes Leben als Touristen verbrachten und auf der Suche nach einem neuen Rive Gauche »ewig weiterreisen« sollten. Sie lebten, was Cowley in *Exile's Return* als »Zuschauerhaltung« beschreibt. Im August starb Diaghilew in Venedig. Im November nahmen sich die französischen Surrealisten Jacques Rigaut und Jacques Vaché das Leben. Am 10. Dezember erschoß sich Harry Crosby in New York; er war erst einunddreißig Jahre alt. Zwei Monate später starb D. H. Lawrence an Schwindsucht.

Die Rue de l'Odéon verlor in diesem Jahr zwei gute Freunde – Freunde, die ihr Leben nicht wie Touristen angingen. Das Jahr begann mit dem Tod von Dr. Borsch. Es endete mit dem Tod von Raymonde Linossier – Rechtsanwältin, Schriftstellerin, Kundin beider Buchläden und eine der ersten Sekretärinnen von Joyce. Sylvia, Adrienne und Joyce trauerten über den Verlust der beiden. Für die, die blieben, sollte nicht der Verlust von Freunden, sondern die ökonomische Krise zur größten Prüfung werden. Im neuen Jahrzehnt, einem Jahrzehnt des ökonomischen Elends und der herrschenden Meinung, die Welt müsse geändert werden, kam es zur endgültigen Krise zwischen Joyce und Sylvia.

12. KAPITEL

Die Blumen der Freundschaft welken
1930-1931

Es regnete andauernd im Frühling 1930, und es regnete weiter bis Ende Juli, als Sylvia mit einer Lungenentzündung im Bett lag. Der kalte Regen war eine passende Begleitmusik zur wirtschaftlichen Depression und zur Abkühlung einiger Freundschaften.

Die Entscheidungen, die Joyce während der Jahre 1930 und 1931 traf, entfremdeten ihn von seinen treuesten Unterstützern, von Harriet Weaver, Sylvia Beach und Samuel Beckett, und führten ihn in die Endphase seines Lebens – ein lukratives, aber relativ freudloses Jahrzehnt. Im März klagte er in einem Brief an Harriet Weaver, daß ihn zur Zeit Sylvia und Adrienne befremdeten und er unter »kleineren Ohnmachtsanfällen« leide. Es gebe drei Gründe für sein Unglück, erklärte er. Der erste, worauf alles basiere, war finanzieller Natur. »Ich stecke andauernd in Schwierigkeiten, denen ich, wegen der Aufs und Abs an der Odéon-Börse, nicht gewitzt genug entgegentreten kann«, erklärt er. Er bemerkt die knapper werdende Kasse von ›Shakespeare and Company‹, obwohl Sylvia ihm zwischen 7000 und 10 000 Francs pro Monat für *Ulysses* bezahlt hatte und hohe Vorauszahlungen für Teile von *Work in Progress*, für die zweite deutsche und die zweite französische Ausgabe des *Ulysses*, für polnische und tschechoslowakische Übersetzungen und für die Inszenierung der *Exiles* in Berlin und Mailand ausgehandelt hatte. Er nehme das Kassendefizit des Buchladens nicht persönlich, fügt er eilig hinzu, denn »in ihrer Treue zu mir haben Sylvia und Adrienne nie gewankt«. Seine Kontoüberziehungen bei ›Shakespeare and Company‹ wurden immer höher. Ende Februar betrugen seine Schulden bzw. »Vorauszahlungen« fast 13 000 Francs. Trotz der Wirtschaftskrise war er verschwenderisch bei Essen, Kleidung und Unterhaltung. Um ihre Vorauszahlung wiederzugewinnen und ihren Vorrat an Exemplaren aufzufüllen, plante Sylvia die elfte Auflage des *Ulysses* für Mai. Es war ihr größter Auftrag: 4000 Exemplare.

Joyces zweiter Grund zum Ärger betraf die Veröffentlichung seines neuen Buches, von dem er und Sylvia immer geglaubt hatten, sie würde es veröffentlichen. Da sein finanzieller Gewinn jedoch jetzt höher geworden war, wollte er das Buch in den Vereinigten Staaten veröffentlichen, in der Überzeugung, daß »amerikanischer Reichtum, Recht und Macht« diesen Schritt diktierten. Er beklagt sich bei Miss Weaver: »Miss Beach merkt natürlich, daß ich ihr das Buch, auf das sie so lange gewartet und mit dem sie mir so geholfen hat, nicht nachdrücklich genug übergebe.« Aber Sylvia war weder verärgert noch besorgt, was der Brief beweist, den sie in der gleichen Woche an Holly geschrieben hatte: »Er sagt, er will es in Amerika erscheinen lassen, weil es keine andere Möglichkeit gibt, das Copyright zu sichern, und das stimmt.«

Der dritte Grund für die Spannungen im Leben Joyces war, daß er nicht mehr schrieb. Seine kreativen Energien widmete er statt dessen der Förderung Sullivans und dem Verkauf seines Frühwerks. »Abgesehen vom Verkauf«, gesteht er, interessierten ihn die Auflagen und Veröffentlichungen des *Ulysses* nicht mehr. Er wollte sogar Stephens erlauben, das Ende seines neuen Werkes zu schreiben. Der »Spannungszustand« zwischen ihm und der Rue de l'Odéon, der weniger durch Geld als durch seine »Sullivanisierung« entstanden war, war so eklatant, daß er eine Woche lang den Buchladen mied. Übereilt bat er die Londoner Testamentsvollstrecker, 200 englische Pfund des Kapitals, das ihm Miss Weaver geschenkt hatte, einzulösen. Seine innere Spannung und Langeweile würden ihn so sehr aufregen, schreibt er am Ende seiner Klagelitanei an Miss Weaver, daß er »benommen« sei.

Die Lebensumstellungen, die er sich im Frühling überlegt hatte, waren zwar drastisch, kamen aber nur langsam zustande. Er beschloß, von Paris nach London zu ziehen oder zumindest die teure Square-Robiac-Wohnung zu verlassen. »Ich glaube nicht, daß es einen Grund gibt, weiter in Paris zu wohnen, wenn ich nicht mehr arbeite. Es bedeutet nur, Kapital zu opfern.« Um den Transport seiner Bücher, die er ohnehin nicht mehr lesen konnte, zu vermeiden, verkaufte er den größten Teil seiner Bibliothek. Nach dem Tod von Dr. Borsch beschloß er auf Anraten mehrerer Freunde, sich von Dr. Alfred Vogt aus Zürich behandeln zu lassen. Eine dritte Entscheidung vertraute er Miss Weaver an: Er wollte Nora, mit der er sechsundzwanzig Jahre lang in eheähnlicher Gemeinschaft gelebt hatte, heiraten, um die Erbschaftsrechte für seine Familie in England zu sichern. Joyce machte sich vor allem um seine zukünftige Sicherheit und seine Gesundheit Sorgen.

Inwieweit Sylvia in diese Pläne eingeweiht war, läßt sich nicht feststellen. Sie kannte seine Sorge, das Copyright für *Work in Progress* zu sichern, da sie dieses Geschäft erledigte. Da sie stets über den Zustand seiner Augen informiert war, war sie eine der ersten gewesen, die ihn bat, einen Spezialisten in der Schweiz aufzusuchen. Sie wußte nichts von den Heiratsplänen. Joyce hatte jetzt mehrere Leute, die für ihn die persönlichen Besorgungen erledigten, und er kam seltener im Buchladen vorbei. Öfters wählte er Littré 33-76 und telefonierte mit Sylvia, die sich um die wachsenden Nachfragen nach Anthologien, Übersetzungen und nach Fotos kümmerte.

Reverend Beach kam Mitte April, um Sylvia und Adrienne zu besuchen. Es dauerte nicht lange, und eine angenehme häusliche Routine hatte sich eingespielt. Er kam zu jedem Essen vorbei. Obwohl eine Putzfrau die Haushaltspflichten der zwei berufstätigen Frauen erleichterte, plante, kaufte und bereitete Adrienne jede Mahlzeit.

Andere Familienszenen waren nicht so friedlich. In diesem Monat erlitt Zelda Fitzgerald den ersten ihrer schlimmen Zusammenbrüche; im Juni lieferte Scott sie in eine Klinik in Genf ein. Lucia Joyce war zeitweise außer sich. Sie wechselte von Gelassenheit zu zerstreutem Starren ins Leere und wieder zu unverblümt kämpferischem Verhalten – letzteres in Gegenwart von Beckett. Ihre aggressive Verfolgung von Beckett, der jetzt in seinem zweiten Arbeitsjahr bei der École Normale war, hatte ihn schließlich gezwungen zu sprechen. Als er ihr im Mai mitteilte, daß er kein romantisches Interesse an ihr habe, geriet sie in eine besorgniserregende Verzweiflung. Die Joyces waren wütend auf Beckett, weil er Lucia (so glaubten sie) hinters Licht geführt hätte.

Zum Kummer von Beckett gab es einen Bruch mit Joyce. Er klammerte sich an den schwachen Trost von Freunden, die ihm versicherten, daß die Joyces irgendwann einmal der Wahrheit über Lucia ins Auge sehen müßten. Seit Dezember hatte Beckett auf Bitten von Joyce mit seinem Freund Alfred Péron an der Übersetzung der »Anna Livia Plurabelle«-Episode gearbeitet. Obgleich die Zeit seiner täglichen Besuche bei Joyce vorbei zu sein schien, fuhr Beckett mit der Übersetzung fort, schrieb Gedichte (sein *Whoroscope* gewann den Lyrikpreis der *Hours Press*) und verbrachte einen Sommer allein in Paris, wo er einen langen Aufsatz über Proust schrieb. Seine Besuche bei ›Shakespeare and Company‹ brachten ihn jetzt dem Idol und der Vaterfigur so nah, wie es ihm unter diesen Umständen möglich war.

Als Sylvia mit ihrem Vater einen kurzen Ausflug nach Le Bourget machte, überbrachte Lucia Adrienne einen Brief, in dem Joyce Dinge aufgeschrieben hatte, die Adrienne in Sylvias Abwesenheit erledigen sollte: *Our Exag* an vier Leute schicken, bei zwei Exemplaren sollten Anmerkungen mitgeschickt werden, George anrufen, um ihn zu bitten, einen Arzttermin festzulegen, Paul Léon anrufen, der einige Wörter in Joyces Manuskript ändern mußte. Dieser Brief, der den Briefen glich, die Joyce zehn Jahre lang an Sylvia geschickt hatte, empörte Adrienne. Sie hatte sich den täglichen Geschäften von Joyce niemals verpflichtet. Aus ihrem Verhalten in den kommenden Monaten kann man schließen, daß sie schnell davon überzeugt war, auch Sylvia müsse nun bald von diesem Geschäft genug haben.

Ein neuer Rekrut hatte sich der Firma Joyce angeschlossen. Der bereits erwähnte Paul Léon, den Joyce vor mehreren Monaten kennengelernt hatte, half ihm bei der Transkription seines Werkes. Léon und seine Frau Lucie, die später unter dem Namen Lucie Noël für die *New York Herald Tribune* schrieb, waren russische Juden, Immigranten, die drei Jahre in London gelebt hatten, bevor sie im Jahre 1921 nach Paris zogen. Joyce mochte Léon wegen seiner unbekümmerten Art, weil er ein Freund von George und Helen Joyce war, in Rechtswissenschaft und Literatur ausgebildet war und einen Namen trug (Paul Léopoldowich), der seine Bekanntschaft mit dem Schöpfer von Leopold Paula Bloom vorherzubestimmen schien. Léons juristische Kenntnisse sagten dem Prozeßliebhaber Joyce zu. Der Rechtsanwalt war Joyce ergeben. Er hielt ihn für den größten lebenden Schriftsteller. Als Joyce sich einmal brieflich bei Léon für seine Hilfe bedankte, antwortete Léon, er schulde ihm Dank, da er ihm erlaubt habe, an der Entwicklung seiner Gedanken teilzunehmen. Obwohl Léon kein Werk von Joyce gelesen hatte, erledigte er ihm im Juni sehr viele Schreibarbeiten.

Eines Tages spazierte Jack Kahane, den Sylvia einen »Freund und Kollegen im Verlagsgeschäft« nannte, in den Buchladen und stellte seine Gewohnheitsfrage: »Wie geht es Gott?« Sylvia teilte ihm mit, daß Joyce sich in Zürich einer Augenoperation durch Dr. Vogt unterzogen habe. Kahane bewunderte Sylvia »grenzenlos«, weil sie ein so »obszönes« Buch wie den *Ulysses* entdeckt habe. Er verlegte nur pornographische Literatur und hatte Sylvia lange beschwatzt, ihm die Veröffentlichung des *Ulysses* zu überlassen. Nach langer Bearbeitung war Sylvia schließlich bereit, ihn zu Joyces Wohnung mitzunehmen. Ob der Ehre, »dem größten Exilanten« die Hand zu schütteln, fiel er fast in Ohnmacht. Als Joyce einwilligte, ihm einen Teil von *Work in Progress* zu geben, zahlte Kahane prompt einen Vorschuß von 50000 Francs (2000 Dollar). Im Juni war *Haveth Childers Everywhere* in 600 wunderbar gedruckten, übergroßen Exemplaren erhältlich. Es kostete die Verleger fast 100000 Francs. Nur durch den Verkauf der amerikanischen Rechte entkamen Kahane und sein Partner dem Bankrott. Kahane war enttäuscht von dem Fragment und beschwerte sich bei Sylvia, daß es an Deftigkeit mangele. Sie lachte und bewunderte Kahane, weil er nie seinen Humor verlor.

In diesem Jahr, am Anfang der Wirtschaftskrise, verkauften noch drei andere etablierte kleine Verlage ihre Neuerscheinungen bei ›Shakespeare and Company‹: Nancy Cunards Hours Press, die zwischen 1930 und 1932 sechzehn Bücher druckte, bevor sie schloß; Edward Titus' Black Manikin Press, der bis 1932, und Caresse Crosbys Black Sun Press, die bis 1936 arbeitete. 1930 hatte Crosby neun Bücher veröffentlicht, unter anderem Cranes *The Bridge*.

Mehrere neue Pariser Verlage, gegründet zwischen 1930 und 1931, lieferten Sylvia Bücher. Henry Babou und Jack Kahane besaßen zusammen die Vendôme Press und Obelisk Press (1930-1939). Sie verkaufte ihre Ausgabe von *Haveth Childers Everywhere* und (später) eine Neuausgabe von fünfundzwanzig Exemplaren der *Pomes Penyeach* mit Drucklettern, die Lucia entworfen hatte, eine Neuauflage von Radclyffe Halls *Well of Loneliness* und Bücher von Henry Miller und Anaïs Nin. Sylvia verkaufte auch die Bücher der Gertrude Stein von Plain Edition, einem Verlag, den Stein und Toklas gründeten, als ihr Agent William Bradley die Bücher bei keinem Verlag unterbringen konnte. Mit dem Gewinn aus ihren Schriften und dem Verkauf eines Picasso-Gemäldes finanzierten sie das Unternehmen, und sie veröffentlichten *Lucy Church Amiably*, ihr erstes Buch, im Januar 1931. Ihrem zweiten *How to Write* folgte das Gedicht »Before the Flowers of Friendship Faded Friendship Faded« (Ehe die Blumen der Freundschaft welken, verwelkt die Freundschaft).

Faber and Faber veröffentlichte im Juni *Anna Livia Plura-*
belle; den Umschlagtext hatte Joyce entworfen und an T. S.
Eliot geschickt.

> »Buy a book in brown paper
> From Faber & Faber
> To see Annie Liffey trip, tumble and caper.
> Sevensinns in her singthings,
> Plurabelle on her prose
> Seashell ebb music wayriver she flows.
>
> (Kauf ein braungebundenes Buch
> Von Faber & Faber,
> Zu sehn, wie Annie Liffey hüpft, stolpert und tänzelt.
> Siebsündig im Singundklingen,
> Plurabelle in der Prosa,
> Sie seemuschelt musisch, wo rinnend sie fließt.)«

Sylvia hatte die Büchlein *Haveth Childers Everywhere* und
Anna Livia Plurabelle – Joyces einzige Publikation zwischen
1930 und 1931 – seit mehreren Tagen verkauft, als Joyce mit
operiertem Auge aus Zürich zurückkehrte. Am 30. Juni 1930
besuchte Joyce eine *Wilhelm-Tell*-Aufführung mit Sullivan in
der Pariser Opéra; plötzlich nahm er seine dunkle Brille ab
und rief dramatisch aus: »Ich danke Gott für dieses Wunder.
Nach zwanzig Jahren sehe ich wieder das Licht!« Die Zeitungen veröffentlichten diese letzte und größte Publicity-Nummer. Sylvia und Adrienne waren sehr erstaunt.

Ungefähr in dieser Zeit lernte Sylvia eine Frau kennen, die
für sie in den kommenden Jahrzehnten eine wichtige Freundin
sein würde. Marian Willard, eine junge New Yorkerin, lernte
in Paris Buchbinderei. Sie lernten sich durch eine gemeinsame
Freundin kennen und redeten über Kunst und Psychiatrie.
Marian war in Paris auf der Durchreise von Zürich zurück in
die Vereinigten Staaten. In Zürich hatte sie Carola Giedion-
Welcker besucht und die Vorträge von Carl Gustav Jung gehört. Sie bemerkte bald, daß der Freundeskreis von Joyce

Jung nicht mochte. Jung war für die dritte Auflage des *Ulysses* vom Rhein-Verlag gebeten worden, ein Vorwort zu schreiben. Joyces Biograph Ellmann erklärt dazu:

»Jung tat es, aber der Aufsatz war eher eine Verunglimpfung von Joyce, und Brody fühlte sich verpflichtet, Joyce den Text Ende September zur Genehmigung vorzulegen. Das Ganze war eine zweckdienliche Aussage über die Jungsche Theorie, zeigte aber nur wenig Verständnis für den Romantext und enthielt solche unberechtigten Vorwürfe wie den, daß das Buch ebensogut vorwärts wie rückwärts gelesen werden könne. Joyces Buch wurde als Beispiel für ein schizophrenes Gemüt angesehen.« (R. Ellmann, *James Joyce*, S. 946)

Jung, den Joyce einmal den Schweizer Zwilling vom Wiener Zwilling Freud genannt hatte, sollte eine positivere Meinung über Joyce haben, bevor Miss Willard zu ihrem zweiten Besuch aus Amerika zurückkam.

Die amerikanischen Schriftsteller, die in den letzten Wochen des Jahres 1930 vorbeischauten – darunter Ludwig Lewissohn, Emma Goldmann und Elmes Rice –, sprachen darüber, daß Sinclair Lewis als erster amerikanischer Schriftsteller den Nobelpreis erhalten hatte. In seiner Rede begrüßte Lewis, nachdem er sie bei früheren Gelegenheiten herabgesetzt hatte, die jungen Schriftsteller, »von denen die meisten heute in Paris leben«, die sich weigern, »geziert, traditionell und langweilig« zu sein. Trotz seines Grußes und der europäischen Einschätzung, daß *Babbitt* typisch amerikanisch sei, meinten viele amerikanische Schriftsteller in Paris, Lewis fehle es an der innovativen Größe jener, die bei der Preisvergabe übergangen worden waren. Er war den Amerikanern Dreiser, Pound, O'Neil, Wharton, Eliot und Frost vorgezogen worden sowie den Europäern Galsworthy, Hardy, Gide und Joyce. Als Lewis den Montparnasse besuchte, ignorierten ihn viele junge amerikanische Schriftsteller und ließen ihn allein in den Cafés sitzen.

Als sein Sohn George kurz vor der Heirat stand, Joyce sich ebenfalls mit dem Gedanken trug und an die Sicherung der

Erbschaftsrechte für die Familie dachte, insistierte er plötzlich auf dem Abschluß eines *Ulysses*-Vertrages mit Sylvia. Vor Jahren, als Sylvia einmal nebenbei erwähnt hatte, vielleicht einen Vertrag aufzusetzen, hatte er nichts davon wissen wollen. Der einzige Vertrag, den die beiden bisher miteinander geschlossen hatten, war der für *Pomes Penyeach* im Jahre 1927. Weil Joyce wußte, daß die Kosten im Verfahren gegen den Raubdrucker Roth hoch werden würden, und weil er vor Gericht bereits unter Eid ausgesagt hatte, daß *Ulysses* Sylvias Eigentum sei, wollte er das Besitzverhältnis bzw. Sylvias Zahlungspflicht bestätigt wissen. Er hatte amtlich abgestempeltes Papier gekauft und entwarf die Vereinbarung gemäß seiner gerichtlichen Angaben vom Dezember 1930. Sylvia bekam die »Weltrechte«. Später bemerkte sie süffisant, daß »die Welt« ihm gehöre. Im Austausch für die Rechte an der weltweiten Veröffentlichung des *Ulysses* hatte sie dem Autor 25 Prozent des Verkaufspreises zu zahlen. Dieses seltsame »jesuitische Dokument«, wie Janet Flanner es nannte, enthält eine wichtige letzte Passage, die Sylvia erlaubt, die Rechte zu »einem von ihr festgesetzten Preis« weiterzuverkaufen, falls sowohl Sylvia als auch Joyce es »im Interesse des Autors« sinnvoll fänden. Ironischerweise war diese Dokumentation ihrer Verbundenheit das grausame Vorzeichen für den bevorstehenden Bruch. Der Vertrag, den Joyce selbst aufgesetzt hatte, wurde auch von ihm selbst gebrochen.

Joyces Beziehungen zu Sylvia und Miss Weaver (wie auch zu anderen, weniger beteiligten Freundinnen) zeigen während dieser Monate seine wachsende Abneigung Frauen gegenüber. Seine jahrelange Abhängigkeit von ihnen, erdrückende finanzielle Schwierigkeiten und die persönlichen Probleme, die seine fortwährenden Erkrankungen verursacht hatten, veranlaßten ihn zu häufigen Schimpfkanonaden gegen die Frauen. Nach einer Schmährede erinnerte ihn Frank Budgen daran, daß Joyce in alten Tagen zumindest den weiblichen Körper für begehrenswert und aufreizend gehalten habe.

```
          MEMORANDUM OF AGREEMENT made this nineth day
     of December, 1930 BETWEEN James Joyce, Esquire,
     c/o Shakespeare & Co., 12 Rue de l'Odéon, Paris
     (Hereinafter called the Author) of the one part
     and Miss Sylvia Beach, Shakespeare and Company,
     12 Rue de l'Odéon, Paris (Hereinafter called the
     Publisher) of the other part, whereby it is
     agreed by and between the parties as follows:
     THE AUTHOR HEREBY AGREES:
          I.   To assign to the Publisher the
     exclusive right of printing and selling throughout
     the world, the work entitled ULYSSES.
     THE PUBLISHER HEREBY AGREES:
          1.   To print and publish at her own risk
     and expense the said Work
          2.   To pay the Author on all copies sold
     a royalty on the published price of twenty-five
     per cent.
          3.   To abandon the right to said Work if,
     after due consideration such a step should be
     deemed advisable by the Author and the Publisher
     in the interests of the AUTHOR, in which case,
     the right to publish said Work shall be purchased
     from the Publisher at the price set by herself,
     to be paid by the publishers acquiring the right
     to publish said Work.
                                    James Joyce
                                  Sylvia Beach
```

»*Maccè*! Vielleicht war das so. Aber jetzt schere ich mich
nicht mehr die Bohne um ihre Körper. Mich interessieren nur
ihre Kleider.« Streitsüchtig fuhr er Mary Colum an, das, »was
Sie Liebe nennen, ist nur eine Versuchung der Natur solange
man jung ist«. Helen Nutting erklärte er, schöne Frauen gebe
es nicht, Arthur Power erfuhr, daß italienische Frauen so

»kalt wie alle Frauen« seien, und Jolas gestand er, »wenn ich das Wort *Liebe* höre, ist mir, als ob ich mich übergeben müßte«.

Er hatte das Interesse an Frauen wie Molly Bloom, nämlich als personifizierte sexuelle Wesen, verloren, ebenso offenbar auch das Interesse an ihnen als intellektuelle Partner. Er schuldete einen großen Teil seines professionellen Erfolges und seines Einkommens zahlreichen intelligenten Frauen – Margaret Anderson, Jane Heap, Harriet Weaver, Sylvia Beach, Adrienne Monnier und später Maria Jolas, um nur die wichtigsten zu nennen. Als aber Mary Colum meinte, er solle lieber den Einfluß von Freud und Jung als den von Édouard Dujardin auf sein Werk anerkennen, erklärte Joyce verärgert: »Ich hasse Frauen, die etwas wissen.« Obwohl Mary Colum das nicht glaubte, wenige Tage nach dem Zornesausbruch schrieb er ein Gedicht:

> »As I was going to Joyce Saint James'
> I met with seven extravagant dames;
> Every dame had a bee in her bonnet,
> With bats from the belfry roosting upon it.
> And Ah, I said, poor Joyce Saint James,
> What can he do with these terrible dames?
> Poor Saint James Joyce.«

> (Als ich da ging nach Joyce Sankt James,
> Da traf ich sieben überspannte Damen;
> Und jede Dame war von Grillen geplagt
> Und im Oberstübchen etwas angenagt.
> Ah, dacht' ich da, armer Joyce Sankt James,
> Was stellt er nur an mit all den Damen?
> Der arme Sankt James Joyce.)

Vielleicht konnte er Mary Colum nicht leiden, aber früher mochte er Harriet Weaver und Sylvia Beach. Seine Briefe an Miss Weaver vor dieser Zeit zeugen von großer Achtung für ihre Intelligenz und Einsicht. 1921 und 1922 hatte er Stunden im Buchladen verbracht, fast jeden Tag mit Sylvia gearbeitet, Episoden aus *Ulysses* vorgelesen, Witze und Wortspiele erzählt, und jeder amüsierte sich über die Aussprache und Ausdrücke des anderen. Ein Jahrzehnt permanenter persönlicher und finanzieller Forderungen und höflich, aber flüchtig hingeschriebene Pflichtbriefe ruinierten diese Kameradschaft. Außerhalb seiner Familie hatte er keine nahen persönlichen Freunde mehr. Sein Auftreten gegenüber Sylvia war außerordentlich freundlich und altmodisch. Aber die Frauen wissen schon lange, daß Ritterlichkeit oft eine Abweisung, wenn nicht sogar Verachtung maskiert. Obgleich er dem Typus der unabhängigen, kreativen, mutigen und intelligenten Frau viel schuldete, schuf er solche weibliche Charaktere in seinen Werken nie, abgesehen vielleicht von Beatrice in *Exiles*.

Auch für den mütterlich nährenden Frauentypus interessierte sich Joyce nicht. Er erzählte sowohl Mary Colum als auch Carola Giedion-Welcker, daß Frauen seine tatkräftigsten Helfer gewesen waren, trotzdem ärgerte er sich, bewußt oder unbewußt, über diese Hilfe, weil sie ihn in deren Schuld stellte, und diese Abhängigkeit verstärkte seinen Weiberhaß. Ohne Miss Weavers Geld und Ermutigungen hätte er sich und seine Familie nicht ernähren können. Er nahm freizügig, gab überschwenglich aus und bat um mehr. Er überredete sie, ihre Meinung zu äußern, war aber beleidigt, als sie zugab, daß sie ihm für *Work in Progress* nicht ihre volle Unterstützung geben könnte. Nach solchen Unterredungen war sein Verhalten ihr gegenüber deutlich abgekühlt. Ihre Rolle als Finanzier, Sorgende für seine Gesundheit und Richterin über sein Werk war tatsächlich zu mütterlich, um ihm zu gefallen, trotzdem war er davon abhängig, daß jemand diese Rollen spielte. Wie bei seiner leiblichen Mutter brauchte und verachtete er gleichzeitig solche Unterstützung. In sein Verhältnis zu Miss Weaver geriet, nach Einschätzung ihrer Biographinnen, in diesen Monaten eine bleibende Spannung oder Kälte: »Er war vor seiner Mutter, vor Mutter Irland und vor Mutter Kirche geflohen, aber die Figur der Mutter holte ihn in der Figur seiner Gönnerin immer wieder ein. Ihre ›Almosen‹ unterstützten ihn; ihr Stirnrunzeln störte und irritierte ihn.«

Übrigens scherzte er nur zum Teil, als er sagte, sein einziges Interesse an Frauen seien ihre Kleider. Er beobachtete mit Genugtuung, als Helen Kastor Fleischmann, die George im Dezember heiratete, Nora beibrachte, sich modisch zu kleiden. Joyce gefiel es, ein Dandy zu sein, in den besten Restaurants zu essen und die Frauen in seiner Familie gut gekleidet zu sehen. Helen, finanziell abgesichert und zehn Jahre älter als George, kleidete sich sehr geschmackvoll. Ellmann bestätigt: »je älter [Joyce] wurde, desto mehr erschienen ihm die Frauen wie Puppen, leider nicht ohne Verstand.«

Wieviel verstand der Schöpfer von Molly Bloom – auch bevor er das Interesse am weiblichen Körper verlor – von Verstand, Körper oder Psyche einer Frau? Im Jahre 1932 schrieb Jung an Joyce und pries sein provokatives, tiefgründiges Verständnis der menschlichen Psychologie. Nachdem er den vierzigseitigen Monolog von Molly Bloom gelesen hatte, vertraute Jung ihm von Mann zu Mann an: »Höchstens des Teufels Großmutter weiß so viel von der wirklichen Psychologie einer Frau. Ich jedenfalls nicht.« Jung änderte das negative Vorwort aus dem Jahre 1930 ab und veröffentlichte es 1932 an anderer Stelle. Nora fällte jedoch wahrscheinlich das endgültige Urteil über Joyce, Jung und andere Männer, als sie von ihrem Mann sagte: »Er versteht überhaupt nichts von Frauen.«

Die finanzielle Krise, die während der letzten Wochen des Jahres 1930 begonnen hatte, war nicht nur durch die Kosten von Frauenkleidern verursacht worden. Joyce gab das Geld bedenkenloser aus denn je. Gemessen am Standard von 1930, verfügte er über ein sehr hohes Einkommen. Die Zinsen aus Miss Weavers Erbschaft brachten ihm ungefähr 350 Dollar (9000 Francs oder 70 Pfund Sterling) im Monat. Seine Tantiemen für *Ulysses* beliefen sich auf 300 bis 470 Dollar im Monat. Übersetzungen, Neuauflagen und Schallplatten erhöhten diese Zahlen. Trotz des wachsenden Einkommens lieh er sich 400 Dollar bei Sylvia und gestand Miss Weaver: »Meine Geldreserve war völlig ausgeleert, gerade als die Hochzeit, Weihnachten und Neujahr vor der Tür standen, so daß ich sofort noch einmal 100 Pfund brauche...« Die Vermögensverwalter empfahlen Joyce, von seinem Einkommen zu leben. Dramatisierend sagte er die Feier seines neunundvierzigsten Geburtstages ab und schrieb Miss Weaver mit den Worten eines verfolgten Mannes, daß er vier Fünftel seiner Bücher weggegeben habe, sich nicht leisten könne, wegen seiner defekten Gaumenplatte den Zahnarzt aufzusuchen, und den »schrecklichsten Geburtstag der Geschichte« gehabt habe, ohne Geld, um ein »Wiedersehen mit Freunden« zu feiern. Um aus der Square-Robic-Wohnung auszuziehen, nahm er 160 Pfund von Miss Weaver, die von ihrem kleinen Einkommen frugal lebte und einige ihrer Aktien verkaufte, um sie ihm zu geben.

Für geringe Kosten mietete Sylvia Stühle und druckte Einladungskarten für ihre erste Gedichtlesung am 7. Januar 1931. Es zeugt von ihrer Großzügigkeit, daß es die Dichterin Edith Sitwell war, die mehr mit der Rue de Fleurus als mit der Rue de l'Odéon zu tun hatte. Sylvia sympathisierte nicht mit einer Clique. »Mir gelang es, sie alle miteinander zu verbinden, was sehr schwierig ist, wenn man es mit Schriftstellern zu tun hat«, gesteht sie. Sie lud ihre französischen Freunde, Joyce und die Stein-Gruppe ein. Sobald sie die Einladungskarten verschickt hatte, fürchtete sie, daß niemand kommen würde. Als fast alle zusagten, hatte sie noch mehr Angst. Joyce, der erst überredet werden mußte, zu erscheinen, saß in der hintersten Reihe des Vorderzimmers in einen Stuhl gequetscht. Sogar Fargue kam. Zum Glück saß er ganz hinten im Hinterzimmer, denn da er kein Wort dieser Sprache verstand, schlief er ein, als Sitwell von elisabethanischen und modernen englischen Dichtern vorlas. Als sie fertig war, wachte er auf und klatschte lauter als jeder andere.

Leider hat niemand die zierliche Sylvia neben der eckigen, exzentrisch gekleideten, 1,83 Meter großen britischen Dichterin fotografiert. Sitwell gab Sylvia ein Foto für ihre Buchladen-Galerie, auf dem sie auf dem Rücken liegt, mit geschlossenen Augen, die Hände auf ihrer Brust. Sie signierte ihre *Collected Poems* und ihre Studie über Alexander Pope und untersuchte interessiert Sylvias Whitman-Manuskripte, denn sie und ihr Bruder hatten mehr als andere moderne Dichter zum Ruf Whitmans in England beigetragen.

Stein begrüßte Joyce an diesem Abend nicht. Sie sollten sich nur einmal begrüßen, mehrere Jahre später im Studio von Jo Davidson, als Sylvia, nachdem sie ihre Erlaubnis erhalten hatte, sie einander vorstellte. Sie schüttelten sich friedlich die Hände, berichtet Sylvia. Alice Toklas erinnert sich fünfundzwanzig Jahre später an die Begegnung:

»Sylvia bat sie (Gertrude) mit ihr durch das Zimmer zu ihm zu gehen – seine Augen (Joyces) waren sehr schlimm. Natürlich ging sie (zu dieser Zeit war er für sie kein irisches Märchen mehr, sondern eine irische Legende). Sie erzählte mir, daß sie zu ihm sagte: ›Nach all diesen Jahren‹. Er sagte: ›Ja und unsere Namen sind stets miteinander verbunden worden‹. Sie sagte: ›Wir leben im gleichen Arrondissement‹. Und er antwortete nichts mehr, also ging sie fort, um mit einem Mann aus Kalifornien zu sprechen.«

Im April erzählte Stein einem Reporter von der Pariser *Tribune*: »Joyce ist gut... [aber] sein Einfluß ist lokal.«

Während Soupault und Adrienne die letzten Vorschläge für die französische Übersetzung von *Anna Livia Plurabelle* machten, die Joyce zu »einem Meisterwerk unter den Übersetzungen« erklärte, machte Sylvia Inventur, sowohl im Laden als auch im Lagerraum. Sie zählte 4600 Bücher, 75 davon sortierte sie aus. Während 1931 und 1932 (es gibt keinen Bericht von 1930) waren ihre Bestseller *Pomes Penyeach*, *Lady Chatterley's Lover*, *Ulysses* (und Gilberts Schlüssel zu dem Werk), Steins *Lucy Church Amiably* und die literarischen Zeitschriften. Dazu zählte Putnams *New Review*, die sich gegen die Exzesse (besonders das Joyce-Stein-Gestotter) der *transition* aussprach. Sylvia verkaufte sie trotzdem.

Für ihren Geburtstag und Patrick's Day (Joyce ließ das »Saint« weg) plante Sylvia eine Dinnerparty (Léon nennt es »Miss Beach's Dinner«) im Trianon-Restaurant, um den irischen Feiertag zu würdigen. Sie wußte, daß Joyce Festtagsfeiern gefielen, und er hatte ihr deutlich vermittelt, daß er vor einem Monat bei seinem Geburtstag einsam geschmollt hatte. Sie und Adrienne luden alle Pariser Bekannten von Joyce ein, u. a. Mary und Padraic Colum, Herbert Gorman, Stuart und Moune Gilbert, Maria und Eugène Jolas, Bill Bird und Paul Léon. Bob McAlmon, seit kurzem wieder in Paris, kam zwar später, war den anderen aber dennoch um ein paar Gläser voraus. Er mochte die Übersetzer, Nachahmer und Bewunderer nicht, die sich, seit er vor zehn Jahren Sylvia und Joyce kennengelernt hatte, in diesem Kreis angesammelt hatten. Aber er war bald selbst, wie er sich erinnert, das lebendige Zentrum der Party. Er hielt eine kurze Rede, dies sei der Tag, an dem der heilige Patrizius alle Schlangen aus Irland vertrieben, aber »viele Dinge« zurückgelassen habe, die »er besser hätte vertreiben sollen«. Niemand, auch er nicht, wußte, was gemeint war. Joyce und Bird sangen; dann quietschte McAlmon (auf Joyces Wunsch) seine »chinesische Oper«, eine »Vorstellung, bei der ich aus den verschiedensten Bars und höchst angesehenen Häusern hinausgeworfen wurde und die die Polizei verschiedener Reviere gut kannte«.

Am 26. März beendete Adrienne die Vorbereitungen für eine Lesung der französischen »Anna Livia Plurabelle«-Version in ihrem Buchladen. Sie hatte als erste die englische Version der »Anna Livia Plurabelle« in ihrem *Navire d'Argent* 1925 veröffentlicht. Seit dieser Zeit hatte Joyce an der Episode gearbeitet, sie um vieles bereichert und erweitert. Als jetzt die französische Übersetzung vorgetragen wurde, hoffte er, den Widerstand gegen sein *Work in Progress* zu brechen.

Falls nicht, konnte die Lesung seine Pariser Karriere beenden, so wie sie mit Larbauds Lesung im Dezember 1921 begonnen hatte. Da Larbaud während der dreißiger Jahre immer häufiger krank war und nicht mehr an den Festivitäten in der Rue de l'Odéon teilnahm, wandte Adrienne sich an mehrere andere einflußreiche französische Schriftsteller. Sylvia lud die Bekannten von Joyce ein. Harriet Weaver kam aus England, Beckett aus Irland. Außerdem lud sie auch neue Anhänger ein, wie den jungen Leon Edel, dem sie bereits die Schallplatte von Joyces Lesung der »Anna Livia Plurabelle« vorgespielt hatte. Bei seiner ersten Begegnung brachte Edel keinen Ton heraus, als der distanzierte und unnahbare Joyce mit seiner tiefverschlossenen Miene und dem Pokerface neben ihm in einem kleinen Holzstuhl hing.

Das lange und elegante Programm hatte vier Teile. Adrienne eröffnete die Lesung, indem sie ihre erste Begegnung mit Joyce im Jahre 1920 bei André Spire erzählte und seine wachsende Bedeutung in Frankreich und seine Rezensionen des *Ulysses* aufführte. Ihre ausgearbeitete Analyse, in der zahlreiche französische Kritiker zitiert wurden, war eine der besten Einschätzungen des *Ulysses*. Danach beschrieb Soupault die Übersetzungsarbeit, mit einem flüchtigen Hinweis auf Beckett und Péron, die beide schon früher damit begonnen hatten. Beckett, immer noch von Joyce entfremdet, war beleidigt. Soupault erzählte von jeder Einzelheit, sogar von der Größe des Tisches, an dem das Übersetzungskomitee zweimal die Woche getagt hatte. Adrienne legte dann die Schallplatte von Joyces ›Anna Livia‹-Lesung auf. Schließlich las Adrienne die französische Übersetzung. Sie las zu schnell und gefühllos für McAlmons Geschmack. Sie las im bekannten französischen Singsang, bemerkte Edel, der beobachtete, wie ihre Lippen sich zum Kreis formten, wenn sie wiederholt das Wort *ondes* aussprach. »Ich glaube«, erklärte Joyce, dem die Lesung gefiel, »Miss Monnier sollte eine Aufnahme machen« und »die Platten verkaufen«.

Adrienne flüchtete nach Rocfoin, um sich von ihrer »triumphalen« Soirée zu erholen. Am Wochenende fuhr Sylvia mit Marie und Paul-Émile Bécat ebenfalls zu den Monniers. Das unvermeidbare Thema war die Wirtschaftskrise, *le krach américain* oder was Sylvia »den Krach um uns herum« nannte. Sylvia hatte gerade von Holly gehört, daß sie ihr Geschäft in Pasadena verkaufen mußte. Sie schrieb Holly, sie und Adrienne müßten nach dreieinhalb Jahren ihr Auto aus finanziellen Gründen verkaufen.

Um die Erbschaft für seine Familie unter englischem Recht zu sichern, gab Joyce die Wohnung in Square Robiac auf, lagerte seine Möbel ein und ging nach England. Er hinterließ ›Shakespeare and Company‹ als Postanschrift. Er hatte diesen Schritt, wie bereits erwähnt, in einem Brief an Harriet Weaver vor einem Jahr erklärt. Joyce wollte seinen ständigen Wohnsitz wegen seiner Heirat mit Nora in England nehmen und erklärte Sylvia, die gegen den Umzug war, daß er Geld sparen wolle. Joyce beklagte sich bei Harriet Weaver: »Es ist sinnlos, meine gegenwärtige Lage mit Miss Beach zu besprechen. Da sie mein Motiv nicht kennt... betrachtet sie mein Handeln natürlich im falschen Licht und hat keine Ahnung davon, welche Ausgaben hier auf mich zukommen.« Aus einem anderen Grund war auch Harriet Weaver gegen seinen Umzug: Sie meinte, er solle sich zuerst in Zürich die Augen operieren lassen.

Joyce lebte in England fünf Monate lang. Während dieser Zeit beschäftigte er Sylvia mit Nachfragen um Tantiemen und mit Bitten, sie solle ihre limitierten Auflagen der *Work in Progress*-Veröffentlichungen verkaufen. Harriet Weaver trug die Last, für die Familie Joyce zu sorgen. Joyce engagierte sich zwar noch einmal für Sullivan und versuchte erfolglos, dem Tenor ein Engagement in Covent Garden zu verschaffen, aber im allgemeinen war seine Stimmung niedergeschlagen, angespannt, grübelnd und nervös. Nora gefiel ihre eintönige Wohnung nicht. Lucia verhielt sich seltsam, und Joyce trank viel und gab noch mehr Geld aus. Einmal gab er in Anwesenheit von Miss Weaver einem Kellner im Restaurant Kettner 5 Pfund Trinkgeld. Er schien ihre Ablehnung zu provozieren. Aber in seinem Testament hinterließ er ihr alle Manuskripte und ernannte sie zu seiner literarischen Testamentsvollstreckerin.

Joyces Werk wäre damals um ein Haar noch einmal im Raubdruck erschienen. In einem Brief aus East Cleveland, Ohio, der auf den 15. April 1931 datiert ist, erklärte Alexander Buchanan Sylvia, er hätte entdeckt, daß *Pomes Penyeach* noch nicht durch Copyright geschützt sei, und sich entschlossen, 100 Exemplare zu drucken. Naiv fragte er, ob Mr. Joyce ihm eines dieser Exemplare signieren würde. Sofort bat Sylvia ihren Vater, den kleinen Band von dreizehn Gedichten bei der Princeton University Press drucken zu lassen. Zwei Tage nachdem Reverend Beach die Gedichte geschickt hatte, informierte Princeton Press Sylvia, daß 50 Exemplare gedruckt (für insgesamt 27 Dollar) und zwei nach Washington an das Copyright Office geschickt worden waren. Woraufhin sie Buchanan mitteilen konnte, *Pomes Penyeach* sei ein geschütztes Buch. Hätte sie nur den *Ulysses* so einfach und schnell sichern können!

Der Frühling 1931 brachte alte und neue Freunde nach Paris und zum Buchladen. Ford war mit einer neuen Frau, Janice Biala, zurückgekommen. Und Joyce witzelte, er könne sich nicht erinnern, ob es seine achte oder achtzehnte sei. McAlmon genoß die Trinkgesellschaft von Gorman, bevor er sich nach Südfrankreich und Deutschland aufmachte. In München hörte er Hitler reden. Cummings lernte eifrig Russisch und wartete auf ein Einreisevisum, um dieses Land zu besuchen. Pound kam im Juni aus Rapallo und sprach mit Sylvia über seine Pläne, die *Cantos* zu veröffentlichen, und Hemingway kam auf seinem Weg nach Spanien vorbei, um ihr in allen Einzelheiten den Autounfall, den er letztes Jahr in Montana gehabt hatte, zu erzählen. Sie hatte ihn über den

Pariser Klatsch und die *crise des affaires* der leidenden Schriftsteller auf dem laufenden gehalten. Louise Norledge, eine der wenigen englischen Besucher, die nicht floh, als das Pfund abgewertet wurde, wurde in diesem Jahr Mitglied der Bücherei und eine der treuesten Freundinnen. Seine ersten Stippvisiten bei ›Shakespeare and Company‹ machte der siebenundzwanzigjährige Schriftsteller aus Chicago James T. Farrell, in Begleitung des späteren Verlegers Putnam. Sylvia war sich nicht sicher, ob sie Farrell mochte, selbst nach dem Erscheinen seines ersten Romans *The Young Manhood of Studs Lonigan*, der mit joyceanischer Ehrlichkeit und *Stream of Consciousness*-Methode geschrieben war.

Die zerbrechliche und dunkle, »japanisch aussehende Frau«, die am 20. Mai Mitglied der Bücherei wurde, mochte Sylvia auf Anhieb. Anaïs Nin, eine achtundzwanzigjährige in Frankreich geborene Amerikanerin, lieh sich Cummings' *Enormous Room* aus. Ihre literarische Inspiration stammte aber nicht von Cummings, sondern von Lawrence. *Lady Chatterley's Lover* hatte sie aus ihrem behüteten Dasein erweckt. Sie hatte gerade eine Lobesrede auf Lawrence geschrieben und bot sie der Black Manikin Press an. Obwohl der Verleger nicht beeindruckt war – sie aber schließlich doch unter dem Titel *D. H. Lawrence: An Unprofessional Study* (1932) veröffentlichte –, erregte das Manuskript die Bewunderung eines heruntergekommenen amerikanischen Schriftstellers namens Henry Miller, der ihr lebenslang ein Freund wurde.

Früchte vom Joyceschen Baum – in Form von Angeboten, den *Ulysses* in Amerika zu veröffentlichen – begannen Sylvia zuzufallen. Joyce hatte den Baum kräftig geschüttelt, als er seinen Agenten James Pinker in London besuchte. Er brauchte offenbar Geld und wollte auf dem riesigen amerikanischen Markt Profit machen. Die ersten Briefe kamen im Mai. Huebschs Angebot, die amerikanische *Ulysses*-Ausgabe bei Viking zu drucken, war sowohl an Sylvia als auch an

Joyce gerichtet. Eine umfangreiche Korrespondenz begann auch mit Lawrence E. Pollinger und Claude Kendall von Curtis Brown, die den *Ulysses* als »Probefall« veröffentlichen wollten. Im Juni waren die Angebote für *Ulysses* und *Work in Progress* so zahlreich geworden, daß Sylvia verzweifelt zwischen Verleger-Nachfragen, dem regulären Buchgeschäft und den wiederholten Nachfragen von Joyce, sein Werk und seine Tantiemen zu schicken, herumjonglierte. Sie ließ einen Urlaub in Rocfoin ausfallen, um Dutzende von Briefen zu tippen.

Am 4. Juli – dem Geburtstag von Joyces Vater – heirateten Nora Barnacle und James Joyce auf dem Standesamt Kensington in London. Dieses Ereignis erschien in mehreren Zeitungen auf der Titelseite. Joyce, glaubte Sylvia, »genoß den Skandal«, den die Presse erzeugt hatte. Sie hielt sich an die von ihm erfundene Geschichte, daß er schon in Triest geheiratet hatte, aber um sein Testament rechtsgültig zu machen, nun noch einmal nach englischem Recht heiraten müsse. Genauso wie Joyce auf einem Vertrag für *Ulysses* bestanden hatte, als das persönliche Band und das Vertrauen zwischen Sylvia und ihm sich auflöste, legalisierte Joyce seine Ehe, als die körperlichen Bindungen schwächer wurden.

Am Tage von Joyces Hochzeit fuhr Sylvia nach Rocfoin, da sie sich keine Reise nach Les Déserts leisten konnte. Bevor sie Paris verließ – sie nahm ihre Schreibmaschine mit, weil sie an einer Übersetzung von Valérys »Littérature« arbeitete –, gab sie einen Brief an Pinker in London auf: das Pollinger-Angebot sei zu niedrig für Joyce, versicherte sie, und fügte hinzu: »Würden Sie bitte der Tatsache Beachtung schenken, daß ich mit Mr. Joyce den Vertrag für *Ulysses* besitze.« Sie glaubte, eine amerikanische Ausgabe würde ihren eigenen Veröffentlichungen ein Ende setzen, deswegen erwartete sie ein Mindestangebot von 25000 Dollar. »Wenn man bedenkt, wie viele Stunden, Ausgaben und Einflußnahmen nötig waren, um während dieser Jahre den Verkauf zu tätigen, dann ist diese Summe eine bescheidene Einschätzung dessen, was *Ulysses* mir wert ist.« Ihrer Schwester Holly vertraute sie an: »Es muß mein Geschlecht schuld daran sein, daß sie meinen, ich würde nichts verlangen.« Ende des Monats hatte Curtis Brown, wegen der »absurden« Forderung von Miss Beach, sein Angebot zurückgezogen: »Sie nimmt offenbar unser Angebot nicht ernst, sondern reagiert erbost, als würden wir versuchen, ihr das Buch wegzunehmen.« Tatsächlich bereitete sie sich auf den Abschied von *Ulysses* vor.

Zunächst aber durfte sie sich einem neuen juristischen Problem zuwenden, als Joyce, durch die fixe Idee eines Rechtsstreits internationalen Ausmaßes angestachelt, den Schlachtruf ausstieß. Die *Frankfurter Zeitung* hatte die Kriminalgeschichte eines gewissen Michael Joyce veröffentlicht, versehentlich aber unter dem Namen James Joyce. Selbst nachdem der Autor und die Übersetzerin, die für den Fehler verantwortlich war, sowie der Herausgeber durch die Veröffentlichung eines Widerrufs den Irrtum aufgeklärt hatten, forderte Joyce noch eine Entschuldigung und angemessenen Schadenersatz. Joyce ließ nur widerstrebend von seiner Forderung ab, als ihn deutsche und englische Rechtsanwälte darauf aufmerksam machten, daß die öffentliche Meinung dieses Versehen als Lappalie nehmen und das Verfahren als unwürdig für einen Schriftsteller von Rang und Namen betrachten würde. Joyce bezahlte Anwaltsgebühren in beträchtlicher Höhe, und Sylvia hatte neben ihren regulären Arbeitsstunden im Buchladen stundenlang Briefe getippt und Unterstützung für den Fall rekrutiert. Joyce hatte sechsunddreißig Briefe geschrieben und elf Telegramme verschickt.[6]

6 Er erwähnt diesen Fall in *Finnegans Wake*: »... swobbing broguen eeriesh myth brockendootsch, making his reporterage on Der Fall Adams for the Frankofurto Siding, a Fastland payrodicule... he would with tosend and obertosend tonnowatters, one maonkey's damages become«(gebroguenes irisch myth deutschrocken austu-

Im August hatte Sylvia den Laden von 8 Uhr morgens bis 7 Uhr abends geöffnet und beklagte sich trotzdem, daß sie »mit der Arbeit, die getan werden müsse, nicht fertig würde«. Als Thornton Wilder in diesem Monat nach Paris kam, luden sie ihn zum Essen ein, um über den Streit mit der *Frankfurter Zeitung* und über seine sechs Theaterstücke, die in Amerika aufgeführt werden sollten, zu reden. Obgleich sie ihre Besucher im August gerne unterhielten, konnten Sylvia und Adrienne ihre Sorgen nur für ein paar Stunden im Kino vergessen. Adrienne hatte Schwierigkeiten, die amerikanischen Filme, die in Frankreich sehr beliebt waren, zu verstehen, aber sie genoß Eddie Cantor in *Whoopee* und Greta Garbo in *Anna Christie*.

Sylvia kürzte alle unnötigen Ausgaben, verkaufte ihr Auto und sagte den Urlaub in Les Déserts ab. Trotzdem hatte sie finanzielle Schwierigkeiten. Das Ausbleiben amerikanischer und englischer Kunden (das Pfund war um ein Fünftel gesunken) machte sich bei der Leihbücherei bemerkbar. Sie senkte ihre Mitgliedsgebühren für die Leihbücherei. Nur der Buchverkauf, besonders *Ulysses*, ermöglichte ihr die Gewinnspanne, die ihre bescheidene Miete und Joyces Tantiemen und Vorschüsse sicherte. Ihre persönlichen Ausgaben waren wie immer spärlich. Das Obst, Gemüse und Geflügel, das sie und Adrienne verzehrten, stammte größtenteils aus Rocfoin.

Anfang September 1931 entließ Sylvia Myrsine »aus ökonomischen und anderen Gründen«. Nach zehnjähriger täglicher Arbeit und Freundschaft konnte Sylvia es sich nicht mehr leisten, ein volles Gehalt zu zahlen. Sie würde den arbeitslosen Mann der Concierge bezahlen, damit er ein paar Botengänge erledigte. Aber sie befürchtete, daß sie einen

schend, für seine reporterage über Den Fall Adams für die Frankofurto Seidung, eine Fastland-zotschrift ...würde er mit tosend und obertosend tonnowattern, eines affen schadenersatz bekommen)« *Finnegans Wake*, S. 70. (R. Ellmann, *James Joyce*, S. 962) Anm. d. Übers.

ganztägigen Boten einstellen müßte, wenn Joyce aus seinem Urlaub zurückkäme. Sylvia war seit einiger Zeit mit Myrsine unzufrieden gewesen. Myrsine hatte eine Krankheit vorgetäuscht und war in Wirklichkeit in Urlaub gefahren. Sie hatte die Mitgliedskarten und Bücher nicht mehr geordnet und »endlose Besuche« ihrer Freunde im Buchladen empfangen. Trotz der Erleichterung, diese kleinen Plagen loszuwerden, spürte Sylvia den Verlust von Myrsine.

Hemingway kam auf der Rückreise von Spanien nach Amerika, wo Pauline ihren zweiten Sohn gebären würde, für zwei Wochen in Paris vorbei. Er hatte an seinem Buch über Stierkämpfe, *Death in the Afternoon*, gearbeitet und schien im Gegensatz zu Sylvia und anderen literarischen Freunden in Paris keine Geldprobleme und Sorgen zu haben. Er sprach mit Sylvia ausführlich über die erneuten Raubdrucke von *Ulysses*. 10 000 Exemplare sollten in den USA in Umlauf sein. Hemingway versprach, der Frau zu helfen, die ihm einmal geholfen hatte. Es blieb beim Versprechen. Sein Rechtsanwalt, versicherte er ihr, sei ein Experte in literarischen Angelegenheiten und gewohnt, von Schriftstellern nichts zu fordern. Mit einem Versprechen und einem Kuß segelte er mit seiner Familie nach Amerika. »Es tat mir weh, mich von ihnen zu verabschieden«, berichtete Sylvia ihrem Vater.

Am 29. September hielten Sylvia und Joyce in ›Shakespeare and Company‹ ein »Kriegstribunal« wegen Roth. Joyce war gerade aus London zurückgekommen. Seine Londoner Wohnung hatte er untervermietet (in der Hoffnung, im Frühling 1932 zurückzukehren, was er nicht tat). Miss Weaver hatte ihm eine Standpauke gehalten, er müsse sich mäßigen. Sein dringliches Problem – Sylvia beschreibt ihn als »furchtbar bestürzt« – war die erneute Raubdruck-Ausgabe des *Ulysses*. Wenn Roth wirklich 10 000 Exemplare gedruckt hatte, wäre die Veröffentlichung in den Vereinigten Staaten gefährdet. Das Exemplar des Raubdrucks, das Sylvester Beach ihnen schickte, trug keine Roth-Kennzeichen. Der Titel und die Copyright-Seiten waren genaue Reproduktionen von Sylvias *Ulysses* IX (Mai 1927). Der Umschlag war nachgeahmt worden, aber die Seiten waren gelber und dicker. Joyce erzählte seinem Londoner Agenten, Sylvia wolle die amerikanischen Verleger, die den *Ulysses* kaufen wollten, nicht über die Raubdruck-Ausgabe informieren, weil die Verleger dann denken würden, »sie hätten die Pistole auf der Brust«.

Die einzige Möglichkeit, der Buchpiraterie Einhalt zu gebieten, war, den *Ulysses* an einen amerikanischen Verleger mit weltweiter Distribution zu verkaufen. Sowohl Huebsch als auch Soupault (der von einer Vortragsreise in den Vereinigten Staaten zurückgekehrt war) versicherten Joyce und Sylvia, nun sei das Klima in Amerika für eine legale Ausgabe des *Ulysses* günstig. Joyce war zwar mit Sylvias hoher Preisforderung nicht einverstanden, entmutigte sie aber auch nicht in den Verhandlungen mit den potentiellen Verlegern. Er hoffte, daß Pinker nach Paris kommen würde, um Sylvia zu überzeugen, ihren Vertrag zu ändern und 1500 Pfund anstatt 5000 Pfund für den Verkauf der amerikanischen Rechte zu akzeptieren. Er schrieb aber auch an Pinker, er solle einen Verleger finden, der Sylvia bezahlen würde, was sie für *Ulysses* verlange.

Auf die Verlagsrechte von *Work in Progress* zu verzichten, war für Sylvia eine relativ einfache und vernünftige Sache gewesen. Sie konnte Joyce keinen Vorschuß geben. Er war jetzt in der ganzen Welt bekannt, seinen Ruf hatte sie mit aufgebaut, aber nur die großen Verlage könnten genügend Exemplare in alle Länder, die das Buch haben wollten, verteilen. Mit *Ulysses* aber verhielt es sich anders. In diesem Fall war sie bereits die Verlegerin. Es sah so aus, als ob sie diese ihre einzige Profitquelle ihres Buchladens durch Joyces Anliegen verlieren würde. Außerdem hatte sie ja den Vertrag, in dem festgelegt war, das Recht, das Werk zu veröffentlichen, könne nur von der Verlegerin zu dem von ihr festgesetzten Preis verkauft werden. Und schließlich wurde ihr Bestehen auf diesem Recht von Adrienne und allen ihren Freunden unterstützt. Ihre Familie, die sie ins Vertrauen gezogen hatte, meinte ebenfalls, daß es »ungerecht« wäre, wenn sie nicht angemessen bezahlt würde. Auch Harriet Weaver versicherte ihr, sie verdiene es, daß die männlichen Verleger ihre Rechte und Stellung als erste und mutigste und unternehmerischste Verlegerin in bezug auf Joyce anerkennen: »Und ich hoffe, daß sie das akzeptieren und ein wirklich beträchtliches Angebot machen, damit ein Arbeitsarrangement so bald wie möglich zustande kommt.« Später gibt Sylvia in einem Teil ihrer »Memoiren« zu: »Es war vielleicht mehr der Rat meiner Freunde, die darauf drängten, ich solle meine Rechte verteidigen, als meine eigene Überzeugung zum Thema Eigentumsrecht an dem *Ulysses*, was mein Verhalten beeinflußte.«

Huebsch schlug vor, Sylvia solle einen Gewinnanteil an den verkauften Exemplaren erhalten. »Ich wartete darauf, was Joyce dazu sagte«, erinnert sie sich später. »Aber er sagte nichts.« In einer anderen Version ihrer »Memoiren« sagt sie, daß Joyce keiner Herabsetzung seiner Tantiemen zustimmen wollte. Er fühlte sich Sylvia gegenüber finanziell nicht verpflichtet. »Ohne Zweifel hatte er recht«, stellt sie mit demütigem Groll fest. Sylvia und Adrienne (die sich weigerte, Joyce zu sehen) vergnügten sich mit französischen Freunden. Joyce meinte, sie gingen ihm beide aus dem Weg, und schickte seinen Sohn zu einem französischen Rechtsanwalt, um den Vertrag interpretieren zu lassen. George berichtete, daß Joyce 25 Prozent von allem, was sie an *Ulysses* verdiente, fordern konnte.

Sylvia entschärfte die Spannung, die zwischen ihnen entstanden war, als sie Joyce am 19. Oktober 1931 im Buchladen erzählte, sie hätte sich überlegt, den geforderten Betrag herunterzusetzen. Joyce informierte sofort Pinker, daß sie das Unvermeidbare akzeptiert und ihn gebeten hätte, »Ihnen zu schreiben, um zu erfahren, welches das beste Angebot eines amerikanischen Verlags sei, das Angebot soll in französischer

Währung gemacht werden«. Während sie auf das Ergebnis wartete, blieben die Beziehungen zwischen Joyce und der Rue de l'Odéon herzlich und geschäftlich. Léon-Paul Fargue kam eines Tages vorbei, als Sylvia Joyce eine große Zigarrenkiste überreichte. Sie hatte gerade die Wette verloren, Sullivan sei mit seiner Geliebten nach Südamerika verschwunden. Ende November arrangierte Adrienne eine Dinnerparty für zwölf Personen, damit sie und Joyce einen besonderen BBC-Beitrag über Joyce von Harold Nicolson hören könnten. Sie versammelten sich um das Radio, und Sir Harold verkündete, sein Vortrag sei verboten worden. Nach Überraschungsrufen und Gelächter gingen sie zu Tisch und hatten eine vergnügte Mahlzeit. Die Rede wurde schließlich drei Wochen später gehalten, als das Verbot aufgehoben war. Sie schickten alle ein Glückwunsch-Telegramm an Sir Harold. »Alles scheint jetzt in Ordnung zu sein« in der Rue de l'Odéon, schreibt Joyce an Harriet Weaver. »Es ist seltsam, daß in meiner Anwesenheit alles in Ordnung ist, während meine Abwesenheit heftige Reaktionen hervorruft.« Sicherlich ermöglichten Joyces kultivierte Freundlichkeit und Sylvias unfehlbares Feingefühl, daß das Geschäft in diesem Herbst ohne offenen Streit fortgesetzt wurde.

Huebsch informierte Joyce, in Amerika dürfe jeder den *Ulysses* veröffentlichen, und das bedeute: trotz seiner Interventionen gegen Roth gab es kein amerikanisches Copyright. Huebsch riet Joyce, Sylvia die Rechte an *Ulysses* abzukaufen, und bot ihm dafür 200 Pfund Vorschuß auf die zehn Prozent Tantiemen. Der Agent Pinker riet Joyce und Sylvia, das Angebot und den Rat von Huebsch anzunehmen. Auf Veranlassung von Joyce, der das Angebot für zu niedrig hielt, teilte Sylvia Pinker mit, er solle die Verhandlungen mit Huebsch abbrechen.

Eine Woche später traf Sylvia sich mit Adrienne, Léon, Soupault und Joyce im Buchladen, um eine neue Strategie gegen Roth zu entwickeln. Soupault, der nach Amerika zurückkehren wollte, sollte die Unterstützung des französischen Generalkonsuls gewinnen, um Roths Fälschung des französischen Druckerzeugnisses zu bekämpfen. Sylvia überredete sogar Darantière, dem amerikanischen Botschafter in Frankreich zu schreiben. Trotz aller Bemühungen war Joyce enttäuscht. Einmal wegen der »erstklassigen... Stümperei«, die er seinem Agenten Pinker vorwarf, dann wegen eines Briefes von seinem Rechtsanwalt Conner, der ihn (Joyce) wegen seiner Schulden als Schwindler bezeichnete, und wegen Huebschs Angebot, das Eliot »lächerlich« nannte. Der Ärger mit Conner begann, als der Anwalt ihm für das Roth-Verfahren eine Rechnung von 2000 Dollar stellte. Als Conner Joyce um das Geld bat, behauptete Joyce, er glaube nicht, der Besitzer des *Ulysses* gewesen zu sein, als er veröffentlicht wurde. Das bedeutete, Sylvia solle die Rechtsanwaltskosten bezahlen. Aber als sie darauf insistierte, er habe gewußt, daß er bis zum Vertragsabschluß der Besitzer gewesen sei, und als ein anderer Rechtsanwalt ihr darin zustimmte, akzeptierte Joyce, die Conner-Rechnung zu zahlen.

Das größte Hindernis für eine zügige Abwicklung des *Ulysses*-Geschäfts, besonders des *Ulysses*-Verkaufs an die amerikanischen Verleger, war nach Joyces Meinung, daß Sylvia nicht sämtliche Ansprüche auf die Veröffentlichungsrechte aufgeben wollte. In einem unveröffentlichten Brief an Harriet Weaver äußerte sich Joyce abschätzig und aggressiv über den wachsenden Einfluß von Sylvias »intelligenterer Partnerin«, über ihre lesbische Beziehung, über Eleanor Beachs Selbstmord, Cyprians schlimme geistige Verfassung und Sylvias Migränen.

Sylvia hatte Joyce seit ein paar Wochen nicht mehr gesehen, und es schien auch keine Korrespondenz wegen des amerikanischen *Ulysses* zu geben. Aber sie wurde fast jeden Tag von Padraic Colum besucht, der das Problem in seinem Gespräch immer wieder aufwarf. Sie wußte nicht, daß Joyce ohne ihr Wissen Verhandlungen führte. »Ich habe niemals einen Menschen erlebt, der so viele geheime Verhandlungen führte«, bemerkt sie in ihren »Memoiren«. »Es schien mir nur ein harmloses Vergnügen zu sein, als ich merkte, wie Joyce andere manipulierte, aber als ich es selber zu spüren bekam, fand ich es nicht mehr so komisch.« Joyce hatte ernsthafte Verhandlungen mit einem amerikanischen Verleger aufgenommen und Colum für einen Spezialauftrag eingestellt. Jeden Tag kam Colum von Joyces Wohnung zu ›Shakespeare and Company‹, um über die Notwendigkeit einer amerikanischen Ausgabe zu reden. In ihren »Memoiren« erinnert sie sich an die Einzelheiten ihrer letzten Unterhaltung, in der er sie in seinem irischen Akzent drängt, von ihren egoistischen Ansprüchen zurückzutreten:

»Aber welches Recht haben Sie auf *Ulysses*?« fragt Colum.

»Was ist mit meinem Vertrag? Ist der Einbildung?« fragt sie erschöpft.

»Es gibt keinen richtigen Vertrag. Er existiert nicht, Ihr Vertrag«, antwortet er.

Wütend auf seine Bemerkung und auf Joyce, der sich »hinter einem Freund versteckte«, zeigte sie ihm den Vertrag. Dann platzte er mit der wirklichen Botschaft heraus:

»Sie stehen Joyce im Weg!«

Sie war völlig verblüfft. Als sie sich erholt hatte und Colum gegangen war, rief sie Joyce verärgert an und gab ihm alle Rechte auf *Ulysses*.

13. KAPITEL

» In the Wake «
1932-1933

Fast auf den Tag genau, zehn Jahre nachdem Sylvia Joyce das erste gedruckte Exemplar von *Ulysses* übergeben hatte, trat sie als seine Verlegerin zurück. Sie übergab ihm alle Rechte für das Buch. Sowohl das erste Exemplar als auch ihr Rücktritt waren Geburtstagsgeschenke – das erste zu seinem Vierzigsten und das zweite zu seinem Fünfzigsten. Eine andere Amerikanerin machte Joyce ein bemerkenswertes Geschenk: Helen Kastor, seine Schwiegertochter, gebar seinen ersten und einzigen Enkel, Stephen James Joyce.

Diese Ereignisse wurden von seinen Schuldgefühlen und der Trauer über den Tod seines zweiundachtzigjährigen Vaters am 29. Dezember 1931 und der vier Wochen später ausbrechenden Schizophrenie Lucias überschattet. Nach dem Tode seines Vaters hatte ihn der Mut zum Schreiben verlassen. »Ich denke daran, die Arbeit völlig aufzugeben«, schrieb er Miss Weaver. Von Schmerz und Selbstvorwürfen überwältigt, schrieb er an Pound, Eliot, Weaver und andere Freunde, daß er dem Wunsch des alten Mannes, nach Irland zurückzukommen, nicht gefolgt sei, weil er Angst gehabt hatte, seine dortigen Feinde würden ihn verprügeln. Aber die Geburt seines Enkels am 15. Februar nahm ihm die Melancholie. In gewisser Weise schien die Geburt den Tod von John Joyce aufzuwiegen. In dem Gedicht »Ecce Puer«, das er Eliot zur Veröffentlichung schickte, kommt sein Gefühl zum Ausdruck: »A child is sleeping / an old man gone.« (Ein Kind liegt im Schlafe / von uns ging ein alter Mann.)

Ein größerer und länger währender Schmerz für Joyce, den Sylvia und andere Freunde schon vorhergesehen hatten, war die Schizophrenie von Lucia. Dieser Schmerz sollte ihn bis an sein Lebensende stark beschäftigen. An seinem Geburtstag hob Lucia einen Stuhl hoch und warf ihn nach der Mutter, der sie vorwarf, daß sie die Beziehung mit Beckett verhindert hätte. Der Stuhl verfehlte Nora und zerbrach und mit ihm der Familienfriede.

Die Jahre 1932 und 1933 waren sowohl für Joyce als auch für Sylvia sehr düster. Sie markierten in Joyces Leben den Tiefpunkt: er erlitt mehrere körperliche Zusammenbrüche; schluckte übertrieben viel Schlaftabletten; verschwendete Hunderte von englischen Pfund (Miss Weavers Vermögen), während er auf eine amerikanische Gerichtsentscheidung wartete. Er schrieb nur einen Abschnitt in *Work in Progress* und focht das Urteil der Ärzte über Lucias Geistesgestörtheit an, indem er sie bei sich behielt. Eine Entscheidung, die sowohl Schmerz als auch Plagen für seinen Alltag bedeutete. Sylvias Tiefpunkt – abgesehen von dem Tod ihrer Mutter – dauerte weniger lang und kam im Winter 1931, als sie fürchtete, neben dem *Ulysses* auch ihren Buchladen zu verlieren. Sie hatte andauernde Migräneanfälle bis zum Winter 1932, als ihr Leben, im Gegensatz zu dem Joyces, sich verlangsamte und ihr die Beziehungen zu ihrer Familie und den Freunden wichtiger wurden.

Während dieser beiden Jahre entfremdete Joyce sich von Harriet Weaver und Sylvia. In seiner Beziehung zu Sylvia wechselten Mißbilligung und Herzlichkeit ständig. Sie rief ihn vor seinem Geburtstag an und wollte unbedingt sein »Jubiläum« planen. Sie bot ihm an, ihren Kurzurlaub abzusagen, wenn er eine Feier wünschte. Er erklärte, er sei »zu niedergeschlagen, um eine Antwort zu geben«. Aber trotzdem führte er stillschweigend Verhandlungen mit Random House wegen der amerikanischen Veröffentlichung des *Ulysses*. Sogar als sie Wochen danach von den Verhandlungen erfuhr, hieß sie ihn freundlich willkommen, sammelte seine Kritiken und schickte ihm seine Korrespondenz. Er andererseits war sehr höflich und großzügig. Am 10. Jahrestag des *Ulysses* schickte er ihr zehn weiße Lilienzweige mit einer großen blauen

Schleife, die *Ulysses*-Farben, und ein wunderschönes guß-eisernes Hirschpaar.

Die grundlegenden Spannungen zwischen Sylvia und Joyce traten jedoch als irritierende Zwischenfälle immer wieder zutage. Bei einem seiner Besuche stieß sie zufällig ein paar Kritiken von Joyce vom Tisch. Als sie die Kritiken nicht aufhob, dachte er, sie erwarte von ihm, daß er sich nun auf den Boden kniee, um sie aufzuheben. Bei einer anderen Gelegenheit bemerkte die Verkaufshilfe, die von der Abkühlung ihrer Freundschaft nichts wahrnahm, daß er seinen nassen Regenschirm auf die Bücher gelegt hatte.

Gleichzeitig provozierte Joyce Harriet Weaver mit seinen extravaganten Geldausgaben. Als sie ihm wieder einen Tadel der Vermögensverwalter übermittelte, die Plünderung seines Kapitals könne nicht so weitergehen, schickte er ihr eine Liste seiner wichtigsten Ausgaben und informierte sie verärgert, daß sie ihm den »Jubiläumsgeburtstag« verdorben hätte. Reuig und demütig antwortete sie damit, daß sie ihm alle ausstehenden Schulden als Geburtstagsgeschenk bezahle. Seine Schuldgefühle darüber, seinen sterbenden Vater nicht mehr aufgesucht zu haben, der Zusammenbruch Lucias und seine Verantwortlichkeit für die Entfremdung von seinen beiden duldsamen und treuen Engeln machten 1931 und 1932 zu elenden Jahren für ihn.

In den ersten Monaten des Jahres 1932 wurde Paul Léon für Joyce immer wichtiger. Das erste Zeichen seiner offiziellen Rolle als Sekretär und Agent – Joyce nannte ihn »meinen Rechtsanwalt in Paris« – war ein Brief, den er am 8. Februar an Sylvia schickte. In dem Brief bestätigt er den Empfang »Ihres Verzichts auf den Vertrag zwischen Ihnen und Mr. Joyce und Ihre Anerkennung seiner Eigentumsrechte an *Ulysses*.« Als nächstes bat er Sylvia, ob sie eine neue Auflage (die zwölfte) des *Ulysses* verlegen würde. Sie stimmte unter der Bedingung zu, daß die Kosten von 60 000 Francs vorausgezahlt würden. Bei seinen Botengängen kam Léon morgens in den Buchladen wegen Angelegenheiten, die ihn seiner Frau zufolge allmählich zu »Joyces *Alter ego* und Wächter der praktischen Alltagsdetails« machten. Was sie nicht verriet, war, daß auch diese Beziehung innerhalb eines Jahres durch Mißtrauen belastet und geschwächt wurde.

Joyce hatte jetzt andere Bündnispartner. Von seinen früheren Freunden äußerten gegenüber seinem neuen Werk Pound kein Interesse und Lewis offene Kritik. Larbaud war zu krank, um ihm helfen zu können, und ihm fehlte es auch an Begeisterung. Joyce hatte Harriet Weavers Mißbilligung provoziert und Sylvia zum Rücktritt gezwungen. Einem Muster zufolge, das für sein ganzes Leben bestimmend war, waren seine ersten Pariser Freundschaften durch Reibung, Fehlbeurteilung und Mißverständnisse getrübt worden. Von seinen neuen Freunden applaudierten mit Sicherheit Stuart Gilbert, Louis Gillet und Eugène Jolas seinem Werk. Léon, der sein Werk immer noch nicht gelesen hatte, diente ihm sowohl aus Bewunderung für seinen Intellekt und sein Ansehen als auch mit der mitfühlenden Feststellung, daß Joyce, nachdem Sylvia zurückgetreten war, Hilfe brauchte.

Sylvias emotionale Reaktion auf den Bruch mit Joyce war widersprüchlich, und auch ihr Verhalten ihm gegenüber war abwechselnd liebenswürdig und vorwurfsvoll. Joyce war wie ein Liebhaber, dem sie fast zwölf ihrer besten Lebensjahre geschenkt hatte. Sie zögerte nie bei der Unterstützung seiner Arbeit, versuchte ihre Kameradschaft für ihn zu erhalten und gab ihn niemals der Öffentlichkeit preis. In ihren *Memoiren*, die lange nach seinem Tod geschrieben wurden, klagt sie ihn nicht an. Die Blüten der Freundschaft welken, gesteht sie, »aber Feindschaft welkt schneller, habe ich bemerkt«. Privat äußerte sie gelegentlich Ärger über das Gefühl, betrogen worden zu sein. Was ihr passiert war, war – um einen Joyceschen Ausdruck aus *Work in Progress* zu gebrauchen – »truly deplurable« (wahrlich beklagenswert). In Briefen an ihre Familie äußert sie sich unschlüssig, ob der Raubdruck von Roth zu ihrem Verlust führte, oder ob sie Joyce übelnehme, daß er sie »fallengelassen« oder »rausgeschmissen« habe. In frühen Entwürfen ihrer »Memoiren«, die vor der Veröffentlichung wieder zurückgezogen wurden, nennt sie es eine »Ungerechtigkeit«, daß ein Werk, das sie »mindestens genauso viele Jahre protegiert hatte, wie Joyce daran geschrieben hatte«, ihr ohne Entschädigung weggenommen werden sollte – ein Vorwurf, der ironischerweise Joyces wiederholten Beschwörungen gegen den Diebstahl Roths und gegen andere Raubdrukker gleicht. Über Joyce persönlich fügt sie hinzu: »Ich sah ihn danach in einem anderen Licht, nicht nur als einen großen Schriftsteller, sondern auch als einen großen Geschäftsmann, hart wie Stahl.« Und in anderen Aufzeichnungen nennt sie ihn »den großen liebenswürdigen, aber gnadenlosen Mann«, dessen »einseitige Geschäftsmethoden die am wenigsten zu bewundernde Seite an Joyces Charakter sind... kalt und entschieden«. Holly, die unbedingt ihre Einschätzung erfahren wollte, gesteht sie: »Es gibt zahlreiche Unklarheiten, wenn man mit ihm arbeitet. Ich bevorzuge Ausgeglichenheit und Leute, die einen Sinn für die Existenz der anderen Personen haben.« Und ihr härtestes Urteil über Joyce: »Er glaubt, wie Napoleon, daß seine Mitmenschen nur für ihn da sind. Er würde ihre Knochen mahlen, um sein Brot zu backen.« Aber sie unterdrückte all diese Äußerungen – vielleicht hatte das Niederschreiben ihr Rachebedürfnis gestillt. Statt dessen erzählte sie der Welt, mit einer Bemerkung, die an Miss Weavers Selbstbeschuldigung erinnert:

»Was meine persönlichen Gründe betraf, nun, so ist man gar nicht stolz darauf und sollte sie sofort unterdrücken, wenn sie keinem guten Zweck dienen. ...Und die Bücher gehörten schließlich Joyce. Ein Baby gehört seiner Mutter und nicht der Hebamme, oder?«

In das unveröffentlichte Manuskript schrieb sie mit Bleistift hinein: »Ich habe das Richtige getan, aber es kostete mich Schmerzen.«

Die Reaktion von Joyce war weniger zwiespältig: *Ulysses* war seine Schöpfung, und er hatte zehn Jahre lang ihr Geschäft vergrößert; er hatte Schulden und ein Recht auf das Geld, das er kriegen konnte. Zu seiner Sammlung von Ungerechtigkeiten, die er in *Work in Progress* aufzeichnete, fügte er hinzu: »The black and blue marks athwart the wealt, which now barely is so stripped, indicate the presence of Sylvious beltings.« (Die schwarzen und blauen Flecken quer über dem Striemen, der jetzt kaum verheilt ist, zeugen von Sylvias Dresche.) Mary Colum beschuldigte ihre Freunde: »Es gab immer ein paar Leute, die Joyce und Sylvia trennen wollten.« Léon glaubte, daß Adrienne hinter den Vertragsforderungen stand. Die Familie Joyce glaubte, der Fehler läge bei Sylvia. Ohne die Kosten für Drucker, Porto, Publicity und Unkosten der Exemplare zu berücksichtigen, waren sie sich sicher, daß Sylvia einen großen Profit gemacht hatte, einen Profit, der eigentlich dem Joyceschen Haushalt zustehen sollte. Wenn Joyce auch wiederholt die Colums fragte, ob er im Recht oder Unrecht sei, meinten sie später, sie hätten niemals fertiggebracht, ihm opportunistisch beizupflichten, denn die »Trennung« von seiner »größten Hilfe« empfanden sie als sehr tragisch. Obwohl seine Frage Selbstzweifel verriet, schien er niemals an seiner zielstrebigen Entschlossenheit zu zweifeln, sein Werk der Welt zu präsentieren und die Welt zu zwingen, es zu lesen. Er hatte das, was Eliot vor elf Jahren als »die wahre Überzeugung jedes Fanatikers, alle müßten seinem Werk Interesse entgegenbringen«, bezeichnete. Joyces Aggressivität, fügt Eliot hinzu, hat »nicht die Künstlichkeit oder Beharrlichkeit des gewöhnlichen Drucks, sondern die Überzeugung eines Fanatikers«. Was Gorman den »hohen Typus des literarischen Künstlers, der durch und durch egoistisch ist und immer nur nach innen blickt«, genannt hatte, traf auf Joyce zu.

Sylvia, die immer noch mit der XII. Auflage des *Ulysses* beschäftigt war, wußte nicht, daß Random House Joyce im

Februar 2500 Dollar (1000 Dollar bei Vertragsunterzeichnung und weitere 1500 bei Veröffentlichung) zuzüglich 15 Prozent Tantiemen angeboten hatte – und das bei dem Risiko eines Gerichtsverfahrens, wenn er den *Ulysses* ungekürzt in den USA veröffentlichen wollte. Die Verhandlungen hatten im Dezember 1931 zwischen Bennett Cerf und seinem Freund Robert Kastor, dem vierzigjährigen Bruder von Helen Joyce, begonnen. Joyce wußte von diesem Angebot, als er P. Colum mit der Absicht, sie zur Auflösung ihres Vertrages zu überreden, zu Sylvia geschickt hatte. Joyce unterzeichnete den Vertrag mit Cerf am letzten Märztag, und der Verleger engagierte für die bevorstehende Gerichtsverhandlung den berühmten Rechtsanwalt Morris Ernst, dem er eine lebenslange Gewinnbeteiligung an dem Buch versprach, wenn er den Prozeß gewinnen würde. Zwei Tage später, am 2. April, informierte Léon Sylvia von dieser Vertragsunterzeichnung. Am gleichen Tag schrieb Joyce einen Brief an Cerf, der als Vorwort des Autors verwendet werden sollte, worin er Sylvias Beitrag zur Realisierung des Buches folgendermaßen zusammenfaßt:

»Über meinen Freund Mr. Ezra Pound und durch viel Glück lernte ich eine sehr kluge und energische Person kennen, Miss Sylvia Beach... Diese tapfere Frau riskierte, was professionelle Verleger nicht wollten, sie nahm das Manuskript und gab es den Druckern.«

Gerade die beiden Verben *nahm* und *gab* beschreiben mit enormer Unterschätzung ihre Bemühungen bei der Veröffentlichung des *Ulysses*.

Entgegen dem Rat von Paul Léon und George Joyce stattete Joyce Sylvia bald einen offiziellen Besuch ab und informierte sie und Adrienne über die Vertragsbedingungen. Sie »drückten ihre Zufriedenheit aus«, vertraute er Stuart Gilbert in einem unveröffentlichten Brief an. »Das Gespräch verlief sehr freundlich, aber es kostete mich einen ganzen Winter, diese Freundschaft zu erhalten... Die ganze Angelegenheit überfordert mich.« Der Brief spricht dafür, daß eher George und

Léon Sylvias Widersacher waren, und daß Joyce dagegen glaubte, er hätte diplomatisch und mit gutem Recht gehandelt.

Sylvia gab sofort ihre Pläne für *Ulysses* XII auf, als sie hörte, daß Random House eine kleine 2,50-Dollar-Ausgabe zur Sicherung des Copyrights und eine 1-Dollar-Modern-Library-Ausgabe plante, wenn das Verfahren gewonnen war. Sie sorgte sich um den Rest ihrer *Ulysses* XI-Exemplare, die 5000 Dollar kosteten. Darum hätte sie sich nicht sorgen müssen. Sie einigte sich schnell mit Random auf die Einführung einer ›Shakespeare and Company‹-Ausgabe, und die Modern Library-Ausgabe erschien erst zwei Jahre später, lange nachdem ihre elfte Ausgabe ausverkauft war. Nachdem sie bei diesem Treffen im April Joyces Vorwortbrief an Cerf gelesen hatte, beklagte sie sich in einem Brief an Holly darüber, daß Joyce ein Vorwort geschrieben habe, in dem er sie bei seiner ersten Veröffentlichung des *Ulysses* in den USA mit Ezra Pound (der inzwischen ein selbsternannter Streiter für das faschistische Italien geworden war) in eins setzte: »So, kann man fast sagen, hat er mir meine Rolle nicht nur geraubt, sondern geradezu negiert.«

Mit dem Verlust der *Ulysses*rechte verschwand auch Sylvias finanzieller Boom- und Pleitezyklus. Mit jeder neuen *Ulysses*-Ausgabe war sie gut bei Kasse gewesen, konnte Darantière bezahlen, die Botengänger, und sogar einen geringen Teil ihrer eigenen Ausgaben. Wenn dann Joyces Tantiemen für jede Ausgabe bezahlt worden waren, blieben jedoch immer noch die Joyce-Unkosten: Porto, Papier, Rechtsanwaltskosten, Arztrechnungen, Geschenkexemplare, Telefongespräche, Taxis. »Vorauszahlungen« für familiäre Ausgaben: das bedeutete gewöhnlich, daß der Profit der Verlegerin aufgebraucht war, wenn es je einen gegeben hatte. Mit jeder neuen Ausgabe glaubte Sylvia von neuem, sie würde Gewinn machen. Als ihre Aktivitäten für Joyce 1932 endeten, vereinfachte das ihre Buchhaltung. Aus Gewohnheit überwachte sie zwar ihre Ladenkasse, aber alle Befürchtungen waren jetzt, da Joyce nicht mehr da war, grundlos.

Anfang des Jahres bemühte Sylvia sich, neue Mitglieder zu werben. Im Dezember gewann sie durch zwei Ereignisse eine ausgezeichnete Publicity bei den amerikanischen Touristen: freundliche Worte von Max Eastman in einem Artikel im *Harper's* und Hollys erfolgreiche Bemühung, Sylvias Namen in der *Vanity Fair* aufzunehmen. Im März konnte sie ihr Monatseinkommen steigern. Einige Mitglieder des Joyce-Kreises wurden Büchereimitglieder, wie Peter Neagoe, Louis Gillet und Maria Jolas, die einen zweibändigen Montessori für die Privatschule kaufte, die sie außerhalb von Paris eröffnen wollte.

Zu anderen kurzfristigen Besuchern zählten Ludwig Lewissohn, Sinclair Lewis, Dwight Macdonald und die Antheils, die nach Frankreich zurückkamen, weil George ein Guggenheim-Stipendium bekommen hatte, um mit John Erskine eine Oper zu schreiben. Das gute Geschäft im Frühling gab Sylvia das notwendige Vertrauen, die Innenräume ihres Ladens zu renovieren und eine neue Ladenhilfe zu engagieren. Obwohl sie emotional darunter litt, schien sie durch den Verlust ihrer Verantwortlichkeit für Joyce einen kleinen finanziellen Gewinn zu machen.

Joyce wollte nun doch, daß Sylvia *Ulysses* XII veröffentlichte, und zwar als billige Europa-Ausgabe, um den Roman lieferbar zu halten und das Geld fließen zu lassen, bis die Random-Ausgabe gedruckt wäre. Obwohl er den 1000-Dollar-Vorschuß erhalten hatte, als er den Vertrag unterzeichnet hatte, war dieser bald aufgebraucht, und Joyce fürchtete, daß das Gerichtsverfahren die U.S.-Ausgabe für einige Zeit verzögern könnte. Zwei Londoner Verlage, die Joyce und Miss Weaver aufgesucht hatten, machten keine guten Angebote: Cape wollte nur eine gekürzte Ausgabe drucken, Faber and Faber befürchtete die rechtlichen Konsequenzen bei der Veröffentlichung der ungekürzten Version. Léon deutete in Briefen an Sylvia im März und April an, die Random House-Ausgabe könne sich noch hinziehen, und Sylvia könnte, in der Zwischenzeit, ihre Rechte auf eine kontinentale Ausgabe beanspruchen. Sie erkundigte sich sogar schon bei Darantière nach dem Preis, entschied sich aber dann doch gegen eine Veröffentlichung: Erstens war es zu teuer, und Joyce wollte die Druckkosten nicht vorstrecken; zweitens glaubte sie, daß die Random House-Ausgabe kurz bevorstand und sie selbst zunichte machen würde; und drittens wollte sie keine Joyce-Geschäfte mehr, denn sie hatte entdeckt, sie konnte auch ohne überleben. Die Antwort auf Léons dauernde Anstichelungen zu diesem Projekt gab ihm Adrienne am 14. April: *Ulysses* sei jetzt in der Hand von Random House. Joyce, der mehrere Wochen wartete, um das Thema nochmals anzuschneiden, rief an. Er mußte erfahren, daß Sylvia tatsächlich kein Interesse hatte, daß sie ihm ihre *Ulysses*-Akten übergeben wollte und daß, wenn ein anderer Verleger ihre Druckplatten haben wollte, sie diese für den Preis, den sie Darantière bezahlt hatte, verkaufen würde. Als Beauftragte der Albatross Press vorbeikamen, schlug sie ihnen vor, Joyce wegen der Europa-Ausgabe aufzusuchen. Sie wollte mit dem Joyce-Geschäft nichts mehr zu tun haben – ihr Leben konzentrierte sich jetzt auf ihren Buchladen, die Leihbücherei und Adrienne.

Zu Sylvias und Adriennes gesellschaftlichem Leben gehörte eine Dinnerparty im Mai für Jean Schlumberger, der gerade einen englischen und einen französischen Preis für seinen Roman *Saint-Saturnin* erhalten hatte. Unter den Gästen war Desmond Harmsworth, ein Kunde von ›Shakespeare and Company‹ in den Anfangsjahren, der einen kleinen Verlag eröffnet hatte, während die meisten anderen gerade schlossen: Titus' Black Manikin Press, Steins Plain Edition, Putnams New Review Press, und ›Shakespeare and Companys‹ Joyce-Unternehmen. Den kleinen Zeitschriften ging es nicht besser. Das distinguierte *Commerce*, für das Sylvia Beraterin gewesen war, hörte nach acht Jahren in diesem Winter auf zu existieren. Sogar *Poetry* in den Vereinigten Staaten war von der Einstellung bedroht. Eine Carnegie-Subvention rettete es schließlich, aber bevor die Hilfe kam, hatte Sylvia in ihrem Laden ein großes handgeschriebenes Plakat aufgestellt, das um 50-Cent-Spenden für das Magazin bat. *This Quarter* überlebte bis zum Jahresende und half dem desolaten Beckett, der sich im Juli mit Joyce wieder aussöhnte, sich mit Übersetzungshonoraren für eine Surrealisten-Ausgabe im Herbst über Wasser zu halten. Von den bekannten kleinen Zeitschriften in Paris überdauerte lediglich *Transition*, als Halbjahresschrift mit großem T, das Joyce zu seinem fünfzigsten Geburtstag ehrte und sich über Goethes hundertsten lustig machte.

Als die Ärzte meinten, Lucia sollte von beiden Eltern strengstens ferngehalten werden, aber sonst keine richtige Behandlung verordnen konnten, plante Joyce, sie zu Maria Jolas nach Feldkirch mitzunehmen und gleichzeitig Dr. Vogt in Zürich wegen der Behandlung seines Auges aufzusuchen. Jane Lidderdale und Mary Nicholson beschreiben Joyces Obsession Lucia gegenüber:

»Er sah sie als ein geniales Geschöpf seiner eigenen Vorstellungen, aber entstellt und frustriert durch eine Welt, die sich auch gegen sein Genie verschworen hatte. Er fühlte Nähe und Gemeinsamkeit mit ihr, da sie in seiner Vorstellung beide Opfer waren, und verzweifelte dann darüber, daß sie auch sein Opfer war, das seiner Arbeit und seiner Umzüge.«

Im Jahre 1934 befand Carl Jung, ihr zwanzigster Arzt, sie sei Joyces »eigene Anima« und die beiden seien »wie zwei Menschen auf dem Grund eines Flusses, wobei einer ertrinkt und der andere taucht«.

Am Tag der Bastille, 14. Juli, während die Feiernden in den Straßen tanzten, fuhren Sylvia und Adrienne nach Les Déserts. Wegen Sylvias Grippe im Jahre 1930 und der finanziellen Krise 1931 hatten sie ihren Berg drei Jahre lang nicht besuchen können. Ungeachtet der schweren Regenfälle spazierte Sylvia in dicken Hosen, Stiefeln und einer Gummijacke herum, während Adrienne das Druckexemplar für ihren Katalog, der ihr aus der finanziellen Krise helfen sollte, vorbereitete. Nur Adrienne wußte, daß Sylvia 40 Dollar (1000 Francs) auf ein kleines Chalet anzahlte – das einzige Eigentum, das sie besaß.

Die meisten Menschen der literarischen Welt waren damit beschäftigt, ihre Existenz zu sichern. Adrienne rechnete mit ihrem Katalog; Sylvia hatte ihre eigenen Pläne. Als Holly ihr einen Artikel über die Olympischen Spiele, den sie für die *Los Angeles Times* geschrieben hatte, schickte, antwortete Sylvia: »Ich würde sehr gerne etwas nebenbei verdienen, wenn ich in meinen freien Minuten schreiben könnte.« Sie findet aber, daß ihr Hollys Gabe zur Synthese fehle und sie sich in Details verliere. Sylvia schrieb jedoch einen Artikel über ihre Liebe zu Frankreich für die Oktober-Ausgabe der *Bravo: Arts, Lettres, Spectacles*. Ihre Stärke aber waren Übersetzungen. Diesen Herbst vollendete sie ihre englische Übertragung von »Littérature«, einem Essay von Valéry, der mit »Ein Gedicht muß ein Urlaub für den Geist sein« beginnt. Die französische Originalversion war im *Commerce* erschienen und danach in zwei Luxus-Ausgaben veröffentlicht worden. Die Übersetzung entstand, nachdem ein englisches Journal Valéry für eine spezielle Ausgabe, in der französische Autoren vorgestellt werden sollten, um eine Kostprobe gebeten hatte. Er war in den Buchladen gekommen und wollte von Sylvia wissen, ob er ihnen »Littérature« geben sollte. Als sie ihm zustimmte, fragte er sie, ob sie mit ihm an der Übersetzung arbeiten würde. Obgleich sie sich durch seine Bitte geschmeichelt fühlte, gab sie zu bedenken:

»Valéry bestand jedoch darauf, ›wir‹ sollten es zusammen machen. Wenn ich nicht weiterkam, sagte er, solle ich nur in die Rue de Villejust (heute Rue Paul Valéry) hinüberlaufen und um Rat fragen.

Wann immer ich aber diese Anregung aufgriff und in die Rue de Villejust hinüberlief, fand ich leider, daß man auf ihn als Mitarbeiter nicht rechnen konnte. ›Was haben Sie hier eigentlich gemeint?‹ fragte ich. Er tat, als sehe er sich die Stelle genau an, und sagte: ›Was kann ich damit nur gemeint haben?‹ oder: ›Ich bin sicher, daß ich das gar nicht geschrieben habe.‹ Hielt man ihm den Text vor Augen, so leugnete er immer noch jede Kenntnis davon. Schließlich riet er mir einfach, die Stelle auszulassen.« (Beach, 1961, S. 180)

Sylvia gefielen die Sitzungen mit Valéry, aber selbst mit der Signatur: »Sylvia Beach und der Verfasser«, fand sie, daß sein faszinierendes Werk verschandelt war. Als sie das Übersetzungshonorar mit ihm teilen wollte, schickte er den Scheck mit einem Brief zurück, in dem er sie als »weiblichen Teufel« bezeichnete und selbst mit »Mephisto« unterschreibt. »Ehrbare Männer erhalten nur für distinguierte und genußvolle intime Dienste Geld.« Er fügte hinzu: »Dr. Faustus Lit. D. Ox ist sehr schockiert und Der Richtig Schlechte Mephistophelos ist wegen Eurer Freundlichkeit sehr verärgert.«

Adriennes Katalog erwies sich als größerer Erfolg als Sylvias Übersetzung, was Sylvia auf die Idee brachte, ihren Leihbüchereikatalog zu veröffentlichen. Da er nie erscheinen sollte, überlegte sie sich mit Adrienne einen anderen Plan. Sie druckten einen Prospekt, der Studenten und Professoren Ermäßigungen anbot. Der Prospekt führte im Herbstgeschäft zu finanziellem Aufschwung.

Sylvias neue Mitarbeiterin Jean Henley hatte eigene Pläne, das Geschäft zu verbessern. Nachdem mehrere Kunden nach erotischen Büchern gefragt hatten, die nicht auf Lager waren, schlug Henley Sylvia vor, daß sie Bücher wie *Fanny Hill* führen solle. »Sylvia war entsetzt«, erinnert sich Henley. Sie lehnte das Buch nicht ab – sie hatte Paul-Émile Bécats explizite Illustrationen gesehen –, aber sie fragte sich, ob ›Shakespeare and Company‹ der geeignete Platz für dieses Buch sei. Sie überlegte es sich aber noch einmal anders und schaute nur weg, wenn Jean es bestellte.

Auch Gertrude Stein suchte Möglichkeiten, Geld zu verdienen. Diesen Sommer hatte sie *The Autobiography of Alice B. Toklas* geschrieben und ihrem literarischen Agenten William Bradley übergeben. Bradley hatte gerade *Tropic of Cancer* von dem damals noch unbekannten Henry Miller angenommen. Er fand für Stein ein Angebot von Harcourt Brace und für Miller eines von Jack Kahane. Die *Autobiography* erschien in gekürzter Fassung im *Atlantic Monthly*, wo Stein lange erfolglos versucht hatte, ihr Werk zu veröffentlichen. Die Buchausgabe erschien 1933. Stein verblüffte einige Leute mit der Behauptung, sie und Anderson hätten Hemingway, der »feige« sei, praktisch erschaffen. Auch prahlte sie damit, daß Sylvia »sehr begeistert« von ihr sei. Und zur Überraschung der beiden Jolas behauptete sie, die Muse von *transition* gewesen zu sein. Keiner jedoch war überrascht darüber, daß das Buch ein Bestseller wurde. Sie hatte es hauptsächlich des Geldes wegen geschrieben, und daher stellt es einen künstlerischen Kompromiß dar, den Hemingway beiläufig in einer Schrift über »Die Farm« von Miró zur Wiederherstellung seiner Ehre folgendermaßen charakterisiert: »Wenn man ›Die Farm‹ gemalt hat oder den *Ulysses* geschrieben hat und danach weiter hart gearbeitet hat, braucht man keine Alice B. Toklas.«

Nur wenige Freunde von Sylvia waren gut bei Kasse. Antheil lebte gut von seinem Guggenheim-Stipendium in Südfrankreich, und Sylvia und Adrienne sollten ihn in seiner geräumigen Villa besuchen. Auf einer seiner großen Parties waren alle Mitglieder des Berliner Opernballetts. Während Antheils Erfolg nur von kurzer Dauer war, erfreute sich Hemingway eines soliden Erfolges, der auf der Popularität seines Werkes beruhte. In diesem Jahr war er in seinem neuen V-8-Ford (vorbei an den Klapperkisten der Wanderarbeiter) zur Jagdsaison nach Wyoming gefahren, und jetzt plante er eine afrikanische Safari.

Sylvia hatte sich kürzlich von Jean Henley verabschiedet

und die zweiundzwanzigjährige Jane van Meter, die die ›American University Union‹ in der ›Cité Universitaire‹ leitete, angestellt. Van Meter, die sich später als die professionellste Hilfe bei ›Shakespeare and Company‹ erwies, wurde zwangsläufig mit Myrsine verglichen, die Joyce inzwischen bei sich eingestellt hatte. Joyces Liebe zu und Verwöhnung von Lucia (er hatte ihr 4000 Francs für einen neuen Mantel gegeben) erwies sich nicht gerade als heilsam für ihre Geisteskrankheit. Als die Joyces in eine Wohnung in die Rue Galilée einzogen, blieb Myrsine mehrere Monate bei ihnen.

Erschöpft, arm, beunruhigt durch seine Sorge um Lucia und unter zunehmendem Verfolgungswahn nahm Joyce im Winter 1932 pro Nacht sechs Schlaftabletten, bis er im Januar auf einer Reise zusammenbrach. Sylvia dagegen schien in diesem Winter aufzuleben. Ihre Kopfschmerzen wurden seltener und waren weniger schmerzhaft, und die Briefe an ihre Familie und Freunde zeugen von spielerischem Witz und Leichtigkeit. Sie veränderte sich: verbrachte mehr Zeit mit Adrienne, schrieb ihrer Familie häufiger, ging ins Stadtbad schwimmen, lud viele Freunde ein, ging ins Kino und sogar mitten im eiskalten Januar im Bois de Boulogne spazieren. Mutig forderte sie die American Library und andere Konkurrenten heraus, indem sie den Laden renovierte und mit seinen Aktivitäten warb – die Wände des Hinterzimmers wurden gestrichen, mehr Regale gebaut und mehr Werbung gemacht. Zwischen Anfang Oktober und Ende November hatte sich der Umsatz verdoppelt.

Sylvia war ermutigt. Obwohl die Depression drohte, war die finanzielle Katastrophe, die sie durch den Verlust des *Ulysses* befürchtet hatte, nicht eingetreten. Im Gegenteil, ihre täglichen Ausgaben verringerten sich. Weil sie so sehr damit beschäftigt war, ihre amerikanischen, britischen und französischen Bankkonten auszubalancieren und sich daher wenig um die Feinheiten der Buchführung gekümmert hatte, hatte sie kein getrenntes Konto für die Joyce-Angelegenheiten geführt.

Nur der Verkauf des *Ulysses* war getrennt verbucht worden. Sie hatte nur eine vage Vorstellung ihrer fluktuierenden Gewinne und Verluste gehabt. Nach acht Monaten ohne Joyce-Unternehmungen stellte sie fest, daß sie durch *Ulysses* überhaupt gar keine direkten Einnahmen für sich gemacht hatte.

In dieser Zeit verhandelte sie voller Selbstvertrauen mit Kahane und dann mit Albatross Press über den Verkauf ihres europäischen *Ulysses*-Copyrights für 60 000 Francs. Bevor Joyce in diesem Herbst nach Paris zurückkam, war sie sich mit Albatross einig geworden. Joyce, der mit Nachfragen von Albatross bombardiert wurde, wußte nicht, daß Sylvia ihre Zustimmung gegeben hatte. Zur Verhandlung mit Sylvia schickte er, statt mit ihr persönlich zu sprechen, ungeschickterweise Léon, was sie verärgerte und die Kommunikation sehr erschwerte. Die Vermittlung durch Dritte konnte die Parteien bloß polarisieren. Als Adrienne andeutete, Joyce hätte Sylvias Gesundheit ruiniert, schickte dieser ihr prompt einen Züricher Spezialisten. Léon, Myrsine Moschos, George und Helen Joyce schwärzten Sylvia bei Joyce an, und sie erfuhr natürlich wieder über andere, was geredet wurde. Als Joyce ein Treffen mit Sylvia arrangieren wollte, ging sie ihm aus dem Weg. Entsprechend berichtet er über ihr Verhalten in *Work in Progress* (»Sylvia subsilence«) und stimmte einer Abgabe von 25 Prozent der Vorauszahlung und seiner Tantiemen in den ersten fünf Jahren an Sylvia zu. Als seine Familie und Paul Léon auf ihn einredeten, seine Tantiemen nicht zu teilen, arrangierte er schließlich, ohne Sylvia davon zu informieren, daß ihre Prozente direkt von Albatross gezahlt wurden und nicht von ihm. Nach einer weiteren Konfrontation zwischen Sylvia und Léon, bei der sie klarstellte, daß sie an den Exemplaren von *Ulysses*, die sie in den letzten zehn Jahren verkauft hatte, keinen Gewinn gemacht hatte, verlängerten Joyce und Albatross die Zahlungen an sie, so daß sie nach Ablauf der fünf Jahre noch 7,5 Prozent bekam. Joyce hielt die

Haltung von Adrienne und Sylvia für »idiotisch« (»alle Karten sind in meiner Hand«). Sie dagegen ging davon aus, daß es »anständig von ihm« sei, seine Tantiemen mit ihr zu teilen, vermutete aber, daß »jeder Atemzug von ihm auf den Millimeter genau kalkuliert worden« sei. Im folgenden Jahr werden Joyces Interpretationen für Sylvias Motive immer herabsetzender, wie zahlreiche Briefe, die an Harriet Weaver geschrieben wurden, bestätigen. Joyce hatte jetzt einen neuen europäischen Verleger. Im Dezember 1932, nach einer sorgfältigen Korrektur von Stuart Gilbert, wurde *Ulysses* von Albatross Press mit dem Impressum der Odyssey Press veröffentlicht. Sylvia wurde für ihre Rechte bezahlt, aber nicht, wie sie annahm, von Joyces Tantiemen.

Nach der Vertragsunterzeichnung mit Albatross Press schrieb Joyce ein Gedicht »A Portrait of the Artist as an Ancient Mariner« [Joyces Verse parodieren eines der bekanntesten englischen Gedichte, »*The Rime of the Ancient Mariner* von S. T. Coleridge]. Der Seefahrer »Dreamed of the goldest sands uprolled / By the silviest Beach of Beaches«. (Träumte von dem goldesten Sand des silbersten Strands der Strände.) Die dritte Strophe ehrt Sylvias frühere Bemühungen:

> »Shakefears & Coy danced poor old joy
> And some of their steps were corkers
> As they shook the last shekels like phantom freckels
> His pearls that had poisoned porkers.«

Nach der elften Auflage übernimmt Albatross: »With K. O. 11 on his prow... an albatross / Abaft his nape was hung.« Die Beziehung zwischen Joyce und Sylvia entspannte sich wieder. Im Januar 1933 konnte Léon Miss Weaver anvertrauen, »Mr. Joyces Verbindungen zur Rue de l'Odéon sind sehr gut«.

Katherine Anne Porter, mit einem Guggenheim-Stipendium in Europa, wurde zu dieser Zeit eine der wenigen neuen amerikanischen Freunde von ›Shakespeare and Company‹. Zwei andere Kunden des Buchladens hatten sie auf Sylvia aufmerksam gemacht: Sergej Eisenstein, den sie in Mexiko (wo sie die letzten vier Jahre verbracht hatte) getroffen hatte, und McAlmon, den sie Anfang 1932 in Deutschland kennengelernt hatte. Die erste Leihbüchereikarte Porters ist zwar erst am 3. Januar 1933 ausgestellt worden, aber die zwei Frauen hatten sich, wie Porter berichtet, bereits früher kennengelernt:

»Als ich im Frühling 1932 Sylvia zum erstenmal sah, hatten ihre Haare noch die Farbe von Kastanienschalen, ihre hellen goldbraunen Augen mit den grünlichen Funken waren wunderbar gütig, aufmerksam und sie sprühten eher als daß sie strahlten, wie es bei sanften Augen sein soll. Sie war nicht schön, war es nie gewesen und hatte es nie versucht zu sein. Sie war attraktiv, ein Zentrum des Interesses, eine erfreuliche Erscheinung, die nicht den bekannten Formen des Charmes zugerechnet werden kann. Ihre Macht lag in der unbewußten, natürlichen Ausstrahlung ihrer intensiven Energie und Konzentration auf die Wesen und Künste, die sie liebte. Sie liebte ihre vielen Freunde, und diese liebten sie... jeder war sich seiner eigenen Wabe in dem riesigen Bienenstock ihres Herzens sicher... Ihr Talent war Freundschaft zu halten, ihre beständige Tugend war Großzügigkeit... und jener Mut, der sogar Hemingway Sicherheit gab.«

Während Katherine Anne Porter in Paris lebte (Winter 1932 – Herbst 1936), sah sie Sylvia häufig. Sie blieben fast dreißig Jahre lang miteinander befreundet. Sylvia und Adrienne waren im März auf ihrer Hochzeit mit Eugene Pressly und unterzeichneten die Heiratsurkunde. Sylvia bewunderte diese liebenswürdige zweiundvierzigjährige Texanerin, die mit ihrer Kurzgeschichten-Sammlung *Flowering Judas* von 1930 das Lob der amerikanischen Schriftsteller in Paris, wie McAlmon und Josephson, gewonnen hatte. Sie übersetzte auch ein altes *French Song Book*, 1933 in Paris von Harrison veröffentlicht. Porter war dankbar für Sylvias Ermutigungen und genoß die Odéon-Parties, die sie, wie sie Sylvia mitteilte, »voller Lebensfreude bei *allen* Anwesenden erlebte«. Sylvia besuchte Porter gerne und ihren großen, müden Kater namens Skipper; hier, in der Rue Notre-Dame-des Champs, hatte Sylvia vor zehn Jahren Pound besucht.

Die spärlichen Nachrichten, die Sylvia noch von Joyce erhielt, wurden ihr von Léon übermittelt. Sie war hauptsächlich mit ihrem Buchladen, der Auffrischung alter Freundschaften und verschiedenen neuen Engagements außerhalb des Buchladens beschäftigt. Sie nahm sogar wöchentlich Gartenbauunterricht im Jardin du Luxembourg – obwohl sie behauptete, daß sie »noch nicht einmal einen ›clothes tree‹ (Kleiderständer) besaß«. Auch die politische Krise Europas, in die sich Adrienne vertieft hatte, erregte ihr Interesse. Adrienne fürchtete, daß Hitlers Machtübernahme in Deutschland zu einem Krieg führen würde. Sylvia sorgte sich ebenfalls um die Zukunft, meinte aber, es sei Panikmache, als man anfing, Gasmasken zu verkaufen und Keller zu inspizieren, um »sich zu schützen, falls italienische Flugzeuge über den Köpfen brummen sollten«.

Zu ihrem sechsundvierzigsten Geburtstag erhielt Sylvia zahlreiche Geschenke von der Familie und von Freunden, auch Blumen und frische Eier von dem Bauernhof Louise Norledges, einem Mitglied von ›Shakespeare and Company‹. Joyce schenkte Sylvia trotz seiner Verärgerung ein silbernes Körbchen mit dreizehn Calville-Äpfeln in der Farbe, die sie für den Buchumschlag ihrer Erstausgabe der *Pomes Penyeach* gewählt hatten, und ein signiertes Exemplar der neuen englischen Ausgabe – das erste Exemplar, das Paris erreichte. Vor allen Dingen wollte er Streit zwischen ihnen vermeiden.

Harriet Weaver, inzwischen wieder nach London zurückgekehrt, informierte Sylvia, daß sie nach Paris kommen würde, um Joyce zu überzeugen, seiner überfälligen Augenbehandlung wegen, die eigentlich vierteljährlich durchgeführt werden sollte, endlich nach Zürich zu gehen. Léon hatte ihr, obwohl er sich inzwischen ebenfalls von Joyce entfremdet hatte, gelegentlich ärztliche Berichte über die wirklichen und eingebildeten Krankheiten des Schriftstellers zukommen las-

sen. Er hatte ihr anvertraut, daß Joyce in einem Zustand »teil-
nahmsloser Empörung und Apathie« sei, nichts schrieb und
sowohl Dr. Vogt besuchen müsse, wie auch 100 Pfund von
seinem Vermögen brauche. Harriet Weaver kam und blieb
zehn Tage lang. Mit Hilfe der Giedions aus Zürich konnte sie
Joyce überreden, für den Sommer nach Zürich zu gehen und
Lucia in einer nahen Klinik unterzubringen. Ohne sich um
Joyces mögliche Mißbilligung zu kümmern, besuchte sie Sylvia und Adrienne häufig.

Der Frühsommer 1933 war düster, das Wetter kalt und
feucht, das Geschäft flau, und die Bürger ärgerten sich über
die zahlreichen algerischen Soldaten auf der Straße. Sylvia
erfuhr, daß ihre Miete um das Dreifache erhöht werden sollte.
Nur die Besuche und Nachrichten von Freunden brachten
etwas Wärme: Fred Dennis und Holly besuchten Paris, Willa
Cather kam zum erstenmal zu ›Shakespeare and Company‹,
Carlotta schrieb, daß sie einen weiteren Sohn (Thomas) bekommen hatte, und Hadley Hemingway kündigte ihre Hochzeit mit dem Zeitungsmann Paul Scott Mowrer an.

Als die Halbjahresbilanz ein kleines Defizit von 1160
Francs ergab, entschied sich Sylvia, auf die Aushilfsarbeit von
Jean Henley zu verzichten, Jane van Meter aber, wenn möglich, weiterzubeschäftigen. Um Geld zu sparen, verbrachten
Sylvia und Adrienne mehr Tage in Rocfoin als früher. Sie
hatten ausgerechnet, daß sie während der flauen Geschäfts-
saison sogar in Les Déserts mehr sparen könnten. Von Zeit zu
Zeit mußten sie auch, wie Sylvia es nannte, »aus dem Käfig-
leben und der Garagenatmosphäre« von Paris heraus. Sie verbrachten den Juli und zum Teil den August dort, standen bei
Sonnenaufgang mit dem Klang der Kuhglocken auf und hack-
ten Holz für die kalten Abende, um dann ihre mit heißem
Wasser gefüllten Bierflaschen mit ins Bett zu nehmen. Sie
besuchten die Käselager, wo sie die großen Laibe von reifen-
dem Gruyère riechen konnten. Sie hatten die kalte, dünne
Bergluft gerade etwas länger als einen Monat genossen, als sie

zurückgerufen wurden, weil Jane van Meter wegen ihres kranken Vaters sofort nach Amerika reisen mußte. Dank Hollys Hartnäckigkeit und finanzieller Unterstützung verbrachte Sylvia die letzte Augustwoche mit Schwester und Schwager in Dinard. Sie schwamm im Kanal, besuchte Saint-Malo und Saint-Michel und genoß die schwesterliche Vertrautheit.

Im Frühling und Herbst 1933 kamen neue Kunden, die nur auf der Durchreise waren. Es waren Freunde von Cyprian und Holly aus Hollywood und vom Pasadena-Theater, Akademiker und Freunde von Sylvester Beach aus Princeton, auch ein paar alte Freunde wie Marian Peter, die von ihrer fünfzehnjährigen Tochter Sylvia begleitet wurde. Die Flut der amerikanischen Reisenden strömte nun in die andere Richtung, zurück in die Vereinigten Staaten. Immer wieder kamen Leute in den Buchladen, um sich zu verabschieden: Leon Edel, amerikanische Studenten, englische und amerikanische Geschäftsleute. Der Auszug von Samuel Putnam, Gerald und Sara Murphy, Glenway Wescott und Monroe Wheeler aus Frankreich markierte den Endpunkt der Ära der »Expatriates« in Paris.

Wambly Bald hatte in seiner letzten Kolumne »La Vie« in der *Tribune* am 25. Juli 1933 den Untergang des Montparnasse als kulturellen Treffpunkts prophezeit. »Lebewohl Montparnasse«, hatte er in einem leichten Ton verkündet, »ich bin es leid, vor einem Leichnam herumzuhopsen.« Bereits 1931 wurde in zwei literarischen Werken das Ende der amerikanischen Exilbewegung charakterisiert. In *The Left Bank*, einem Theaterstück von Elmer Rice, der 1925 Paris besuchte, äußert Claire einen wichtigen Beweggrund für die Rückkehr nach Amerika:

»Meine Wurzeln sind einfach dort. Ich will in meinem Land leben, unter meinen Leuten. Ich bin es leid, im Exil zu leben und zu treiben – in dieser ziellosen, umherziehenden Existenz, die wir hier führen... Ich möchte nach Hause und in meinem eigenen Garten nach Rüben graben.«

Samuel Putnam, der 1926 in Paris angekommen war und die letzten drei Jahre in Südfrankreich gelebt hatte, wo seine Kinder mit der französischen Sprache aufgewachsen waren, ging aus dem gleichen Grund zurück: »In unserer Heimat veränderte sich etwas und wir waren nicht dabei. Wir waren weg und wußten nicht, ob wir weg sein wollten.« Er war der »chronischen Launenhaftigkeit der alteingesessenen Exilamerikaner« wie der Steins und Pounds überdrüssig und entdeckte, daß er nicht länger jede Kritik von »unerfahrenen amerikanischen Entwurzelten und unerfahrenen wenig gereisten Europäern« über sein »vollbusiges Land« ertragen konnte. Das Ende des Exillebens bedeutete für Putnam und viele andere, wie den archetypischen Exilamerikaner Harold Stearns, die Wiederentdeckung Amerikas.

Die Welt der reichen Exilamerikaner repräsentierten am besten Sara und Gerald Murphy, die mit ihren Kindern seit 1921 in Frankreich lebten. 1933 verließen sie ihre elegante Pariser Wohnung, gaben ebenso ihre Villa American am Cap d'Antibes auf und gingen zurück in die Staaten. Fitzgerald, der zum Murphy-Kreis gehört hatte, vollendete sein *Tender is the Night*, dessen Held und Heldin, Nicole und Dick Diver, durch den Lebensstil der Murphys inspiriert wurden. Der Roman schildert das geistig-seelische Unbehagen, das das Leben einiger Amerikaner in den zwanziger Jahren auszeichnete. Seine Kurzgeschichte *Babylon Revisited* veranschaulicht das Nachspiel der zwanziger. Charlie Wales, der zentrale Charakter, kehrt in den dreißigern in ein leeres Paris zurück. Da er sich wegen der Exzesse und dem verantwortungslosen Lebensstil der alten Zeit unwohl fühlt, beschränkt er sich im Ritz auf einen einzigen Drink. Der Barkeeper klagt, seit der Depression habe sich das Geschäft um die Hälfte verringert.

Andere gingen 1933 zurück, weil sie meinten, zu lange im Ausland gelebt zu haben. Glenway Wescott, der im Alter von vierundzwanzig Jahren nach Frankreich gekommen war, hatte dort sein bestes Werk, einen Bericht über seine familiäre und regionale Herkunft aus Wisconsin, USA, geschrieben. Aber 1932 erhielt seine Essaysammlung *Fear and Trembling* schlechte Kritiken, und im nächsten Jahr, mit seinem *Calendar of Saints for Unbelievers*, einem nur schwachen Scherz über seine Suche nach dem Selbst und der Kunst, hatte Wescott den Tiefpunkt seines kreativen Lebens erreicht. Er, Monroe Wheeler und Barbara Harrison, die später Wescotts Bruder heiratete, kehrten nach New York und zu ihrem Familienbesitz in New Jersey zurück.

Auch der Erfolg hatte viele Schriftsteller verändert. Gertrude Stein zog mit *The Autobiography of Alice B. Toklas* in die Zeitschrift *Atlantic Monthly* ein. Nicht nur begann man, sich an das Leben von früher zu erinnern, man schrieb nun auch für die bekanntesten amerikanischen Magazine. Hemingway erhielt 250 Dollar für jeden Essay im *Esquire*, einem neuen Männermagazin, und *A Farewell To Arms* wurde mit Gary Cooper in Hollywood verfilmt. Malcolm Cowley war Buchherausgeber bei der *New Republic* geworden, und Mac Leish arbeitete für *Fortune*.

Auch Europa veränderte sich. Die Kommunisten hatten gerade sechs Millionen Stimmen bei der Wahl in Deutschland gewonnen; Hitler und seine Sturmtruppen marschierten auf, und die Franzosen fürchteten eine italienische Invasion sowie eine Machtübernahme der französischen Faschisten. Das ›Dôme‹ war mit deutschen Exilkünstlern überfüllt. Der Auslöser für Putnams Abreise war eine Beobachtung in Südfrankreich, als er direkt über einem Bauern, der mit seinen Ochsen das Feld pflügte, ein Luftschiff schweben sah:

»Hat dieser Bauer die Entfernung des Grafen Zeppelin von seinem Ochsen bemerkt, die Distanz oder die Nähe? Wenn nicht, sollte *ich* sie bemerken. Mein fast mittelalterlicher Schlupfwinkel, meine ›Isolation‹, war so falsch, wie die von Menschen gemachten ›Ruinen‹ um mich herum.« (Putnam, *Paris Was Our Mistress*, S. 241, 247, 250)

Er und andere Amerikaner, die eine Zeitlang in Europa gewohnt hatten, glaubten bei ihrer Abreise, Europa im historischen Zwielicht zu sehen. Andere dagegen blieben trotz wachsender Sturmwarnungen in der Alten Welt. Zu ihnen gehörten die weniger ›assimilierten‹ Amerikaner wie Sylvia, die schon lange vor der amerikanischen Invasion dagewesen waren. Sie blieb fest in ihrer Verbindung mit der europäischen Kultur, obwohl die politischen und ökonomischen Veränderungen, die viele Amerikaner nach Hause trieben, die gesamte Existenz von ›Shakespeare and Company‹ bedrohten.

Joyce telefonierte im September mit ihr, als er von Zürich nach Paris zurückkam, und bedankte sich bei ihr für Zeitungsausschnitte und Post, die sie an ihn weitergeleitet hatte. Sie bemerkte, daß er »über alles meckerte«: Seine schlechten Nerven bescherten ihm eine Magenkrankheit, die ihn vor Schmerz zusammenbrechen ließ; sein vierter Zusammenbruch in diesem Jahr. In der Schweiz hatte er an Gewicht verloren. Er meinte, nicht genug Geld für die europäische Ausgabe des *Ulysses* zu erhalten und hielt den Aufschub des *Ulysses*-Gerichtsverfahrens für endlos langwierig. Die Ärzte in der Schweiz hatten die Diagnose über Lucias Schizophrenie bestätigt, aber Joyce weigerte sich noch immer, sie in eine Anstalt einzuliefern. Obwohl er Léon, dem er während des Sommers in der Schweiz nicht geschrieben hatte, »mißtraute«, rief er ihn wegen jeder notwendigen Hilfeleistung an. So etwa, um ihn von den Albatross-Verlegern entweder Vorschüsse auf die Tantiemen oder monatliche Zahlungen verlangen zu lassen. Im Gegensatz zu Sylvia, die täglich zahlte, wenn sie gebeten wurde, weigerten sich diese, ihm Vorschüsse zu geben und häufiger Tantiemen zu überweisen.

Sylvia erhielt einen witzigen Brief von einem jungen Mann aus Virginia: Im Sommer, während einer Papstaudienz hatte er den *Ulysses* diskret unter einem Gebetbuch getragen, als die Segnung seiner Heiligkeit erteilt wurde. Voller Bewunderung für Joyce, die »sich nicht in einem Brief zusammenfassen läßt«, teilte B. Dewitt Eldridge Sylvia mit, daß »was auch immer mit dem *Ulysses* in den USA geschieht, er den Segen des Vatikans hat«. Adrienne »lachte, bis ihr die Tränen kamen«, als Sylvia ihr den Brief übersetzte, und Joyce, hoch erfreut, schickte ihn an Harriet Weaver weiter. Allen – besonders Joyce – gefiel der päpstliche Segen. Zwei Monate später erteilten die Vereinigten Staaten dem *Ulysses* per Gerichtsurteil einen noch weit größeren Segen.

»Mein Geschäft leidet fürchterlich unter dem Auszug der Amerikaner«, beklagt sich Sylvia bei Holly. »Man sagt, daß ungefähr 13 000 gegangen sind, seit der Dollar so gefallen ist. Aber diejenigen, die noch hier sind, versuchen ihr möglichstes, mich zu ermutigen.« Carlotta Briggs, zum Beispiel, forderte ihre reichen Freunde auf, dem Laden etwas zu spenden, und gab selbst eine große Weihnachtsbestellung auf. Ein paar Engländer kamen zurück, wie Cyril Connolly, der sich in diesem Herbst und Winter eine Reihe Bücher lieh. Aber die dreifache Mieterhöhung, die im Oktober wirksam geworden war, drohte ihr Geschäft zu ruinieren. Adrienne wollte jetzt nicht mehr, daß Sylvia die Hälfte der Wohnungsmiete zahlte. Und Clovis Monnier, der von einer ganz kleinen Rente lebte, bot Sylvia, seiner »dritten Tochter«, 3000 Francs seiner Ersparnisse als Geschenk an. Sie weigerte sich, das Geld anzunehmen.

Sylvia freute sich, als Hemingway am 26. Oktober abends in Paris ankam und sie am nächsten Morgen besuchte. »Er und ich sind gute alte Freunde«, erklärte sie Holly in einem Brief, den sie an diesem Tag abschickte: »Er sieht gut und hübsch aus. Seine neue Kurzgeschichtensammlung *Winner Take Nothing* wird bald erscheinen und er hat einen neuen Roman beendet und schreibt wieder einen.« Er tobte über die Kritiken, besonders über die seines Freundes Max Eastman an seinem *Death in the Afternoon*. Zuerst hatte ihn Stein in ihrer ›Autobiographie‹ über Alice als »feige« bezeichnet, danach hatte Eastman ihn in seinem männlichen Stolz verletzt. Morill Cody, dem er versprochen hatte, ein Vorwort für *This Must Be the Place: Memoirs of Montparnasse* zu schreiben, berichtet, daß Hemingway »unter falschem Namen in einem Hotel lebte, da er Angst hatte, von der Presse aufgespürt zu werden... er flehte mich an, nicht seine richtige Adresse preiszugeben«. Er vertraute Sylvia, die ihn immer geschützt, und Cody, den er im November im Buchladen getroffen hatte, um über das Vorwort zu sprechen. Paris, über das Hemingway jetzt in der Vergangenheitsform sprach, »war ein angenehmer Ort, solange man sehr jung war«. Während Sylvia und viele ihrer gemeinsamen Freunde finanziell zu kämpfen hatten, fuhren Hemingway und Pauline auf eine dreimonatige Safari (22 000 Dollar) in Afrika.

Als *Ulysses* am 25. und 26. November in den Vereinigten Staaten vor Gericht verhandelt wurde, verhandelte Joyce ungeduldig über die englischen Rechte mit Faber and Faber und schließlich mit John Lane von der Bodley Head. Die Chancen für eine englische Ausgabe waren zu einem beträchtlichen Teil vom erfolgreichen Ausgang des New Yorker Gerichtsverfahrens abhängig. Der Verteidiger Morris Ernst hatte dem Richter John M. Woolsey Unterlagen vorgelegt, in denen Einschätzungen von Künstlern über *Ulysses* zitiert wurden, und argumentierte, daß sich die Ansichten darüber, was obszön sei, wandelten und daß der *Ulysses* nach dem Stand von 1933 eben nicht mehr obszön sei. Am 6. Dezember verkündete Richter Woolsey, der den größten Teil des Sommers mit der Lektüre des Buches verbracht hatte, seine emphatische Entscheidung, in der er den Roman als einen »sehr eindringlichen Kommentar zum Innenleben von Männern und Frauen« bezeichnete. Er bemerkte, daß er »trotz der ungewöhnlichen Offenheit« des Romans nicht den lüsternen Blick eines Sinnlichen habe feststellen können. »Ich halte den *Ulysses* daher nicht für pornographisch.« Seine Schlußworte lauten:

»Wenn *Ulysses* auch an vielen Stellen zweifellos etwas abstoßend auf den Leser wirkt, so zielt er doch nirgends auf eine aphrodisische Wirkung. *Ulysses* kann daher in den Vereinigten Staaten zugelassen werden.«

Morris Ernst verbindet diese historische Entscheidung mit einer anderen, die in dieser Woche verkündet wurde:

»Die erste Dezemberwoche von 1933 wird mit zwei Liberalisierungen in die Geschichte der USA eingehen: der Aufhebung der Prohibition und der Legalisierung bestimmter, bis dahin verbotener Literatur.«

Das Urteil wurde Bennett Cerf bei Random House sofort telefonisch durchgegeben, und innerhalb von zehn Minuten war die Druckerei schon dabei, das Werk setzen zu lassen. Vom Random House-*Ulysses*, der Ende Januar auf den Markt kam, waren bis Mitte April 35000 Exemplare verkauft. Das waren mehr als die aller ›Shakespeare and Company‹-Auflagen insgesamt. Der Überseedampfer *Ulysses* hatte seinen Schleppkahn ›Shakespeare and Company‹ im Kielwasser (wake) zurückgelassen.

14. KAPITEL

Sturmwolken
1934-1935

Drei Monate später – Sylvias Geburtstagsblumen, ein großer Lilienstrauß von Joyce und zwei Dutzend Tulpen von einem anderen Freund, waren noch nicht verblüht – stürzte Hemingway in den Laden. Gebräunt von seiner Afrikasafari, zeigte er ihr Fotos von den fünf Löwen, die er und seine Gesellschaft erlegt hatten; jedes Tier lag zu Füßen seines Besiegers. Während Sylvia sich mit Pauline unterhielt, blätterte er die Zeitschriften durch und stellte fest, daß die erste Folge von Fitzgeralds *Tender is the Night* im *Scribner's Magazine* erschienen war. Als er in *Life and Letters* herumlas, lief er plötzlich rot an und brüllte, wobei er sich mit einem Ruck umdrehte, die Tulpen samt Vase mit sich riß; die Vase zerbrach und ergoß ihren Inhalt über die neuen Bücher, die auf dem Tisch lagen. Verlegen murmelte Hemingway seine Entschuldigung, während Pauline und Sylvia aufwischten. Der Vorfall erschien ihnen so absurd, daß sie sich zurückhalten mußten, um nicht laut loszulachen. Während sie die einzelnen Seiten der nassen Bücher abtrockneten, las er vor, was seinen Wutanfall erzeugt hatte. Es waren Passagen aus Wyndham Lewis' Essay »The Dumb Ox: A Study of Ernest Hemingway«. (Der dumme Ochse: Eine Studie über Ernest Hemingway.) Lewis unterstellte ihm darin »Stein-Gestotter« und attackiert seinen antiintellektuellen Handlungskult in Figuren ohne Willen und Intelligenz. Da Hemingway keine Kritik vertrug, von Natur aus aggressiv war, obendrein gerade von einer Großwildjagd zurückkam, bei der Charles Thompson den größeren Löwen abgeschossen hatte, und jetzt auch noch von einem Literaturkritiker angegriffen wurde, den er nicht sofort abschießen konnte, verbal oder anderswie, schlug er die Tulpen und handelte somit eher wie ein »verrückter Stier«

als wie ein »dummer Ochse«, teilt Sylvia Holly mit. »Der arme Ernest, er ist ja ein sehr lieber Kerl, aber primitiv. Das beeinträchtigt nicht sein Schreiben, im Gegenteil.« Als Lewis von dieser Geschichte erfuhr, malte er schadenfroh aus, nicht nur Tulpen seien zerstört worden: »Große Tintenfässer flogen durch die Fenster und Tische wurden umgeschmissen.«

Hemingway schrieb für Sylvia einen Scheck über 1500 Francs aus, um die Vase, die Blumen und 38 Bücher zu bezahlen. An Lewis würde er sich erst dreißig Jahre später rächen: Er nannte ihn einen fies aussehenden Mann mit einem Froschgesicht und den Augen eines »erfolglosen Vergewaltigers«. Hemingway nahm alle beschädigten Bücher mit und verzog sein Gesicht, als er bemerkte, daß vier von Virginia Woolf stammten, die ihn ebenfalls kritisiert hatte. Sylvia gab ihm am nächsten Tag 500 Francs wegen Überbezahlung zurück. Als Adrienne vom »Boom« in Sylvias Geschäft hörte, beneidete sie ihr Glück und wollte Blumen aufstellen, falls Sylvia Ernest herüberschicken würde. Unbewußt hatte Lewis bei einer kleinen Umverteilung des Reichtums in der Welt der Buchhändler und Literaten mitgeholfen.

Während dieses relativ kurzen Neun-Tage-Besuchs verbrachte Hemingway eine durchzechte Nacht mit Joyce, den er wie einen Sack Kartoffeln nach Hause schleppen mußte. Außerdem hatte er noch einen anderen Auftritt bei ›Shakespeare and Company‹. An einem kalten regnerischen Spätnachmittag redete Sylvia mit Katherine Anne Porter, als Hemingway, in einem alten Regenmantel und mit einem Schlapphut über den Augenbrauen, hereineilte. Sylvia umarmte ihn und dann, mit dem, was Porter als »die verhängnisvolle apostolische Süße ihrer Augen« bezeichnete, nahm sie beide bei der Hand und verkündete: »Ich möchte, daß sich die besten modernen amerikanischen Schriftsteller kennenlernen.« Kaum hatte sie diesen Segen über eine, wie sie hoffte, bald entstehende Freundschaft ausgesprochen, als sie ans Telefon mußte. Hemingway stand stocksteif da und starrte Porter ausdruckslos an. Obwohl sich im Laufe der Zeit herausstellte, daß Porter als Autorin von Kurzgeschichten ebenso fähig wie er war, fühlte er sich herausgefordert, vielleicht sogar beleidigt, daß diese unbekannte Schriftstellerin – noch dazu eine Frau – mit ihm, dem berühmten Ernest Hemingway, verglichen wurde. Sie begegnete seinem Blick, ohne mit der Wimper zu zucken, und dachte sich, daß sie genug Stierkämpfe in Mexiko gesehen hatte und eigentlich die Schriftsteller Joyce, Yeats und James bevorzugte. Sie starrten sich zwar mindestens zehn Sekunden an, wechselten aber kein einziges Wort. Dann rannte Hemingway schweigend aus dem Laden und in den Regen hinaus.

Joyce hatte Sylvia zwar zu ihrem Geburtstag gratuliert, aber sie hatte seine Geburtstagsfeier im Februar nicht besucht, weil Adrienne sich geweigert hatte, mitzukommen. Harriet Weaver, die nach Paris gekommen war, um Joyce zu helfen, war nicht eingeladen worden und hatte Joyce bei ihrem Besuch noch nicht einmal gesehen. Auf dem Höhepunkt seines Erfolgs – als *Ulysses* in der ganzen Welt erhältlich war (England würde den Vereinigten Staaten in Kürze folgen) und Tausende von Exemplaren verkauft wurden – feierten die beiden Frauen, die ihm am meisten geholfen hatten, weder seinen Erfolg noch seinen Geburtstag mit ihm.

Sonst gab es kaum Anlaß zum Feiern. Während der Geburtstagsfeier hatte Lucia Nora, gegen die sie schon seit längerem Aggressionen zeigte, geschlagen. Joyce behandelte sie zwar als ein normales, wenn auch stures und exzentrisches Mädchen, aber Lucia war inzwischen von zu Hause fortgelaufen und hatte einige peinliche Vorfälle verursacht. Nach dem amerikanischen Gerichtsurteil hatte sie zweimal die Telefonschnur zerschnitten, denn die Glückwunschanrufe für ihren Vater regten sie auf. Nachdem sie Nora geschlagen hatte, wurde sie in ein Sanatorium in Nyon eingeliefert. Joyce verbrachte im Jahre 1934 fast sechs Monate in der Nähe dieser und anderer Kliniken, in denen sie behandelt wurde.

Bob McAlmon kam in diesem Frühling mit einem Manuskript, *Being Geniuses Together*, seinen Memoiren aus den zwanziger Jahren, nach Paris. Er las Joyce sein Werk vor. Joyce hielt seine Ehrlichkeit für Bösartigkeit und nannte das Werk »die Rache eines Laufburschen«. Pound, der von Finanztheorie und Mussolinis Lösung für Italiens Probleme begeistert war, meinte dazu, Hemingway und McAlmon wären »auf Stiere und Memoiren reduziert«. Sylvia, die keine Meinung zu dem Buch äußerte, schrieb ihm in dieser Zeit eine Empfehlung für das Guggenheim-Stipendium. Zum Jahresende, als er kein Stipendium erhalten hatte und seine Vergnügungen in Europa ausgeschöpft waren, kehrte er nach Amerika zurück und geriet literarisch in Vergessenheit.

Philippe Soupault, James Stephens und Sisley Huddleston arbeiteten an einer amerikanischen Vortragsreise. Stein spielte ebenfalls mit dem Gedanken an eine Tournee. Joyce dagegen weigerte sich, Vorträge zu halten, obwohl er das Geld benötigte, das ihm persönliche Auftritte eingebracht hätten. Hätte er nur bescheiden gelebt, wäre er auch ohne sie reich gewesen. Von *Ulysses* wurden in zehn Wochen in Amerika 33 000 Exemplare verkauft. Bennett Cerf überreichte den Scheck über 7500 Dollar Joyce persönlich, der abends mit den Jolas' und Léons in der Avenue des Champs-Élysées dinierte. *Ulysses* bereicherte auch den Rechtsanwalt Morris Ernst und den jungen Verlag Random House. Cerf behauptet, daß *Ulysses* die »erste wirklich wichtige Veröffentlichung« des Verlags war. Noch im selben Jahr veröffentlichte Random House eine vierbändige Ausgabe von Prousts *Auf der Suche nach der verlorenen Zeit* und Steins Libretto für die Oper *Four Saints in Three Acts* (Vier Heilige in drei Akten), zu der Virgil Thomson die Musik schrieb. In Paris aß Cerf mit Stein zu Abend, der er dringend eine Vortragsreise empfahl, sowie mit George und Helen Joyce. Die beiden fuhren für ein Jahr nach Amerika, was Nora sehr bedauerte, um Helens Familie zu besuchen und Georges Karriere als Sänger voranzutreiben.

In diesem Sommer schlugen Sylvias Familie und ihre Freunde ihr zum ersten, aber nicht zum letzten Mal vor, nach Amerika zurückzukehren. Cyprian meinte, sie solle mit Adrienne nach Kalifornien immigrieren, und Jean Wright, die ehemalige Frau von Herbert Gorman, riet ihr, nach New York zu kommen. Sylvia gestand Wright und Frances Steloff, daß viele Geschäfte, so auch ihr Laden, bankrott gingen. Da nur Adrienne sich leisten konnte, Jane van Meter, die jetzt für sie arbeitete, zu bezahlen, verwaltete Sylvia ›Shakespeare and Company‹ alleine. »Hier sind alle bestürzt und ängstlich«, teilte sie ihren amerikanischen Freunden mit. Sie hatte gerade die Nachricht erhalten, daß ihre Bank in Princeton zusätzliche Gebühren auf ihr Konto erhob, weil ihr Kontostand unter 100 Dollar gesunken war, als Holly, die Sylvias Geige verkauft hatte, ihr einen Scheck über 20 Dollar schickte, »ein Geschenk des Himmels«. Bei jedem Abendessen wurde über den Krieg geredet; die Nationalsozialisten hatten gerade durch den Mord an Kanzler Engelbert Dollfuß versucht, in Österreich die Macht an sich zu reißen. Sie las *Das Leben von Trotzki* und John Stracheys *Coming Struggle for Power* und fürchtete wie Miss Weaver, Gide, Chamson und andere Freunde, daß die faschistischen Kräfte den Frieden in Europa gefährdeten. Über Pound, der Mussolini offen unterstützte, ärgerte sie sich.

Als Gertrude Stein, nach dreißig Jahren in Paris, zu einer Vortragsreise fuhr, geschah dies nicht nur aus finanziellen Notwendigkeiten. Mit *The Autobiography of Alice B. Toklas* wurde die sechzigjährige Schriftstellerin in ihrem eigenen Land geehrt. Sie genoß die Aufmerksamkeit der Presse, die ihr von Vortrag zu Vortrag folgte, und bestand bei ihren Vorträgen auf einer Begrenzung der Zuhörerschaft auf 500 Personen. Sie hatte viel mehr Erfolg als Huddleston, Eastman, Soupault und andere Literaten, die in den Zeiten der Depression Frauenclubs und Universitäten besuchten. Stein würde im nächsten Mai nach Paris zurückkehren und dort erklären, daß sie sich »wie ein Junggeselle, der sich nach fünfundzwanzig Jahren zur Heirat entschließt«, fühlte, als sie Amerika wiederentdeckte.

Während Stein vor den Studenten in ihrer Heimat redete, hielt Sylvia Kontakt mit amerikanischen Studenten, die sich in den Jahren 1934 bis 1935 in Paris aufhielten. Sie hatten Beaux-Arts-Stipendien oder promovierten an der Sorbonne. Sie trafen sich bei ›Shakespeare and Company‹ und im Café de Flore am Saint-Germain-des-Prés und zählten Sylvia zu ihrer Gruppe, wie sich Edwin Popper, ein Harvard-Stipendiat, erinnert:

»Sie war ungefähr achtunddreißig Jahre alt, aber sie schien zweiunddreißig oder dreiunddreißig zu sein... (in Wirklichkeit war sie achtundvierzig)... Sie hatte eine feine, ruhige Stimme und schien scheu zu sein, aber sie konnte mit fundierten Ansichten über Politik und Wirtschaft, die stets liberal waren, auffallen.«

Wenn sie nicht über Kunst diskutierten, redeten sie über die politischen Ereignisse – über die Ermordung von Alexander von Jugoslawien in Marseille bei einem französischen Staatsbesuch, über die wachsende Macht Hitlers, der jetzt sowohl Präsident als auch Reichskanzler in Deutschland war, und über die Aufstände und Unruhen in Frankreich. »Wir lebten in schlechten Zeiten«, erinnert sich Popper, aber die Unterhaltungen waren stimulierend und die Kameradschaft erwärmend.

MacLeish, der sich seit seinen *Poems* mit Politik befaßte, bat Sylvia im Herbst um Hilfe. Man hatte ihn für die Pariser Aufführung von *Union Pacific*, einem Ballett, für das er das Szenario geschrieben hatte, nicht bezahlt. Er wußte, daß Sylvia seine zuverlässigste Freundin in Paris war. Er schickte ihr die Handlungsvollmacht, bat sie jedoch, die Sache einem Rechtsanwalt zu übergeben, falls sie »zu schmutzig« würde. Am nächsten Tag ging sie zum Autorenverband und trug seinen Fall vor. Sie hatte Erfolg und hinterließ ein Dossier für die nächste Verbandssitzung. Am 3. November übersandte sie ihm seine Tantiemen. »Mich wundert, wie schnell Du das erledigt hast«, antwortete MacLeish begeistert und legte einen Scheck in den Brief, von dem sie zu Weihnachten für sich, Adrienne und Joyce Weißwein kaufen sollte.

Sylvia konnte zwar MacLeish helfen, aber für Chamson, der gerade den letzten Film von King Vidor (wahrscheinlich *Daily Bread* [Unser tägliches Brot], 1934) gesehen hatte, konnte sie nichts tun. Er schwor, die Handlung wiedererkannt zu haben, die seinem Roman *Hommes de la Route* zugrunde lag und über den Sylvia, Vidor und Chamson im Jahre 1928 diskutiert hatten. Vidor hatte sie von den Cévennen nach Amerika verlegt. Sie riet Chamson, gerichtlich dagegen vorzugehen. Er aber winkte mit der Begründung ab, daß »der Enkel französischer Bauern« nichts gegen Metro-Goldwyn-Mayer unternehmen könne. Verlegen konnte Sylvia ihre Enttäuschung lediglich ihrer Schwester Holly und einigen Reportern mitteilen.

Erfolgreich unterstützte sie ihre französischen Freunde bei der Veröffentlichung von *Mesures*, einer neuen Zeitschrift, die im Januar 1935 erscheinen sollte. *Mesures* wurde von Adrienne und mit Hilfe von Jane van Meter organisiert, von Henry Church, einem reichen Französisch sprechenden Amerikaner und Mitglied beider Leihbüchereien, gesponsert und von Paulhan, Henri Michaux, dem Philosophen Bernard Groethuysen und dem italienischen Dichter Giuseppe Ungaretti geleitet. Die Gruppe, die von Sylvia, Michel Leiris und später Vladimir Nabokov unterstützt wurde, traf sich in diesem Herbst und im kommenden Jahr häufig in Ville-d'Avray. Sylvia benutzte ihr Geschick, an das MacLeish appelliert hatte, kontaktierte englische Autoren wegen Manuskripten und besorgte Übersetzer für ihre Werke. *Mesures* veröffentlichte Übersetzungen der Werke von Auden, Isherwood, Forster, Edgar Lee Masters und Frost. Anfang Winter arbeitete Sylvia mit dem Neffen von Prévost an der Veröffentlichung mehrerer Briefe von Gerard Manley Hopkins. Sie und Adrienne übersetzten den Essay »About Punctuation« (Über die Zeichensetzung) von der englischen Schriftstellerin Dorothy Richardson für die Erstausgabe im Januar 1935.

Sylvia bewunderte Henri Michaux zunehmend, als sie zusammen für *Mesures* arbeiteten. Der fünfunddreißigjährige belgische Dichter und Maler Michaux war ein Freund der Surrealisten, gehörte jedoch keiner festen Gruppe an. Sylvia verglich seine Dichtung, die im *Commerce* erschienen war, mit der von Valéry, Perse und T. S. Eliot. Ihre Bewunderung für ihn gipfelte in einer herausragenden Leistung: 1949 übersetzte sie *Un Barbare en Asie* (1933) ins Englische. Es war sein erstes Buch, das in Englisch erschien. In der Zeitschrift *Mesures* finden sich viele Beispiele, wie Sylvia die Franzosen in die englische und amerikanische Literatur einführte. Eine besondere Gelegenheit dazu bot sich in diesem Winter, als Sylvia und Adrienne die Paramount-Filmversion von Lewis Carrolls *Alice in Wonderland* sahen. W. C. Fields spielte den Humpty-Dumpty, Cary Grant Mock Turtle und Gary Cooper den White Knight. In einer Filmkritik für die *Nouvelle Revue Française* (Januar 1935) zitiert Adrienne Sylvia ausführlich über die Bedeutung von *Alice* für englische und amerikanische Kinder. Sylvia liebte Carrolls Buch seit langem und hatte seine linguistischen Kunststücke und Phantasien mit Joyce diskutiert. Einmal hatte er ihr geholfen, ein Rätsel über Jabberwocky zu lösen. Für die französischen Leser analysierte sie jetzt Carrolls linguistische Phantasien und setzte sie in Beziehung zu Joyce, Fargue und den Surrealisten. Sylvia meinte,

»Joyce konnte wie Humpty-Dumpty sagen: ›Wenn *ich* ein Wort gebrauche, dann heißt es genau, was ich für richtig halte – nicht mehr und nicht weniger. Die Frage ist, wer der Meister ist!‹ Das stimmt so nicht, denn Joyce würde eher sagen: ›Wenn ich Wörter gebrauche, lasse ich sie dorthin gehen, wo sie hingehen wollen, in alle vier Richtungen.‹«

Sie zitierten Zeilen aus Jabberwocky in französisch und englisch. Adrienne beendet ihren Essay mit dem Hinweis, daß die jüngeren Kunden von ›Shakespeare and Company‹ enttäuscht waren, daß der Film Carrolls Werke *Alice* und *Through the Looking Glass* (Alice hinter den Spiegeln) miteinander vermischte.

Das Jahr 1935 prägten die Anstrengungen, Geld zu organisieren, um ›Shakespeare and Company‹ durch die Depression zu schleppen. Der erste Plan wurde während eines Neujahrsessens mit Fargue, Romains, den Prévosts, Francis Poulenc und anderen diskutiert: Sylvia sollte einen Katalog zusammenstellen und einige ihrer Buchraritäten und Joyces Manuskripte für das kommende Frühjahr zum Verkauf anbieten. Ihre Freunde – auch Adrienne, die viele ihrer Manuskripte 1926 hatte verkaufen müssen – sahen dies als eine Notwendigkeit. ›Shakespeare and Company‹ offenzuhalten, sollte für Sylvia absoluten Vorrang haben.

Als sie ihre Pläne Janet Flanner mitteilte, erschien die Nachricht am 16. Februar in ihrem »Letter from Paris« im *New Yorker*. Sylvia hielt dies für eine Freundschaftsgeste, und sie gab Flanner eine frühe *Ulysses*-Ausgabe, zwei korrigierte Manuskriptseiten und schrieb ihre »Liebe und Dankbarkeit« auf eine Karte. Flanner tadelte Sylvia, weil sie nicht wisse, wie man Geld verdiene. Der Verkauf ihrer Manuskripte sei eine wirkliche Neuigkeit gewesen und die Nachricht darüber Bestandteil ihrer Arbeit, und, so fügte Flanner hinzu, »wenn es Ihnen, die ich bewundere, half, um so besser«.

Leider erfuhr Joyce, der im späten Januar nach Paris zurückgekommen war, von diesem Verkauf, bevor Sylvia ihn informieren konnte. Er unterrichtete George und Helen Joyce davon. Offensichtlich störte ihn – mehr als nur journalistisch informiert worden zu sein – das Gerücht, daß Sylvia »durch ihren großzügigen Verzicht auf alle Rechte an *Ulysses* ... sich elender Armut preisgab. Schwäche, Dein Name ist Frau.« Sylvia machte zwar in den Briefen an ihre Familie die ökonomische Depression für ihre Armut verantwortlich, aber

Adrienne hatte bestimmt ein paar französischen Freunden erzählt, wie schlecht Joyce Sylvia behandelt hatte.

William Bradley, der Literaturagent, hatte einen Plan, Sylvias Geldbörse aufzubessern. In diesem Frühling besuchte er Sylvia zusammen mit Alfred Knopf, um sie zu fragen, ob sie ihre Memoiren schreiben wolle. Sylvia schrieb Holly, auf Knopfs Bemerkung, »er würde sie veröffentlichen, wenn nicht zu viel über Joyce und die Franzosen und Gertrude Stein in den Memoiren erwähnt und ich größtenteils über mich schreiben würde«, habe sie ihm geantwortet, daß sie »nicht garantieren könne, es ihm überhaupt recht zu machen und daher das Vorhaben lieber fallen ließe«. Sie fügte hinzu, wenn sie ein »*mopus agnus*« vorzuzeigen habe, könne er sich entscheiden, ob er es nehme. Als sie schließlich zehn Jahre später mit dem lange verschobenen Projekt begann und ihre Memoiren schrieb, wurde es kein *opus magnum*, sondern eine bruchstückhafte, witzige Sammlung von Erinnerungen, davon nur neun Seiten über ihr eigenes Leben. Sie ignorierte Knopfs Rat und berichtete über Joyce und ihre französischen Freunde.

MacLeish, der aus New York geschrieben hatte, um seine Hilfe beim Verkauf ihrer Manuskripte anzubieten, wurde von Sylvia mit Wohlwollen bedacht. Sie bat ihn um ein Gedicht und ließ es in diesem Frühling in *Mesures* veröffentlichen. Im Mai schickte er den Scheck über 500 Francs (75 Dollar) zurück, den er als Bezahlung erhalten hatte, und bat sie, ihn zur Deckung der Versandkosten für mehrere Bücher von Romains an Adrienne weiterzugeben, einen Teil für den Mitgliedsbeitrag für beide Leihbüchereien zu verwenden und den Rest zu behalten. »Sei bitte nicht böse, wenn ich das tue«, schrieb er, »denn es ist sowieso kein richtig verdientes Geld, da es für ein Gedicht ist, das schon veröffentlicht war.«

Eines Tages im März hielt ein Taxi vor ›Shakespeare and Company‹, und seinem Inneren entstieg die mächtige Gestalt von Thomas Wolfe. Max Perkins hatte ihn auf ein Schiff nach

Europa gesetzt, um ihn die Reaktion auf seinen Roman *Of Time and the River* abwarten zu lassen. Gefestigt durch vier Drinks – obwohl Sylvia ihn für ziemlich nüchtern hielt –, redete er über den Einfluß von Joyce auf sein Werk, von dem er sich zu befreien versuchte. Von ›Shakespeare and Company‹ fand er nach durchzechten Nächten seinen Weg zum Hause von Adelaide Massey, einer Amerikanerin, die am British Institute studierte. Sie bemutterte Wolfe. Manchmal besuchte er Sylvia: »Wolfe war bestimmt ein genialer junger Mann«, urteilt Sylvia, aber »vielleicht als soziales Wesen sehr unbefriedigend. Meine und seine Freundin Adelaide Massey, an die ihn jemand empfohlen hatte, nahm ihn nach mehreren Tagen und Nächten in den Bars auf... Sie pflegte ihn, gab ihm Rizinusöl, behandelte sein blaues Auge und seine Schrammen und steckte ihn ein paar Tage ins Bett.« Wolfes psychotische Depressionen waren grundlos. *Of Time and the River* wurde die literarische Sensation des Jahres 1935.

Eine stabilere und reifere, um fünfundzwanzig Jahre ältere amerikanische Schriftstellerin beendete ihre Tournee durch die Vereinigten Staaten. Was das amerikanische Publikum und die Zeitungskartoonisten am meisten beeindruckte, war nicht Steins »Reife«, sondern ihre Exzentrität, die sich in ihrer Kleidung, ihrem Verhalten und ihren verblüffenden und unerhörten Behauptungen zeigte. Während sie in Pasadena mit einer Titelgeschichte in der Stadtzeitung *Post* begrüßt wurde, erschien in Paris eine Februarbeilage der *transition* mit dem Titel »Zeugnis gegen Gertrude Stein«. Georges Braque, Eugène und Maria Jolas, Henri Matisse, André Salmon und Tristan Tzara prangerten ihre »erbärmlichen Anekdoten« und den Größenwahn ihrer *Autobiography of Alice B. Toklas* an. Sinnigerweise erschien diese Attacke in eben jener Zeitschrift, die Stein angeblich selbst inspiriert hatte. Sylvia billigte die Kritik an der Darstellung Steins, die Jolas im Vorwort als mit »hohlem, kitschigem Bohemegehabe und egozentrischen Deformationen« überhäuft herausstellte. Stein sei ihrer Epoche eigentlich nie »ideologisch nahegekommen«, fügte er hinzu. Ihr Bruder Leo, der sie schon früher abgelehnt hatte, meinte zu einem Freund: »Um Himmels willen, was ist sie für eine Lügnerin!«

Vor Beginn eines sehr hektischen Mai 1935 schickte Sylvia auf Adriennes Kosten ihren Katalog an den Drucker, und die Familie Monnier versammelte sich in Rocfoin am 26. April, um Adriennes dreiundvierzigsten Geburtstag zu feiern. Unter anderem sprachen sie auch über die Ausstellung von Maries bestickten Wandteppichen, die vom 15. Mai bis 15. Juni im ›Maison des Amis des Livres‹ stattfinden sollte, und über Sylvias Befürchtungen, ›Shakespeare and Company‹ schließen zu müssen.

Einen Tag vor der Eröffnung der Ausstellung trafen sich Valéry, Gide und Schlumberger bei Adrienne, um über den Plan, mit dem man ›Shakespeare and Company‹ retten könnte, zu diskutieren. Sie setzten eine Petition für eine Subvention auf. Diese sollte Pierre Laval, dem Außenminister, übergeben werden, und sie überlegten, welche französischen Schriftsteller, Akademiker und Diplomaten die Petition durch ihre Unterschrift unterstützen würden. Während sie auf Nachrichten über die Subvention warteten, war Sylvia mit dem Verkauf der Joyce-Manuskripte beschäftigt, was die Öffentlichkeit auf ihre Notlage aufmerksam machte.

Am Eröffnungstag der Stickereiausstellung schlossen sich Nora Joyce und Carola Giedion-Welcker, die zu Besuch aus Zürich gekommen war, den Gratulanten an und unterhielten sich freundschaftlich mit Sylvia. Nora erfuhr, daß Lucia sich eine Aussöhnung zwischen ihrem Vater und seiner früheren Vertrauten wünschte und als Freundschaftsgeste drei Stickereien an Sylvia geschickt hatte. Joyces einzige Reaktion auf die Nachricht von diesem Geschenk war: »Aber warum soll man Vasen nach Samos schicken?«

Der Verkauf von Joyces Geschenken an Sylvia erwies sich als Fehlschlag. »Joyce gab mir kostbare Schätze, die meinen

Verlust von *Ulysses* ausgleichen sollten«, erklärt Sylvia ihrer Schwester Holly, »aber ich fürchte, wie bei den meisten großen Schriftstellern wird der Preis erst steigen, wenn wir längst gestorben sind.« Sie verkaufte nur eine Seite des *Ulysses*-Manuskripts mit Randbemerkungen an »einen Optiker aus Duquion (Duquesne), Illinois«. Die eingehenden Briefe bekundeten mehr Interesse daran, ›Shakespeare and Company‹ zu retten und Erstausgaben von Hemingway zu kaufen als Materialien von Joyce, Blake oder Whitman. Wenn sie vielleicht ihre Dokumente auf einer Auktion bei Sotheby in London hätte versteigern können, was sie ursprünglich geplant hatte, hätte sie vielleicht mehr Geld erhalten. Da *Ulysses* in England noch nicht offiziell anerkannt war, fürchtete Sylvia, jede kleine Beschwerde könne immer noch dazu führen, daß die Manuskripte verbrannt oder beschlagnahmt würden, was ihr das Londoner Auktionshaus Sotheby trotz aller anfänglichen Zusicherungen schließlich bestätigen mußte. Bevor sie die Gefahr einer Beschlagnahme riskierte, verkaufte sie lieber selbst ein paar der Raritäten. Zwar schickte sie eine Liste der Schätze, die sie anbot, an einige reiche Kunstförderer in Amerika, aber es waren ihre Freunde, die auf die Angebote reagierten. Bryher, die gerade die finanziell geplagte englische Zeitschrift *Life and Letters* erstanden hatte, »kaufte« eine Blake-Zeichnung (zur Eröffnung 1919 hatte Sylvia als Wandschmuck für den Buchladen zwei Blake-Zeichnungen und verschiedene Porträts von Schriftstellern gekauft, die sie nun ebenfalls zum Verkauf anbot) und bestand darauf, daß sie im Buchladen blieb. Barbara Church sollte die zweite Blake-Zeichnung kaufen. Carlotta schickte 5000 Francs und zwei Wochen, nachdem sie Sylvias Dankbrief erhalten hatte, einen Tadel: »Du darfst mir nie wieder so einen dankbaren Brief schreiben.« Fitzgerald schrieb aus Asheville, North Carolina, um ihr zu sagen, er sei auf ihren Verkauf sofort aufmerksam geworden. Da beide die Manuskripte gerne in Princeton haben wollten, kontaktierte er drei »gutgestellte ehemalige Princetonianer und Henry Strater«. Er fügte seinem Brief an Sylvia ein signiertes Exemplar von *Tender is the Night* hinzu.

Im Juni, als bekannt wurde, daß es keine staatliche Unterstützung für ›Shakespeare and Company‹ geben würde, da Sylvia keine französische Staatsangehörige war, diskutierten Gide, Valéry und Schlumberger die Möglichkeit, eine Gruppe von »Freunden« zu organisieren, die sich der finanziellen Unterstützung verpflichteten. Marian Willard aus New York, die gerade zu Besuch da war, wollte die New Yorker Gruppe organisieren. Im Herbst war das Projekt ausgearbeitet, und eine Bekanntmachung über die Gründung der »Freunde« wurde verschickt. In Sylvias Briefen an die Familie, in der letzten Zeit seltener geworden, sprach sie nicht über die Einzelheiten ihrer finanziellen Probleme oder ihre politischen Ansichten, die erheblich linksgerichteter waren als die von Holly und ihrem Vater.

In den Jahren nach der Wirtschaftskrise und vor dem II. Weltkrieg fesselten Politik und Wirtschaftstheorie die Schriftsteller in den Vereinigten Staaten und in Frankreich wie in der ganzen Welt. Im Juni besuchten Sylvia und Adrienne eine Massenversammlung, die von Gide und André Malraux organisiert worden war und »Internationaler Schriftstellerverband zur Verteidigung der Kultur« genannt wurde. Die Versammlung war »stark kommunistisch orientiert«, wie Sylvia feststellt, und wirklich international, aber die Männer waren in der Überzahl. Virginia Woolf und Rebecca West, die eingeladen worden waren, konnten aus gesundheitlichen Gründen nicht kommen. Sylvia beschreibt zwar spöttisch das »verträumte Verhalten« und das orangefarbene Hemd von Waldo Frank, der auf der Tribüne saß, sowie die vielen Männer, die mit großer Ernsthaftigkeit »herumschrien« (Adrienne), jedoch bedeuteten ihr diese Schriftsteller und ihre antifaschistischen Ansichten sehr viel.

In diesem Sommer marschierte Mussolini in Äthiopien ein. Durch den Machtzuwachs des Faschismus in Europa und die

Auswirkungen der fünfjährigen Wirtschaftskrise in den Vereinigten Staaten hatte sich die amerikanische Literatur politisiert. Dos Passos, Farrell, Odets und Steinbeck beschrieben die Kämpfe der Massen, die Leidtragende des ökonomischen Chaos waren. Da die amerikanische Literaturkritik jedes Werk nach seinem sozialen Engagement beurteilte, wurde Faulkner sozusagen übergangen. Michael Gold attackierte im *New Republic* Wilders Romane, weil sie die »modernen Straßen«, »Kindersklaven« und die »Leidenschaft und den Tod der Grubenarbeiter« mieden. In *America: A Re-appraisal* pries Harold Stearns, der einst der härteste Kritiker seines Landes gewesen war, die amerikanische Demokratie und Romantik gegenüber Europa. Ein neuer Wind blies durch ›Shakespeare and Company‹, wo jetzt *New Masses, New Statesman* und *Red Front*- Magazine verkauft wurden. Außer *transition* gehörten die kleinen Zeitschriften, die sich nur der Kunst widmeten, zu Objekten für Sammler.

Junge Franzosen, die später in der französischen Nachkriegsliteratur dominieren würden, begannen häufig in der Rue de l'Odéon aufzutreten. Der dreißigjährige Jean-Paul Sartre ging zwar selten von Adriennes Leihbücherei über die Straße zu ›Shakespeare and Company‹, aber Simone de Beauvoir, eine siebenundzwanzigjährige Philosophin (Sorbonne) und Lehrerin, war eine eifrige Leserin der amerikanischen Literatur. Die Tochter aus gutem Hause erzählte Sylvia, daß es in ihrer Familie nicht viel mehr zu tun gab, als »kalt zu baden und den ganzen Tag Tee zu trinken«. Am 4. September 1935 wurde sie Mitglied von ›Shakespeare and Company‹ und entlieh in den nächsten sechs Jahren massenhaft amerikanische Bücher. Von der Gruppe, die Adriennes Laden besuchte – de Beauvoir beschreibt sie als »junge Rebellen, die die traditionelle Romanform in eine Waffe des sozialen Protests umwandeln wollten« –, war sie Sylvia am treuesten. Sylvia bewunderte ihren »brillanten« Verstand und ihre englische, »sogar amerikanische« Sprachbegabung. De Beauvoir teilte schließlich mit ihren Freunden Sartre und Malraux das Interesse an Dos Passos und Faulkner. Sie schätzten diese amerikanischen Schriftsteller, bevor sie in Amerika von der Kritik gewürdigt wurden.

Die beiden Buchläden bedeuteten für de Beauvoir und andere Absolventen der Sorbonne die Welt der modernen Literatur. De Beauvoir erinnert sich an die Namen und Gesichter in Adriennes Leihbücherei.

»Ich lauschte heimlich, wenn die Besitzerin dieses Heiligtums, die mich mit ihrem nonnenhaften Gewand und ihren noblen Freunden einschüchterte, sehr beiläufig und vertraut von berühmten Personen sprach, deren Namen mich irgendwie benommen zurückließen. Sie erzählte einem alten Kunden zum Beispiel, daß sie Valéry letzten Abend gesehen hatte oder vielleicht, daß Gide sich nicht wohl fühlte. Léon-Paul Fargue und Jean Prévost waren zwei andere Schriftsteller, die man häufig in liebevoller Art mit Adrienne reden sah. Und manchmal sah ich mit Herzklopfen plötzlich den Unnahbarsten und Unerreichbarsten unter ihnen in Fleisch und Blut: James Joyce, dessen *Ulysses* ich mit totaler Verwunderung in französisch gelesen hatte.«

Die etablierten Schriftsteller der französischen Literatur beabsichtigten, ›Shakespeare and Company‹ für diese neue Generation zu retten. Während eines Besuchs bei Sylvia erklärte Gide, sie könne »unmöglich« ihren Laden schließen, denn sie spiele »eine Rolle, die für uns unentbehrlich« sei. »...Es mußte etwas getan werden!« Bei dieser Gelegenheit hatte er, wie erwähnt, mit Valéry und Schlumberger den Plan, einen Kreis der ›Freunde von Shakespeare and Company‹ zu gründen, eine Gruppe, die zwei Jahre lang jährliche Beiträge zahlen sollte. Nach dieser Zeit, meinten Gide und Sylvia, wäre der Laden finanziell stabil. Jenney de Margerie und Jean Schlumberger schlugen vor, die Schriftsteller sollten in der Buchhandlung Lesungen halten. Das Komitee der Förderer, das offiziell für das Unternehmen verantwortlich zeichnete, bestand aus Duhamel, Gillet, Valéry und Jacques de Lacretelle, sämtlich Mitglieder der Académie française, als auch Durtain, Gide, Maurois, Morand, Paulhan, Romains und Schlumberger. Adrienne, die Schatzmeisterin, wollte – wagte es aber nicht – Claudel in diesen erlesenen Kreis bitten.

Schlumberger verfaßte den Appell an die Mitglieder: fünfzig Personen sollten jährlich (2 Jahre lang) je 300 Francs spenden. ›Shakespeare and Company‹ sei, so erklärte er, »ein Ort, wo die Worte um ihrer selbst willen geehrt und gepflegt werden«. Die Ankündigung erwähnte vier oder fünf Lesungen pro Jahr, die für alle »Freunde« umsonst waren, während Nichtmitglieder gegen ein geringes Entgelt teilnehmen konnten. Der Mitgliedsbeitrag erschien in dieser wirtschaftlich schwierigen Zeit hoch, aber das Organisationskomitee war angesehen, und die Lesungen schienen für jeden literarisch Interessierten ein Köder zu sein.

Für die Engländer wurde ein anderer Appell entworfen. Jenney de Margerie, deren Ehemann der Erste Sekretär der französischen Botschaft in London war, schlug vor, daß Joyce, ein verbannter Schriftsteller, und Gide, ein Kommunist, nicht erwähnt werden sollten. »Stell Dir das vor!« rief Sylvia empört und ignorierte den Vorschlag ihrer Freundin. Adrienne bestätigte sie darin und äußerte die Ansicht, »daß die meisten Leute, die unsere Veranstaltungen besuchen, gerade am Reiz des Verbotenen und am Gefühl, in der Nähe riskanter Persönlichkeiten zu sein, ihren Spaß« hätten.

Während der Aufruf in der Post lag, verkaufte Sylvia eine signierte Erstausgabe von *Lady Chatterley's Lover* an eine Frau aus Syracuse, New York, für 50 Dollar. Zwar war ansonsten der Verkauf schleppend und enttäuschend, aber der Appell der Freunde war sofort erfolgreich. Viele Mitglieder zahlten vor dem Einzahlungstermin und spendeten weit mehr als 45 Dollar Jahresbeitrag. In einer Liste über die Spenden zwischen 1935 und 1955 führt Sylvia die Zahlungen der Freunde auf. Die Liste beginnt im Mai mit MacLeishs Rückgabe des Schecks von *Mesures*.

20. Mai 1935	Archibald MacLeish	500 Francs
9. Juli 1935	Carlotta Briggs	5.000 Francs
27. Juli 1935	Jeromes (James) Hill	1.000 Francs
10. Okt. 1935	Bryher	4.000 Francs
? Nov. 1935	Bryher	2.500 Francs
18. Nov. 1935	Mrs. (Helen) Baldwin	300 Francs
23. Nov. 1935	Marian Willard	1.000 Francs
18. Dez. 1935	Barbara Church	600 Francs
21. Dez. 1935	Mme. de Margerie	600 Francs

Auf diese Art und Weise erhielt Sylvia 15500 Francs neben den regulären Geschäftseinnahmen im Jahre 1935. Dieser Betrag entsprach ungefähr dem Defizit von 1934 und lag ein bißchen unter dem von ihr für das Jahr 1935 geschätzten Defizit. Die Tore von ›Shakespeare and Company‹ würden offenbleiben.

Die Freuden der Freundschaft und des kulturellen Lebens in Frankreich dauerten trotz aller Zeichen der Wirtschaftskrise und des drohenden Krieges an. Sylvia schlich mit Adrienne und Jane van Meter an Polizeibarrikaden vorbei, um bei Carlotta Briggs das Erntedankfest zu feiern. Ein anderes Mal umgingen sie eine Demonstration der ›Jeunesses Patriotes‹, um Wallace Beery im Zirkus *Barum* zu sehen. Um *David Copperfield* zu sehen, mußten sie an einem Aufmarsch des monarchistischen Studentenbundes, ›Action Française‹, vorbei, der jeden Sonntag in ihrem Quartier stattfand. Es war eine »intelligente Entscheidung«, erklärte Sylvia, als im Dezember diese Verbände, die auch über Waffenlager verfügten, verboten wurden, und schloß: Paris »ist dunkel und furchterregend«. »Paris ist wie ich«, gab Joyce zu, »eine überhebliche Ruine oder wenn man will, ein abgestürzter Zecher.«

Durch die Vorbereitung auf den Krieg in Europa wurden alte Freundschaften verstärkt und neue gestiftet. Eine wichtige neue Freundin in diesem Winter wurde Gisèle Freund, eine junge Jüdin, die aus Berlin geflüchtet war. Man befahl ihr, Frankreich zu verlassen. Sie hatte keinen Paß und konnte nicht nach Deutschland zurückkehren. Adrienne half dieser talentierten Fotografin, ihre Visaprobleme zu bewältigen. Freund verbrachte immer mehr Zeit in der Wohnung von Sylvia und Adrienne. Mit Adriennes Hilfe und durch Heirat mit einem Franzosen namens Bloom – ein Name, der ihr gestattete, 1938 Joyce zu fotografieren – blieb sie mehrere Jahre in Frankreich. Die glückliche, neue Freundschaft war gerade ein Jahr alt, dann veränderte sie Sylvias Leben entscheidend.

Der Dezember 1935 war ein fröhlicher Monat, belebt durch die zahlreichen Besuche und die Vorbereitungen der ›Freunde von Shakespeare and Company‹. Bryher, die Sylvia in diesem Monat besuchte, war eine der ersten und sicherlich die großzügigste unter den ›Freunden‹. Als ihr Vater, Sir John Ellerman, im Jahre 1933 gestorben war, hatte er ihr eines der größten Vermögen, etwa zwischen 180 und 280 Millionen Pfund, in Großbritannien hinterlassen. Bryher lebte sehr einfach und gab befreundeten Künstlern großzügig Geld. Auf dem Weg von der Schweiz nach England kam Bryher Anfang Dezember vorbei, um Aragon, der in diesem Monat im zweiten Band ihres *Life and Letters To-Day* erschien, bei einem Abendessen mit Sylvia und Adrienne zu treffen. Bryhers Wunsch nach »einem freundschaftlich leisen Gespräch« erfüllte sich, da Sylvia eine Mandelentzündung hatte. Sie sprachen über die kommenden Lesungen bei ›Shakespeare and Company‹, den bevorstehenden Krieg (Bryher war mit dem kühnen Unternehmen, Flüchtlinge aus Deutschland zu schmuggeln, befaßt), über ihre Filmarbeit mit McPherson und über *Life and Letters To-Day*. Dank Sylvia und Adrienne konnte Bryher der englischen Zeitschrift ein französisches Flair verleihen.

Die einzige traurige Nachricht am Jahresende von 1935 war Jane van Meters bevorstehende Rückkehr nach Amerika. Nach ihrer dreijährigen Abwesenheit hatte die Familie erklärt, daß sie lange genug in diesem »Kriegsgebiet« gewesen sei und ihre Universitätsarbeit zu Haus vollenden solle. Jane verbrachte ihren letzten Monat in Paris in beiden Läden. Sie half Adrienne mit *Mesures* und Sylvia mit den ›Freunden‹. Sylvia beantragte einen neuen Paß und gab ihre Tätigkeit mit »Literarische« an und ihr Geburtsdatum mit 1896, nicht 1887. Es waren also eher ihr Mut und ihre Energie als die unterschlagenen neun Lebensjahre, die sie sechsundsiebzig Jahre alt werden ließen.

15. KAPITEL

Die Freunde von ›Shakespeare and Company‹
1936-1937

An einem kalten Samstagabend im Februar 1936 strömten Besucher in den Laden ›Shakespeare and Company‹, um die erste Lesung der ›Freunde‹ zu hören. Die Rue de l'Odéon war um 21 Uhr zwar schon dunkel, aber unter dem von Marie Monnier neu gemalten Ladenschild mit dem Shakespeare-Porträt brannten helle Lampen. Die Anwesenheit der vielen berühmten Mitglieder im Publikum und des Vortragenden, André Gide, erzeugte eine spannungsgeladene Atmosphäre. Nachdem die Zuspätgekommenen über den Hof ins Hinterzimmer gelangt waren, bestand die Zuhörerschaft aus vierundsechzig ›Freunden‹ und zahlenden Kunden, jedoch hatten noch viel mehr Interessenten Sylvia um eine Karte angefleht. Die Möbel waren ausgeräumt worden und hatten Klappstühlen Platz gemacht. Selbst Joyce, der seit einiger Zeit krank war, aber Gide bewunderte und seine 45-Dollar-Gebühr bei den ›Freunden‹ bezahlt hatte, ließ sich keines dieser wichtigen Ereignisse des französischen Literaturlebens entgehen. Er saß mit einer schwarzen Augenklappe neben Gillet, Chamson, Schlumberger und der Familie Valéry. Sylvia hatte Gide vor fast zwanzig Jahren zum ersten Mal in Adriennes Laden gehört, als er Dichtungen von Valéry las. Jetzt sah sie ihn vor ihrem Kamin sitzen, den kahlen Kopf auf die für ihn charakteristische Weise nach vorn geneigt und auf zwei Finger gestützt, die er gegen die Stirn preßte. Als Gide den klaren und präzisen Anfangssatz seines unveröffentlichten Romans *Geneviève* las, fesselte er sofort die Aufmerksamkeit seiner Zuhörer. »Seine Stimme bewegte sich mit solchem Timbre und solcher Autorität durch den Text, daß sie eine Welt erwachen ließ«, erklärt Adrienne. Seine Sprechtechnik, seine bloße Präsenz strahlten Kraft und Energie aus. Begeisterter Applaus belohnte seinen Vortrag, der, so Sylvia, »wunderbar verlief«.

Daß André Gide, führender Kopf der ›Freunde von Shakespeare and Company‹, Fürsprecher der Unterdrückten und Verfechter der Hilfsbereitschaft, die Lesungen, die 1936-1937 bei ›Shakespeare and Company‹ stattfanden, eröffnete, war sicher angemessen. Ohne Hemingway und mit einem düster gewordenen Joyce ging es in den dreißiger Jahren im Buchladen zwar weniger turbulent und glamourös zu als in den zwanzigern, aber diese zweijährige Vortragsreihe der Franzosen, so verkündete Sylvia nach der Gide-Vorstellung, »geben dem Ort neues Leben!«. Die Lesungen belebten sowohl den Buchladen als auch die Welt der französischen Literaten, die sich seit langem hauptsächlich auf ökonomische Fragen konzentriert hatten und durch politische Optionen gespalten waren. Den ›Freunden‹ aber schlossen sich sowohl linke wie rechte Schriftsteller an, um Sylvias Unternehmen zu retten.

›Les Amis de Shakespeare and Company‹ waren zum größten Teil Franzosen. Die ›offiziellen‹ Freunde, hauptsächlich Künstler, sprachen Sylvia öffentlich ihre Loyalität und Zuneigung aus. Für viele, zum Beispiel Duhamel und Romains, bedeutete das die Rückkehr zur Rue de l'Odéon. Duhamel, dessen Romane jetzt Bestseller waren, und Romains, dessen Theaterstücke häufig 200 Vorstellungen zählten, hatten seitdem ihre früher regelmäßigen Nachtwachen in Adriennes »kleiner Kapelle« aufgegeben. Manche Anhänger der Bücherei glaubten fälschlicherweise, daß der große Erfolg von Duhamel ein Zeichen für seinen künstlerischen Untergang sei. Wie auch andere ›Freunde‹ hatte er jedenfalls durch sein öffentliches Ansehen die Möglichkeit, auf Sylvias Not aufmerksam zu machen und damit ›Shakespeare and Company‹ zu helfen.

Während der vier Wochen zwischen der Lesung von Gide und der von Valéry wuchs die Aufregung. Bryher und Carlotta, Sylvias großzügigste Unterstützerinnen, waren bei der ersten Lesung leider nicht dabeigewesen. Aber zur Valéry-Lesung blieb Carlotta für ein Wochenende in Paris, und Bryher kam aus der Schweiz. Nora und James Joyce waren anwesend, obwohl Lucia nach einem Aufenthalt im Saint-Andens-Hospital in England wieder zu Hause war und beiden zur Last fiel. Joyce bemerkte zweifellos, daß die Lesung auf einen 29. Februar fiel, einen vielversprechenden Schalttag.

Der fünfundsechzigjährige Valéry las Prosastücke aus seinem *Alphabet* und, auf Wunsch von Sylvia und Adrienne, die *Fragments du Narcisse*. Sein graues Haar war in der Mitte gescheitelt, und die schwarzen Augenbrauen ragten bedeutungsvoll über seine Brille. Im Gegensatz zum gebieterischen Gide las Valéry eher tonlos und machte beim Sprechen den Mund nicht richtig auf. Joyce erzählte Beckett später, die Vorstellung sei kläglich gewesen. François, der seinen Vater zum ersten Mal seine Dichtung lesen hörte, fand dessen Stimme einfach »schlecht«, und die Endsilben jeder Zeile seien kaum hörbar. Trotzdem berührte ihn der Witz der Dichtung seines Vaters unerwartet stark. Adrienne schreibt in einem Artikel, der sechs Monate später in der *Nouvelle Revue Française* veröffentlicht wurde, Valéry rühre sie »nicht als Schauspieler, sondern als Autor, ja, ganz als Autor... wenn wir an die Gedichte denken, schlägt uns das Herz im Kopf.« Folglich verlangten mehrere Zuhörer eine Zugabe, als Valéry seine Lesung beendet hatte. Einer der Gäste schrie: »Le Cimetière marin!« Also las Valéry sein langes Gedicht über den Friedhof am Meer, einen Monolog über den Tod. Kaum hatte er die letzten Zeilen ausgesprochen, da verlangte Joyce in seiner klaren Tenorstimme nach »Le Serpent«. Joyce freute sich, als Valéry mit seinem *Ébauche d'un Serpent* begann. Trotz seines stockenden Vortrags bezauberten die letzten sechs Zeilen des Gedichts die Zuhörer:

>>Il me suffit que dans les airs,
L'immense espoir de fruits amers
Affole les fils de la fange...
– Cette soif qui te fit géant,
Jusqu'à l'Être exalte l'étrange
Toute-Puissance du Néant!<<

Die meisten teilten mit François den Genuß an diesem intelligenten Spiel, aber Carlotta Briggs flüsterte ihrer Nachbarin zu: »Leider kann ich kaum etwas verstehen!« Mitfühlend und amüsiert antwortete die Frau: »Also ich kenne das schon. Ich bin Mme. Valéry.« Fast neun Jahre später sollte Sylvia die Familien Briggs und Valéry ein letztes Mal zusammenbringen. Als Valéry starb, besaß seine Familie nicht die angemessene Garderobe für sein Staatsbegräbnis. Da die Briggs vor der nationalsozialistischen Besetzung Frankreichs geflohen waren und ihre Pariser Wohnung Sylvia anvertraut hatten, eilte Sylvia dorthin, um den Valérys die festliche Garderobe zu besorgen. Am 25. Juli 1945 hielten die Franzosen am Place du Trocadéro, vor dem Palais de Chaillot, wo Valéry aufgebahrt war, die ganze Nacht Totenwache. Das nationale Begräbnis am folgenden Tag war das aufwendigste seit der Beerdigung von Victor Hugo. So wurde Paul Valéry in Jim Briggs Nadelstreifenhose und Morgenfrack die letzte Ehre erwiesen.

An ihrem Geburtstag im März 1936 war Sylvia fünf Tage in London. Seit 1919, als sie und Holly Gedichtbände für die Leihbücherei gekauft hatten, war sie nicht mehr in London gewesen. Diesmal, siebzehn Jahre danach, machte sie ihre erste Flugzeugreise, um mit Faber and Faber über die Übernahme ihrer Restbestände und der Rechte von *Our Exag* zu verhandeln. Bei dieser Gelegenheit besuchte sie auch T. S. Eliots *Murder in the Cathedral*, sein erstes Theaterstück, und zahlreiche andere Aufführungen. Sie gratulierte Eliot zu dem »bei weitem schönsten Stück unserer Zeit«. Ihrem presbyterianischen Vater jedoch vertraute sie an, der anglikanische Autor scheine »papistisch zu werden«. Und an Holly schrieb sie: »Er ist immer katholischer geworden, gleichzeitig aber auch lyrischer.« Sie wohnte bei Harriet Weaver in Gloucester Place und munterte diese mit ihrer Fröhlichkeit auf. Sylvia und Harriet sahen John Gielgud in *Romeo und Julia* und besuchten viele Sehenswürdigkeiten. Sylvia dinierte bei Cyril Connolly, und T. S. Eliot versprach ihr, im April oder Mai, wenn *Murder in the Cathedral* in Paris Premiere hätte, die erste englischsprachige Lesung für die ›Freunde‹ zu halten.

Am Samstag, dem 28. März um 9 Uhr abends, versammelten sich die ›Freunde‹, um Jean Schlumberger zu hören. Er war ein Mitbegründer der angesehenen *Nouvelle Revue Française* und, zusammen mit Gide, auch der ›Freunde‹. Er las Auszüge aus seiner unveröffentlichten Komödie *La Tentation de Tati* (Tatis Versuchung), deren Witz beim Publikum gut ankam. Hatte Gide kraftvoll und Valéry ohne Kraft gelesen, so las Schlumberger »hinreißend und auf geschickte, einfache und fröhliche Art«, wie Adrienne berichtete. Mehr als die beiden anderen Schriftsteller, so fügt sie hinzu, »half Schlumberger uns, die Atmosphäre der Salons des 18. Jahrhunderts, in denen der lebendigste Gedankenaustausch stattfand, wieder aufleben zu lassen«.

Als nächster las Jean Paulhan aus *Les Fleurs des Tarbes* am 9. Mai. Der zweiundfünfzigjährige Paulhan, Kritiker, Philologe und lange Zeit Herausgeber der *Nouvelle Revue Française*, fesselte den Blick des Publikums, weil er sich fortwährend um seinen Stuhl herum bewegte. Adrienne stellte sich bei Paulhans Vorstellung einen Schlangenbeschwörer vor:

»Der Ton seiner Stimme bewegte sich zum Gedanken wie der Klang einer Flöte, und der Gedanke schlängelte sich wie eine Kobra hervor. Manchmal schien es, als ob der Gedanke auf seinen Beschwörer losgehen würde. Paulhan erhob sich schnell, trat einen Schritt zurück und fixierte das Wesen mit seinem Blick (ich versichere euch, es hatte noch die Giftzähne), und seine Stimme beschwor das heimtückische Wesen.«

Wenn seine Rede auch fesselnd war, so war sein Werk jedoch nach Sylvias Meinung »unverständlich«. Beim anschließenden Empfang bestätigten die anderen das Urteil, daß man den Auszügen aus *Les Fleurs des Tarbes* schwer folgen könne; alle, wirklich alle, bis auf das Botenmädchen, das behauptete, es habe jedes Wort verstanden! Obgleich er von Schicksalsschlägen heimgesucht war, besuchte Joyce die Lesung aus Höflichkeit, da Paulhan mit der Übersetzung von *Pomes Penyeach* für *Mesures* begonnen hatte. Joyce litt wieder sowohl physisch – seine Augen, seine Nerven und ein Kolitisanfall quälten ihn – als auch psychisch, da er glaubte, seine Kinder hätten aus ihrem Leben nichts gemacht. Lucia, die erst vor drei Wochen aus einem englischen Hospital nach Paris entlassen worden war, mußte erneut in einer Zwangsjacke zunächst in ein Sanatorium und anschließend in eine Irrenanstalt gebracht werden. Über eine halbe Million Francs waren bereits für die vergeblichen Versuche ausgegeben worden, sie zu heilen. George, dem eine Schilddrüsenoperation bevorstand, hatte keine erfolgreiche Karriere als Sänger, und manchmal, wenn Joyce übermäßig trank, packte Nora die Koffer und zog ins Hotel. Léon schrieb in seinen Briefen zwischen Mai und August an Miss Weaver, Joyce streite sich aus trivialen Anlässen mit vielen seiner alten Pariser Freunde und lebe vollkommen zurückgezogen.

Um Pfingsten aus dem Weg zu gehen, das auf den 30. Mai fiel, verschob Eliot seinen Auftritt bei den ›Freunden‹ auf den 6. Juni. Er kam in Begleitung von Mr. und Mrs. Christopher Morley zu einem hektischen viertägigen Besuch. Sylvia freute sich, daß ihr langjähriger Freund und Bestsellerautor, der nur von Joyce übertroffen wurde, nun in ›Shakespeare and Company‹ las. Adrienne, die Sylvia vor zehn Jahren geholfen hatte, »Prufrock« zu übersetzen, war ebenfalls von dem anglisierten Amerikaner beeindruckt. »Er hatte«, so erinnerte sie sich, »ein Gesicht wie ein Erzengel, der zuviel arbeiten muß, daher nur die Hälfte macht und dem Nordwind den Rest überläßt.«

Zweifellos war Eliot ein vielbeschäftigter Herausgeber und, seit den Premieren seines ersten Theaterstücks in London und Paris, ein berühmter Dramatiker. Aber er hatte nichts Neues vorzutragen und bedauerte dies Sylvia gegenüber: »Für Ihren Zweck wäre es vielleicht besser gewesen, wenn ich eine Lesung gegeben hätte, bevor meine *Collected Poems* erschienen waren.« Seinen begeisterten Zuhörern machte es jedoch nichts aus, daß sie kein neues Werk hören konnten. Sie behandelten ihn wie eine heilige Erscheinung.

Die Lesung fand, wie die anderen zuvor, Samstag abends um neun Uhr statt, als die ›Freunde‹ und ihre beitragspflichtigen Anhänger sich in der Leihbücherei von ›Shakespeare and Company‹ versammelt hatten. Sylvia hatte zum Glück zusätzliche Stühle bestellt. Jeder Stuhl war besetzt. Unter der Menge waren ein Fotograf von der *New York Times* und einige ungeladene Gäste. In der ersten Reihe saß die Familie Valéry, direkt neben dem Tisch, an dem Eliot saß. Adrienne beschreibt, daß Eliot mit »reiner Stimme und einer nachhallenden Intonation« las, die eine Art »Trance auf die Zuhörer übertrug«. Das »kosmopolitische Publikum« beeindruckte die junge Gisèle Freund nicht weniger als die »ernste, schön modulierte Stimme von Eliot«. Er las sein bekanntestes Gedicht, *The Waste Land*, das von der geistigen Sterilität der modernen Zeit handelt und mit einem Donnerschlag endet – damit es Prophezeiungen regne und Rettung komme. »DA ... Datta ... Dayadhvam ... Damyata!« Auf Wunsch Sylvias schloß er mit frühen Texten aus *The Four Quartets*, in denen seine religiösen Anschauungen deutlich zum Ausdruck kommen. Adrienne beschreibt das Gedicht in jenen quasi-religiösen Metaphern, die ihre Kommentare über Literatur häufig auszeichnen: »...voller unmitteilbarer Motive, leichten und überwältigenden Formen der Gnade, die die Zen-Buddhisten *satoris* nennen.«

Gide blieb noch für diese letzte Lesung des Jahres 1936 in Paris und brach anschließend im Juni zu seiner berühmten

Rußland-Reise auf, um das Experiment des Kommunismus aus der Nähe zu betrachten. Er gehörte zu den vielen europäischen und amerikanischen Künstlern und Intellektuellen, die den Kommunismus Rußlands als eine soziale und politische Alternative zum wachsenden Faschismus in Italien und Deutschland sahen. Gide, der sich seines ökonomisch privilegierten Status schämte, war durch die Lektüre des Evangeliums zum Kommunismus bekehrt worden. Harriet Weaver kam durch die Lektüre von Marx zu der gleichen politischen Weltanschauung, die bei ihr aber ebenfalls religiösen Charakter annahm. Weavers Biographen schreiben, sie habe eine »apokalyptische Vision von Karl Marx« gehabt, in der »universelle soziale Gerechtigkeit und universeller Friede unausbleiblich waren«. Sylvia war zwar sowohl von Gide als auch von Weaver politisch beeinflußt, sie ließ sich aber von niemandem bekehren.

Nach fast zwanzig Jahren kehrte Sylvia im Juli nach Amerika zurück, um ihre Familie zu besuchen. In dieser Zeit machte Joyce in Dänemark Urlaub und las die Korrekturfahnen der ersten englischen *Ulysses*-Ausgabe, die jetzt, nachdem das Verbot aufgehoben worden war, erscheinen konnte. Adrienne und Gisèle machten Urlaub in Venedig. Als Sylvia Mitte Oktober aus den Vereinigten Staaten zurückkehrte, genoß sie die Erinnerung an die wiederentdeckte Heimat. Sie fühlte sich zwar noch schwach, weil sie krank gewesen war, aber sie fühlte sich auch wie »neugeboren«.

Zurück in ihrem, wie sie es nannte, »problembeladenen kleinen Geschäft«, mußte sie feststellen, daß der Franc an Kaufkraft verloren hatte. In jenem kühlen Herbst sprach man hauptsächlich über Spanien, in dessen Putschistenregierung jetzt Franco die führende Figur war. Während fast jeder in Paris sich vor allem vor einem möglichen europäischen Krieg fürchtete, quälte Sylvia weitaus mehr eine bedrückende Veränderung in ihrem Lebensverhältnis mit Adrienne. In Sylvias

Abwesenheit war Gisèle in die Wohnung gezogen, die sie so viele Jahre mit Adrienne geteilt hatte.

Innerhalb weniger Tage zog sie von der Rue de l'Odéon 18 in die kleinen Räume über ihrem Laden. Zum ersten Mal seit fünfzehn Jahren lebte sie allein. Auf Fragen von Freunden oder der Familie nach dem Grund des Umzugs erklärte sie nur, die Wohnsituation in der Nr. 18 sei beengend und laut gewesen, und es sei vernünftiger, die Miete einzusparen. Außerdem verstünde sie sich mit Gisèle nicht so gut. Mit der im elterlichen Pfarrhaus erlernten Diskretion vermied sie es, Aufzeichnungen über diesen Streit unter Liebenden zu hinterlassen. Über ihr Liebesleben äußert sie sich nur ein einziges Mal in ihren *Memoiren*:

»Ich glaube, Gide war von mir sehr enttäuscht, als er sich eines Sommers mir und Adrienne in Hyères anschloß und nichts geschah. Eine Dame, die die American Church besuchte und meinen respektablen Vater kannte, erzählte jemandem, sie würde keinen Fuß in meinen Laden setzen, in dem schreckliche Dinge passierten. Meine ›Lieben‹ waren... Adrienne Monnier, James Joyce und ›Shakespeare and Company‹. Einmal fühlte ich mich von Robert McAlmon angezogen, was ich ihm schrieb... als ich ihn wiedersah, hatten jedoch meine dreizehn Generationen geistlicher Vorfahren die Oberhand zurückgewonnen, und zu McAlmons offensichtlicher Erleichterung sprachen wir nur übers Wetter. Adrienne nannte mich *Fleur de Presbytère* – Blume des Pfarrhauses. Sei es aufgrund meiner puritanischen Ahnen oder deren Erziehung, als ich Teenager war, sagte mir meine Mutter, ich solle mich niemals von einem Mann anfassen lassen. Ich hatte stets physische Angst vor Männern. Wahrscheinlich habe ich deswegen so viele Jahre glücklich mit Adrienne gelebt.«

Auch nachdem diese intimen Jahre mit Adrienne vorbei waren, aß Sylvia weiterhin mit Adrienne und nun auch Gisèle zu Abend und hielt ihre enge berufliche Bindung mit Adrienne aufrecht. Selbst als Gisèle wegen der Deutschen Paris verlassen mußte, blieb sie in ihrer Wohnung. Die Freundschaft von Adrienne und Sylvia hielt bis 1955, als Adrienne nach langer Krankheit Selbstmord beging. Die achtunddreißigjährige Beziehung der beiden Frauen gleicht in ihrer Dauer und in ihrem Wesen der dreiundvierzigjährigen Freundschaft von Bryher und Hilda Doolittle und der neununddreißigjährigen Bindung von Stein und Toklas. Der in diesen Beziehungen waltende schwesterliche Eros war sowohl persönlich als auch literarisch fruchtbar.

Im Februar 1937 besuchte Bryher Sylvia. Sie war hauptsächlich für *Life and Letters To-Day* in Paris. Sylvia stellte ihr französische Schriftsteller vor und plante auf Bryhers Wunsch für die Pariser Weltausstellung 1937 einen Stand, den sich *Life and Letters To-Day* und ›Shakespeare and Company‹ teilen sollten. Die Arbeit erforderte von Sylvia mehr Zeit und Energie, als sie hatte. Sie wollte aber ihre Freundin nicht enttäuschen und verschaffte sich die erforderliche Energie für die Arbeit, wie sie Holly anvertraute, durch Lebertran: »Es gibt dir Schwung. Man streicht auf einmal Bücherregale und erledigt Reparaturen aller Art.«

Am letzten Apriltag las André Maurois, der von Anfang an Mitglied der Leihbücherei gewesen war und nun auch dem Organisationskomitee zur Rettung des Buchladens angehörte, »eine bezaubernde unveröffentlichte Geschichte«. Welche es war, läßt sich zwar nicht feststellen, aber man weiß, daß er im gleichen Jahr eine Biographie über Chateaubriand und eine volkstümliche Erzählung über England veröffentlichte. Der zweiundfünfzigjährige Maurois, ein großer französischer Interpret angelsächsischen Geistes, »war stets dabei«, so erzählte Sylvia, »wenn franko-amerikanische Beziehungen verstärkt werden sollten«.

Zu Sylvias erfolgreichen Veröffentlichungen englischer Werke in Frankreich zählte das Stück *The Dog Beneath the Skin* (1935) von W. H. Auden und Christopher Isherwood, das im Frühling in *Mesures* erschien. Sylvia meinte, dieses episodische Theaterstück, in dem Szenen aus der europäischen Politik karikiert werden, würde den Franzosen gefallen.

Paulhan hatte einen Übersetzer aufgetrieben, um eine gekürzte Fassung des Werkes »zu adaptieren«, und Sylvia führte die Verhandlungen. Isherwood und Auden sagten ihr, die Übersetzung gefiele ihnen »sehr gut«, aber sie baten Sylvia, leider zu spät, sie solle dem Abdruck die Erklärung voranstellen, daß das englische Original gekürzt worden sei. Taktvoll entschuldigte sie sich und versicherte Isherwood, das Stück würde unter dem Titel »Adaption« erscheinen. Sie wies darauf hin, wie schwer es in diesen Zeiten sei, überhaupt eine Übersetzung zu veröffentlichen; aber sie sorgte dafür, daß Paulhan eine Erklärung in der *Nouvelle Revue Française* veröffentlichte. Schließlich versprach Sylvia Isherwood mit ihrem typischen Witz: »Ich werde mit Theaterleuten über die Produktion Ihres Stückes sprechen. Nur werden sie es bestimmt bis zur Unkenntlichkeit verändern und transponieren.«

Am 12. Mai erreichten die Lesungen der ›Freunde‹ von ›Shakespeare and Company‹ ihr wildes Finale. Sylvia berichtet aufgeregt, wie hastig die gemeinschaftliche Lesung von Hemingway und Spender, die sich in Spanien kennengelernt hatten, arrangiert wurde, nachdem Hemingway beschlossen hatte, er könne nicht alleine auftreten.

»Überraschend kam Hemingway auf seiner Rückkehr von Spanien hier vorbei, als Spender gerade da war... Hemingway meinte, es wäre lustig, wenn er mit Spender zusammen lesen würde, und ich war der gleichen Meinung. Also blieb Spender, und Hemingway versprach, aus seinem Roman ›*To Have and Have Not*‹ zu lesen, und wir verschickten viele handgeschriebene Einladungskarten. Zweimal am Tag kam Hemingway vorbei und sagte, er könne aus diesem Roman doch nichts lesen, er wäre nicht gut und was ihn anbelangte, er wolle nach Spanien zurück und sofort getötet werden. Also redeten Spender und ich auf ihn ein. Hemingway wollte Bier und Whisky. Das ließ sich machen, und ich kaufte zwei große Krüge bei Bon Marché, viel von dem besten Bier und eine Flasche White Horse.«

Shakespeare and Company
           12 rue de L'Odeon.

A reading by ERNEST HEMINGWAY.
      and STEPHEN SPENDER
at 9. in the evening.
           Wednesday May 12ᵃ.

      Admission - frs. 50.

Hemingways Furcht verstärkte sich. Am Abend vor der Lesung trank er während und nach dem Essen in Adriennes Wohnung. Sein Gesicht wurde dabei röter und röter, wie Gisèle Freund feststellte. Unterdessen schwelgten Sylvia und Hemingway in Erinnerungen an eine private Lesung seiner ersten Geschichten vor dreizehn Jahren mit Sylvia, Adrienne und Hadley.

Während Hemingway sich noch für das heranrückende, bedrohliche Ereignis stärkte, füllten sich bereits die Räume von ›Shakespeare and Company‹. Auch die etwas herablassende Gönnerin Helena Rubinstein war da, schlief aber während der Lesung die meiste Zeit. Die Joyces saßen mit den Jolas' im Hinterzimmer. Unter den anderen Zuhörern, die die zwei Räume füllten, waren Stuart Gilbert, Natalie Barney und der neue U. S.-Botschafter in Frankreich, William Bullitt, Romains, Maurois, Duhamel, Paulhan, Prévost, Chamson, die Familie Valéry und zwei Journalistinnen, Hemingways langjähriger Kumpel Janet Flanner und Martha Gellhorn, mit der Hemingway vor kurzem in Madrid eine Affäre begonnen hatte.

Wie ein Zwerg bahnte Sylvia sich zwischen ihren zwei großen Freunden den Weg durch die Menge und verkündete stolz: »Ich stelle Ihnen Hemingway und Stephen Spender vor.« Der bleiche, schmale englische Dichter und der gebräunte, robuste amerikanische Schriftsteller saßen an einem Tisch, auf dem eine helle Lampe und zwei Bierkrüge standen, doch waren beide so nervös, daß sie nur aus einem tranken. Zusätzliche Bierflaschen und die Flasche White-Horse-Whisky standen neben ihnen auf dem Boden.

Eingeschüchtert stammelte Hemingway, der als erster lesen sollte, ein paar Kommentare zu verschiedenen Schriften, zum Krieg und zu der Schwierigkeit des Schreibens in einem faschistischen Land. Nach einem weiteren Schluck Bier begann er »Fathers and Sons« (Väter und Söhne) aus *Winner Take Nothing* (1933) zu lesen. Er flüsterte, und eine Frau bat ihn, lauter zu sprechen. Daraufhin las er, wie ein französischer Reporter beschreibt, »im Tonfall eines unschuldigen Kindes und mit starkem amerikanischem Akzent. Die Schüchternheit machte ihn sympathisch«. Der Reporter der Pariser *Herald Tribune* berichtete, Hemingway sei allmählich sicherer geworden und »begann sich in seinen klaren knappen Sätzen auszudrücken. Unter Streß begann er, Anmut zu zeigen«.

Während des Applauses für Hemingway schlichen Joyce und mehrere andere Zuhörer durch die Hintertür hinaus. Wenn ihr Auszug Spender ärgerte, so zeigte er es jedenfalls nicht. Er hatte sich in *The Destructive Element* (1935) kritisch über Joyce geäußert. Spender engagierte sich leidenschaftlich für seine sozialistische Weltanschauung, während Joyce politisch gleichgültig war. Spenders Gedichte berichteten über den Krieg. Die kämpfenden sozialistischen Gruppen in Spanien hatten ihn beeindruckt. In diesem Jahr wurde er Mitglied der englischen kommunistischen Partei. Er las fünf von zehn geplanten Gedichten, die er vor kurzem geschrieben hatte. Sie gehörten zu den ersten Dichtungen, die aus den Erfahrungen in Spanien entstanden waren. Er wies seine Zuhörer vorher darauf hin, daß die Gedichte den Krieg allgemein, nicht nur den Spanischen Bürgerkrieg, beträfen. Im krassen Gegensatz zu Hemingway las er mit klarer Stimme:

>»The guns spell money's ultimate reason
In letters of lead on the spring hillside.
But the boy lying dead under the olive trees
Was too young und too silly
To have been notable to their important eye.
He was a better target for a kiss.«

Die Dichtung Spenders, eines Shelley der dreißiger Jahre, zeichnete sich durch Antikriegsromantik aus. Für Spender, Hemingway und andere Schriftsteller, die an diesem Abend bei ›Shakespeare and Company‹ versammelt waren, war der Spanische Bürgerkrieg ein Dichterkrieg, ein Krieg, in dem manche junge Schriftsteller sterben würden, ein Krieg, von dem Spender meinte, er vereine »poetische Klarheit« und Intensität mit »spanischer Leidenschaft, Idealismus und Gewalt des Temperaments«. In seiner Dichtung äußerte sich ein offener und echter Widerstand gegen den Faschismus. In ihr deutete sich für Spender und andere der Kampf des modernen Individuums gegen Maschinen, Militär und Bürokratie an.

Während des starken Beifalls, besonders der politisch Gleichgesinnten, trank Spender den letzten Schluck von Hemingways Bier. Anschließend wurde laut über die Lesung geredet. Jeder, stellte Sylvia fest, hielt das Ereignis für eine »große Sensation«. Hemingway küßte Adrienne auf beide Wangen und murmelte, er würde nie mehr in der Öffentlichkeit lesen – nicht einmal für Sylvia Beach. Sylvia, die Spender »furchtbar empfindsam« fand, entschuldigte Joyce aus gesundheitlichen Gründen. Er nahm ihr die Geschichte mit lobenswerter Leichtgläubigkeit ab und nannte Joyce einen großen Schriftsteller.

Seit vielen Monaten arbeitete Sylvia jetzt für die Weltausstellung, denn als Bryhers Pariser Agentin war sie für den Stand von *Life and Letters To-Day* verantwortlich. Sein

Standort war im Pavillon de la Presse zwischen der ehrwürdigen *Revue des Deux Mondes* und *Mickey Mouse*. Zwei Tage vor Eröffnung der Weltausstellung gab Sylvia für Bryher und ihre Zeitschrift einen offiziellen Empfang, der gleichzeitig die letzte Zusammenkunft der ›Freunde von Shakespeare and Company‹ war. Französische und englische Freunde genossen ein Übermaß an Reden und Erfrischungen. Adrienne las einen Bericht Bryhers über die Pariser Weltausstellung 1900 vor, die sie mit fünf Jahren besucht hatte: *Paris 1900* – den Bericht hatten Sylvia und Adrienne ins Französische übersetzt. Das Publikum zeigte sich von den historischen Parallelen begeistert, aber die scheue Bryher, durch die Anwesenheit der französischen Schriftsteller eingeschüchtert, besuchte den Empfang nicht. In letzter Sekunde schickte sie eine Absage.

Doch weder Empfänge noch Lesungen und Ausstellungen konnten die steigenden Geschäftskosten von Sylvia decken. Seit 1932 beliefen sich Miete und Steuern auf mehr als 2000 Dollar. Obwohl Bryher selber fast 1400 Dollar beisteuerte, fehlte es 1937 an Spenden. Es gab zwar mindestens achtzig zahlende Leihbüchereimitglieder – Simone de Beauvoir lieh sich in diesem Jahr haufenweise Bücher –, aber es gab kaum Leute, die sich Bücher kaufen konnten. Zu ihren Besuchern im Jahre 1937 zählten Isherwood, Spender, Leon Edel, Irving Babbitt, aber nur Hemingway war wirklich vermögend.

In diesem schwülen Sommer, als der Internationale Schriftstellerkongreß in Spanien in wütendem Streit aus den Fugen ging, fuhr Sylvia nach Jersey. Die kühle, ruhige Meeresluft des Kanals befreite sie von Kopfschmerzen und Zukunftsängsten. Sie schwamm im Seewasser und aß Kartoffeln – Jerseys Hauptgemüse und Hauptgesprächsthema. Nach einer Woche fuhr sie nach Paris zurück, verabschiedete sich von Adrienne und Gisèle, schloß das Geschäft und fuhr wieder nach Jersey, wo sie den August und September verbrachte. »Jeder hier will nach Amerika fliehen, fort von Kriegen und Diktatoren«, gestand sie ihrem Vater, bevor sie die spannungsgeladene Stadt verließ. Zwar war die Zukunft noch nie so düster gewesen, aber sie hatte nicht die Absicht, nach Amerika zurückzukehren. Bryher versicherte Sylvia, was auch immer mit ›Shakespeare and Company‹ geschehe, für sie werde gesorgt werden. In den nächsten sieben mageren Jahren erhielt Sylvia von Bryher monatliche Zahlungen. Sylvia erfuhr die Segnungen treuer Freundschaft und begann mit ihren Memoiren.

16. KAPITEL

Tapfer durchhalten
1937-1939

Im Herbst 1937 stellten zwölf Schriftsteller in der *Left Review* eine provozierende Frage den »Dichtern aus England, Schottland, Irland und Wales«: »Sind Sie für oder gegen die rechtmäßige Regierung und die republikanische Bevölkerung Spaniens?« Sie polemisierten gegen das fortwährende »Elfenbeinturm-Gehabe« mancher Dichter, das sie angesichts der realen Kräfteverhältnisse zum Anachronismus erklärten, und forderten nun, Position zu beziehen. Nur fünf der zwölf Unterzeichner waren Freunde von Sylvia Beach: Louis Aragon, W. H. Auden, Nancy Cunard, Stephen Spender und Tristan Tzara. Von den 148 Schriftstellern, die auf diesen Artikel reagierten, unterstützten 127 die Republikaner, 16 waren neutral und lediglich fünf ergriffen für Franco Partei. Von bleibenderem Wert waren Audens »Spanien 1937« und die vielen Gedichte, Essays, Romane und Theaterstücke politisch engagierter Schriftsteller. Viele Autoren, z. B. Hemingway, dessen *To Have and Have Not* gerade erschienen war, waren damals als dokumentierende Beobachter und Freiheitskämpfer in Spanien.

Hemingway und die Journalistin Martha Gellhorn kamen alle zwei bis drei Monate aus Madrid herüber. Sylvia verfolgte den Spanischen Bürgerkrieg aufmerksam, aber nicht nur weil Hemingway dort war, sondern weil sie selbst fast zwei Jahre in Spanien verbracht hatte, bevor sie 1916 nach Paris gekommen war. In einem Brief an ihren Vater schreibt sie, der Ärger in Spanien und China zeige, daß die Zeit für eine neue Sintflut gekommen sei. Sie berichtet: »Roosevelts Rede über den Krieg war in Paris eine Sensation.« Adrienne schwärmte von Roosevelt, dessen Reden stets übersetzt und veröffentlicht wurden: er sei »die einzige Hoffnung für alle«.

Sylvia war zwar immer gut informiert, aber sie war politisch weniger engagiert als Harriet Weaver, die in ihren Briefen aus London berichtete, wie sie bei der Maiparade mitmarschiert und im Hyde Park den *Daily Worker* verteilt hatte. Ihrem Vater berichtete Sylvia: »Wir haben viele Schießereien und den Ku Klux-Klan und all das gehabt. Aber zum Glück wurde kein Blut vergossen.«

Da das Geschäft nicht gut lief und persönliche Beziehungen in dieser Zeit die einzige Sicherheit boten, nutzte Sylvia die Zeit, ihre Freundschaften und die Natur zu genießen.

Während sie ihr Arbeitstempo verlangsamte, beschleunigte Joyce das seine. Und während ihr Freundeskreis wuchs, verkleinerte sich der seine. In der Abgeschiedenheit einer dunklen Wohnung arbeitete Joyce für die Fortsetzungsreihe in *transition* an *Work in Progress* und hoffte, im folgenden Jahr seine Arbeit für die Gesamtveröffentlichung bei Faber and Faber abgeschlossen zu haben. »An die Stelle früherer Freundschaften und Lebendigkeit war eine Art Elend getreten«, behauptet Nino Frank, der über Joyces Einsamkeit in seinen letzten Lebensjahren am ausführlichsten berichtet.

Im Dezember kam Samuel Beckett, nach unglücklichen Jahren »selbstauferlegter Einsamkeit« in Dublin, für immer nach Paris zurück. Er besuchte Sylvia und seine alten Freunde, fand nach jahrelangen Bemühungen einen Verleger für seinen Roman *Murphy* und freundete sich wieder mit Joyce an, der ihn wieder wie einen Dienstboten behandelte. Er korrigierte die Druckfahnen und nahm aus Liebe zu Joyce so manche Demütigung in Kauf. Da Beckett zu arm war, sich Bücher auszuleihen, gleichzeitig aber zu stolz, um, wie viele andere, eine kostenlose Büchereikarte anzunehmen, kam er zu ›Shakespeare and Company‹, um zu schmökern und mit Sylvia zu reden. Beckett, der vielleicht nicht wußte, welche persönlichen Probleme Sylvia hatte und unter welchem Druck sie stand, erinnert sich, daß sie »ständig sorgenvoll dreinsah, als ob sie irgendwo angeeckt wäre«.

Trotz der literarischen Aktivitäten und der Unterstützung alter und neuer Freunde litt das Geschäft. Sylvia erhöhte daher die Leihbüchereipreise, annoncierte in der *Herald Tribune* und hatte damit den »besten Oktober« seit Jahren, aber die Inflation fraß den ganzen Gewinn auf. Ohne Bryhers monatliche Spenden hätte sie den Laden schließen müssen. Bryher fühlte das Herannahen des Krieges und redete Sylvia zu, nach New York zu ziehen.

In Paris sammelten sich die Flüchtlinge. Viele Franzosen waren arbeitslos, und nur wenige konnten sich die teuren amerikanischen und englischen Bücher leisten. Sylvia riet James Laughlin von den New Directions, der seine neue Anthologie experimenteller Literatur im Buchladen verkaufen wollte, nicht zu viele Exemplare zu schicken. Die meisten englischen und amerikanischen Intellektuellen seien fort »und die Franzosen zahlen selten einen Dollar, höchstens für ein klassisches Buch«. Von Bryhers *Life and Letters To-Day* verkaufte sie pro Nummer nur noch drei Exemplare. Sylvias neue Aushilfe, die junge Amerikanerin Eleanor Oldenberger, verstand die wirtschaftliche Krise jedoch als Herausforderung und nicht als Schicksal, dem man sich fügen müsse. Sie gab ihr Bestes, um das Geschäft zu fördern. Sie verteilte die Prospekte »The Famous Bookshop and Lending Library«, die 1933 gedruckt worden waren, in den Hotels und stellte Sylvia Mme. Hazenberg vom American Express Büro vor. Mme. Hazenberg sah täglich Hunderte von Amerikanern, denen sie Informationen über Paris gab. Nun sollte sie den Besuchern auch ›Shakespeare and Company‹ empfehlen. Eleanor kaufte mehr Kinderbücher für die Leihbücherei, um das Geschäft anzukurbeln, und schließlich ließ sie sich von einem ihrer Freunde, einem Steuerexperten vom Finanzministerium namens Alexis Roubin, bei der Buchführung helfen. Als Eleanor gegen Ende 1938 den Buchladen verließ, hatte sich dessen Defizit beträchtlich verringert.

Während der ersten Weihnachtszeit, die Eleanor im Buchladen erlebte, kam Pauline Hemingway aus Florida und suchte nach ihrem Mann, der mit der Kriegsberichterstatterin Martha Gellhorn in Katalonien Urlaub gemacht hatte. Eleanor war allein im Laden. Sie wußte nichts von den Eheproblemen der Hemingways und konnte Pauline, die Tausende von Fragen stellte, nicht trösten. Hemingway söhnte sich zwar noch einmal widerstrebend mit Pauline aus und kehrte mit ihr in die Staaten zurück, kam aber im nächsten Frühling und Herbst wieder mit Martha nach Europa. Sylvia, die die Hemingway-Frauen kommen und gehen sah, äußerte gegenüber Eleanor, sein »größter Fehler ist, daß er jede heiraten will«. Martha sollte er 1940 gleich nach seiner Scheidung von Pauline heiraten, um sich 1945 wieder von ihr scheiden zu lassen und drei Monate später Mary Welsh zu heiraten. Sylvias schärfstes Urteil über diesen Mann, den sie als guten Freund betrachtete, äußerte sie bei einer Diskussion über sein Frauenbild in der Literatur: »Hemingway glaubt einfach, daß Frauen nur etwas zum Ficken sind.«

Anfang 1938 rückte der Krieg näher. Hitler kündigte eine »bessere Verständigung« mit Österreich an, wie Sylvia seinen Einmarsch ironisch umschrieb. Lord Halifax erklärte Abend für Abend den Londonern in der BBC, was im Falle eines Luftangriffs zu tun sei. Die »Franzosen zittern erbärmlich und rücken mit ihren Truppen an die Front«, schrieb Sylvia an Holly. Sie nannte die Diktatoren »the Bullies (die Kraftmeier)«, ein Ausdruck von Hemingway, billigte aber mehr oder weniger die Beschwichtigungspolitik der Regierung: »Die Regierung ist weiter nach rechts gerückt und hofft damit die faschistischen Nachbarn zu besänftigen. Ich hoffe es funktioniert, aber ich zweifle daran.« Seitdem Sylvia nach dem I. Weltkrieg für das Rote Kreuz in Serbien gearbeitet hatte, war sie überzeugt, daß Krieg ein Wahnsinn ist. Mit den meisten ihrer Freunde hielt sie sich an die Maxime: »Frieden um jeden Preis.«

Ford Madox Ford lieh sich zuletzt am 2. März 1938 bei

›Shakespeare and Company‹ metaphysische Gedichte aus und zog sich dann aus der Welt des Patriotismus, der Technologie und der Urbanisierung zurück. In *Provence* erklärte er: »Ich wünsche mir eine Zivilisation kleiner Menschen, in der jeder an zwei kleinen Parzellen arbeitet, seinem eigenen Boden und seiner eigenen Seele.« Der Mann, der als erster ein Stück von Joyces neuem Roman unter dem Titel *Work in Progress* veröffentlicht hatte, der mit seiner *Transatlantic Review* viele junge Schriftsteller aus dem Mittelwesten Amerikas unterstützt hatte, der Sylvia über die Tanzböden des Montparnasse gewirbelt hatte, dieser Mann sollte in seinen letzten Lebensmonaten nur seinen eigenen Gemüsegarten bebauen.

Die letzte offizielle Begegnung zwischen ›Shakespeare and Company‹ und James Joyce fand anläßlich der Werbefotos von Gisèle Freund für *Work in Progress* statt. Der endgültige Titel des Romans, *Finnegans Wake*, der nur Joyce und Nora bekannt war, wurde bis zur gleichzeitigen Veröffentlichung in England und den Vereinigten Staaten geheimgehalten. Joyce verabredete mit Gisèle Freund fünf Sitzungen für die Fotos. Gisèle erinnert sich, daß er genau wußte, wie er sich der Welt präsentieren wollte. Und es war ihm klar, daß ihn die Welt mit Sylvia und Adrienne, die ihm auf seinem Weg zum Erfolg so viel geholfen hatten, in Verbindung bringen würde. Das Foto der drei alten Freunde, die sehr förmlich unter der Fotografie von William Shakespeare sitzen, ist eins der bekanntesten Fotos aus der Rue de l'Odéon. Sylvia sieht mit dem zurückgekämmten Haar zwar streng aus, aber jünger als einundfünfzig Jahre. Sie trägt ein dunkles Kleid mit weißem Kragen und raucht. Joyce hängt in seinem Stuhl und sieht müde aus. Er war sehr krank und sprach von *Work in Progress* als seinem letzten Buch. Gisèle meinte später, er hätte seinen Tod geahnt. Sie beschreibt die Begegnung der drei alten Freunde als heiter und voller Erinnerungen an frühere Zeiten.

Während Europa um ihn herum zusammenbrach, begutachtete Joyce ungerührt die korrigierten Druckfahnen der letzten *transition*-Ausgabe und bereitete seinen großen Roman für die Veröffentlichung vor. Er überwachte alle Details, vom Umschlag, den Werbefotos und den frühen Kritiken bis hin zu Gormans Biographie, deren Veröffentlichung Joyce verzögerte, bis sein Roman erschienen war. Beckett wollte zunächst auf Bitten von Joyce einen Essay schreiben, unterließ es dann aber und korrigierte mit den anderen die Druckfahnen. Die Jolas' und Léons wetteten mit Joyce um den Titel des neuen Werkes. Als Jolas den Titel im August erriet, zahlte Joyce ihm 100 Francs und ließ ihn schwören, den Titel geheimzuhalten. »Es ist erstaunlich«, schrieb Léon an Miss Weaver, »wie klein sein Freundeskreis geworden ist.«

Nachdem Joyce seltener kam, besuchten Gertrude Stein und Alice Toklas wieder häufiger die Rue de l'Odéon. Gertrude trug einen braunen Samthut, der wie eine Baseballmütze aussah. Mit ihren kurzgeschnittenen grauen Haaren war die große Stein eine auffallende Erscheinung. Alice inspizierte erst einmal den Laden. Wenn Sylvia da war, beschäftigte sich Alice mit der Ladenhilfe, damit Gertrude Sylvia für sich hatte. Falls Sylvia nicht da war, unterhielt Alice die Kunden, damit Gertrude die Ladenhilfe für sich beanspruchen konnte. Eines Tages, als Hemingway dort gerade Bücher durchblätterte, kam Stein mit ihrem Hund Baskett III in den Laden und stand dem Mann gegenüber, mit dem sie schon seit Jahren nicht mehr gesprochen hatte. Jeder kannte die Sticheleien zwischen ihnen, und Hemingways letzte und grausamste Spitze gegen Stein erschien postum in *A Moveable Feast*. Aber bei dieser Begegnung in ›Shakespeare and Company‹ wahrten sie die Form. Vor den erstaunten Augen der Ladenhilfe umarmten und begrüßten sie sich begeistert. Die kurze und runde Dame ergriff die Arme des kräftigen neununddreißigjährigen Hemingway, und er beugte sich, um seine Wange gegen die ihre zu drücken.

Stein lieh sich die Bücher von ›Shakespeare and Company‹

auf privater, nicht auf geschäftlicher Basis. Sie konnte sich zwar ein neues Auto leisten, während Sylvia mit dem Fahrrad fuhr, aber nach ihrer Meinung hatte sie das Privileg, die Bücher kostenlos auszuleihen. Sie lud Sylvia immer häufiger in ihre neue Wohnung in der Rue Christine ein, in die sie mit Alice und ihren 130 Gemälden vor kurzem eingezogen war. Bei einem dieser Besuche berichtete Stein von ihrer neuesten Entdeckung, Francis Rose. Rose hätte, so verkündete sie, »das Stuhlhafte des Stuhls eingefangen«. Meistens sprachen Sylvia und Gertrude jedoch über ihre gemeinsamen Freunde.

Sylvias angesehenste englischsprachige Kunden, abgesehen von Stein, Hemingway und Beckett, der zu dieser Zeit noch relativ unbekannt war, waren Ende der dreißiger Jahre die »Oxford English Poets«, Erben von *The Waste Land* und aktive Gegner des Faschismus in Europa. Cyril Connolly, Spender, Auden, Isherwood, C. Day Lewis konnten sich als Nachfolger ihrer Kunden der zwanziger Jahre betrachten. Im Gegensatz zu den anderen war Connolly ein Journalist, der nur selten schöpferisch gearbeitet hatte. Er hatte nur einen einzigen Roman geschrieben. Aber innerhalb der Gruppe war er Sylvias nächster und ältester Freund. Als seine Essaysammlung, *Enemies of Promise*, in diesem Jahr veröffentlicht wurde, schickte er zwei Exemplare mit Widmungen. Die erste lautete: »Für Sylvia, die einzige Freundin der Hoffnung«, die zweite: »Für Sylvia, ohne die dies und anderes nicht geschrieben worden wäre.« Auden, der auch schon seit Jahren bei ›Shakespeare and Company‹ vorbeikam, veröffentlichte in diesem Jahr *Overtures to Death and Other Poems*. Normalerweise sah Auden ungesund aus und war käsebleich. Wenn er sich aber aufregte, lief er rot an. Vielleicht litt er unter dem Vergleich mit dem blonden Spender, der wie Lord Byron aussah. Diese jungen, englischen Schriftsteller, Hemingways Besuche, Berichte über den Krieg und Sylvias wachsendes Interesse an politischen Ereignissen veränderten Ende der dreißiger Jahre die Atmosphäre von ›Shakespeare and Company‹.

Von allen Büchern, die sich in diesem Jahr mit Krieg, Frieden und Freiheit auseinandersetzten, war George Orwells *Homage to Catalonia* das wichtigste. Das Werk offenbart seine Sympathie für das spanische Volk und berichtet uns über den politischen Hintergrund des Bürgerkriegs, in dem Orwell lange kämpfte. Spender lieh sich das Exemplar von ›Shakespeare and Company‹ am 7. September. Hemingway entlieh den Roman am 30. September und brachte ihn nie wieder zurück. Er hatte sich auch Elliot Pauls *Life and Death of a Spanish Town*, das von der faschistischen Invasion in Santa Eulalia handelt, ausgeliehen und nicht mehr zurückgebracht. Im März begann er seinen eigenen Roman über den Spanischen Bürgerkrieg, *For Whom the Bell Tolls*. Die engagierten älteren amerikanischen Schriftsteller verfolgten aufmerksam die Arbeit der jungen englischen Schriftsteller-Generation, deren Essays, Romane und Theaterstücke sich um den europäischen Konflikt zwischen Kommunismus und Faschismus drehten.

Im Gegensatz zu diesen Schriftstellern schien Joyce sich die Fingernägel zu polieren, als Europa in Flammen stand. Paul Léon äußerte gegenüber Harriet Weaver die Befürchtung, Joyces Dichtung könne als elitär bezichtigt werden. In »Homage to the Mythmaker«, in der letzten Ausgabe von *transition*, verteidigte Jolas Joyces Neutralität und sein scheinbar fehlendes soziales Bewußtsein. Viele Jahre später behauptete Carola Giedion-Welcker, Joyce sei der Krieg nicht gleichgültig gewesen, denn auf seiner Saint-Patricks-Day-Party 1938 habe er kurz über das dämonische Wesen Hitlers gesprochen.

»Mein alter Freund Hemingway ist wieder hier und schreibt an einem neuen Buch«, schreibt Sylvia 1938 ihrer Schwester Holly. »Er liefert riesige Mengen Lebensmittel an die Spanier und riskiert dabei sein Leben.« George Seldes, der im gleichen Madrider Hotel wohnte, behauptet, es waren nicht so große Mengen gewesen, und wahrscheinlich habe er die Lebensmittel für sich und Martha geschmuggelt. Stets hielt Hemingway Hof, wenn er zu ›Shakespeare and Company‹ kam. Er stand jedesmal im Mittelpunkt einer Gruppe. Entweder brachte er seine Freunde mit, oder er sammelte ein paar Kunden um sich. Er war jetzt ein berühmter Schriftsteller, ein Mann wie ein Bär. Eleanor fand ihn auf Anhieb unsympathisch. Ihrer Meinung nach war er ein Angeber, der unbedingt im Mittelpunkt stehen mußte. Noch schlimmer fand sie, daß er Bücher und Zeitschriften mitnahm, ohne dafür zu zahlen. Eleanor vertrat die Ansicht – von der sie später erfahren mußte, daß sie für den Umgang mit Schriftstellern wie Hemingway nicht zutraf –, sie habe für die Einkünfte des Buchladens zu sorgen. Sie begann aufzuschreiben, welche Zeitschriften und Bücher er mitnahm. Dabei gebrauchte sie manchmal einen Vorwand, um zu sehen, welches Buch er in der Hand hielt. Die Liste wuchs, und sie verwahrte sie in ihrem Schreibtisch, bis der Moment da war, an dem sie zuschlagen konnte:

Eines Tages im Herbst 1938 kam Hemingway mit Martha Gellhorn in den Laden. Sie interessierten sich sehr für die neuesten Zeitschriften und Bücher. Sylvia war nicht da. Obwohl Hemingway Eleanor sonst immer ignorierte, ging er diesmal mit zwei Büchern zu ihr und fragte sie, wieviel er ihr schulde. Sie berechnete den Preis der zwei Exemplare und bemerkte: »Könnten Sie vielleicht Ihre offene Rechnung bezahlen, Mr. Hemingway?« Überrascht zog er die Augenbrauen hoch. Sie überreichte ihm ihre Liste: »Diese Bücher haben Sie bereits mitgenommen.« In Anwesenheit seiner zukünftigen Frau öffnete er seine Brieftasche und nahm zwanzig Dollar und etwas Kleingeld heraus. Danach verließen beide sofort den Laden.

Als Eleanor vom Mittagessen zurückkam, sah Sylvia sie beunruhigt an und führte sie zu einem vertraulichen Gespräch ins Hinterzimmer.

»War Hemingway heute morgen hier?«

»Ja«, antwortete Eleanor.

»Also er hat heute mittag angerufen, um sicher zu sein, daß ich da bin. Dann kam er hierher, um seine Wut loszuwerden«, erklärte Sylvia. »Hemingway hat getobt: ›Heute morgen war ich hier, und sie hat meine Taschen ausgeräumt. Schmeiß diese Frau raus, bevor du deine Freunde verlierst.‹ Als Eleanor ihr erklärte, Hemingway habe Bücher aus dem Laden mitgenommen, schien Sylvia darüber nicht überrascht zu sein und blieb verärgert:

»Mach das nie wieder, Eleanor. Meine Freunde dürfen hier nehmen, was sie wollen. Wenn sie für das, was sie mitnehmen, nicht zahlen wollen, müssen sie nicht bezahlen.«

Eleanor war perplex und verletzt. Sie hatte erwartet, daß ihr geschäftliches Verhalten honoriert würde. Sylvia beendete das Gespräch mit dem Satz: »Brentano würde dafür *zahlen*, daß Hemingway in seinen Laden käme!«

Im nächsten Monat, nach seiner letzten Madridreise, spazierte Hemingway in den Laden, als ob nichts geschehen wäre. Er grüßte Eleanor knapp. »Mein neues Buch *The Fifth Column and First Forty-Nine Stories* wird bald erscheinen und ich möchte zwanzig Exemplare als Weihnachtsgeschenk bestellen.« Eleanor schrieb die Bestellung auf und erzählte Sylvia aufgeregt davon. »Siehst du«, jubelte Sylvia und war nun sicher, Eleanor habe nun das Modell des literarischen Salons und Buchladens verstanden. »Er ist ein Freund von ›Shakespeare and Company‹.«

Sie mußten telegrafisch bestellen, damit die Lieferung noch vor Weihnachten zugestellt würde. Das kostete 5 Dollar. Als die Zustellung ankam, lagerten sie ihre große Invasion an Büchern auf dem Tisch und warteten auf seinen Besuch. Schließlich kam Hemingway nach ein oder zwei Wochen vorbei und setzte sich an den Tisch, um seine Exemplare zu signieren. Er nahm das oberste Buch vom Stapel, signierte es und bat Sylvia, es an den spanischen Botschafter im Exil zu schicken. Das zweite Buch schickte er an einen Freund im diplomatischen Dienst am Quai d'Orsay. Als er das dritte öffnete, fragte er Sylvia nach dem Namen ihrer Assistentin und schrieb dann: »Für Eleanor Oldenberger. Mit den allerbesten Wünschen von ihrem Freund; Ernest Hemingway«. Freudig überrascht glaubte Eleanor an einen Waffenstillstand.

Als das dritte Buch signiert worden war, holte er Geld aus seiner Tasche und bezahlte lediglich drei Bücher. Dann ging er und ließ sie verwirrt zurück. Was sollten sie mit seinen restlichen siebzehn Exemplaren anfangen? Während ihrer letzten Arbeitswochen versuchte Eleanor so gut sie konnte, jedem zahlungsfähigen Kunden ein Hemingway-Buch zu verkaufen. Es waren aber nur noch wenige englischsprachige Menschen in Paris, und die Franzosen hätten vermutlich, selbst wenn sie genug Geld gehabt hätten, kein Exemplar gekauft. Aus der Leihbüchereikarte Hemingways ist ersichtlich, daß Eleanor nur sechs von siebzehn Exemplaren verkaufte.

Der fünfte Akt der Tragödie der dreißiger Jahre begann im Herbst 1938, als Mitteleuropa durch den Münchner Vertrag an Hitler ausgeliefert wurde. Der englische Dichter Louis MacNeice beschrieb die Atmosphäre in England und Frankreich in seinem *Autumn Journal*:
»Conferences, adjournments, ultimatums,
Flights in the air, castles in the air,
the autopsy of treaties, dynamite under the bridges
The end of *laissez faire*.«

Dieses Gedicht über den Herbst 1938 drückt das apokalyptische Gefühl dieser Zeit aus: Das »beast / That prowls at every door and barks in every headline«. (Die Bestie, die an jede Tür schleicht und in jeder Schlagzeile bellt.) Paris glich mehr und mehr einem Flüchtlingslager. Die Bürger hamsterten Nahrungsmittel, besonders Schokolade und Kaffee, die Sylvia, Adrienne und Eleanor für die größten Gaumenfreuden hielten. Im Januar 1939 sollte Sylvia den erforderlichen Ausländerpaß haben. Die amerikanische Botschaft riet allen Amerikanern, Europa zu verlassen. Sie blieb. Sie verkaufte ihr Manuskript von *Pomes Penyeach* an Tonia Whitman, um ihre Kasse aufzubessern.

»Habe heute *Work in Progress* beendet«, telegrafierte Joyce am 14. November 1938 an Miss Weaver. Und nachdem er die Wasser des Liffey-Flusses mit der Irischen See vereinigt hatte, brach er zusammen. Eintausend Seiten Druckfahnen warteten auf die Korrektur. Andere Freunde als Sylvia würden Joyce helfen, die Korrekturen an seinem Roman durchzuführen.

Gisèle machte ein Farbporträt von Sylvias Gesicht. Sie benutzte ein kürzlich entdecktes Verfahren, durch das sie Fotos auf eine Leinwand projizieren konnte. Mit Adriennes Hilfe hatte Gisèle viele französische Schriftsteller fotografiert. Für Dezember planten sie, die ›überlebensgroßen‹ Gesichter in Adriennes Laden auf Leinwand zu zeigen. Sylvia genoß es, alle ihre Freunde in »gigantischer Größe« auf der Leinwand zu sehen; aber sich selbst zu sehen, empfand sie als »beängstigend«. Adrienne gab in ihrer *Gazette* eine verliebte Beschreibung von Gisèles Talent.

Sylvia hoffte zwar immer noch, daß es nicht zum Krieg kommen würde, aber durch Hitlers Einmarsch in die Tschechoslowakei im März 1939 und die Eingliederung in das Reich wurde der Krieg unvermeidlich. Wenige Wochen zuvor, nach dem Ende des Spanischen Bürgerkriegs, waren eine Million Spanier über die Grenze nach Frankreich geflohen. Großbritannien unterzeichnete Verträge mit Polen, Griechenland, Rumänien und der Türkei. Ironisch schrieb Sylvia ihrem Vater, der jetzt unter geistiger Umnachtung litt und in der Obhut Cyprians und Helens war, »großspurige Männer befrieden die kleinen hilflosen Nationen untereinander«. Auden reagierte mit seinem »In Memory of W. B. Yeats«:

>»In the nightmare of the dark
>All the dogs of Europe bark,

And the living nations wait,
Each sequestered in its hate...«

Sylvia und ihre Freunde fürchteten sich vor dem herannahenden Krieg. Sie trösteten und unterstützten sich gegenseitig. Eines Tages, als Valéry vorbeigekommen war, um mit Sylvia zu plaudern, schloß sich die Familie Elliot Pauls der heiteren Unterhaltung an. Eine halbe Stunde später kamen Gertrude und Alice hinzu. Sie waren erstaunt, so viele Besucher wiederzusehen und besonders ihren alten Freund Paul Valéry, den sie seit zehn Jahren nicht mehr gesehen hatten. Bevor sie auseinandergingen, versprachen sie, sich häufiger zu treffen.

Sylvia erkannte, daß ihre Bewegungsfreiheit bald eingegrenzt sein würde, und besuchte viele Freunde. Anders als Bryher, die sichtlich beunruhigt war, schien Sylvia daran zu glauben, es gäbe »irgendwie noch Frieden«. Als sie Bourée, außerhalb von Paris, besuchte, fühlte sie sich sicher in dem alten Haus, das zum Teil unter der Erde lag. Die »Keller sind bombensicher«, versicherte sie ihrer Schwester Holly. »Der Blick in den Garten... ist nach Paris und dem Kriegsgeschrei so beruhigend.« Die Briggs versicherten ihr, daß ihr Haus Sylvia offenstünde, falls der Krieg käme. Sechs Monate später wurden die schlimmsten Befürchtungen Wirklichkeit.

17. KAPITEL

Wie endet es?
1939-1941

Das letzte Kapitel in der Geschichte von ›Shakespeare and Company‹ begann im Mai 1939 mit der Veröffentlichung von *Finnegans Wake* und endete im Dezember 1941, als ein Nazi-offizier drohte, die Bücher des Ladens zu beschlagnahmen, falls Sylvia ihm nicht das einzige Exemplar des Romans verkaufe.

Zwischen diesen zwei Ereignissen lagen der Auftakt zum II. Weltkrieg, die allmähliche Paralyse des Geschäfts, die nationalsozialistische Okkupation von Paris und der Tod von James Joyce und Sylvester Beach. Trotz all ihrer Verluste gelang es Sylvia, die Bücher aus dem Laden in ihrer drei Stockwerke darüber gelegenen Wohnung zu verstecken und den Krieg in Frankreich zu überleben.

Als am 4. Mai 1939 *Work in Progress* als *Finnegans Wake* gleichzeitig in England und den USA erschien, war das in der Zeit, in der jeder über Hitlers Reden besorgt war und die deutschen Panzer bereits in die Tschechoslowakei und nach Polen rollten. Den Titel *Finnegans Wake* hatte Joyce erst genannt, als das Buch bereits in die Buchbinderei ging. (Er stammt aus der irischen Ballade ›*Finnegans Wake*‹ über jenen Maurergesellen, der von der Leiter fällt, dabei scheinbar ums Leben kommt, aber vom Whiskygeruch seiner Totenfeier wieder erwacht. Ohne Apostroph geschrieben aber bedeutet *Finnegans Wake* sowohl ›Totenwache des Finnegan‹ als auch ›Auferstehung der Finnegans‹. *Wake* heißt sowohl Totenwache als auch Auferstehung oder Erwachen. Das Wort *Finnegan* setzt sich aus fin [Ende] und again [Wiederkehr] zusammen – daher Auferstehung. Der doppelbödige Titel erfaßt das Zyklische des Romans, der mit dem gleichen Satz beginnt, mit dem er auch endet.) Am 9. Mai 1939 erschien die *Time* mit dem Farbfoto von James Joyce auf dem Titelblatt und einem Artikel über *Finnegans Wake* im Literaturteil. Damals berichteten die meisten internationalen Zeitschriften über Joyces letzten Roman. Diese weltweite Anerkennung seines neuen Werks stand im krassen Widerspruch zu der allgemeinen Gleichgültigkeit gegenüber *Ulysses*, als Sylvia ihn vor siebzehn Jahren veröffentlichte. Ohne Erfahrung hatte Sylvia einen Roman veröffentlicht, den niemand drucken wollte; *Finnegans Wake* aber wurde veröffentlicht, nachdem zwei der größten englischen und amerikanischen Verlage hohe Preise geboten hatten. Während Joyce den *Ulysses* auf zahlreichen Druckfahnen um ein Drittel verlängert hatte, erweiterte und überarbeitete er *Finnegans Wake* in den kleinen Kapiteln, die über zehn Jahre als Serie im *transition* erschienen waren. Abgesehen von den unterschiedlichen finanziellen und verlegerischen Umständen, unterschieden sich die Zeitumstände der beiden Publikationen extrem voneinander. *Ulysses* war im gleichen Jahr wie Eliots *Waste Land* (1922) in einem Nachkriegsklima erschienen, das für individuellen Ausdruck und künstlerische Innovation äußerst günstig war. Als *Finnegans Wake* erschien, richtete sich alle Aufmerksamkeit der Welt nicht auf Kunst und Literatur, sondern auf den beginnenden Krieg, was die enorme Publicity für *Finnegans Wake* wirkungslos machte. Außerdem widersetzte sich das sperrige Werk der Rezeption. *Finnegans Wake* wurde zwar überall besprochen, aber die Kritiker äußerten sich über Joyces mehrsprachigen Stil irritiert und verärgert. Das Interesse der Öffentlichkeit verschwand schnell. Im Gegensatz dazu war *Ulysses* leise und langsam der Welt vorgeführt worden; aber durch die Ausdauer seiner zwei ausgezeichneten Befürworter (Verlegerin und Autor) und die Publicity, die Zensur und Raubdrucke stimulierten, war der Roman letzten Endes weltweit angesehen. Joyce hatte Sylvia beide Werke vorgelesen: Das erste war ein innerer Monolog als Tagesbericht, das zweite ein innerer Monolog der Nacht. Die Nacht sollte ihn bald umschließen, und der Donner des Krieges sollte selbst die Stimme seines heftigsten Kritikers übertönen.

Sylvia verkaufte *Finnegans Wake* und Henry Millers *Tropic of Cancer*, das ebenfalls im Mai veröffentlicht worden war. Ihre Bestseller in diesem Jahr, als der Krieg begann, waren keine politischen Bücher: Eliots gesammelte Gedichte, seine ersten zwei Theaterstücke (*Murder in the Cathedral* und *Family Reunion*), Hemingways *Men without Women*, Werke von Gertrude Stein und Melvilles *Moby Dick*, das so beliebt war, daß es in diesem Jahr in einer neuen französischen Übersetzung erschien. Adrienne, die den Sommerurlaub mit ihren Eltern verbrachte, schrieb in einem Brief an Sylvia, daß sie ein »profundes« Buch gelesen habe: *que c'est profond. C'est vraiment un des grands livres du monde.* 1940 verkaufte Sylvia doppelt soviel *Moby Dick*-Exemplare wie im Vorjahr. Während des Krieges lasen junge Franzosen, die nach Ansicht Adriennes bereits »Sartre-Niveau« erreicht hatten, das Buch mit großer Begeisterung. Mit seinem Sinn für Tragik, seiner Ironie und Verzweiflung erschien es in französisch »zu einem geeigneten Zeitpunkt«, fügt Adrienne hinzu.

Sylvias Dienste für Joyce und die Welt der Literatur wurden im Spätsommer 1939 in Herbert Gormans Joyce-Biographie gewürdigt. Diese autorisierte Fassung, deren Veröffentlichung aufgrund Joyces Änderungswünschen verschoben werden mußte, stellt Joyce als tadellosen Menschen und Märtyrer dar. Joyce bestand darauf, die Hochzeit mit Nora im Jahre 1931 ›eine zweite Zeremonie‹ zu nennen und Lucias Krankheit zu verschweigen. Außerdem beglich er noch die Schuld, in der er bei Sylvia und anderen Freunden stand. Sie wird als »extrem vitale Persönlichkeit von großem Mut«, ausgeprägtem literarischem Geschmack und »gesundem Zweifel an standardisierter Literatur« gekennzeichnet. Gorman übernimmt jedoch Joyces Fehleinschätzung, sie habe allein von

Joyces Werk gelebt und *Ulysses* sei das »einzige Buch, das in ›Shakespeare and Company‹ mit Gewinn verkauft« worden sei.

Der II. Weltkrieg begann am 1. September 1939, als deutsche Panzer nach Polen rollten. Zwei Tage später erklärten England und Frankreich Deutschland den Krieg. Wie viele andere Amerikaner, planten die Briggs, Paris zu verlassen. Stein und Toklas kamen in die Stadt zurück, um ihre beiden wertvollsten Gemälde, Picassos Porträt von Gertrude und ein Porträt Cézannes von seiner Frau zu retten. Letzteres wurde während des Krieges gegen Lebensmittel eingetauscht. Joyce brachte Lucia von Paris nach La Baule. Sylvia wollte trotz Bitten ihrer Familie und der Freunde Paris nicht verlassen und bei ›Shakespeare and Company‹ bleiben. Während eines vierzehntägigen Aufenthalts in Bourée half sie der Familie Brigg, die Reisekoffer für den Flug nach Kalifornien zu packen. Sie hinterließen ihr ihre Schlüssel, 100 Dollar und ausreichend Lebensmittel, damit ihr Haus, das halb versteckt hinter einem Felsen lag, Sylvia im Ernstfall Zuflucht bieten konnte. Sylvia verpackte und lagerte ihre Habe. Da die Briggs ihr gesagt hatten, sie könne alles, was sie wolle, behalten oder verschenken, gab sie später abgestürzten Piloten Jims Kleider. Sein Morgenanzug wartete auf Valéry.

Bryher kam in diesem Winter zweimal nach Paris, das erste Mal auf ihrem Weg nach London am 4. Dezember 1939, als sie wegen des Todes ihrer Mutter dorthin fuhr. Sie und Sylvia aßen mit Adrienne und Walter Benjamin, dem Bryher die Flucht aus Deutschland ermöglicht hatte. Bryher, die ein Drittel ihres Geldes Freunden zuteilte, verbrachte die Nacht bei Sylvia und versicherte ihr abermals, sie weiterhin zu unterstützen. Benjamin begleitete sie am nächsten Tag zum Bahnhof. Als Bryher Anfang 1940 von ihrem Besuch in London zurückkam, organisierte ihr Sylvia ein dreimonatiges Visum, damit sie an Ostern nach Paris zurückkommen konnte. Deprimiert wegen des Todes ihrer Mutter, des Kriegs und der Abwesenheit von Hilda Doolittle, wollte Bryher das große Haus bei Genua verlassen, um bei ihren Freunden in der Rue de l'Odéon zu sein.

Außer Walter Benjamin, der von Februar bis April 1940 bei ›Shakespeare and Company‹ Bücher lieh, hatte Sylvia neunundfünfzig andere Mitglieder, Studenten, die Ermäßigung bekamen, eingeschlossen. Der Krieg schien ihren Hunger nach Büchern und literarischen Gesprächen zu verstärken, und sie lungerten bis in die Abendstunden im Buchladen herum. Sylvias treue Helferinnen hatten Heimweh nach ›Shakespeare and Company‹: Jane van Meter schrieb von der University of Virginia, und Eleanor Oldenberger bot ihre Rückkehr an, um Sylvia zu helfen, änderte jedoch ihr Vorhaben, als die Deutschen in Norwegen und Dänemark einmarschierten. Charakteristisch für die vielen Briefe, die sie von Freunden im Ausland erhielt, war der von MacLeish: »Es grüßt Sie mit einem warmen Händedruck über ein allzu blutiges Meer. Wir alle denken an Sie in diesen Tagen. Gott schütze Sie.« Als die Deutschen näher rückten, war Sylvia von Freunden umgeben. Die literarische Zunft zelebrierte in diesem Frühjahr 1940 ein großartiges Fest: Bryher lud Sylvia, Adrienne, Chamson, Prévost und Michaux ins Tour d'Argent, eins der vornehmsten Pariser Restaurants, ein.

Vergebens bat Reverend Beach Sylvia noch einmal, sie solle in die Vereinigten Staaten zurückkommen. Aus mehreren Gründen wollte sie sich nicht dorthin zurückziehen. Sie meinte, es sei gefährlich, in dieser Zeit zu reisen. Sie hatte keine Arbeit dort und fürchtete, sie würde nicht die finanziellen Mittel aufbringen, um wieder nach Paris zurückzukommen. Wenn sie Sicherheit suche, so versicherte sie sich und den anderen, könne sie jederzeit zu Carlottas Haus in den Felsen fliehen. Sie hatte einfach beschlossen, ›Shakespeare and Company‹ offenzuhalten und bei Adrienne zu bleiben.

In ihrem letzten Brief an Holly, die bald mit ihrer Familie

von Pasadena nach Princeton ziehen würde, beklagt sich Sylvia, der Krieg würde wie der Winter zu lange dauern. Ihr war nicht klar, daß der Krieg nach mehreren Monaten täuschender Ruhe erst richtig beginnen sollte. Deutschland griff Holland am 10. Mai 1940 an, und drei Tage später marschierte die deutsche Armee in Frankreich ein. Sylvia, die immer noch glaubte, Frankreich würde sich niemals ergeben, versicherte ihrem achtundachtzigjährigen Vater, sie sei trotz der Angriffe Hitlers in Sicherheit. Es war ihr letzter Brief an ihren Vater.

Mitte Mai 1940 hatten Sylvia und Adrienne erfahren, Flüchtlinge deutscher Herkunft müßten den Flüchtlingslagern gemeldet werden. Sie trafen sich häufig mit Henri Hoppenot, der sich für viele ihrer Freunde engagierte. Sylvia und Adrienne sorgten sich um Gisèle und andere jüdische Freunde und verschafften ihnen Unterkunft, Kleidung und Nahrungsmittel. Sie unterstützten auch Walter Benjamin und Arthur Koestler. Koestler, ein englischer Schriftsteller ungarischer Herkunft, war damals fünfunddreißig Jahre alt. Er hatte in Spanien eine antifaschistische und antistalinistische Wochenzeitschrift herausgegeben, bis er verhaftet worden war. Nach einer viermonatigen Internierung kam er nach Paris und versteckte sich mehrere Tage in Adriennes Wohnung. Während er auf Adriennes Sofa Stendhals *Rot und Schwarz* las, fiel ein vierblättriges Kleeblatt aus dem Buch auf seine Stirn, genau zwischen seine Augen. Adrienne küßte die Stelle und prophezeite, er würde sicher entkommen. 1941 veröffentlichte er in England ein Werk, mit dem er in Paris begonnen hatte, seinen wichtigsten Roman *Darkness at Noon* (Sonnenfinsternis, 1948).

Der deutsche Literaturkritiker, Übersetzer und Schriftsteller Walter Benjamin hatte nicht soviel Glück. Nach der Okkupation von Paris und der Kapitulation Frankreichs floh er nach Marseille, wo er ein Visum für die Vereinigten Staaten bekam. Er wollte von Lissabon aus mit dem Schiff nach Amerika fliehen, als er an der spanischen Grenze (Port Bou) aufgehalten wurde. Man sagte ihm, er würde der französischen Polizei übergeben, die ihn wahrscheinlich der Gestapo ausliefern würde. In dieser Nacht des 26. September 1940 beging Benjamin aus Furcht vor seinem Schicksal Selbstmord.

Als Anfang Juni die Luftangriffe auf Paris begannen, flohen Thomson, Guggenheim, Freund und viele andere Amerikaner und europäische Exilanten aus Paris in den Süden Frankreichs. Gisèle gelangte schließlich nach Argentinien. Thomson, Man Ray und Salvador Dali flüchteten über Lissabon in die Vereinigten Staaten. Dem an Tuberkulose erkrankten McAlmon fehlte die Möglichkeit, sich richtig zu ernähren. Außerdem waren ihm die Bücher und Papiere gestohlen worden, und er war für kurze Zeit interniert. Schließlich gelang es ihm, über Lissabon nach Hause zu kommen. In den Tagen, bevor die Deutschen in Paris einmarschierten, strömten die Massen auf ihrem Weg zum Bahnhof, wo sie kampierten und auf die Züge warteten, durch die Rue de l'Odéon. Andere Menschen verließen die bedrohte Stadt auf dem Fahrrad oder zu Fuß und zogen Handkarren hinter sich her. Danach waren die Pariser Straßen bis auf ein paar Fahrräder und die schnellen Autos der Regierenden wie ausgestorben. Dunkle, überfüllte Züge schlängelten sich aus dem jetzt manchmal durch Luftangriffe lahmgelegten Paris.

Freunde, die während der letzten Juniwochen vor dem »schwarzen Regen«, wie Adrienne den Krieg nannte, in Paris geblieben waren, besuchten die beiden Buchläden fast täglich. Zu ihnen gehörten Robert Sage, Katherine Dudley, Fargue, Michaux, Familie Hoppenot, Dr. Bertrand-Fontaine und das Ehepaar Bécat. Die Atmosphäre in der Stadt wurde, nach Beschreibung Adriennes, zunehmend »quälender«, und »die Leute klammerten sich in der Metro aneinander«.

Bryher, die sich sehr allein fühlte, weil Perdita und Hilda Doolittle in England waren, beklagte sich bei Sylvia: »Ich ... habe immer versucht, den echten Künstlern mein Möglichstes zu geben, besonders den Künstlerinnen.« Liebevoll antwortete Sylvia: »Mach dir keine Sorgen um uns. Es wird nicht lange dauern und wir werden wieder zusammen sein.«

Keeler Faus, bereits seit acht Jahren ein Freund und Förderer von ›Shakespeare and Company‹, und Tyler Thompson, sein Kollege bei der amerikanischen Botschaft, kamen mit roten Botschaftsmarken, die sie auf die Türen von ›Shakespeare and Company‹ und Sylvias Wohnung klebten, um die Deutschen darauf aufmerksam zu machen, daß Sylvia Amerikanerin sei. Da Adrienne nach Rocfoin fliehen wollte, fuhr Sylvia mit dem Fahrrad zum Montparnasse, um die Abfahrtszeiten der Züge zu erfahren. Adriennes Schwester Marie Bécat bestand darauf, in Paris zu bleiben. Die drei Frauen gingen zum Boulevard Sébastopol, um den Auszug der Massen aus Paris zu beobachten. Sylvia beschreibt die Szene sehr bewegend:

»Ein wunderschöner Junitag im Jahr 1940. Sonne und blauer Himmel. In Paris waren nur noch etwa 25.000 Menschen übriggeblieben. Adrienne und ich gingen hinüber zum Boulevard Sébastopol und sahen mit tränenverschleierten Augen, wie die Flüchtlinge durch die Stadt zogen. Sie kamen beim Osttor herein, durchquerten Paris über den Boulevard Saint-Michel und den Jardin du Luxembourg und verließen es durch die Porte d'Orléans und die Porte d'Italie: Ochsenkarren, hochgetürmt mit Haushaltsgeräten, obenauf noch Kinder, alte Leute, Kranke, schwangere Frauen und Frauen mit Babies, Geflügel in Körben, Hunde und Katzen. Manchmal machten sie beim Jardin du Luxembourg halt, um die Kühe dort grasen zu lassen.« (Beach, 1961, S. 236)

Den Flüchtlingsströmen folgte der Einmarsch der Deutschen. Eine endlose Prozession motorisierter Streitkräfte: Panzer, Autos voll bewaffneter Soldaten in kaltem Grau, die sich in ständigem betäubendem Lärm vorwärtsbewegten. Der folgende Tag, Freitag der 14. Juni, war der Tag der Okkupation von Paris.

Adrienne und Sylvia waren überrascht, wie leer und friedlich die Straßen von Paris waren. Sie konnten frei umherspazieren und am Wochenende einkaufen. Ihre Buchläden öffneten sie von 14 bis 18 Uhr und tranken nach Ladenschluß Tee im ›Le Dôme‹. Adriennes Tagebuch zufolge, in dem auch alle Details über ihre Verpflegung beschrieben sind, schwankte die Stimmung der beiden Frauen in den ersten Wochen der Okkupation zwischen der Hoffnung, das Leben könne unter den Deutschen noch relativ geordnet verlaufen, und schließlich der großen Depression und Resignation, der französischen Niederlage und dem Sieg des Faschismus.

Sylvia versuchte jeden Morgen, Früchte und Süßigkeiten zu organisieren, und Adrienne stand in den langen Warteschlangen für Fleisch und Butter an.

Als der Waffenstillstand zwischen Frankreich und Deutschland unterzeichnet war, kamen einige der Kunden beider Buchläden, die aus Paris geflüchtet waren, zurück und freuten sich, diese geöffnet vorzufinden.

Joyce war bis Ende 1940 in Saint-Gérand-le-Puy eingeschlossen, das die deutschen Truppen nur sechs Tage lang besetzt hielten. Ende Juni besuchte ihn Léon, der auf einem Esel nach Saint-Gérand-le-Puy geritten kam, und die zwei Männer waren, wie Ellmann (S. 1098) schreibt: »ausgesöhnt, soweit man sich mit Joyce überhaupt aussöhnen konnte«. Léon half Joyce, eine Liste der Druckfehler in *Finnegans Wake* zusammenzustellen, und fuhr anschließend nach Paris zurück, wo er in Joyces Wohnung die Bücher und Dokumente vor der Beschlagnahmung durch die Deutschen sicherstellte. Die Druckfehlerkorrekturen wurden Maria Jolas übergeben, die erst Ende des Sommers nach Amerika floh. Auf das Drängen der Giedion-Welckers und mit ihrer finanziellen Unterstützung begann Joyce, für seine Familie die notwendigen Papiere zur Ausreise nach Zürich zu besorgen.

Wahrscheinlich gelang es Sylvia mit der Hilfe des Botschaftsangestellten Faus, ihrer Familie eine Nachricht über ihr Wohlbefinden zukommen zu lassen. Über ihren fast blinden und tauben Vater hörte sie, er habe, schockiert über die Nachricht vom Krieg, das Gedächtnis nun endgültig verloren. Da Cyprian und Helen mit seiner Senilität nicht mehr fertig wurden, überwiesen sie ihn an das Rosemead Sanatorium in Pasadena. »Der größte Segen«, versicherte Cyprian Sylvia, »ist, daß er den Krieg in Europa vergessen hat und dich in Sicherheit wähnt.« Der ehemalige »Präsidentenpfarrer« konnte weder lesen noch schreiben und verbrachte seine Tage damit, auf den Besuch von »Präsident, Mr. Roosevelt« zu warten.

Während Deutschland Großbritannien bombardierte, erreichte Bryher ihre Familie in London, und Sylvia hielt die ›Company‹, die in Paris geblieben war, zusammen. Da ihr die Miete jetzt von der Besitzerin geschenkt wurde, konnte sie von den mageren Leihbüchereieinkünften leben. Sie hatte immer noch dreiundfünfzig Leihbüchereimitglieder, darunter auch achtundzwanzig Studenten, mit einem wöchentlichen, manchmal auch täglichen Buchbedarf. Simone de Beauvoir erneuerte ihre Subskription und entlieh Bücher von Hemingway und Dos Passos. Die Nachfrage nach amerikanischer und englischer Literatur nahm zu, aber der Vorrat nahm ab. Sylvias einzige Quelle für Bücher waren die Deutschen. Sie hatten Hachette übernommen, wo Sylvia immer die billigen Tauchnitz- und Albatross-Ausgaben kaufte. Kurze Zeit später verboten die Deutschen den Verkauf aller englischen Bücher, die nach 1870 veröffentlicht worden waren.

Innerhalb von zwei Monaten verlor Sylvia die zwei wichtigsten Männer in ihrem Leben: ihr Vater starb am 16. November 1940 im Rosemead Sanatorium, und Joyce starb am 13. Januar 1941 in einem Züricher Krankenhaus. Ihr Vater verstarb an Altersschwäche und hatte, wie Cyprian versicherte, »glücklich bis zum letzten Moment gelebt und sein Tod hätte nicht gnädiger sein können«. Joyce starb im Alter von achtundfünfzig Jahren an einem Zwölffingerdarmgeschwür. Schon als Joyce mit seiner Familie am 17. Dezember 1940 in Zürich ankam, sah er bleich und dünn aus. Carola Giedeon-Welcker verglich sie später in einem Gespräch mit Edel mit diesen »eckigen Figuren der Picasso-Gemälde«. Joyce hatte schlimme Schmerzen. Er ärgerte sich über die schlechte Rezeption von *Finnegans Wake*, sorgte sich um Lucia, die er im besetzten Gebiet zurückgelassen hatte, und war knapp bei Kasse. Harriet Weaver schickte bald Geld. Er kam am Freitag, dem 10. Januar, ins Krankenhaus und wurde samstags operiert. Joyce starb am Montag um 14.15 Uhr. Bei seinem Begräbnis am Mittwoch darauf sprach Lord Derwent von der britischen Gesandtschaft in Bern im Namen von England, Irland und jenen Menschen, wie Larbaud und Sylvia, die in anderen Städten der Welt trauerten: »Sylvia Beach, deren Ergebenheit gegenüber ihm und seinem Werk einzigartig war und niemals vergessen werden darf, wird heute eine sehr traurige Frau sein.«

Zwei Wochen später kam Paul Léon, der so unauffällig wie möglich in Paris lebte, zu ›Shakespeare and Company‹ und sprach mit Sylvia über den Mann, den sie geliebt und dem sie gedient hatten. Von dieser traurigen Unterhaltung existiert keine Aufzeichnung, jedoch geht aus den Geschäftsbüchern hervor, daß Léon Gormans Joyce-Biographie kaufte. Kurz danach wurde Léon verhaftet und von den Deutschen interniert. Im Jahre 1942 wurde er als Jude in einem Vernichtungslager umgebracht.

Violaine Hoppenot, schon seit ihrer Kindheit Mitglied bei ›Shakespeare and Company‹, bat Sylvia, sie vor der Gestapo zu verstecken. Sie hatte ihren Plan, in den USA zu studieren, aufgegeben und sich der Résistance angeschlossen. Sie blieb über Nacht, lieh Kleider von Sylvia und veränderte ihr Äußeres. Die Gestapo schnappte sie zwar, aber wegen der Kleider und der falschen Papiere wurde sie nicht erkannt und wieder freigelassen. Jean Prévost hatte weniger Glück. Am 1. August 1944 fiel er als Widerstandskämpfer in den Vercors, einem

Waldplateau der französischen Voralpen, dem Zentrum der Résistance. Als Sylvias jüdische Assistentin Françoise Bernheim von den Deutschen abgeholt wurde, war Sylvia an ihrer Seite, schluckte den Haß gegen die Kollaborateure und die Gestapo hinunter und bat sie um die Freilassung Françoises. Einer der Gestapomänner schnauzte Sylvia an: »Wegen deiner jüdischen Freunde steht dein Name auf der schwarzen Liste.« Françoise starb in Auschwitz.

Sylvia gelang es jedoch, Gordon Craig und seiner Familie zu helfen. Sie hatte ihn 1920 in Rapallo kennengelernt, vertrieb seine Theaterzeitschrift *Mask* (1908-1929) und verlieh sein Magazin *Marionettes*. Ihr gefiel die Familie Craig. Als ein deutscher Kunde sein Interesse an Exemplaren von Craigs Publikationen bekundete, konnte Sylvia ihm, trotz der Sprachbarriere, das Elend der Craigs, die von den Deutschen gefangengehalten wurden, vermitteln. Der Kunde schien Sylvias Kummer zu teilen. Er murmelte etwas, das sie nicht verstand, und ging. Nach kurzer Zeit kam er mit einem Gestapo-Offizier zurück, der perfektes Englisch sprach. Der Offizier bat sie, alle Beweismittel zusammenzutragen, die bestätigten, daß die Craigs keine Juden seien, und sie zum Gestapo-Hauptquartier zu bringen. Kurz nachdem sie das erledigt hatte, kamen die zwei Männer in den Buchladen zurück, um ihr mitzuteilen, daß die Craigs an Weihnachten freigelassen würden. Der Mann, der bei ›Shakespeare and Company‹ Theater- und Kunstbücher durchgeblättert hatte, war ein hoher Beamter, wie Sylvia später erfuhr.

Sylvia benötigte bald selbst Hilfe. Jacques Benoist-Méchin, der gute Beziehungen zur deutschen Regierung hatte, half ihr. Er war einer ihrer ersten Kunden gewesen, hatte als erster (1921) Auszüge des *Ulysses* übersetzt und war Mitarbeiter bei Antheils *Ballet Mécanique* gewesen. Benoist-Méchin war jetzt Sekretär des berüchtigten Darlan, der mit Hitler über die faschistische Regierung in Vichy verhandelte. Benoist-Méchin behauptet, er hätte, als er 1943 erfuhr, daß Sylvia seit mehreren Monaten in Vittel interniert war, befohlen, seine Freundin freizulassen.

Andere ehemalige Kunden von ›Shakespeare and Company‹ waren nach Amerika geflohen: Romains und Breton waren in New York, Maurois war in Princeton, wo er eine Professur hatte, Isherwood und Huxley hatten sich in Los Angeles niedergelassen. Die anderen früheren Kunden, die jetzt in New York und Washington, D. C., lebten, versuchten unter der Leitung von Saint-John Perse, Sylvia und möglicherweise auch Adrienne nach Amerika zu bringen, zu spät, wie sich herausstellte. Ford Madox Ford und Havelock Ellis waren gestorben. Sylvia hatte keine Verbindung mehr mit ihren früheren amerikanischen Kunden und regelmäßigen Briefschreibern wie MacLeish, Antheil und Hemingway. Ihre Briefe an diese wurden jetzt mit dem Vermerk »unzustellbar« an sie zurückgeschickt.

In der ›Company‹ sah man nun andere Gesichter. Seit die Deutschen den Laden besuchten, zogen es manche Kunden, wie Gillet, vor, ihre Bücher geschickt zu bekommen. Auch Sylvia hatte die Anstrengung des Krieges verändert. Die physischen Entbehrungen im Krieg, die Lebensmittelknappheit und die Einschränkung, nur drei Stunden am Tag heizen zu dürfen, forderten – wie auch die Internierung durch die Deutschen – ihren Tribut. Die Nachkriegsfotos von Sylvia zeigen sie beträchtlich gealtert.

Als die Japaner am 7. Dezember 1941 Pearl Harbour bombardierten und Amerika in den Krieg eintrat, war ihre Sicherheit unmittelbar bedroht.

»Als die Vereinigten Staaten in den Krieg eintraten, machte meine Nationalität zusammen mit meinen jüdischen Beziehungen ›Shakespeare and Company‹ in den Augen der Nazis ein Ende. Wir Amerikaner mußten uns bei der Kommandantur melden und dann einmal in der Woche im Kommissariat des Pariser Bezirks, in dem wir lebten. (Juden hatten sich jeden Tag dort einzutragen.) Es gab so wenige Amerikaner, daß unsere Namen nur in einer Art Notizbuch verzeich-

427

net standen, das immer wieder in Verlust geriet. Gewöhnlich war ich es, die es für den Kommissar wiederfand. Neben meinem Namen und meiner Abstammung stand die Anmerkung: ›Hat kein Pferd.‹ Ich erfuhr nie, warum.« (Sylvia Beach, S. 238)

Wenn sie die Bemerkung »hat kein Pferd« und die bürokratische Logik der Deutschen auch nicht verstehen konnte, so ahnte sie doch, daß sie in Gefahr war. Eines Tages hielt ein großer, grauer Militärwagen vor ›Shakespeare and Company‹. Ein hoher deutscher Offizier stieg aus und betrachtete die Schaufensterauslage. In perfektem Englisch bat er sie um *Finnegans Wake*. »Es ist unverkäuflich«, antwortete Sylvia und erklärte, es sei ihr letztes und daher persönliches Exemplar. Aber er erklärte ärgerlich, er interessiere sich sehr für Joyces Werk. Sie blieb standhaft. Er machte auf dem Absatz kehrt und verließ stampfend den Laden. »Durch das Stampfen ihrer Stiefel schienen sie stets wütender zu sein, als sie waren«, erzählte Sylvia später einem Freund. »Erinnerst du dich, was Henri Michaux über das Geräusch der Tauben, wenn sie wegfliegen, sagte?« Ähnlich wie das Getrampel von Stiefeln, sagte er. »Immer wenn man nachts Stiefel hörte, hielt man sich fern – Stiefel waren Deutsche«, schließt sie. Mit dem Echo der Stiefel in ihren Ohren versteckte sie *Finnegans Wake* und fürchtete die Rückkehr der Offiziere.

Wenige Tage nachdem sie ihren letzten Verkauf eingetragen hatte – *Wuthering Heights*, *The Forsyte Saga* und Shelleys Gedichte –, erhielt Sylvia einen Anruf von Gordon Craig. Ihre deutschen Besucher hatten Wort gehalten. Die Craigs, die vor Weihnachten aus der Haft entlassen worden waren, waren in einem Pariser Hotel. Craig kam an diesem Nachmittag zu ›Shakespeare and Company‹ und erzählte Sylvia, ihr deutscher Gesprächspartner habe ihnen Kohle, warme Kleidung und einen Weihnachtsbaum geliefert.

In das Leihexemplar des Buches von Enid Rose über *Gordon Craig and the Theatre: A Record and an Interpretation* schrieb er: »Für Sylvia von E. G. C., 17. Dezember 1941«.

Ende Dezember kam der deutsche Offizier, der das einzige Exemplar von *Finnegans Wake* haben wollte, zu ›Shakespeare and Company‹ zurück. Wo war das Buch, das er verlangte? Es war beiseite gelegt worden, erklärte Sylvia. Diesmal war ihr Widerstand zwecklos. »Wir werden heute alle ihre Bücher beschlagnahmen«, schrie der Offizier und zitterte vor Wut. Als er wegfuhr, rannte sie zur Concierge, die versprochen hatte, ihr die Wohnung im vierten Stock mietfrei zu überlassen. Sylvia stellte Saillet ein, damit er ihr beim Ausräumen des Buchladens und dem Verstecken der Bücher half. Er fragte, ob das Unternehmen noch bis zum neuen Jahr verschiebbar sei, aber sie konnte nicht warten. Sie befürchtete die Konfiszierung von ›Shakespeare and Company‹ mehr als die eigene Inhaftierung. In Rekordzeit, wie Sylvia behauptete, in zwei Stunden, hatten sie, Adrienne, Saillet und die Concierge mehr als 5000 Bücher, Tausende von Briefen und Bildern, Tische, Stühle und die elektrischen Apparaturen in Kisten und Wäschekörben vier Stockwerke hoch ins sichere Versteck geschleppt. Sie bestellte einen Schreiner, der die Regale abbaute, und einen Anstreicher, der den Namen des Ladens übermalte. Verglichen mit den Jahren des Träumens, den Monaten der Planung und den zweiundzwanzig Jahren dessen, was sie »das Steuern eines kleinen Buchladens zwischen zwei Kriegen« nannte, verschwand ›Shakespeare and Company‹ wie der Blitz. Was die Jahre ökonomischer Notlage nicht fertigbrachten, schafften die Nazis. Es läßt sich weder feststellen, ob der Nazi-Offizier zurückkam, noch ob Sylvia über das Verschwinden des Ladens befragt wurde. Obwohl sie schließlich von anderen Nazis verhaftet wurde, fanden diese niemals den Bestand von ›Shakespeare and Company‹. Er blieb verborgen, ein Geheimnis, das bis zur Befreiung gehütet wurde.

18. KAPITEL

Die Zeit der Ehrungen

Am zwanzigsten Jahrestag der ersten Veröffentlichung von *Ulysses* war sein Autor seit einem Jahr begraben, und der Bestand von ›Shakespeare and Company‹ war seit einem Monat versteckt. Sechs Monate später sollten die Deutschen, die Paris besetzten, Sylvia abholen. Adrienne sammelte die Bücher, die ›Shakespeare and Company‹-Kunden zurückbrachten, während Sylvia so unauffällig wie möglich unter den Pariser Künstlern, ihren ersten Freunden in Paris, lebte. Sie besuchte noch eine private Vorstellung von Francis Poulenc' Ballett *Les Animaux Modèles*, das Raymonde Linossier gewidmet war und an die früheren Zeiten von Fargues *potassons* erinnerte. Kurz nachdem das Ballett an der Opéra Premiere hatte, wurde Sylvia von den Deutschen verhaftet.

Als der Lastwagen zum Abtransport um 9 Uhr morgens im August 1942 kam, blieb ihr nur Zeit, ein paar Kleider und etwas zum Lesen einzupacken: die Bibel und die gesammelten Werke von Shakespeare, wobei letztere bis zu ihrer Entlassung vom Zensor einbehalten wurden. Auf dem Lastwagen entdeckte sie ihre Freundin Katherine Dudley. Bei den vielen Stopps in der Stadt, bei denen andere Amerikanerinnen eingesammelt wurden, jubelten Sylvia und die anderen jedesmal laut, wenn die Häscher mit leeren Händen aus einem Gebäude zurückkehrten. Nach kurzer Internierung im Zoo von Bois de Boulogne wurden die Frauen nach Vittel gefahren. In diesem Kurort im Osten Frankreichs wurden sie in einem umgewandelten Hotel untergebracht. Zu den Amerikanerinnen zählten Adelige, Prostituierte, Tänzerinnen, Lehrerinnen, Künstlerinnen, Zimmermädchen, die die Inhaftierung als Urlaub betrachteten, fünfzig Nonnen und »mehrere Verrückte, deren Zustand sich durch die Internierung nicht gerade besserte«, wie Sylvia berichtet. Durch ein Attest von Dr. Thérèse

Bertrand-Fontaine konnte sie mehrere Monate in einem Krankenhaus verbringen, das die Engländer mit pünktlichem Nachmittagstee, einer funktionierenden Bibliothek und geheimen Lebensmittelvorräten durchorganisiert hatten. Die Frauen, die sich dort aufhielten, hatten Fluchtmöglichkeiten ausgeheckt. Wie schon im Jahre 1919 während ihres Aufenthalts in Serbien, zog Sylvia in physischen und emotionalen Notsituationen die Gesellschaft der Engländerinnen jener der eher hilflosen Amerikanerinnen vor.

Mit der Unbefangenheit, die ihren Buchladen für viele zu einem Zufluchtsort gemacht hatte, führte sie eine Delegation an, die gegen die antisemitischen Ansichten des britischen Leiters des Internierungslagers protestierte. Sie arbeitete als Postbeamtin, eine Arbeit, die sie von ›Shakespeare and Company‹ kannte, und assistierte den Nonnen, die im Lager die kranken Amerikanerinnen pflegten. Sylvia munterte die anderen im Lager auf. »Wer kann so unterhaltsam sein wie unsere liebe Sylvia?« fragte Sarah Watson, die mit ihr interniert war. Sylvias Abenteuerlust, Flexibilität, die jahrelange körperliche Arbeit und das spartanische Leben in Paris ermöglichten ihr, mit dieser Situation spielend fertig zu werden.

Als Sylvia nach mehr als sechs Monaten durch das Einschreiten von Jacques Benoist-Méchin in der Zentrale in Vichy entlassen wurde, lieh sie sich Geld, um mit dem Zug nach Paris zurückzufahren. Maurice Saillet holte sie am Gare de l'Est ab. Sie verbrachte die meiste Zeit in der Mansarde von Sarah Watsons Studentenwohnheim am Boulevard Saint-Michel. Zum Essen ging sie zu Adrienne und Saillet, wo sie über die literarischen Neuigkeiten auf dem laufenden gehalten wurde und die Untergrundzeitschrift *Editions de Minuit* las, die von ihrer Freundin Yvonne Desvignes unter größter Gefahr herausgebracht wurde. Sie blieb in der Rue de l'Odéon angemeldet und meldete sich wöchentlich bei der Polizei. Selten ging sie in den vierten Stock, wo die Bücher von ›Shakespeare and Company‹ im Dornröschenschlaf lagen.

Hemingway »befreite« die Rue de l'Odéon am Samstag, dem 26. August 1944, einen Tag nach der Kapitulation der Deutschen in Paris. Er kam mit vier Autos von der BBC die Straße heraufgefahren. Die Geschichte seines Besuchs, die nach den vielen Jahren vielleicht in den Details nicht mehr ganz stimmt, bildet das dramatische Ende in Sylvias *Memoiren* (1959). »Ich flog die Treppe hinunter«, erinnert sie sich, »wir prallten zusammen. Er hob mich hoch, schwang mich herum und küßte mich, während die Leute auf der Straße und in den Fenstern uns zujubelten.« Nachdem er sich von Sylvia in ironischem Ton die Zusicherung verschafft hatte, daß Adrienne keine Kollaborateurin war, und feststellen mußte, daß Sylvia keines besonderen Schutzes bedürftig war, schickte er seine Männer aufs Dach, um sie nach Heckenschützen suchen zu lassen.

Die folgenden Monate waren durch Besuche von Mitgliedern der ›Company‹ ausgefüllt: Leon Edel und Richard Ellmann kamen in ihren Uniformen vorbei. Keeler Faus und die Freunde von der amerikanischen Botschaft nahmen die Arbeit wieder auf. Wenige Wochen nach der Befreiung veranstaltete Sylvia auf Wunsch des *Life*-Magazins eine literarische Party für Faus, Louis Aragon, Janet Flanner, Hemingway, Henri Michaux, Adrienne und Paul Valéry (der wenige Wochen später starb) im vierten Stock der Rue de l'Odéon 12 zwischen allen Büchern, Bildern und Möbeln von ›Shakespeare and Company‹. Vor der Party ließ sich Sylvia vom *Life*-Fotografen in ihrer leeren Küche fotografieren. ›Shakespeare and Company‹ existierte zwar nicht mehr, aber sein Einfluß bestand weiterhin im Leben seiner berühmten Freunde, die jetzt in der ganzen Welt verstreut waren.

Mitglieder der ›Company‹ in England, wie Cyril Connolly, Stephen Spender und T. S. Eliot, redeten Sylvia zu, sie solle ›Shakespeare and Company‹ wiedereröffnen. Connolly schrieb über seinen Besuch bei ›Shakespeare and Company‹, er wäre »überglücklich« gewesen, in die »geheiligte Rue de l'Odéon, wo die beiden zweisprachigen Sirenen, die uns so lange mit der besten englischen und französischen Literatur bezaubert haben... immer noch locken«. Eliot rief im Mai 1945 vor der Premiere der französischen Version seines *Murder in the Cathedral* an und versicherte, ›Shakespeare and Company‹ werde im Nachkriegs-Paris dringend gebraucht. Diese Engländer ersuchten, ohne von Sylvia dazu aufgefordert worden zu sein, die British Council um Gelder, leider ohne Erfolg. Aber selbst wenn ihr etwas durch einen Unterstützungsfonds zugute gekommen wäre, hätte sie den Buchladen nicht wieder öffnen können: Sie war müde, und nach den entbehrungsreichen Jahren hatte sie als Achtundfünfzigjährige Angst, Risiken einzugehen. Gegenüber Freunden meinte sie, man solle nichts zweimal versuchen. In dieser Zeit waren die Räume der Nr. 12 an einen Antiquitätenhändler vermietet worden.

In den vierziger Jahren war man zwar wieder frei und konnte die literarischen Aktivitäten wiederaufnehmen, aber Sylvia und Adrienne waren wie die anderen Pariser zu sehr mit der Lebensmittelknappheit, den Energieengpässen und den Streiks beschäftigt. »Wir sind wie die Missionare«, gesteht Sylvia, »ganz verrückt auf Pakete.« Ehemalige Assistentinnen, die Familie und Freunde schickten Pakete mit Kleidung, Schokolade, Kaffee und Nahrungsmitteln. Bryher und Holly schickten fast jeden Monat etwas. Sylvia gab viele der Kleider an französische Freunde weiter. Die Schokolade verschenkte sie an Kinder in der Nachbarschaft und an Valérys Enkel. Es gefiel ihr, mit ihrer Büchersammlung und ihren Bildern in ihrer Wohnung im vierten Stockwerk zu leben und jeden Sommer mit Adrienne in Les Déserts das Landleben zu genießen.

Der Krieg hatte für Sylvia, deren größte Sorge einmal das Überleben von ›Shakespeare and Company‹ gewesen war, die Prioritäten verändert. In den vierziger Jahren nach dem Krieg und vor der, wie sie es nannte, »offiziellen Periode« verbrachte sie ihre Zeit damit, sich um die Bedürftigen zu kümmern. Nachmittags servierte sie den Besuchern Tee, und sonst arbeitete sie in einem Krankenhaus in Versailles. Ihre literarische Wohltätigkeitsarbeit bestand darin, bei der ehemaligen Konkurrenz, der ›American Library‹ von Paris, mitzuarbeiten und Adrienne bei der Verteilung von Hilfsgütern an arme Literaten und Journalisten zu helfen. Wissenschaftler und Studenten jedoch, die sie mit Fragen über ihre Freunde bestürmten, hielt sie sich vom Leibe. Sie verlieh ihre Bücher nur an alte Freunde wie Michaux, Gide und Simone de Beauvoir und an die wenigen neuen, wie den schwarzen amerikanischen Schriftsteller Richard Wright.

Wright, der von 1946 bis zu seinem Tod 1960 in Paris lebte, wurde einer ihrer engsten literarischen Freunde. Er war auch mit de Beauvoir und Sartre befreundet, bewegte sich in der französischen Intellektuellenszene und diente den amerikanischen Schriftstellern, die damals in Paris lebten, als eine Art »elder statesman«. »Unter allen Schriftstellern, die ich kennengelernt habe, ist er der selbstloseste und bedächtigste«, vertraute Sylvia Holly an. »Keiner der sogenannten Weißen interessiert sich für irgend jemand anderen als sich selbst. Typen wie Hemingway wirken neben Dick Wright ungehobelt.« Da er gerade um die Ecke, in der Rue Monsieur-le-Prince, wohnte, besuchte er Sylvia häufig und lieh sich Bücher von ihr.

Das literarische Leben blühte mit der Freiheit von Paris wieder auf. Nur hatten sich die Namen der Teilnehmer verändert: Prévost und Valéry waren gestorben. Sartre zog viele Menschen in seine Vorlesungen. André Malraux »ist jetzt Kronprinz«, teilte Sylvia Bryher mit. Über die alten Feindseligkeiten war nun Gras gewachsen, und die Überlebenden der amerikanischen Kolonie in Paris – Stein, Toklas, Sylvia und Barney – sahen sich häufig. Sylvias engste Freunde, in gewissem Sinne ihre Familie, waren Adrienne und Marie Monnier, Maurice Saillet und Camilla Steinbrugge, die sie das letzte Mal in Vittel gesehen hatte.

Das literarische Interesse an Joyce, in das Sylvia gewöhnlich einbezogen war, hatte in den vierziger Jahren stark zuge-
nommen. Junge Wissenschaftler baten Sylvia, von ihrer
Joyce-Sammlung Gebrauch zu machen. Einige kamen während ihres Paris-Aufenthalts täglich und gingen ihr schon auf
die Nerven. Ihre eigene Arbeit in bezug auf Joyce konzentrierte sich auf zwei Treffen mit Harriet Weaver. Während
eines zweiwöchigen Besuchs von Miss Weaver im Juni 1947
aßen sie mit Stuart Gilbert und redeten mit ihm über seine
Briefsammlung von Joyce. Die beiden Frauen trafen sich wieder, als Sylvia zwei Wochen in Oxford und London verbrachte. Sie traf zwar Eliot, dem gerade der Nobelpreis verliehen worden war, war aber hauptsächlich wegen Joyce-Angelegenheiten in England. Sie und Miss Weaver überlegten sich,
ob sie dem Vorschlag, *Finnegans Wake* als Theaterstück auf-
zuführen, zustimmen sollten. Miss Weaver entschied schließlich dagegen.

Die letzten zwei Joyce-Veranstaltungen der vierziger Jahre
waren eine zweistündige Radiosendung der BBC, in der Sylvia
über den Schriftsteller erzählte, und eine Ausstellung über
Joyce. Während der letzten zwei Monate des Jahrzehnts wurden ein Teil von Sylvias Joyce-Sammlung und das ganze
Joyce-Material, das Paul Léon gerettet hatte, in der ›Librairie
La Hune‹, einem neuen Buchladen, ausgestellt. Lucie Léon
und Maria Jolas organisierten die Ausstellung. Nora Joyce,
der die Einnahmen zukommen sollten, kam aus Zürich. Harriet Weaver war schon vor der Ausstellung aus London gekommen, sie wohnte bei Sylvia. In einer Radiosendung sprachen alle Frauen, mit Ausnahme von Miss Weaver, über
Joyce. Diese Frauen weckten das Interesse an Joyces Werk in
der Hoffnung, die Sammlung der Ausstellung, abgesehen von
Sylvias Material und dem Manuskript von *Finnegans Wake*,
an eine amerikanische Universität zu verkaufen. Die ›Lock-
wood Library of the University of Buffalo‹ kaufte schließlich
die Ausstellungsobjekte für 10 000 Dollar. Harriet Weaver

wollte das *Finnegans Wake*-Manuskript der ›National Library von Irland‹ übergeben, aber Nora war dagegen, als Irland ihr die Bitte, die sterblichen Überreste von Joyce in seine Heimat zu überführen, ausschlug.

1951 starb Sylvias Schwester Cyprian an Blasenkrebs. Zwei Jahre später fuhr Sylvia in die Vereinigten Staaten, um Holly zu besuchen. Sie verbrachte den Frühling 1953 mit Holly und besuchte unter anderem Katherine Anne Porter und Saint-John Perse in New York. Donald Allen von der Grove Press, der behauptete, sie wäre »die einzige Amerikanerin gewesen, die einen wirklich französischen Witz besaß«, führte sie auf eine Nachttour durch New York. Als sie nach Paris zurückkam, hatte sie gerade genug Zeit, tief Luft zu holen und ihre Post zu öffnen, als sie Adrienne schon wieder nach London begleitete. Bryher hatte sie zu einer kulturellen Woche während der Krönung von Elizabeth II. eingeladen. Für die *Lettres Nouvelles* schrieb Adrienne einen ausführlichen Artikel über die Krönung der Queen. Abgesehen von einem weiteren Urlaub in Les Déserts, sollte dies Adriennes letzte Reise sein.

Adrienne hatte seit 1950 Rheumatismus. Sie suchte einen Nachfolger für die Leihbücherei und die Wohnung und wollte zu Sylvia ziehen. Trotz Kortisonbehandlungen und beträchtlicher Schmerzen arbeitete Adrienne hart für ihre Vorlesungen und Artikel. Aber sie hatte Ohnmachtsanfälle. Im September 1954, als sie mit Sylvia und Camilla in Les Déserts war, erlitt sie einen Hörsturz. Fast neun Monate litt sie unter der Wahnvorstellung unerträglichen Lärms. Am 20. Mai 1955 teilte Sylvia Jean Schlumberger mit, Adrienne wäre »sehr krank«, und am 18. Juni schrieb sie Bryher, Adrienne drohe oft, von der Bühne des Lebens abzutreten. Genau an diesem Tag bat Adrienne, nachdem sie Verse von Valéry zitiert hatte, Sylvia und Marie wegzugehen und nahm eine Überdosis Schlaftabletten. Sylvia und Marie fanden sie am Sonntag, dem 19. Juni, im Koma. Sie starb um 23 Uhr im Krankenhaus. »Sie starb letzte Nacht«, teilte die untröstliche Sylvia Bryher mit. »Ich bin erleichtert, daß ihr Leiden ein Ende hat.« Unter Adriennes Papieren, die sie heimlich eine Woche vor ihrem Tod zurecht-gelegt hatte, fanden sie folgende Erklärung:

»Ich beschließe meine Tage, denn ich kann den Lärm, der mich seit acht Monaten quält, nicht mehr ertragen, abgesehen von der Er-schöpfung und dem Leiden, das ich in den letzten Jahren erduldet habe.

Ich gehe in den Tod ohne Furcht, da ich weiß, daß ich eine Mutter fand, um auf die Welt zu kommen und genauso eine Mutter für ein anderes Leben finden werde.«

Adriennes Tod wurde zwar nur zögernd publik gemacht, aber viele Freunde sprachen ihr Beileid aus, sogar Ezra Pound, der sich im ›Saint Elizabeth's Hospital‹ in Washington, D. C., be-fand, schrieb, »bedauernswert, daß Sie Ihre beste Freundin verloren haben«. Nur die Bécats, Sylvia, Saillet, Camilla und Holly gaben Adrienne das letzte Geleit. Es gab keine Trauer-feier. Als Gedenkschrift gab Saillet 1956 eine besondere Aus-gabe des *Mercure de France* heraus. Adrienne hatte ihren festen Platz in den Herzen jener, die sie geliebt hatten, beson-ders in Sylvias. In einer handgeschriebenen Notiz drückt Syl-via ihren Schmerz aus und gesteht, daß Adrienne vorgeschla-gen hatte, gemeinsam die letzte Reise anzutreten.

»Kann keinen Ausweg finden gegen die Bestürzung über den Tod von jemand, den man liebte... [besonders] die Tatsache, daß diese Person für immer fort ist, ohne dir noch einmal die Chance zu geben, die Dinge besser zu machen und nicht so unbedacht gegenüber dem zu sein, was wirklich wichtig ist – doch hat man sehr viel Zeit gehabt – Jahre um sich zu bessern! Vielleicht – sicher hätte sie mehr zu sagen gehabt, wenn man genauer hingehört hätte. Dieses Gefühl der Unvollkommenheit ist eine der größten Grausamkeiten des Todes. Manchmal wünscht man sich, man wäre mit ihr gegangen, wie sie es vorgeschlagen hatte – sie wußte wie das Leben ohne sie sein würde. Sie wußte alles – Adrienne.«

Mit dem Tod von Adrienne, die achtunddreißig Jahre lang

Schwester, Geliebte, Mutter und Mentor gewesen war, verschwand das persönliche Glück. Sylvia blieb nur noch, wie ein Freund bemerkte, ein Leben der Ehrungen übrig.

Eine Ehrenbekundung, die ihr zweifelhaft erschien, waren die Besuche von Joyceanern. Sie nahm zwar an Lesungen des engen Joyce-Kreises teil, die meistens von Lucie Léon und Maria Jolas organisiert wurden, und half Gilbert, die Joyce-Briefe zu sammeln, aber sie wollte nichts mit dem Universitätsvolk zu tun haben. Ausnahmen waren ihr alter Freund Justin O'Brien, der viele Dissertationen von Columbia University-Studenten über französische Literatur betreute, und Jackson Mathews, der nach Paris kam, um die Werke von Valéry zu übersetzen. Marie Monnier-Bécat vermietete Adriennes Wohnung an Jackson und Marthiel Mathews, die bald nicht nur Nachbarn, sondern auch zu treuen Freunden Sylvias wurden. Der Zuspruch der Mathews', der Druck, ihre *Memoiren* zu beenden, einige Reisen nach New York und ein wachsendes Interesse an den zwanziger Jahren zogen sie aus ihrem Schmerz heraus und katapultierten sie ins Licht der internationalen Öffentlichkeit.

Durch die Publikation ihrer *Memoiren* fand sie Beachtung. 1956 veröffentlichte Harcourt Brace die Joyce-Auszüge ihrer *Memoiren* unter dem Titel *Ulysses in Paris* als Weihnachtsbuch. Als sie im August 1956 in New York war, um ihr Manuskript abzuliefern, hörte sie, Hemingway sei in der Stadt. Sie schrieb ihm über ihre Arbeit und erzählte ihm, sie zögere, sein früheres Leben öffentlich zu erwähnen. Hemingway, der in den nächsten Monaten begann, seine eigenen Memoiren zu schreiben, unterhielt sich mit Sylvia. Als der Herausgeber ihm eine Kopie der Hemingway-Episoden Sylvias schickte, kritzelte er auf den Umschlag: »Telegrafieren Sie Sylvia – alles, was sie schreibt, ist O.K., Alles über Hadley ist O.H. – E.H.«.

Drei Jahre danach waren die *Memoiren* für die Publikation fertig. Obwohl sie Zweifel an ihrem Buch hatte (sie hielt es für zu dick und für »einen alten Hut«), wurde es im allgemeinen von den Kritikern gut aufgenommen. Man bedauerte, daß es so kurz war. Connolly nannte es »ein charmantes, witziges Notizbuch«. Es enthielt sowohl unbewußte wie bewußte Fehler. Ihr größter war, niemandem gegenüber kritisch zu sein. Ihre vorteilhaften Urteile über Joyce und ihre Kunden waren »alkoholfrei«, um ihren eigenen Ausdruck zu gebrauchen. Die Aufzeichnungen bezeugen ihre öffentliche Diplomatie des guten Willens und weniger ihren persönlichen, gelegentlich stichelnden Witz. Ihre Freunde fanden, daß im Gegensatz zur unterwürfigen Haltung gegenüber den Stars ihrer Zeit, die ihre *Memoiren* kennzeichnen, ihre Genialität gerade in ihrer Fähigkeit zur Unterscheidung und Auswahl lag.

Eine zweite Ehrung, die internationale Aufmerksamkeit erregte, war der Verkauf ihrer Joyce-Sammlung an die University of Buffalo, die die Joyce-Ausstellung in La Hune gekauft hatte. Jackson Mathews verhandelte für Sylvia, und Professor Oscar Silverman, der Leiter des englischen Instituts, entwarf am 6. Dezember 1958 einen informellen Vertrag mit Sylvia. Ihre Vergütung betrug 55 510 Dollar. Der plötzliche Reichtum in ihrem zweiundsiebzigsten Lebensjahr schien nach den vielen schwierigen Jahren der Armut fast wie Ironie.

Die dritte und vielleicht persönlich lohnendste Ehrung war die große Ausstellung über die Schriftsteller der zwanziger Jahre in Paris. Auf Empfehlung von Morill Cody, Kulturattaché und ehemaliges Mitglied von ›Shakespeare and Company‹, assistierte sie der Kulturabteilung der amerikanischen Botschaft in Paris bei der Vorbereitung von *Les Années Vingt: Les Ecrivains Américains à Paris et Leurs Amis, 1920-1930* (Die zwanziger Jahre: Amerikanische Schriftsteller und ihre Freunde in Paris). Die Ausstellung zeigte das meiste aus dem Bestand von ›Shakespeare and Company‹: Fotos, Briefen, Manuskripten und Erstausgaben, die, nach den Autoren alphabetisch geordnet – von Margaret Anderson bis Thomas Wolfe – in eigens angefertigten Schaukästen ausgelegt waren.

Die Ausstellung wurde am 11. März 1959 eröffnet. Zehn Wochen regierte Sylvia über *une passionnante rétrospective*, sprach im Radio, gab Interviews, hielt Vorträge und führte durch die Ausstellung. Bei der Ausstellung ließ sich Sylvia mit Alice B. Toklas und Thornton Wilder an einem Kaffeetisch vor einem Wandfoto der ›Dingobar‹ fotografieren, während ein Pianola die Musik vom *Ballet Mécanique* spielte. André Maurois und André Chamson hielten bei der Ausstellung eine Rede. Zu einer Zeit, als in Frankreich ein antiamerikanisches Klima herrschte, besuchten fast 20 000 Menschen die Ausstellung. Im kommenden Jahr in London waren es 15 000 Besucher. Die Ausstellung sollte die Öffentlichkeit informieren und das Ansehen der amerikanischen und britischen Künstler in Frankreich steigern. Da die meisten der 600 Ausstellungsstücke ihr gehörten, war die Ausstellung ein Tribut an Sylvias zentrale Rolle in der Welt der internationalen Literatur.

Im Juni 1959 flog Sylvia nach Buffalo, um eine weitere öffentliche Ehrung entgegenzunehmen. Sie empfing dort den Ehrendoktor der University of Buffalo.

Von 1959 bis zu ihrem Tod im Jahre 1962 war sie eine andere Frau. Die Bescheidenheit und Zurückgezogenheit, die zu den Eigenschaften der Pfarrerstochter zählten, hatte sie im Krieg abgelegt. Sie hatte die Lebensmittelrationierungen, das magere Nachkriegsleben von Paris und den Verlust ihrer nächsten Freunde überlebt. Sie hatte die literarische Geschichte ihrer Epoche nicht nur beeinflußt, sie durfte auch am Ruhm ihrer Renaissance teilnehmen. Andererseits ging sie dadurch als die alte Dame dieser Renaissance in die Geschichte ein und nicht als die junge kämpferische Frau der großen Zeiten, die sie einmal war. Ihr größtes Anliegen in den letzten beiden Jahren war, für die, wie sie sagte, »Joyce-less Collection«, die Materialien von ›Shakespeare and Company‹, ein Zuhause zu finden. Sie wurde nach Fotos und Kritiken gefragt, führte eine umfangreiche Korrespondenz und sprach oft im Radio. Nach dem Tod von Hemingway erschien sie im französischen Fernsehen mit zwei Stierkämpfern und dem Manager des Ritz-Hotels.

Nach einer Reise mit den Mathews nach Griechenland, dem Nahen Osten und Ägypten gipfelte Sylvias Öffentlichkeitsleben in der Einweihung des Martello Towers in Sandycove bei Dublin. Es ist der Ort, an dem die erste Episode des *Ulysses* spielt – jetzt ein Zentrum für Joyce-Studien. Von der ›Anna Livia Boutique‹ in Irischen Tweed eingekleidet, wurde sie am 16. Juni 1962, also am Bloomsday, mit einer alten Dubliner Pferdedroschke aus dem Jahre 1904, dem Jahr des *Ulysses*, zum Martello Tower gefahren. Sie eröffnete die Zeremonie, indem sie von Joyce und Irland sprach und die Munsterflagge hoch über dem James Joyce-Turm hißte. In der warmen Nachmittagssonne hörte sie, wie Donagh Mac Donagh ihr ein Gedicht vorlas, das er ihr gewidmet hatte – »diese mutige Frau«, ohne die »Joyce lang hätte warten können«. Dann führte sie die Joyceaner die Wendeltreppe des Turms hinunter, um mit ihnen beim Empfang Guinness Stout zu trinken. Nach einem Urlaub in Les Déserts, wo sie sich beim Holzhacken das Handgelenk brach, kehrte sie Ende September nach Paris zurück. Am 6. Oktober 1962 fand Maurice Saillet sie tot in ihrer Wohnung. Wahrscheinlich hatte sie vor einem oder zwei Tagen einen Herzschlag erlitten. Auf dem Friedhof ›Père-Lachaise‹ fand eine einfache Trauerfeier statt. Danach wurde die Leiche eingeäschert. Die Literaten hatten angenommen, die Botschaftsangehörigen würden ein festliches Begräbnis organisieren, während diese das gleiche von den Literaten angenommen hatten. So saßen beide Gruppen in peinlicher Stille nebeneinander. Trotz Einspruchs ihrer Freunde, die glaubten, nach sechsundvierzig Jahren gehöre sie zu Paris, wurde die Urne an Holly in Greenwich geschickt und im Frühling in Princeton begraben. Als Archibald Mac Leish hörte, sie sei allein in ihrer Wohnung gestorben, bestand er darauf, daß »sie nie alleine war, und auch heute nicht ist. Sie hatte immer ihre Company«.

Die deutsche Ausgabe wurde nach Absprache mit der Autorin leicht bearbeitet und gekürzt: Es entfielen *ganz* die Kapitel über Sylvia Beachs Kindheit und Jugend in Princeton sowie über ihre Walt Whitman-Ausstellung in Paris im April 1926 (im Original Kapitel 2 und 10; in der deutschen Ausgabe sind die Kapitel entsprechend anders numeriert). Sonstige Kürzungen sind durch Leerzeilen im Text markiert.

Die Autorin stützt die Biographie vor allem auch auf unveröffentlichte Auszüge aus Sylvia Beachs Memoiren. In der Übersetzung werden die unveröffentlichten »Memoiren« durch Anführungszeichen gekennzeichnet, während die veröffentlichten kursiv gedruckt sind.

Werktitel wurden im Text originalsprachlich belassen; die entsprechenden deutschen Titel finden sich, sofern vorhanden, in der Literaturliste im Anhang.

Der Abdruck der Bilder auf den Seiten 272, 297 und 397 erfolgte mit freundlicher Genehmigung der Princeton University Library. Für alle anderen, nicht eigens gekennzeichneten Bilder danken wir der W. & W. Norton Company, New York.

Abkürzungen

INITIALEN kennzeichnen die Hauptpersonen (Sylvia Beach, James Joyce, Adrienne Monnier, Eleanor Beach, Sylvester Woodbridge Beach, Holly Beach Dennis, Harriet Weaver) und die Autorin (NRF).

Andere Abkürzungen in den Anmerkungen:

Ellmann – Richard Ellmann, *James Joyce*, rev. ed. (New York: Oxford, 1982)

Mercure – *Sylvia Beach (1887-1962)*, zusammengestellt von Jackson Mathews und Maurice Saillet (Paris: Mercure de France, 1963; Nachdruck der »Memorial Edition to Sylvia Beach«, *Mercure*, 349 (August-September, 1963).

McDougall – Adrienne Monnier, *The Very Rich Hours of Adrienne Monnier*. Übers., mit Vorwort und Kommentar von Richard McDougall (New York: Scribners, 1976).

SC – Sylvia Beach, *Shakespeare and Company* (New York: Harcourt, Brace, 1959). »Memoiren« – unveröffentlichte Schriften von SB

III, 562 – Band- und Seitenzahlen zitieren *Letters of James Joyce*, ed. Stuart Gilbert (Band I) und Richard Ellmann (Band II und III) (New York: Viking, 1957, 1966).

NY – New York

Die Quellenangaben entsprechen der englischen Originalvorlage. Deutsche Übersetzungen vgl. nachfolgende Literaturliste.

Vorwort

SC 12-13, 35, sowie Auszüge aus ihren unveröffentlichten »Memoiren«; Tom Stoppard, *Travesties* (London: Faber and Faber, 1975), 23; Archibald MacLeish, »There Was Something about Twenties«, *Saturday Review*, 31. Dez. 1966, 11.

1. Das Sprachwunder
1922

Tag der Veröffentlichung: SC, 84-86, 40; Sisley Huddleston, *Back to the Montparnasse: Glimpses of Broadway in Bohemia* (Philadelphia: Lippincott, 1931), 194; Cyril Connolly, *Enemies of Promise* (London: Routledge, 1938), 75; Interview mit Myrsine Moschos, 22. Juni 1978; Jannet Flanner, *Paris Was Yesterday* (NY: Viking, 1972, x; JJ an HW, 8. Feb. 1922, I, 180; SB beschreibt in zahlreichen handgeschriebenen und getippten Notizen diesen Tag anders als in ihren veröffentlichten *Memoiren.*

Beitrag von ›Shakespeare and Company‹: E. Morrill Cody, »Shakespeare and Company – Paris«, *Publishers Weekly,* 12. April 1924, 1261; Ernest Hemingway, *A Moveable Feast* (NY: Scribners, 1963), 35; SB »symbolisiert den Feminismus im frühen 20. Jh.«, lautet die These in Lisa McFarlanes Dissertation »For-Who-Is-Silver« (Princeton, 1979); Marianne Moore, »How Do Justice…«, *Mercure,* 13; Bryher, *The Heart to Artemis: A Writer's Memoir* (NY: Harcourt, Brace & World, 1962), 208.

2. Sylvia Beach… and Company
1919-1920

Eröffnung: Linda Simon, *The Biography of Alice B. Toklas* (NY: Doubleday, 1977) 108; SB EB, 19. Nov. 1919; Robert Sage, »Shakespeare and Company's Sylvia Beach« (13. Okt. 1962), SC, 17-21; Sisley Huddleston, *Paris Salons,* 209.

Französische Kunden: SC, 16, 22, 54-57, 146-62 und unveröffentlichte Versionen. SB an EB, 24. Nov. 1919, 15. und 18. März 1920, und 10., 23. und 27. Mai 1920 SB an HB, 7. und 11. Dez. 1919; Ernest Hemingway an Bernard Berenson, 20.-22. März 1953, in *EH: Selected Letters,* ed. Carlos Baker (NY: Scribners, 1981), 809; Huddleston, »The House of the Friends of Books«, *Paris Salons,* 196-207; McDougall, 17, 36; AM, »Fargue as Talker« (1960), in: McDougall, 207-9; AM, »In the Country of Faces« (1939), in McDougall, 233; Interviews mit Marcelle Auclair (9. Juni 1978) und

Myrsine Moschos (22. Juni 1978); Jackson Mathews, *Kenyon Review*, 140; AM, »On Pre-Columbian Mexico« (1954), in: McDougall, 383; Claude Mauriac, *Conversations with André Gide* (NY: Braziller, 1965), ix.

Bibliothekarin und Buchhändlerin: NRF »Sylvia Beach's Shakespeare and Company: Port of Call for American Expatriates«, *Research Studies,* 33 (Dez. 1965), 198. Alle erhältlichen Leihbücherei-karten sind bei den Sylvia Beach Papers in Princeton; Interview mit Eleanor Oldenberger Herrick, 7. März 1978; *SC,* 105; Janet Flanner, »The Great Amateur Publisher«, *Mercure,* 48-49; Leslie Katz, »Meditations on Sylvia Beach«, *Mercure,* 82; SB to HBD, 3. und 9. Feb. 1920; Huddleston, *Paris Salons,* 251.

Ankunft von Stein: William Shirer, *20th Century Journey: A Memoir of a Life and Times* (NY: Simon and Schuster, 1976), 288; Glenway Wescott, »Memoirs and Opinions«, *Prose,* 5 (Herbst 1972), 192; *SC,* 27; Matisse, in Georges Braque et al., »Testimony against Gertrude Stein«, *transition,* 23 Supplement (Feb. 1935); Simon, *Biography of Alice B. Toklas,* 122-25; Alice B. Toklas, »Sylvia and Her Friends«, *New Republic,* 19. Okt. 1959, 24; Stein-Gedicht in *Mercure,* 95-97, und Band V der Yale-Ausgabe der Stein-Werke, SB an EB, 10. Mai 1920; *SC,* 28-29.

Stein und die Franzosen: Gertrude Stein SB, n.d.; Eugène Jolas und André Salmon (in »Testimony against GS«) und Matthew Josephson sind der Meinung, daß Stein »sehr wenig Kontakt mit der literarischen Welt in Paris hatte«. *Life among the Surrealists* (NY: Holt, Rinehart & Winston, 1962), 12; SB an GS, 2. Okt. 1921.

Benét und andere Besucher: *SC,* 29, und nicht veröffentlichte Versionen; SB an EB, 23. Mai 1920; SB an Stein, 27. Mai 1920.

Ankunft von Pound: *SC,* 45, 26-27, und Memoiren JJ an HW, 2. Dez. 1928, I, 277; Pound »The Island of Paris: A Letter«, *Dial,* 69 (Okt. 1920), 406.

Pound und die kleinen Magazine: Solita Solano zu NRF, 29. Aug. 1969; Frederick J. Hoffman, Charles Allen und Carolyn R. Ulrich, *The Little Magazine: A History and a Bibliography,* 2nd ed. (Princeton: Princeton University Press, 1947), 2; Charles Allen, »Advanced Guard«, *Sewanee Review,* 2 (Juli-Sept. 1943), 425; Bryher, *Heart to Artemis,* 205; Pound an SB, o. D.; *SC,* 137.

Ankunft von Joyce: *SC,* 40, 34-37, und »Memoiren« SB, »*Ulysses* à Paris«, *Mercure de France,* 309 (Mai-Aug. 1950), 12-29, und »*Ulysses* a Parigi«, *Inventario,* 3 (1950), 77-87; AM, »Joyce's *Ulysses* and the French Republic« (1940), in McDougall, 112-26; Bendas Kritik in *Belphégor,* das nach einem altpalästinensischen Teufel in Menschengestalt benannt ist, wird fortgesetzt in *The Treason of the Intellectuals* (1927); Padraic Colum, *Our Friend James Joyce* (Garden City, NY: Doubleday, 1958), 119; André Spire, »La Rencontre avec Joyce«, *Mercure,* 41-45.

3. Die Schlacht um Ulysses
1920-1921

Joyces erster Besuch: Fritz Vanderpyl zitiert bei Ellmann, 492; *SC,* 37-41; JJ an HW, 11. März 1923, I, 201.

Handlung des Ulysses: Ellmann, 357; JJ an HW, 25. Feb. 1920, I, 137; Sisley Huddleston, *Back to Montparnasse,* 258; JJ an Carlo Linati, 21. Sept. 1920, I, 146.

Joyce zieht nach Paris: Ellmann, 485-90; *SC,* 41; Interview mit Jenny Serruys Bradley, 16. Juni 1978; Wyndham Lewis, *Blasting and Bombardiering* (Berkeley: University of California Press, 1967), 165-70, 272, 293-94; Hemingway, *A Moveable Feast,* 108.

Harriet Weaver: Leonard Woolf, *Beginning Again* (London: Hogarth, 1964), 246-47; Virginia Woolf, *A Writer's Diary* (London: Hogarth, 1954), 363; Jane Lidderdale and Mary Nicholson, *Dear Miss Weaver: Harriet Shaw Weaver, 1876-1961* (NY: Viking, 1970), 225, 174, 87, 162; JJ an HW, 25. Aug. 1920; Briefe von John Quinn und Ben Huebsch, in: Herbert Gorman, *James Joyce* (NY: Rinehart, 1948), 277-81.

Natalie Barney: SB an HB, (?) Nov. 1920; SB an EB, 7. Nov. 1920; Valérys Bemerkung über den Salon in den »Memoiren«; Interview Morrill Cody, 17. Juli 1978; Putnam, *Paris Was Our Mistress,* 73; Williams, *Autobiography,* 229; *SC,* 114; SB an HB, 16. Okt. 1920.

Liebe zum Theater: McDougall, 273-88; SB an CB, 21. Dez. 1920; SB an HB, 20. Dez. 1920.

Finanzen: JJ an Frank Budgen, 10. Dez. 1920, I, 151.

Joyce trifft Larbaud: SC, 57.

Little Review-Verhandlung: John Quinn an JJ, 13. April 1921 in: Myron Schwartzman, »Quinnigan's Quake! John Quinn's letters to James Joyce, 1921-1924«, *Bulletin of Research in the Humanities*, 83 (April 1980), 35; Margaret Anderson, *My Thirty Years' War: An Autobiography* (NY: Covici, Friede, 1930), 220-21: JJ, *Ulysses*, 354, 359, 360, *Times*, 22. Feb. 1921, 6.

Sylvias Einwilligung, Ulysses zu verlegen: SB an EB, 1. April 1921; JJ an HW, 3. April 1921, I, 160; Quinn schickte Joyce erst am 13. April 1921 einen vollständigen Bericht über die Einzelheiten des Verfahrens; »Memoiren«; Arthur Power zitiert bei Ellmann, 504; Arthur Power, *Conversations with James Joyce* (NY: Harper & Row, 1974), 29; HW an SB, 12. April 1921; Lidderdale and Nicholson, *Dear Miss Weaver*, 181.

Tipparbeit bei *Ulysses*: SC, 63-65; Quinn an JJ, 5. Juni 1921, Schwartzman, *Bulletin*, 38-42.

Darantière: SC, 48-50, »Memoiren«, SB an HB, 23. April 1921.

Gilliam and Moss: SC, 137; Interview mit Florence Gilliam, 16. Juni 1978.

Thornton Wilder: Richard Goldstone, *Thornton Wilder: An Intimate Portrait* (NY: Dutton, 1975), 39: Wilder an NRF, 22. Mai 1969; »Memoiren« und SC, und S. 111; Stein zitiert bei Samuel M. Steward, ed., *Dear Sammy: Letters from GS and Alice B. Toklas* (Boston 1977), 37; Wilder zu NRF, 8. Okt. 1968.

Sherwood Anderson: Huddleston, *Paris Salons*, 78; James Schevill, *Sherwood Anderson: His Life and Work* (Denver University of Denver Press, 1951), 135-36, 28, 42; Sherwood Anderson, *France and Sherwood Anderson: Paris Notebook, 1921*, ed. Michael Fanning (Baton Rouge: Louisiana State University Press, 1976), 34, 9; SC, 30-32, und »Memoiren«, Anderson zu SB (?), 1927.

McAlmon und Bryher: McAlmons Brief an Williams wird zitiert nach Robert McAlmon und Kay Boyle, *Being Geniuses Together: 1920-1930* (Garden City, NY: Doubleday, 1968), 50; SC, 99-102, »Memoiren«, Interview mit Perdita Schaffner, 7. Juli 1978; AMs »Our Friend Bryher« (1940), in: McDougall, 204; Bryher, *Heart to Artemis* 201, 207-8; McAlmon und Boyle, *Being Geniuses Together*, 24, 130-31; Robert E. Knoll, *Robert McAlmon: Expatriate Publisher and Writer* (Lincoln: University of Nebraska Press, 1957), 6.

Subskriptionen: Das Buch für England, Irland und Schottland listet 364 Namen, u. a. Havelock Ellis, T. E. Lawrence, Elkin Mathews, Dora Marsden, John Rodker, W. B. Yeats, T. S. Eliot; das Buch für Frankreich listet 183; das U. S.-Buch 243; Jane Heap an SB, Juni 1921; Lidderdale and Nicholson: *Dear Miss Weaver*, 188-89. *Joyce schreibt Ulysses*: JJ an Frank Budgen, (?) Feb. 1921, I, 159-60; A. Walton Litz, *The Art of James Joyce: Method and Design in »Ulysses« and »Finnegans Wake«* (NY: Oxford, 1964), 89.

Bank und Post: T. S. Eliot, »Mr. T. S. Eliot writes:...« *Times* (London), 13. Okt. 1962, 10, und *Mercure*, 9-10. »Wenn die Familie Joyce Geld brauchte, gingen sie zu Miss Beach«, schreiben Mary und Padraic Colum, *Our Friend James Joyce*, 189; *SC*, 23, und »Memoiren«.

Myrsine Moschos: Interviews mit Myrsine Moschos, 22. und 24. Juni 1978; *SC*, 49-50; JJ an HW, 11. Nov. 1932, I, 327; Ritarasi traf seine Entscheidung nicht wegen des Romans oder Joyce, sondern wegen des Buchladens. Moschos berichtet, er hätte den Roman nie gelesen.

Quinns Besuch: *SC*, 61-62, »Memoiren«, B. L. Reid, *The Man from New York: John Quinn and His Friends* (NY: Oxford, 1968), 492; Schwartzman, *Bulletin*, 27-66.

Umzug in die Rue de l'Odéon: *SC*, 12, 62; McDougall, 5; *Mercure*, 35; MacLeish zu NRF, 11. April 1969.

4. Stratford-on-Odéon
1921-1922

Anregendes Zentrum: Mathews, *Kenyon Review*, 137.

Larbaud und Joyce: Larbaud zitiert nach Jolas, »Rambles through Literary Paris«, Pariser *Tribune* (8. Juni 1924), in *Left Bank Revisited*, 96-97; *SC*, 57-58, 69-70; Larbauds Briefe an Sylvia in *Mercure*, 99-100; JJ an Budgen, (?) Feb. 1921, I, 159; Ellmann, 489.

Claudel: McDougall, 22-24; Mathews, *Kenyon Review*, 140-41, 145-46.

Valéry: Interview mit Myrsine Moschos, 22. Juni 1978 »Memoiren«; Jackson Mathews, »My Sylvia Beach«, *Mercure*, 25; *SC*, 13-

14, 158-60; Interview mit François Valéry, 20. Juni 1978; AM, »Valéry in the Rue de l'Odéon« (1945), in McDougall, 77; Huddleston, *Paris Salons*, 200.

Gide: Ellmann, 530, 488, 695; *SC*, 156-57; AM, »With Gide at Hyères« (1921), in McDougall, 93-98; SB an HBD, 22. Sept. 1921.

Sylvia Beach und die Franzosen: Interview mit Keeler und Colette Faus, 25. Juni 1978; *SC*, 150-51; Interview mit Myrsine Moschos, 22. Juni 1978; Mathews, *Kenyon Review*, 78; AM, »Americans in Paris« (1945), in McDougall, 413; Henri Hoppenot, »Pendant près d'un Quart de Siècle,« *Mercure*, 15; Alice B. Toklas *New Republic*, 24, behauptet, SB »ist die amerikanischste nach Gertrude Stein«— kann man als großes Lob verstehen; Henry James, *Madame de Mauves* (NY: Scribners, 1908), 247; AM, »Mémorial de la rue de l'Odéon« zitiert nach McDougall, 40; Interview mit Marthiel Mathews, 18. Juli 1978; Interview mit Eleanor Oldenberger Herrick, 8. März 1978, Dwight Macdonald, »James Joyce«, *Against the American Grain* (NY: Random House, 1962), 124-26; Interview mit Janet Flanner, 29. Juli 1977; AM »The Nature of France« (1940), in McDougall, 418-19; Edmund Wilson, *The Twenties: From Notebooks and Diaries of the Period*, ed. Leon Edel (NY: Farrar, Straus and Giroux, 1975), 96.

Andere Amerikaner und die Franzosen: »Memoiren«, Interview mit Myrsine Moschos, 22. Juni 1978; *Left Bank Revisited*; Josephson, *Life among the Surrealists*, 87; Fenton, *American Quarterly*, 326-43.

Joyce und Miss Weaver: JJ an HW, 24. Juni, 7. Aug. und 2. Mai 1921, I, 165, 168, 164; Lidderdale and Nicholson, *Dear Miss Weaver*, 189; Ellmann, 491.

Penelope beendet: JJ an Robert McAlmon, 3. Sept. 1921, III, 48, und 6. Okt. 1921, I, 1972; JJ an Frank Budgen, 16. Aug. 1921, I, 170.

Werben um Shaw: *SC*, 50-53, dort ist der Brief von Shaw abgedruckt, Ezra Pound, »Paris Letter« *Dial* (Juni 1922), in *Literary Essays of Ezra Pound* (London: Faber and Faber, 1961), 407; Pound zu Mencken, 22. März 1921, *The Letters of Ezra Pound*: 1907-1941, ed. D. D. Paige (London: Faber and Faber, 1951), 240; André Spire, »La Rencontre avec Joyce«, *Mercure*, 43; SB zu Shaw, 17. Nov. 1949; Howard Woolmer, »*Ulysses* at Auction with a Preliminary Census«, *James Joyce Quarterly,* 17 (Winter 1980), 143; Dokumente des Buchladens.

Ulysses-Korrekturfahnen: JJ an HW, 7. Okt. 1921, I, 172; *SC,* 65, 58-60, 63, und »Memoiren«, Ellmann, 513, 521; Interview mit Jacques Benoist-Méchin, 10. Juni 1978; Victor Llona, »With Ezra Pound before Rapallo«, *Cimarron Review,* 7 (Jan. 1973), 15; Litz, *Art of James Joyce,* 924.

Aberglauben: »Memoiren«; *SC,* 88-89; JJ an HW, 1. Nov. 1921, III, 52; McAlmon and Boyle, *Being Geniuses Together,* 35.

Joyces Geldleihen: SB an John Quinn, 17. Okt. 1921, NY Public Library; Quinns Brief an Pound, in Lilly Library, Indiana University, Bloomington; Stanislaus Joyce an JJ, 26. Feb. 1922, III, 58.

Übersetzung des Ulysses: »Memoiren«, AM, »The Translation of *Ulysses*« (1950), in: McDougall, 126-28, Interview mit Jacques Benoist-Méchin, 10. Juni 1978, JJ an Valery Larbaud, 30. Juli 1929, I, 284.

Séance bei Adrienne: *SC,* 58, 73-74; *Ulysses,* 269; SB an SWB, 3. Dez. 1921; Man Ray, *Self-Portrait* (Boston: Little, Brown, 1963), 186; AM, »Joyce's *Ulysses* and the French Public« (1940), in: McDougall, 112-13; Ellmann, 520-23; Valery Larbauds Vortrag »The *Ulysses* of James Joyce« erschien in englisch in *Criterion: A Quarterly Review,* 1 (Okt. 1922), 94-103; JJ an HW, 10. Dez. 1921, I, 178; Huddleston, *Paris Salons,* 203; Gilbert, Einleitung zu I, 29.

Französische Reaktion auf Ulysses: AM, »Joyce's *Ulysses* and the French Public« (1940), in: McDougall, 114-26, zitiert Romains, Curtius und Soupault; AM, »Occupation Journal« (1940), in: McDougall, 391.

Jahresende: Ezra Pound an T. S. Eliot, 24. Dez. 1921, *Letters,* ed. Paige, 234; SB an SWB. 20. und 24. Jan. 1922; *SC,* 63, 84 und »Memoiren«.

5. Verkauf und Schmuggel des Ulysses
1922

Hemingways Ankunft: Der Dialog basiert auf Hemingways Bericht über Paris in jenen Jahren in *A Moveable Feast,* 35-38; 211; den gleichen Brief von Sherwood Anderson erhielten SB, Pound, JJ, Stein und Lewis Galantière, angestellt bei der International Chamber of Commerce und Andersons Übersetzer; frühe Entwürfe zu »My Best Customer«, *SC*, 77-83; Hadley Hemingway Mowrer zu NRF, Juni 1969; Carlos Baker, *Ernest Hemingway: A Life Story* (NY: Scribners, 1969), 78-87; NRF, »EH & Shakespeare and Company«, *Fitzgerald/Hemingway Annual,* 1977, 157-81; Morrill Cody zu NRF, 7. Juli 1978; Interview mit Myrsine Moschos, 24. Juni 1978; EH zu Sherwood Anderson, 9. März 1922, *EH Selected: Letters,* 62; EH, *Writers at Work: The Paris Review Interviews* (NY: Viking, 1963), 226.

Quinn: John Quinn an SB, 4./6. Feb. 1922; SB zu JQ, 21. Feb. 1922, NY Public Library; Michael Joseph, *The Adventure of Publishing* (London: Wingate, 1949).

Stein und Hemingway: Hemingway, *A Moveable Feast* 14-15; Glenway Wescott, »Memories and Opinions«, *Prose,* 5 (Herbst 1972), 193; W. G. Rogers, zitiert bei Goldstone, *Thornton Wilder,* 52.

Erste Kritiken und Verkäufe: JJ an HW, 3. März 1922 (British Library), und 11. März 1922, I, 183; Sisley Huddleston, *Observer,* 5. März 1922, 4; Aufzeichnungen des Buchladens; JJ an McAlmon, 17. März 1922, III, 60; JJ an Stanislaus Joyce, 20. März 1922, III, 61; JJ an HW, 16. März 1922, I, 184; Dudley Fitts an SB, o. D.

Pounds Bel Esprit: Reprinted in *Letters of EP,* 1907-1941, 238-42.

Negative Kritiken: »The Scandal of *Ulysses*«, *Sporting Times,* 1. April 1922, 4; JJ an HW, 10. April 1922, I, 183; »Domini Canis« (Shane Leslie), »*Ulysses*« (Review), *Dublin Review* (Sept. 1922), 119; Alfred Noyes, »Rottenness in Literature«, *Sunday Chronicle,* 29. Okt. 1922, 2; Edmund Gosse an Louis Gillet, 7. Juni 1924, in: Louis Gillet, *Claybook for James Joyce* (NY: Abelard-Schuman, 1958), 31-32; Woolf, *Writer's Diary,* 49, 47; Barrett H. Clark, »George Moore«, in: *Intimate Portraits* (Port Washington, NY: Kennikat, 1951), 110; Stanislaus Joyce an JJ, 26. Feb. 1922, III, 58; R. W. B. Lewis, *Edith Wharton: A Biography* (NY: Harper & Row, 1977), 442; John Dos Passos, *The Best Times: An Informal Memoir* (NY: New American Library, 1968), 148.

Nora nach Irland: Ellmann, 557; McAlmon and Boyle, *Being*

Geniuses Together, 280; JJ an Nora Joyce, (?) April 1922, in: Ellmann 534; »Memoiren«.

Positive Kritiken: Quinn an SB, 4. April und 27. März 1922; Middleton Murry, »Mr. Joyce's *Ulysses«, Nation and Athenaeum,* 22. April 1922, 124-25; JJ an HW, 30. April 1922, III, 64; Arnold Bennett, »James Joyce's *Ulysses,«* *Outlook* (London), 29. April 1922, 337-39; Ellmann, 531-32; unveröffentlichte Briefe bzg. *Ulysses* in den SB-Unterlagen.

Die feindliche Haltung Steins gegenüber Joyce und Pound: SC, 28, 32; Stein, *Autobiography of Alice B. Toklas,* 239, 196, 200, 212; John Malcolm Brinnin, *The Third Rose: GS and Her World* (Boston: Little, Brown, 1957), 269; Putnam, *Paris Was Our Mistress,* 138; Hemingway, *A Moveable Feast,* 27, 28; Interview mit Joseph Barry, 12. Juni 1978. Pounds Parodie zitiert in *Exile* (1938), und McAlmon und Boyle, *Being Geniuses Together,* 225.

Die Last Joyce: James Boswell, *Life of Samuel Johnson* (NY: Oxford, 1948), 192; Janet Flanner, »The Great Amateur Publisher«, und Malcolm Cowley, »When a Young American«, in *Mercure,* 45, 58; Stuart.

Gilbert Einl. zu I, 31; Interview mit Myrsine Moschos, 24. Juni 1978; SB an John Quinn, 21. Feb. 1922, NY Public Library; *SC,* 198, 201, und »Memoiren«

Hemingway lernt cablese: Interview mit Gilbert Seldes, 23. Juli 1981. Baker, *EH: A Life Story,* 89.

Joyces Augen: SC, 66, 70-72, und »Memoiren«; JJ sagte HW, er hätte 500 Verse aus Scotts Gedicht in drei Tagen gelernt, 27. Juni 1924, I, 216; Geschäftsbücher des Buchladens.

SB und HW über JJ: SB an HW, 6. Juni, 9. Juni, 18. Juni, 26. Juni, 7. Sept. 1922, British Library; Pound, »Paris Letter« (Mai 1922) in *A Dial Miscellany,* ed. William Wasserstrom (Syracuse: Syracuse University Press, 1963), 97, 101; Lidderdale and Nicholson, *Dear Miss Weaver,* 199.

Hemingways Lektüre: Seine Leihbüchereikarten wurden von NRF entziffert, *Fitzgerald/Hemingway Annual,* 1977, 157-81; *SC,* 83.

Joyce nach London: SB an HW, 26. Juni und 9. Juli 1922, Ellmann, 536; Lidderdale and Nicholson, *Dear Miss Weaver,* 202.

Die 2. Auflage von Ulysses: SC, 95-97; Lidderdale and Nicholson, *Dear Miss Weaver*, 203-4; Ellmann, 505-6 n.; SB an HW, 9. Juli 1922; Interview mit Myrsine Moschos, 24. Juni 1978.

John Peale Bishop: Bishop's »Princeton«, *Collected Essays*, 400; Bishop, »Homage to Hemingway«, *New Republic*, 11. Nov. 1936, ausgeführt in *Collected Essays, 37-46;* Allen Tate, *Memoirs and Opinions, 1926-1974* (Chicago: Swallow, 1975), 61.

Flanner und Hemingway, Journalisten: John C. Broderick, »Paris between the Wars: An Unpublished Memoir by Solita Solano«, *Quarterly Journal of the Library of Congress,* 34 (Okt. 1977), 306-14, 351-53; Solano zu NRF, 29. Aug. 1969; Interview mit Flanner, 29. Juli 1977; Kathryn Hulme, *Undiscovered Country: A Spiritual Adventure* (Boston: Little, Brown, 1966), 100; Baker, *EH: A Life Story,* 100.

Berlin: Josephson, *Life among the Surrealists,* 101, 105; McAlmon and Boyle, *Being Geniuses Together,* 107.

Joyces Streitereien mit Sylvia und Budgen: SB an EB, 13. Nov. 1923; JJ an HW, 13. Nov. 1922; *SC,* 96-97; Ellmann, 541-42; JJ an HW, 17. Nov. 1922, I, 197.

Schmuggel des Ulysses: Harriet Monroe an SB, 16. Sept. 1922. Nur zwei Exemplare dieser 3. Auflage (der 2. Egoist-Auflage) existieren noch. Eins schickte Rodker an HW, und SB verkaufte es für JJ. Rodker selbst kaufte das Exemplar, das jetzt in Yale ist. Das zweite Exemplar ist in SUNY, Buffalo; Lidderdale and Nicholson, *Dear Miss Weaver,* 215-17; Braverman/Beach Briefe; Princeton; *SC,* 86-88.

6. »Plurabilities«: Über neue Kompositionen
1923

Krise bei Sylvia und Joyce: SB an SWB, 3. Feb. 1923; Ellmann, 545; Lincoln Steffens an Laura Suggett, 12. Dez. 1922, *The Autobiography of LS* (NY: Harcourt, Brace, 1933), 610-11, 833, 835; Interview mit Helen Eddy, 27. Mai 1978.

Bei den Joyces: JJ an Valery Larbaud, 17. Jan. 1933, III, 71; SB an SWB, 20. Jan. und 3. Feb. 1923.

Kundenwerbung und Danksagungen an Kritiker: JJ an HW, 11.

März 1923, I, 201, und 30. März 1923, III, 74; Edmund Wilson an John Peale Bishop, 5. Sept. 1922, *Letters on Literature and Politics, 1912-1972* (NY: Farrar, Straus and Giroux, 1977), 94.

Joyce beginnt mit Finnegans Wake: JJ an HW, 11. März 1923, I, 202; nach A. Walton Litz (*Art of James Joyce, 77*) schrieb er das »King Roderick O'Connor«-Fragment; Ellmann, 546-50.

Joyces Reisen: »Memoiren« und *SC*, 184. Lidderdale and Nicholson, *Dear Miss Weaver*, 222-23; JJ an SB, 12. Juli 1923, III, 79; SW an SWB, 29. Juni 1923.

Ankunft von Antheil: Boski Antheil (Interview, 28. Jan. 1978) behauptete, sie seien am 4. Juli angekommen; George Antheil behauptete, es sei der 13. Juli gewesen, zur Premiere von Strawinskis Ballett *Les Noces, Bad Boy of Music* (Garden City, NY: Doubleday Doran, 1945), 98; SB an SWB, 13. Juni 1923.

Hemingways Routine: Baker, *EH: A Life Story*, III; Morrill Cody an NRF, 7. Juni 1978; EH, *A Moveable Feast,* 70; Hadley Hemingway Mowrer zu NRF, 5. Juni 1969; mit »Big Two-Hearted River« begann er im Mai 1924.

Weavers Erbschaft: JJ an SB, 12. Juli 1923, III, 78; HW an SB, 25. Mai 1950.

Unterwegs mit den Hemingways: »Memoiren«, Hadley Hemingway Mowrer zu NRF, 5. Juni 1969; *SC*, 79-81; Interview mit Morrill Cody, 7. Juni 1978; Bryher, *Heart to Artemis*, 213.

Antheils Einzug: SB an SWB, 29. Juni 1923; Antheil, *Bad Boy of Music*, 97, 109-13; McDougall, 39; Roger Shattuck behauptet, Satie hätte seine dramatische Symphonie *Socrate* in ›Shakespeare and Company‹ für Cocteau, Gide, Jammes, Milhaud, Sylvia und Adrienne gespielt (*The Banquet Years: The Arts in France*, 1885-1918, Garden City, NY: Anchor, 1961), 160, aber wahrscheinlich fand das Konzert in Adriennes Buchladen statt; *SC*, 153-54, und »Memoiren«, George Wickes, *Americans in Paris* (Garden City, NY: Doubleday, 1969), 193-233; SB zu Margaret Marshall (ihre Herausgeberin), 30. Jan. 1958.

Komponisten: Braving Imbs, *Confessions of Another Young Man* (NY: Henkle-Yewdale, 1936), 39-40; Virgil Thomson, *Virgil Thomson* (NY: Knopf, 1966), 77; Interview von Virgil Thomson, 26. Juli 1977, Interview mit Myrsine Moschos, 24. Juni 1978.

Hemingway und Ford: EH an SB, 6. Nov. 1923, *Mercure*, 106;

Huddleston, *Paris Salons*, 117, 121; 111; Interview mit George Seldes, 23. Juli 1981; *SC*, 137-38; Ford Madox Ford, *It Was the Nightingale* (Philadelphia: Lippincott, 1933), 200.

Ford und Joyce: »Memoiren«, JJ an HW, 9. Okt. 1923, I, 204.

Neue Verlage: SC, 130-32, und »Memoiren«; Ford, *Published in Paris*, 34-94.

Verhandlungen wegen Exiles: SC, 163-68, und »Memoiren«.

Antheils Debut: Antheil, *Bad Boy of Music*, 117-18, 131-33; Richard McDougall zu NRF, 8. Jan. 1980; »Marcel L'Herbier's *L'Inhumaine*«, Museum of Modern Art Film Introduction; Hugh Ford, »George Antheil: The Composer Upstairs« (Vortrag beim Modern Language Association Meeting, San Francisco, 29. Dez. 1979); AM, »The *Ballet Mécanique*« (1926), in: McDougall, 247-48.

Anfragen wegen der Publikation erotischer Bücher: EH zu Harriet Monroe, 16. Nov. 1922, *EH: Selected Letters,* 72; Anthony de Losdari zu SB, 12. Okt. 1944; Huddleston, *Back to Montparnasse,* 194-95; *SC*, 90-95; Frank Harris zu SB, 17. Juli und 12. Nov. 1924.

Sylvia veröffentlicht weiterhin Ulysses: Lidderdale and Nicholson, *Dear Miss Weaver*, 230; SB an EB, 3. Dez. 1923.

Die Hemingways schreiben: Hadley Hemingway beklagte sich bei SB (24. Nov. 1923), daß die Rückkehr nach Toronto »der größte Fehler gewesen sei«; EH an SB, 6. Nov. 1923, *Mercure*, 106 (auch in *EH: Selected Letters*, 97-98).

Ulysses IV: JJ an HW, 26. Feb. 1923, III, 72-73; JJ an HW, 5. Feb. 1924, I, 210; Ellmann, 551.

7. *Amerikaner in Paris*
1924

William Carlos Williams, *A Voyage to Pagany* (NY: New Directions, 1970), 9, 15.

Historischer Hintergrund: Irving Howe, »Literature of the Latecomers: A View of the Twenties«, *Saturday Review*, 10. Aug. 1974, 32; Hemingway, *A Farewell to Arms* (NY: Scribners, 1957), 185; Van Wyck Brooks, *The World of Washington Irving* (NY: Dutton, 1944), 338; Hemingway, »A Canadian with One Thousand a

Year«, *Toronto Star Weekly*, 4. Feb. 1922, 16; »Die Dachwohnungen müssen billig sein, damit die Kunst existieren kann«, erklärt Pound in seinem »Paris Letter«, im Okt. 1921 in der *Dial*, 462; Robert Forrest Wilson, *Paris on Parade* (Indianapolis: Bobbs Merrill, 1924), 224; Archibald MacLeish, *Saturday Review*, II.

William Carlos Williams' erste Reise: WCW, *Voyage to Pagany*, 13-14, 235; NRF, »Voyage to Ithaca: WCW in Paris«, *Princeton University Library Chronicle*, 40 (Frühjahr 1979), 193-214; SB an EB, 22. Jan. 1924; WCW, *Autobiography*, 194; Harold Loeb erwähnt, Williams sei von den Gesprächen und dem Essen »enttäuscht« gewesen, *The Way It Was* (NY: Criterion, 1959), 202; McAlmon nennt WCW »überwältigt«, *Being Geniuses Together*, 185.

Hemingway kehrt zurück: EH an SB, 6. Nov. 1923, *Mercure*, 105-7; *SC*, 82, und »Memoiren«; Ford Madox Ford, »A Few Friends« (24. Feb. 1924), in *Left Bank Revisited*, 259.

Frauen in Paris: Bryher, *Heart to Artemis*, 203, 207; Williams, *Autobiography*, 222, 193; Loeb, *The Way It Was*, 165; James Charters (mit Morrill Cody), *This Must Be the Place: Memoirs of Montparnasse* (Lincoln, Neb.: Herbert Joseph, 1934), 48; McAlmon and Boyle, *Being Geniuses Together*, 55-56, 103; Morley Callaghan, *That Summer in Paris* (NY: Dell, 1963), 108-9; Archibald MacLeish, »What One Remembers«, *Mercure*, 34; Morrill Cody, »Shakespeare and Company – Paris«, *Publishers' Weekly*, 12. April 1924, 1261-63.

Joyce und die Amerikaner: SC, 40-41, 78; Interview mit Myrsine Moschos, 22. Juni 1978.

Cowley und die Greenwich-Village-Gruppe: Malcolm Cowley, »The Twenties in Montparnasse«, *Saturday Review*, 11. März 1967, 55; SB an EB, 12. Juli und 4. Nov. 1924; *SC*, 112-14; Interview mit Joella Bayer, Tochter von Mina Loy, 5. Juli 1931; WCW, *Autobiography*, 138.

Valéry und Salons: »Memoiren«.

Dos Passos und Eisenstein: SC, 109-11, und Geschäftsbücher.

MacLeish: Archibald MacLeish, »What One Remembers«, *Mercure*, 34; MacLeish zu NRF, 17. Okt. 1981 und 23. Okt. 1968; MacLeish zu SB, 23. Juni (ohne Jahresangabe).

Joyces Wohnung: JJ an HW, 12. Mai und 22. Mai 1924.

Williams, Larbaud und Hemingway: SB zu HB, 23. Mai 1924; WCW, *In the American Grain* (NY: New Directions, 1956), 109-10; Alice Hunt Sokoloff, *Hadley: The Story of the First Mrs. Hemingway* (NY: Dodd, Mead, 1973) 71; WCW an Kenneth Burke, 14. April 1924, *The Selected Letters of WCW*, ed. John C. Thirlwall (NY: McDowell, Obelensky, 1957), 64.

Commerce: JJ an HW, 24. Mai 1924, I, 214; *SC,* 142-43, und »Memoiren«; McDougall, 49-50; Larbaud zitiert bei AM, »The Translation of *Ulysses*« (1950), in: McDougall, 131.

Symons und Ellis' Besuch: SB an EB, 28. Juni 1924.

Pound wirbt für Antheil: Sisley Huddleston, *Paris Salons,* 83; Ezra Pound, »George Antheil«, *Criterion,* 2 (Okt. 1924), 324-25, 331; »Memoiren«; Das Konzert im Salon von Natalie Barney fand am Neujahrstag statt, 1925; George Antheil zu SB, (?) 1925; Interview mit Boski Antheil, 11. Feb. 1978.

Pound verläßt Paris: K. L. Goodwin, *The Influence of Ezra Pound* (NY: Oxford, 1966), 40; Alan Holder, *Three Voyages in Search of Europe: A Study of Henry James, Ezra Pound, and T. S. Eliot* (Philadelphia: University of Pennsylvania Press, 1966), 315-16, behauptet, Pound hätte keine förderungswürdigen zeitgenössischen Schriftsteller mehr in Paris finden können; Noel Stock, *The Life of Ezra Pound* (NY: Discus, 1974), 335, fügt hinzu, daß es keine herausragenden zeitgenössischen französischen Schriftsteller mehr in Paris gäbe und Pound nicht zu ihnen passe, weil er nicht trinke, Cowley, *Exile's Return,* 122.

Sommerkrisen: JJ an SB, 17. Aug. 1924, III, 106; SB an EB, 2. Aug. und 4. Nov. 1924; SB an HB, 26. Sept. 1924.

Miss Weaver und Victor Records: Lidderdale and Nicholson, *Dear Miss Weaver,* 248-59; SB an EB, 4. Nov. 1924; *SC,* 171.

Commerce-Streit: SB an EB, 2. Aug. 1924; AM, »The Translation of *Ulysses*« (1950), in: McDougall, 132; Valery Larbaud an JJ, 6. Nov. 1924, III, 109; JJ an HW, 29. Nov. 1924.

Weihnachtsgeschenke: SB an HB, 27. Dez. 1924; WCW, »Père Sebastian Rasles«, *In the American Grain,* 105-6; Van Wyck Brooks, *The Wine of the Puritans* (NY: Kennerly, 1909), 121-26, 138; Bryher, *Heart to Artemis,* 208.

8. Sommer der ›Tausend Parties‹
1925

Tausend Parties: F. Scott Fitzgerald, »Autobiographical chart«, 179, Fitzgerald Papers, Princeton.

Neue Zeitschriften: Baker, *EH: A Life Story,* 140-41; Robert McAlmons Brief an SB, undatiert; SB an EB, 13. Juli 1925; JJ, »Fragment of an Unpublished Work«, *Criterion,* 3 (Juli 1925), 498-510, ist das fünfte Kapitel von Finnegans Wake (104-25); Sanford J. Smoller, *Adrift among Geniuses: Robert McAlmon, Writer and Publisher of the Twenties* (University Park: Pennsylvania State University Press, 1975), 165; McAlmon zu SB, 1. Juli 1925; SB an HB, 4. März 1925.

»Prufrock« übersetzen: SC, 127; T. S. Eliot, »Miss Sylvia Beach«, *Mercure,* 9; McDougall, 51-52.

Prévost, Auclair und Chamson: SC, 119-21, und »Memoiren«; Interview mit Myrsine Moschos, 24. Juni 1978; Interview mit Marcelle Auclair, 9. Juni 1978; André Chamson, »Le Secret de Sylvia«, *Mercure,* 22.

Adriennes Kochkünste: Interviews mit Marcelle Auclair (9. Juni 1978) und Eleanor Oldenberger Herrick (4. Jan. 1979); Die Tischunterhaltung überzeugte Auclair, daß AM und SB nicht lesbisch waren, Auclair und Françoise Prévost, *Mémoirs à Deux Voix* (Paris: Éditions du Seuil, 1978), 130; William Carlos Williams bestätigt, daß AM die Küchentür abschloß, wenn sie ihr berühmtes Huhn zubereitete, »Père Sebastian Rasles«, *In the American Grain,* 106; AM, »A Letter to Friends in the Free Zone« (1942), in: McDougall, 403.

Hemingway trifft Fitzgerald: Baker, *EH: A Life Story,* 145-47; Matthew J. Bruccoli, *Scott and Ernest: The Authority of Failure and the Authority of Success* (NY: Random House, 1978), I, 5, 155; Lewis, *Edith Wharton,* 468; FSF zu Max Perkins, 28. Aug. 1925, Perkins Papers, Princeton; Arthur Mizener, *The Far Side of Paradise: A Biography of F. Scott Fitzgerald* (Boston: Houghton Mifflin, 1965), 196; Interview mit Myrsine Moschos, 24. Juni 1978.

Vorbereitungen zu Ballet Mécanique: Jacques Benoist-Méchin (Interview 10. Juni 1978) sagte, er hätte bei einer Probeaufführung gespielt, weil Antheil durch eine Krankheit geschwächt gewesen sei;

AM, »The *Ballet Mécanique*« *(1926), in McDougall*, 247; *Antheil, Bad Boy of Music*, 104, 169; *SC*, 122-23; Antheil an SB, 16. Aug. 1925; Imbs, *Confessions of Another Young Man*, 56; *SC*, 125 (in Wirklichkeit war Antheil 1923 schon in Afrika gewesen); viele Briefe Antheils sind ohne Datum.

Gide nach Afrika: SB an EB, 13. Juli 1925; im gleichen Jahr gebar Élisabeth van Rysselberghe Gides Tochter, Catherine; *SC*, 158.

Sommer-Parties: Ford Madox Ford, *Your Mirror to My Times: The Selected Autobiography and Impressions of FMF*, ed. Michael Killigrew (NY: Holt, Rinehart & Winston, 1971), 105; Westbrook Pegler (bei Fitzgeralds Tod), zitiert nach Glenway Westcott, *Images of Truth: Remembrances and Criticism* (NY: Harper & Row, 1939), 232; Loeb, *The Way It Was*, 270, 168-69; Malcolm Cowley zu NRF, 17. April 1982; Putnam, *Paris Was Our Mistress*, 181-82, 189; Cowley, *Exile's Return*, 158-59; McAlmon and Boyle, *Being Geniuses Together*, 185-88; Smoller, *Adrift among Geniuses*, 138; »Memoiren«; Baker, in *EH: A Life Story*, 147-55; Loeb, in *The Way It Was*, 259-300, erzählt seine Version; Calvin Tomkins, *Living Well Is the Best Revenge* (NY: Viking, 1971); F. Scott Fitzgerald an John Peale Bishop, 21. Sept. (1926?), *The Letters of FSF*, ed. Andrew Turnbull (NY: Scribners, 1963), 359.

Les Déserts: SC, 191-96, Briefe an die Familie Beach; SB an EB, 7. Aug. und 21. Aug. 1925; SB an HB, 12. Juli 1933 und 7. Aug. 1945; EH an SB, 3. Aug. 1925; JJ an SB (Ende Juli?) 1925, I, 229; JJ an SB, (22.?) Aug. 1925, III, 125; AM, »A Sketch of Les Déserts« (1935), in: McDougall, 356.

9. Übergänge
1926-1927

Sommerkrisen: AM an SB, 27. Juli 1926, *Mercure*, 111-13; Thomas Wolfe an Aline Bernstein, 22. Sept. 1926 in *The Letters of TW*, ed. Elizabeth Nowell (NY: Scribners, 1956), 114-15; SB zum Herausgeber, *New Statesman*, 23. Mai 1927; JJ an HW, 18. Aug. 1926, I, 243-44; JJ an SB, 24. Aug. 1926, I, 244-45.

Scheidungen: Bryher-Beach-Korrespondenz, Yale; McAlmon and

Boyle, *Being Geniuses Together*, 288; McAlmon an SB (undatiert); Baker, *EH: A Life Story*, 176; Alex Small, »Latin Quarter Notes« (2. Juli 1926), in *Left Bank Revisited*, 105-6.

Raubdrucker: JJ an Stanislaus Joyce, 5. Nov. 1926, III, 145; *SC*, 179, 182; SB an Edward Titus, 4. März 1927.

Herbstbesucher: Matthew Josephson, Vorwort zu *Left Bank Revisited*, xxiv; Sisley Huddleston, *Paris Salons*, 319; Ivy Low Litwinow zu SB, 14. Nov. 1926 und 27. Sept. 1928; Interview mit Myrsine Moschos, 24. Juni 1978; SB an EB, 6. Dez. 1926.

Pomes Penyeach: JJ an HW, 18. Feb. 1927, III, 155; MacLeishs Briefe an JJ bezüglich *PP* sind bei den Harriet Weaver Papers, British Library; Archibald MacLeish zu NRF, 17. Okt. 1981; Ellmann, 591; AM zu JJ, o. D., Harriet Weaver Papers, British Library.

Sylvias Geburtstag: SWB an SB, 14. März 1927; SB an HB, 2. März 1927.

Antheil in der Carnegie Hall: SB an HB, 2. März 1927; William Carlos Williams, »George Antheil and the Cantilene Critics«, *transition*, 13; Donald Friede, *The Mechanical Angel: His Adventures and Enterprises in the Glittering 1920's* (NY: Knopf, 1948), 44; Antheil, *Bad Boy of Music*, 197.

McAlmon-Bryher-Scheidung: WCW an SB, 18. Aug. 1926; SB an Bryher, 15. Dez. 1926; McAlmon an SB, (undatiert) und 24. Nov. 1926; WCW berichtet, McAlmon wäre wütend geworden, als SB behauptete, sein Alkoholkonsum würde sich auf seine Werke auswirken; WCW an Florence Williams, 24. Sept. 1924, *Selected Letters of WCW*, 72.

Williams' Rückkehr und transition: Eugène Jolas, ed., *transition Workshop* (NY: Vanguard, 1949), 394, 14; Dougald McMillan, *transition: The History of a Literary Era, 1927-1938* (NY: Braziller, 1976), I; Flanner, *Paris Was Yesterday*, 20-21.

James Stephens: JJ an HW, 20. Mai 1927, I, 253: »Ich habe Miss Beach gebeten, James Stephens für die Vollendung des Entwurfs zu gewinnen.« Ellmann (III, 169, n. 3) behauptet, Stephens sei ein Waisenkind, dessen Name, Geburtstag und Geburtsort erfunden gewesen wären.

Hemingway heiratet wieder: Baker, *EH: A Life Story*, 346; Die MacLeishes erinnern sich weder, auf der Hochzeit gewesen zu sein, noch eine Party gegeben zu haben, MacLeish zu NRF, 17. Okt.

1981; McAlmon, der Hadleys Witz, Diskretion und Würde bewunderte, schreibt, sie hätte auf den Annullierungsvorschlag geantwortet: »Na gut, dann gehört mir das Kind ganz alleine.« *Being Geniuses Together*, 346.

SB spricht im Radio: SB's Radiovortrag (Dienstag, 24. Mai 1927) für das Institut Radiophonique d'extension universitaire de la Sorbonne, abgedruckt in *Mercure*, 91-93; JJ zu SB, Mai oder Juni 1927; SB, unveröffentlicht »Diary of the Publication of *Pomes Penyeach*«, SB Papers; Ben Huebsch zu SB, 22. Juni 1926; SB zu HB, 31. Mai 1927.

Spannungen wegen der Raubdrucke: JJ an HW, 18. März 1926, I, 240; »Memoiren«; SB zu JJ, 12. April 1927.

Tod von Eleanor Beach: J. H. Orbison an SB, 24. Dez. 1926; SB an HB, 31. Mai 1927; EB an SB, 11. Dez. 1918; Interview mit Myrsine Moschos, 22. Juni 1978; Interview mit Helen Eddy, 27. Mai 1978; Joyce, der an diesem Tag aus Holland zurückkehrte, erriet die Wahrheit, nachdem er mit den Ärzten gesprochen hatte. Er vertraute sich Miss Weaver an und bat um ihre Verschwiegenheit. JJ an HW, 23. Juni, 5. Juli und 10. Juli 1927; in ihrem handgeschriebenen Testament, das im Januar 1927 in Florenz verfaßt worden war, erklärt EB, sie wäre »sehr gegen Gräber« und wünsche eine Feuerbestattung; Helen Eddy, die über zwanzig Jahre lang Cyprians Begleiterin war, erklärt, die Familie hätte nichts von dem Selbstmord gewußt.

10. Übersetzungsverträge und Reisen
1927-1928

Touristen: Josephson, *Life among the Surrealists*, 314 (Josephsons erster Besuch war 1921-1923); 300 000 Amerikaner reisten 1928 nach Europa, Francis P. Miller and H. D. Hill, »Europe as a Playground«, *Atlantic Monthly*, Aug. 1930, 226; SB an HB, 4. Mai 1928.

Rückzug aus dem Verfahren: Benjamin Conners und M. Moreaus Korrespondenz mit SB, in: SB Papers; JJ an HW, 26. Juli 1927, III, 162.

Pomes Penyeach: SB, »Diary of the publication of *Pomes Penyeach*«, SB Papers; Interview mit Myrsine Moschos, 24. Juni 1978; Rebecca West, *The Strange Necessity: Essays and Reviews* (London: Jonathan Cape, 1928), 13-198; William Carlos Williams, »The Strange Case of JJ«, *Bookman,* Sept. 1928, 9-23; JJ an HW, 26. Juli 1927, III, 162-63; JJ an HW, 3. Juli 1927, I, 257.

Beach-Besuch: Interview mit Helen Eddy, 27. Mai 1978; Cyprian Beach an SB, 11. Juli 1927; SB an HB, 26. Sept. und 14. Okt. 1927.

Williams' und Hollys gemeinsame Fahrt: WCW an SB, 24. Juni 1928, in *Mercure,* 115; für eine Analyse von WCWs Parisreise vgl. NRF, *Princeton University Library Chronicle,* 193-214; WCW an Florence Williams, 30. Sept. 1927, in *Selected Letters,* 71-79.

Cyprian und Holly: Interview mit Helen Eddy, 27. Mai 1978; SB an EB, 18. Jan. 1927.

Bryher heiratet wieder: Interviews mit Perdita Schaffner (7. Juli 1978) und Glenway Wescott (4. Nov. 1980); AM, »Our Friend Bryher« (1940), in: McDougall, 205.

Aldington: Richard Aldington, *Life for Life's Sake: A Book of Remembrances* (London: Cassell, 1968), 296.

SBs aktives gesellschaftliches Leben: SB an HB, 14. Okt. 1927; SB an HW, 14. Nov. 1927; *SC,* 148-49; Williams an SB, 28. Okt. 1929.

Joyce inspiziert die Wasserwerke: SC, 184; JJ an HW, 29. Okt. 1927, I, 260; JJ brauchte für die siebzehn Seiten 1200 Stunden, teilte er Larbaud mit, (18.?) Okt. 1927, III, 164; Huddleston, *Paris Salons,* 14.

Wescott und Hemingway: Alex Small, »Notes of Montparnasse« (12. Okt. 1927), in *Left Bank Revisited,* 109; Glenway Wescotts Version unterscheidet sich geringfügig, Prose, 196; Interview mit Wescott, 4. Nov. 1980.

Zwei Mißverständnisse: SB an SWB, 17. Jan. 1928; JJ an Valery Larbaud, 18. Okt. 1926 und 19. Jan. 1927, III, 164, 168-69.

Copyright für Work in Progress: SB an SWB, 17. Jan. 1928; JJ an Donald Friede, 20. März 1928, III, 172.

Geburtstag und Vortrag: Helen Hutting zitiert nach Ellmann, 599; HW an SB, 22. März 1928; JJ an HW, 15. Feb. 1928, III, 171.

Eugène Jolas: JJ an HW, 15. Feb. 1928, III, 171; McMillan, *transition,* 182; Ernest Knoll zu NRF, 28. Juni 1977, über die unveröffentlichte Llona-Autobiographie.

Sammlungen für Antheil: McAlmon, *Being Geniuses Together,* 220, behauptet, als William Bullitt auf einer ärztlichen Untersuchung bestanden hätte, lautete die Diagnose, Antheils Lungen seien gesund; William Bird hatte die Three Mountains Press an Nancy Cunard verkauft; SB an HB, 12. März 1928; JJ an HW, 28. März 1928, III, 174; JJ an HW, 20. Sept. 1928, I, 269.

Hemingways Verletzung: SB an Holly Beach, 12. März 1928; Robert O. Stephens, »Hemingway and Stendhal: The Matrix of *A Farewell to Arms*«, PMLA, 88 (März 1973), 271-80.

»Trianons-Vertrag«: »Memoiren«, JJ zu Valery Larbaud, 18. Okt., 27. und 19. Jan. 1928, III, 164, 168-69; JJ an HW, 20. Sept. 1928, *Selected Letters,* 335; Ellmann, 601.

Gilberts Schlüssel: Stuart Gilbert zu SB, 29. März 1928; JJ an Stanislaus Joyce, 5. Aug. 1928, III, 181.

Joyces Reisen: JJ an HW, 28. März und 16. April 1928, III, 173, 176; JJ an SB, 22. Mai 1928, I, 262; JJ an SB, 28. April und 2. Mai 1928.

Gershwin: SC, 125; »Gershwin Picks *Americans in Paris* for Subject of Next Jazz Symphony« (3. April 1928), in *Left Bank Revisited,* 224-25; Putnam, *Paris Was Our Mistress,* 124.

Fitzgerald, Vidor und Chamson: King Vidor, *A Tree Is a Tree* (NY: Harcourt, Brace, 1952), 171; Vidors Filme mit französischem Hintergrund sind: *The Big Parade, Bardelys the Magnificant und La Bohème; SC,* 116-19, und »Memoiren«, Lucie Mazauric mit André Chamson, *A Dieu! Que la Paix est Jolie* (Paris: Plon, 1972), III, 24; Arthur Mizener, *The Far Side of Paradise,* 230-31 (JJs Bemerkung gegenüber Gorman, S. 146); »Remarks by André Chamson«, *Fitzgerald/Hemingway Annual, 1973,* 69-78; Chamson, *La Petite Odyssée* (Paris: Gallimard, 1965), 45-52; Chamson, »Le Secret de Sylvia«, *Mercure,* 23-24.

Giedion-Welcker: Richard M. Kain, ed. »An Interview mit Carola G-W und Maria Jolas«, *JJ Quarterly,* 2 (Winter 1974), 103.

Cyril C.: Connolly, »A Rendezvous for Writers«, *Mercure,* 160-61.

Urlaub für Joyce und Sylvia: »Memoiren«; JJ zu SB und AM, 3. Sept. 1928, I, 265; Die Stickerei zeigte den Fluß Liffey, die irische See, die Fjorde von Norwegen und Irland. JJ an HW, 20. Sept. 1928, I, 268; SB an Sisley Huddleston, 21. Juni, 2. Nov. und 6. Nov. 1928, Humanities Research Center, University of Texas, Austin.

Beckett: Deirdre Bair, *Samuel Beckett: A Biography* (NY: Harcourt Brace Jovanovich, 1978), 69; Interview mit Beckett, 27. Aug. 1980.

Joyces Krankheit: SB an HW, 5. Okt. und 3. Dez. 1928; HW an SB, 18. Nov. 1928; JJ an HW, 2. Dez. 1928, I, 276.

Radclyffe Hall und Natalie Barney: Interview mit Eleanor Oldenberger Herrick, 4. Jan. 1979; Flanner, *Paris Was Yesterday,* 48; SB zu Natalie Clifford Barney, 4. Nov. 1928, Jacques Doucet Library, Paris.

Nachfragen, erotische Bücher zu publizieren: I. H. Barkey zu SB, 16. Feb. 1928; SB behauptet (*SC,* 92), daß Aldington auch um Hilfe für D. H. Lawrence bat, aber er streitet dies ab und fügt hinzu, er sei mit Hemingway und nicht mit Huxley, den er nicht kannte, in den Laden gekommen; Bryher an SB, 5. Dez. 1959; Lawrence an SB, 24. Dez. 1928; *SC,* 93; JJ an HW, 27. Sept. 1930, I, 294.

»*Trianons-Vertrag*« *bricht: SC,* 145; JJ an HW, 23. Okt. 1928, I, 271.

Korrespondenz mit MacLeish und Hemingway: Archibald MacLeish an SB, 9. Dez. 1928; SB an Ernest Hemingway, 30. Jan. 1929; in seinem Rückschreiben erzählt EH Sylvia vom Selbstmord seines Vaters (EH an SB, [?] Feb. 1929); SB an HB, 3. Dez. 1928.

11. »*Exagminations*«
1929-1930

Noras Operation und Hollys Heirat: SB an HBD, 8. Sept. 1928, 30. März, 4. Juni und 4. Dez. 1929; Interview mit Helen Eddy, 27. Mai 1978; CB an SB (? 1934); Interview mit James Briggs, 6. Juli 1978.

Sammlung der Essays für Our Exag: SB wies schließlich den Essay von Edouard Roditi zurück, SB zu ER, 10. Jan. 1929 UCLA.

Das Ende der zwanziger für McAlmon: McAlmon and Boyle, *Being Geniuses Together,* 368; Smoller, *Adrift among Geniuses,* 190; Hemingway, *The Sun Also Rises* (NY: Scribners, 1954), 114.

Crosby und Crane: Harry Crosby, *Shadows of the Sun: The Diaries of HC,* ed. Edward Germain (Santa Barbara: Black Sparrow, 1977), 236; John Unterecker, *Voyager: A Life of Hart Crane* (New

York: Farrar, Straus and Giroux, 1969), 575-99; Malcolm Cowley zu NRF, 17. April 1982; Leon Edel, Vorwort zu John Glassco, *Memoirs of Montparnasse* (NY: Oxford, 1970), ix.

Crosbys veröffentlichen Joyce: Harry Crosby bestätigt, daß sie JJ durch SB trafen, *Shadows of the Sun*, 238; Caresse Crosby, *Passionate Years,* 191; *SC,* 134-36; Wyndham Percy Lewis, *Doom of Youth* (London: Chatto & Windus, 1932), 175-76 (*Childermass and Doom* gehören zu dem Werk *The Human Age*); Caresse bedauerte später, daß sie nicht Brancusis erste Zeichnung, die »viel interessanter« war, gewählt hatten, 195; Harry Crosby, *Shadows of the Sun,* 248.

Our Exag: JJ, *Finnegans Wake* (NY: Viking, 1939), 284, 497; JJ zu HW, 27. Mai 1929 und JJ zu Larbaud, 30. Juli 1929, I, 279, 283; Williams zu SB, 8. Juni 1929; McAlmon and Boyle, *Being Geniuses Together,* 285-86; SB an HBD, 4. Juni 1929; JJ an HW, 28. Mai 1929, I, 281.

Tales Told of Shem and Shaun: Caresse Crosby, *Passionate Years,* 197; Harry Crosby, *Shadows of the Sun* (21. Juni 1929), 258; *SC* 134-35, und »Memoiren«; JJ zu Caresse Crosby, 17. Juli 1929, III, 191; SB zu Williams, 15. Okt. 1929, Buffalo.

Joyce-Familie: Ellmann, 610-11; Bair, *Beckett,* 83; Lucia Joyces Manuskript, das auf SBs Wunsch (für Ellmann) geschrieben wurde, ist bei den SB-Papers, Princeton.

Déjeuner Ulysse: Gilbert und Larbaud waren nicht in der Stadt, und Morel hatte einen anderen Auftrag, JJ zu Larbaud, 30. Juli 1929, I, 282-83; Chamson erinnert sich, daß Jean Schlumberger fehlte, »Le Secret de Sylvia«, *Mercure,* 23; Hugh Kenner, *The Pound Era* (Berkeley: University of California Press, 1971), 396; in einem Brief an Larbaud (20. Juli 1929, I, 283) behauptet JJ, daß er Valéry und Fargue lange Reden untersagt hätte; Nino Frank, »The Shadow That H Lost Its Man«, in *Portraits of the Artist in Exile,* 84-86; Claudels Briefe zitiert bei McDougall, 24, 135; Simone de Beauvoir, Vorwort zu Gisèle Freund and V. B. Carleton, *JJ in Paris: His Final Years* (NY: Harcourt, Brace & World, 1965), viii.

Leon Edel: Edel zu NRF, 20. Mai 1981; Edel, *American Scholar,* 482.

Der Zusammenbruch: SB an HBD, 4. Dez. 1929 und 20. Jan. 1930; Putnam, *Paris Was Our Mistress,* 116; Morrill Cody meint auch, daß der Montparnasse »1925 seinen Höhepunkt erreicht hatte und ab 1929 verfiel«. *This Must Be the Place,* 185; Hiram Motherwell, »The American Tourist Makes History«, *Harper's Magazine,* Dezember 1929, 73.

Joyces Geburtstagsparty: JJ an HW, 19. Okt. 1929, I, 285-86; Ellmann, 639; Nino Frank, in *Portraits of the Artist in Exile,* 89; Harry Crosby, *Shadows of the Sun,* 280.

Transition und Jolas: McAlmon and Boyle, *Being Geniuses Together,* 283; Edmund Wilson, »The Dream of H. C. Earwicker«, in *JJ: Two Decades of Criticism,* 326; Kay Boyle, in *Being Geniuses Together,* 270-71; Steins Angriff auf Jolas vgl. »Memoiren«.

Joyces Besessenheit mit Sullivan: SC, 186-90; JJ an HW, 22. Nov. 1929, I, 287; Philippe Soupault, »JJ«, in *Portraits of the Artist in Exile,* 113; Ellmann, 621; Gorman, *JJ,* 346; JJ an HW, 18. März 1930, I, 290-91; Nancy Cunard, »Visits from James Joyce«, in: Hugh Ford, *NC: Brave Poet, Indomitable Rebel* (Philadelphia: Chilton, 1968), 82; Edel, *American Scholar,* 471; SB an HW, 4. Dez. 1929.

Antheils Rückkehr: SB an HBD, 4. Dez. 1929 und 23. März 1930; Antheil an SB (ohne Datum); Baker, *EH: A Life Story,* 207; Antheil, *Bad Boy of Music,* 237-38.

12. Die Blumen der Freundschaft welken
1930-1931

Joyce klagt: JJ an HW, 18. März 1930, *Selected Letters,* 346-52; SB an HBD, 23. März und 19. April 1930; Bair, *Beckett,* Lucia Joyce an AM, 16. April 1930, III, 511.

Léon fängt an: Ellmann, 630; nach einem Jahr beschwerte sich Joyce, daß Léon »außer einem Stück, das er für [Henry] Babou überarbeitete, kein Wort von mir gelesen hat und keine Ahnung von meinem Buch und meinen Intentionen hat«, JJ an HW, 11. März 1931, I, 303.

Kahane, andere Verlage und kleine Zeitschriften: SC, 132-33; Ford, *Published in Paris,* 350; Anna Livia- Gedicht bei Padraic Colum etc., *Homage to JJ* (Folcroft Library, 1974), 14.

Joyces Publicity-Nummer: Ellmann, 624.

Marian Willard besucht Jung und Paris: Interview mit Marian Willard Johnson, 31. Aug. 1980; JJ an HW, 24. Juni 1921, I, 166.

Sinclair Lewis: Wambly Bald, »The Sweet Madness of Montparnasse«, in *Left Bank Revisited,* 286; Allen Churchill, *The Literary Decade* (Englewood Cliffs, N. J.: Prentice-Hall, 1971), 319-21.

Vertrag: SC, 202-4 und »Memoiren«; Flanner, »The Infinite Pleasure: Sylvia Beach«, in *Janet Flanner's World,* 313.

Joyces Abneigung gegenüber Frauen: Ellmann, 631, 639; Frank Budgen, *James Joyce and the Making of Ulysses* (London: Smith and Haas, 1934), 7; Mary Colum, *Life and Dream* (Garden City, NY: Doubleday, 1947), 394-95, 398; Nutting-Tagebuch und Interviews mit Arthur Power und Maria Jolas in: Ellmann, 631; Lidderdale and Nicholson, *Dear Miss Weaver,* 301; Interview mit Jane Lidderdale, 18. März 1978; Nora zitiert nach Beckett in: Ellmann, 629.

Joyces Ausgaben: Ellmann, 633; Geschäftsbücher; JJ an HW, 22. Dez. 1930, III, 209; JJ an HW, 16. Feb. und 11. März 1931, I, 100, 103; Lidderdale and Nicholson, *Dear Miss Weaver,* 303; Colum, *Life and Dream,* 385.

Edith Sitwell liest: »Memoiren«; SB an HBD, 16. Jan. 1931; Sitwell Reading file, SB Papers; SB an Natalie Barney, 27. Dez. 1954, Jacques Doucet Library; John Pearson, in *The Sitwells: A Family's Biography* (NY: Harcourt Brace Jovanovich, 1978), 275; Allen, *New Walt Whitman Handbook,* 279.

Stein trifft Joyce: SC, 32; Alice B. Toklas zu Donald Sutherland, 30. Nov. 1947, *Staying on Alone: Letters of ABT,* ed. Edward Burns (NY: Liveright, 1973), 91-92; Interviewer unbekannt, »Samuel Bekkett: Tea with Gertrude Stein« (7. April 1931), in *Left Bank Revisited,* 141.

JJ über die Anna Livia-Übersetzung: JJ an HW, 4. März 1931, I, 302.

Patrick's Party: Paul Léon an Lucie Noël (Léon), 17. März 1931, in *JJ and Paul Léon: The Story of a Friendship* (NY: Gotham, 1950), 47; McAlmon and Boyle, *Being Geniuses Together,* 345-46; Colum, *Life and Dream,* 391; JJ an HW, 16. Feb. und 11. März 1931, I, 100, 103; SB an HBD, 2. Mai 1949.

Anna Livia-Lesung: JJ an HW, 11. März 1931, I, 302; Edel, der außer den beiden Gastgeberinnen niemand kannte, hat den Abend am ausführlichsten beschrieben in: »A Paris Letter«, *Canadian*

Forum, April 1931, und in »The Genius and the Injustice Collector«, *American Scholar* (Herbst 1980); Bair, *Beckett,* 129; AM, »Joyces *Ulysses* and the French Public« (1940), in McDougall, 112-26; Interview mit Samuel Beckett, 17. Aug. 1980; Beckett zu NRF, 6. Okt. 1980; Bair (zu NRF, 11. Juni 1981); JJ zu SB, 10. Mai 1931, I, 304; Lidderdale and Nicholson, *Dear Miss Weaver,* 303; McAlmon zu SB, 17. Feb. 1932; Edel zu NRF, 20. Mai 1981; SB an HBD, 4. April 1931; McAlmon and Boyle, *Being Geniuses Together,* 316; Ellmann, 637.

Joyces Heiratspläne: JJ an HW, 11. April 1931; III, 215; Lidderdale and Nicholson, *Dear Miss Weaver,* 304-6; Ellmann, 639.

Neuauflage Pomes Penyeach: SB an SWB, 25. April 1931; Tomlinson zu SB, 4. Mai 1931.

Frühlingsbesucher: SB an Hemingway, 21. April 1931, Kennedy Library.

Veröffentlichungsangebote für Joyce: Ben Huebsch an SB, 16. Mai 1931; Lawrence E. Pollingers Curtis Brown-Korrespondenz mit JJ ist in der Morris Library, Southern Illinois University, Carbondale.

Joyces Hochzeit: Ellmann, 639; SB an HBD, 27. Juli 1931.

Curtis Brown zieht sein Angebot zurück: SB an HBD, 18. Juli 1931; Claude Kendall an L. E. Pollinger, 29. Juli 1931, Morris Library; Boski Antheil an SB, 9. Juni 1931; SB an SWB, 26. Sept. 1931.

Frankfurter Zeitung: JJ an SB, 13. Aug. 1931, Ellmann, 640; SB an HBD, 14. Aug. und 12. und 25. Sept. 1931.

Ökonomische Schwierigkeiten: SB an SWB, 16. Okt. 1931; SB an HBD, 12. und 25. Sept. und 23. Okt. 1931; JJ an Pinker, 19. Okt. 1931, Morris Library.

Joyce an Pinker: JJ an HW, 27. Sept. 1931; JJ an HW, 27. Sept. 1931 (zensierte Teile von I, 306); JJ an HW, 1. Okt. 1931 (zensierte Teile von III, 230).

SB möchte Ulysses nicht verlieren: SB an HBD, 18. Juli und 23. Okt. 1931; HW an SB, 6. Nov. 1931; *SC,* 202; JJ an HW, 8. Okt. 1931.

Kurze Entspannungsphase: JJ an James Pinker, 19. Okt. 1931, Morris Library; JJ an HW, 21. Nov. 1931, III, 233-34; SB an HBD, 1. Dez. 1931; JJ an HW, 27. Nov. 1931, III, 235, und 7. Dez. 1931,

I, 308; Arthur Power, *From the Old Waterford House* (London: Melifont, 1944), 64; Marianne Moore, »How Do Justice«, *Mercure,* 13.

Huebschs Angebot für Ulysses: JJ an HW, 27. Nov. 1931 (zensierter Teil von III, 235), 17. Dez. 1931, I, 309 (und zensierte Teile) und 18. Dez. 1931, III, 236; SB an James Pinker, 25. Nov. 1931; Thomas McGreevy an HW, 6. Jan. 1932, British Library; JJ an HW, 22. Dez. 1931.

Der Bruch: SC, 204, und »Memoiren«; JJ schrieb HW, daß SB »ihn anschrie« (17. Jan. 1932, *Selected Letters,* 360); Colum berichtete JJ, daß seine Bilder von den Wänden des Buchladens heruntergenommen wurden und SB Colum fast hinauswarf. JJ an HW, 22. Dez. 1931; Interviews mit Eleanor Oldenberger Herrick, 4. Jan. 1979, mit Myrsine Moschos, 22. Juni 1978, und mit Jean Henley, 4. Juli 1978); Jean Henley zu NRF, 23. April 1981.

13. »In The Wake«
1932-1933

Joyce trauert: JJ an HW, 17. Jan. 1932, I, 312; Ellmann, 645; JJ-Gedicht bei Ellmann, 646.

Joyce schenkt Lilien und Spannungen: SB an HBD, 3. Feb. 1932 an HW, 1932 (nicht bei den Harriet Weaver Papers), zitiert bei Ellmann, 652; Interview mit Jean Henley, 4. Juli 1978; Lidderdale and Nicholson, *Dear Miss Weaver,* 310.

Léon und die Jolas' übernehmen: Paul Léon an SB, 8. Feb. 1932; Léon an HW, 2. März 1932 (alle Léon-Briefe an HW sind bei den HW Papers, British Library); Lucie Noël (Léon), *JJ and Paul Léon,* 46; JJ an HW, 28. Jan. 1933, I, 313.

SBs Reaktion auf den Bruch mit Joyce: »Memoiren«; SB an HBD, 26. April und 6. März 1933; *SC,* 205.

JJs Reaktion auf den Bruch mit SB: JJ, *Finnegans Wake* (NY: Viking, 1968), 564; SB entschuldigte ihn: »Ich wußte, wie nötig er Geld brauchte«, *SC,* 205; Colum, *Life and Dream,* 338; JJ an HW, 1. Okt. 1931 (zensiertes Nachwort zu III, 230); Mary and Padraic Colum, *Our Friend JJ,* 193; T. S. Eliot an John Quinn, 9. Mai 1921,

Quinn Collection, NYPL; Gilbert, Vorwort zu I, 31; Malcolm Cowley, – *And I Worked at the Writer's Trade: Chapters of Literary History, 1918-1978* (NY: Penguin, 1979), 246-66; Edel, *American Scholar*, 486-87; JJ an HW, 13. März 1932; Maria Jolas, *Crane Bag*, 86.

Random House-Vertrag: Carolyn Reidy (Random House) zu NRF, 18. Juni 1982; Bernard R. Crystal (Columbia University Library) zu NRF, 29. Juni 1982; JJ zu T. S. Eliot, 4. März 1932, I, 316; Maria Jolas, *Crane Bag*, 87; Frances Steloff zu SB, 10. März 1932; Léon zu SB, 9. März 1932; *At Random* (NY: Random House, 1977), 90-93; JJ zu Bennett Cerf, 2. April 1932, III, 242; JJ zu Stuart Gilbert, 17. April 1932, British Library; SB an HBD, 26. April 1932.

Sylvia verweigert die Europaausgabe: Jonathan Cape zu SB, 9. Feb. 1932; Lidderdale and Nicholson, *Dear Miss Weaver*, 315; John Lane veröffentlicht *Ulysses* in England 1936; Darantière zu SB, 5. April 1932; *SC,* 205; JJ an HW, 7. Mai 1932 (der gleiche Brief enthüllt, daß JJ meinte, *Ulysses* sei Sylvias einzige Einnahmequelle).

Parties und Publikationen: SB an HBD, 12. Mai 1932; Bair, *Beckett,* 142.

Joyce-Besuch: JJ an HW, 25. Juni und 21. Juli 1932; JJ an HW, 10. Juli 1932, I, 321; Lidderdale and Nicholson, *Dear Miss Weaver,* 316; Ellmann, 662-63; Ellmann-Interview mit Jung, 679.

Les Déserts: SB an HBD, 21. Juli 1932; AM an SWB, 12. Aug. 1932.

AM Katalog und SB Übersetzung: SB an SWB, 26. Aug. 1932; SB an HBD, 3. Sept., 11. Okt. und 6. Dez. 1932; *SC,* 161; Paul Valéry zu SB, undatiert, *Mercure,* 151; SB an SWB; 11. Okt. 1932.

Hemingway greift Stein an: Hemingway, »The Farm«, *Cahiers d'Art,* 9 (1934), 28-29; noch heftiger attackiert Hemingway Stein dreißig Jahre später in *A Moveable Feast,* 117-19; Jolas' und andere ehemalige Freunde antworten in »Testimony against Gertrude Stein«, *Transition-Beilage* (1935).

Wechsel der Assistentinnen: SB an HBD, 11. Okt. 1932 und 6. März 1933; SB an SWB, 27. Juni 1933; JJ an HW, 21. Nov. 1932; Interview mit Myrsine Moschos, 24. Juni 1978.

Joyce krank: JJ an HW, 25. Nov. 1932, I, 328; JJ an HW, 7. Jan. 1933, III, 267-68 (Datum korrigiert von Lidderdale); JJ an HW, 18. Jan. 1933.

Sylvia erholt sich: SB an HBD, 11. Okt. 1932, SB an Hemingway, 25. Nov. 1932, Kennedy Library; SBs Briefe widersprechen JJs Berichten an HW über ihren schlechten Gesundheitszustand; JJ an HW, 17. Okt. 1932.

Albatross Press: JJ an HW, 8., 11. und 17. Okt. und 29. Nov. 1932; Interview mit Jane Lidderdale, 22. März 1981; JJ *Finnegans Wake,* 337; JJ an HW, 11. Nov. 1932 (unveröffentlichter Teil in I, 326); SB an HBD, 6. März 1933; *SC,* 206; JJ-Gedicht bei Ellmann, 654-55; Léon an HW, 7. Jan. 1933, III, 268.

Besuch von Freunden: SB an HBD, 30. Nov. und 6. Dez. 1932; Allen Tate, »Memoirs of Sylvia«, *Mercure,* 38; SB an SWB, 28. Dez. 1932 und 17. Jan. 1933.

Katherine Anne Porter: Porter, *Ladies Home Journal,* 54; Porter Papers, Humanities Research Center University of Texas, Austin; SB an HBD, (?) Feb. und 29. Juni 1933; SB an MacLeish, 20. Feb. 1933; Porter an SB, 6. Feb. 1956, in *Mercure,* 154; *SC,* 206-7.

Miss Weavers Besuch: SB an SWB, 17. Feb. 1933; Lidderdale and Nicholson, *Dear Miss Weaver,* 323; Paul Léon an HW, 17. März 1933; Léon an HW, 25. und 27. April und 23. Sept. 1933, III, 277-78, 285; JJ an HW, 25. Nov. 1932, I, 328;

Willa Cather: Aus zwei undatierten Briefen geht hervor, daß Cather SB zweimal besuchte, wahrscheinlich 1933, als sie den Prix Femina Américain erhielt.

Urlaub: SB an HBD, 27. Sept. 1933.

Abschied vom Montparnasse: Wambly Bald, »La Vie« (25. Juli 1933), in *Left Bank Revisited,* 146-49; Rice, *Left Bank,* 216-18; Putnam, *Paris Was Our Mistress,* 241, 247, 250; Rueckert, *Glenway Wescott,* 88.

Joyce-Probleme: SB an HBD, 14. Sept. 1933; Paul Léon an HW, 23. Sept. 1933, III, 285-87.

Der Papst segnet Ulysses: SB an HBD, 27. Sept. 1933; Dewitt Eldridge an SB, 18. Sept. 1933, Cornell University Library.

Geschäftskrisen: SB an SWB, 27. Juni 1933; SB an HBD, 14. Okt. und 28. Nov. 1933.

Hemingway-Besuche: SB an HBD, 27. Okt. 1933; Baker, *EH: A Life Story,* 216, 608; Morrill Cody zu NRF, 7. Juni 1978; Hemingway schrieb das Vorwort zu James Charters *This Must Be the Place;* Hemingway zu Cody, (11.?) Nov. 1933.

Ein amerikanischer Ulysses: Das Vorwort von Ernst und das Urteil von Woolsey sind in der Random House-Ausgabe des *Ulysses* (1934) veröffentlicht; Ellmann, 666; JJ zu Carola Giedion-Welcker, (?) April 1934, III, 312; Leslie Katz, »Meditations on Sylvia«, *Mercure,* 84.

14. Sturmwolken
1934-1935

Hemingway und die Tulpen: SB an HBD, 23. März 1934, »Memoiren« und *SC,* 83; Wyndham Lewis, »The Dumb Ox: A Study of EH«, *Life and Letters,* 10. (April 1934), 33-34 (gekürzt aufgenommen als ein Kapitel in *Men without Art* [NY: Russel and Russel, 1934], persifliert den Hemingway-Titel *Men Without Women); Ba*ker, *EH: A Life Story,* 256-58; SB an HBD, 20. April 1934; Lewis, zitiert bei Marshall McLuhan, »The Personal Approach«, *Renascence,* 14 (Herbst 1960), 43; Hemingway, *A Moveable Feast,* 109.

Hemingway und Katherine Anne Porter: KAP zu SB, 6. Feb. 1956, *Mercure,* 155; in einem Brief an McAlmon hatte KAP geschrieben, EH hätte »keinen einzigen überzeugenden Charakter« hervorgebracht, zitiert bei Kay Boyle, *Being Geniuses Together,* 114-15; EH vertraute Malcolm Cowley an, er »könne die Schriften von Porter einfach nicht lesen«, denn sie seien »schrecklich langweilig«, 17. Okt. 1945, *Selected Letters,* 602.

Joyces Geburtstag: Interview mit Myrsine Moschos, 24. Juni 1978; Lidderdale and Nicholson, *Dear Miss Weaver,* 331.

McAlmon: Ellmann, 678; Joyce glaubte Lucias Geschichte, McAlmon hätte um ihre Hand angehalten, (JJ an JW, 24. April 1934, I, 339); Pound zu McAlmon, 2. Febr. 1934, *Letters to Ezra Pound,* 252.

Finanzielle Schwierigkeiten: SB an SWB, 10. Juli 1934; SB an Tom Dunne, 5. Okt. 1934; SB an HBD, 27. Nov. 1934.

Stein: zitiert bei James Mellow, *Charmed Circle: Gertrude Stein and Company* (NY: Avon, 1974), 497.

Hilfe für MacLeish und Chamson: MacLeish an SB, 17. Okt. und 20. Dez. 1934 und SB an MacLeish, 10. Nov. 1934, Princeton; SB an

HBD, 27. Nov. 1934; »Remarks by André Chamson«, *Fitzgerald/ Hemingway Annual*, 1973 72.

Mesures und Michaux: SB an HBD, 30. April 1935; AM, »Number One« (1938), in: McDougall, 138; Dorothy Richardson an SB, Dez. 1934, in *Mercure*, 128; *SC*, 175.

Alice im Wunderland: AM, »Alice in Wonderland« (1935) in: McDougall, 160-64; JJ zu SB, 22. Mai 1928, I, 262.

Verkauf von Büchern und Manuskripten: SB an HBD, 18. Jan. 1935; Janet Flanner an SB, undatiert (1935). Als Flanner das *Ulysses*-Exemplar 1950 verkaufte, gab sie Sylvia 100 Dollar.

Spannungen in den Beziehungen mit Joyce: JJ zu George und Helen Joyce, 19. Feb. und 19. März 1935, III, 345, 351, und 5. Feb. 1935, I, 357; JJ an HW, 7. April 1935, I, 362.

Hilfe von Freunden: SB an HBD, 18. Jan. und 5. März 1935. In den fünfziger Jahren bat SB Jenny Serruys Bradley wegen ihrer *Memoiren* um Rat; MacLeish an SB, 7. März und 20. Mai 1935.

Thomas Wolfe: »Memoiren«; Andrew Turnbull, *Thomas Wolfe* (NY: Scribners, 1967), 209.

Stein: Leo Stein zu Mabel Weeks, *Journey into Self,* ed. Edmund Fuller (NY: Crown, 1950), 134.

Ausstellung von Marie Monnier: SB zu HBD, 30. April und 13. Juni 1935; JJ an Lucia Joyce, 15. Mai 1935, III, 356.

Verkauf der Manuskripte: SB an HBD, 5. März 1935; SB an SWB, 14. Juni 1935; SB an HBD, 13. Juni 1935; Geschäftsbuch über erhaltene Hilfeleistungen von 1935 bis 1955, Princeton; Carlotta Welles Briggs an SB, 13. Juli 1935; Fitzgerald an SB, 18. Juli 1935.

Unterstützung abgelehnt: André Gide zu SB, 27. Okt. 1935.

Simone de Beauvoir: In den »Memoiren« schreibt SB über de Beauvoir und Sartre; Freund and Carleton, *JJ in Paris,* 41; Flanner, *Paris Was Yesterday,* 116; de Beauvoir, Vorwort zu Freund and Carleton, *JJ in Paris,* vii.

Die Freunde von ›Shakespeare and Company‹ organisieren sich: AM, »Readings at Sylvia's« (1936), in: McDougall, 134-35; SB an SWB, 12. Dez. 1935; SB an HBD, 18. Jan. 1936.

Politische Demonstrationen: SB an HBD, 29. Nov. 1935; SB an SWB, 12. Dez. 1935; JJ an HW, 1. Mai 1935, I, 367.

Gisèle Freund: Interview mit Freund, 11. Aug. 1969; Interview mit E. O. Herrick, 4. Jan. 1979; Freund and Carleton, *JJ in Paris,* 4.

Bryhers Besuch: SB an SWB, 12. Dez. 1935; Bryher, *Heart to Artemis,* 275; Bryher behauptet, auch Romains, Michaux, Schlumberger, Prévost und Chamson in der Nr. 18 getroffen zu haben.

15. Die Freunde von ›Shakespeare and Company‹
1936-1937

Gides Vortrag: Interview mit François Valéry, 20. Juni 1978; SB an HBD, 18. Jan. und 5. Feb. 1936; Huddleston, *Paris Salons,* 285; AM, »Readings at Sylvia's« (1936), in: McDougall, 135.

Freunde: Zu den Mitgliedern – 1936 waren es achtundvierzig – zählten Natalie Barney, Dr. Fontaine, die Churches, die Gilberts, Desmond Harmsworth, die Joyces, Kahane, Mrs. Massey, Victoria Ocampo, Ambassador und Mrs. Granville-Barker, die Jacques Lemaîtres, Alice Linossier-Ardoin, die Jolas', die Léons, Gisèle Freund, die Bécats und die Assistentinnen beider Buchläden.

Valéry-Lesung: Huddleston, *Paris Salons,* 325-26; Interview mit Samuel Beckett, 27. Aug. 1980; Interview mit François Valéry, 20. Juni 1978; AM »Readings at Sylvia's« (1936), in McDougall, 135; Ellmann, 702; Interview mit James Briggs (6. Juli 1978) und François Valéry (20. Juni 1978).

Sylvia nach London: SB zu T. S. Eliot, 21. März 1936; SB an SWB, 24. März 1936; SB an HBD, 2. und 29. April.

Schlumbergers und Paulhans Vorträge: SB an HBD, 2. April 1936; Interview mit Elizabeth Bishop, 28. Juni 1978; AM, »Readings at Sylvia's« (1936), in: McDougall, 135-36; SB an SWB, 12. und 19. Mai 1936; *SC,* 211.

Joyce ist dabei: Paul Léon an HW, 22. Mai und 22. Aug. 1936; Ellmann, 687, 690; Lidderdale and Nicholson, *Dear Miss Weaver,* 360-61; JJ an HW, 9. Juni 1936, III, 386.

Eliots Lesungen: T. S. Eliot an SB, 28. und 30. Mai 1936; Eliot, »Miss Sylvia Beach«, *Mercure,* 9; AM »Readings at Sylvia's« (1936), in: McDougall, 136; Freund and Carleton, *JJ in Paris,* 49; SB zu Eliot, 21. März 1936.

Kommunismus: André Gide u. a., *The God that Failed,* herausgegeben von Richard Crossman (NY: Bantam, 1965), 157-76; James

Briggs sagte in einem Interview (6. Juli 1978), daß mit Gides Enttäuschung vom Sowjetkommunismus auch Sylvias Sympathie für den Kommunismus abnahm; Miss Weaver lehnte selbst nach der sowjetischen Invasion in Ungarn 1956 den Kommunismus nicht ab, Lidderdale and Nicholson, *Dear Miss Weaver,* 347.

U. S.-Besuch nach zweiundzwanzig Jahren: Boski Antheil zu SB, 14. Okt. 1936; SB an HBD, 2. und 6. Okt. und 17. Nov. 1936; SB zu Frances Steloff, 24. Nov. 1936, Berg Collection, NY Public Library; SB an SWB, 17. Okt. 1936.

Entfremdung von Adrienne: Interviews mit Eleanor Oldenberger Herrick (8. März 1978) und Gisèle Freund (11. Aug. 1969); SB an SWB, 5. Nov. 1937; SB an HBD, 15. Nov. 1937.

Bryhers Besuch: SB an HBD, 19. Feb. 1937; SB an SWB, 7. Feb. 1937.

Isherwood und Auden: Christopher Isherwood zu SB, 7. April 1937; SB zu Isherwood, 8. April 1937.

Hemingway-Spender-Lesung: SB an HBD, 16. und 25. Mai 1937; Interview mit Gisèle Freund, 11. Aug. 1969; Baker, *EH: A Life Story,* 309, 312-13; AM, »Americans in Paris« (1945), in: McDougall, 416; Francis Smith, »Hemingway Curses, Kisses, Reads at SB Literary Session«, Paris *Herald Tribune,* 14. März 1937; SB, BBC-Interview (24. Okt. 1959); Stephen Spender zu NRF, 8. Juli 1977; Spenders »Regum Ultima Ratio« erschien in *New Statesman,* 13 (15. Mai 1937), 811, und als »Ultima Ratio Regum« in *Selected Poems* (London: Faber and Faber, 1965), 46; Spender, in *The God That Failed,* 222; Frederick R. Benson, *Writers in Arms: The Literary Impact of the Spanish Civil War* (NY: NYU Press, 1967), 4; *SC,* 111.

Expo 1937: SB an SWB, 7. Feb., 30. Juni und 6. Juli 1937; in der Dezemberausgabe 1937 der *Nouvelle Revue Française* sind Auszüge von SBs und AMs Übersetzung *Paris 1900; 1940* wurde sie vollständig veröffentlicht; AM, »Our Friend Bryher« (1940), in: McDougall, 204-6; Bryher, *Heart to Artemis,* 22-34; *SC,* 212.

Bryhers Unterstützung: SB an SWB, 18. Juli und 7. Okt. 1937; SB an HBD, 19. und 20. Aug. 1937.

16. Tapfer durchhalten
1937-1939

Politik: Samuel Hynes, *The Auden Generation: Literature and Politics in England in the 1930's* (NY: Viking, 1977), 414; HW an SB, 9. Juli und 22. Dez. 1937 und 30. Dez. 1938.

Minderung des Arbeitstempos: SB an SWB, 5. Nov. 1937; Frank, in *Portraits of the Artist as Exile,* 91-93.

Freundschaften, Beckett kommt zurück: SB an SWB, 5. Nov. 1937; Interview mit Herrick, 7. März 1978; Bair, *Beckett,* 270-73; Interview mit Samuel Beckett, 27. Aug. 1980.

Inflation und Buchverkauf: SB an SWB, 5. Nov. 1937; SB an James Laughlin, 30. Dez. 1936; Interview mit Herrick, 7. März 1978.

Pauline sucht Hemingway: Interview mit Herrick, 8. März 1978 und 4. Jan. 1979; Baker, *EH: A Life Story,* 323-24.

Luftalarm und überfällige Bücher: SB zu HBD, 22. März 1938; SB an SWB, 27. April 1938; Interview mit François Valéry, 20. Juni 1978; Interview mit Myrsine Moschos, 24. Juni 1978; SB zu Mrs. Tracy Kittredge, 27. Okt. 1938; Ford, *Your Mirror to My Times,* 388.

Publicity für Work in Progress: Freund and Carleton, *JJ in Paris,* 3-4, 59-63; Bair, *Beckett,* 272; Ellmann, 708; Paul Léon an HW, 2. Feb. 1938.

Gertrude und Alice kommen zurück: Barker, *France/Canada,* 7; Interview mit Herrick, 8. März 1978; Interview mit Veitch, 23. Juli 1978.

Connolly, Auden und Spender: Interview mit Veitch, 23. Juli 1978.

Hemingway und Spanien: Interview mit George Seldes, 23. Juli 1981; SB an HBD, 12. Okt. 1938.

Joyce neutral: P. Léon an HW, 17. Aug. 1938; Carola Giedion-Welcker, »Meetings with JJ«, in *Portraits of the Artist in Exile,* 270-71.

Hemingway nimmt sich Bücher mit: Interview mit Herrick, 7. März 1978; SB erwähnt in den »Memoiren« Hemingways Großzügigkeit, wahrscheinlich nahm sie an, Hemingway wisse nichts von ihrer finanziellen Not.

Münchner Vertrag: Louis MacNeice, *Autumn Journal* (London: Faber and Faber, 1939), 30.

Freunds Ausstellung: SB an HBD, 9. Dez. 1938 und 15. Mai 1939; AM, »In the Country of Faces« (1939), in: McDougall, 231-33.

Herannahender Krieg: W. H. Auden, »In the Memory of W. B. Yeats«, *Collected Poems* (London: Faber and Faber, 1976), 197; SB an SWB, 24. März 1939; CB an SB, 4. März 1939; Carlotta Briggs an SB, 19. Nov. 1939; SB an HBD, 20. April 1939.

17. Wie endet es?
1939-1941

Reaktionen auf Finnegans Wake: Ellmann, 722; SB an HBD, 15. Mai 1939; George Andrews an SB, 8. und 12. Nov. 1954.

Moby Dick übersetzt: Marguerite Gay übersetzte 1928 255 Seiten, aber erst die Übersetzung von Lucien Jacques, Joan Smith und Jean Giono 1939 (552 Seiten) verhalf *Moby Dick* in Frankreich zu seinem Erfolg. AM an SB, 12. Aug. 1939; AM, »A Letter to André Gide about the Young« (1942), in: McDougall, 410.

Gorman Biography: Die Gorman-JJ-Korrespondenz ist in der Morris Library, Southern Illinois University, Carbondale; Gorman, *JJ*, 286, 285, 321.

Andere fliehen vorm Krieg: CB an SB, (Nov. o. Dez.?) 1939; Interview mit James Briggs, 6. Juli 1978.

Anpassung an Krieg und Winter: SB an HBD, 12. Sept. und 10. Dez. 1939 und 9. Jan. 1940; SB an SWB, 4. und 23. Nov. und 30. Dez. 1939.

Bryher und Walter Benjamin: SB zu Helen Hoppenot, 2. März 1940; Bryher, *Heart to Artemis,* 289-92, 277; SB an HBD, 6. März 1940.

Von Freunden umgeben: Jane van Meter Hineman an SB, 9. Feb. 1940; SB an HBD, 9. Jan. und 6. März 1940; AM an SB, 18. Mai 1940; SB an Eleanor Oldenberger, 29. April 1940; SB an SWB, 10. Mai 1940.

Arthur Koestler: Koestler, *The Invisible Writing* (London: Hutchinson, 1969), 512; Koestler, »Un Trèfle à quatre feuilles« (AK an Gisèle Freund, 5. Okt. 1955), *Le Souvenir d' Adrienne Monnier* (*Mercure,* Jan.-April 1956), 79-80; AM, »Occupation Journal« (1940), McDougall, 391-93; Koestler zu NRF, 24. Juli 1981.

Walter Benjamin: AM, »Note sur Walter Benjamin« (1952), *Rue de l'Odéon* (Paris: Editions Albin Nickel, 1960), 176-77.

Bombenangriffe: Thomson, *Virgil Thomson,* 320; Smoller, *Adrift among Geniuses,* 284; Knoll, *Robert McAlmon,* 351; *SC,* 213-14. »Memoiren«; AM, »Occupation Journal« (1940) in: McDougall, 394-96; Bryher an SB, 11. Juni 1940; McDougall, 484; Interview mit Keeler und Colette Faus, 25. Juni 1978 und 3. Sept. 1980; AM behauptet – Colette war eine gute Freundin von Marie Monniere-Bécat –, »während der Besatzungszeit lebten sie zuerst bei uns, dann folgten sie der Botschaft nach Vichy, Baden-Baden und den Vereinigten Staaten«, AM, »Americans in Paris« (1945), in: McDougall, 416.

Joyces Ende: Leon Edel, *JJ: The Last Journey* (NY: Gotham, 1947), 35; Paul Ruggiero, »JJ's Last Days in Zürich«, und Carola Giedion-Welcker, »Meetings with Joyce«, in *Portraits of the Artist in Exile,* 285, 278; Ellmann, 734-41; Lord Derwent, »JJ Hail and Farewell«, in [Carola] Giedion-Welcker, ed., *In Memoriam JJ* (Zürich: Fretz und Wasmuth, 1941), 15; HW bekam die Vollmacht über alle veröffentlichten und unveröffentlichten Werke von JJ. Sie unterstützte weiterhin die übrigen Familienmitglieder bis zu ihrem Tod (Nora starb 1951, HW starb 1961).

Hoppenot, Bernheim und die Craigs: SB an MacLeish, 20. Sept. 1940; AM an SB, 31. Dez. 1940 (auf dem zweiten Brief steht »unzustellbar«), Library of Congress; was mit Violaine Hoppenot, Françoise Bernheim und der Familie Craig passierte, wurde aus den *Memoiren* gestrichen (wahrscheinlich vom Herausgeber).

Die Schließung: SC, 215-16, »Memoiren«, Jackson Mathews, »My Sylvia Beach«, *Mercure,* 25; AM, »A Letter to Friends in the Free Zone« (1942), in: McDougall, 407; Maurice Saillet an Richard McDougall, 17. Juli 1975; SB, »Interned«, *Mercure,* 136.

18. Die Zeit der Ehrungen

Poulenc-Oper: AM, »At the Opéra with Francis Poulenc« (1942), in: McDougall, 246.

Internierung und Entlassung: Sarah Watson zu Bryher, 9. Mai 1948, Beinecke Library, Yale; SB, »Interned«, *Mercure*, 136-43; Interview mit Marcelle Fournier, 14. Aug. 1969; Interview mit Jacques Benoist-Méchin, 10. Juni 1978; *SC*, 216-17.

Befreiung: SC, 81, AM, »Americans in Paris« (1945), in: McDougall, 416-17; Interview mit Maurice Saillet, 1. Aug. 1969; Saillet zu McDougall, 25. März 1975; NRF, *Fitzgerald/Hemingway Annual,* 1977, 172-74.

Ehemalige Kunden: Leon Edel zu NRF, 20. Mai 1981; Edel, Vorwort zu Glassco, *Memoirs of Montparnasse,* ix; David Scherman zu NRF, 16. Mai 1978; Interview mit Keeler Faus, 25. Juni 1978; Interview mit Janet Flanner, 29. Juli 1977.

Wiedereröffnung verlangt: Connolly, »Comment« in der »New out of France«-Ausgabe von Horizon, Mai 1945, 304; Eliot, »Miss Sylvia Beach«, *Mercure,* 9; SB an HBD, 17. Juni 1945; Saillet, »Mots et Locutions de Sylvia«, *Mercure,* 9; Art Buchwald, *New York Herald Tribune,* 13. März 1959.

Leben in den vierziger Jahren: SB an HBD, 1. April 1947, 17. Juni 1945; 19. Feb. 1946 und 4. Dez. 1947; SB an Bryher, 22. Nov. 1945 und (?) April 1949.

Joyce-Unternehmungen: Flanner, *Paris Journal,* 111-12; Die JJ-Society wurde am 3. Feb. 1947 im Gotham Book Mart in New York gegründet; SB an HBD, 21. Jan. 1947; 24. Mai 1947 und 2. Mai 1949; SB an HBD, 7. Juni 1949 und 7. Juli 1949, SB an W. R. Rogers, 1. Nov. 1949; SB an Jackson Mathews, 22. April 1958; Lidderdale and Nicholson, *Dear Miss Weaver,* 410; Nach dem Tod von Nora (1951) schickte HW das *Finnegans Wake*-Manuskript der British Library.

Cyprians Tod: Interview mit Helen Eddy, 27. Mai 1978.

New York und London: Donald Allen zu SB, 22. Aug. 1953; AM beschrieb die London-Reise in »Die Krönung Elisabeth II.«, in *Lettres Nouvelles,* Juli 1953 – *LN* wurde von Saillet herausgegeben – McDougall, 335-46.

Tod von Adrienne: Interview mit Helen Eddy, 27. Mai 1978; SB zu Bryher, 20. Juni 1955; SB zu HW, 1. Juli 1955; Jackson Mathews, *Kenyon Review,* 141; »Memoiren«; nach der Beerdigung fuhren SB und Marie Monnier zuerst zu Bryher und dann zu Carlotta in Bourée – SB fürchtete sich, nach Paris zurückzukehren, da AM nicht mehr lebte, SB an HW, 15. Dez. 1955; Stephen Longstreet, *We All Went to Paris: Americans in the City of Light, 1776-1971* (NY: Macmillan, 1972), 348.

Joyceaner: Zu den Forschern und Biographen, die JJ's Leben auf eine Art untersuchten, die Sylvia auf die Nerven ging, zählten John Slocum, Prof. Richard M. Kain und Prof. Richard Ellmann; SB an HW, 2. Feb. 1955; Interview mit Ellmann, 16. März 1981; SB an HW, 9. April 1957, und HW an SB, 28. April 1957; Interview mit Jackson und Marthiel Mathews (Mai 1969); (18. Juli 1978).

Veröffentlichung der Memoiren: SB an Hemingway, 29. Aug. 1956, Kennedy Library; SB an Bryher, 18. Mai 1959; Bryher an SB, 23. Sept. 1959 (Bryher glaubte, daß SB sie »idealisiert« habe; Margaret Marshall von Harcourt, Brace bearbeitete die Stücke, die SB schickte; Cyril Connolly, »A Rendezvous for Writers«, *Mercure,* 162.

Joyce-Sammlung nach Buffalo: Vom 9. Dez. 1959 bis zum 1. März 1960 stellte die University of Buffalo (jetzt SUNY) ihre wertvolle Joyce-Sammlung aus; die 450 Gegenstände (20000 geschriebene Seiten) wurden katalogisiert von Peter Spielberg in *JJ Manuscripts and Letters at the University of Buffalo* (1962).

Zwanziger-Jahre-Ausstellung: Interviews mit Maurice Saillet und Helen Baltrusaitis (1. Aug. 1969) und Darthea Speyer (9. Juni 1978); SB an HBD, (?) Dez. 1958; SB an Margaret Marshall, 5. Dez. 1958; Thornton Wilder zu NRF, 22. Mai 1969; Janet Flanner, *Paris Journal: 1944-1965,* ed. William Shawn (NY: Atheneum, 1965), 413-16.

Die letzten Jahre: Die Princeton University kaufte 1964 die Sylvia Beach Papers von HBD; SB an Justin O'Brien, 7. Juli 1962, Columbia University; JJ Tower Committee minutes, Frances Steloff Papers, Berg Collection, NY Public Library; John Gale, »Joyce Was so Easily Shocked«, *Observer,* 17. Juni 1962.

Tod: Interviews mit Keeler und Colette Faus (25. Juni 1978); Archibald MacLeish, »What One Remembers...« *Mercure,* 35.

Erwähnte Werke in deutschen Erstübersetzungen

Anderson, Sherwood: *Kleinstadt in Amerika* (Essays), 1940; *Winesburg, Ohio*, 1958; *Eines Geschichtenschreibers Geschichte*, 1927.

Antheil, George: *Enfant terrible der Musik*, 1960.

Aragon, Louis: *Pariser Landleben*, 1969.

Auclair, Marcelle: *Erfahrungen und Anregungen*, 1976.

Auden, W. Hugh: *Das Zeitalter der Angst*, 1951.

Barnes, Djuna: *Antiphon*, 1972; *Nachtgewächs*, 1959; *Ladies Almanach*, 1985; *Porträts*, 1985.

Beckett, Samuel: *Warten auf Godot*, 1953; *Endspiel*, 1957.

Benét, Stephen Vincent: *Daniel Webster und die Seeschlange*, 1949; *Ein Buch über Amerikaner*, 1956.

Chamson, André: *Das Verbrechen der Gerechten*, 1930; *Die Herberge in den Cevennen*, 1934.

Coleridge, Samuel Taylor: *Der alte Matrose*, 1898.

Doolittle, Hilda (H. D.): *Huldigungen an Freud*, 1976.

Duhamel, Georges: *Leben der Märtyrer, 1914-1916* (Novellen), 1919.

Dos Passos, John: *Drei Soldaten*, 1922; *Manhattan Transfer*, 1927; *U. S. A.*, 1930; *Die schönen Zeiten. Jahre mit Freunden und Fremden* (Erinnerungen), 1969.

Dreiser, Theodore: *Eine amerikanische Tragödie*, 1927.

Eliot, T. S.: *Mord im Dom*, 1946; *Der Familientag*, 1947; *Das wüste Land*, 1957; *Werke*, 3 Bände, 1966-69.

Ellis, Havelock: *Geschlecht und Gesellschaft*, 1910.

Fargue, Léon-Paul: *Unter der Lampe* (Gedichte und Prosa), 1970.

Fitzgerald, F. Scott: *Zärtlich ist die Nacht*, 1952; *Aus den tollen zwanziger Jahren*, 1974; *Wiedersehn mit Babylon: aus dem verlorenen Jahrzehnt*, 1981.

Ford Madox Ford (Pseud. Hueffer, Ford H.): *Die allertraurigste Geschichte*, 1962.

Gide, André: *Stirb und werde*, 1930; *Intimes Tagebuch*, 1952; *Der Immoralist*, 1905; *Saul*, 1909; *Die Rückkehr des verlorenen Soh-*

nes, 1914; *Die Verliese des Vatikans*, 1922; *Die Falschmünzer*, 1928.

Hall, Radclyffe: *Quell der Einsamkeit*, 1929.

Harris, Frank: *Autobiographie*. 4 Bände, 1923-26.

Hawthorne, Nathaniel: *Der scharlachrote Buchstabe*, 1851.

Hemingway, Ernest: *Fiesta*, 1928; *In einem anderen Land*, 1930; *Tod am Nachmittag*, 1957; *Haben und Nichthaben*, 1951; *49 Stories*, 1950; *Wem die Stunde schlägt*, 1941; *Neunundvierzig Depeschen*, 1969; *Inseln im Strom*, 1971; *Paris – Ein Fest fürs Leben*, 1965.

Hulme, Kathryn: *Die Geschichte einer Nonne*, 1962.

James, Henry: *Bildnis einer Dame*, 1950.

Joyce, James: *Chamber Music*, 1957; *Dubliners*, 1928; *Ein Porträt des Künstlers als junger Mann*, 1926; *Verbannte*, 1918; *Ulysses*, 1927; *Am Strom von Fontana*, 1957; *Stephen Dedalus*, 1958; *Finnegans Wake* ist bisher nur zitatweise und in Auszügen ins Deutsche übersetzt: *Der Triton mit dem Sonnenschirm*, 1969, und *Anna Livia Plurabelle*, 1970 und 1977; James Joyce Werkausgabe. 6 Bände (mit neuen Übersetzungen), 1987.

Larbaud, Valery: *Das Tagebuch eines Milliardärs*, 1926.

Lawrence, D. H.: *Lady Chatterley und ihr Liebhaber*, 1960.

Lewis, Sinclair: *Babbitt*, 1925.

Lewis, Wyndham: *Rache für Liebe*, 1938; *Der mysteriöse John Bull* (Essay), 1939.

London, Jack: *Der Ruf der Wildnis*, 1907.

MacLeish, Archibald: *Der Fall der Stadt*, 1949; *Spiel um Job*, 1958.

Maurois, André: *Das Schweigen des Oberst Bramble*, 1929.

Melville, Herman: *Moby Dick oder Der weiße Wal*, 1927.

Michaux, Henri: *Dichtungen*, 2 Bände,1966-71.

Orwell, George: *Mein Katalonien*, 1964.

Paulhan, Jean: *Schlüssel der Poesie* (Essay), 1969.

Poe, Edgar Allen: *Werke*. 3 Bände, 1966-73.

Pound, Ezra: *Cantos* (insgesamt 120; unter verschiedenen Titeln in Teilausgaben veröffentlicht bis 1969; dt. Auswahl 1964 und 1975); *Cathay*, 1915, *Wie lesen* (Essays).

Romains, Jules: *Jemand stirbt*, 1932; *Kumpane*, 1930; *Die guten Willens sind*, 1935-38, 1965; *Dr. Knock oder Der Triumph der Medizin*, 1947; *Donogoo-Tonka*, 1920.

Schlumberger, Jean: *Saint-Saturnin*, 1946.

Spender, Stephen: *Das Jahr der jungen Rebellen* (Studie), 1969.

Stein, Gertrude: *Die Autobiographie von Alice B. Toklas*, 1956; *Drei Leben*, 1960; *Was ist englische Literatur und andere Vorlesungen in Amerika*, 1965.

Synge, John Millington: *Reiter ans Meer*, 1935.

Valéry, Paul: *Die Krise des Geistes* (Prosa), 1956 (Auswahl); *Der Friedhof am Meer*, 1927; *Die junge Parze*, 1960.

Wescott, Glenway: *Der Wanderfalke*, 1952.

Whitman, Walt: *Grashalme*, 1868; *Demokratische Ausblicke* (Essays), 1922.

Wilde, Oscar: *Das Bildnis des Dorian Gray*, 1901.

Wilder, Thornton: *Die Cabala*, 1929; *Die Brücke von San Luis Rey*, 1929; *Unsere kleine Stadt*, 1944.

Williams, William Carlos: *Die Neuentdeckung Amerikas* (Essays), 1969; *Die Worte, die Worte, die Worte* (Gedichte), 1962, erw. 1973.

Biographische Werke

Baker, Carlos: *Hemingway. Die Geschichte eines abenteuerlichen Lebens*, 1971.

Beach, Sylvia: *Shakespeare and Company*, 1961

Budgen, Frank: *James Joyce und die Entstehung des Ulysses*, 1976.

Connolly, Cyril: *Das Grab ohne Frieden* (Tagebuch), 1944.

Cowley, Malcolm: *Literatur in Amerika*, 1963.

Giedion-Welcker, Carola (Hg.): *In memoriam James Joyce*, 1941.

Gorman, Herbert: *James Joyce. Sein Leben und sein Werk*, 1957.

Joyce, James: *Briefe*. 3 Bände, 1969, 1970, 1974. Herausgegeben von Richard Ellmann.

Joyce, Stanislaus: *Meines Bruders Hüter* (Biographie), 1960.

Lidderdale, Jane Mary Nicholson: *Liebe Miss Weaver. Ein Leben für Joyce*, 1974.

Power, Arthur: *Gespräche mit James Joyce*, 1978.

Werk- und Zeitschriften-Titel sind in der Folge kursiv gesetzt.

488